희망으로
가는 길

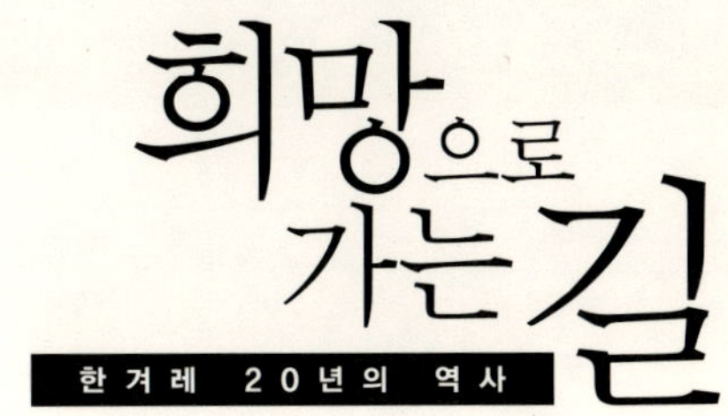

한겨레신문사

한겨레가 창간 20돌을 맞습니다.

1987년 6월항쟁 직후 언론 자유를 갈망하는 시민들의 힘으로 태어난 한겨레가 어느덧 성인이 되었습니다.

옛날엔 약관이라 해서, 사람이 태어나 스무 살에 이르면 비로소 어른 되는 갓을 씌웠습니다. 스무 살은 꽃다운 나이를 뜻하는 방년이라고도 합니다. 지난 20년, 한겨레는 수많은 정치, 경제, 사회적 어려움 속에서도 진보적 가치를 구현해내려는 공동체적 삶의 중심에서 함께해왔다고 감히 자부합니다.

그리고 오늘, 그 20년 동안 한겨레가 어떤 표정으로 시대와 대면했으며, 무슨 말로 역사를 기록해왔는지 그 목록들을 《희망으로 가는 길》이라는 이름으로 내놓습니다. 여기에는 지난 스무 해 동안 한겨레 안에서 벌어졌던 뜨거운 논쟁들이 고스란히 담겨 있습니다. 늘 힘에 겨운 살림살이지만 자본주의 윤리경영이 까무러칠 고차원적 윤리경영과 한겨레만의 상시적 긴축경영의 모습도 볼 수 있습니다.

한겨레는 유신정권 아래에서 자유언론수호 투쟁에 나섰던 동아, 조선투위 해직 기자들과 1980년 군사정부 시절 강제 해직된 기자들이, 민주 언론에 대한 전 국민적 열망을 받아들여 세상에 나왔습니다. 조국의 미래와 민주주의에 대한 그들의 열정적 헌신이 이 책 속에 담겨 있습니다.

한겨레 20년사는 가시밭길의 연속이었습니다. 1980년대는 언론의 암흑기였습니다. 군부권력의 불의와 부패에 눈감고 왜곡 편파 보도를 일삼던 신문 방송의 틈바구니에서 6만여 주주들과 시민들은 한겨레의 든든한 버팀목이 되어주었습니다. 어떠한 시련과 도전도 국민의 알 권리를 지키려는 참언론의 발걸음을 막지는 못했습니다. 한겨레의 보루이자 힘의 원천인 6만 주주 여러분의 한겨레에 대한 열정 역시 20년사의 가치를 더해줍니다.

권력과 자본으로부터의 독립 노정은 결코 순탄하지 않습니다. 언론에 대한 영향력이 정치권력에서 자본권력으로 옮겨 갈 무렵, 한겨레는 혹독한 경영 위기에 직면하기도 했습니다. 저희는 경영진과 노동조합, 우리사주조합 모두 스스로 구조조정의 길을 선택해야 했습니다. 2004년 12월 31일. 한겨레는 신뢰와 연대로 시련을 이겨냈습니다. 그 눈물의 연대기가 여기에 수줍게 자리하고 있습니다.

오늘 한겨레 20년의 역사를 고스란히 담은 《희망으로 가는 길》을 발간한 것은 저희들 앞에 놓여 있는 막중한 역사적 책무를 다하겠다는 다짐이기도 합니다. 한겨레 10년의 이야기를 담은 첫 사사 《세상을 바꾸고 싶은 사람들》을 내놓은 지 꼭 10년 만입니다.

한겨레 20년사는 시대의 역사요, 겨레의 역사입니다. 언론 자유와 민권 쟁취를 위해 몸을 던진 선후배, 동료들의 피와 땀, 영광과 좌절이 서려 있는 기록입니다. 20년 굽이굽이에서 겪은 시행착오와 날 것 그대로의 모습도 담았습니다. 스스로 영욕의 자취를 드러내고 성찰하는 것은 한겨레 조직문화를 이끌어가는 힘이기도 합니다. 부끄러운 것은 그것대로 한겨레에 청춘을 불사른 이들의 열정과 투혼이라고 생각해주시면 고맙겠습니다.

6만여 주주와 50만 독자, 그리고 국민 여러분!
여러분의 한결같은 성원과 질책이 없었다면 참언론이고자 하는 오늘날 한겨레는 존재하지 않았을 것입니다. 저희들은 《희망으로 가는 길》을 통해서 지난 역사를 되돌아보고, 새로운 도약의 20년으로 나가고자 합니다. 세상을 향한 창을 더 열고 소통하겠습니다. 시대 정신과 역사적 소명이 무엇인지 끊임없이 묻겠습니다.

세상을 보는 정직한 눈이 되겠습니다.

2008년 5월 15일 《희망으로 가는 길》 발간에 부쳐
한겨레신문사 대표이사 사장 고 광 헌

차례

한겨레신문

새 언론의 꿈

1

● 1988년 4월, 명동 성당 앞에서 한겨레 임직원들이 신문 등록필증 교부를 촉구하는 집회를 열었다. 앞줄 왼쪽부터 김현대, 정상모, 유종필, 고희범 등이다. 그 뒤로 송우달, 고종석, 김이택, 김형선, 차한필, 이인우, 윤국한, 강태호, 장윤환 등이 보인다.

한겨레 신문 등록 필증
쟁취 자축 및 민주 어론
실천 결의 대회

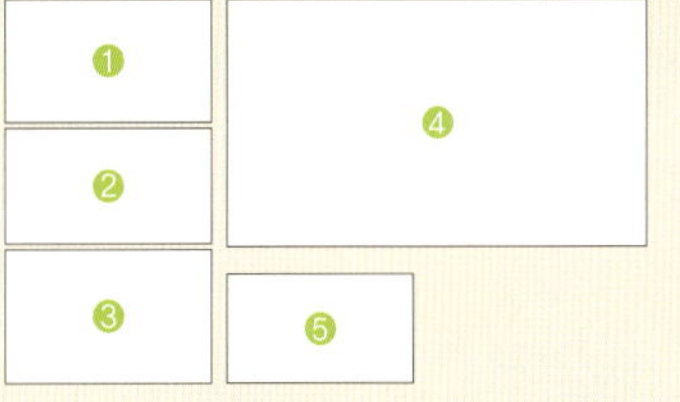

1 1988년 5월 5일, 양평동 사무실에서 열린 한겨레 윤리강령 선포식 직후, 임직원들이 윤리 강령에 서명하고 있다.

2 창간 준비 작업이 한창이던 1988년 3월, 양평동 편집국 모습.

3 1988년 4월 25일, 한겨레신문 등록필증 쟁취를 자축하는 행사가 양평동 편집국에서 열렸다. 유희락, 김진현, 곽노필, 정태기, 성한용, 이홍동, 김종구 등의 얼굴이 보인다.

4 1988년 9월 10일, 서울 정동 류관순 기념관에서 열린 제1차 임시주주총회에 참석한 창간 주주들.

5 1987년 12월, 안국동 창간 사무국에서 김용성, 하성봉, 안영진 등 공채 1기 사원들이 국민 모금 문의 전화를 받고 있다.

❶ 1987년 11월, 서울시청 지하철역 구내에서 시민들이 〈한겨레신문 소식〉을 받아가고 있다.

❷ 창간 직후인 1988년 9월부터 발전기금 모금에 들어갔다. 사진은 1988년 12월, 발전기금 모금 캠페인의 하나로 경남 마산에서 열린 '한겨레의 밤' 행사. '한국 사회의 오늘과 내일'을 주제로 송건호가 강연자로 나섰다.

❸ 1987년 11월, 한겨레신문 설립기금 접수처가 마련된 국민은행 창구에서 한 시민이 창간 기금 납입 약정서를 쓰고 있다.

❹ 1988년 1월, 안국동 사무실에서 창간 사무국의 편집기획팀이 한겨레신문의 방향에 대해 논의하고 있다. 임재경, 성유보, 박우정, 이종욱, 권근술, 신홍범 등이 보인다.

❺ 1987년 11월, 서울시청 지하철역 앞에서 창간 사무국 간부들이 〈한겨레신문 소식〉을 나눠주고 있다. 왼쪽부터 송건호, 정태기, 권근술, 임재경.

❻ 1988년 9월 10일, 서울 정동 류관순 기념관에서 열린 제1차 임시주주총회에서 식전 행사로 노래패 공연이 펼쳐지고 있다. 무대 오른쪽에 백두산 천지를 배경으로 민중의 모습을 그린 대형 걸개그림이 걸려 있고, 무대 왼쪽에는 '온 국민이 주인인 한겨레신문, 함께 만들고 함께 읽고 함께 키웁시다'라고 적힌 펼침막이 걸려 있다.

❼ 1987년 9월 1일, 안국동 사무실에서 해직 기자를 중심으로 한 창간 발의자 총회가 열렸다. 송건호가 '새 신문 창간 발의'라고 붓글씨를 적고 있는 가운데, 정태기, 김형배, 김태홍, 고승우, 신홍범, 김인한 등이 이를 지켜보고 있다.

동트기 전 가장 어두운 밤이었다. 편집국 시계가 새벽 3시 43분을 가리켰다. 기자 몇 명이 시계 아래 달린 펼침막을 떼어냈다. '자유언론실천선언' 이라 적혀 있었다. 다섯 달 전인 1974년 10월 24일 자유언론실천선언 발표 때 내건 휘호였다. 이젠 이 글을 그곳에 더 걸어둘 이유가 없었다. 이 신문사는 그런 대접을 받을 자격이 없었다.

3층 편집국 창문으로 사람들이 어른거렸다. 낯선 얼굴 사이로 판매국, 광고국 사원들이 보였다. 그들 200여 명의 대부분은 술에 취해 있었다. 농성 진압을 위해 회사가 동원한 행동대원들이었다. 10여 년 뒤인 1988년 12월, 이들 가운데 한 사람은 국회 언론청문회를 통해 양심선언을 하게 된다. 회사 간부가 무술 유단자 80여 명을 외부에서 동원해 농성 진압에 나섰고, 현장 상황을 사장과 주필에게 보고하면서 지휘를 받았다고 폭로했다.

각목 앞에 선 자유언론운동

그러나 그날, 1975년 3월 17일 새벽, 동아일보 기자들은 상대의 정체를 모르고 있었다. 한국 언론 사상 최초의 '구사대' 라 할 만한 이들은 조금 전 23명의 기자들이 단식 농성 중인 2층 공무국을 진압했다. 산소용접기와 해머로 철문을 부수고 각목과 소화기로 기자들을 제압했다. 성유보와 정연주가 그들에게 맞아 많이 다쳤다. 두 사람은 나중에 한겨레 편집위원장과 논설주간이 된다.

그리고 이제 편집국이다. 자유언론실천선언을 주도했던 장윤환 기자협회 동아

●동아일보 기자들의 자유언론실천선언은 70년대 자유언론운동의 절정이었다. 1974년 10월 24일, 동아일보 편집국에서 기자, 프로듀서, 아나운서 등이 자유언론실천선언식을 열고 있다.

일보 분회장은 이미 해직되어 신문사에서 쫓겨난 상태였다. 그는 훗날 한겨레 편집위원장이 될 터였지만, 이날의 현장 지휘는 안종필 임시 분회장에게 맡길 수밖에 없었다. 안종필은 5년여 뒤 감옥에 갇힌 몸으로 한겨레의 초석이 될 새 언론 구상을 밝히게 된다. 그가 농성 중인 기자들 앞에 섰다.

"민주사회를 유지하고 자유국가를 발전시키기 위한 기본적인 사회 기능인 자유 언론은 어떠한 구실로도 억압될 수 없으며 어느 누구도 간섭할 수 없는 것임을 선언한다." 안종필은 10·24 자유언론실천선언을 다시 낭독했다. 기자들은 흑인 민권운동가요 〈우린 승리하리라〉를 불렀다. 애국가도 불렀다. 자유 언론과 민주 회복을 위한 만세삼창도 했다. 비폭력을 내걸었던 기자들은 순순히 끌려나갔다. 약간의 몸싸움이 있었지만, 무술 유단자들을 이겨낼 도리는 없었다. 4층 방송국에서 저항하던 어느 프로듀서는 행동대원들에게 심하게 맞아 중상을 입었다.

신문사 앞으로 내쫓긴 이들을 사복 경찰들이 기다리고 있었다. 막무가내로 기자들을 광화문 지하도로 몰아넣었다. 곧이어 동아일보는 회사 문을 굳게 닫아걸었다. 앞으로 수십 년이 지나도 내쫓긴 이들에게 결코 문을 열어주지 않을 터였다. 1975년 3월 17일 새벽 6시, 진압이 모두 끝났다. 농성했던 160여 명의 기자, 프로듀서, 아나운서 등이 모두 거리로, 다시 지하도로 쫓겨났다.

아침 10시, 동아일보 기자들이 신문회관 기자협회 사무실 복도에 모였다. 권근술이 성명서를 읽었다. 전날 밤, 농성 진압을 예감한 안종필이 권근술에게 미리 준비해

두라고 일렀던 글이다. "온 국민 앞에 자유언론실천을 다짐했던 우리는 오늘 다시 한 번 자유 언론에 순(殉: 따라 죽음)할 것을 다짐한다. … 인간의 영원한 기본권 자유 언론은 산소용접기와 각목으로 말살될 수 없다." 그 선언문을 흉중에 품고 인고의 세월을 보낸 뒤, 권근술은 한겨레의 대표이사가 된다.

이날의 선언처럼 자유 언론은 각목 따위에 무릎 꿇지 않았다. 자유언론운동은 10여 년 뒤 한겨레 창간으로 꽃핀다. 그러나 기성 언론을 바꾸려는 노력이 수포로 돌아간 것은 분명했다.

"자유 언론은 이제 조종을 울렸다." 동아일보 기자들이 거리로 내쫓긴 3월 17일 오후 조선일보 기자들은 폭력 진압을 규탄하는 성명서를 냈다. 조선일보 기자들은 6일 전인 11일, 동아일보 기자들과 똑같은 일을 당했었다. 1974년 12월 17일, 조선일보 기자 신홍범과 백기범이 유정회 소속 한 국회의원의 기고문에 대해 편집국장에게 항의했던 게 발단이 되었다. 기고문은 박정희 정권을 일방적으로 찬양하는 내용이었다. 글이 실린 과정에서 권력의 외압이 있었다는 의혹도 제기되었다. 그러나 신문사는 '위계질서를 파괴하고 편집권을 침해했다'는 이유로 항의 다음 날인 1974년 12월 18일 이들을 해고했다. 신홍범은 나중에 한겨레 윤리강령을 만들어 편집권의 존엄을 지키는 참된 길이 무엇인지를 보여준다.

가 차 없 는 처 단 과 해 직

신홍범과 백기범, 두 사람이 해직되면서 기자협회 분회 조직을 활성화하자는 조선일보 기자들의 논의가 들끓었다. 기협 조직이 있어야 뜻있는 기자들이 조직적으로 움직일 수 있다는 판단이었다. 그때까지 기자협회는 사실상 활동 정지 상태였다.

1975년 1월 11일, 기자협회 조선일보 분회의 새 집행부가 만들어졌다. 훗날 한겨레 대표이사가 될 정태기가 분회장을 맡았다. 성한표가 보도자유부장이 되었다. 그는 보도 자유의 꿈을 한겨레 편집위원장이 되어 펼치게 된다. 이들의 주도로 조선일보 기자들은 1975년 3월 6일부터 해직 기자 복직과 정론지 복귀를 내걸고 농성에 들어갔다. 신문 제작도 거부했다. 이튿날인 3월 7일 방우영 조선일보 사장의 이름으로 경고문이 내걸렸다.

"만약 끝까지 혁명적인 수법으로 55주년의 기나긴 전통을 미화시키기는커녕 오히려 먹칠과 분열을 일삼는 사원이 만의 하나라도 잔재한다면 조선일보의 앞날을 위하여 분명히 그리고 가차 없이 처단할 것을 엄숙히 선언하는 바이다."

방우영 사장은 그 선언을 지켰다. 가차 없는 처단을 즉각 진행했다. 경고문이 내걸린 바로 그날, 정태기와 성한표 등 기자협회 조선일보 분회 집행부 5명이 모두 파면

●1975년 3월 해직 직후, 조선일보 사옥 앞에서 언론 자유를 외치고 있는 조선투위 기자들.

되었다. 3월 10일에는 뒤이어 취임한 기자협회 분회 임시집행부 5명이 다시 파면되었다. 11일에도 3명이 추가 파면되었고 37명이 무기정직을 당했다. 당시 조선일보에는 100명 정도의 기자들이 있었다. 전체 기자 가운데 절반이 해고 또는 무기정직 처분을 받았다. 마침내 1975년 3월 11일 밤 7시 30분, 농성 중이던 조선일보 기자들은 모두 편집국에서 내쫓겼다.

언론을 장악하려는 권력의 욕심은 뿌리가 깊다. 권력에 굴종하는 언론사주들의 행태도 오래된 일이다. 하지만 여기에 저항하는 기자들이 해방 이후 한국 언론의 자존을 지켰다. 1975년 3월, 그런 기자들이 모두 제도 언론의 바깥으로 내몰렸다. 기자다운 기자는 모두 해직되었다. 그리고 한국 언론 최대의 암흑기가 시작되었다.

사주들, 정권의 당근에 맛 들이다

1883년 한국 최초의 근대 신문 한성순보가 창간된 이래로 권력에 길들여지지 않은 언론은 거의 없었다. 독립신문, 민족일보 등의 드문 예외가 있었지만 명맥을 오래 유지하지는 못했다. 한국의 신문과 방송은 당대의 권력에 대들지 않으며 언론기업의 이익을 지키는 데 몰두하는 오욕의 길을 걸었다. 뜻있는 기자들이 간헐적으로 저항했지만, 언론사주는 언제나 권력 앞에 굴종했다.

박정희 정권은 여기에 만족하지 않았다. 더 강력하게 기자를 옥죄고 더 화려하게 언론사를 길들였다. 1961년 5·16 쿠데타 이후 언론인의 구속, 고문, 테러가 비일비재했다. 정권은 눈 밖에 난 언론사를 폐간시키거나 공매로 팔아치웠다. 대신 고분고분한 언론사에게 사세 확장의 기회를 제공했다.

박정희 정권은 쿠데타 일주일 만에 언론 통폐합을 뼈대로 하는 포고령을 발표했다. 곧이어 모두 1200여 종의 일간지 등 간행물을 강제 폐간했다. 당시 등록된 언론 기관의 90%에 달하는 신문, 잡지가 졸지에 사라졌다. 이 과정에서 1961년 2월 창간된 민족일보가 발행 석 달 만에 용공으로 몰려 폐간되었다. 발행인 조용수는 사형에 처해졌다. 건국 이래 최대의 언론 탄압이었다. 언론사를 정리한 뒤에는 언론인을 잡아들였다. 쿠데타 이듬해인 1962년 6월까지 1년 동안 960여 명의 언론인을 '언론 정화'를 구실로 체포하거나 재판에 회부했다. 1962년에는 '신문 통신 등 등록에 관한 법률'을 만들어 언론 통제를 제도화했다.

대신 언론사주들을 길들였다. 강제 폐간을 면한 소수 언론사들에게 신문용지 관세 감면, 은행 융자 및 차관 제공 등의 특혜를 제공했다. 특히 정부가 제공한 차관은 특혜 가운데 특혜였다. 당시 국내 금리가 연 26% 정도였는데, 차관은 연 7~8%에 불과했다. 언론사주로선 앉아서 돈을 버는 일이었다.

그 결과 주요 신문사들이 사세를 크게 확장했다. 사옥 신·증축은 그 지표 가운데 하나다. 동아일보는 1962년, 1968년 두 차례에 걸쳐 사옥을 증축했다. 조선일보는 1968년 사옥을 신축하면서 코리아나 호텔까지 지어 올렸다. 중앙일보는 1965년, 한국일보는 1968년에 각각 사옥을 새로 지었다.

주간 잡지, 소년 주간지, 월간 종합지 등을 다투어 발행한 것이 1960년대다. 1970년대에도 스포츠신문 발행으로 성장세를 이어갔다. 이 시기에 한국의 주요 신문사들은 상업주의적 기업으로 면모를 일신했다. 1971년 자산 규모 20억여 원이었던 동아일보의 경우, 1979년 155억 원까지 자산을 불렸다. 1971년 21억 원 정도의 매출을 올렸던 중앙일보는 1979년에 무려 512억 원의 매출액을 기록했다.

10여 년 동안 당근에 맛 들인 한국 신문이 어떤 처지에 놓이게 되었는지를 1971년 3월 16일 대학생들이 폭로했다. 이날 서울대 학생 50여 명이 동아일보사 앞에 몰려와 언론의 무기력과 타락을 규탄하는 시위를 벌였다. '언론인에게 보내는 경고장'도 발표했다.

"우리는 더 이상 좌시할 수 없어 이 쓰러져가는 민주의 파수대 앞에 모였다. 나오라, 사이비 언론인들이여 나오라. 이 민주의 광장으로 나와 국민과 선배에게 속죄하라. 선배 투사의 한 서린 해골 뒤에 눌러앉아 대중을 우민화하고 오도하여 얻은 그 허울 좋은 대가로 안일과 축제를 일삼는 자들이여 나오라."

이들의 격문이 촉매가 되었다. 이때부터 각 언론사의 3~8년 차 30대 초중반의 젊은 기자들이 움직이기 시작했다. 1975년 동아일보와 조선일보의 기자 해직 사태를 불러올 자유언론운동이 1971년 봄에 불붙었다.

　1971년 4월 15일, 동아일보 기자들이 '언론자유수호선언'을 발표했다. 뒤이어 한국일보(4월 16일), 조선일보와 중앙일보(4월 17일), 경향신문과 문화방송(4월 19일) 등 모두 14개 언론사의 기자들이 각각 언론자유수호선언문을 채택했다. 사람들은 이를 1차 언론자유수호선언이라 부른다.

　1973년 11월과 12월에도 조선일보, 동아일보, 한국일보, 중앙일보, 기독교방송 등의 기자들이 제2차, 제3차 언론자유수호선언을 연이어 발표했다. 그러나 2년여에 걸쳐 거듭된 선언문 발표에도 불구하고 언론 환경과 지면 사정은 나아지지 않았다. 편집국 간부, 최고 경영진 그리고 정권은 꿈쩍도 하지 않았다. 말 그대로 선언에 그쳤기 때문이었다. 기자들은 행동을 준비했다.

　1974년 3월, 동아일보의 젊은 기자들이 김두식의 집에 모였다. 김두식은 훗날 한겨레 대표이사가 될 운명이었지만, 이날은 노동조합을 만드는 게 급했다. 권근술, 김두식, 김종철, 문영희, 이종욱, 성유보, 최학래 등이 노조 건설의 주동이었다. 한국 언론 사상 최초의 기자 중심 노조가 이때 만들어졌다. 그해 10월에는 기자협회 동아일보 분회 집행부를 개편했다. 유명무실했던 기자협회를 젊은 기자들이 장악했다. 장윤환이 분회장을 맡고 김명걸이 부분회장을 맡았다.

　이들의 전략은 주도면밀한 바가 있었는데, 노조를 기반으로 삼아 대중적인 힘을 모으되, 기협 분회가 선두에 나서 투쟁을 벌인다는 구상이었다. 동아일보 노조와 기협 분회 간부 대부분은 훗날 한겨레의 임원이 된다. 김명걸·김두식·권근술·최학래는 대표이사, 장윤환·성유보는 편집위원장, 김종철·문영희는 논설위원, 이종욱은 편집위원 등을 맡을 터였다.

　미래의 한겨레 임원진, 그러나 당시엔 피 끓는 젊은 기자였던 이들이 머리를 맞대고 궁리해낸 것이 바로 한국 언론사에 길이 남을 1974년 10월 24일의 자유언론실천선언이었다. 장윤환이 이 일을 주도적으로 도모했다. 10월 21일 기협 분회장에 당선되자마자 장윤환은 '전격전'을 벌이기로 했다. 사흘 뒤인 10월 24일을 거사일로 잡고, 집행부와 함께 준비에 들어갔다. 노조를 중심으로 그동안 다져온 사내 분위기가 결행의 바탕이 되었다.

　10월 23일 오후에 선언문을 준비했는데, 그날 저녁 송건호 편집국장이 중앙정보부에 연행되는 사태가 발생했다. 학생들의 시위 기사를 실었다는 이유였다. 한겨레 초대 대표이사가 될 송건호는 그 시절 이미 양심적 언론인의 표상이었다. 송건호의 연

●1975년 3월 해직 직후, 동아투위 기자들이 서울 광화문 동아일보사에서 종로5가 기독교회관까지 행진을 벌이고 있다.

행으로 동아일보 기자들은 격앙되기 시작했다. 여러 면에서 역사적 선언을 발표하기에 적합한 상황이 만들어졌다. 그리고 10월 24일 아침 9시, 마침내 장윤환이 편집국에 모인 기자들 앞에 서서 선언문을 낭독했다. '자유언론실천선언'이라 적힌 펼침막도 편집국 기둥에 내걸었다. 기자들은 즉각 호응했다.

그 선언의 뼈대는 외부 간섭을 배제하고 기관원의 출입과 언론인의 불법 연행을 거부한다는 것이었다. 선언문 발표 직후부터 실력 행사에 들어갔다. 자유언론실천선언의 내용과 과정을 지면에 보도하라고 편집국 간부들에게 요구했다. 기관원 출입 금지 팻말도 신문사 입구에 내걸었다. 요구 조건이 관철될 때까지 제작을 거부하기로 하고, 기자들이 편집국 및 공무국 점거 농성에 들어갔다. 신문사 간부들과 밀고 당기는 협상 끝에 일부나마 자유언론실천선언의 내용이 지면에 실렸다. 기관원들의 출입도 끊겼다. 작은 승리였다.

1974년 10월의 동아일보 자유언론운동은 조직적 전개 과정과 사회적 파급력 면에서 전체 언론계를 주도하는 구실을 했다. 같은 날인 1974년 10월 24일 밤, 조선일보 기자들이 '언론자유회복을 위한 선언문'을 채택했다. 선언문에는 학생, 종교인 등 각계의 정당한 의사 표시가 지면에 게재되지 않을 경우 실력 투쟁을 한다는 결의가 포함되었다. 한국일보 기자들도 25일 새벽 '민주언론수호를 위한 결의문'을 발표했다. 한국일보에선 장차 한겨레 초대 편집인이 될 논설위원 임재경이 주동하여 자유언론선언을 지지하는 사설을 실으려 했다. 그러나 간부들이 이를 허락하지 않았고, 한국일보 논설위원들은 사설 집필을 한동안 거부했다. 역시 실력 행사였다.

1974년 10월의 자유언론선언은 70년대 언론자유운동의 절정이었다. 전국 31개 신문·방송·통신사 기자들이 선언과 성명에 동참했다. 사실상 주요 언론사를 망라했다. 기자들의 저항 방식도 달라졌다. 기자협회 분회 등을 재건하며 조직적으로 단결했다. 몇몇 언론사에서는 기자들이 제작 거부를 내걸고 경영진 및 편집국 간부를 압박했다. 사실상의 파업 투쟁을 벌였다. 실질적인 지면 개선을 꾀했던 점도 특별하다. 취재와 마감이 끝나면, 젊은 기자들이 모여 그날의 지면을 검토했고, 알려야 할 가치가 있는 사실이 누락된 경우에는 보도를 요구했다. 학생들의 시위가 1단 기사나마 각 신문에 실렸던 것도 이 무렵이었다.

1975년 3월, 조선일보와 동아일보 기자들의 대량 해고는 이런 바탕 위에서 이루어졌다. 젊은 기자들이 일궈낸 자유 언론의 작은 승리는 오래가지 못했다. 기자들이 저항 방식을 바꾸자 정권도 다른 차원의 탄압을 전개했다.

동아일보 광고 탄압은 그 신호탄이었다. 1974년 말부터 1975년 초에 걸쳐 럭키그룹, 롯데그룹, 미도파백화점 등 30여 개 대광고주가 동아일보에 대한 광고 계약을 취소했다. 이유는 밝히지 않았다. 박정희 정권이 배후에 있음이 분명했다. 이때부터 그 유명한 동아일보 격려 광고가 쏟아졌다. 1975년 1월에만 2943건의 격려 광고가 실렸다. 사상 처음으로 시민들이 자발적, 주도적으로 참여한 자유언론운동이었다.

권력의 손아귀에서 벗어나 시민들의 품에서 새로 태어날 기회였지만, 동아일보 경영진은 이를 거부했다. 동아일보는 '사내 질서와 기강 확립'을 강조하며 1975년 3월 8일과 10일에 걸쳐 20명의 기자를 전격 해임했다. 10·24선언을 주도한 장윤환 등 기자협회 분회 집행부가 대거 포함되었다. 이에 항의하며 동아일보 기자들이 점거 농성에 들어갔고, 결국 경영진은 행동대원들을 동원해 이들을 모두 거리에 내쫓았다.

동아일보 편집국장이었던 송건호는 김상만 사장에게 해임 기자의 전원 복직을 요구하며 스스로 사표를 냈다. "전원 복직을 통해 사태를 수습하지 않는 한 동아는 훗날 역사의 심판을 받을 것"이라고 경영진에게 경고했다. 사표를 내고 마지막으로 편집국에 들른 그는 농성 중인 기자들 앞에서 눈물을 흘렸다.

줄잡아 4년여에 걸친 자유언론운동 끝에 1975년 3월, 동아일보 기자 110여 명, 조선일보 기자 30여 명이 해직되었다. 몇몇 기자들은 회사 쪽의 회유를 받아들여 복직했다. 당장의 해고는 면했지만 얼마 뒤에 파면당한 이들도 있었다. 거리에 남은 기자들이 모여 '동아자유언론수호투쟁위원회'(이하 동투)와 '조선자유언론수호투쟁위원회'(이하 조투)를 만들었다. 처음에는 명예 회복과 원상 복직을 요구했다. 점차 한국 언론 전체의 변화를 촉구했다. 동투와 조투는 한국 언론 민주화의 주역이자 산 증인이 되었다. 나중엔 한겨레 창간의 산파 노릇도 할 터였다.

　그러나 해직 기자들은 10여 년에 걸친 형극의 길을 먼저 걸어야 했다. "밤마다 가슴에 칼을 가는 느낌이었어요." 조선일보에서 해직된 김선주의 회고다. "꿈이 좌절되고, 사회가 잘못된 방향으로 흘러가고, 그 모든 걸 사람들이 잊어가는 것에 대해 분노했지요."

　언론사 취업은 원천적으로 봉쇄당했다. 주간 시민, 월간 대화 등은 고정 독자도 많지 않은 소규모 매체였는데, 해직 기자들이 쓴 칼럼을 트집 잡아 박정희 정권이 이들 잡지를 폐간 또는 정간시켜버렸다. 그런 상황에서 해직 기자를 받아줄 언론사는 아무 데도 없었다.

　일반 기업 취직도 정보기관의 방해 때문에 어려웠다. 번역을 맡아 하루하루 살아가는 게 보통이었다. 간혹 출판사를 차리기도 했지만, 돈 버는 일과는 거리가 먼 책만 골라 냈다. 시장에서 장사를 하거나 식당을 내기도 했지만, 사업에 성공한 경우는 거의 없었다. 아예 고향에 돌아가 농사를 시작한 이도 있었다.

　다만 마음은 언제나 언론에 있었다. 해직된 뒤에도 동투, 조투 사람들은 여전히 기자였다. 무던히도 기사를 쓰고 싶어했다. 진실을 알리고 싶어했다. 1978년 10월에 일어난 '민권일지 사건'은 참언론에 대한 이들의 갈망을 보여준다. 동투 기자들이 10·24 자유언론실천선언 4주년을 기념하는 자리를 열었다. 해직 이후 발행을 시작한 〈동아투위소식〉 특집호를 만들어 돌렸다. 1977년 10월부터 1년 동안, 언론에 보도되지 않은 민주 인권 사건들을 모아 일지 형식으로 썼다. 정권은 긴급조치 9호 위반의 죄목을 걸었다. 안종필, 장윤환, 성유보, 정연주, 김종철, 윤활식 등이 체포되거나 구속되었다.

　해직 이후 이들은 한순간도 편치 못했다. 쓰고 말할 기회는 완전히 봉쇄되었다. 걸핏하면 잡혀가고 구속당했다. 돈을 벌어 생계를 연명하는 일까지 권력이 훼방을 놓았다. 이보다 더 악랄한 언론 탄압이 가능할까?

1980년 전두환 신군부 정권이 그 물음에 답했다. 권력에 고분고분하지 않은 기자들을 괴롭히는 더 지독한 방법이 있다는 걸 보여줬다. 전두환 정권은 적어도 1200여 명의 언론인을 강제 해직했다. 체포와 구금으로도 모자라 언론인들을 고문했다. 40여 개 언론사를 통폐합했고, '보도지침'을 만들어 매일 언론사에 내려 보냈다. 자유언론운동을 이끌었던 이들은 1975년의 일을 '75년 해직사태'라 부른다. 1980년의 일은 '언론대학살'이라 부른다.

1979년 10월 박정희 사망 이후 민주화에 대한 기대가 잠시 충만했다. 자유언론회복운동이 일어났다. 가장 활발한 움직임을 보인 곳은 경향신문이다. 1979년 6월, 경향신문의 고영재, 홍수원, 박우정, 박성득, 조상기 등이 편향 보도에 항의하는 결의문을 채택하고 편집국장의 사퇴를 요구했다. 이 가운데 박우정, 조상기, 고영재는 훗날 한겨레 편집위원장이 된다. 홍수원은 편집부위원장, 박성득은 제작국장이 될 터였다.

1975년 이후 사실상 활동 중단 상태였던 한국기자협회도 이 무렵 재건되었다. 1980년 3월 31일 합동통신의 김태홍이 기협회장에 취임했다. 1975년에 해직된 동아일보와 조선일보 기자들의 원상 복직을 전면에 내걸고 각 언론사 분회의 재건에 들어갔다. 이때부터 조직가의 면모를 드러낸 김태홍은 훗날 한겨레 창간을 주도하는 한 축이 된다.

1980년 5월 16일, 기자협회가 '검열거부선언'을 발표했다. 계엄 당국의 보도 검열 실상을 폭로하고 "검열지침을 무시하고 검열 철폐를 위해 극한투쟁을 불사한다"는 행동지침을 내놓았다. 검열거부운동이 조선일보, 한국일보, 합동통신 등 전 언론사에 번졌다.

검열거부운동이 모든 언론사에 확산된 배경에는 광주항쟁이 있었다. "광주에서 엄청난 일이 벌어지고 있는데도 언론이 이를 전혀 보도하지 못했습니다. 진실을 알려도 부족한 판에 계엄 당국이 발표한 허위 사실을 보도해야 하는 상황이었습니다. 참담했죠. 그럴 바에는 차라리 제작을 거부하는 것이 낫겠다고 생각했어요." 박우정의 회고다.

그러나 1980년의 자유언론운동은 미처 꽃피기도 전에 스러졌다. 기자협회가 검열거부선언을 발표한 다음 날인 5월 17일, 전두환 신군부는 비상계엄을 전국으로 확대 선포했다. 동투 지도부, 조투 지도부, 기협 간부 등 자유언론운동을 이끈 주요 언론인들이 줄줄이 체포되었다. 이때 당국에 끌려간 송건호는 각목으로 온몸을 난타당하는 모진 고문을 치러 말년에 깊은 병을 얻었다.

●동투, 조투 기자들은 1975년 이후 매년 해직된 날에 즈음해 자유언론운동의 뜻을 다지는 행사를 열고 있다. 2005년 3월 1일, 동아투위 기자 30여 명이 해직 당시 동아일보 편집국으로 쓰였던 광화문 옛 사옥 앞에서 기념사진을 찍고 있다.

신군부는 해직된 기자들을 괴롭히는 데서 그치지 않고 현직 기자들까지 내쫓기 시작했다. 반체제 및 용공 행위, 검열 거부 주동 및 동조, 부정 축재와 특정 정치인과의 유착 등을 해직 사유로 꼽았다. 각 언론사가 자체적으로 이들을 해직시키면 나머지 '정화대상자'들을 합동수사본부가 직접 처리한다는 계획을 세웠다. 핑계는 여러 가지였지만, 결국 검열거부운동을 주도한 기자들을 몰아내려는 속셈이었다.

이때 쫓겨난 기자가 몇 명인지는 아직까지도 정확한 통계가 없다. 닥치는 대로 해직한 탓이다. 신군부가 스스로 만든 '언론 정화 결과 보고서'를 보면, 정부가 직접 해직 대상자로 지목한 언론인이 298명, 언론사 스스로 쫓아낸 언론인이 635명이다.

신군부는 언론인을 몰아낸 뒤에 언론사를 솎아냈다. 1980년 11월, 전국 64개 언론사 가운데 신문 14개사, 방송 27개사, 통신 7개사를 통폐합시켰다. 이 와중에 300여 명의 언론인이 다시 취재 현장에서 쫓겨났다.

1980년 한 해 동안 적어도 1200명이 넘는 기자들이 신군부에 의해 강제로 해직되었다. 이들은 1984년 3월, '80년 해직언론인협의회'를 결성했다. 1984년 12월에는 동투, 조투, 80년 해직언협 등을 두루 엮는 '민주언론운동협의회'(이하 언협)를 출범시켰다. 언협 초대 의장은 송건호, 공동의장은 김태홍이 맡았다. 신홍범, 성한표, 박우정, 윤활식, 노향기가 실행위원이었고 성유보가 사무국장에 선임되었다. 초대 언협 지도부 모두가 훗날 한겨레의 주춧돌이 된다. 언협은 75년 해직기자들과 80년 해직 기자들이 함께 모인 자유언론운동의 둥지였다. 제도 언론을 비판하다 제도 언론의 바깥으로 내쫓긴 기자들의 울타리였다. 이들 모두에겐 한결같은 꿈이 하나 있었다. 신문다운 신문을 내는 꿈이었다.

한겨레에 참여한 해직 기자들

(가나다순. 괄호 안은 한겨레 재직시 주요 직책)

1975년 해직 기자

동아일보 · 권근술(대표이사), 김두식(대표이사), 김명걸(대표이사), 김양래(기획위원), 김인한(이사), 김종철(논설위원), 문영희(논설위원), 박노성(마케팅국장), 성유보(편집위원장), 송건호(대표이사), 안상규(교열부장), 윤성옥(광고국장), 윤활식(전무이사), 이기중(편집위원), 이병주(상무이사), 이인철(논설위원), 이재민(편집위원), 이종욱1(편집부위원장), 이종욱2(논설위원), 이태호(편집위원보), 이해성(편집위원), 임응숙(편집위원), 장윤환(편집위원장), 정연주(논설주간), 조성숙(기획위원), 조영호(전무이사), 최학래(대표이사), 황윤미(광고부장)

조선일보 · 김선주(논설주간), 성한표(부사장), 신홍범(논설주간), 심채진(편집부위원장), 오성호(심의실장), 이창화(시설부장), 임희순(편집위원), 정태기(대표이사)

1980년 해직 기자

경향신문 · 고영재(편집위원장), 박성득(제작이사), 박우정(편집위원장), 조상기(편집위원장), 홍수원(편집부위원장)

동아방송 · 김근(논설주간)

동아일보 · 윤재걸(기획위원), 최유찬(편집위원보), 최일남(논설고문)

동양방송 · 이병효(심의위원)

문화방송 · 정상모(논설위원)

전남매일 · 박화강(국장 대우), 윤유석(전무이사)

조선일보 · 김형배(논설위원), 이원섭(논설실장)

한국일보 · 권태선(편집인), 노향기(편집부위원장), 신연숙(미디어사업본부장), 안정숙(씨네21 편집장), 이영일(논설위원), 임재경(편집인)

합동통신 · 고승우(편집위원), 김태홍(광고이사), 윤후상(편집위원장), 정동채(논설위원)

현대경제일보 · 왕길남(편집위원보), 현이섭(출판국장)

늦여름 햇살이 잠시 숨을 죽였다. 해가 기울어 산들바람도 불었다. 좋은 날씨다. 사람들은 밖으로 나와 자리를 잡았다. 대전 근교 작은 연수원 마당에 50여 명이 모여 앉았다. 잔디 없는 흙바닥이었지만 시골 마당 같은 운치가 있었다. 1987년 8월 말, 민주통일민중운동연합(이하 민통련)의 연례 총회 자리였다.

새로운 지도부로 체제를 정비하는 게 이 자리의 목적이었다. 사람들은 막 번지기 시작한 노동자 대투쟁에 대해 이야기했다. 12월로 다가온 대통령 선거도 관심사였다. 민주화의 발판을 마련했지만 시국은 여전히 엄중했다. 그러나 간간이 웃음소리가 번졌다. 87년 6월항쟁의 주역들에게 허락된 작은 여유였다. 1985년 3월, 25개 재야운동 단체들이 연합하여 만든 민통련은 민주화 세력의 머리이자 가슴이었다.

"새 신문을 만들려 합니다"

정태기와 권근술이 그들 앞에 섰다. 각각 조선일보와 동아일보에서 해직된 두 사람은 이 자리의 손님이었다. 민통련 간부들에게 발언 시간을 특별히 부탁해 승낙을 받았다. 주요 안건은 모두 처리된 뒤였다. "새 신문을 만들려 합니다." 이렇게 입을 뗀 정태기가 이후 30여 분 동안 새 신문 창간 구상을 설명했다. 민주세력의 지원을 부탁했다.

성유보는 마당에 앉아 그 이야기를 들었다. 그는 조금 전 민통련 사무처장 자리를 임채정에게 물려줬다. '새로운 신문을 만들면 좋지. 그렇게 되기만 하면 얼마나 좋겠어.' 성유보는 자신이 그 신문의 초대 편집위원장이 될 것이라는 생각은 전혀 하지 못했다.

민통련 정책기획실에서 일하고 있었던 윤석인도 그 자리에 있었다. 그 역시 한겨레 창간에 합류하게 될 운명이었지만, 적어도 그날의 관심은 새 신문이 아니었다. 그는 대선 문제에 골몰해 있었다. "그땐 신문이 문제가 아니었어요. 다들 선거에 관심을 쏟았지. 아니면 막 일어나기 시작한 노동자 대투쟁을 이야기하거나. 민통련 사람들끼리 새 신문에 대해 진지하게 토론한 기억이 없어요." 윤석인의 회고다.

당시 민주인사들의 반응이 대체로 이날의 민통련 사람들과 같았다. 새 신문 구상을 반겼지만, 자신의 문제로 받아들여 몰두하지는 않았다. 이날, 진지하게 반응한 사람이 아주 없지는 않았다. "좋습니다. 합시다. 대신 우리하고 같이 합시다. 당신들 언론인, 지식인끼리만 일을 벌이면 자기감정에 함몰됩니다. 민중과 함께합시다." 민통련 의장이었던 문익환 목사였다. 그는 재야운동의 대변지를 염두에 두고 있었다.

"신문 만드는 데 50억 원이 필요하다고요. 모을 수도 있겠죠. 그런데 그 돈이 정말 모인다면 재야운동권의 자금은 씨가 마를 겁니다." 민통련 정책기획실의 핵심이었던 이해찬이었다. 그는 신문보다 정치조직이 우선이라고 생각했다.

정태기의 생각은 조금 달랐다. 민주세력의 뜻을 모아야 한다. 그러나 신문은 언론인이 주도하여 만들어야 한다. 돈을 마련해야 한다. 그러나 몇몇 재야인사의 쌈짓돈이 아니라 범국민적 모금으로 돈을 모아야 한다. 민주화를 이뤄야 한다. 그러나 이

●1987년 9월, 서울 종로구 안국동 안국빌딩 601호에 자리 잡은 '새 신문 창간 사무국'의 초창기 모습이다. 현이섭, 정상모, 이상현, 정태기, 임재경, 홍수원, 이원섭, 서형수 등 창간 사무국 초기 일꾼들이 회의를 열고 있다.

1부 · 새 언론의 꿈

를 위해서라도 민주정부보다 먼저 민주 언론을 준비해야 한다…. 10여 년 동안 해직 기자들이 조금씩 진전시켜온 새 신문의 꿈이었다.

1975년 해직된 동투, 조투 기자들 가운데는 복직을 기대하는 이가 없지 않았다. 그러나 시간이 흐를수록 그 가능성은 옅어졌다. 기성 언론의 상업적 타락과 권력과의 유착도 노골화되었다. 1970년대 후반부터 해직 기자들의 관심은 조금씩 다른 곳으로 옮겨갔다.

"지난 3년여의 인고 속에서 과거의 언론인이 아닌 미래의 언론인으로 성장한 우리는, 오늘의 사이비 언론을 타도하고 민주 민족 언론을 세우는 역사적 책무를 통감한다. 민주 언론은 민중의 아픔을 같이하는 민중을 위한, 민중에 의한, 민중의 것이어야 한다."

동투와 조투 기자들이 1977년 12월 30일 광화문 네거리 태화관에 모였다. 해직 기자들이 단골로 애용한 모임 장소였다. 그 자리에서 '민주 민족 언론 선언'을 발표했다. 제도 언론을 사이비 언론으로 규정하고 새로운 언론을 세우겠다는 뜻을 적극적으로 밝힌 최초의 선언이었다. 다만 말 그대로 선언의 의미가 짙었다. 민주 민족 언론을 세울 구체적 방책을 내놓지는 않았다.

이듬해인 1978년 7월에는 서울 성북구 상지회관에서 '자유 언론'을 주제로 세미나가 열렸다. 천관우, 한완상, 송건호 등이 발제하고 토론했다. 이날 토론 내용을 전한 〈동아투위소식〉 기사의 마무리는 의미심장하다.

"우리는 한밤 끝의 여명을 예감하면서 말하고 싶은 자는 누구나 말하고 듣고 싶은 자는 누구나 듣는 새 시대의 언론을 예비한다. 새 시대에는 언론에 대한 모든 법적, 제도적 제한이 철폐되고 민중의 언론이 제도화될 것이다. 이때서야 비로소 민주 민족 언론이 꽃피게 될 것이다."

민권일지 사건으로 감옥에 갇힌 안종필은 1979년 11월 말, 함께 수감 중인 동료들에게 새 언론에 대한 자신의 생각을 전했다. 나중에 권근술이 주변의 기억을 모아 〈동아투위소식〉에 안종필의 구상을 정리해 실었다. 그 대략은 이렇다.

"새 시대가 와서 우리가 언론계에서 다시 일하게 될 때, 신문을 어떻게 만들고 경영은 어떻게 해야 할까? 가로쓰기에 한글 전용을 해야 할 거야. 지금 신문은 너무 식자층 중심으로 제작되고 있는데, 민중을 위한 진정한 신문이 되기 위해서는 누구나 쉽게 읽을 수 있게 한글 전용을 해야지. 부처 출입제도도 없어져야 돼. 너무 관 위주의 취재여서 민중의 뜻이 제대로 반영되지 않고 있어. 새 시대가 오면 국민들이 골고루

●1984년 12월 19일, 해직 기자들의 주도로 '민주언론운동협의회'가 태어났다. 고 문익환 목사가 언협 창립총회에서 연설을 하고 있다.

출자해서 그들이 주인이 되는 신문사를 세우는 것이 가장 바람직해. 그렇게 되면 어느 한 사람이 신문사를 좌지우지하지 못할 테고, 편집권의 독립도 이뤄질 거야."

이 이야기는 유언이 되었다. 출옥 직후인 1980년 2월 29일, 안종필은 감옥에서 얻은 암으로 길지 않은 생을 마쳤다. 겨우 마흔두 살이었다. 1987년, 동투 기자들이 그의 뜻을 받들어 '안종필 자유언론상'을 제정했다. 1992년 제6회 안종필 자유언론상 수상자는 한겨레 편집국이었다.

1980년대 들어 '새 언론 창설'은 해직 기자들 사이에서 보다 분명한 지향으로 자리 잡았다. 이 좌표를 명확하게 천명한 것은 조투 기자들이었다. 1984년 10월 24일, 조투 설립 10주년 기념행사가 서울 장충동 분도회관에서 열렸다. 해직 기자들은 '새 언론의 창설을 제안한다'는 선언문을 채택했다.

"동아 조선 양 투위의 10주년에 즈음해 제도 언론을 대신하는, 민중적 열망의 표현수단인 새로운 자유, 민주, 민중, 민생, 민족 언론기관의 창설을 제안한다. 우리는 그 제도적 법적 준비의 일환으로 민중 언론(신문, 방송, 통신)을 설립하기 위한 무기한 국민운동을 전개할 것을 제의한다."

1970년대 자유언론운동을 주도한 것은 아무래도 동투 기자들이었다. 그러나 적어도 새 언론 창설에 관해서는 조투 기자들이 보다 적극적이었다. 한때의 야당지였던 동아일보와 비교해 조선일보의 타락이 더 극심했던 것도 하나의 배경이 되었다.

그날 저녁 해직 기자들은 술자리에서 농담을 주고받았다. "새 신문 만들면 네가 편집국장 해라. 내가 사장할 테니." "무슨 소리, 네가 내 밑에 있어야지." 역사적 선언

● '보도지침'은 5공화국의 언론 탄압을 극명하게 드러낸 사례. 해직 기자들이 만들고 배포한 《말》지가 이를 특종 보도했다. 사진 왼쪽은 1988년 12월, 국회 언론청문회에서 증언하는 김주언, 오른쪽은 1986년 7월 17일, 문화공보부가 배포한 '부천서 성고문사건' 보도지침 원본. '취재 보도 불가' '일절 보도 불가' '꼭 실어줄 것' 등의 글이 보인다.

이었지만 스스로도 반신반의했다. 해직 기자들이 하루 끼니를 걱정할 때였다. 신문을 내려면 거대 자본이 필요했다.

조투의 제안은 75년 해직 기자와 80년 해직 기자를 한데 묶은 언협에서도 정식화된다. 언협은 1985년 6월 15일 《말》 창간호에 '새 언론기관의 창설을 제안한다'는 제언을 실었다.

"제도 언론의 외면으로 노동자, 농민 등 여러 분야에서 자신들의 목소리를 전하는 자생적인 언론이 활발히 전개되고 있다. 민중 언론의 지향과 성과를 올바로 수렴하면서 그 형식과 내용을 새롭게 하는 진정하고도 창조적인 언론의 필요성이 제기되고 있다. 이 민중 언론 시대의 요청에 따라 새로운 언론기관의 창설을 위한 범국민운동을 지체 없이 전개하자."

언협은 새 언론의 소유 구조도 제시했다.

"새 언론기관은 기존 언론기관이 소수 또는 개인의 언론기업들에 의해 독점되고 있는 것과는 달리 참다운 민주 언론을 갈망하는 모든 민중이 출자하여 스스로의 힘으로 자신의 표현기관을 창설하는, 그리하여 민중이 공동으로 소유하고 움직이는 그런 민중의 표현기관이 될 것이다."

이 구상은 훗날 한겨레 창간을 위한 국민주 모금운동으로 현실화된다.

언협이 창간한 《말》은 1980년대 후반까지 재야와 대학가를 중심으로 널리 읽혔다. 특히 1986년 9월 특집호에서 '보도지침 사건'을 특종 보도했다. 전두환 정권은 문화공보부 홍보정책실 명의로 각 언론사에 비밀통신문을 매일 보냈다. 뉴스가 될 만한 사안에 대해 일일이 '가', '불가', '절대불가' 판정을 내리고 기사의 크기, 내용, 형식까지 결정해 시달했다.

이를 한국일보 김주언 기자가 몰래 모아뒀다가 언협에 건넸다. 언협은 《말》을 통해 세상에 알렸다. "전두환 입장에서 보면 기사 쓴 놈들을 잡아다 때려죽이고 싶어질 정도로 발칙한 잡지였어요. 표지에다 전두환이 똥 누는 그림까지 그렸으니, 허허." 박성득의 회고다.

창간과 동시에 《말》은 제도 언론과 군사정권의 치부를 폭로했다. 대안 언론의 표상으로 급부상했다. 훗날 한겨레 창간의 주역이 되는 대다수 해직 기자들이 《말》의 제작, 편집, 배포에 관여했다. 여기에 칼럼 한번 쓰지 않은 해직 기자가 거의 없었다. 그런 《말》이 있는데, 또 다른 '새 언론기관'이 왜 필요했던 것일까?

《말》은 정간법상 정식 등록된 언론매체가 아니었다. 일종의 비합법 지하 언론이었다. 발행 때마다 편집진들의 전과가 늘었다. 당국에 끌려가 열흘씩 구류를 살았다. 만드는 사람들도 굳이 정식 등록을 요청할 생각이 없었다. 당시 《말》 제호 아래에는 '민주, 민족, 민중 언론을 향한 디딤돌'이라는 부제가 붙어 있었다. 언협에서 활동한 해직 기자들은 《말》을 디딤돌 삼아 종합일간지 창간을 꿈꾸었다. '지하 매체'로는 성이 차지 않았다. 불법 잡지를 이끌었던 성유보 언협 사무국장, 박우정·홍수원 편집장, 이근영·한승동·권오상·정의길 기자 등은 나중에 한겨레 창간에 고스란히 합류한다.

1970년대 후반 이래 새 신문 창간에 대한 공감대는 더 강해지고 더 넓어졌다. 1980년대 중반에 이르러 새 언론의 편집 방향과 소유 구조에 대한 구체적 제안까지 나왔다. 불법 매체나마 해직 기자들이 직접 만드는 새로운 매체의 가능성도 시험했다. 해직 기자들이 중심이 된 자유언론운동은 한겨레 창간의 토양이 됐다. 그러나 가장 중요한 문제가 남아 있었다. 집단의 선언과 개인의 공상 속에 흩어져 있는 종합일간지의 꿈을 어떻게 현실에 옮겨놓을 것인지 답해야 했다.

87년 민주항쟁, 새 신문 창간의 물꼬를 트다

1987년 6월 민주항쟁의 끝 무렵, 노태우 민정당 대표위원이 8개 항의 6·29선언을 발표했다. 그 가운데는 "현행 언론기본법을 빠른 시일 내에 폐지하고 언론 자유 창달을 위해 관련 제도와 관행을 획기적으로 개선한다"는 내용도 있었다. 박정희 정권

● 오가는 이가 많고 도심에 가까운 안국동에 새 신문 창간 사무국의 사무실을 냈다. 1987년 10월, 한겨레신문을 제호로 결정한 직후, 빌딩 외벽에 창간을 알리는 펼침막을 내걸었다.

이후 계속된 언론 통제의 고삐를 조금 늦추겠다는 뜻이었다. 덕분에 새 언론 창간의 합법적 공간이 생겼다.

그러나 6·29선언에서 이 대목을 눈여겨본 이는 많지 않았다. 1987년 여름, 민주 세력은 그해 12월의 대선 준비로 벌써부터 바쁘게 돌아갔다. 새 언론 창간의 화두에 골몰한 사람들은 따로 있었다. 논의의 중심에 송건호, 리영희, 임재경, 이병주, 정태기, 김태홍 등이 있었다. 그 가운데 핵심은 정태기였다. 그는 구체적 계획과 일관된 확신으로 한겨레 창간을 성사시켰다.

해직 이후 10여 년간, 정태기는 세 종류의 기업을 경험했다. 동양화학 기획실장으로 2년 일했다. 이곳에서 장치산업의 구조를 익혔다. 뒤이어 두레출판사를 차려 5년간 운영했다. 이곳에서 편집, 인쇄, 발행의 감각을 다시 얻었다. 뒤이어 화담기술이라는 컴퓨터 회사를 차렸다. 최신 컴퓨터 기술을 몸소 체험했다. 그는 경영, 기술, 편집을 동시에 익혔다.

정태기는 7월 초, 리영희, 이병주, 임재경 등을 만났다. 인쇄, 판매, 광고 쪽 전문가들을 만나 기초 자료를 수집한 뒤였다. 정태기가 새 신문 창간 구상을 내비쳤다. 리영희가 크게 찬성하며 북돋았다. 이병주는 온 국민이 한 주씩 갖는 국민 개주 캠페인을 그 자리에서 제안했다. 임재경은 송건호 등을 만나 해직 기자 차원으로 논의를 확산시킬 것을 주문했다.

뒤이어 정태기는 송건호와 김태홍을 만났다. 창간 작업 전면에 나서줄 것을 요청했다. 1987년 7월 중순, 서울 마포의 언협 사무실에서 회의가 열렸다. 송건호, 임재경, 윤활식, 성유보, 신홍범, 김태홍, 박우정, 고승우, 정상모 등 10여 명이 모였다. 동투와 조투, 그리고 80년 해직 세대를 두루 아우르는 면면이었다. 이들은 이 자리에서 새 신문 창간에 뜻을 모으고 구체적 계획을 입안하기로 했다. 김태홍에게 초안 마련을 맡겼다.

논의의 물꼬를 튼 정태기, 국민 개주 모금 방식을 제안한 이병주, 자유언론운동을 이끌던 김태홍 등이 중심이 되어 '새언론창설연구위원회'가 곧이어 만들어졌다. 1987년 7월 말, 위원회가 '민중신문 창간을 위한 시안'을 내놓았다. 보고서에 담긴 '민중신문'이라는 표현은 이후 '국민신문', '새 신문' 등으로 바뀌었다. 이 보고서에는 국민 참여, 편집권 독립, 한글 가로쓰기, 컴퓨터조판시스템(CTS), 독자 반론권 보장 등 새 신문의 모습이 구체적으로 담겨 있었다. 1987년 8월 15일 발기 선언, 11월 1일 신문사 창설, 1988년 2월 1일 창간호 발행 등의 일정도 잡아놓았다.

8월 중순부터 해직 언론인들의 논의가 본격화되었다. 시안을 토대로 설명회와 토론회가 잇따라 열렸다. 논의를 위해 정태기는 서울 대치동에 사무 공간을 마련했다. 그가 경영하는 화담기술 사무실 옆방이었다. 매일 저녁 7시 30분이면 10여 명의 해직 기자들이 이곳을 찾았다. 햄버거로 끼니를 때우며 난상토론을 거듭했다. 자본금 마련의 어려움에 대한 지적이 적지 않았지만, 새 신문의 미래에 대한 여러 제안이 쏟아졌다. 회의는 매번 밤 10시를 넘겨야 끝이 났다. 정태기와 권근술이 민통련 총회에서 새 신문 창간 구상을 설명한 것도 이 무렵이었다.

새 신문 창간 논의의 최초 단계에서 송건호, 리영희, 임재경, 이병주, 정태기, 김태홍 등이 뜻을 함께한 것은 의미심장하다. 송건호와 리영희는 당시 환갑을 전후한 나이였다. 두 사람은 각계각층의 존경을 받으며 민주세력의 정신적 지주 노릇을 해왔다. 언론인 이전에 실천하는 최고 지성의 표상이었다.

정태기는 조선투위 위원장, 이병주는 동아투위 위원장을 각각 맡아 75년 해직 세대를 이끌었다. 두 사람은 한동안 본격적인 기업인의 길을 걸었다는 점에서도 닮아 있었다. 김태홍은 80년 해직 기자 세대를 대표하는 인물로 언협 창립을 주도했다. 80년대 자유언론운동의 실질적 지도자였다. 1980년 한국일보에서 해직된 임재경은 창작과비평사 편집고문으로 재직하며 학문 연구와 집필 활동을 계속해왔다. 임재경은 정태기, 이병주, 김태홍의 열정을 송건호, 리영희의 이성 위에 올려놓는 가교 역할을 하기에 가장 적합한 인물이었다. 이들은 70·80년대 자유언론운동의 정통성과 대표성을 한 몸에 안고 있었다.

해직 기자들의 마음은 급했다. 새 언론의 꿈만 꾸었던 시간이 너무 길었다. 1987년 여름의 유화 국면이 언제 어떻게 뒤바뀔지도 모를 일이었다. 새 신문 창간을 위한 시안이 나온 지 한 달여 만인 1987년 9월 1일, 서울 종로구 안국빌딩 6층 601호와 602호에 사무실을 냈다. 빌딩 1층 안내판에 새 명패가 걸렸다. '601호 새 신문 연구소'였다.

한겨레신문과 한겨레

한겨레를 일컬은 최초의 이름은 '민중신문'이었다. 1987년 8월, '새언론창설연구위원회'가 처음으로 제출한 보고서 제목이 '민중신문 창간을 위한 시안'이었다. 그러나 창간 논의가 거듭되면서 보고서의 제목도 바뀌었다. '국민신문 창간을 위한 시안', '새 신문 창간을 위한 시안' 등으로 고쳐 불렀다. 새언론창설연구위원회를 이끌었던 정태기는 "민중신문이라 하니 굉장히 급진적인 신문이 될 것으로 생각하는 사람이 많았다"고 회고한다.

'자주민보'가 될 뻔한 제호

제호가 정식으로 결정된 1987년 10월 말까지, 새로 만들어질 신문을 부르는 이름은 그저 '새 신문'이었다. 초창기 홍보물에도 '새 신문'이라는 명칭을 담았다. 한겨레의 아명(兒名)과도 같은 그 이름에 대해 창간 사무국 사람들은 지금도 강한 친밀감을 느낀다. 나중에 한겨레신문으로 제호가 확정되자, 창간 논설위원이 될 조영래가 불평했다. "너무 국수주의적이지 않아? 그냥 새 신문이 더 좋은 것 같은데….."

1987년 10월 22일 오전, 새 신문 창간발기추진위원회가 회의를 열었다. 그동안 미뤄왔던 새 신문의 정식 제호를 결정해야 하는 자리였다. 시민들을 상대로 실시한 여론조사 결과 한겨레신문, 독립신문, 민주신문, 자주민보 등이 후보로 올라왔다.

창간발기위원장이었던 송건호는 권력과 자본으로부터 독립된 신문이라는 창간 지향을 잘 드러낸다며 '독립신문'을 지지했다. 그러나 구한말의 독립신문과 겹치는 이름이었다. 논의 끝에 다수의 참석자들이 선택한 '자주민보'를 제호로 결정했다.

이날 저녁, 홍보와 모금 등을 위해 밖에서 뛰어다닌 창간 사무국의 젊은 사원들이 사무실에 모여들었다. 오전에 결정된 제호를 전해 들었다. 젊은이들은 경악했다. 구태의연하고 촌스럽다고 생각했다. 즉석에서 사무국 전체 회의를 열어 다시 투표를 했다. 그때부터 한겨레에선 젊은 사람들의 목소리가 컸다. 결국 자주민보의 생명은 반나절을 넘기지 못했다. 과반 이상이 새 신문의 제호로 한겨레신문을 꼽았다. 젊은 사람들은 순 한글 이름을 선호했다.

순 한글 이름, 한겨레신문

제호 도안은 이듬해인 1988년 2월 29일에 확정되었다. 미술평론가 유홍준, 그래픽디자이너 이대일, 공예가 노현재 등이 제호 도안 마련의 실무 책임을 맡았다. 제호 확정까지 넉 달을 고심했다.

순 한글 제호의 취지를 살리기 위해 한글의 원형 글꼴을 찾느라 고심했다. 결국 조선시대에 인쇄한 《오륜행실도》 본문의 목판 글씨체를 변형시켜 글자를 만들었다. 최초 제호 도안의 글씨체는 예리한 느낌이 강했는데, 이대일이 이를 부드럽게 다듬었다.

목판 글씨와 경합을 벌인 것은 장일순의 붓글씨였다. 1980년대 초부터 생명운동을 벌인 그는 재야에서 이름이 높았다. 투표 결과 목판 글씨 선호도가 근소한 표차로 앞섰지만, 확실한 우위를 점한 것은 아니었다. 제호 선정 위원회는 젊은 사원들이 붓글씨보다 목판 글씨를 좋아한다는 점을 감안해, 《오륜행실도》를 집자한 글씨체로 최종 결정했다.

배경 그림을 놓고 오윤·이철수·최병수의 목판화, 민정기의 석판화, 강요배의 펜화 등도 경합을 벌였지

한겨레신문

1988년 5월 • 조선시대 《오륜행실도》에서 집자한 붓글씨체

한겨레신문

1995년 5월 • 백두산 천지와 네모 칸이 사라짐

한겨레

1996년 10월 • '신문'을 떼어내고 평화의 상징인 녹색을 사용

한겨레
THE HANKYOREH

2006년 1월 • 탈네모꼴 글꼴 기본, 진취성과 포용성 강조

만 최종 결정 과정에서 백두산 천지를 새긴 유연복의 목판화가 선정되었다. 박재동도 배경 그림을 제출한 이 가운데 하나였다. 박재동은 초대 화백으로 한겨레 창간에 참가해 낙선의 서운함을 씻었다.

2000년대의 미적 감각으로 보자면, 한겨레 창간 제호는 예스럽기 그지없다. 그러나 당시로서는 첨단을 달리는 디자인이었다. 다른 신문들은 엉성한 한반도 지도 바탕에 세로로 쓴 한자 붓글씨를 제호로 삼고 있었다. 백두산 천지 목판화 위에 순 한글 가로쓰기를 적용한 한겨레의 창간 제호는 그 자체로 신선한 충격이었다.

한겨레신문이 한겨레로

한겨레는 1995년 5월 15일, 처음으로 제호에 변화를 주었다. 배경의 백두산 그림을 빼고 주변의 테두리선을 없앴다. 글자 크기도 110% 정도로 키웠다. 창간 제호에 대한 애정이 강한 사원과 독자들 사이에서 비판적 의견이 적지 않았지만, 한겨레 지면 전체 디자인을 혁신하고 있던 때라 제호 역시 날렵하게 다듬을 필요가 있었다. 이때부터 제호 변경 때마다 "처음 것이 제일 낫다"는 반론이 단골로 등장했다.

1996년 10월, 큰 변신을 감행했다. 평화와 생명을 상징하는 녹색 바탕에 컴퓨터 그래픽의 요소를 많이 넣은 '한겨레' 제호를 올렸다. 서울대 미대와 한겨레신문사가 산학 협동으로 지면 전체 디자인을 개선하면서 내린 결단이었다. 제호는 지면 디자인의 혁신과 운명을 같이하는 것이었는데, 당시의 지면 혁신은 대대적인 것이었다. 지면을 세련되게 다듬으면서 고답적인 이미지가 강한 제호를 그대로 둘 수는 없었다. 서울대 미대 조영제, 백명진 교수가 제호 디자인을 맡았다. 이때부터 한겨레신문은 한겨레로 불리게 된다.

오늘날의 제호는 2006년 1월 1일에 선보였다. 2005년 5월 16일부터 사상 처음으로 '탈네모틀 글꼴'을 신문 편집에 도입했는데, 이후 반년 이상의 연구 끝에 탈네모틀 글꼴의 제호까지 완성했다. 디자인 회사 크리에이티브 잉카가 만들었다. 정사각형의 기존 한글체 틀을 깨는 동시에 과거 녹색 제호의 칸막이도 없었다. 강한 조형미를 통해 진보적 가치를 끝까지 지키겠다는 진취성을 표현했고, 초성 글자를 부드럽게 다듬어 세상을 품겠다는 포용성을 강조했다.

이 제호의 가장 큰 특징은 아무래도 탈네모꼴 글씨에 있다. 각 자모의 개성을 살리지 않고 한자의 본을 따 정사각형 틀에 억지로 끼워 맞춘 것이 그동안의 신문 글씨체였다. 디자인 회사 태시스템이 그 관성을 깨고 사상 처음으로 신문용 탈네모꼴 글씨체를 개발했고, 이것이 한겨레 새 제호의 바탕이 되었다. 새 제호를 만들면서 제호의 위치도 바꿨다. 그동안 한가운데 놓았던 제호를 오른쪽 위로 옮겨 시각적 효과를 극대화했다. 2005년 10월 9일, 한겨레는 한글 서체 개발의 새 장을 연 것으로 평가되는 '한겨레 결체(한결체)'를 독자들에게 무료로 나눠주었다. 배포 닷새 만에 2만여 명이 내려 받는 등 폭발적인 호응을 얻었다. 신문사가 자신이 만든 글꼴을 무료 공개한 것은 국내에서 처음 있는 일이었다.

IBM을 누른 PDI

한겨레는 컴퓨터조판체제(Computer Typesetting System, 이하 CTS)로 신문을 전면 편집한 한국 최초의 일간지다. 당시로서는 첨단의 기술이었다. 한겨레 창간 이후 국내 다른 신문사들도 CTS 전면 편집을 도입했다.

CTS로 전면 편집한 한국 최초의 종합일간지

당시 미국과 일본의 주요 신문들은 이미 CTS로 전면 편집을 하고 있었다. 가까운 일본에서는 요미우리가 최신 설비를 갖추고 있었다. 신문 편집을 소화하려면 대규모 용량의 컴퓨터가 필요했는데, 일본 신문사 가운데서도 자본이 풍부한 요미우리는 아예 슈퍼컴퓨터를 들여놓았다. 이를 바탕으로 미국 IBM이 일본 신문에 맞춰 새로 개발한 프로그램을 적용했다.

CTS 도입을 구상했던 한겨레도 IBM으로부터 제안서를 받은 적이 있다. IBM은 개발비용으로 200억~300억 원을 요구했고, 적어도 1년의 시간이 필요하다고 설명했다. 한겨레에는 그런 돈도 그럴 시간도 없었다. IBM은 한겨레와 궁합이 맞지 않았다.

초대 한겨레 전산제작부장 박성득과 전산제작실장 고상배가 1988년 2월, 일본 인쇄박람회에서 만난 PDI의 발상은 달랐다. 개인용 소형 컴퓨터와 32비트 워크스테이션을 여러 대 이어 붙여 슈퍼컴퓨터의 성능을 구현했다. IBM의 CTS가 한 방에 끝내는 미사일이라면 PDI의 CTS는 개미 떼처럼 달려드는 소총 부대였다. 컴퓨터에 대한 이해가 깊었던 고상배가 그 자리에서 가능성을 알아봤다. "됐습니다. 이거면 할 수 있겠습니다."

벤처 신문 한겨레와 벤처 업체 PDI의 만남

PDI는 이제 막 시장에 진입한 벤처 기업이었다. 일본에서조차 이렇다 할 사업 실적이 없었다. 전국 종합일간지의 CTS를 개발했다는 '경력'이 이들에게 필요했다. 비록 이웃 나라의 신문이긴 하지만 한겨레의 CTS 설립에 선뜻 뛰어들었다. 벤처기업 PDI와 또 다른 벤처기업 한겨레의 야심이 맞들어진 셈이다.

IBM이 300억 원, 1년의 조건을 내걸었던 일을 PDI는 15억 원을 받고 석 달 만에 끝냈다. 한겨레가 창간 때 들여온 장비는 워드프로세서 30대, 1GB 용량의 편집기 8대, 고속출력기 3대 등이었다. PDI는 이후 일본에서 대성공을 거뒀다. 일본 중소신문의 CTS 시장을 싹쓸이했다. 나중엔 신일본제철이 계열사로 인수했다.

한겨레 전산제작부 사람들도 고생을 많이 했다. 듣도 보도 못한 CTS 편집을 구현하기 위해 창간 전부터 '도상 훈련'을 벌였다. 설비가 미처 들어오지 않은 상태에서 모눈종이에 자판을 만들고 칠판에 개념도를 그려가며 연습했다.

창간 보름 전부터 관련 설비가 양평동 사옥에 들어오기 시작했다. 프로그램을 완전히 앉힌 것은 창간호 발행 48시간 전이었다. 마음은 급한데 조판기와 프로그램이 제대로 작동하지 않았다. 기계를 붙잡고 박성득이 엉엉 울었다. 한겨레 전산제작부는 한글 신문 CTS 편집의 개척자였다.

그러나 이때까지만 해도 기자들은 전산화와 거리가 멀었다. 원고지에 기사를 썼다. 취재 현장에 나가 있는 기자들은 전화로 기사를 부르고, 내근 기자가 이를 받아 적었다. 데스크는 원고지에 붉은 펜으로

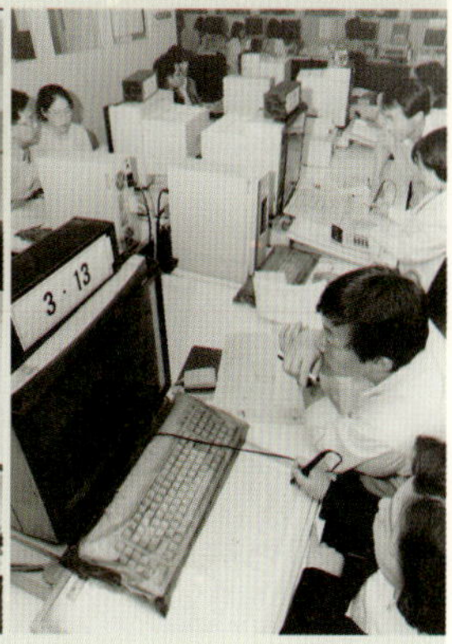

● 자본이 취약한 한겨레는 CTS 혁신을 거듭하며 매체의 품질을 높였다. 사진 왼쪽은 창간 직전인 1988년 5월 12일, 편집교열부 기자와 전산제작부 사원들이 일본 PDI가 개발한 신문 전면 편집 CTS를 시험하고 있는 모습. 한겨레 창간을 취재하는 외신 기자들도 CTS에 관심을 보였다. 오른쪽은 2세대 CTS를 도입한 1995년 5월의 지면 제작 모습.

가필하며 교정 교열을 봤다. 원고지를 받은 전산입력자가 워드프로세서로 기사를 작성하면 이때부터 컴퓨터 편집 작업을 시작했다.

CTS 분야에서 항상 최첨단을 달리다

두 번째 CTS가 한겨레에 도입된 것은 1997년이다. 기사 작성과 전송, 지면 편집과 조판, 화상 처리 및 출력 등에 이르는 전 과정을 전산화했다. 현대정보기술이 프로그램을 개발했다. 전자결재 시스템도 이 때 구축했다. 신문 제작은 물론 경영 부문 전반에 걸친 전산망을 만들었다. 이때부터 한겨레 기자들은 노트북을 들고 다니며 취재 현장에서 기사를 전송했다. 컴퓨터 자판을 익히는 것은 기본이었는데, 여기에 적응하느라 애를 먹은 기자들이 적지 않았다. 2002년, 세 번째 CTS가 도입되었다. 양재미디어가 개발한 이 프로그램은 윈도우즈 운영 체제를 기본으로 삼았다. 모바일 서비스를 가능케 하는 차세대 신문 제작 정보 시스템의 바탕이 이때 완성되었다.

2008년 들어 한겨레는 다시 한 번 최첨단 CTS를 구축했다. 뉴스ML(Mark-up Language) 방식으로 모든 콘텐츠를 통합 관리하는 것이 핵심이다. 뉴스ML은 디지털에 기초해 뉴스 콘텐츠를 생산, 교환하는 국제 표준 포맷이다. 이 방식을 도입하면서 신문 편집, 자료 관리, 화상 제작, 잡지 및 출판물 제작 등이 단일한 방식을 따르게 되었다. 그 결과 신문용 기사가 곧바로 화상용 데이터로 옮겨지는 등의 호환성이 극대화되었다.

한겨레는 뉴스ML 방식을 전면 도입한 국내 최초의 신문사다. 2008년 3월부터 신문 부문의 기사 작성과 편집은 물론 잡지, 출판 등 모든 영역에 걸쳐 콘텐츠의 생산, 제작, 관리를 디지털 방식으로 일원화했다. 첨단정보통신 시대에 전 세계를 상대로 한겨레의 우수한 콘텐츠를 보급하려는 야심 찬 시도다. 2000년 이후 한겨레 CTS 혁신을 이끌었던 정보관리부의 정상택 등이 이 작업을 주도했다.

CTS 분야에서 최첨단의 길을 걷는 것은 창간 때나 지금이나 마찬가지다. 창간 때는 외국의 기술자에게 크게 의존했지만, 이젠 한겨레 내부 인력이 그 혁신을 주도하고 있다는 점이 다를 뿐이다.

3

안개는 아직 걷히지 않았다. 출근길 시청역 앞엔 스모그가 옅게 깔려 있었다. 사무실로 향하던 사람들은 한 장의 종이를 건네받았다. '이게 뭔가' 하는 표정이다. "해직 기자들이 새 신문을 만듭니다." 설명을 덧붙이면, 그제야 사람들은 들여다보았다. 어떤 이는 곱게 접어 양복 안주머니에 넣었다. 무심한 척 뒤에서 다가와 한 장 더 달라는 이도 있었다. 신호에 멈춰선 택시에서 승객들이 창을 내리고 손을 내밀었다.

"온 국민이 주인인 신문이 세상에 나옵니다"

1987년 11월 18일 아침 7시 30분, 〈한겨레신문 소식〉 1호가 서울시청, 종로2가, 서울역 등에 등장했다. 그 뒤 나흘 동안, '한겨레신문'이라 적힌 어깨띠를 두르고 30여 명이 아침마다 서울 시내를 누볐다. 제도 언론은 새 신문 창간 움직임을 보도하지 않았다. 몇몇 신문이 지면 귀퉁이에 겨우 1단 기사로 한두 차례 다루고 말았다. 새 신문을 만들려는 사람들이 직접 새 신문 창간 소식을 알리는 수밖에 없었다. 충무로 인쇄소에서 소식지를 찍었다. 다들 인쇄를 꺼렸다. 웃돈을 얹어 일을 맡겼다.

소식지 1호 앞면에는 굵은 글씨의 한 문장이 돋움 편집되어 있었다. '온 국민이 주인인 새 신문, 한겨레신문은 39억 3000만 원이 더 필요합니다.' 돈이 필요하니 도와달라는 이 소식지는 이듬해인 1988년 4월 28일, 10호까지 발행되었다. 시간이 흐를수록 인기가 높아져 나중엔 수십만 부를 찍어냈다. 마지막으로 나온 10호 1면 머리기사 제목은 '창간호 5월 15일 발간'이었다. 소식지의 발행처는 한겨레신문 창간 사무국이

● 새 신문 창간 소식을 보도해주는 언론이 없어 창간 사무국 사람들이 직접 거리로 나와 홍보했다. 1987년 11월 18일 아침, 임재경, 정태기, 권근술 등이 지하철 시청역 구내와 입구 주변에서 〈한겨레신문 소식〉을 나눠주고 있다.

었다.

1987년 9월 1일 입주 직후, 안국빌딩 601·602호에 매일 출근한 사람은 10여 명이었다. 70여 평 남짓한 사무실은 업무 공간과 회의 공간으로 나뉘어져 있었다. 유인물과 우편물로 책상은 항상 어지러웠다. 크게 두 갈래로 일을 진행하면서 창간 사무국 체제를 정비했다.

우선 새 신문의 지향, 구성, 편집 등을 연구하는 팀을 만들었다. 임재경이 총괄책임을 맡고 신홍범, 성한표, 권근술, 박우정, 조성숙 등이 여기에 합류했다. 75년 해직 세대가 주축을 이룬 가운데 80년 해직 세대가 뒤를 받쳤다. 이들은 뉴욕타임스, 르몽드, 엘 파이스, 가디언 등 외국 주요 일간지를 검토하면서 새 신문의 얼개를 기초할 터였다.

신문사를 세우는 일은 창간 사무국장인 정태기가 지휘했다. "신문사는 내가 만들 테니, 선배는 신문을 만들어주십시오." 그가 임재경에게 했던 말이다. 김명걸과 이병주가 모집 관리를 맡았다. 홍수원은 사무국 차장으로 실무 관리를 책임졌다. 롯데그룹에서 일했던 서형수가 기획을 담당했다. 박성득은 공무를 맡았다. 이원섭과 김형배가 홍보를 책임졌고, 현이섭과 신동준이 국민주 모집을 맡았다. 안정숙이 경리를, 이상현과 이병효가 총무를 맡았다. 75년 해직된 정태기가 이끌고, 80년 해직 세대가 실무 책임을 맡는 모양새였다.

할 일이 태산인 사무국에는 젊은이가 필요했다. 사무국이 막 만들어지던 때, 안국빌딩 사무실을 찾아온 20대 청년들이 있었다. 대학을 갓 졸업했거나 졸업을 앞둔 이들이었다. 새 신문 창간을 위해 무슨 일이라도 하겠다고 나섰다. "나중에 기자로 채용할 것이라는 보장을 할 수 없어요." 홍수원이 이들에게 말했다. "실은 신문사가 만들어질지도 불투명합니다."

그래도 지원자가 넘쳤다. 처음에는 오는 대로 일을 맡기다가 나중에는 정식으로 채용시험을 치렀다. 경쟁률이 3대 1에 가까웠다. 열심히 일을 돕다가 졸지에 채용시험에서 떨어진 대학생들은 울었다. 선발된 곽정수, 김선규, 김용성, 김현대, 박근애, 안영진, 정상영, 하성봉 등은 홍보, 모금 등 온갖 잡무를 도맡았다. 해직 기자 출신들은 이들을 '사무국 아르바이트생'으로 불렀다. 돈도 제대로 못 받고 일하던 아르바이트생들은 나중에 한겨레신문사 공채 1기 사원이 된다. 이 가운데 하성봉과 박근애는 서로 결혼했다. 김용성은 채용에 떨어져 서럽게 울던 여대생과 결혼했다. 사내 커플이 많기로 유명한 한겨레의 전통이 이때부터 시작되었다.

세상을 바꾸고 싶은 사람들, 안국빌딩에 모이다

1987년 10월 이후 사무국 모양새가 갖춰지면서 해직 기자들이 속속 합류했다. 다니던 신문사에 사표를 쓰고 새 신문 창간 대열에 동참하겠다는 현직 기자들도 늘어났다. 사무국 출범 넉 달이 지난 1988년 1월, 창간 사무국 식구가 50여 명으로 불었다.

그 가운데 조영호가 있었다. 그는 롯데그룹 기획실장 일을 접고 나오느라 조금 늦게 사무국에 참가했다. 정태기가 제작·윤전·사옥 등 신문사의 하드웨어를 깔았다면, 조영호는 그 위에 인사·예산·사규 등 신문사의 소프트웨어를 장착했다. 대기업에서 기획·예산·조직·판매 분야를 두루 거친 경험이 큰 밑천이었다. 정태기가 일을 벌이고 조영호가 이를 조율했다. 두 사람은 신문사 창립의 경영적 기반을 닦는 두 바퀴가 되었다. 두 사람 모두 40대 초반이었다.

이병주와 신홍범은 창간 사무국을 이끈 또 다른 40대다. 1975년 조선일보의 자유언론운동을 주도했던 신홍범은 새 신문의 밑그림을 그렸다. 한겨레는 한국 언론 사상 처음으로 개별 언론사 차원의 윤리강령을 채택했는데, 신홍범이 해외 언론의 윤리강령을 참조해 그 초안을 만들었다. 민주적 편집위원회 구상도 그의 작품이다. 동아투위 출신인 이병주는 국민주 모금의 총책이었다. 해직 이후 그는 광고기획사와 극단 등을 운영하며 〈지저스 크라이스트 슈퍼스타〉 등을 흥행시켰다. 창간 준비 내내 자신이 제안했던 범국민 모금운동의 실무를 주도하면서 홍보, 판매, 광고 전략을 다듬었다.

새 신문 창간이 구체화되면서 사무국 대변인을 맡은 이원섭도 바빠졌다. 〈한겨레신문 소식〉 발행은 그의 몫이었다. 기자들도 상대해야 했다. 안국동 사무실이 종로경찰서 맞은편에 있어, 각 언론사의 종로서 출입기자들이 한겨레 창간 사무국 취재를

담당했다. 1988년 3월, 언론사 기자들을 모아놓고 이원섭이 밥을 샀다. 당시 서울신문의 종로서 출입기자였던 성한용은 "관련 기사를 써도 데스크가 실어주지 않는다"며 괴로워했다. 괴로워하던 그는 결국 한겨레로 자리를 옮겼다.

한국의 제도 언론은 애써 외면했지만, 외신은 경이적인 눈으로 창간 움직임을 보도했다. AP, AFP, 로이터, 교도통신, 리베라시옹, 베를리너 타게스 차이퉁, 아사히신문, 크리스천 사이언스 모니터, NHK 등이 '권력과 대자본의 간섭을 배격하는 진정한 독립 일간지'의 준비 과정을 알렸다.

대학 언론과 재야단체 기관지 사람들도 안국동 사무실을 찾았다. 이원섭, 김형배, 이상현 등이 이들을 맞았다. 외신 기자를 만날 때는 이병효가 합석했다. 미국 유학 경험이 있어 영어에 능통했다. 나중에는 조홍섭, 고종석도 거들었다. 조홍섭은 유네스코 한국위원회 사무처에서 일했었다. 코리아타임스 출신의 고종석은 언어감각이 탁월했다. 창간 사무국에선 이들이 외국어를 제일 잘했다.

기관원들도 사무국 주변에 얼쩡거렸다. 감히 사무실에 들어오지는 못했지만, 상급자에게 보고할 만한 내용을 찾지 못해 전전긍긍했다. 결국 안국빌딩 지하의 다방에 이들을 불러 모았다. 서울경찰청, 경찰청 치안본부, 안기부, 보안사 등 각급 기관의 정보 요원들이 모두 모였다. 정태기와 이원섭이 합석했다.

"학생회나 학보사 출신 등 운동권이 지원하면 무조건 입사시키는 겁니까?" 정태기가 답했다. "그런 기준으로 뽑아서 제대로 된 신문을 만들 수 있겠소? 다만 당신네들이 언론계를 죽사발로 만들어 기자들을 전부 타락시켰기 때문에 이런 원칙은 세웠어요. 기자를 천직으로 아는 사람만 뽑는다, 기자를 정치권력의 방편으로 생각하는 사람은 못 들어온다. 이게 원칙이요.”

사람 관리만큼 돈 관리도 중했다. 처음엔 김명걸이 맡았다. 해직 이후 남대문 시장에서 옷 장사를 해본 경험을 고려했다. 그러나 정작 계산에 서툴렀다. 안정숙이 뒤를 이었다. 1980년 한국일보에서 쫓겨난 그는 당시 아무 직업이 없었다. “누가 돈을 주고받았는지 비밀을 지켜줄 회계 담당이 필요한데, 지금 놀고 있는 사람은 너밖에 없어.” 이 한마디에 안국동 사무실에 불려 간 안정숙은 매일 늦은 밤까지 회계장부의 숫자를 맞추느라 애를 먹었다. 여고를 갓 졸업한 박옥숙이 이를 도왔다. 어린 나이에도 야무지게 안살림을 챙기는 박옥숙은 사무국의 귀염둥이였다.

며칠씩 집에 못 들어가는 생활이 계속되었지만 사무국 식구 가운데 누구도 월급 따위를 염두에 두지 않았다. 창간 발의 기금으로 해직 기자들이 내놓은 돈은 운영 경비로만 썼다. 국민주 모금 때 들어온 돈은 고스란히 은행계좌에 넣어두었다. 담당 업무를 굳이 가리지 않고 뛰었다. 모두가 모금하고 모두가 홍보했다. 누구도 불평하지 않았다. 다만 불안했다. 자칫 잘못하면 거대한 대국민 사기극이 될 수도 있다는 우려 때문이었다. 세상을 향해 내뱉은 말을 책임져야 했다.

5 0 억 원 이 면 할 수 있 다

“우리는 새 신문을 만들 것입니다. 진실과 용기 그리고 긍지를 바탕으로 새 신문은 그 어떤 세력의 간섭도 용납지 않을 것이며 어떤 폭력에도 굴하지 않을 것입니다. 새 신문은 민주주의적 모든 가치의 온전한 실현, 민중의 생존권 확보와 생활수준의 향상, 분단의식의 극복과 민족통일의 지향을 주요 방향으로 삼을 것입니다.”

1987년 9월 23일 저녁 7시, 안국동 사무실에서 새 신문 창간의 뜻을 처음으로 공식 선포했다. 새 신문 창간 발의자 총회 자리였다. 100여 명의 전현직 언론인이 사무실을 찾았다. 송건호 새 신문 창간위원회 위원장이 창간 발의문을 읽었다. 196명의 발의자 명단도 발표했다. 실명으로 발의한 155명의 대부분은 동투, 조투 및 80년 해직 언협 출신이었다. 현직 언론인들은 이름을 숨기고 발의에 참여했다. 이들이 50만 원씩 먼저 출자했다. 이렇게 해서 모은 1억 원의 돈은 창간 때까지 실무 자금으로 쓰였다.

신문사 설립에 필요한 돈은 50억 원으로 정했다. 1주당 5000원의 주식을 국민들이 사면, 여기서 마련된 자본으로 신문사를 창설하기로 했다. 출자상한을 수권자본금 50억 원의 1% 이내로 제한했다. 한 사람이 5000만 원 이상의 주식을 살 수 없도록 한 것이다.

이 계획의 가장 큰 전제는 50억 원으로 신문사를 만들 수 있다는 것이었다. 1986년,

6개 전국지, 2개 경제지, 1개 통신사를 포함한 9개 언론사의 평균 고정자산은 249억 원이었다. 토지, 사옥, 윤전기 등의 확보에 이 정도의 돈이 들어간다는 이야기다. 중앙일보의 경우, 한겨레가 창간된 1988년 당시 총자산 규모가 이미 1770억 원을 넘어섰다. 조선일보와 동아일보 등도 이와 비슷했다. 박정희 정권 이후 신문 발행 이외의 사업으로 잇속을 채운 탓도 있지만, 신문사 설립과 운영은 그만큼 막대한 자본이 필요한 일이었다. 50억 원으로 신문사를 만든다는 계획을 허무맹랑한 이야기로 치부하는 것도 무리는 아니었다.

월간 샘이깊은물 1987년 11월호에 좌담 기사가 하나 실렸다. 나중에 창간 논설위원이 될 조영래 변호사가 사회를 맡고, 송건호와 정태기가 나란히 앉아 한겨레 창간 준비 작업을 소개했다.

"새 신문을 만들어보겠다는 말은 젊은 해직 기자들 사이에 2~3년 전부터 있었어요." 먼저 송건호가 말했다. "그러나 나는 그런 소리 들어도 엄두도 못 내고 한 귀로 듣고 한 귀로 흘리고 반응을 안 보였어요. 돈 한 푼도 없이 어떻게 그 일을 하나 싶었거든요. 그러나 이제 현실로 나타나고 있습니다."

"일반적으로 일간지 하려면…." 정태기가 뒤이어 말했다. "200억 원이 든다고 합니다. 그러나 신문사의 본질적 기능인 인력과 시설을 최소로 하면 100억 원이면 되겠더라고요. 우선 주식을 팔아서 자본금 50억 원을 갖추면 나머지 50억 원을 금융기관에서 융자받을 수 있습니다."

'50억 원의 비밀'은 사식, 출력, 조판, 윤전에 이르는 신문사 공무시설의 비용을 획기적으로 줄이는 데 있었다. 1987년 10월 30일, 서형수는 18쪽 분량의 사업계획서를 창간위원들 앞에서 발표했다. 여기에 한겨레신문사 창사, 창간의 청사진이 담겨 있었다.

롯데그룹에서 일했던 그는 창간 사무국의 대다수 일꾼들과 달리 해직 기자 출신도 기자 지망생도 아니었다. 회사 상급자였던 조영호의 제안을 전격적으로 받아들여 잘 다니던 대기업에 사표를 던졌다. 결심을 굳힐 때 어린 두 아들의 얼굴이 눈앞에 삼삼했는데, '사내놈은 뭘 해도 먹고살겠지' 싶어 아무 연고도 보장도 없는 창간 사무국에 합류했다. 사업계획서 작성이 그의 첫 업무였다. 사무국 일꾼 가운데 그런 문서를 만들어본 이가 없었다.

최소주의와 정예주의

전자계산기를 두들기며 한 달을 꼬박 매달려 사업계획서를 만들었다. 신문사 사옥은 임차한다. 인쇄 공간 200평, 사무실 600평, 발송 공간 200평 등을 빌려 쓰는 데 5억

● 1987년 10월 30일, 서울 명동 기독교여자청년회(YWCA) 대강당에서 창간 발기 선언대회를 열었다. 행사를 마치고 창간 발기인 대표자 및 창간 사무국 사람들이 기념사진을 찍었다. 창간 주역들의 옛 모습이다.

원이 필요하다. 전산입력기, 출력기, 조판·제판 설비, 윤전기, 발송시설 등을 구하는 데 적어도 40억 원이 들어가지만, 이를 모두 장기임대(리스)하면 당장은 12억 원만 마련하면 된다. 나머지 통신·운반·사무 설비 등도 할부로 구입하면 4억 원이면 될 것이다. 전체 인력 규모를 200명 안팎으로 볼 때, 운영 자금은 급한 대로 10억 원이면 된다. 나머지 비용을 더해 전체적으로 37억 5000만 원 정도만 마련되어도 일단 신문사를 만들어 신문을 낼 수 있다….

인력 최소화, 설비 규모 최소 적정화, 판촉비 최소화, 확장지·무가지 발행 억제, 가판 체제 중심 등 '최소주의'가 바탕이 되었다. 무조건 줄이고 아낀다는 뜻은 아니었다. 최소의 자원으로 최대의 효과를 내겠다는 '정예주의'도 강했다. 컴퓨터조판시스템(CTS)의 도입이 이를 가능케 했다.

당시까지 한국의 모든 신문은 납 활자를 썼다. 납 활자로 일일이 단어와 문장을 만들어 신문을 찍었다. 수많은 납 활자를 구하고, 무거운 납 활자가 들어갈 튼튼한 사옥을 짓고, 다수의 납 활자 숙련공을 채용하려면 막대한 돈이 필요했다.

컴퓨터 회사를 운영한 정태기는 컴퓨터조판시스템으로 신문을 만들 수 있다고 생각했다. 일부 외국 신문은 이미 이 방식을 쓰고 있었다. 한국에서도 잡지를 만들 때 컴퓨터 조판을 이용했다. 글자 또는 문장 단위가 아니라 면 전체를 그래픽 단위로 작업하는 게 컴퓨터 조판의 뼈대였다. 한글을 쓰는 국내 종합일간지에서 이를 어떻게 구현하는지가 문제였다.

1988년 2월, 박성득이 일본 도쿄에서 열린 인쇄박람회를 찾아가 문제를 풀었다. 젊은 사장이 직원 하나를 데리고 차린 소규모 업체 PDI를 조우했다. 일종의 벤처기업이었다. 이들은 신문 조판용 컴퓨터시스템을 개발해 박람회 부스에 내놓았다. 물론 일본 신문을 겨냥한 상품이었다.

이 시스템을 창간 예정일인 1988년 5월 이전에 한글 신문 활자에 맞게 변형하는 것이 과제였다. 일본인 사장은 불가능한 일이라며 처음엔 코웃음 쳤다. 설득 끝에 결국 박성득과 의기가 맞아 일을 벌였다. 이들은 얼마 뒤, 세계 최초의 한글 신문 컴퓨터 조판시스템을 만들어 내놓는다.

윤전기도 문제였다. 신문사로 등록하려면 시간당 2만 부 이상 찍는 윤전기가 필요했다. 모든 신문용 윤전기는 수입품이었다. 그런데 정부에 등록한 신문사만 신문용 윤전기를 수입할 수 있었다. 실정법은 한겨레의 윤전기 도입을 앞과 뒤에서 막아놓고 있었다.

처음엔 기존 신문사의 재고 윤전기를 물색했다. 모두 거절했다. 서형수가 눈길을 다른 곳으로 돌렸다. 수소문 끝에 중고 윤전기를 발견했다. 경기도 파주의 한 공업사가 1986년께 수입한 잡지용 윤전기였다. 이런저런 윤전기 부품을 한데 뭉쳐놓아 제대로 작동될지도 의심스러웠다. 한겨레의 윤전 직원들이 고철 덩어리나 다름없는 이 윤전기를 개조해 창간호를 찍어내게 된다.

이제 윤전기가 들어갈 건물이 필요했다. 서형수, 박성득, 박노성, 한봉일 등이 동서남북으로 나눠 서울을 뒤졌다. 서울 영등포구 양평동에 마침 새로 지은 공장 건물이 나왔다. '마찌꼬바'로 불리는 소규모 공장들이 밀집한 지역이었다. 보증금 4800여만 원, 월세 480여 만 원에 336평의 2층 사무실을 빌렸다. 한겨레신문사에 세를 주지 말라는 당국의 압력이 있었지만 건물주는 아랑곳하지 않았다. 다만 월세를 비싸게 받았다. 나중에 신문사 간판을 올려 달았는데, 애초 계약에 없던 시설이라며 추가로 돈을 더 받아갔다. 정치권력의 압력을 신경 쓰지 않았지만, 금전거래에는 철저했다. 그 정도나마 고마운 일이었다.

남이 버린 것을 고쳐 쓰고, 안 된다는 일을 되게 만들면서 신문사를 준비했다. 그래도 돈은 필요했다. 사업계획서에선 50억 원이면 신문을 낼 수 있다고 했지만, 그 공언의 또 다른 전제는 50억 원이라는 돈을 마련하는 데 있었다.

흔들리는 기차에서 송건호는 잠이 들었다. 이제 막 지방 강연회를 마치고 서울에 올라오는 길이었다. 밤 기차는 새벽 5시쯤 서울역에 도착할 것이다. 아침 10시부터 서

●창간 발기 선언대회장에는 한겨레의 미래 지향을 알리는 펼침막이 여럿 내걸렸다.

울 한 대학에서 또 다른 강연회가 있다. 그는 다시 강단에 올라야 했다. 빡빡한 일정이 계속되고 있었다. 해직 기자 몇몇과 함께 송건호는 전국을 다녔다. 한겨레 창간 기금 모금을 위한 강연회를 열었다. 강연이 끝나면 즉석에서 모금이 이루어졌다. 뒤풀이 자리에선 지역 재야단체 관계자들이 해직 기자들과 만나 후원회 결성을 논의했다. 소도시 사람들은 "왜 우리 지역엔 송 선생이 안 오시느냐"며 항의했다.

　돈이 없는데 신문사를 어찌 만드느냐 했던 송건호도 사무국 창설 이후 확신에 차 있었다. "반드시 신문을 냅니다." 이런저런 인터뷰와 강연 자리마다 카랑카랑한 목소리로 힘주어 말했다. "누구도 대세를 막을 수 없습니다. 새 신문을 내고야 말겠습니다." 송건호는 새 신문 창간의 표상이었다. '민주화를 위해 싸운 해직 기자들이 만드는 독립 언론'의 이미지는 그로 말미암아 대중적으로 확산되었다. 시민들은 해직 기자들의 면면을 잘 알지 못했다. 다만 송건호는 잘 알았다. 그에 대한 국민적 신뢰는 굳건했다.

그러나 송건호의 상징성만으로는 부족했다. 민주세력을 넘어 전 국민적인 참여가 절실했다. 50억 원은 막대한 돈이었다. 1987년 10월 12일, 각계 원로 24명이 새 신문 창간을 지지하는 성명을 발표했다. 종교계의 김수환 추기경·문익환 목사·박형규 목사·송월주 스님·지학순 주교·함석헌 선생, 문학계의 김정한·박경리·황순원, 학계의 변형윤·이효재, 법조계의 이돈명 등이 뜻을 모았다.

이어 10월 30일에는 명동 기독교여자청년회(YWCA) 대강당에서 창간 발기 선언대회를 열었다. 새 신문 창간을 대외적으로 선언하는 자리였다. 각계 인사 1000여 명이 참석했다. 홍성우 변호사가 발기 선언문을 낭독했다. "권력에 예속된 제도 언론을 극복하기 위해…." 그의 목소리가 떨렸다. "민주화를 염원하는 모든 국민의 참여로 국민이 주인이 되는 신문의 창간을 공식 선언한다." 대회장 안팎에는 펼침막이 여럿 내걸렸다. '민족에게 통일을' '민중에게 자유를' '민주주의 만세' '자유언론 만세'.

1987년 11월 2일부터 시민들을 상대로 본격적인 모금 활동에 들어갔다. 국민 모금을 알리는 첫 광고가 1987년 11월 6일 조선일보 8면에 실렸다. '온 국민이 만드는 새 신문, 한겨레신문의 주인이 됩시다.' 창간 사무국이 처음으로 종합일간지에 게재한 광고였다. 3300여 명의 발기인 명단을 펼쳐 전면에 실었다. 모금 광고를 조선일보나 동아일보엔 절대로 실어선 안 된다는 의견도 적지 않았지만, 광고 효과를 우선 고려했다. 광고가 나간 날부터 납입 문의 전화가 폭주했다. 이날 하루 만에 1100만 원이 모금되었다.

모금 광고의 결정판이 1987년 12월 23일, 첫 선을 보였다. 양 김씨가 후보 단일화에 실패한 뒤, 1987년 12월 16일 대통령 선거에서 노태우 민정당 후보가 당선되었다. 노태우 후보는 36.6%의 득표로 대통령이 되었다. 열패감과 절망감이 전국을 뒤덮었다. 대선 결과가 드러난 12월 17일 아침부터 창간 사무국에 전화가 빗발쳤다. 누구는 기금 납입 방법을 물었다. 누구는 왜 신문을 일찍 내지 않았느냐고 화를 냈다. 누구는 지금이라도 좋으니 호외를 찍어 진실을 알려달라 했다. 누구는 그저 울었다.

'민주화는 한판의 승부가 아닙니다—허탈과 좌절을 떨쳐버리고 한겨레신문 창간에 힘을 모아주십시오.' 한겨레 사람들이 그들에게 답했다. 12월 23일부터 한국일보, 동아일보, 조선일보, 중앙일보 등에 연이어 광고가 나갔다. 이 광고가 범국민 모금운동 확산의 물꼬를 텄다. 모금액이 급격히 상승했다. 모금운동 시작 40여 일이 지난 12월 12일까지 총 모금액은 16억 원이었다. 대선 이후, 그리고 이 광고가 나간 뒤부터는 하루에만 1억 원씩 모였다.

얼마 지나지 않아 문화방송이 한겨레 창간을 알렸다. 1988년 1월 14일, 저녁 9시 뉴스에 '신문 완전경쟁 시대'라는 제목으로 1분짜리 리포트가 나갔다. "신문의 완전

●3300여 명의 창간 발기인을 대표하는 이들이 창간위원회를 구성했다. 1987년 11월 14일, 안국빌딩 사무실에서 창간위원회 1차 전체회의를 열고 있다.

경쟁 시대가 열립니다. 특히 3월에는 국민주식 형태의 한겨레신문이 창간됨에 따라 기존 신문의 대응이 불가피한 국면입니다. 한겨레신문은 3월 창간을 목표로…모든 경영의 초점을 언론의 본질적 기능에 맞춘다는 점을 강조하고 있습니다."

시장 변화에 대한 다른 신문사들의 대응책도 함께 전했다. 보도의 초점이 한겨레 창간에만 있지는 않았지만, 그나마 제도 언론으로선 드문 일이었다. 정동영 기자가 리포트했다. 그 뒤로 순전히 투자 목적에서 주식 구입을 문의하는 전화도 심심찮게 걸려왔다.

108일간의 모금운동

1987년 말부터 모금운동은 전 국민적 차원으로 번졌다. 전문직, 회사원, 대학생, 주부, 교사, 교수, 장교 등 각계각층이 돈을 냈다. 점심시간에는 직장인들이 사무실을 찾았다. 오후엔 할아버지들이 지팡이를 짚고 찾아와 기금을 냈다. 아이를 등에 업고 꼬깃꼬깃 접은 돈을 꺼내는 중년의 아주머니도 적잖았다. 대학 총학생회, 노동조합, 농민단체 등이 대표자 명의로 기금을 냈다. 교사들은 학교 단위로 돈을 모아 냈다. 반 친구들의 용돈을 모아 낸 고등학생도 있었다. 성당에선 신부들이 앞장서 설립기금을 모았고, 산사의 스님들도 돈을 모아 냈다. 결혼비용을 아껴 돈을 낸 신혼부부가 있었고, 아이들 이름으로 주식을 산 부모도 많았다. 공무원과 기자들이 적지 않았는데, 이름을 드러낼 수 없어 아들 이름, 부인 이름을 내세웠다. 부산, 광주, 인천, 대구 등 전국 30여 개 도시에서 창간 후원회가 만들어졌다.

창간기금을 보태는 게 모자라 스스로 모금 홍보 활동에 뛰어들기도 했다. 어느 신문의 배달 소년은 〈한겨레신문 소식〉 1000여 부를 사무국에서 받아들고 집집마다 돌렸다. 경북 안동 성창여고 교사였던 박경서 씨는 창간 후원회 결성을 위해 뛰어다니다 불의의 사고로 사망했다. 1988년 1월 10일 밤, 영하 10도의 추운 날씨에 오토바이를 타고 영주까지 건너가 홍보 활동을 하고 돌아오다 교통사고를 당했다. 당시 서른두 살이었다. 고인의 주머니에는 자신이 직접 쓴 후원회 설립 취지문과 창간기금 납입약정서 10여 장이 있었다.

마침내 1988년 2월 25일 창간기금 모금이 끝났다. 모금을 시작한 지 정확히 108일 만이었다. 2만 7000여 명이 100만여 주를 샀다. 50억 원을 모았다. 10~50만 원을 낸 이가 전체의 35.6%였다. 20대가 34.6%, 30대가 26.4%였다. 20세 미만도 8.2%나 되었는데, 부모들이 아이 이름으로 주식을 산 경우가 대부분이었다. 회사원이 27.7%, 학생이 12.5%, 교사가 7.7%, 교수가 6%였다. 지역별로는 서울이 56.2%로 가장 많았다. 부산(4.7%), 광주(3.8%), 인천(2.8%), 대구(2.6%) 등에서도 많은 이들이 동참했다. 한겨레 창간을 기다리는 성원에는 지역별 편차가 없었다.

거짓말 같은 기적을 이루는 데는 약간의 편법이 따랐다. 당시 실정법상 주주를 모아 회사를 설립하는 일은 법인만 할 수 있었다. 창간 사무국 시절의 한겨레는 법인이 아니었다. 실체도 없는 회사가 주주를 모으는 것은 법을 어기는 일이었다. 결국 회사 설립을 위해 여러 사람이 돈을 기부하는 형태를 취했다. 이후 법인 등기를 마치면 받은 돈을 주식으로 바꿔 돌려준다는 계획이었다. 그래서 국민주 모집이 아닌 국민 모금이라는 용어를 썼다. 모금을 정태기 이름의 은행계좌로 했는데, 이를 기금 납입자들에게 주식으로 바꿔주는 과정도 문제였다. 자칫하면 막대한 증여세를 낼 수도 있었다.

세계적으로도 전례가 없는 일이라 준거로 삼을 법령이 미비해 생긴 일이었다. 실정법이 한겨레 사람들의 상상력을 따라잡지 못할 때, 창간 사무국 고문 변호사인 박원순이 고심을 많이 했다. 당시 박원순은 시민운동에 발을 담그기 전이었다. 법 취지를 따르면서도 실정법의 허점을 파고드는 길을 박원순이 많이 알려주었다.

모금운동이 한창 진행 중이던 1987년 12월 14일, 드디어 새 신문사의 법적 실체가 만들어졌다. 안국동 한식집 영빈가든에서 한겨레신문사 창립총회가 열렸다. 임원을 선임했다. 송건호를 대표이사로, 임재경을 편집인으로 선임했다. 두 사람 외에 정태기, 이병주가 상임이사가 되었고, 김정한, 이돈명, 홍성우는 비상임이사가 되었다. 김인한, 성유보, 권근술, 신홍범, 김태홍은 비등기이사로 선임되었다. 다음 날 서울민사지방법원에 법인 설립 등기를 마쳤다.

● 정부가 신문 등록필증을 내주지 않는 데 항의해 1988년 4월 24일 명동성당 앞에서 한겨레 사원들이 시위를 벌이고 있
다. 창간 사무국에서 궂은일을 도맡았던 젊은 사원들이 시위를 이끌었다.

"우리에게도 등록증을 달라"

일이 착착 되어가는데 막판에 정부가 발목을 잡았다. 관할 세무서가 사업자등록
증 발급을 한 달 넘게 끌더니, 1988년 들어서는 문공부가 일간지 등록증 교부에 늑장을
부렸다. 실정법상 일간지 등록 신청 즉시 등록증을 발급하게 되어 있었다.

창간 예정일이 2월에서 3월로, 다시 5월로 늦춰졌다. 등록증이 나오지 않아 신문
용지 구입 계약, 운전기 도입 계약, 지사 설치 계약 등 모든 업무의 진척이 더뎌졌다.
양평동 사옥, 명동성당, 문공부, 세종문화회관 앞 등에서 한겨레 사원들이 시위를 벌
였다. 노골적인 자유 언론 탄압이라며 정부 당국을 규탄했다.

한겨레 임원진은 결단을 내렸다. 정부의 허가만을 마냥 기다릴 수는 없었다. 4월
18일, 이사회를 열어 1988년 5월 15일을 창간일로 확정하고 소식지 등을 통해 이를 안
팎에 공포했다. 등록증 발급이 더 늦어질 경우 전 국민적인 투쟁을 벌이겠다고 경고했

다. 그런 싸움에 이골이 난 사람들이 한데 뭉친 판이었다. 두려울 게 없었다.

사뭇 분위기가 험악해지려는데 4월 25일 정기간행물 일간지 등록증이 나왔다. 등록 신청 석 달 만이었다. 실은 3월 중순에 송건호 등 이사진이 문공부 장관을 찾아갔을 때 들은 이야기가 있었다. "우리가 허가를 안 내줘도 당신들은 그냥 법 무시하고 신문을 낼 거 아닙니까. 걱정 마세요. 5월 발행에 지장이 없도록 등록증 내드리겠습니다."

초대 이사진 가운데 김인한은 한겨레 창간을 지켜보지 못했다. 동아투위 위원장 출신의 그는 창간 직전인 1988년 3월 27일 세상을 떠났다. 그의 나이 예순둘이었다. 창간 준비 작업으로 건강을 해친 탓이 컸다. 한겨레 공채 1기 수습사원들이 운구했다. 경기도 포천군 서릉공원묘지에서 이종욱이 조시를 읽었다. "어느 날 육신은 쉬고 뜨거운 영혼만 돌아오셔서 우리와 계속 함께하시겠지요. 미처 못 다하신 일, 우리가 제대로 이루는지 계속 지켜보시겠지요…."

제도 언론은 한겨레 창간 과정을 제대로 보도하지 않았다. 창간 발의 대회를 열어도 1단 기사로 내보내는 게 전부였다. 왜 만드는지, 누가 만드는지, 어떻게 만드는지를 알려야 범국민 모금운동을 펼칠 수 있었다.

해직 기자 출신의 광고쟁이 3인방

참다못한 한겨레 창간 사무국 사람들은 다른 방법을 찾았다. 그들의 지면을 돈 주고 사서 직접 광고하기로 했다. 이때를 기다렸다는 듯 세 사람이 등장한다. 이병주, 강정문, 최병선이다. 모두 해직 기자 출신이며 광고계에도 몸을 담았다. 해직 기자가 만드는 신문을 광고하는 일에 더 이상의 적임자는 없었다.

'환상의 3인방'을 이끈 것은 이병주다. 동투 출신의 그는 속된 말로 '딴따라' 감각이 탁월했다. 해직 이후 영화, 공연, 광고 일을 섭렵했다. 영화 프로모션 일을 하면서 광고도 제작했다. 극단 부단장을 맡았던 1980년대 초중반엔 〈지저스 크라이스트 슈퍼스타〉, 〈빠담빠담빠담〉 등을 무대에 올려 공전의 히트를 기록했다. 마케팅 감각에 관한 한 창간 사무국에서 그에 필적할 만한 이는 없었다.

역시 동투 출신의 강정문은 해직 이후 대홍기획에서 광고 일을 했다. 'OO와 함께라면 고독마저 감미롭다'는 어느 초콜릿 광고 카피가 그의 작품이다. 조투 출신의 최병선도 해직 이후 오리콤에서 일했다. 두 사람 모두 기자로서 촉망받았다. 광고계에 투신해 다시 정상에 올랐다.

회의는 이병주가 주재했다. 최병선과 강정문이 실무를 맡았다. 두 사람은 광고회사를 다니면서 창간 작업을 도왔다. 소속 회사와 안국동 사무실을 오가며 일했다. 일단 광고전략이 정해지면, 두 사람이 각자 사무실로 돌아가 카피를 만들어 왔다. 소속사 카피라이터들도 기꺼이 이 '부업'에 동참했다. 물론 경제적 보수는 없었다. 이렇게 만들어진 광고 카피만 50여 개에 이르렀다. 이 가운데 일부만 지면에 나갔다. 예산 문제 때문에 빛을 보진 못했지만 방송용 광고도 준비했다.

이들이 만든 광고 카피를 두고 안팎의 논란도 없지 않았다. '대통령 뽑는 일만큼이나 중요한 일–한겨레신문에 출자하십시오. 내일의 민주주의에 투자하는 일입니다.' 1987년 11월 말, 이 광고가 나가자 창간 사무국에 항의 전화가 적잖게 걸려왔다. "당신들 신문 만드는 일이 어째서 대통령 선거보다 더 중요한 일이요?" 대선 결과에 그만큼 예민하게 촉각을 곤두세우고 있을 때였다.

'민주화는 한판의 승부가 아닙니다–허탈과 좌절을 떨쳐버리고 한겨레신문 창간에 힘을 모아주십시오.' 언론계는 물론 광고계에도 길이 남겨질 이 카피 역시 항의 대상이었다. 대선 직후, 재야 일부 세력은 부정선거를 이유로 선거 무효화 투쟁을 펼치고 있었다. 그들이 보기에 이 광고는 선거 결과에 대한 패배주의적 승복을 뜻하는 것이었다. 한겨레가 왜 자포자기를 부추기냐는 항의 전화가 적잖았다.

모금운동의 촉매제가 되다

그러나 강정문이 제안하고 이병주, 최병선이 다듬은 이 광고는 모금운동 확산에 결정적 기여를 했다. 침통한 분위기를 역으로 파고들자는 의도였는데, 상실감에 빠졌던 시민들을 다시 일으켜 세워 한겨레 창간운동에 동참시키는 촉매제가 되었다.

이들의 모금 광고는 1988년 5월 중순 각 신문에 실린 '한겨레신문이 5월 15일 창간됩니다'를 끝으로

일단 막을 내렸다. 세 사람은 뒤이은 발전기금 모금 광고 때도 반짝이는 아이디어로 시민들의 성원을 모아냈다.

이병주는 한겨레 초대 판매·광고 담당 이사가 되었지만, 강정문과 최병선은 바깥에서 한겨레를 도왔다. 최병선은 같은 해직 기자이자 다시 글을 쓰고 싶어 안달이 난 아내에게 한겨레 입사의 기회를 양보했다. 부부가 나란히 한겨레에 들어가는 게 남부끄러운 일이라 생각했다. 아내 김선주는 나중에 한겨레 논설주간이 된다. 강정문은 광고계에 머물면서 일가를 이뤘다. 1998년에 '올해의 광고인상'을 탔다.

창간 직후만 해도 각종 행사장에 〈한겨레의 노래〉가 울려 퍼졌다. 강정문이 가사를 짓고 김도향이 곡을 붙인 노래였다. "그게 정말입니까. 온 겨레의 땀내 묻은 돈을 모아 괜찮은 신문 하나 만든다는 말. 거짓과 진실 밝힐 겨레의 신문. 겨레의 뜨거운 마음 하나로 모아 일어서서 외쳐보자. 진정한 자유를 진정한 평화를."

강정문은 1999년 5월 암으로 사망했다. 쉰넷이었다. 너무 일찍 떠난 그의 빈자리를 언론계와 광고계가 함께 슬퍼했다.

서울 동작구 상도동 121-49번지에 불이 들어왔다. 일곱 살, 다섯 살짜리 두 남매는 아직 잠들어 있다. 새벽 6시 30분이다. 아침 8시까지 학교에 가려면 이 시간에 일어나 채비를 서둘러야 한다. 교사 생활 12년 동안 매일 그랬다. 다만 오늘은 조금 특별하다. 출근 준비 전에 먼저 할 일이 있다. 단층 양옥 마당을 가로질러 대문을 향했다. 있다. 시커먼 눈썹 같은 글자가 눈에 들어온다. 한겨레신문. 백두산 천지 그림 위에 선명히 박혀 있다.

어 느 생 물 선 생 님 의 2 0 0 만 원 짜 리 신 문

200만 원짜리 신문이다. 이제 막 마흔이 된 당곡고등학교 생물과 교사 김병연은 한겨레신문이 나온다는 소식에 200만 원을 창간기금으로 냈다. 10여 년 동안 용돈을 아껴 모은 돈이었다. 1987년 12월, 그리고 1988년 1월과 2월, 모두 세 차례에 걸쳐 내고 또 냈다. 더 내지 못하여 아쉬웠다. 교사 부임 직후, 500만 원을 들여 작은 집 한 채를 구했었다. 그런 그에게 200만 원은 적잖은 지출이었다.

버스를 타고 학교 가는 내내 신문을 읽었다. 하루 종일 찜찜했다. 성에 차지 않았다. 학교가 파하고 퇴근하는 길에 시내 가판대를 뒤졌다. 여러 곳을 들르느라 한참이 걸렸다. 한겨레 창간호 30부를 샀다. 전철을 타고 가면서 각 객실 선반 위에 신문을 올려놓았다. 그제야 조금 흡족해졌다. 다음 날 아침에는 동료 교사들에게 돌렸다. "국민들이 힘을 합쳐 만든 새 신문이에요. 한번 보세요." 남은 신문은 서재에 보관했다.

● 창간 사무국 편집기획팀은 한겨레의 편집 방향과 조직 체계를 두고 논의를 거듭했다. 1988년 1월 16일, 안국빌딩 사무
실에서 열린 편집기획팀 회의 모습.

한발 먼저 한겨레 창간호를 읽어본 이들도 있었다. 강용주는 가판업자들에게 신문을 넘기는 중간판매업을 해왔다. 종합일간지 판매 시장을 10년째 누볐다. 1988년 5월 14일, 그가 취급해야 할 품목이 하나 더 늘었다. 저녁 6시 무렵 서울 양평동 한겨레신문사에서 초판 신문을 받았다. 다음 날인 15일 아침, 독자들에게 전해질 신문이었다. 윤전기 사정이 좋지 않아 신문 인쇄 속도가 느렸다. 오토바이를 타고 몇 차례씩 거듭 신문사를 찾았다.

가판에 넘기고 남은 신문을 영등포역 앞에 펼쳤다. 퇴근길 시민들이 몰렸다. 옆에 둔 다른 신문 초판은 거의 줄어들지 않았다. 너도나도 한겨레만 집어 갔다. 잔돈을 거슬러줄 틈이 없었다. 사람들이 각자 돈을 놓고 알아서 거스름돈을 챙겼다. 워낙 사람들이 몰려드니 호기심에 덩달아 신문을 사는 이들도 있었다. 신문이 떨어져 다시 양평동에서 받아 왔다. 자정까지 신문은 계속 팔렸다. 그날 저녁, 영등포역에서만 1500여 부가 나갔다. 광화문, 서울역, 청량리역 등 가판이 깔린 모든 곳에서 같은 일이 벌어졌다. 신문판매업자 강용주의 생각에 신문은 이렇게 만들어야 하는 것이었다.

"쓰고 싶고 말하고 싶은 것을 다 쓰십시오"

한겨레 창간호가 세상에 처음 나온 것은 1988년 5월 14일 오후 4시께였다. 임원들이 윤전기 앞에 섰다. 한승헌, 고은, 백낙청, 조영래, 김수행 등 외부 인사들도 윤전기 앞을 떠날 줄 몰랐다. 초대 공무부장 신동호가 버튼을 눌렀다. 일순 사람들이 입을

●1988년 5월 14일 오후, 한겨레 사람들이 막 윤전기를 빠져나온 창간호를 들고 감격해하고 있다. 앞줄의 임재경, 이돈명, 송건호와 함께 정운영, 이부영 등의 얼굴이 보인다.

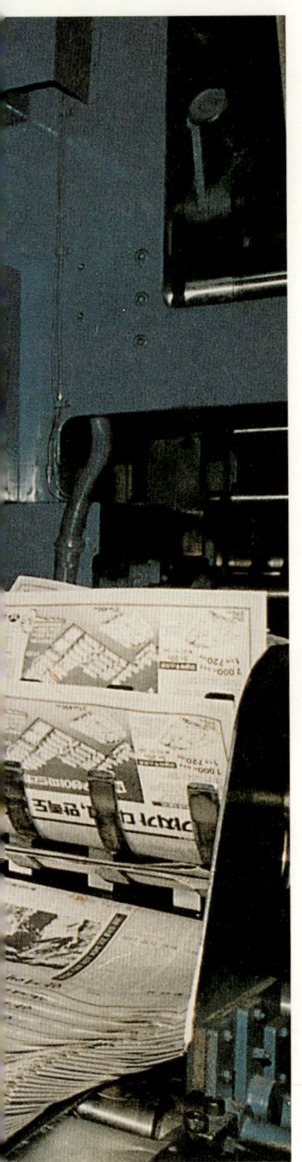

다물었다. 과연 신문이 나와줄 것인가. "나온다, 나와." 누군가 외쳤다. 만세와 박수 소리가 터져 나왔다. 그 앞에서 리영희는 눈물을 훔쳤다. 외신 기자들이 그에게 소감을 물었다. "나는…할 말이 없어. 너무 고맙고 감격스러워서…할 말이 없어."

편집국에서는 송우달이 엉엉 울고 있었다. 처음 도입한 CTS 체제에 대한 편집교열부 사람들의 불안이 컸는데, 편집 부문 경력 기자로 입사한 송우달 역시 마감 때까지 이리 뛰고 저리 뛰어야 했다. 대성통곡하는 그의 어깨를 두드리며 다른 편집 기자들도 눈시울을 훔쳤다.

서울신문에서 한겨레로 옮겨온 정영무는 감동의 이유가 조금 달랐다. 더 좋은 윤전기가 찍어내는 더 그럴 듯한 신문을 그는 많이 봤다. 그에겐 신문보다 사람이 더욱 감격적이었다. 창간호를 받아들고 눈물 흘리는 선배들의 모습을 보며 정영무의 가슴도 울렁거렸다.

편집국에서 자축연이 열렸다. 송건호가 마이크를 잡았다. "무슨 문제든지 여러분이 쓰고 싶고 말하고 싶은 것을 다 쓰십시오." 목소리가 떨렸다. "그러나 표현은 조심하십시오. 권력의 함정에 빠지지 않고 국민의 지지를 받는 신문을 만들려면 우리가 그만큼 연구해야 합니다."

전혀 다른 신문, 전혀 다른 편집국

창간호를 만들 한겨레 초대 편집위원장은 1988년 1월에 임명되었다. 이사회는 성유보를 지목했다. 1975년 동아일보에서 해직된 그는 동투 출신 가운데 비교적 젊은 축에 속했다. 당시 마흔네 살이었다. 젊은 나이를 우려하는 목소리가 없진 않았지만, 큰 이견은 없었다. 신문을 만드는 동시에 신문을 지키기 위해 싸워야 하는 상황이었다. 편집기자 출신으로 신문을 만들 줄 알고, 만든 신문을 위해 외부 세력과 싸울 각오가 되어 있으며, 실제로 싸워본 경험이 있는 그가 적임자였다. 성유보는 동투 총무를 거쳐 민통련 사무처장, 언협 사무국장 등을 맡았고, 《말》의 창간, 제작, 배포를 일관되게 이끌었다. 기자 출신이면서도 재야의 정서를 이해하고 있다는 점도 장점이었다.

편집위원장 임명 직후인 1988년 1월 12일, 편집국 체제가 확정되었다. 한국 언론사를 통틀어 전무후무한 부서들이 탄생했다. 그 자체가 '전혀 다른 신문'을 표상했다. 영역별, 출입처별, 지면별 벽을 허물고 종합적인 관점으로 취재, 보도하려는 획기적인 시도였다.

기획취재본부는 장기 기획 및 종합 심층 기획을 담당했다. 김명걸, 조성숙, 이해성, 윤재걸, 김근 등 75년 해직 세대를 중심으로 일부 80년 해직 기자들이 기획취재본부에 배속되었다. 편집부와 교열부를 합친 편집교열부는 한글 가로쓰기 편집을 일관

●1988년 5월 14일 창간호 발행 직후, 양평동 편집국에서 창간 축하 행사를 가졌다. 송건호 대표이사가 임직원들에게 당부의 이야기를 하고 있다.

되게 구현하려는 취지로 만들어졌다. 안상규, 윤유석, 왕길남, 이영일, 김승국, 백현기, 김성수, 송우달, 문병권, 문현숙, 최인호, 권정숙, 김화령, 이경, 박선애, 김상익, 박해전, 손정록, 황재기, 최순규 등이 국내 종합일간지 최초의 전면 가로쓰기 편집을 구현할 터였다.

민생인권부는 한겨레의 특성을 대표하는 부서였다. 노동, 농어민, 도시빈민 등 민생과 인권 관련 취재를 전담했다. 노동 담당 기자만 세 명이었다. 해직 기자 출신의 이태호, 노동운동 출신의 오상석, 경력 기자 출신의 성한용이 팀을 이뤘다. 현이섭은 인권, 윤후상은 농민, 권오상은 빈민을 각각 맡았다.

민족국제부는 통일, 외교 영역을 해외 영역과 결합시켜 민족적 관점 아래 세계정세를 분석하려는 야심을 품고 있었다. 훗날 한겨레 편집위원장이 될 박우정, 권태선, 오귀환 등이 모두 초대 민족국제부 기자다. 이병효, 강성기, 한승동, 강태호, 장정수, 정동채 등도 이 부서에서 창간호를 만들었다. 이때까지만 해도 특파원은 없었다. 김병국(프랑스), 이주익(일본), 송경선(미국) 등과 함께 정연주(미국)가 초대 통신원으로 일했다.

사회교육부는 검찰, 경찰 등을 담당하면서 특별히 교육 분야에 강조점을 두었다. 교육에 대한 한겨레 사람들의 관심은 창간 때부터 남다른 것이었다. 고희범, 최유찬, 유희락, 김형배, 이상현이 선배 축에 속했다. 취재 일선에는 경력 기자 출신들이 대거 배치되었다. 각 언론사의 최고 민완 기자들을 데려왔다. 문학진, 유종필, 김종구, 오태규, 김이택, 이인우, 김화주, 이홍동, 김지석, 김성호 등은 이후 굵직한 특종으로 한겨레 편집국을 이끈다. 지역 담당 기자들도 사회교육부 소속이었다. 박화강(광주·전남), 장세환(전북), 손규성(대전·충남), 이수윤(부산), 김현태(경남), 김영환(인천), 김종화(강원) 등이 창간 멤버다.

여론매체부도 다른 신문사에 없는 부서다. 독자 의견을 지면에 적극 반영하는 한편 제도 언론을 감시하는 '언론의 언론'을 지향했다. 김선주, 정상모, 고승우, 고종석 등 장차 필명을 날리게 될 논객들이 초대 여론매체부 기자였다.

정치경제부는 정당, 정부, 기업을 유기적으로 취재하는 부서였다. 정치와 경제를 종합적으로 취재해 정경유착의 고리를 끊자는 정신이 강했다. 이원섭, 정세용, 김효순, 정석구, 윤국한, 이용식, 곽병찬, 최영선, 정의길 등이 정치 분야를 맡고, 이용희, 박영균, 이봉수, 박종문 등이 경제 분야를 맡았다. 상대적으로 정치 담당이 강세였는데, 이 역시 창간 당시 한겨레의 특성을 나타내는 구도였다.

생활환경부는 여성, 청소년, 아동, 노인, 환경, 생활정보 등을 총괄했다. 창간 당시 한겨레에는 스포츠부가 없었는데, 스포츠 관련 취재도 생활환경부가 맡았다. 조흥섭, 김미경, 신동호, 안종주 등은 나중에 담당 분야의 전문 기자로 이름을 떨치게 된다. 정영무, 이길우도 생활환경부 초대 기자였다.

문화과학부는 문화 일반, 학술, 과학, 종교를 담당했다. 안정숙, 신연숙, 조선희 등 한겨레를 대표하게 될 여기자들이 초대 문화과학부 기자였다. 신동준, 김영철, 윤석인 등 내로라하는 두뇌들도 문화과학부에 터를 잡았다.

모두가 똑같은 책걸상에서

사진부 초대 멤버는 진정영, 진천규, 정원일, 김연수였고, 조사자료부에서는 이재민, 차한필, 양욱미, 이상훈 등이 창간 때의 기자였다. 공채 1기로 들어온 23명의 수습 기자들도 창간호를 만들었다. 곽노필, 곽정수, 권영숙, 김경무, 김선규, 김성걸, 김용성, 김정곤, 김현대, 김형선, 박근애, 신현만, 안영진, 오룡, 여현호, 이상기, 이종찬, 이주명, 정상영, 차기태, 최보은, 최재봉, 하성봉 등은 창간 진용의 막내 자리를 차지했다.

편집국을 지휘할 편집위원은 해직 세대가 맡았다. 성한표 편집부위원장은 정치경제부 편집위원, 이종욱 편집부위원장은 편집교열부 편집위원을 각각 겸했다. 이밖에도 장윤환(기획취재본부), 심채진(편집교열부), 이인철(민족국제부), 홍수원(민생인권부), 김두식(사회교육부), 이기중(여론매체부), 이종욱(문화과학부), 지영선(생활환경부), 임응숙(조사자료부) 등이 편집위원회를 구성했다.

창간 편집위원 가운데는 두 명의 이종욱이 있었는데, 1975년 동아일보에서 함께 해직된 두 사람을 구분하느라 편집부위원장 이종욱을 '큰 이종욱', 편집위원 이종욱

●당시 민주화 세력을 대표했던 양 김씨가 1988년 5월 14일 한겨레 양평동 사옥을 찾았다. 이들을 맞는 송건호, 성유보, 성한표, 정의길 등이 보인다.

을 '작은 이종욱' 이라 불렀다.

　애초 한겨레에는 편집국장, 부장이란 말이 없었다. 정권에 무릎 꿇고 기자 앞에서만 군림했던 권위주의적 국장, 부장을 지양하자는 뜻이었다. 대신 각 부서를 이끄는 직책을 편집위원이라 불렀다. 이들 편집위원이 참석해 지면 제작을 책임지는 곳이 편집위원회였고, 그 위원회를 대표하는 이가 편집위원장이었다. 창간 편집국에선 이들 편집위원이 평기자와 똑같은 규격의 책걸상에 나란히 앉아 일했다.

　한겨레 창간 편집국은 '황금의 3분할' 원칙을 따랐다. 창간 사무국 시절인 1987년 11월에 전체 인력 구성의 원칙을 정했다. 원로 및 해직 기자 30%, 경력 기자 및 재야단체 출신 40%, 새롭게 선발한 공채 사원 30% 등이 그것이다. 75년 해직된 기자 대부분은 이미 40대 중반을 넘어서고 있었다. 언론 현장에 대한 감각도 무뎌진 상태였다. 그 공백을 메워줄 현직 언론인을 모으고, 창간 정신으로 새롭게 무장한 새 인재를 구한다는 구상이었다.

"월급이 많이 깎일 텐데, 괜찮겠소?"

　경력 기자 채용에는 큰 어려움이 없었다. 기존 일간지의 젊은 기자 가운데 한겨레에 오려는 이들이 넘쳤다. 이들은 비밀스럽게 입사원서를 제출했다. 조선일보의 강성기, 연합통신의 김성호 등은 그 가운데서도 열성파였다. 강성기는 처음으로 한겨레 입사를 공개적으로 밝힌 현직 기자였고, 김성호는 창간 발의 때부터 실명으로 참여했다. 이밖에도 조선일보의 김성수·문학진, 동아일보의 조홍섭, 연합통신의 김종구·유희락·조선희, 한국일보의 고종석·김이택·문병권·이인우·오태규·유종필 등 모두 24명의 현직 기자들이 다니던 신문사에 사표를 쓰고 한겨레 창간 멤버가 되었다. 80년 해직된 김형배가 경력 기자 채용의 '비밀 채홍사(採紅使)' 구실을 했다.

당시만 해도 정부 기관지라 손가락질 받았던 서울신문에서 특히 경력 기자들이 많이 왔다. 곽병찬, 성한용, 김지석, 이용식, 이홍동, 정영무, 이길우 등이 한꺼번에 한겨레에 합류했다.

"월급이 많이 깎일 텐데 괜찮겠소." 면접을 봤던 홍수원이 성한용에게 물었다. "저는 밥만 먹으면 됩니다." 이번에는 성한용이 홍수원에게 물었다. "저는 운동권 출신이 아닌데 괜찮을까요." "여긴 운동권 집합소가 아니오."

당시 보험회사 초임이 월 33만 원이었다. 성한용은 서울신문에서 40만 원을 받았다. 한겨레에 오자마자 월급이 반 토막 났다.

운동권 집합소는 아니었지만 재야단체 출신들도 경력 기자 채용 때 함께 뽑았다. 민주화운동 역시 경력으로 감안했다. 윤석인과 최영선은 학생운동을 거쳐 민통련 등에서 정책기획 분야 일을 주로 했다. 재야운동권의 전략가였던 셈이다. 오상석은 노동운동가로 이름이 높았다. 입사원서를 낼 때 그는 현 직업을 '프레스공'이라 적었다. 김영철은 문화운동판에서 잔뼈가 굵었다.

이들을 선발할 때 지영선이 악역을 맡았다. "기자도 안 해본 사람이 정치부를 지망한다고 썼는데, 이게 말이 돼요? 당신 사스마리(경찰기자) 하라고 하면 할 수 있겠어요?" 속으론 발끈하면서도 최영선은 성격을 눅이고 답했다. "하라면 해야죠." 김영철에겐 좀더 노골적인 질문이 갔다. "운동단체 성명서만 써본 사람이 주부들이 읽는 기사를 쓸 수 있을까요. 균형감각을 유지할 수 있나요?" 김영철은 수모를 참아선 안 된다고 생각했다. "재야운동가를 무시하지 마시죠. 그렇게 만만히 살면서 일해온 게 아닙니다." 두 사람 모두 합격했다.

고희범은 초대 경찰팀장을 맡았다. 그는 기독교방송 노조위원장을 맡아 보도 기능 회복을 위한 투쟁을 벌이고 있었는데, 한겨레 초대 사회교육부 편집위원 김두식의 제의를 뿌리치지 못했다. 스카우트 제의 자리의 술값은 고희범이 냈다. 꾀죄죄한 김두식의 차림새를 보고 그냥 일어설 수 없었던 것이다. 첫 출근 날 편집국에서 만난 사회교육부 기자들은 사무실에 둘러앉아 생두부에 소주를 먹고 있었다.

드디어 공채 1기를 뽑다

1988년 1월 19일에 공채 및 경력 채용 원서를 교부했다. 하루 만에 1200여 장의 원서가 동이 났다. 안국동 사무실에서 조계사 입구까지 원서를 받으려는 응시생들이 줄을 섰다. 추운 겨울날, 해질녘까지 늘어선 줄이 줄어들지 않았다. 창밖으로 그 모습을 바라보며 창간 사무국 사람들은 감격하고 또한 긴장했다. 새 신문에 대한 세상의 기대를 웅변하는 광경이었다. 모두 8000여 명이 응시했다. 수습기자 23명, 수습사원

10명 등 33명이 뽑혔다. 경력 기자와 경력 사원들도 이때 뽑았다.

어렵기로 악명 높은 한겨레 입사 시험의 전통은 공채 1기 때부터 시작되었다. 당시 일반 지식 시험 가운데는 이런 문제도 있었다.

'팔레스티나 작가로서 아랍 세계의 뛰어난 소설가이며 1972년 살해되었다. 대표작은 중편 〈하이파에 돌아와서〉이며 소설집으로 《태양 속의 사람들》이 있다. 이 작가의 이름은?
① 가싼 카나파니 ② 마흐무드 다르위시 ③ 타우피크 자야드 ④ 하림 바라카드'

시대상을 반영하는 문제도 나왔다.

'최근의 한국 자본주의 성격 논쟁(사회구성체 논쟁)에서 논의된 내용과 가장 거리가 먼 것은?
① 토대 및 상부구조에 걸쳐 광범위한 반봉건성이 분석되어야 한다.
② 주변부성이란 한국 자본주의의 특수성을 지칭한다.
③ 식민지 규정은 해방 이전 시기에만 국한한다.'
④ 한국 자본주의의 보편적 측면으로서 국가독점자본주의 규정이 검토되어야 한다.

이런 문제를 풀고 치열한 경쟁을 통과한 공채 1기 수습사원들은 3월 2일부터 정식 출근했다. 해직 기자 출신, 경력 기자 출신, 재야단체 출신, 수습 공채 출신 등이 함께 모인 편집국은 창간호 발간 전부터 열기로 가득했다. 매일 아침 사무실에 출근해 다른 신문들의 지면을 검토하고 뒤이어 세미나, 강의, 토론, 회의를 진행했다. 이를 우스개 삼아 '시각 교정 프로그램'이라 불렀다. 기왕의 신문 제작 관습을 완전히 버리고 전혀 다른 신문을 만드는 법을 궁리했다.

한겨레의 오랜 전통, 토론 문화

지면 방향 등을 놓고 벌이는 토론회는 언제나 격론으로 이어졌다. 어느 날, 논의가 격해지다가 사무국 시절부터 궂은일을 도맡았던 하성봉이 벌떡 일어났다. "제도 언론에서 기자한 것도 기자입니까? 그게 뭐 그리 대단하다고 경력으로 내세웁니까?" 수습기자였던 하성봉의 말에 경력 기자 출신들이 격분해 한바탕 소란이 일었다.

세상 끝날 것처럼 날카롭게 토론하다가도 금세 뭉쳤다. 신문사 등록필증 교부를 요구하는 시위에 떼로 몰려가 단체로 연행되기도 했다. 대선 직후 구로구청 부정선거 항의시위가 벌어졌다. 2박3일 단합대회를 마치고 돌아오던 한겨레 사람 몇몇이 시위 참가를 위해 구로구청에 들렀다가 붙잡혔다. 공채 1기였던 김현대의 주머니에는 창간 관련 자료와 메모가 가득했다. 들통 날까 떨면서 서류들을 몰래 버리느라 애를 먹었다.

해가 지면 술판이 벌어졌다. 공장지대인 양평동 사옥 근처에는 마땅한 술집이 없었다. 동네 구멍가게 앞에 의자를 놓고 술을 마셨다. 격론은 여기서도 이어졌는데, 안정숙은 서커스를 문화면에서 다룰지 말지를 놓고 밤새 토론했던 기억이 있다. 이상기는 해직 선배들의 무용담에 푹 빠졌다가 사소한 일로 언쟁이 높아져 선배와 드잡이했던 기억을 갖고 있다. 성한용은 그 무렵 어느 동료가 했던 말이 생생하다. "해직 선배들이 방향을 잡으면, 우리는 일만 열심히 하면 돼. 우리는 일꾼으로 여기에 들어왔어."

1988년 3월은 한겨레 사람들이 집단적으로 공부하던 때다. 3월 9일부터 25일까지 전체 사원 연수가 이어졌고, 이 시기에 수습사원들의 연수도 병행했다. 매일 오후 강의가 열렸다. 송건호 대표이사를 시작으로 유홍준, 이효재, 정운영, 조영래, 최열, 최장집 등이 강사로 나섰다.

그 절정은 3월 11일부터 강화도 마니산 산업화랑연구소에서 열린 2박3일 단합대회였다. 200여 명의 임직원이 모두 참가했다. 이 자리에서 신문 제작 방향 등에 대해 토론했다. 한국 언론 사상 처음으로 개별 언론사가 제정, 선포한 한겨레신문 윤리강령 초안도 이때 제출되었다. 신홍범이 주도하여 만들었다. 선배들은 언론 현실에 비해 너무 높은 수준 아니냐며 조금 걱정했다. 막상 토론회가 열리자 젊은 기자들은 더 강력하게 규정하자고 주문했다.

그러나 신문은 토론만으로 만들어지는 것은 아니었다. 안팎에 공포한 5월 15일에 맞춰 창간호를 내려면 치러야 할 일이 많았다. 1988년 3월 28일, 이사회에서 조간 8면 체제의 전국 종합일간지 발행을 최종 결정했다. 그 이전까지는 발행 매체의 형태를 두고 다소의 논란이 있었다.

처음엔 석간신문을 내려 했었다. 1987년 10월 작성된 사업계획서에는 우선 석간을 발행하다 점차 조간, 석간을 함께 내는 쪽으로 변화시킨다는 구상이 나와 있다. 조간을 내려면 지국 확보 등 판매망 구축이 필수적이었다. 지국 관리에는 돈이 들었다. 그래서 가두판매에 기대를 걸면서 석간 발행을 염두에 두었다. 그러나 신문의 영향력 면에서는 조간이 월등했다. 한겨레 사람들은 제도 언론과 정면으로 승부를 짓고 싶었다. 결국 조간을 내기로 방향을 틀었다.

일요판 형태의 주간신문부터 내다가 나중에 일간지로 전환하자는 주장도 있었다. '주간지 우선 발행론'은 1987년 대선 전에 어떤 매체건 발행해야 한다는 논리로 시작되었다. 대선이 다가오자 국민 모금운동이 정체되면서 일간지 창간에 대한 우려가 확산될 때였다. 이듬해인 1988년에는 윤전기와 컴퓨터조판시스템(CTS) 등의 안정화가 늦어지면서 우선 주간신문이라도 빨리 내자는 주장이 다시 나왔다.

그러나 편집국 다수의 중론은 5월 15일 창간일에 맞춰 일간지를 내는 데 집중하는 쪽으로 모였다. 다만 12면으로 발행하려던 계획은 잠시 미루고 8면으로 내기로 했다. 윤전기 상황이 12면 발행을 허락하지 않았던 것이다.

1988년 5월 14일 오후 4시, "나온다, 나와!"

3월 31일부터 4월 23일까지 창간호 발행을 위한 시험 제작이 이어졌다. 창간호 발행의 초읽기도 시작되었다. 창간특집호는 36면으로 만들어질 예정이었다. 당시의 윤전기로는 이를 하루 만에 찍어낼 수 없었다. 발행 보름 전부터 기사 마감과 편집이 시작되었다. 여러 가지로 애를 썼지만 신문 발행은 마지막 순간까지 살얼음판을 걷는 일이었다. 애초 5월 14일 오후 2시쯤 나오기로 했던 창간호 발행이 자꾸 늦어졌다. 사상 첫 한글 신문 컴퓨터조판시스템(CTS)이 애를 먹였다.

심채진이 이끄는 초대 편집교열부 기자들이 이날 가장 바빴다. 심채진은 한국경제 편집부 차장으로 일하다 한겨레에 합류했다. 그의 경험과 연륜 덕분에 초창기 한겨레 지면의 편집이 제자리를 잡았다. 윤유석, 왕길남, 백현기, 송우달 등도 편집 기자 경력을 갖춘 실력자였다. 그러나 창간호를 내던 날만큼은 이들 모두 정신 차릴 틈이 없었다.

창간호 36면 가운데 9면부터 36면까지는 미리 만들어두었다. 문제는 이날 만들어야 할 1~8면이었다. CTS의 핵심부품이 양평동 사옥에 들어온 것은 창간호 발행 보름 전이었다. 일본 기술자가 그 프로그램을 설치하고 안정화한 것은 5월 12일 저녁이었다. 창간호 발행까지 48시간이 미처 남지 않은 상태였다. 일단 프로그램을 구축하긴 했지만, 프로그램과 출력기가 맞지 않아 계속 미세한 오작동이 났다. CTS를 활용한 본격적인 시험 한번 못 해보고, 창간호 제작일을 맞았다.

기사 마감은 이미 낮 12시에 끝냈는데, 정작 편집 작업이 순조롭지 않았다. CTS가 말썽을 부린 것이다. 기계의 정상 작동만 기대했다가는 자칫 신문 발행이 늦춰질 판국이었다. 결국 창간호 지면의 일부는 전통적인 '따 붙이기'로 만들었다. 경력 기자 출신의 편집자들이 동분서주했다. 기사를 원고지로 넘기면 오퍼레이터가 타자를 하고 이를 칼로 잘라 신문 대장에 붙였다. 신문 대장을 촬영해서 필름을 만들고 이를 윤전기로 인쇄했다. 오후 2시에 거리에 뿌리려던 창간호는 오후 4시가 되어 나왔다. 그래도 그 시간에 낼 수 있어 심채진은 한숨을 돌렸다.

그렇게 만들어진 한겨레 창간호를 50만 독자들이 받아 읽었다. 1975년 군사정권의 언론 탄압 이후 13년 만에 해직 기자들이 주도해 만들었다. 범국민적 모금운동이 시작된 지 반년 만이었다. 사상 첫 국민주 신문이었다. 유일무이한 자유 언론이었다.

● 창간호가 나오는 윤전기 앞에는 내외빈과 외신기자들로 발 디딜 틈이 없었다. 왼쪽부터 조성숙, 이효재, 홍성우, 김종철, 성유보, 리영희 등이 창간호를 들고 기뻐하고 있다.

한 겨 레 의   미 래 가   담 긴   창 간 특 집 호

36면의 창간호는 한겨레의 미래를 고스란히 담고 있다. 1면 백두산 천지 사진 옆에 송건호의 창간사가 있다.

"우리는 떨리는 감격으로 오늘 이 창간호를 만들었다. 이 신문은…오로지 국민 대중의 이익과 주장을 대변하는 그런 뜻에서 참된 국민 신문임을 자임한다. 결코 어느 특정 정당이나 정치세력을 지지하거나 반대하는 것을 목적으로 하지 않을 것이며, … 특정 사상을 무조건 지지하거나 반대하지 않을 것이며, 시종일관 이 나라의 민주주의 실현을 위해 분투노력할 것이다."

창간 사무국 시절인 1987년 10월 새 신문 창간 계획서를 확정하면서, 한겨레 사람들은 신문 편집 방향에 대해 몇 가지 원칙을 정했다. "제도 언론의 타성적 편집 태도 전체를 재검토하여 새로운 체제와 내용을 확립한다. 관변에서 민변으로 취재원을 옮기고, 한글 가로쓰기와 쉬운 표현으로 편집자의 특권 의식 및 독단주의를 배격한다. 독자의 반론권을 보장하고, 정치권력과 자본으로부터 독립한다. 심층 보도 및 종합 편집을 지향하되 교육면과 독자면을 중점 편집한다…."

● 창간호를 간직한 주주 독자들이 적지 않다. 창간 7주년이던 1995년 5월, 조한슬 양(오른쪽)의 식구들이 집에 보관했던 창간호를 펼쳐 들고 이야기를 하고 있다. 한슬이는 한겨레가 창간되던 해에 태어났다.

창간호는 이 원칙을 지면에 구현했다. 종합일간지 사상 처음으로 도입한 한글 가로쓰기 편집은 독자들의 언론 접근권을 보장하기 위한 것이었다. 한겨레 윤리강령을 실어 권력과 자본에 대한 독립 의지를 선포했다. 독자들의 목소리를 고정 지면에 싣기 시작한 것도 한국에서는 처음 있는 일이었다. 교육에 대한 각별한 관심을 기울이면서 광주항쟁, 보안법, 권언유착 등 금기시했던 의제를 파헤쳤다.

주요 기획 기사에는 이후 한겨레가 다루게 될 대표 의제가 총망라되어 있다. 한국정치와 민주화(12·13면), 국제정세와 한반도(14·15면), 광주항쟁(17면), 경제개혁(18면), 노동자·농민·빈민(19면), 국가보안법과 인권(21면), 참교육과 교육 현실(23면), 제도언론의 실상(25면), 대량생산체제와 환경(29면), 의료 복지 개혁(30면), 여성문제(31면), 문화민주화(34·35면) 등을 다뤘다.

당대의 양심과 지성을 대표하는 인물들도 한겨레를 빌어 발언했다. 창간 논설위원인 리영희, 정운영, 조영래를 비롯해 김수환, 김대환, 김낙중, 김지하, 김진균, 박형규, 백낙청, 송월주, 이부영, 이오덕, 황석영, 현기영 등이 창간호에 글을 썼다. 고은은 축시를, 장일순은 축하 휘호를, 이철수는 축하 판화를 보냈다.

14일에 제작한 종합면과 사회면 등에서는 남북문제, 중소기업, 농민, 양심수, 대기오염 등과 관련된 발생 사건들을 보도했다. 사회면인 7면 허리에는 수습 최보은이 마감 직전 단독 취재한 현대건설 노조간부 회유공작에 대한 기사도 실려 있다. 창간 편집국이 앞으로 어떤 보도를 할 것인지를 웅변하는 지면이었다.

한겨레를 대표하는 화백들은 이 신문의 미래에 대한 예지적인 그림을 실었다. 김을호가 그린 7면 네 칸 만화에서 미주알은 "해가 떠도 어두운 세상, 입이 있어도 말을 못하는 세월, 오늘부터 말 좀 하겠다"고 외쳤다. 박재동의 2면 한 컷 만화에는 독재의 투구와 비민주의 갑옷으로 무장하고 폭력의 칼을 휘두르는 골리앗 앞에 돌멩이 하나 든 다윗이 서 있다. 한겨레는 이후 20년 동안 그 길을 걷는다.

1988년 5월 15일 새벽, 이 신문을 받아들었던 김병연은 지금도 창간특집호를 갖고 있다. 누렇게 바랬지만 서재 한 쪽에 귀하게 모셔져 있다. 아이들은 착실히 자라 저마다 원하는 공부를 하며 대학을 다니고 있다. 이젠 아이들이 한겨레를 본다. 창간 이후 지금까지 꾸준히 주식을 샀다. 20년이 지난 2008년 5월, 1640만 원어치, 3280주의 한겨레 주식을 갖게 되었다. "공정하고 정확한 신문을 기대하면서 투자한 셈이지요. 그걸 돈이라 생각한 적 없어요. 전부 제 마음의 재산이지요. 꾸준하게 열심히 만들어 온 한겨레를 존경할 뿐입니다."

배달 안 되는 신문

신문 만드는 일에 성공했다고 일이 끝난 게 아니었다. 독자들이 신문을 받아 읽을 수 있어야 했다. 창간 때부터 지금까지 줄곧 한겨레 사람들을 고심에 빠뜨리는 문제다. 1987년 10월, 신문사의 청사진을 담은 최초의 사업계획서에서 서형수는 지사 및 지국 관리에 들어가는 비용을 최소화하겠다고 설명했다. 그의 머릿속에는 '아카하타(赤旗) 모델'이 있었다.

아카하타는 일본 공산당의 재정적 뒷받침을 받으면서도 편집권은 완전히 독립되어 있는 좌파 일간지다. 1928년에 창간했는데 80년대 중반에는 355만 부까지 발행했고, 지금도 200만 부 정도를 발행한다. 일본 주요 일간지에는 미치지 못하지만 나름대로 탄탄한 구독층 확보에 성공했다. 아카하타의 배급 방식은 조금 특이한데, 당원과 지지자들에게 다량의 신문을 발송하면 이들이 집집마다 방문하여 이웃의 독자들에게 전달한다.

창간 준비 단계에서 이런 모델을 염두에 두었던 이유가 있다. 한국 신문들은 지국을 통해 신문을 배달해왔다. 본사와 계약을 맺은 지국이 일정 지역의 신문 배포를 책임지는 방식이다. 보통의 업종이라면 지국이 영업을 하고 그 이익의 일부를 본사에 내겠지만, 한국 신문 시장은 전혀 다르다.

풀뿌리 운동가들이 참여한 지국 운영

한국의 신문사들은 판매 수익이 아니라 광고 수익으로 기업을 운영한다. 이 때문에 발행부수의 절대량을 늘리는 게 가장 중요하다. 부수가 많아야 광고 가격을 높게 책정할 수 있기 때문이다. 이 때문에 본사는 지국의 부수 확장을 채근한다. 판촉을 위한 각종 자금을 지원하는 한편, 목표량을 달성하면 성과급을 지급한다.

한겨레는 그런 식으로 지국을 관리할 돈이 없었다. 자본이 부족한 본사를 믿고 선뜻 지국 운영에 나설 사람이 없을 것이라 생각했다. 그러나 고육책이었던 '아카하타 모델'은 실제로 적용되진 않았다. 대선 패배 직후부터 한겨레 지국을 맡겠다는 사람들이 넘쳐났기 때문이다.

창간 당시 서울 종로 제2지국을 맡았던 채명철 지국장도 그 가운데 하나다. 성균관대를 다니던 그는 대선이 끝난 뒤 안국동 창간 사무국에 찾아와 지국을 맡겠다고 졸랐다. "지국을 맡으려면 보증금 600만 원을 본사에 내야 한다"는 설명을 듣고는 오히려 화를 냈다. 창간 정신을 받들어 신문 보급에 앞장서겠다는데 왜 보증금이 필요하냐고 따졌다. 결국 대학 선배와 동료들로부터 돈을 구한 그는 5대1의 경쟁률을 뚫고 지국장으로 선발되었다. 지국 사무실을 내는 데 도움을 준 친구들과 함께 창간 전부터 〈한겨레신문 소식〉을 들고 거리를 누비며 한겨레 창간을 알렸다.

창간 지사 및 지국을 맡은 이들의 상당수가 이와 같았다. 한겨레 지국장은 '운동가'의 구실을 겸하는 것이라는 인식이 많았다. 전국 각지의 풀뿌리 운동가들이 한겨레 지사 및 지국 운영에 대거 참여했다. 경쟁이 치열해서 각 지국장을 뽑을 때마다 소정의 심사를 거쳤다. 지국장 심사가 불공정하다며 소송을 제기한 경우도 있었다.

창간 때 한겨레 부산지사의 주역은 문재인이었다. 그는 지역에서 이름 높은 인권변호사였다. 여성운동을 하던 구성애가 부산지사의 총무를 맡았다. 노무현도 한겨레 부산지사 창립 멤버였다. 창간 이후 판매대금 문제를 상의하려고 본사 직원들이 부산지사를 방문했을 때, 노무현이 말했다. "아니, 이런 식으로 본사가 착취를 심하게 하면 지사는 어떻게 운영하란 말이오."

열성 지지자들 덕분에 창간 1년이 채 되지 않은 1989년 2월, 한겨레는 전국 228개 지국, 110개 분국을 갖추게 되었다. 신생 매체로서 비교적 손쉽게 전국 배달망을 구축한 셈이었다. 이들 지국장 가운데는 스스로 'ㅇㅇ지국 신문'을 만들어 독자들에게 돌리거나, 지국 사무실에 서고를 마련하고 주민들을 위한 문화강좌를 여는 등 자발적인 홍보 활동에 열심인 사람이 많았다.

그러나 열성이 지나쳐 마찰을 빚는 경우도 적지 않았다. 대학가 지국의 배달원 가운데는 운동권 학생들도 많았는데, 이들이 열악한 노동조건을 이유로 파업 농성을 벌이기도 했다. 오직 한겨레에서만 일어나는 일이었다. 지국장들의 시위도 이에 못지않았다. 신문 논조 등을 문제 삼는 지국장들이 단체로 성명을 발표하거나, 본사로 찾아와 대표이사 사무실 앞에서 연좌 농성을 벌였다. 지국장과 배달원이 시국 관련 거리시위에 함께 참가했다가 모두 경찰에 붙잡혀 며칠씩 구류를 당한 일도 있었다. 이유가 어쨌건 독자들은 신문 배달 서비스를 제대로 받지 못했고, 이는 다시 본사에 대한 독자들의 항의로 이어졌다.

낡은 윤전기도 배달 사고를 부추겼다. 발행 시간이 늦어져 번번이 배달이 밀렸다. 빠듯한 시간에 맞추려 지국 사람들이 뛰어다녀야 했는데, 이 때문에 불행한 일들이 많이 일어났다. 1988년 10월 21일, 광주지사 북광주지국 배달원 조훈식 군(16세)이 새벽길 교통사고로 사망한 것을 비롯해, 서울 정릉지국장 이용현(37세), 전북 장수지국장 장병훈(36세), 서울 한강로지국 총무 고성대(23세), 울산지국 총무 김종

● 전국 곳곳에 신문을 실어 보내는 발송부 사원들은 초판이 발행되는 저녁 무렵부터 시간과 싸움을 벌인다. 공덕동 사옥에 입주한 뒤인 1992년 여름, 발송부 사원들이 갓 인쇄된 신문을 실어 나르고 있다.

호(28세), 제주지사 배달원 강희숙(22세), 경기 연천지국 배달원 노성복(17세), 대전 유성지국 배달원 임배섭(19세) 등이 1988~1991년 사이에 배달, 판촉 활동 도중 사고 또는 과로로 사망했다.

경품 판촉에 맞서는 나눔 판촉

한겨레는 창간 때부터 다른 신문들과는 다른 판매정책을 표방했다. 무가지 배포와 할인 배포를 금지하는 한편, 본사가 지국에 부수 확장을 일방적으로 할당하는 일도 삼가기로 했다. 그러나 야만적인 한국 신문 시장질서 앞에서 그 원칙이 제대로 지켜지지 않는 때도 있었다.

한겨레가 보수 신문의 불법·과당 판촉을 비판하던 2003년 초, 조선일보는 지면을 통해 "자전거 경품 제공은 한겨레신문이 먼저 시작했다"는 기사를 내보냈다. 이 무렵 민주언론운동시민연합이 서울 지역 5개 신문사 109개 지국을 상대로 조사한 결과를 보면, 13개 지국을 제외한 모든 지국이 무가지 또는 경품을 나눠주고 있었다. 조선일보는 30곳 가운데 28곳, 중앙일보는 22곳 가운데 20곳, 동아일보는 20곳 가운데 19곳이 무가지와 경품을 동시에 지급했다. 한겨레는 20곳 가운데 5곳, 경향신문은 17곳 가운데 10곳이 이에 해당했다.

혼탁한 신문 시장 상황에 따라 한겨레 지국 가운데도 경품 판촉을 하는 경우가 없지 않았다. 대대적인 물량 공세를 퍼붓는 보수 신문사 지국에 대해 '방어 홍보'를 한 셈이었지만, 판매윤리의 차원에서 창간 때의 원칙을 벗어나는 상황을 방치하게 된 것도 사실이었다. 일정한 판매부수를 확보하지 못하면 광고 수익을 낼 수 없는데, 절대다수의 신문 독자들이 판촉 경품에 의해 구독 매체를 선택하는 현실도 한겨

● 열성 지국장들 덕분에 초창기 한겨레는 창간 직후부터 4대지의 반열에 오르게 됐다. 1989년 6월, 7개월 동안 판매부수를 3배로 늘린 한겨레 수원 서부지국 사무실.

레 사람들을 힘들게 했다.

몇 차례의 시행착오 끝에 한겨레는 중요한 사실을 알게 되었다. 이념만으로 시장을 개척할 수 없고, 경품 판촉으로 열성 독자를 확보할 수 없다는 점이다. 2008년 2월부터 본격적으로 시작한 '하니누리' 서비스는 한겨레 덕분에 더 좋은 삶을 살 수 있다는 믿음을 독자들에게 전하려는 새로운 시도다.

'하니누리' 회원이 되면 친환경 체험학습, 동영상 논술강좌, 경제·비즈니스 정보, 자기계발 강좌, 저자와의 대화, 공연마당, 영화마당, 여행마당 등 다양한 서비스를 즐길 수 있다. 단지 신문을 배달하는 데서 그치지 않고, 지난 20년 동안 한겨레가 구축해온 삶의 콘텐츠를 독자들에게 제공하는 것이 목표다. 보수 신문의 경품 판촉에 맞서는 한겨레의 '나눔판촉' 이다.

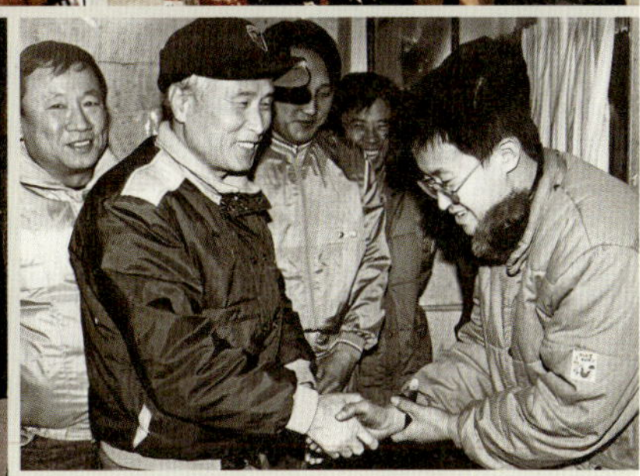

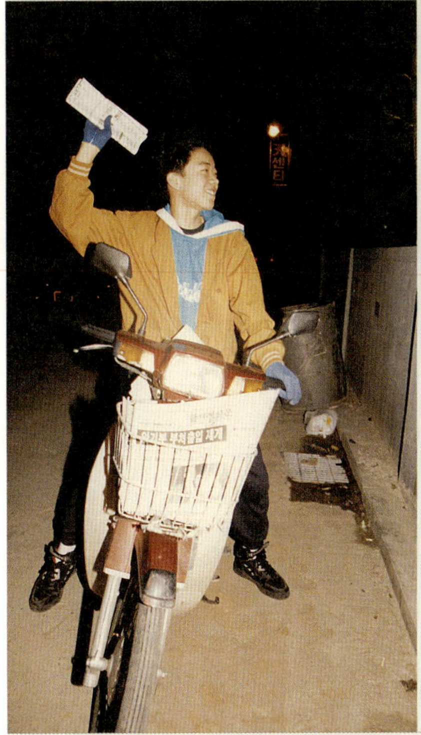

●초창기 한겨레 지국은 풀뿌리 운동가들의 삶터이자 일터였다. 배달 오토바이에 홍보 문구를 직접 써넣은 한겨레 인천 만수지국 사람들(맨위), 격려 방문한 송건호 대표이사를 맞는 한겨레 서울 역촌 지국 사람들(위), 한겨레를 배달하고 있는 서울 신월 지국 배달원(왼쪽).

한겨레의 지향은 무엇인가. 이 문제는 창간 이후 한 번도 딱 부러지게 결론을 내리지 못한 채, 지속적으로 공론장에 올려지고 있는 화두다. 앞으로도 시원하게 매듭을 짓지 못하는 논쟁거리가 될 수도 있다.

창간 당시 한겨레는 대외적으로 '대중적 정론지'를 표방했다. 이때의 '대중'은 소수 특권층에 대한 반대말이었다. 돈 많이 벌고 높은 권력을 지닌 자들이 읽는 신문이 아니라, 땀 흘려 일하는 자 누구나 쉽게 구해 그 뜻을 이해할 수 있는 신문을 만들자는 취지였다.

따라서 대중적 정론지의 '대중'은 1980년대의 '민중'이란 개념과 상통하는 바가 있다. 순 한글만 쓰고 쉬운 표현을 쓰겠다고 주창한 것이나, 국내 최초로 가로쓰기 편집을 도입한 것은 단순히 편집상 미관을 따져 결론지은 게 아니었다. 한문을 모르는 이를 포함해 누구나 신문을 쉽게 읽도록 하자는 뜻이 강했다.

대중지와 고급지의 경계에서

1988년 4월 28일에 나온 〈한겨레신문 소식〉 2면에는 초기 지면 방향을 연구한 임재경, 신홍범, 권근술, 성한표, 조성숙, 박우정 등 편집기획팀의 토론 내용이 있다. 그 가운데 어느 참석자가 말했다. "(한겨레의) 대상 독자는 우리 사회의 양식 있고 땀 흘리며 일하는 건강한 모든 사람으로 설정해야 하지 않을까요? 즉 한겨레신문은 대중적 정론지를 지향해야 한다는 뜻입니다. 우리 신문은 외국의 퀄러티 페이퍼가 겨냥하는 지식인 중심의 독자층을 상정할 수는 없지 않나 생각합니다."

대중적 정론지의 '정론'은 선정·왜곡 보도를 지양하면서, 진실과 사실 보도를 위해 권력의 외압을 물리치겠다는 뜻이었다. 당시 다수 언론은 독자들이 알아야 할 사안과 언론으로서 마땅히 알릴 가치가 있는 사안까지 숨기거나 왜곡했다. 주로 군사정권의 외압이 문제였지만, 기자 스스로 길들여진 측면이 강했다. 따라서 '정론'이라는 개념에는 공정·객관 보도와 함께 권력으로부터 자유로운 독립 언론이 되겠다는 의지가 담겨 있다.

그런데 창간 주역들의 마음속에는 또 하나의 개념이 있었다. '고급지'가 그것이다. 대외적으로는 대중적 정론지를 표방했지만, 한겨레 지면의 밑그림을 그렸던 이들은 뉴욕타임스, 르몽드 등 서구 권위지 또는 고급지를 많이 참조했다. 이들 신문은 1980년대까지만 해도 일러스트는 물론 사진조차 어지간해선 싣지 않았다. 편집의 기교도 최소화했다. 해직 세대가 중심을 이룬 한겨레 창간 주역들은 이들 고급지를 머릿속에 그리고 있었다. 정론이라는 개념에는 서구 고급지의 지향도 함께 녹아 있었던 것이다.

창간 전인 1987년 11월에 만들어진 사업계획서를 보면 "대중지와 고급지의 도식적 이분법을 극복하고 계층과 지위를 망라하는 대중을 기반으로 하지만, 결코 그들에게 순간적, 표피적으로 영합하지 않는 대중적 고급지를 지향한다"고 쓰고 있다. 결국 창간 때 표방한 '대중적 정론지' 라는 지향 안에는 일반 민중과 지식층을 동시에 염두에 두는 자세가 공존하고 있었고, 이는 창간 이후 줄곧 토론의 대상이 되었다.

이와 관련해 흥미 있는 조사 결과가 있다. 창간 전인 1988년 1월 31일, 한겨레 창간기금을 낸 주주들을 중심으로 3877명의 시민들에게 여론조사를 했다. 체계적인 여론조사라기보다는 임의적인 앙케트 조사인 셈이었는데, 한겨레의 편집 방향에 대해 '수준 높은 고급지가 바람직하다' 는 응답은 10.9%에 그쳤다. 대신 '대중적인 중립지' 가 70%, '이념 지향 신문' 이 19.0%, '흥미 위주 신문' 이 0.2%였다.

대중, 정론, 고급 등의 지면 개념은 창간 세대에겐 특별히 중요한 문제가 아니었다. 그들이 지켜봤던 기성 언론과 다른 신문을 만들겠다는 정신이 폭넓은 공감대를 이루고 있었다. 반독재 민주화, 민족통일, 자유 언론, 민생보장 등의 개념으로 한겨레 창간 세대의 지향을 표현할 수 있었다. 그러나 이후 지면 혁신을 궁구하는 특별기구가 만들어질 때마다 한겨레 지면의 지향은 가장 먼저 풀어야 할 화두로 떠올랐다. 대중, 진보, 정론, 고급 등의 개념이 그때마다 등장해 각축을 벌였다.

1992년 회사발전기획위원회는 한겨레의 지향을 '진보 정론지' 로 규정했다. 1996년에 생긴 '편집혁신특위' 에서는 '진보적 대중지' 라는 개념으로 한겨레를 규정했다. 반면 비슷한 시기인 1995년 경영계획안에서는 "고급 정론지 지향을 분명히 해야 한다"고 적고 있다. 진보 지향을 강조하는 쪽과 고급 지향을 강조하는 쪽이 긴장하고 있었던 셈이다.

이 가운데서도 1996년 구성되어 활동했던 편집혁신특위는 한겨레 내부의 고급지 지향을 가장 강하게 비판한 경우다. 편집혁신특위 보고서에는 이런 대목이 있다. "한국의 시사일간지 시장은 서구 선진국 개념으로 보면 사실상의 고급지 시장이다. 국내 모든 종합일간지들은 정확성, 전문성, 정론성 등 고급지의 특징을 모두 자신의 것으로 내세운다. 고급지 개념은 한국 신문 시장의 특징에 대한 인식이 미흡해 보인다."

진보적 고급지로 방향을 잡았으나

그러나 1990년대 중반부터는 '고급지' 라는 개념이 보다 자주 등장한다. 이때의 '고급' 이란 다른 신문과 질적으로 차별되는 '다른 신문' 또는 '더 좋은 신문' 의 의미가 강했다. 2002년 혁신추진단은 한겨레의 첫 섹션을 진보정론지, 나머지 섹션을 전문지로 구분하자고 제안했다.

2006년, 전략기획실은 처음으로 '고급지' 개념을 전면화했다. 다른 신문과 분명히 구분되는 한겨레의 좌표는 심층성을 갖춘 고급 콘텐츠라고 진단했다. 대중지 시장에서 탈피해 한겨레만의 고급지로 거듭나자는 뜻이었다. 이는 한겨레 독자층 분석에 따른 결론이기도 했다.

창간 이래 한겨레 독자의 다수는 대학을 졸업하고 전문직, 사무직 등에 종사하는 30·40대 고소득층이었다. 다른 신문과 비교하면 이런 특징이 더욱 두드러진다. 전략기획실은 진보를 바탕으로 공정성, 심층성을 갖춘 '품격 있는 신문'으로 거듭나야 한겨레의 충성 독자를 유지하면서 새로운 독자를 끌어들일 수 있다고 분석했다.

시장분석에 기초한 이런 제안에도 불구하고 내부 논란은 완전히 마무리되지 않았다. 사회적 약자들을 외면하고 소수 지식층에게만 향유되는 미국식 권위지의 모델을 따라 밟는 게 아니냐는 비판이 제기되었다. '대중지' 개념을 포기할 경우, 일하는 사람들에 대한 한겨레의 관심이 줄어드는 게 아니냐는 우려도 있었다.

그러나 전체적으로 보아 창간 이후의 한겨레 지면에 '대중(민중)'의 요소보다 '정론(고급)'의 요소가 점차 강화되었던 것이 사실이다. 고급지 제안은 새롭게 돌출한 것이라기보다는 1990년대 중반 이후 한겨레 스스로 구축해온 지면 지향의 일부를 다시 확인하는 일이었다. 한겨레가 고학력·고소득 화이트칼라가 많이 읽는 신문이라는 사실은 좀체 부정하기 힘들다. '대중지'라는 개념이 한겨레 창간 주역들이 의도했던 '민중'이라는 말과 멀어지고, 오히려 선정적 황색 저널리즘에 어울리는 말이 되어버린 것도 여기에 영향을 미쳤다.

진보지, 고급지, 정론지 등의 개념이 이해되는 방식은 계속 변해왔다. 창간 주역들이 생각한 고급지는 증권표와 스포츠 기사를 싣지 않고, 각종 칼럼과 오피니언을 크게 늘리는 것이었다. 1면에 한겨레 논단을 싣고 2면에 사설을 내보내고 4면에 칼럼을 싣는 창간 초기 편집도 여기에서 비롯했다. 그러나 2000년대 이후의 고급지 논의는 어느 편에도 치우치지 않되 심층적인 정보를 많이 제공하자는 쪽에 초점이 맞춰져 있다. 1980년대의 르몽드처럼 각종 칼럼과 오피니언을 잔뜩 실어 신문을 낸다면, 2000년대 한겨레 사람들은 이를 고급지가 아니라 정파지로 치부할지도 모른다.

진보지의 개념도 변화를 겪었다. 창간 당시의 어느 기록을 살펴봐도 '진보'라는 낱말은 등장하지 않는다. 오히려 '자유 언론', '민주 언론' 등의 표현이 일반적이었다. 한국에서 진보라는 개념 자체가 사회주의권 붕괴 이후인 1990년대 초반부터 널리 쓰이기 시작한 점을 고려해야 할 것이다. 실제로 한겨레를 진보지와 연관시켜 인식한 것은 창간 세대가 아니라, 1990년대 들어 한겨레에 입사한 이른바 '386세대'들이다. 이들이 신문사의 주축을 이루게 되는 1990년대 중반 이후 대표이사와 편집위원장의 취임 일성은 언제나 "진보 언론 한겨레의 위상을 지키겠다"였다.

2000년대 고급지 논의도 일단은 이런 진보 지향을 내포하고 있다. 2002년의 혁신추진단은 지면 정체성과 관련해 "1990년대 중반을 지나면서 한겨레가 지향하는 진보의 의미를 올바로 재정립하지 못했다"고 지적했다. 한겨레의 강점은 진보성에 있으므로 이를 다시 정립해 강화해야 한다는 제안도 내놓았다. 2006년 전략기획실도 고급지의 요소를 강조하면서도 '진보 고급지' 라는 개념을 함께 썼다.

그러나 한겨레가 지향하는 진보가 무엇을 담고 있는지 불분명하다는 점은 속 시원히 해결되지 않았다. 내용 없는 진보는 자칫 공허한 구호가 될 수도 있다. 이 때문에 한겨레 사람들 가운데는 진보지를 강조하는 것이 실제로는 별 실효가 없다고 생각하는 이들도 있다. 반면 손쉽게 진보의 가치를 버리고 시장의 유혹에 타협해서는 안된다고 생각하는 이들도 적지 않다.

1990년대 중반 이후 '대중' 이라는 개념이 한겨레 지면 지향 논의에서 점차 사라지고 있는 이면에는 경영과 관련된 문제가 있다. 1991년 7월, 한겨레 사외보 〈한겨레가족〉에 권영길 당시 전국언론노련위원장이 글을 보냈다.

"르몽드 등은 선정적 기사를 철저히 배격하는 고급지다. 그런데 이들 신문의 주 독자는 소수 엘리트다. 엘리트 중심의 나라여서 엘리트를 상대하는 신문이 권위를 갖는 것이다. 이에 반해 한겨레는 상업적 기사를 배격하면서 동시에 대중적이다. 소외 계층과 민중의 대변지가 되고자 하는 신문이다. 한겨레는 지식인에서 노동자에 이르기까지 독자층이 다양한 세계 유일의 신문이다. 이런 점이 한겨레 경영을 어렵게 하고 있다. 그러나 경영이 어렵다 해서 창간 정신을 바꿀 수는 없는 게 아닌가."

창간 정신을 바꿀 정도는 아니지만, 경영의 어려움이 지면 지향에 영향을 주는 것은 사실이다. 한겨레가 2006년 '고급지' 개념을 공식적으로 들고 나온 것도 이와 관련이 깊다. 노동자, 농민, 빈민이 주로 읽는 신문보다 여론 주도층과 지식층이 많이 읽는 신문이 광고주에게 더 매력적이다.

지면 정체성과 경영 논쟁

해직 기자 출신으로 대홍기획에서 일하고 있었던 강정문이 1992년 11월 〈한겨레가족〉에 기고한 글이 있다.

"모든 소비자를 만족시키는 상품이 있을 수 없듯이 모든 독자를 만족시킬 수 있는 신문은 만들 수 없다. 그 독자층이 적어도 기업을 존립시킬 수 있고 최소한의 투자 재원을 축적할 수 있는 규모는 되어야 한다. 그리고 제공되는 정보 서비스가 그 집단에 수용될 수 있는 범용성이 있어야 한다. 그런 의미에서 한겨레의 목표 고객은 지나치게 편협한 것은 아닌가?"

그는 지면 지향이 경영 방식과 밀접한 관련이 있음을 꿰뚫어 봤다. 이 문제는 2000년대 들어서도 여전히 논란거리다. 이 화두를 어떻게 푸는지에 따라 한겨레의 미래가 결정될 것이다. 힘없고 가난한 자들을 대변하여 그들에게 널리 읽히는 신문. 시대를 고민하며 여론을 주도하는 이들에게 깊이 읽히는 신문. 두 가지 모두 한겨레가 아직 이루지 못한 '이상형'에 가깝다.

지면에서 드러낸 지향을 지키고 확대하는 문제는 경영 논쟁으로 이어진다. 좋은 신문을 계속 내려면 경영의 전략이 필요하기 때문이다. 초창기에는 이른바 '기채론'과 '자립론'이 긴장했다. 한겨레가 신문 시장에 안착하기 위해서는 금융권의 융자를 받아서라도 윤전설비를 비롯한 제작, 편집 부문에 투자를 해야 한다는 입장이 기채론이었다. 금융권의 융자를 받을 경우, 사실상 관치금융이나 다름없는 한국에서 정치권력에 굽실거리게 되는 빌미를 제공할 것이라고 비판한 입장이 자립론이다.

창간 직후엔 자립론이 다소 우세했는데, 군사정부 시절 은행에서 돈을 빌리는 일의 위험이 실제로 존재했기 때문이다. 그런 종류의 탄압을 몸소 겪은 해직 기자들이 주축을 이뤘던 탓도 있다. 비판을 무릅쓰고 기채의 유용성을 입증할 유능한 재무 전문가도 마땅치 않았다.

"발전기금 100억 원이 현금으로 들어왔는데, 이걸 알고 여러 은행 지점장들이 자기들 쪽에 예금을 달라고 찾아왔어요. 사옥 부지와 예금 등을 묶어서 200억 원 정도를 융통하고 이를 사옥 건설에 쓰면 자산으로 활용할 수 있겠다 싶었어요." 이 논쟁이 펼쳐지던 무렵에 대한 정태기의 회고다.

그러나 1991년 8월에 열린 주주 독자 간담회에서 김종철은 이렇게 말했다. "한겨레는 은행 돈을 빌려 대자본가나 권력의 품에 들어가면 그날로 죽습니다. 동아일보가 한때 자유 언론을 실천하는 쪽으로 가는 듯하다가 대자본가의 손아귀에 들어가고 은행 돈을 많이 쓰는 약점이 있어 그 한계를 드러냈습니다. 한겨레가 대자본 또는 은행 돈으로부터 독립해야 하는 이유는 그래서 중요합니다."

이 문제를 놓고 이사회는 결국 결론을 내리지 못했다. 이 논쟁은 1990년대 초반 이후에 자연스레 사라졌다. 문민정부 출범 이후부터는 은행을 통한 정부의 압력을 지나치게 걱정할 필요가 없어졌기 때문이다. 오늘날의 관점에서 보자면 자립론이 지나치게 소극적이었던 것으로 보일 정도다. 1990년대 중반 이후 한겨레는 금융기관과의 거래를 통해 '정상 기업'이 시도하는 다양한 자금운용을 펼치고 있다.

　시대의 변화는 결과적으로 기채론의 손을 들어준 듯하지만, 이 논쟁이 완전히 끝난 것은 아니다. 1990년대 중반 이후에는 조금 변형된 방식으로 이어지고 있다. 적절한 투자를 통해 새로운 사업을 펼쳐 매체 또는 사업을 다각화하지 않으면 안 된다는 공감대가 한겨레에 분명히 있다. 그러나 투자의 규모와 속도에 대해 한겨레 사람들 사이에 이견이 있다.

　과감하고도 신속한 투자의 필요성을 강조하는 사람들은 한겨레21, 씨네21 등의 성공을 귀감으로 든다. 반면 신중하고도 보수적인 투자에 무게를 두는 사람들은 한겨레리빙과 허스토리의 실패를 사례로 든다. 은행에 빚을 내서라도 투자를 할 수는 있지만, 한겨레는 언제나 뒷감당을 생각할 수밖에 없다. 태생적 한계이기도 한 취약한 자본 때문이다.

　자본이 풍부하지 못하므로 변화무쌍한 시장에 적응해 적재적소에 과단성 있는 투자를 하지 않으면 언론사의 존립이 위태롭다고 생각할 수 있다. 똑같은 이유로 취약한 자본마저 위태롭게 할 모험적 투자를 자제해야 한다고 볼 수도 있다. 이 문제는 강력하고 지속적인 경영권 확보를 강조하는 시각과 경영권의 독주를 제어하는 감시와 통제를 강조하는 시각으로 다시 이어진다.

　한겨레는 민주주의를 조직 운영의 바탕으로 삼는다. 이는 단순히 대표이사, 편집위원장 등의 선출제도에 관련된 것이 아니다. 지면을 어떻게 운용할 것인가, 경영은 어떤 식으로 할 것인가 등 조직 전체의 지향과 미래를 두고 한겨레 사람들은 언제나 공론을 벌여왔다. 주주총회, 이사회, 임원회의, 편집회의, 공청회, 토론회 등이 끊이지 않는다.

　공론장에서 논리적 허점을 드러낸 주장은 다수로부터 외면당한다. 시간이 지나 그 부적절함이 입증된 주장도 공론장에서 퇴출된다. 한겨레의 여러 문제는 결국 공론을 통해 해결되어왔다. 이것이 한겨레식 민주주의의 요체다. 한겨레를 둘러싼 중요한 문제 치고 논쟁의 대상이 되지 않은 것이 별로 없다.

창간 당시 한겨레신문 기구 조직표

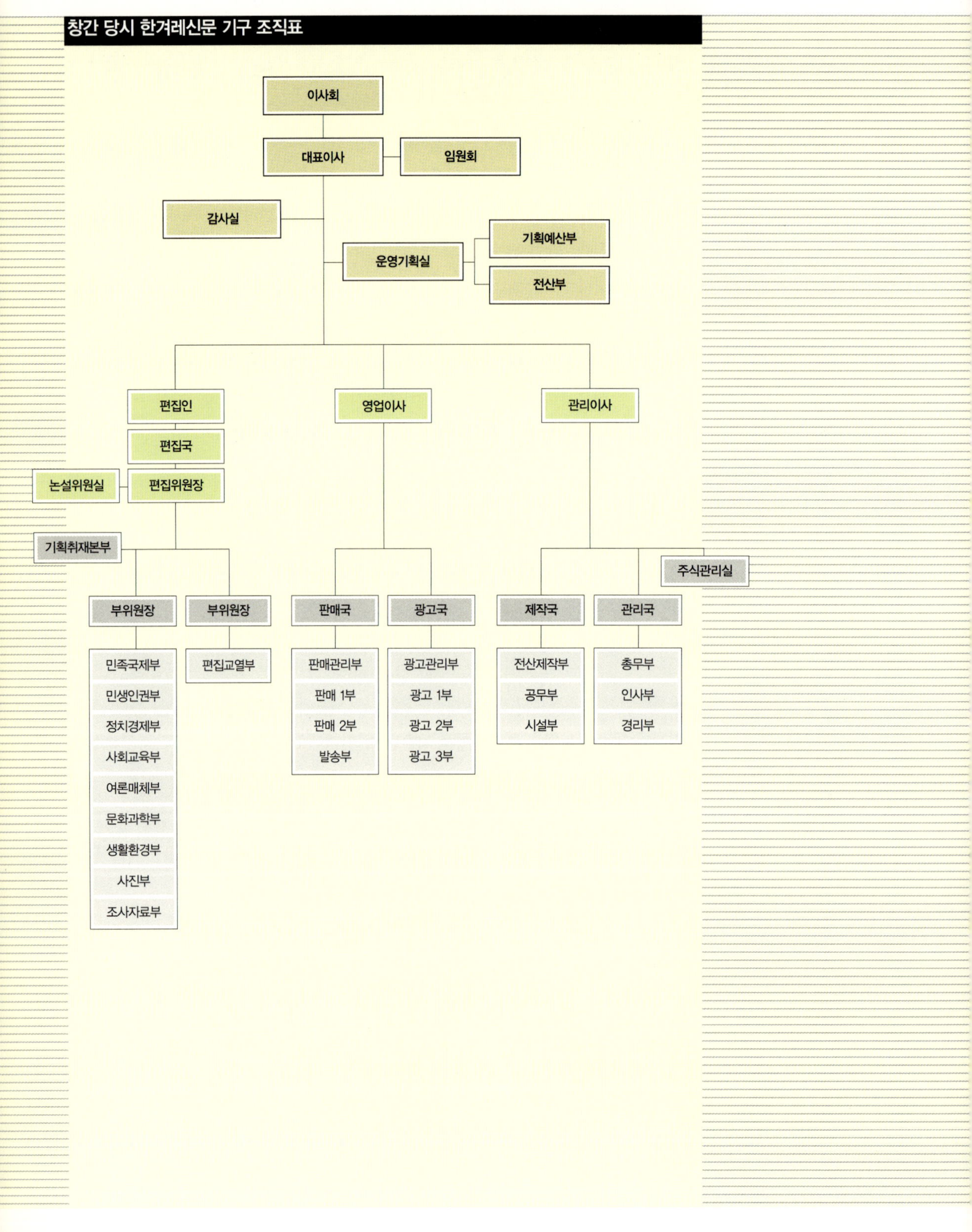
이사회
대표이사
임원회
감사실
운영기획실
기획예산부
전산부
편집인
영업이사
관리이사
편집국
논설위원실
편집위원장
기획취재본부
주식관리실
부위원장
부위원장
판매국
광고국
제작국
관리국
민족국제부
민생인권부
정치경제부
사회교육부
여론매체부
문화과학부
생활환경부
사진부
조사자료부
편집교열부
판매관리부
판매 1부
판매 2부
발송부
광고관리부
광고 1부
광고 2부
광고 3부
전산제작부
공무부
시설부
총무부
인사부
경리부

한겨레신문
환씨 오늘 소
검찰, 12·12수사 진술

꺾을 수 없는 자유 언론

2

윤재걸기자 구속영장
즉각 취소하라!!

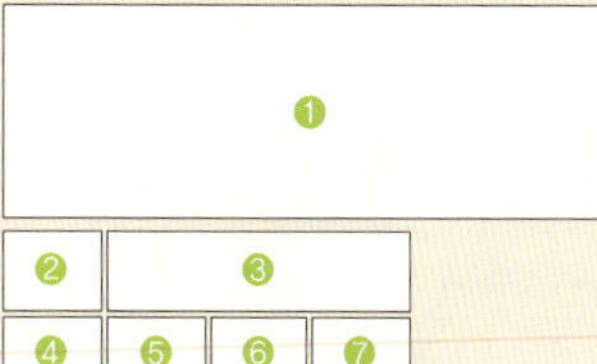

❶ 1989년 7월 12일, 안기부의 한겨레 양평동 사옥 압수수색이 끝난 직후, 송건호, 신홍범, 이종욱, 권근술, 임재경, 장윤환 등 신문사 간부들이 편집국 회의실에 침통한 표정으로 마주 앉았다.

❷ 안기부 압수 수색이 시작된 직후, 사옥 경비조를 맡았던 전산제작부 사원 이병옥이 사복체포 대원에 연행되면서 "언론 자유 탄압 말라"고 외치고 있다.

❸ 1989년 7월 10일, 임직원들이 편집국에서 언론자유수호결의대회를 열었다.

❹ 압수 수색 도중, 사복체포 대원들이 권오상 기자를 끌어내려 하자 김성걸 기자가 강하게 항의하며 이를 말리고 있다.

❺ 편집국 철문을 깨고 들어온 안기부 요원과 경찰이 미리 준비해온 장비로 편집국으로 향하는 대형 유리문을 열고 있다.

❻ 편집국 유리문을 연 경찰이 스크럼을 짜고 있던 한겨레 사원들을 끌어내고 있다.

❼ 압수 수색 돌입 직전, 경찰은 임직원들의 투신 등에 대비해 양평동 사옥 주변에 매트리스를 깔았다.

❶ 1989년 8월, 리영희에 대한 1차 공판이 열리던 날, 임재경 편집인이 법정에 들어서는 리영희를 격려하고 있다.
❷ 1989년 4월 22일, 김태홍이 안기부에 연행됐다 풀려난 장윤환을 맞이하고 있다.
❸ 1989년 4월, 한겨레 비상대책위원회 소속 임직원들이 대책을 논의하고 있다.
❹ 1989년 4월 15일, 당국의 탄압을 규탄하는 사원총회가 양평동 편집국에서 열렸다. 사원들이 '연행자 석방', '민주 언론 수호' 라 적힌 머리띠를 두르고 있다.

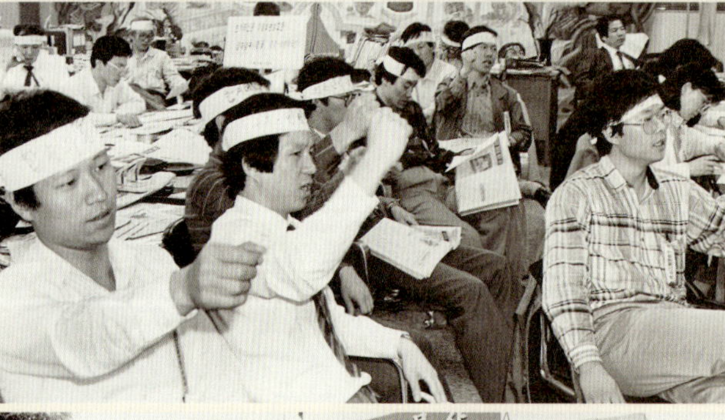

한겨레신문사

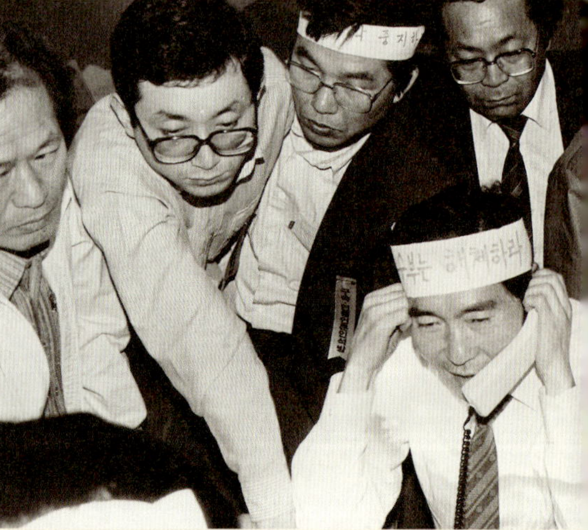

❶ 1989년 5월 14일, 합동수사본부에 연행됐다 풀려난 임재경을 성유보가 반기고 있다.
❷ 1989년 4월, 양평동 편집국에서 열린 한겨레 탑압 분쇄 결의대회.
❸ 1989년 7월 12일, 양평동 편집국 압수 수색 직전, 사옥 주변에 배치된 경찰과 사복체포조 대원들.
❹ 1989년 4월 14일 저녁 8시, 임직원 300여 명이 리영희와 임재경의 구속·연행에 항의하는 긴급 총회를 열고 밤샘 농성을 벌이기로 한 뒤, 만세삼창으로 결의를 다지고 있다.
❺ 1989년 4월 14일, 합동수사본부가 장윤환 편집위원장에게 전화를 걸어 임의동행에 응할 것을 요구하는 동안, 임직원들이 그 내용을 함께 듣고 있다. 김두식, 김이택, 박종문, 문영희, 윤유석, 현이섭 등이 보인다.

1

팽팽한 긴장감이 흘렀다. 비상대책위는 방금 끝난 회의에서 세 가지를 결정했다. 첫째, 임의동행이나 출석요구에 대해 일체 불응한다. 둘째, 다만 적법절차에 따른 구인에 대해서는 물리적으로 저항하지 않는다. 셋째, 집회 장소에 술을 반입하거나 술을 마시고 들어오지 않는다. 하얀 머리띠를 두른 한겨레 임직원 400여 명이 굳은 표정으로 비대위 결정 사항을 들었다. 가슴에는 '구속·연행 언론인 석방'이라 적힌 리본이 달려 있었다.

사옥 한쪽에서 윤전기 소리가 들려왔다. 1989년 4월 18일 저녁 7시, 1판 발행이 끝난 편집국은 그대로 농성장으로 변해 있었다. 조영호 기획담당이사, 성유보 관리국장, 신홍범 논설주간, 고희범 노조위원장, 정상모 기자평의회 의장 등이 비상대책위원이었다. 이상현 기자가 비대위 대변인을 맡았다.

"안기부를 접수하여 사옥 짓자"

비대위 아래에 사내소위, 대외소위를 다시 두었다. 사내소위에는 조사선전반, 물자수송반, 조직동원반, 일지기록반, 사무진행반이 있었고, 대외소위에는 언론담당반, 사회단체담당반, 지국담당반, 격려방문담당반, 해외담당반이 있었다. 한겨레신문사 조직 전체가 투쟁 체제로 전환했다. 이날은 비대위가 주최하는 '한겨레 탄압분쇄 4차 결의대회' 자리였다.

● 1989년 4월의 한겨레 양평동 사옥에는 민주인사와 단체들의 지지, 격려 방문이 끊이지 않았다. 1989년 4월 18일 저녁, '한겨레 탄압분쇄 결의대회'에 참석한 정태춘이 문화공연을 펼치고 있다.

무거운 분위기를 가르고 문화공연이 시작되었다. 정태춘이 기타를 잡았다. "언론 탄압에 맞선 이번 싸움은 한겨레의 도약을 위한 계기입니다. 두루 잘 사는 참자유 세상을 만들기 위해 함께 노력합시다." 그는 〈광주천〉, 〈떠나가는 배〉, 〈인사동〉을 불렀다. 노래를찾는사람들이 뒤를 이었다. 〈님을 위한 행진곡〉, 〈타는 목마름으로〉를 불렀다. 신동엽 시인의 미망인 인병선, 역사학자 이이화, 미술평론가 유홍준 등이 격려 발언을 했다.

송건호 대표이사가 사무실 한가운데로 나왔다. "해방 이후 한국 언론계의 3대 사건이 있습니다. 1965년 경향신문 강제 매각, 1975년 동아일보 광고 탄압, 그리고 1989년 오늘의 한겨레 탄압입니다. 어찌된 노릇인지 저는 항상 그 가운데 있었습니다."

평소와 달리 그의 목소리가 높았다. "65년 경향사태 때는 외부의 지원이 없었습니다. 75년 동아사태 때는 그 사장이 권력과 내통했습니다. 그러나 지금 한겨레는 일반 민중이 지원하고 있습니다. 짓밟혀 신문을 못 내는 한이 있더라도 사장인 나는 권력과 내통하지 않을 것입니다. 이번 싸움은 모든 조건이 다릅니다. 분명히 승리합니다."

박수와 환호가 터졌다. 누군가 구호를 외쳤다. "안기부를 접수하여 한겨레신문 사옥 짓자." 이번엔 웃음이 함께 터져 나왔다. 창간 1주년이 한 달 앞으로 다가와 있었다.

석 달 전인 1989년 1월 초, 양평동 사옥 2층 논설위원실에 리영희 논설고문, 임재경 부사장, 장윤환 편집위원장, 정태기 개발본부장 등 네 사람이 모였다. 89년 한 해 사업과 지면 운용 계획을 논의하는 자리였다. 당장 창간 첫돌 기획 사업이 필요했다. 장윤환이 소련, 중국, 동유럽 등 공산권 기획 취재 구상을 밝혔다. 취재 대상에는 북한도 포함되어 있었다.

참석자 모두가 크게 찬성했다. 그 자리에서 리영희는 북한 취재단이 구성되면 이를 직접 인솔하겠다고 말했다. 이날부터 한겨레의 북한 취재 준비가 시작되었다. 사내에서도 철저히 비밀에 부쳤다.

한겨레의 북한 취재 계획은 다른 언론사에 한발 뒤진 것이었다. 노태우 대통령은 1988년 7월 7일 이른바 '7·7특별선언'을 발표했다. 남북 간 평화공존 원칙을 밝힌 이 선언에는 "정치인, 경제인, 언론인 등 남북 동포 간의 상호교류를 적극 추진한다"는 내용이 들어 있었다. 여기에 고무된 신문사들이 경쟁적으로 북한 취재를 시작했다.

1988년 12월 9일, 한국일보와 중앙일보가 각각 미주지사 소속 기자들을 평양에 보냈다. 미국 시민권을 갖고 있었던 이들은 주미 동포 북한 관광단에 섞여 북한에 들어갔다. 중앙일보는 12월 12일부터, 한국일보는 12월 17일부터 각각 평양발 기사를 연재했다. 조선일보도 1989년 1월 9일 미국 시민권자인 미주지사 기자를 평양에 보내 관련 기사를 실었다.

다른 신문사의 발 빠른 대응에 한겨레 사람들은 황망해졌다. 창간 때부터 겨레의 자주적 평화통일을 내세웠던 한겨레가 정작 북한 취재 경쟁에서 뒤쳐진 것이다. 이제는 북한 취재를 하더라도 조금 다른 기획을 준비해야 했다. 관광단에 섞여 들어가 평양 거리를 스케치하는 기사로는 만족할 수 없었다. 한겨레는 북한 최고위 당국자, 특히 김일성 주석 인터뷰에 공을 들였다. 리영희가 나섰다.

1989년 1월 12일, 리영희는 일본으로 건너가 야스에 료스케를 만났다. 야스에는 이와나미 서점의 상무이자 유명 잡지 세카이의 편집장을 지낸 인물이다. 편집장 시절 야스에는 네 차례 방북해 그때마다 김일성 주석과 단독 회견을 가졌다. 한국의 민주화 운동을 지지했던 그는 리영희와도 교분이 있었다. 리영희로부터 한겨레의 북한 취재 계획을 들은 야스에는 일이 성사되도록 돕겠다고 말했다. 리영희에게 구체적인 취재 의도와 계획을 서면으로 써줄 것을 부탁했다.

공안 당국이 결정적 증거물로 내세우게 될 그 편지를 리영희는 1월 17일 한글과 일본어로 각각 써서 야스에한테 전했다.

"…이제 민족 내외의 조건과 정황의 변화에 발맞추어 북의 동포 및 사회와의 보다 적극적인 이해 확대 및 촉진을 필요로 하고 있습니다. 남한의 여론을 선도하는 신문이 그 개척자적 역할을 해야 한다고 확신하고 있습니다. …북의 당·정부의 일정한 책임 있는 분들과 면담이 수락된다면 논설위원급을 단장으로 하는 취재기자단을 인솔하겠습니다. … 바람직한 것은 남북 간에 전개되는 상황 변화의 종합적이고 전반적 방향과 정책의 이해 촉진을 위해서 존경하는 김일성 주석 각하와 잠시라도 직접 대화하는 귀중한 시간을 허락받는 것입니다."

나중에 당국은 "존경하는 김일성 주석 각하"라는 대목을 특히 물고 늘어졌다. 면담을 허락받으려는 상황에서 상대의 감정을 해치지 않도록 북한이 쓰는 공식적인 의전 용어를 쓰는 게 당연하다고 리영희는 생각했다. 사상 첫 김일성 주석 인터뷰 성사를 위한 레토릭에 대해 당국은 국가보안법상 고무·찬양 죄에 해당된다고 우겼다.

1989년 3월 5일, 일본의 다카사키 쇼오지 교수가 서울에 왔다. 그는 야스에 료스케와 친분이 있었고, 창간 직후인 1988년 11월, '일본 어디로 가나' 라는 제목의 연재 기사를 보낸 한겨레의 필자이기도 했다. 다카사키는 리영희에게 전화를 걸어 방북 취재가 가능할 것 같다고 전했다.

당시 한겨레 편집국이 염두에 두고 있었던 방북 취재단은 리영희 논설고문 외에도 권근술 편집위원장 대리, 문학진 민권사회부 기자, 그리고 민족국제부 기자 1명, 사진부 기자 1명 등 모두 5명이었다. 방북 시기는 5월 초로 정했다. 이런 내용을 다카사키를 통해 야스에 료스케에게 전하고, 북한의 반응을 기다렸다.

그러나 일이 틀어졌다. 1989년 3월 25일, 문익환 목사 일행이 평양을 전격 방문했다. 남북 민간 교류의 물꼬를 트는 역사적 사건이었지만, 적어도 한겨레 방북 취재에는 악영향을 미쳤다. 각 언론사의 평양 취재를 문제 삼지 않고, 정주영 현대그룹 회장의 방북(1989년 1월 24일)까지 허용했던 당국은 이제 태도를 완전히 바꿨다. 정부는 이 사건을 계기로 공안 정국을 조성했다. 노태우의 7·7특별선언으로 남북 평화 무드가 만들어질 것이라는 기대도 사라졌다.

한겨레 역시 방북 취재를 접었다. 남북 민간 교류를 용공세력의 발호로 규정한 정부가 한겨레의 방북 취재를 승인해줄 리 없었다. 일본 쪽에서도 취재 요청에 대한 응답이 오지 않고 있었다. 임원회의에서 정식으로 논의 한번 못 해보고, 한겨레는 방북 취재의 꿈을 접어야 했다.

안기부의 노골적인 탄압

한겨레 사람들의 뇌리에서 잊혀져가던 이 일이 1989년 4월, 다시 등장했다. 4월 12일 새벽 6시 10분께, 공안합동수사본부 요원들이 리영희를 자택에서 연행했다. 문익환의 방북을 주선한 정경모에 대해 이야기해달라는 게 이들의 요구였다. 문제될 게 없다는 생각에 순순히 연행에 응했다. 안기부에 도착한 뒤부터 요원들은 북한 취재 계획을 캐물었다. 당국은 14일 새벽, 리영희를 구속했다.

리영희 구속 직후인 4월 14일 새벽 6시, 안기부 요원 7명이 임재경의 집에 들이닥쳤다. 공책, 편지, 도서 등을 압수한 뒤 임재경을 연행했다. 같은 시각, 장윤환 편집위원장의 집에도 수사요원들이 들이닥쳐 압수 수색을 펼쳤다. 장윤환은 이미 신문사에 출근한 뒤여서 현장에서 연행되는 것을 피했다. 합수부는 이날 오전 10시, 밤 11시 등 두 차례에 걸쳐 신문사 편집국으로 전화를 걸었다. 장윤환에게 임의동행에 응해줄 것을 요구했다. 한겨레는 이를 거부했다.

합수부는 리영희 등이 반국가단체의 수괴를 찬양·고무하고, 사전 허락 없이 반국가단체의 지배 아래 있는 지역으로 탈출을 예비 음모했으므로, 국가보안법 6조5항 '탈출예비' 및 7조1항 '찬양·고무·동조'에 해당하는 죄를 지었다고 주장했다.

한겨레는 전혀 거리낄 것이 없었다. 이미 3월 초, 취재 계획 자체를 접은 상태였다. 취재팀장을 맡을 예정이었던 권근술은 사건이 터지던 4월까지도 여권을 마련하지 않았다. 리영희 등이 연행된 4월 14일 아침에야 장윤환은 방북 취재를 추진했던 일을 임원회의에서 처음으로 설명했다. 방북 취재를 중도에 포기한 데는 크게 두 가지 이유가 있었다.

우선 중간 연락을 맡았던 일본의 야스에 료스케 등으로부터 3월 5일 이후 별다른 연락이 없었다. 방북 경로, 비자, 취재 인원, 면담 일자 등 구체적 사실을 협의해야 하는데, 이를 진척시킬 어떤 메시지도 없었다. 나중에 밝혀진 일이지만, 당시 야스에 등은 리영희가 전한 편지를 북쪽에 전달하지 못하고 그저 보관만 하고 있었다.

문익환의 방북도 결정적이었다. 북한이 긍정적 답변을 보낸다 해도 한국 정부가 방북을 허용하지 않을 것이라는 점이 분명해졌다. 북한이 취재를 거부할지도 모르는

●1989년 4월 20일, 장윤환 편집위원장(오른쪽)과 정태기 개발본부장이 안기부 수사관들에 의해 구인되기 직전 맞잡은 손을 치켜들고 있다.

상황에서 방북 승인을 먼저 얻는다는 것도 어불성설이었다. 원래 한겨레 방북 취재단이 구상했던 시나리오는, 일단 북한의 취재 승인을 받은 뒤 우리 정부가 입북 허가를 내주지 않으면 취재를 계획했다 좌절된 일련의 과정 전체를 보도한다는 것이었다.

이 문제는 다른 언론사와의 형평에도 어긋났다. 이미 방북 취재를 성사시킨 신문사에 대해 당국은 "그들은 미국 시민권자를 보냈고, 한겨레는 국내 기자를 보내려 했으니 다르다"고 강변했다. 그렇다 해도 중앙일보, 한국일보 등의 평양발 기사에 자극받은 다른 언론사들이 한겨레처럼 방북 취재를 준비하고 있던 상황에서, 당국은 유독 한겨레만 문제 삼았다.

결국 신문사 최고 간부를 국가보안법으로 다스리겠다는 선전포고나 다름없었다. 올 것이 왔다는 비장함이 삽시간에 번졌다. 리영희가 구속되고 임재경이 연행된 4월 14일부터 한겨레 임직원은 철야 농성에 들어갔다. 그날 밤에 바로 비상대책위원회를 만들었다. 공안 당국이 정태기, 장윤환에 대한 임의동행과 출두를 재촉했지만 이를 거부했다. 임의동행에 응하면 스스로 범죄를 인정한다는 오해를 불러일으킬 우려가 있었다.

14일 연행된 임재경이 16일 새벽 6시 불구속 입건 처리되어 풀려났다. 곧바로 양평동 사옥에서 철야 농성 중인 한겨레 임직원들에게 달려왔다. 사전 승인 없이 방북 취재를 강행하려 했는지를 안기부가 주로 캐묻고 있다고 전했다. 임재경의 불구속 입건은 다소 희망적인 일이었다. 허투루 뒤집어씌운 보안법 위반 혐의를 공안 당국이 쉽게 입증하지 못하고 있다는 방증이었다.

1989년 4월 20일 낮, 마침내 장윤환과 정태기가 국가안전기획부에 연행되었다. 오전 11시께 구인영장을 발부받은 안기부 요원들이 양평동 사옥을 찾아왔다. 연행에 협조할 테니 밖에서 기다리라 일렀다. 이들은 30여 분 동안 현관 안내실 소파에서 기다렸다.

그동안 한겨레 임직원은 '민주언론수호결의대회'를 열었다. 전체 임직원 명의의 성명서를 낭독했다. "한겨레신문에 대한 탄압은 현 정권이 저지르고 있는 재야·노동계·교육계 등에 대한 탄압과 궤를 같이하는 것이며 언론계 전체에 대한 중대한 도전 행위다."

낮 12시 30분께, 장윤환과 정태기가 스스로 편집국을 나왔다. 2층 사무실을 내려오는 계단 끝에서 잠시 멈췄다. 둘러선 한겨레 임직원과 내외신 기자들 앞에서 두 사람이 손을 번쩍 치켜들었다. 한겨레 사람들이 〈선구자〉를 불렀다.

안기부 요원들은 두 사람을 검정색 로얄살롱 승용차와 검정색 소나타 승용차에 각각 태웠다. 사진 기자 2명이 자동차 앞에서 촬영을 하려는데, 안기부 요원들이 그대로 차를 출발시켰다. 사원들을 치려는 줄 알고 순간 흥분한 기자 2~3명이 안기부 차량의 유리창을 발로 차고 사진기로 찍어 깨뜨렸다. 나중에 신문사가 이를 변상했다.

안기부 차량은 뒤쫓는 취재진을 따돌리려고 도로 중앙선을 넘어 달리다, 마주 오던 승용차와 부딪히기도 했다. 다행히 크게 다친 이는 없었다.

민주 세력의 총본산이 되다

임재경의 연행 사실 등을 처음으로 알린 4월 15일치 한겨레는 아침 9시가 지나기 전에 서울 시내 모든 가판대에서 매진되었다. 방북 취재 계획을 빌미 삼은 정부의 한겨레 탄압으로 한국 사회 전체가 들끓었다. 언론 탄압, 남북 민간교류 활성화, 시대착오적인 국가보안법, 합동수사본부의 초법적 위상 등이 삽시간에 주요 쟁점으로 떠올랐다. 각계각층의 규탄 성명과 시위가 잇따르면서 노태우 정부의 정당성을 문제 삼는 반정부 시위가 전국으로 확산되었다.

한겨레 임직원들이 철야 농성을 벌인 4월 14일부터 일주일여 동안, 양평동 사옥은 민주세력의 본산이 되었다. 전국언론노동조합연맹, 한국기자협회 등 언론단체는 물론 한국방송, 문화방송, 기독교방송, 평화신문, 한국일보 등 거의 모든 언론사 노조가 정부를 규탄하고 한겨레를 지지하는 성명을 발표했다. 각계를 대표하는 원로 89인의 시국선언을 비롯해 140여 개의 민주·재야단체들도 성명을 내놓았다. 1989년 당시 이름을 내걸고 활동한 거의 모든 단체가 망라되었다.

편집국에는 독자들의 격려 방문이 이어졌다. 하루 평균 50여 명이 신문사를 직접 찾았다. 각 언론사 영등포서 출입기자들이 야근 취재를 핑계 삼아 집단으로 양평동 사옥을 찾았다. '영등포 출입기자 일동' 명의로 방명록에 글을 남겼다. "한겨레, 동지애로 너를 지켜보리라."

노동조합, 동문회, 학생회 등의 집단 방문도 많았다. 음식을 내놓는 이도 있었고, 농성장에 앉아 기자들과 토론을 벌이는 이도 있었다. 100여 통의 격려 전화가 매일 걸려왔다. 신문에는 시민들의 격려 광고가 이어졌다. 외신들도 앞 다투어 한겨레 탄압 사태를 보도했다. 4월 20일 임재경이 외신 기자회견을 열었는데, 교도통신, DPA 통신, 뉴욕타임스, 워싱턴포스트, 마이니치신문, 아사히신문, CBS, NBC, NHK 등 세계 유력 언론사 기자들이 대부분 참석했다.

장윤환과 정태기는 서울 중구 예장동 안기부 청사로 끌려간 지 하루 만인 4월 21일, 불구속 입건되어 풀려났다. 4월 22일 저녁 7시, 사원총회가 열렸다. 리영희는 여전히 영어의 몸이었지만, 9일 동안 계속된 밤샘 농성을 일단 풀고 중장기 투쟁 체제로 전환

●1989년 5월, 민가협 주최 '양심수 전원석방 촉구를 위한 시민가요제'에 참가한 한겨레 노동조합 집행부 및 조합원들이 리영희 논설고문 석방을 요구하는 구호를 외치고 있다. 이날 행사에 참가한 한겨레 노래패는 2등상(국가보안법 철폐상)을 받았다.

하기로 했다. 이후 리영희 석방을 위한 대대적인 서명운동이 펼쳐졌다. 두 달 만에 2만 2451명이 여기에 서명했고, 각계각층의 석방 요구가 이어졌다. 리영희는 구속 5개월 만인 1989년 9월 25일, 집행유예를 선고받고 풀려났다.

1차 방북 취재 시도의 비밀

일련의 사태가 일단락되는 동안, 남몰래 마음 졸이던 이들이 있었다. 김두식 사회교육부 편집위원, 고희범 경찰팀장, 문학진 기자 등이었다. 세 사람은 어느 누구에게도 말하지 않은 비밀을 하나 갖고 있었다. 1989년 초에 추진했던 방북 취재 계획과는 별개로 이들은 1988년 여름, 독자적인 방북 취재를 시도한 적이 있었다.

노태우의 7·7선언 직후였다. 고희범과 문학진이 방북 취재를 추진해보겠다고 나섰다. 김두식은 의욕에 충만한 후배 기자들을 외면할 수 없었다. 그는 장윤환 편집위원장에게만 귀띔했다. "알고는 계시되, 선배는 전혀 몰랐던 일로 합시다. 일이 터지

면 내가 잡혀가지요." 1988년 8월, 고희범과 문학진이 출국했다. 일본과 홍콩을 다니
며 북한 당국과의 접촉을 도모했다.

두 명의 기자가 오랫동안 편집국에 나타나지 않아 행방을 궁금해하는 동료 기자들
이 있었다. 김두식은 "4·3항쟁 취재하러 제주도에 장기 출장 갔다"고 둘러댔다. "다시
못 만날 수도 있겠다"며 김두식과 비장한 인사를 나눴던 고희범과 문학진은 보름 뒤에
서울에 돌아왔다. 허탕이었다. 북쪽과 접촉이 되지 않았다. 결국 1989년 1월, 리영희,
장윤환, 정태기, 권근술 등이 도모한 방북 취재 계획은 '2차 시도'였던 셈이다.

사태의 중심에 있진 않았지만, 한겨레 사람들이 기억하는 또 하나의 인물이 있
다. 이용현 한겨레 초대 정릉지국장이다. 그는 과로와 지병이 겹쳐 병원에서 입원 치
료를 받고 있다가 한겨레 간부들의 안기부 연행 소식을 들었다. 병중에도 노심초사했
다. "내가 이렇게 누워 있어서는 안 되는데. 이럴 때일수록 빨리 지국에 나가 일을 봐
야 하는데."

주변 사람들이 말려 지국 사무실에 전화를 거는 것으로 대신했다. 당국의 탄압 이
후 한겨레 구독 신청이 오히려 늘었고, 지국 사무실에도 격려 전화가 계속 걸려온다는
이야기를 듣고 눈물을 흘렸다. 그는 사태가 한창이던 1989년 4월 20일 세상을 떠났다.
유언에 따라 그의 무덤에는 한겨레 창간호와 사망하던 날의 한겨레가 함께 묻혔다.

세계 언론사에 유래가 없는 편집국 압수 수색

방북 취재의 꿈을 꾸었던 한겨레 기자들은 일단 한숨을 돌렸다. 합법적으로 정당
하게 신문사를 차려 법에 따라 운영하겠다는 게 한겨레 사람들의 마음가짐이었다. 사
소한 일을 꼬투리 잡아 자유 언론을 탄압하는 권력의 속성을 누구보다 잘 알고 있었
다. 정권에게 탄압의 빌미를 줄 일을 피하려 애를 썼다. 그래야 그 정권을 제대로 감
시·비판할 수 있기 때문이었다. 그러나 안기부는 멈추지 않았다.

1989년 6월 28일, 평민당 서경원 의원이 구속됐다. 한 해 전인 1988년 8월, 평양을
방문해 김일성 주석 등을 만난 사실을 스스로 고백하고 당국에 자수했다. 노태우의
'7·7선언'으로 고무된 그는 당 지도부와 사전 상의 없이 돌출적으로 방북을 감행했다.
농민운동가이자 창간 발기인이기도 했던 서경원은 정치적이라기보다 낭만적인 인물
이었다.

당국은 기다렸다는 듯 그의 구속과 함께 공안 정국을 강화했다. 서경원의 방북

사실을 알고도 수사기관에 알리지 않았다는 이유를 들어 현역 의원을 포함한 서경원의 주변 인물들을 국가보안법 위반 혐의로 연행·구속했다.

윤재걸 한겨레 민권사회부 편집위원보도 안기부의 과녁이 되었다. 윤재걸은 1989년 2월, 평민당 김대중 총재 일행의 유럽 순방을 동행 취재했었다. 이때 서경원과 대화를 나누다 그의 방북 사실을 듣게 되었다. 무슨 일이 있었던 것인지 제대로 알기 위해 귀국 이후인 1989년 3월 말, 윤재걸은 국회 의원회관에서 서경원을 단독 인터뷰했다.

다만 인터뷰 내용에 대해서는 서경원 또는 평민당이 그 사실을 공식 발표하기 전까지 보도를 미루기로 했다. 어쨌건 민감한 문제였고, '엠바고' 요청을 수락하지 않을 경우 보안법을 빌미 삼은 당국에 의해 취재원인 서경원이 곤란에 처할 수도 있다고 판단했다. 결국 서경원이 자수할 때까지 취재 내용을 지면에 내보내지 않았다.

1989년 7월 2일, 안기부는 윤재걸의 자택과 입원 중인 병실에 대한 압수 수색을 벌였다. 서경원의 방북 사실을 알고서도 당국에 신고하지 않았으니 국가보안법상 불고지죄에 해당한다는 게 당국의 주장이었다.

당시 윤재걸은 허리 수술을 받고 3주째 병원에 입원 중이었다. 기자가 취재원에게 들은 정보를 당국에 일러바칠 수는 없었다. 윤재걸은 실정법 위반과 취재원 보호 가운데 하나를 택하라면, 당연히 취재원 보호가 우선이라고 판단했다. 이는 세계 모든 언론인이 공감하는 취재윤리의 기본이기도 했다.

한겨레는 7월 3일, 다시 한 번 비상대책위원회를 구성하고 사원총회와 밤샘 농성에 들어갔다. 이종욱 편집부위원장이 비대위원장을 맡았다. 격려 방문, 격려 광고, 규탄 성명 등도 다시 이어졌다. 안기부는 7월 3일 밤, 송건호에게 전화를 걸어, 윤재걸이 서경원으로부터 받은 사진 서너 장과 취재수첩 등을 제출해달라고 요구했다. 한겨레는 이를 거절했다. 보도를 위해 얻거나 작성한 자료 및 기록은 보도 이외의 목적으로는 공개 또는 제공할 수 없다고 설명했다.

아무리 안기부라지만 공개를 거부한 취재 자료를 구하려고 편집국을 압수 수색하지는 못할 것이라는 게 세간의 중론이었다. 법률 조언을 해주던 조영래도 "직업윤리에 따라 제공하기 곤란한 자료에 대해, 그것도 신문사 편집국을 상대로 하는 압수 수색 영장을 법원이 발부하지는 않을 것"이라고 내다봤다. 그러나 공안 당국은 상식을 뒤엎었다. 7월 10일, 한겨레 편집국에 대한 압수 수색 영장이 발부되었다. 한겨레

●1989년 7월, 편집국 압수 수색 영장 발부에 항의하는 임직원들이 양평동 사옥에서 밤샘 농성을 벌이고 있다. 송건호, 임재경과 함께 공채 1기 기자인 김경무, 김용성, 김정곤 등이 앞줄에 앉아 있다.

사옥 전체가 수색 대상이었다.

한국은 물론 세계 언론 사상 유례를 찾아보기 힘든 편집국 압수 수색이 1989년 7월 12일 새벽 6시부터 시작되었다. 안기부 수사요원 70여 명, 전투경찰 450여 명, 사복 체포조 300여 명 등이 동원되었다. 백골단이라 불리던 사복 체포조는 정예로 꼽히는 서울시경 기동대에서 차출되었다. 안기부 수사과장이 현장을 지휘했고, 영등포서장이 이를 거들었다.

이들은 사옥 주변을 에워싸고 차량 진입을 통제했다. 포위가 끝나자 안기부 요원이 편집국으로 전화를 걸었다. 비대위원장인 이종욱을 찾았다. "7시 정각 정문에서 만납시다." 밤샘 농성에 참여했던 임직원들끼리 긴급 대책회의를 열었다. '몸으로 막되 폭력은 절대 쓰지 않는다' 는 원칙을 다시 확인했다.

"장애물을 제거해야겠어"

이종욱이 사옥 정문으로 나갔다. 안기부 수사과장이 압수 수색 협조를 요청했다. 이종욱은 거절했다. 이때 긴급 연락을 받고 신문사에 출근하던 임희순 편집위원이 나타났다. 그가 사옥 안으로 들어가려고 정문을 조금 여는 순간, 기다렸다는 듯 사복 체포조, 전투경찰, 안기부 요원들이 양평동 사옥 앞마당으로 밀려들어 왔다. 순식간의 일이었다.

이날 새벽 사옥 '경비조'를 맡았던 편집국·공무국 소속의 백현기, 박해전, 문학진, 육일정, 이병옥 등이 2층 편집국으로 향하는 철제문을 닫았다. 그러자 경찰이 쇠망치와 전기톱으로 2층 철문을 부수기 시작했다. 철문이 열리자 이번엔 유리문이 나타났다. 경찰이 대기시킨 열쇠 전문가가 만능열쇠로 금세 열었다. 아침 7시 16분께 한겨레 편집국을 지키던 모든 문이 열렸다.

백현기 등의 경비조가 스크럼을 짜고 경찰들의 앞을 가로막았다. 안기부 수사과장이 말했다. "영등포서장 어딨어? 장애물을 제거해야겠어." 사복체포조가 직원들을 한 사람씩 연행했다. 당시 편집국 안에는 야근자 및 취재기자 몇 명만 남아 있었다. 경찰과의 물리적 충돌을 우려해 최소 인원만 사무실을 지키고 있었다. 문을 부수고 들어온 경찰은 유유히 편집국 서류함을 뒤지기 시작했다. 안기부 요원이 손을 치켜들고 외쳤다. "성공했다." 윤재걸의 취재수첩과 서경원이 건넨 사진이었다.

압수 수색이 끝났는데도 사복 체포조들이 행패를 부렸다. 당직 근무 중이던 권오상을 연행하려던 것을 김성걸 등이 격렬히 항의하며 간신히 말렸다. 압수 수색 상황을 취재하던 다른 방송사 기자도 끌고 가려했지만, 역시 기자들의 제지로 실패했다. 아침 7시 25분께 안기부 요원들이 편집국을 떠나자 경찰들도 사옥을 빠져나갔다. 경찰버스로 끌려가 갇혀 있던 12명의 '경비조' 사원들도 풀려났다. "×할 놈들, 두들겨 패야 돼." 어느 사복 체포요원의 폭언이 이들의 귀에 생생했다. 비상 연락을 받은 임직원들이 뒤늦게 달려왔을 때, 양평동 사옥은 폐허나 다름없었다.

긴급임원회의, 비상대책회의 등이 연이어 열렸다. 오전 9시, 편집국에서 '언론자유유린 규탄대회'가 열렸다. 내외신 기자회견을 겸했다. 고희범 노조위원장이 사회를 봤다. 송건호 대표이사, 임재경 부사장, 권영길 언노련 위원장 등이 사상 초유의 편집국 압수 수색을 규탄했다.

정해진 발언이 모두 끝나자 장윤환이 개인 성명서를 읽었다. 애초 순서에 없던 일이었다. "한겨레신문 편집국을 책임진 사람으로서 신문사의 심장인 편집국의 존엄성을 끝까지 수호하지 못하고 독재정권의 군홧발에 짓밟힌 데 대하여…." 장윤환은 울먹였다. 그러나 준비한 글을 마저 읽었다. "주주와 독자, 한겨레 사원에게 깊이 사죄하며 이에 본인은 책임을 통감하고 편집위원장직과 이사직을 사퇴합니다."

장윤환은 한국 언론 사상 처음으로 사원들의 직선으로 뽑힌 편집위원장이었다. 격렬하게 구호를 외치던 임직원들이 순간 침묵했다. 뒤이어 이종욱도 편집부위원장 직을 사퇴하겠다고 말했다. 침통한 가운데 임재경이 만세삼창을 제안했다. "한겨레신문 만세, 민주 언론 만세, 민주주의 만세."

편집국 압수 수색 이후 안기부는 윤재걸에 대한 수사를 사실상 중단했다. 병원에 입원 중인 윤재걸에게 안기부는 사전 구속영장 시한이 끝날 때마다 거듭 새 영장을 청구했지만, 1989년 12월 30일을 끝으로 더 이상 영장을 청구하지 않았다. 처음부터 별일이 아니었지만, 노태우 정부는 어떻게 해서건 한겨레를 으르대려했던 것이다.

안기부, 탄압으로 한겨레를 돕다

안기부를 앞장세운 정부의 한겨레 탄압은 그 뒤로도 계속되었다. 편집국 압수 수색 직후인 1989년 9월, 안기부는 전국에 걸쳐 한겨레 독자 성향과 지국 실태를 은밀히 조사했다. '한겨레신문 지방보급소 운영 실태 파악'이라는 공문을 전국의 모든 안기부 분실에 내려 보내고, 보고서 작성을 지시했다.

구독자 성향, 구독자의 계층별·연령별 현황, 독자 반응, 현지 여론, 보급소의 인적 구성, 운영자금 조달 방법, 창간 이후 변동 사항, 지역 주재 기자의 성향 및 취재 활동, 특이 동향, 정기구독부수, 가두판매부수 등 21개 사항을 일일이 파악해 보고하도록 지시했다. 안기부 요원들은 각 시·군과 경찰 등을 동원해 정보를 모았다. 일부 요원들은 신분을 숨기고 한겨레 지사에 직접 전화해 관련 정보를 캐묻기도 했다. 한겨레는 1989년 10월 9일치 지면에 이 사실을 폭로했다.

1989년이 저물던 11월, 안기부가 다시 한 번 한겨레의 발목을 잡았다. 한겨레는 1989년 10월 6일, 의문의 죽음을 맞은 이내창 중앙대 안성캠퍼스 총학생회장이 사망 직전 안기부 직원과 동행했다고 단독 보도했다. 이공순 기자의 특종이었다.

이내창은 앞서 8월 15일 전남 여천군 덕촌리 해수욕장에서 숨진 채 발견되었다. 당시 이내창은 문익환 방북 사건 등과 관련해 당국의 수배를 받고 있었다. 총장 면담 등의 약속이 있는데도 아무 연고 없는 그곳까지 이내창이 내려갈 일이 없으며, 부검 결과 외상을 입은 사실이 밝혀지는 등 사망 원인을 놓고 강한 의문이 제기되었다.

이공순은 이내창을 섬까지 태워준 배의 선장을 인터뷰했다. 선장은 이내창과 동행한 여성의 생김새를 상세히 기억하고 있었다. 의혹을 받고 있던 안기부 한 직원의

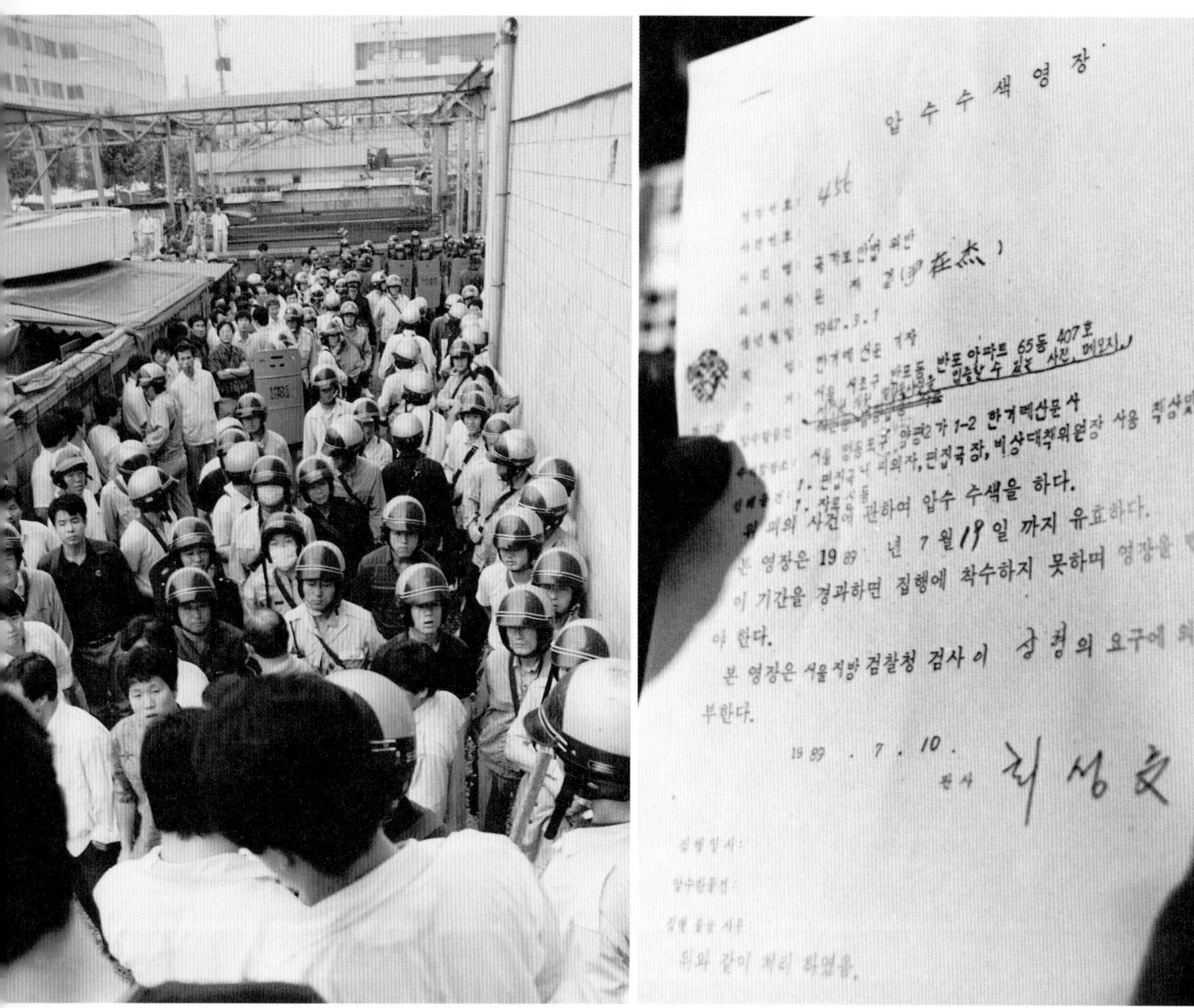

●1989년 7월 12일 아침 7시, 안기부 수사요원, 백골단, 경찰 등이 양평동 사옥의 정문을 밀고 들어와 2층 편집국으로
향하는 계단 앞에 늘어서 있다. 이들은 곧 쇠망치 등으로 편집국 철문을 부쉈다. 오른쪽은 당시 발부된 압수 수색 영장.

사진을 보여주자, 같은 인물이라고 증언했다. 일행이 들렀던 다방 여종업원도 마찬가
지 증언을 했다. 안기부 직원이 이내창과 함께 외딴 섬으로 갔고, 그 직후 이내창이 숨
진 채 발견되었으며, 그의 몸에는 외상까지 있었다. 일련의 사실이 웅변하는 바는 분
명했다.

그러나 수사 당국은 사건의 진실을 은폐하는 데 급급했다. 한겨레의 특종 보도에
결정적 역할을 했던 선장과 다방 종업원이 당국의 심문 과정에서 애초 진술을 뒤집었
다. 이공순은 이들과 다시 만나 대질하려 했지만, 당국이 한사코 막았다. 진술 번복 과

정에도 강한 의혹이 제기되었지만, 당국은 서둘러 수사를 마치고 이내창이 발을 헛디뎌 물에 빠져 죽은 것이라고 발표했다.

당국의 수사 발표 직후인 1989년 11월 29일, 이내창과 동행한 것으로 지목된 안기부 직원이 한겨레를 상대로 5억 원의 민·형사 소송을 제기했다. 국가정보기관 요원이 직접 고액의 소송을 걸어 언론의 진실 보도를 막으려 한 것은 전례가 없는 일이었다. 오랜 법정 공방 끝에 1996년 대법원은 "그렇게 믿을 만한 근거나 의혹이 있고 공공의 이익을 위한 보도였다"며 한겨레의 무죄를 확정 판결했다. 이 사건은 지금까지도 실체적 진실이 밝혀지지 않은 대표적인 의문사 사건으로 남아 있다.

1989년 12월 27일에는 이주익 한겨레 도쿄 통신원이 김포국제공항에서 안기부 요원들에게 영장 없이 불법 연행되었다. 이주익은 결혼 준비를 위해 귀국하는 길이었다. 안기부는 이주익이 1989년 3월 23일 방북 직전의 문익환 목사를 도쿄에서 만나 인터뷰한 뒤 이를 한겨레에 보도한 일을 뒤늦게 트집 잡았다.

당시 이주익의 기사는 문익환의 평양 방문을 알리는 외신 보도 이후에 한겨레에 실렸다. 인터뷰 직후 기사를 썼다면 세계적 특종이 되었겠지만, 자신의 방북 때까지 보도를 미뤄달라는 문익환의 부탁을 받아들였다. 이주익 역시 취재원과의 신의를 더 중시한 셈이었지만, 방북 계획을 사전에 알고도 당국에 알리지 않았다며 안기부가 트집 잡았다. 이주익은 불법 감금 25시간 만에 풀려났다.

87년 6월항쟁 직후의 유화 국면에서 정권은 한겨레 창간을 마지못해 허락했다. 일단 대선이 끝나자 노골적으로 탄압했다. 1989년 내내 한겨레는 안기부와 싸웠다. 조금도 물러서지 않았다. 국민적 신뢰와 성원은 더 높아졌다.

1989년 한 해 동안 정기 독자만 6만여 명이 더 늘었다. 새 사옥과 고속 윤전기 마련을 위해 1988년 10월부터 발전기금 모금운동을 벌이고 있었는데, 안기부의 탄압이 시작된 1989년 4월부터 모금액이 폭발적으로 늘었다. 초창기 하루 5000만~7000만 원을 오르내리던 모금액은 한겨레 탄압 사태 직후부터 하루 1억~2억 원으로 급상승했다. 100억 원을 목표로 했던 모금은 1989년 6월에 끝났다. 모두 119억여 원이 모였다.

안국동, 양평동, 공덕동

한겨레 사람들이 처음 일을 시작한 곳은 서울 종로구 안국동이다. 창간 사무국 사무실이 안국빌딩에 있었다. 청와대, 정부청사 등이 가까운 시내 한복판인데다 교통이 사통팔달하여 지나는 사람이 많은 곳이었다. 형편에 맞게 저렴한 사무실을 찾자는 이야기가 없지 않았지만, 사무국을 주도했던 정태기는 "번듯한 사무실을 얻어야 사람들이 새 신문 창간을 신뢰한다"고 생각했다.

신문사가 만들어질 때는 서울 영등포구 양평동에 터를 잡았다. 비교적 새로 지은 건물인데다 임대료가 그리 비싸지 않았다. 원래 창고로 쓰이던 건물 2층에 편집국을 차리고, 윤전기를 들였다. 1988년 4월 10일, 안국동에서 양평동으로 이사했다.

쇳가루, 물난리와 함께한 양평동 시절

양평동 사옥 1층에는 일성정밀이라는 작은 공장이 입주해 있었다. 쇠를 깎고 다듬는 소음과 기계에서 빠져나온 쇳가루가 하루 종일 한겨레 사람들을 괴롭혔다. 양평동은 서울에서도 유명한 상습 수해지역이다. 비가 내리면 흙바닥에 쇳가루까지 뭉쳐 사옥 주변 길이 온통 진창이 되었다. 장마철에는 윤전기가 침수될까봐 윤전부 사원들이 밤새 윤전기 곁을 지켰다.

처음 양평동 사무실을 빌렸을 때는 공간이 좁아 광고국, 판매국, 주식관리실 등이 안국빌딩 사무실에 그대로 남아 있었다. 그러다 1989년 5월 11일, 신문사 소재지를 안국동에서 양평동으로 완전히 바꿔 등기했다. 일부 사무 공간을 안국동에 남기자는 이야기도 있었지만, 조영호 기획이사는 "아무리 불편하고 어려워도 신문사 사람들이 한곳에 모여 함께 일해야 한다"고 일축했다.

1989년 2월, 정태기를 본부장으로 하는 개발본부가 발족했다. 고속윤전기 도입, 업무 전산화 등과 함께 새 사옥을 지어 올리는 게 개발본부의 주 임무였다. 창간 때 그랬던 것처럼, 다시 한 번 서울 시내 땅을 뒤졌다. 여의도, 신수동, 한남동 등이 후보로 올랐지만, 결국 마포구 공덕동으로 낙점되었다.

교통이 편리했고 시내 중심부와 가까웠다. 같은 마포에 있으면서도 공덕동 땅값은 마포대로 주변의 3분의 1에 불과했다. 지방으로 신문을 수송하려면 기차역이 가까워야 했는데, 서울역이 5분 거리에 있었다. 고속윤전기를 들이기 위해 지하층이 깊어야 하는 조건에도 맞춤했다. 고갯길의 경사진 입지 덕택에 지하층을 만들려고 땅을 깊이 파지 않아도 됐다. 그만큼 공사 비용을 아낄 수 있었다.

1989년 5월, 공덕동 땅을 샀다. 이후 주변 자투리땅을 조금씩 더 사면서 총 800평 정도의 부지에 사옥이 들어서게 되었다. 한 달 뒤인 6월, 기산건축설계사무소(대표 조건영)와 사옥 설계 계약을 맺었다. 시공은 부국건설이 맡았다.

한참 공사를 하는데 '시멘트 파동'이 일어났다. 건설 현장에 시멘트 공급이 제때 이루어지지 않았다. 건설사는 인부들의 임금조차 지급하지 못했다. 1991년 3월, 공덕동 사옥 공사가 중단되었다. 밀린 임금 지급을 요구하며 인부들이 일손을 놓았다. 4월에는 공사를 맡았던 부국건설이 최종 부도를 냈다.

당시 대표이사였던 김명걸은 이번에야말로 신문사가 망하는 게 아닌가 노심초사했다. 창간 이후 적자가 쌓이면서 자금 사정이 최악의 상황으로 치달을 때였다. 사옥건설사의 부도는 결과적으로 전화위복이 되었다. 공사가 늦어진 것에 대해 건설공제조합으로부터 7억여 원의 보험금을 받게 되었는데, 이 자금이 한창 어려웠던 신문사 운영에 숨통을 틔웠다.

●왼쪽부터 창간 사무국이 있던 안국빌딩, 창간호를 만든 양평동 사옥, 그리고 아래는 현재의 공덕동 사옥.

우여곡절 끝에 1991년 7월, 태화건설에 사옥 건설을 맡겼고, 12월에 공사가 끝났다. 1991년 12월 14일, 한겨레 사람들 전체가 공덕동 새 건물에 입주했다. 새 사옥 입주를 축하하러 김대중, 김영삼, 김종필, 정주영, 박태준 등 유력 정치인들이 신문사를 찾았다.

변신 거듭한 공덕동 사옥

공덕동 사옥은 두 팔로 세상을 안는 모양새를 하고 있다. 동편의 삼각탑은 정론직필의 펜을 상징한다. 외벽은 뿜칠로 마감했는데 비용 절감을 위한 선택이었지만, 결과적으론 중후한 멋을 높이는 효과를 냈다. 건물을 설계한 조건영 기산건축 대표는 "역사와 사회를 썩지 않게 하는 유일한 처방인 반역의 상징을 염두에 두고 한겨레 사옥을 설계했다"고 말한다. 한겨레 공덕동 사옥은 1991년 한국의 10대 건축물의 하나로 뽑혔다.

처음엔 9층 건물로 설계되었지만, 실제로는 4층 건물로 지어졌다. 자금 부족이 가장 큰 이유였지만, 결정 과정에서 논란이 적지 않았다. 은행 융자를 받아서라도 사옥 규모를 늘려야 한다는 주장과 실제 살림 규모에 맞춰 건물을 지어야 한다는 주장이 맞섰다.

공덕동 사옥은 1990년대 중반부터 면모를 바꿔갔다. 1996년 4월에 3개 층을 더 지어 올렸고, 1999년 12월엔 신관을 증축했다. 1991년 지하 3층, 지상 4층, 연면적 2031평 규모였던 공덕동 사옥은 2008년 지하 3층, 지상 8층, 연면적 3691평 규모로 늘었다.

하나밖에 없는 사옥이라 건물을 가꾸고 활용하는 일에 노사가 경쟁적으로 열성을 발휘했다. 2001년 6월엔 노동조합이 주축이 되어 6층 야외 공간에 정원을 가꿨다. 사원들이 직접 나무를 깎아 의자와 테이블을 만들었다. 당시 막내 격이었던 이유주현 기자의 제안으로 사옥 담벽을 따라 담쟁이를 심은 것도 이 무렵이었다. 2001년 12월엔 신문사가 직접 나서 9층 옥상 주차장 터에 흙을 깔아 정원을 꾸몄다. 2005년엔 한국 도시 비오톱 연구센터에 의뢰해 이 정원에 생태습지까지 만들었다.

1994년, 한겨레가 경기도 파주군 교하면 하지석리 일대에 3212평의 땅을 매입하려 한 적이 있다. 장차 파주 출판단지가 들어설 곳이었는데, 이 땅에 대규모 윤전시설을 들여와 제2공장을 지으려 했다. 그러나 자금 사정이 나빠지면서 새 윤전기 도입이 어려워졌다.

부지 매입을 위해 계약금까지 준 상태였는데, 이 땅을 어찌할 것인지를 놓고 다시 논란이 일었다. 당장 필요 없더라도 미래를 위해 일단 사놓고 보자는 의견과 신문사가 본연의 영업 활동과 상관없는 부동산 투자를 해서는 안 된다는 의견이 맞섰다. 논란 끝에 결국 땅을 포기했다.

1995년 5월, 황선주 자문위원이 문화사업을 위해 써달라며 전북 군산의 작은 건물을 한겨레에 기증한 적이 있는데, 이를 한겨레의 자산으로 보기는 어렵다. 지역 풀뿌리 단체들이 각종 행사를 위해 공동으로 사용하고 있다.

2008년 현재, 한겨레신문사가 보유한 부동산은 서울시 마포구 공덕동 116–25번지에 들어선 사옥뿐이다. 1960년대 이후, 한국의 거의 모든 언론사는 전국 곳곳의 땅을 사고팔면서 큰돈을 벌고 사세를 늘렸다. 한겨레는 신문 제작을 위해 필요한 건물 하나만 보유하고 있다.

서울 남부경찰서 앞에서 동료 노동자 석방을 요구하는 시위가 벌어졌다. 경찰이 시위에 참가한 여성 노동자의 머리채를 잡고 주먹으로 얼굴을 때렸다. 취재하던 김성호 기자가 이를 말렸으나 오히려 경찰에게 맞아 기절했고 경찰서 강당에 20여 분 동안 갇혀 있었다(1988년 9월 17일).

경찰 사복 체포대원들이 농성 중이던 시민을 끌고 가면서 마구잡이로 구타했다. 이를 취재하던 김선규 기자가 사복 체포대원에게 다시 맞았다. 김선규의 코뼈가 내려앉고 얼굴이 피투성이가 되었다. 그 자리에서 병원에 실려 갔다(1989년 2월 26일).

"한겨레라서 더 맞았다"

파업 현장에 투입되는 구사대를 반공청년회가 조직한다는 제보를 받았다. 이홍동 기자가 취재를 위해 서울 중구 장충동 대한반공청년회 사무실을 찾았다. 반공청년회 간부들은 "보도하면 가만두지 않겠다"고 협박하며 이홍동을 한 시간 동안 감금했다(1989년 3월 15일).

곽윤섭 기자가 서울 종로에서 전교조 소속 교사들의 시위를 취재하고 있었다. "한겨레 기자는 사진기를 뺏어버려." 네댓 명의 전경들이 곽윤섭을 둘러싸고 집단 폭행을 가했다(1989년 7월 10일).

서울 대한극장 앞길에서 학생들의 시위가 벌어졌다. 취재하던 이공순 기자를 사

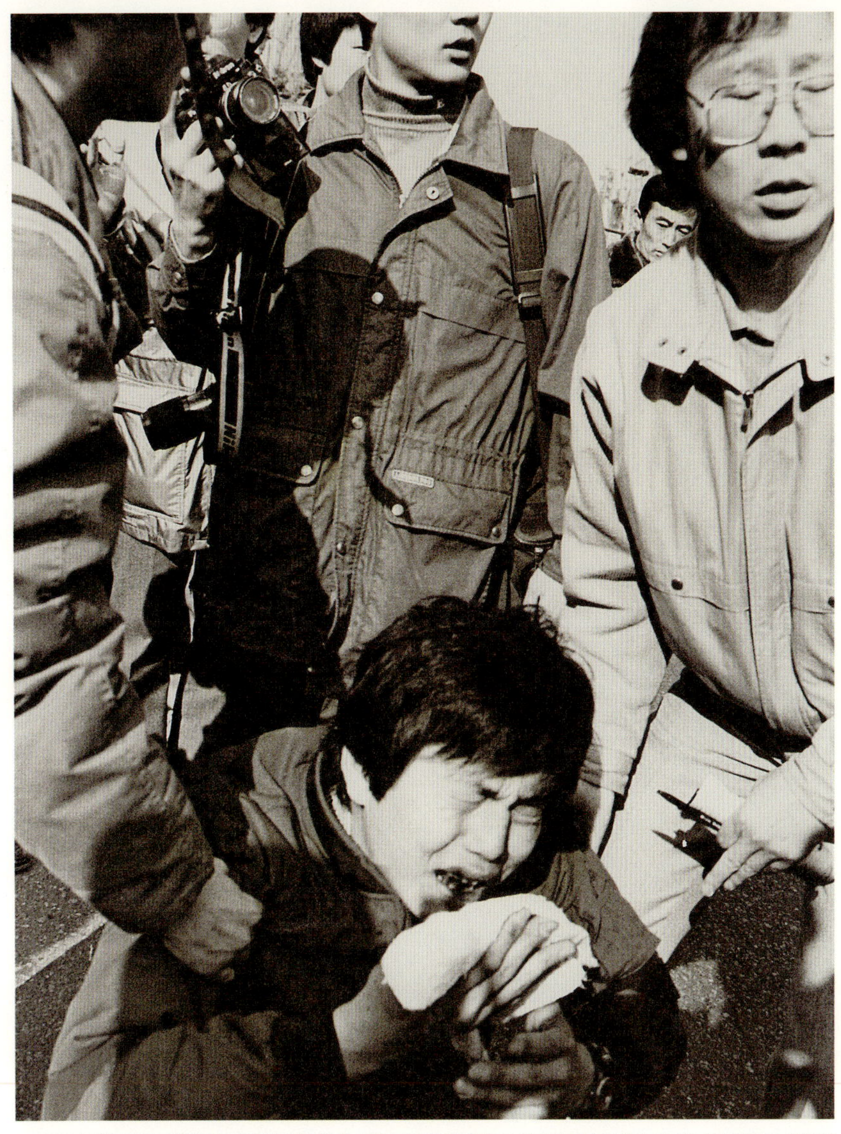

●1989년 2월 26일, 인천 답동 성당 구내에서 '노태우 집권 규탄대회'를 취재 중이던 김선규 기자가 사복 체포조 10명에게 집단 구타당해 코뼈가 부러지는 중상을 입었다. 곁에서 김영환 기자가 부축하고 있다.

복 체포요원 4명이 둘러쌌다. 한겨레 기자 신분을 밝혔지만, "이××는 뭐야"라며 폭언을 퍼부으며 옆구리와 가슴 등을 마구 때렸다(1990년 5월 10일).

평양민족음악단원이 서울을 찾아 통일송년음악회 공연을 했다. 떠나는 모습을 취재하던 진정영 기자를 안기부 요원 10여 명이 달려들어 공연장 지하실로 끌고 가 문을 걸어 잠갔다. 다른 언론사 기자들이 문을 두드리며 거세게 항의하는 동안, 안기부 요원들은 진정영의 가슴과 정강이를 마구 걷어차 기절시켰다(1990년 12월 13일).

김기설 유서 대필 사건의 배후로 지목된 인물의 은신처를 찾았다. 김의겸 기자가 그 집을 찾아가는데, 근처를 지키던 형사가 영장 없이 불법으로 김의겸을 연행했다. 한겨레 기자 신분을 밝혔지만 "강간 사건이 발생했으니 당신을 피해자와 대질시켜야겠다"며 김의겸을 강간 용의자로 몰아 파출소에 한 시간 동안 가뒀다(1991년 7월 18일).

경기도 광명시에서 강제 철거 작업을 취재하던 유창하 기자를 철거 용역 깡패 10여 명이 발로 짓밟고 때렸다. 지켜보던 경찰이 있었지만 말리지 않았다(1991년 9월 4일). 열흘 뒤 같은 자리에서 취재하던 유창하를 이번엔 광명시청 직원 20여 명이 달려들어 집단 폭행했고, 이를 말리던 수송부 박상진의 얼굴도 주먹으로 마구 때렸다(1991년 9월 14일).

창간 초기, 취재 활동 중에 폭행, 협박, 감금을 당한 한겨레 기자들은 헤아릴 수 없이 많다. 사회부, 사진부 기자들이 많이 맞고 다쳤다. 한겨레 기자라고 신분을 밝히면 오히려 더 맞았다. 대부분의 관공서는 한겨레에 적대적이었다.

언론도 마찬가지였다. 기성 언론의 기자들은 한겨레 기자들이 기자실에 들어오는 것을 막았다. 한겨레는 그래도 다른 언론이 알리지 못하는 진실을 발굴해 알렸다. 한겨레 기자들은 기자실이 아닌 현장에 있었다.

노동자의 곁을 지키다

창간특집호 50만 부는 모두 매진됐다. 주말 하루를 쉬고 1988년 5월 17일, 한겨레 지령 2호가 발행됐다. 이날부터 특집호가 아닌 일상적인 한겨레 지면이 선을 보였다. 1면 머리기사의 제목은 '야권, 양심수 전면 석방 요구'였다. 그 옆에 장기 기획물 '광주항쟁, 비극 속의 역사성' 1회가 실렸다. 사회면 머리기사는 조성만 투신 사건이었다. 명동성당 구내 가톨릭교육관 3층 옥상에서 조성만이 떨어지는 찰나의 사진을 그 옆에 크게 실었다. 현장에 있던 서강대 학보사 기자가 찍어 한겨레에만 제공했다.

초창기 한겨레 지면을 웅변하는 이날 신문 이후, 다른 언론에서 볼 수 없는 기사들이 물밀 듯이 쏟아져 나왔다. 창간호 사회면을 장식한 최보은의 '현대 노조간부 납치 사건'을 필두 삼아 한겨레만의 특종, 한겨레만의 기획이 지면을 채웠다.

1988년 7월 17일 경기도 구리시 교문동 312-14번지, 안종주 기자가 정근복의 집에 들어섰다. 정씨와 그의 아내는 사진 촬영을 거절했다. 정씨는 며칠 뒤 "자신의 병과 관련해 민형사상 어떤 문제도 제기하지 않겠다는 각서를 써주고 회사로부터 600만 원을 받게 되어 있으니, 취재에 응할 수 없다"고 말했다. 정씨는 걸음조차 걷지 못해 방에 드러누워 지내는 처지였다. 안종주는 30여 분간 이들을 설득했다. 진실을 세상에 알려 600만 원이 아니라 6000만 원 이상을 보상받아야 한다고 설명했다.

뒤이어 경기도 남양주군 지금리에 사는 서용선을 찾아갔다. 그는 두 다리와 한쪽 팔을 전혀 쓰지 못했다. 말도 못했고, 제 힘으로 앉지도 못했다. 파출부 일을 나간 엄마를 대신해 아들이 아버지의 입에 라면을 넣어줬는데, 그조차 삼키지 못하고 계속 바닥에 흘렸다.

이들은 인견사를 만드는 원진레이온 공장에서 강제 퇴직당했다. 십수 년간 일하면서 공장에서 발생한 신경 독성 물질인 이황화탄소에 중독되었다. 중증마비에 걸린 이들을 회사는 보상 없이 내쫓았고 감독 당국도 눈감았다.

안종주는 보건대학원에 다니며 산업보건학 수업을 들은 적이 있었는데, 그때 '이황화탄소 직업병'에 대해 배웠다. 전문적 소양을 바탕으로 이들의 처지가 보통 문제가 아님을 직감했다. 1988년 7월 22일 사회면에 이 사실이 보도되었다. 노동부가 뒤늦게 진상 조사에 나섰고 경영진을 입건했다.

이후 6년여에 걸쳐 노동계와 보건의료계의 뜻있는 인사들이 모여 정부를 상대로 산재 보상금을 받기 위한 싸움을 벌였다. 직업병의 위험에 방치된 노동자의 권리를 환기시킨 한겨레의 특종 보도였다.

1988년 11월 12일, 권언 유착의 실체가 드러났다. 경향신문사 사장이 직접 지시해 전두환 정권의 장기 집권 보고서를 만들었고 이를 안기부에 제출한 사실을 한겨레가 특종 보도했다. 발단이 된 것은 '88년 평화적 정권 교체를 위한 준비 연구'라는 문서였다. 당시 5공 비리 국회 청문회 과정에서 이 보고서의 내용이 논란이 되었다. 2000년까지 전두환이 실질적인 통치권을 장악하기 위해 후임 대통령은 민정당 부총재로 앉히고 전두환은 계속 당 총재를 맡는다는 게 보고서의 뼈대였다.

이런 보고서가 존재한다는 것은 일부 알려진 사실이었다. 1987년 5월, 《말》지에 관련 기사가 실린 적이 있었다. 그러나 작성 과정과 주체 등은 철저히 베일에 가려져 있었다. 윤석인 기자는 국회에서 이 보고서가 거론되자 옛 기억을 떠올렸다. 그가 한국기독교사회문제연구원에서 일하던 1986년께 그 내용을 접한 적이 있었다.

윤석인은 당시 이 보고서를 자신에게 건네준 사람들을 역추적하면 작성자를 밝혀낼 수 있을 것이라 생각했다. 곧바로 기독교운동단체의 지인 몇몇에게 전화했다. "○○○ 씨를 만나봐라." 그도 알고 있는 천주교 운동가였다. 그에게 전화를 걸어 "차 한잔 마시자"고 했다. 보고서 이야기를 꺼냈더니 곧바로 전후 사정을 술술 이야기했다. 그는 문제의 보고서가 만들어지던 때 마침 경향신문사에서 잠깐 일하고 있었다.

취재 결과, 1984년 2월, 당시 정구호 경향신문 사장이 주필과 편집국장 등 최고위 간부에게 실무팀을 구성하게 했고, 이 팀에서 문제의 보고서를 만들었다는 사실을 알아냈다. 군사정부의 영구 집권 시나리오를 언론인이, 그것도 신문사 사장·주필·편집국장 등 최고 간부들이 직접 작성해 제출했다는 한겨레의 특종은 큰 반향을 불렀다.

고문 기술자, 공작 기술자의 덜미를 잡다

1988년 12월 19일 오후 6시, 서울 기독교회관 지하 다방에서 문학진 기자가 김근태와 마주 앉았다. 그의 부인 인재근도 동석했다. 민주화운동청년연합 의장이었던 김근태는 1985년 9월, 각종 시위의 배후 조종 혐의로 연행되어 구금당했다. 남영동 치안본부 대공분실에 끌려가 물고문과 전기고문을 당했는데, 이 사실을 아내 인재근에게 알렸다. 1985년 12월, 김근태의 변호인단이 고문 경찰들을 고발했다. 다만 이름을 알지 못해 고발장에 '이름 모를 전기고문 기술자'로 적었다. 고발 이후 3년이 지났어도 당국은 수사는커녕 미동도 하지 않고 있었다. 자연스레 대화가 고문 이야기로 번졌다.

문학진이 물었다. "그 고문 기술자 이름을 아직도 모릅니까?" 김근태가 말했다. "조금 알아내긴 했는데, 이근, 뭐라던데. 현재 경기도경 대공분실장이라는 이야기가 있고…. 확인해본 건 아니야." 문학진의 귀가 번쩍 띄었다. 바로 경기지역 담당인 배경록 기자에게 전화를 걸어 확인을 부탁했다. "경기도경 대공분실장은 김 아무개고, 다만 공안분실장 이름이 이근안"이라고 배경록이 잠시 뒤 알려왔다.

문학진은 자신의 담당인 치안본부로 달려갔다. 경찰 인사 파일을 구했다. 이근안의 거주지 등 인적 사항과 함께 희미한 사진 복사본이 있었다. 김근태를 찾아가 그 사진을 보여주었다. 김근태는 아무 말 없이 한참을 쳐다봤다. "맞습니다. 바로 그자요." 문학진은 이근안에게 고문을 받은 다른 사람들에게도 거듭 확인을 받았다.

공채 1기로 들어와 동대문서를 출입하던 안영진 기자가 이근안 주소지의 동사무소로 뛰었다. 동사무소 직원이 내미는 주민등록대장에 이근안의 최근 모습이 담긴 증명사진이 있었다. 동사무소 직원이 말릴 사이도 없이 순식간에 그 사진을 떼어낸 안영진은 편집국으로 내달렸다. 나중에 안영진은 그 사진을 돌려주려 동사무소를 다시 찾는다.

하루 반나절의 맹렬한 취재 끝에 1988년 12월 21일, '이름 모르는 고문 기술자 이근안' 기사가 한겨레 1면에 실렸다. 풍문으로만 떠돌던 고문 기술자의 이름과 사진이 세상에 처음으로 공개되었다. 안영진이 구한 선명한 사진이 크게 실렸다. 이후 이근안은 잠적했다. 그에게 고문당한 사람들의 제보와 고발이 이어졌다. 고문이 군사정부의 인권유린을 대표하는 사회적 쟁점으로 떠올랐다. 여론에 밀린 당국이 수사에 들어갔다. 이근안은 11년 동안 도피 생활을 하다 1999년 자수했고, 결국 7년 형을 선고받았다.

이근안 특종 때 '조연'을 맡았던 배경록은 1989년 10월 19일, 안기부의 한겨레 독자 성향 조사를 특종 보도했다. 첫 제보는 다른 지방지 기자로부터 나왔다. 과천시를 출입하던 어느 기자가 공보실에서 문제의 공문을 발견하고 배경록에게 귀띔했다. 과천시로 달려간 배경록이 시장과 담당 국장을 닦달했다. "아니 우리가 감히 어떻게 그런 일을 벌이겠습니까. 다 위에서 내려온 것이지요." 난처해진 국장이 말했다. 배경록은 지시를 내린 상급 기관을 밝히라고 거듭 요구했지만 국장은 "절대로 내 입으론 말 못 한다"고 버텼다.

여러 가지로 보아 안기부가 내려 보낸 게 확실했지만 보다 분명한 확인이 필요했다. 난감해하던 배경록을 도운 것은 오히려 안기부였다. 한겨레의 취재 사실을 알게 된 안기부가 긴급 대책회의를 열었다. 보도 유보를 요청하려고 안기부 요원이 배경록을 찾아왔다. 그 방문 자체가 결정적 사실을 확인하는 계기였다.

이 기사를 두고 한겨레 간부들도 대책회의를 열었다. 안기부가 한겨레 독자들의 뒤를 캐고 다닌다는 사실이 알려지면 주주와 독자들이 불안해하지 않겠느냐는 우려가 나왔다. 안기부의 서슬이 퍼렇던 시절이었다. 정보기관의 횡포가 두려워 독자들이 한겨레를 절독하는 사태가 벌어질까 걱정했다. 그러나 보도하기로 결정했다. 어려움이 있더라도 진실 보도로 돌파해야 한다고 결론 내렸다.

오직 한겨레만 쓸 수 있는 기사

그 전까지 신문에서 볼 수 없었던 이런 일들이 한겨레를 통해 세상에 알려졌다. 쓰는 족족 특종이었다. 초창기 한겨레의 특종 보도에는 일정한 유형이 있다. 우선 당

국의 반인권 행태에 대한 고발 기사가 많았다. 법 위에 군림했던 정보기관, 수사기관 등이 자주 등장했다.

취재 과정에선 속전속결의 방식을 취했다. 제보를 받거나 실마리를 잡으면 그 길로 현장에 달려가, 하루 또는 이틀 만에 관련된 사실의 전모를 파악했다. 밤잠을 포기하고 공무원과 제보자와 피해자를 만나 취재했다. 오늘날의 기준으로 보아, 당시 권력기관의 횡포는 너무도 공공연한 것이어서 마음만 먹으면 충분히 그 실체를 파고들 수 있었다. 수십년 동안 다른 언론사 기자들이 모른 체했던 일을 한겨레 기자들이 달려들어 파헤쳤다.

지금까지 이런 고발 보도를 접하지 못했던 권력자들은 당황하기 시작했다. 지금까지는 촌지나 향응을 베푸는 것으로 충분했다. 기자가 뻣뻣하게 굴어도 편집 간부를 대접하면 보도를 막을 수 있었다. 편집 간부가 완강하면 사주를 꼬드겨 문제를 해결했다.

이제 그런 방식으로 무마할 수 없는 기자들이 나타났다. 이 사실을 권력자들이 받아들이는 데 시간이 걸렸다. 이들은 몸을 사리지 않는 한겨레 기자의 공격적 취재

방식에 어떻게 대응해야 할지 잘 몰랐다. 모르쇠로 일관하며 완강히 버티던 공무원들도 실수나 방심 끝에 한겨레 기자에게 허점을 드러냈다.

독자들 역시 권력기관의 만행을 있는 그대로 폭로하는 기사를 난생 처음으로 접했다. 한겨레의 모든 독자가 사실상의 양심적 제보자가 됐다. 자신이 몸담고 있는 조직의 부패·비리 사실을 알게 되었을 때, 그들은 한겨레 기자부터 찾았다.

시장에 비유하자면, 초창기 한겨레는 여론 시장의 특정 영역에서 독과점을 형성했다. 한겨레가 아니면 절대로 보도할 수 없는 한겨레만의 영역이 있었다. 비교의 대상이 없었다. 짧게는 1975년 이후 20여 년 동안, 길게는 해방 이후 반세기 동안 눈앞에서 벌어지는 힘 있는 자들의 부당한 행태를 사실 그대로 보도하는 언론사가 없었다. 이제 그런 신문이 탄생한 것이다. 권력이 언론사주를 보호하고, 언론이 권력자의 치부를 가렸던 권언 유착의 시절도 끝이 났다.

덕분에 한겨레는 창간과 동시에 안기부, 검찰, 경찰 등 최고 권력기관의 경계 대상 1호가 되었다. 이들이 오히려 한겨레 기자들의 감시를 받는 처지가 됐다. 이들의 일거수일투족이 한겨레의 지면에 공개되었다.

치안본부 대공수사단이 은밀하게 새 건물에 입주하면서 물고문에 썼던 욕조 수십 개를 옮겨 설치하고 있다(1988년 6월 10일). 경찰이 유령택시를 몰고 다니며 시민들의 대화를 엿듣고 정보를 수집하고 있다(1988년 7월 5일). 시민들의 발을 격일제 운행으로 묶어놓고 정작 서울시장 자신은 승용차 번호판을 바꿔 이를 피해 갔다(1988년 9월 21일). 고등학교 교사를 국립대학의 교육연구사로 배치해 학원 사찰을 시켰다(1988년 10월 21일). 노태우 정부가 5공화국 보도지침과 다름없는 '매체 조정 활동'을 벌여왔다(1988년 12월 13일). 청송교도소에 수감된 감호인을 교도관들이 때려 숨지게 했다(1988년 12월 15일). 노태우 정부가 국민들을 더 옭아맬 통합전자신분증을 만들려 한다(1988년 12월 28일)….

초대 경찰팀장이었던 고희범은 그 시절을 천국에 비유한다. "충천한 의기로 완전히 한 덩어리가 되었으니 겁날 게 없었어요. 같은 뜻을 가진 사람들이 한 깃발 아래 모여서 역사와 사회를 위해 무엇을 할 것인가를 고민하는데, 바로 그게 천국이라고 나는 생각했어요."

신문사를 천국으로 만드는 데는 관변 의존 취재를 처음부터 거부한 것이 결정적인 기여를 했다. 결과적으로는 다른 언론사 기자들도 이를 도운 셈이었는데, 그들은 한겨레 기자를 관공서 기자실에 들어오지 못하게 막았다. 덕분에 남들이 기자실에서 보도자료를 받아 쓸 때, 한겨레 기자들은 하루 종일 현장을 누빌 수밖에 없었다.

1988년 10월 초, 2대 경찰팀장이었던 김형배가 서울시경찰국(현 서울시경찰청) 기자실에 들어섰다. 경찰은 한겨레 기자의 기자실 출입을 막고 있었다. 다른 언론사 기자들도 이에 동조했다. 경찰 간부 간담회 때는 한겨레 기자의 동석을 막았다. 그 가운데는 1980년 조선일보에서 해직되기 전까지 알고 지내던 기자와 경찰 간부들도 있었다. 김형배는 그러지 말라고 몇 차례나 경고했다.

기자실에 들어오지 못하게 하니, 처음에는 시경 국장 사무실에 들어가 국장 책상 옆에서 기사를 썼다. 그러나 기자실 출입은 편의 제공이 아니라 정보 접근 차원에서 반드시 해결해야 할 문제였다. 이날은 끝장을 보기로 결심했다.

아무 말 없이 기자실에 들어갔다. 그대로 걸어가 각 언론사 책상과 부스를 부쉈다. 놀란 기자들은 그저 멍하니 지켜봤다. 김형배는 뒤이어 바로 옆에 붙은 서울시경 공보과 사무실에 들어갔다. 사무실 집기를 주먹과 발로 부쉈다.

날벼락을 맞은 서울시경 간부와 출입기자들이 긴급회의를 열었다. 그들은 제 잘못을 인정할 수밖에 없었다. 한겨레 기자의 출입을 허용하기로 했다. 시경의 출입 제한 조치가 풀리자 일선 경찰서의 장벽도 허물어졌다. 창간 6개월 만인 1988년 11월부터 한겨레 경찰팀 기자들은 경찰이 제공하는 주요 정보를 다른 기자들과 함께 받아볼 수 있었다.

사정은 국방부도 비슷했다. 장정수 기자가 한겨레 초대 국방부 담당이었다. 기자단은 그에게 기자실 출입 금지를 통보했다. "그래요? 뭐 괜찮아요. 나는 불편한 거 없으니." 장정수는 취재 첫 날부터 기자실이 아니라 국방부 대변인실에 가 앉았다. 어차피 국방부는 기자실과 대변인실을 제외하면 출입이 제한되어 있었다. 대변인이 사색이 됐다. 전화 통화 내용, 보고 및 지시 사항 등을 옆 자리에 앉은 장정수가 다 들었다.

보다 못한 대변인이 옆방의 회의실을 내줬다. 대변인실보다 깨끗하고 넓었다. 전용 전화도 있었다. 장정수만을 위한 특별 기자실인 셈이었다. 장정수는 이 회의실에서 계속 특종 기사를 썼다. 바로 옆 대변인실에 수시로 드나들었기 때문이었다. 견디다 못한 대변인이 기자단에게 통사정을 했다. 결국 창간 석 달 만인 1988년 8월부터 한겨레 기자의 국방부 기자실 출입이 허용되었다.

한국 언론계의 '기자단' 문화는 독특하다. 거의 모든 출입처에 주요 언론사 기자들만으로 구성된 기자단이 있다. 1960년대까지만 해도 권력층에 대항하는 언론인의 결사체 비슷한 구실을 했다. 그러나 박정희 정권 이후 권력의 치부를 가리고 그 대가로 기자 개인과 언론사의 이익을 취하는 담합의 온상이 됐다. 기자는 공무원이 주는 촌지를 받고 중요한 사건을 눈감았다. 관공서가 흘린 각종 개발 정보는 언론사의 돈벌이에 써먹었다. 한통속이 됐으니 부정부패가 있어도 제대로 보도할 수 없었다.

한겨레의 등장은 이들에겐 큰 위협이었다. 중견 기자들과 고위 공무원들이 한겨레 기자의 기자실 출입을 막은 것은 '권언 유착의 호시절을 그대로 유지하고 싶으니 너희들은 이 카르텔에 들어오지 말라' 는 뜻이었다. 창간 때부터 윤리강령을 채택하여 '금품이나 향응을 받지 않는다' 고 선언한 한겨레 기자는 그들에게 눈엣가시였다.

그러나 한겨레는 초지일관했다. 공공기관의 기자실은 국민 세금으로 운영되는 곳이었다. 자의적으로 결성된 기자단이 개별 기자의 출입 여부를 결정할 아무런 권한이 없고, 국민의 알 권리를 위한 취재 과정에서 필요하다면 언제든지 기자실을 사용하겠다는 게 모든 한겨레 기자의 원칙이었다.

관공서에 비해 정당과 기업은 기자단의 장벽이 높지 않았다. 평민당, 민주당 등은 한겨레 기자의 취재에 우호적이었고, 민정당도 저돌적인 한겨레를 마냥 내칠 수는 없었다. 그러나 청와대는 끝내 문호를 열지 않았다. 한겨레 창간 당시 청와대에는 종합일간지 6개사를 비롯해 모두 17개 언론사의 출입기자들이 드나들고 있었다. 초대 청와대 담당은 이원섭 기자였다. 청와대는 이원섭에게 출입증을 발급하지 않았다.

한겨레는 창간호 발행 전인 1988년 5월 9일, 청와대 출입 취재 요청 공한을 보냈다. 묵묵부답이었다. 이에 대해 수차례 항의하자 7월 29일 드디어 홍성철 청와대 비서실장 명의의 답신이 왔다. "종합적으로 대책을 검토하고 있으며 귀사의 요청에 즉시 응하지 못함을 유감으로 생각합니다."

구렁이 담 넘어가는 답변을 그냥 넘길 수는 없었다. 1988년 9월 9일, 송건호 대표이사가 노태우 대통령 앞으로 직접 편지를 보냈다. 역시 답변이 없어, 9월 21일치 신문에 그 내용을 실어 독자들에게 공개했다.

● 1988년 7월, 노태우의 '7·7 선언' 직후, 통일관련 긴급 좌담회에 참석한 리영희, 최장집, 최일남, 정운영 등 초대 논설
위원들.

"한겨레신문은 다른 언론과 마찬가지로 뉴스가 있는 모든 기관 및 단체에 자유롭게 출입하고 취재할 필요가 있습니다. 출입 자체를 봉쇄해 뉴스원에 대한 접근조차 허용치 않는 것은 선의로 해석하더라도 공평하지 않은 처사라고 생각합니다. 우리가 요구하는 것은 기자실이나 특별한 편의시설의 제공이 아니라 뉴스에 대한 접근권 자체라는 점을 기회 있을 때마다 밝혀왔습니다."

당시 청와대는 오늘의 브리핑룸인 춘추관을 짓고 있었는데, 기존의 기자실이 비좁아 한겨레 기자가 들어올 수 없으므로 춘추관 완공 때까지는 출입할 수 없다고 강변했다. 한겨레는 "기자실에 자리를 마련해줄 필요가 없고, 취재원에게 접근할 수 있는 출입증만 내주면 된다"고 설득했지만 허사였다. 결국 한겨레는 춘추관이 완공된 1990년 9월 30일부터 청와대 출입을 하게 된다. 창간 이후 2년 6개월여 동안 청와대를 담당했던 이원섭은 청와대 출입 한번 못 해보고 취재 부서를 옮겼다.

삶 의 현 장 에 밀 착 하 다

기자실 출입 문제가 초창기 한겨레 사람들을 그다지 괴롭히진 않았다. 국가기관이 제공하는 보도자료가 아니라 삶의 현장에 밀착하는 기사를 쓰자고 처음부터 작심한 사람들이었다. 창간 초기의 주요 기획 연재 기사와 고정물이 이를 웅변한다.

당시 한겨레 지면은 어지럽다 싶을 정도로 기획 기사를 많이 냈다. 우선 군사정

●1988년 8월, 초대 편집위원장인 장윤환을 비롯한 편집위원들이 편집회의를 열고 있다.

부 시절 일어난 각종 시국 사건의 전모를 알리는 기획물을 실었다. '광주항쟁 비극 속의 역사성'(1988년 5월), '일요특별기획, 진상 한국의 정치 사건'(1988년 9월), '80 대학살, 그후 5공 언론 실상'(1988년 11월), '문제의 공안 사건을 점검한다'(1988년 12월), '미완의 5월 광주'(1989년 5월), '격동의 80년대 변혁운동'(1989년 11월) '80년대를 되돌아본다'(1989년 12월) 등이 대표적이다. 한겨레가 아니면 보도할 수 없었던 과거사 기획물이었다.

노동, 농민, 빈민 등 소외 계층과 민생 현장을 심층 취재한 기획물도 많았다. '부당 노동행위의 현장'(1988년 6월), '올 상반기 노동 현장 점검'(1988년 7월), '농사, 지을 것인가 말 것인가'(1988년 8월), '탄광촌, 그 어두운 현장'(1988년 8월), '현장 진단, 한국 농촌의 오늘'(1988년 11월), '장애인, 그 실태와 대책'(1988년 11월), '소외된 삶터를 찾아서'(1989년 1월), '파탄 위기의 농촌'(1989년 3월), '임금 교섭 현장을 가다'(1989년 5월) 등이다.

정석구, 윤재걸, 김성걸 등이 쓴 '서울, 음지 양지'(1988년 9월)는 그 가운데서도 독특했는데, 심부름 대행업, 결혼상담소, 구로공단 닭장집, 미아리 점마을, 난지도, 결핵촌 등 그늘진 곳을 찾아 민초의 삶을 담았다.

국가기구와 법제도의 문제를 정면으로 따져 묻는 기획물도 연재했다. '반민주 악법 열전'(1988년 5월), '사법부 새로워져야 한다'(1988년 6월), '사회안전법의 희생자들'(1988년 11월), '감옥 아닌 교화 현장 서독 교도소'(1988년 11월), '5공 비리 진상 추적'(1988년 11월), '일상화된 반문명적 폭력, 고문'(1988년 12월), '시위 현장 사복 체포조 백골단'(1989년 2월) 등이 있었다.

'새 질서 길목에 선 세계경제'(1988년 6월), '중소기업 살려야 한다'(1989년 3월), '집, 분배정의로 풀자'(1989년 4월), '토지 공개념 허와 실'(1989년 12월) 등은 경제 분야의 대표적 기획 기사였다. 민생 경제에 주목하면서 중소기업과 부동산 문제를 파고 드는 한겨레 경제 보도의 특장이 이때부터 시작되었다.

장기 연재물 가운데 '발굴 한국 현대사 인물'도 독자들의 호응이 높았다. 1989년 10월 6일부터 매주 금요일에 연재했는데, 1991년 2월까지 102명의 현대사 주요 인물을 소개했다. 역사 자료를 단순 인용하지 않고 기자들이 직접 발품을 팔아 사람을 만나고 현장을 찾아 과거 인물의 현재적 의미를 새로 밝혔다.

르포 형식을 가미한 독특한 이 기사는 고종석, 조선희, 김영철, 이주헌 등 문화부 기자를 중심으로 김종구, 문학진, 박찬수 등 편집국 기자들이 함께 참여해 만들었다. 반응이 좋아 1991년 11월부터 1992년 5월까지 같은 제목의 책을 세 권이나 펴냈고, 나중에는 일본어판도 냈다.

북한을 북한이라 부르지 못했던 시절

초창기 한겨레 기획물의 공통점은 한국 사회의 금기를 건드린 데 있었다. 그 가운데서도 선명한 인상을 남긴 것이 남북 및 한미 관계와 관련된 기획이었다. '서독 교포 조명훈 박사 기행문-16년 만에 다시 본 북한'(1988년 6월), '통일 논의, 어제와 오늘'(1988년 7월), '한반도와 핵 현주소'(1988년 8월), '한미행정협정 무엇이 문제인가'(1988년 9월), '한반도 핵 위기의 실상'(1988년 11월), '팀 스피리트'(1989년 1월), '동북아 군축과 주한미군'(1989년 6월) 등이 대표적인 연재 기획 기사였다.

기사의 내용에 앞서 기사의 어휘가 더 화제가 되었다. 한겨레는 한국 언론사 가운데 처음으로 '북한'이라는 표현을 썼다. 그 전까지 모든 신문과 방송이 김일성, 북괴, 중공 등으로 표기했던 것을 한겨레는 김일성 주석, 북한, 중국 등으로 썼다. 이데올로기적 적개심을 담아 북쪽 관련 용어를 표기하는 것은 맹목적인 반공 이념의 잔재일 뿐이었다. 지금에 와서는 당연한 일이 되었지만, 북한을 북한이라 부르지 못한 시절이 길었던 탓인지 한겨레를 '좌경 용공' 매체로 인식하는 사람들이 없지 않았다.

1988년 9월 15일 오전 11시 30분, 편집국에 편집회의 소집 벨이 울렸다. 아침 편집회의가 끝난 지 30분도 지나지 않았다. 영문을 궁금해하는 편집위원들에게 급보가 전해졌다. 조금 전 '민족정기진흥연맹'이라는 단체의 회원을 자처하는 자가 편집국에 전화를 걸었다는 것이다.

"특별부록에 총천연색으로 북괴 화보를 낸 걸 보니, 당신들 확실히 빨갱이 놈들이 맞는 거 같아. 오늘 밤 9시에서 10시 사이에 우리 회원 150명이 너희 신문사 때려 부수러 간다. 기다려라." 편집국 전체가 긴장했다. 만일의 사태를 대비하고 있던 그날 밤 10시 30분, 그 남자한테 다시 전화가 왔다. "지금 내가 안국동 당신네 신문사 앞 공중전화에서 전화를 걸고 있어. 당신들 운 좋은 줄 알아. 여기까지 왔지만 말리는 우리 회원들도 있고 해서 이번은 참기로 했어." 당시 한겨레신문사는 양평동에 있었다.

우익인사로 하여금 한겨레를 때려 부수고 싶게 만들었던 총천연색 북한 화보는 1988년 7월 26일, 지면에 소개되었다. 일본 사진작가 구보타 히로지가 찍은 북한 절경을 전면 편집해 '손짓하는 북녘의 산과 강'이라는 제목으로 소개했다. 백두산, 금강산, 압록강, 두만강, 개마고원 등 자연 풍경을 찍었다. 처음엔 흑백 지면에 담았다. 윤전기 사정이 좋지 않았기 때문이었다. 안팎의 요청이 쇄도해 1988년 8월 10일부터 컬러면에 담았다.

반공 이데올로기에 젖어 '북한'이란 말을 쓰는 것조차 금기시했던 당시 상황에서 이 연재물은 큰 관심을 끌었다. 독자들의 높은 열기와 반응에 힘입어 연말에는 전국 주요 도시에서 '북녘의 산하' 사진전을 열고, 같은 제목의 사진집도 발간했다.

1988년 10월부터는 스웨덴의 구나르손 기자가 평양에서 찍은 사진을 연재했다. 스웨덴 유력지 괴테보리 포스텐의 아시아 특파원인 그는 800여 장의 사진을 한겨레에 무상으로 제공했다. "이 자료가 남북한의 갈라진 민족이 서로를 정확히 이해하는 데 도움이 되기를 바랍니다." 생면부지의 한국 신문에 덜컥 사진을 내맡긴 이유였다.

금기를 넘어서는 보도를 이야기할 때, 한겨레 체육부를 빼놓을 수 없다. 창간 때만 해도 한겨레에는 체육부가 없었다. 스포츠 뉴스를 다루지 않는 것이 정론지의 위상에 걸맞다고 생각했다. 그러나 1988년 여름 서울 올림픽 개막이 다가오면서 이 복잡하고 거대한 '사건'을 어떻게 다뤄야 할지 고민해야 했다.

1988년 8월 9일, 편집국 안에 체육부를 신설했다. 문영희가 편집위원을 맡았고, 고광헌, 정영무 등이 기자로 배속되었다. 곧이어 김종철 논설위원을 단장으로 하는

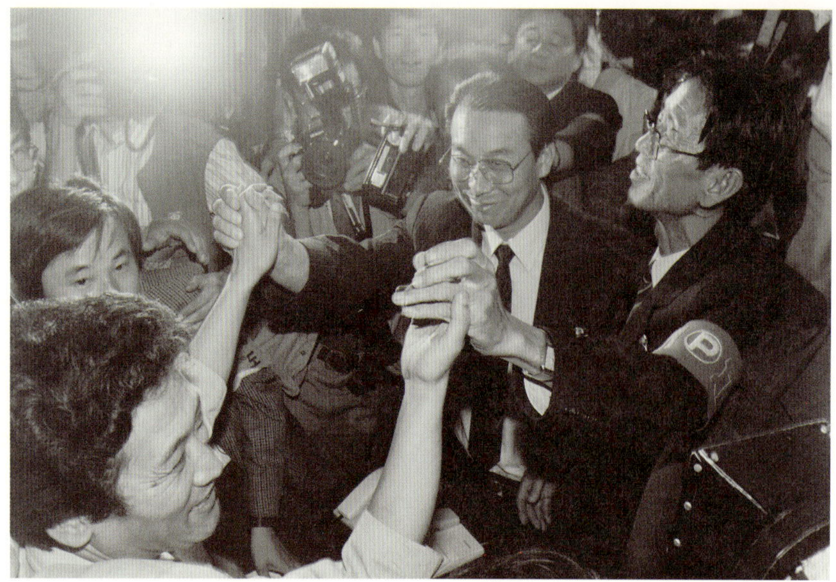

● 1990년 9월 6일, 제1차 남북고위급회담 취재를 위해 서울에 온 북한 기자단이 양평동 본사 편집국을 방문했다. 김천일 로동신문 보도부장(오른쪽)과 리길성 로동신문 기자 등이 성유보 편집위원장과 손을 맞잡고 인사를 나누고 있다.

올림픽 특별취재단이 만들어졌다. 각 부서의 기자들을 파견받아 30여 명의 취재단을 구성했다. 8월 31일 신문에 이들의 좌담이 실렸다. 한겨레가 올림픽을 비롯한 스포츠 이벤트를 어떻게 보도할 것인지를 놓고 토론한 내용이었다. 올림픽의 어두운 부분까지 포함해 공정하게 보도하고, 엘리트 체육을 지양하여 민간 주도의 국민 체육에 중점을 두며, 군사 문화의 잔재인 전투 용어를 체육 기사에 쓰지 않겠다는 등의 이야기를 나눴다.

한겨레는 그 결심대로 올림픽 내내 다른 언론과 확실히 구분되는 스포츠 기사를 썼다. 올림픽의 상업주의, 선수들의 약물중독, 국제귀족들이 좌우하는 올림픽위원회의 실상 등을 보도했다. 심지어 올림픽에 묻힌 정치 쟁점을 환기시키는 기사까지 보도했다. 당시 특별취재단은 셔츠와 재킷으로 이뤄진 단복을 맞춰 함께 입었는데, 기사뿐만 아니라 옷차림에서도 한겨레 체육부 기자들은 다른 언론사 기자들과 확연히 구분되었다.

한 겨 레 의 특 종 을 모 른 체 하 는 언 론

창간 첫 해인 1988년, 여러 특종과 기획에도 불구하고 한겨레의 지면은 다소 어지러웠다. 최초의 한글 가로쓰기 편집이 미처 자리 잡지 못했고, 윤전기 등의 사정도 좋지 않았다. 오랫동안 현장을 떠나 있었던 이들이 신문을 만든 탓에 기사체도 미처 다듬어지지 않았다. 재야, 노동, 학생 운동세력에 기댄 단순 발표 기사도 적지 않았다. 재야 단체 출범이 1면 머리기사에 올랐다. 사실 전달이 아닌 주장만 늘어놓는 칼럼형 기사도 제법 있었다. 대학신문 같다거나 재야 유인물 같다는 독자의 지적이 없지 않았다.

그러나 1989년 이후, 기획물과 고정물이 제자리를 잡았고, 편집도 짜임새를 갖추기 시작했다. 발표 기사, 발굴 기사, 기획 기사 등이 각 지면별로 균형을 잡아갔다. 창간 때와는 또 다른 의미에서 권부의 핵심을 파고드는 대형 특종이 이때부터 등장했다. 양심선언을 결심한 이들이 한겨레를 찾았다.

1990년 4월 초, 이봉수 기자를 찾는 전화가 편집국에 걸려왔다. 이봉수는 한겨레 경제부 초창기 멤버로 재벌, 부동산, 정경 유착 등을 파헤치는 기획 기사를 써왔다. 익명의 제보자는 이봉수를 만나 전할 이야기가 있다고 했다. 세종문화회관 옆 다방에서 두 사람이 마주 앉았다.

감사원이 재벌의 비업무용 부동산에 대한 국세청의 과세 실태를 조사해 잘못을 밝혔는데, 재벌의 로비를 받은 상부의 외압으로 돌연 감사가 중단되었다는 게 제보 내용이었다. 관련 자료도 일부 들고 나왔다.

"이런 자료가 언론에 나가면 선생님은 공직사회 풍토상 배신자로 낙인 찍혀 계속 있을 수 없을 겁니다." 제보자가 잠시 머뭇거리다 답했다. "결심이 이미 섰습니다." 이봉수가 말했다. "정말 그렇다면…기왕이면 자료를 더 많이 가져오십시오." 이문옥 감사관은 며칠 뒤, 재벌그룹 소속 23개 기업의 비업무용 부동산 취득 실태와 국세청의 과세 실태 관련 자료를 통째로 이봉수에게 전했다.

자료를 건네받은 이봉수는 이홍동과 함께 경기도 용인 일대의 토지등기부 등본을 확인하는 등 추가 취재를 거쳐 1990년 5월 11일치 1면에 관련 기사를 특종 보도했다. 비업무용 부동산을 가진 재벌 가운데는 삼성이 포함되어 있었고, 감사원에 직접 외압을 가한 인물도 삼성그룹의 부회장이었다. 재벌이 최고 사정기관인 감사원까지 쥐락펴락하면서 초법적인 부를 축적해왔다는 사실이 드러났다.

그러나 연일 한겨레의 특종 보도가 이어지는데도 다른 언론은 침묵했다. 오히려 이문옥 감사관의 개인 성향을 문제 삼고, 공무원이 기밀을 누설했다며 여론을 호도했다. 십수 년 뒤인 2007년 삼성 비자금에 대한 김용철 변호사의 양심선언 때도 똑같은

●1990년 5월, 재벌그룹의 비업무용 부동산 보유 실태를 폭로한 뒤 기밀누설 혐의로 구속된 이문옥 전 감사관이 첫 공판을 받기 위해 법정으로 가고 있다. 법정에서 그는 한겨레를 빌어 양심선언한 것을 "내 인생에서 가장 멋있는 선택이었다"고 말했다.

일이 일어나게 된다.

이문옥은 결국 공무상 기밀 누설로 구속되었다. 법정에서 이문옥은 "왜 하필 한겨레에 제보했느냐"는 질문을 받았다. "한겨레는 가장 큰 압력단체로 군림하는 재벌의 압력이 통하지 않고, 명절 때 장관들이 신문사 간부들에게 보내는 선물도 돌려보내는 곳입니다. 그동안 중요한 선택과 결단을 해야 할 때가 있었지만, 그때 한겨레를 선택하여 내 의사를 표시했던 것처럼 멋있는 선택이 또 있을까 생각합니다."

한겨레를 선택한 사람들이 더 있었다. 1990년 10월 4일, 윤석양 이병이 국군 보안사령부의 민간인 사찰 실태를 폭로했다. 군 수사기관인 보안사가 군인이 아닌 시민을 상대로 사찰과 정치공작을 하고 있다는 내용이었다. 한겨레가 이를 특종 보도했다.

윤석양은 군 입대 직후 학생 시절의 조직 사건과 관련해 보안사에 연행된 뒤 이른바 '프락치' 활동을 제의받았다. 두 달 동안 보안사 일을 도와주다가 1990년 9월 23일 새벽, 관련 자료를 들고 탈영했다. 그가 제일 먼저 찾은 곳이 한겨레신문사였다.

당시 경찰팀의 김종구 기자는 윤석양을 자신의 집에 데려가 숙식을 제공했다. 때로 불안에 떠는 그를 위로하며 자료를 일일이 검토했다. 컴퓨터 디스켓 30장에 보안사 사찰 공작의 구체적인 내용이 들어 있었다. 보안사의 민간인 사찰 대상자 1303명에는 김영삼, 김대중 등 정치인을 비롯해 각계 유력 인사가 망라되어 있었다. 누가 언제 누구를 만나 무슨 이야기를 했는지까지 파악하고 있었다.

보안사가 정보 수집을 위해 운영한 카페를 서울대 앞에서 찾아내는 등 한겨레의 특종이 연일 이어졌다. 보안사령부는 이후 기무사령부로 이름까지 바꾸며 불법 사찰 기관의 오명을 벗으려 애써야 했다. 그러나 기무사는 다시 한 번 한겨레에 덜미를 잡혔다.

1992년 3월 20일 밤 11시, 사회부에서 야근 중이던 이병효 기자가 전화를 받았다. "보병 9사단의 장교인데 군 부재자 투표에 문제가 많아 제보하려고 합니다." 30분 뒤, 이지문 중위가 신문사에 도착했다. 군부대에서 진행되는 부재자 투표에 기무사령부가 갖가지 방법으로 개입해 여당 지지표를 만들어냈다는 내용이었다.

이병효는 양심선언 이후 겪게 될 상황을 이지문에게 설명했다. "조금이라도 꺼리는 점이 있다면 기사를 쓰지 않겠습니다." 이지문은 결심을 굽히지 않았다. 증언의 공신력을 높이기 위해 기자회견을 자청해 열었다. 이 자리에서 이지문은 "이것은 양심선언이 아니라 상식과 양심에 따른 지극히 당연한 사실 보고"라고 말했다. 수십 년

●보수 언론사의 간부들은 한겨레가 창간 후 여섯 달 안에 망할거라 수군댔지만 꼭 여섯 달 뒤 한국언론학회지 조사에서 한겨레는 신뢰도 1위 신문으로 꼽혔다. 왼쪽부터 창간 2주년, 3주년, 4주년 기념 축하연 모습.

간 공공연한 비밀로 취급되었던 군 부재자 부정선거가 백일하에 드러났다.

한겨레를 통한 양심선언은 한준수 충남 연기군수의 관권 선거 폭로로 이어졌다. 14대 총선에서 집권당인 민자당 후보의 당선을 돕지 않았다는 이유로 군수직을 박탈당한 한준수가 손규성 기자에게 관련 사실을 알렸다. 1992년 8월 6일 사회면에 보도된 이 기사로 정가의 파문이 커졌고, 9월 들어서는 정부와 여당의 총체적 관권 선거의 실상이 하나씩 드러났다.

신뢰도 1위의 새내기 신문

크고 작은 특종 기사가 쏟아졌지만 초창기 한겨레는 기자들에게 특종상을 주지 않았다. 두둑한 상금으로 선정적인 속보 경쟁을 이끌어내는 특종상 제도가 상업주의적이라는 게 한겨레 사람들의 생각이었다. 창간 이듬해인 1989년 2월에야 특종상을 처음으로 만들었고, 정기적인 포상을 실시한 것은 그해 10월부터였다. 촌지를 거부하는 데 그치지 않고 신문사가 주는 포상금까지 거절하며, 권력과 맞서고 민생을 살피는 취재 보도에만 골몰한 기자들이 한겨레의 초년기를 이끌었다.

기성 언론의 간부들은 한겨레를 두고 "창간 뒤 여섯 달 안에 망할 것"이라고 악담했다. 창간 뒤 여섯 달이 지난 1988년 11월, 한국언론학회지에 한국 신문의 신뢰도를 측정한 논문이 발표되었다. 교수, 의사, 변호사, 연구원 등 지식인 400명과 대학생 850명 등을 대상으로 실시한 조사에서 한겨레에 대한 신뢰도가 37.6%로 가장 높았다. 2위를 차지한 동아일보의 신뢰도는 27.3%에 그쳤다.

1989년 2월, 한국갤럽은 한겨레가 발행부수 43만 부(가판 포함)로 신문 시장 점유율 4위를 차지하고 있다는 조사 결과를 발표했다. 이 발표 때문에 다른 신문사가 발칵 뒤집혔다. 4대지의 카르텔을 형성했던 거대 신문사들은 자존심이 상했다. 편파적인 조사가 아니냐며 애꿎게도 한국갤럽을 들볶았다. 한국갤럽 사람들이 곤욕을 치렀다. 최고의 신뢰도, 4대지 규모의 시장점유율은 이후 20년 동안 흔들림 없이 유지된다. 다만 창간 초기의 기세가 그대로 이어지진 못했다. 문제는 내부에 있었다.

월급과 촌지

한겨레 초창기를 대표하는 특종 가운데 '보사부 촌지사건'을 빼놓을 수 없다. 보건사회부 출입기자들이 해외 취재를 빙자한 기자단 여행을 다녀왔다. 그 경비 명목으로 대우재단과 아산재단으로부터 거액의 후원금을 받고, 그것도 모자라 제약·제과·화장품 회사에게 촌지를 요구해 받았다.

그런데 이 돈을 기자들끼리 나눠 갖는 과정에서 문제가 생겼다. 어느 기자가 촌지의 일부를 횡령했다는 의혹이 나왔다. 옳고 그름을 가리기 위해 기자단 회의를 열었다. 해외여행에 끼지도 못했던 보사부 담당 성한용 기자는 얼결에 그 자리에 참석했다가 모든 내용을 듣고 적었다.

이를 여론매체부 편집위원 정동채가 보고받았다. 정동채는 1980년 해직되기 전, 뜻 맞는 동료 기자들과 모임을 만들어 받은 촌지 전부를 노동단체 등에 기부했었다. 문제가 된 보사부 기자 가운데는 자신의 옛 동료도 있었다. 그러나 보도하기로 결정했다. 여론매체부 기자 박근애가 기사를 써서 1991년 11월 1일 사회면에 실었다.

기 자 들 의 촌 지 수 수 를 공 론 화 하 다

한겨레의 특종 보도 이후 문제가 된 기자들이 사표를 냈다. 각 언론사들이 다투어 대국민 사과 성명을 발표했다. 공공연한 비밀이었던 기자들의 촌지 수수가 사상 처음으로 공론화되었다. 당시 19명의 보사부 기자단이 모은 돈은 8850만 원이었다. 추석 떡값, 해외여행 경비, 제주도 여행 경비, 회식비 등으로 썼다. 각자 465만 원씩 나눠 쓴 셈이었다. 그 시절 한겨레 기자 월급을 1년 동안 모아도 만질 수 없는 돈이었다. 이 특종은 한겨레 기자들의 도덕성을 만천하에 알렸다.

창간 직전인 1988년 3월, 한겨레신문사 급여체계위원회가 만들어졌다. 직종별, 부문별 대표자가 모두 모여 자신들이 받을 월급 액수를 정하는 자리였다. 편집 부문과 업무 부문으로 나눠 각 5명의 대표로 위원회를 구성했다. 수습사원까지 참석했다. 직원 스스로 월급을 정하게 한 이 위원회는 세계 기업 사상 전례가 없다.

편집 부문에선 수습기자, 공채 경력 기자, 여기자, 80년 해직 기자, 75년 해직 기자 등의 대표가 각 1명씩 참석했다. 업무 부문에선 사무직 남성, 사무직 및 전산제작직 여성, 공무발송직, 판매광고직, 인사부원 등이 1명씩 참석했다. 위원회 구성 방식에서 창간 초기의 민주주의 질서를 엿볼 수 있다. 이사회는 이들이 만든 급여 방안을 그대로 인준했다.

이때 만들어진 한겨레 첫 급여체계는 기자·영업·사무직 사원을 1직군, 공무·전산·기술직 사원을 2직군, 발송·통신 사원을 3직군으로 구분했다. 1직군의 1호봉이 33만 원, 2직군과 3직군의 1호봉이 23만 원이었다. 대신 부양가족 1인당 1만 5000원씩을 더 줬다.

경력 사원의 경우, 경력 1년당 1만 2000원씩을 추가 지급했는데, 이 경력에는 해직 기간, 양심수로 투옥된 기간 등이 포함되었다. 군 복무자는 복무 기간의 75%만 경력으로 인정했다. 나중에는 군 복무 기간의 100%를 경력으로 인정하게 되었지만, 창간 초기의 규정은 군대 다녀온 사람보다 감옥 다녀온 사람을 더 대우하는 것이었다.

정기 상여금은 없었다. 창간 이후 한동안은 학비 보조는 물론 직무직책 수당도 없었다. 대신 중식비가 모든 직원에게 월 3만 9000원씩 일괄 지급되었다. 외근 기자 및 사원에게 지급되는 교통비가 월 5만~13만

원 정도였다. 창간 직후인 1988년 6월, 공채 1기로 들어와 편집국에서 일하던 김형선은 세금 등을 제하고 35만 8760원을 받았다. 역시 공채 1기로 들어온 경영 부문의 장창덕은 30만 9870원을 받았다.

적 은 월 급 에 도 촌 지 안 받 는 사 람 들

그런데 이 급여 체계를 노동조합이 문제 삼았다. 직군을 나누지 말고 한겨레의 모든 사원을 동등하게 대접하는 '단일호봉제'를 채택해야 한다는 게 노조의 판단이었다. 기사를 쓰는 편집국 기자, 광고 영업을 하는 광고국 사원, 이를 내다 파는 판매국 사원, 취재 차량을 운전하는 수송부 사원까지 모두 한겨레를 위해 각자의 노릇을 하고 있으니, 그 보상 체계도 같아야 한다는 철학이 바탕에 깔려 있었다. 기자직을 우대하는 기성 언론사를 뒤따르지 않겠다는 뜻이기도 했다.

이를 주창했던 초대 노조위원장은 고희범이었다. 1989년 4월, 한겨레 최초의 임금 협상이 열렸다. 노조가 단일호봉제 방안을 제시했다. 경영진은 그 자리에서 동의했다. 고희범이 농반 진반으로 따졌다. "그래도 경영진이 반대도 하고 수정도 해야지, 노조가 제시한 임금 안을 그대로 받는 경영진이 어디 있습니까?" 대표이사였던 송건호는 그저 웃었다.

이때부터 한겨레는 단일호봉제를 도입했다. 직군과 성별을 가리지 않고 모든 사원의 급여 체계를 동일하게 적용했다. 단일호봉제를 도입한 뒤, 기자직·사무직의 월급이 조금씩 더 깎였다. 없는 살림에 골고루 나눠 받다 보니 생긴 일이었다.

단일호봉제도는 지금까지도 이어지고 있다. 고희범은 나중에 광고국장이 되어 업무 실적에 따른 차별 성과급 지급을 주장했다. 노동조합 간부가 물었다. "단일호봉제는 선배가 만든 거 아닙니까?" 이번엔 고희범이 웃었다. "글쎄, 그때 그걸 왜 만들었을까."

창간 첫 해인 1988년 한겨레 임직원들은 모두 세 차례의 보너스를 받는다. 여름 휴가비로 7만 원, 추석 비용으로 7만 원을 받았다. 연말에는 특별상여금 50%를 받았다. 그래봐야 15만 원 남짓한 돈이었다. 이듬해인 1989년에는 자금 사정이 어려워 그나마 휴가비도 완전히 사라졌다. 연말에서야 특별상여금 50%를 받았다.

최고 경영진은 얼마나 받았을까. 1988년 9월, 창사 이래 첫 주주총회를 열었는데, 이 자리에서 이사 및 감사의 보수 액수를 결정했다. 송건호 대표이사는 월 106만 2000원, 임재경 편집인은 98만 3500원, 장윤환 편집위원장은 91만 8400원을 받았다. 평사원과 같은 방식으로 호봉을 산정해 월급을 받았다. 비상임이사와 감사는 아예 돈을 받지 않고 일했다.

1988년 7월, 기자협회보는 전국 언론사의 월 급여 및 연봉 통계를 보도했다. 중앙일간지 기자의 초봉이 연평균 1000만 원이었다. 한 달에 적어도 80만 원을 받는다는 이야기였다. 한겨레 기자 월급의 2.5배였고, 한겨레 이사의 월급과 맞먹었다.

'88 6월분 급여 명세표

소 속 : 발 송 부		직군및 호봉 : 3-06		성 명 : ▨▨▨	
본 봉	가족수당	월차수당	식대보조	기타지급	지급액계
267,500	30,000	10,000	39,000		346,500
갑 근 세	방 위 세	주 민 세	의료보험	국민연금	공제액계
0	0	0	5,510		90,420
재형저축	기금출연액	기평회비	가지급금	기타공제	실지급액
80,000	4,910				256,080

● 사원들이 직접 만든 창간 때의 임금 체계는 직군별 호봉제였다. 1직군인 사무직, 2직군인 기술직, 3직군인 발송직 사이에는 월 5만 원의 임금차이가 있었다. 이마저도 허문 것이 단일호봉제였다. 위쪽 사진은 1988년 6월, 3직군인 발송부 직원의 월급 명세서다. 실수령액이 25만 6080원으로 적혀 있다. 아래 사진은 2000년 11월 1일, 노동조합 집행부가 체불된 상여금 지급을 요구하며 공덕동 사옥 현관에서 침묵 농성을 벌이고 있는 모습.

한겨레 사람들은 적은 월급을 받으면서도 부당한 이득을 취하지 않았다. 이것이 한겨레 도덕성의 근본이다. 창간호 준비가 한창이던 1988년 5월 5일, 양평동 편집국에서 윤리강령 및 윤리강령 실천요강 선언식이 열렸다. 편집인 임재경이 그 전문을 낭독했다. 뒤이어 기자를 비롯한 모든 임직원이 자신의 이름을 대형 백지 위에 적었다. 신홍범이 초안을 만들고 전 임직원이 토론하여 확정한 내용이었다.

"신문 제작과 관련한 금품 및 기타 부당한 이익을 얻지 않는다"는 문구가 한겨레 윤리강령에 있다. 실천강령에 따르면, 선의의 사소한 선물만 예외로 하고 모든 금품은 사절하거나 돌려보내야 한다. 이때 선의의 선물이란 5만 원 이하의 금품이다. 이를 넘으면 무조건 신문사 윤리위원회에 신고하여 처리해야 한다. 일반적으로 승인된 취재 편의를 제외하면 취재 경비를 스스로 부담하고, 부득이한 경우를 제외하면 남의 비용으로 출장·여행·연수를 가지 않는다는 내용도 실천요강에 있다. 지금도 한겨레 기자들은 취재 편의를 제공받는 해외출장 때, 윤리위원회의 승인을 얻어야 한다.

초창기만 해도 촌지를 안 받겠다는 한겨레의 선언을 이해하지 못하는 관공서와 기업이 많았다. 우편으로 보내는 선물을 일일이 돌려보내는 데도 비용이 들었다. 한겨레는 이런 선물을 모아 양로원 등에 기탁했다. 보도자료 등에 끼워져 자신도 모르게 촌지를 받는 경우도 있었다. 이럴 때는 촌지를 준 사람의 명의로 신문 구독료를 지불하고 한겨레를 받아보게 했다.

1989년 초, 한겨레 기자 가운데 촌지를 받은 사람이 있다는 제보가 접수되었는데, 이사회 차원에서 진상 조사를 벌이기도 했다. 조사 결과 사실무근인 것으로 밝혀졌다. 이런 일이 외부에 알려지면서 1990년대부터는 한겨레 기자에게는 아예 촌지를 주지 않는 게 주요 기관의 관행이 되었다.

언론계의 촌지문화는 뿌리가 깊다. 해방 직후부터 있었다. 출입처에서 명절이나 행사 때마다 기자들에게 나눠주었다. 전두환이 집권한 1980년대부터 그 액수가 늘었다. 선거가 끝나면 정당 출입 기자들이 집 한 채씩 마련한다는 이야기가 우스개만은 아니었다. 그 대가로 기자들은 써야 할 기사를 쓰지 않았다.

한겨레는 한국 언론계에서 개별 언론사로는 처음으로 윤리강령을 만들었다. 신문사가 직접 소속 기자의 부정부패 행위를 감시 감독했다. 보사부 촌지 사건 이후 다른 언론사들도 한겨레를 뒤따라 개별 윤리강령 등을 채택하게 된다. 그러나 진정한 의미에서 촌지를 거부하고 스스로의 윤리의식을 점검하는 언론사는 지금도 한겨레밖에 없다.

한겨레에도 임금 투쟁은 있었다

월급은 조금만 받고 촌지는 아예 받지 않는 한겨레 사람들의 형편은 이제 조금 나아졌을까? 창간 이후 한겨레 급여 체계는 꾸준히 개선되었다. 1992년 41.5%의 임금 인상을 이룬 뒤, 지속적으로 연봉 수준을 높였다. 기본급과 상여금을 늘리고, 각종 수당도 인상했다. 1994년 5월에 출범한 7기 노동조합은 임금 복지를 특히 강조했다. 창간호가 나오던 날, 신문을 들고 엉엉 울음을 터뜨렸던 송우달이 노조위원장이었다. 이 무렵부터 노조가 앞장서서 사원들의 임금 문제를 적극적으로 챙겼다.

1997년 5월, 한겨레 노동조합은 창사 이래 처음으로 파업을 결의했다. 경영진의 상여금 삭감안에 반대하는 일종의 임금 투쟁이었다. 공채 1기 가운데서도 후배들의 신망이 높았던 김형선이 노조위원장이었다. 당시 사원 가운데는 국민주 신문인 한겨레에서 파업은 있을 수 없다는 반대 의견을 내는 이도 있었지만, 결국 다수가 파업을 지지했다. 실제로 파업이 일어나진 않았는데, 한겨레 노사가 서로 양보하여 막판 임금 협상을 타결 지었기 때문이다.

1990년대 중반 이후 임금이 곧 투자라는 인식이 한겨레에서도 많이 확산되었다. 근무 경력이 높아질수록 대기업 임금 수준과의 격차가 벌어지긴 하지만, 창간 무렵과 비교하면 한겨레 사람들의 월급은 엄청나게 높아졌다. 중앙언론사 가운데 가장 낮은 임금을 주는 곳이라는 오명도 씻었다. 2008년 현재, 한겨레 신입사원의 초임은 500인 이상 대기업 초임의 80% 수준이다.

6만 6743명의 주인

2008년 5월 현재, 한겨레 주주는 모두 6만 6743명이다. 이들이 보유한 311억 3795만 원의 주식이 한겨레의 자본금이다. 전체 주주 가운데 95.28%가 200주 이하를 갖고 있다. 1000주 이하를 가진 소액주주가 전체의 99%다. 이들 소액주주가 보유한 주식액은 182억 원이 넘는다.

한겨레 20년사는 주주 변천사와 맥을 같이한다. 1987년 12월 15일, 신문사 설립등기를 할 때 12억 5000만 원의 발행 자본금을 모았는데, 7000여 명의 주주들이 이 돈을 냈다. 1988년 2월 25일, 창간 기금 50억 원을 다 모았을 때, 모두 2만 7223명이 참가했다. 이들이 창간 주주다.

6만 국민 주주 신문사, 한겨레

창간 직후 발전기금 모금운동을 다시 벌였다. 1988년 12월, 주주가 3만 8217명으로 늘었고, 자본금도 74억 원이 되었다. 그 뒤에도 꾸준히 국민주 모집을 통한 증자를 추진했다. 1989년 4월, 처음으로 자본금이 100억 원을 넘었고, 1991년 12월, 주주가 6만 명을 넘어섰다. 이때부터 한겨레를 '6만 국민 주주의 신문'이라 불렀다.

2001년까지 200억 원에 조금 못 미치는 자본금을 갖고 있던 한겨레는 2002년 12월, 자본금을 크게 늘렸다. 신문사가 어려움에 처하면서 임직원들이 퇴직금을 주식으로 바꿨다. 주주 수에는 큰 변화가 없었지만, 자본금은 198억 원에서 311억여 원으로 크게 늘었다. 한겨레의 현직 임직원들이 보유한 주식

● 2000년 3월 24일, 한겨레 공덕동 사옥 현관에 설치한 주주 명부 동판. 6만여 주주의 이름이 새겨져 있다.

●1989년 2월 25일, 이화여대 대강당에서 한겨레신문사 제1기 정기주주총회가 열렸다. 1988년 9월 10일, 류관순 기념관에서 열린 첫 주주총회는 임시주총이었다.

은 2008년 현재 전체의 29% 정도다. 퇴직 임직원들이 보유한 주식을 더하면 그 비중은 더 늘어나지만, 사원 주주에 비해 국민 주주의 비율이 여전히 더 높다.

매년 2월 또는 3월에 열리는 정기주주총회는 국민주 신문사 한겨레를 상징한다. 각계각층의 주주들이 한자리에 모여 한겨레를 꾸짖고 격려한다. 창사 이래 처음으로 열린 1988년 9월 10일 임시주주총회를 보고 고은이 시를 썼다. 제목이 〈한겨레 주주총회 만세〉다.

"…그것은 주주총회가 아니라 국민대회였습니다. 국민의 대표자대회였습니다. 나는 똑똑히 보았습니다. 이제까지 있어본 적 없는 전혀 새로운 자본주의를 보았습니다. 그것은 이 땅의 두레 자본주의였습니다. 아니 그것은 또한 1인 독재로 치닫는 전제 사회주의를 녹여 인류 시원의 공동체를 잇는 새로운 사회주의였습니다. 주주 3만 명은 각 지역, 각 계층, 각 계급을 대표하는 하나하나의 권력이었습니다. 한겨레 주주총회 만세, 만만세."

새로운 자본주의와 새로운 사회주의를 실험해온 한겨레는 창사 이래 단 한 번도 주주들에게 이익을 배당하지 못했다. 한겨레 주식이 아직 주식시장에 상장되지 않았기 때문에, 한겨레 주주들은 그 주식을 사고팔아 이익을 남길 것을 기대할 수도 없다. 한겨레 주주는 보통의 주주들과 조금 다르다. 그들이 기대하는 것은 금전상 이득에 앞서 올바른 언론이다.

1992년 3월 28일, 서울 송파구 역도경기장에서 제4기 정기주주총회가 열렸다. 창사 이래 계속 적자가 쌓였고 신문사 내부의 진통도 있어, 어느 해보다 주주들의 관심이 높은 자리였다. 이날 주주들은 경영진에게 이런 질문을 던졌다. "고정란으로 나오는 백화점 소식, 연예 기사, 프로스포츠 소식 등은 창간 취지와 어긋나는 거 아닙니까?", "광고 지면이 늘었는데 이 때문에 기사 지면이 줄어들 우려는 없습니까?", "통일을 대비해 한겨레 기자를 평양에 상주시킬 계획은 없습니까?", "논조가 특정 정당과 특정 지역에 편향적이라는 지적에 대해 어떻게 생각합니까?", "창원에서 올라온 대한광학 노동자입니다. 30여 일 동안 상경 투쟁을 벌였고 한겨레에 보도 요청도 했는데 아직까지 기사로 실리지 않은 이유가 뭡니까?"

"창간 정신을 잊지 말라"

지난 20년 동안 한겨레 주주들의 한결같은 요구가 이와 같다. 창간 정신을 잊지 말라, 정확하고 공정하게 보도하라, 소외된 자를 보살피는 지면을 만들어달라 등의 주문이다. 창간 직후인 1988년 8월 말, 무작위로 1144명의 주주를 골라 설문조사를 실시했다. 한겨레 주식을 매입한 것은 경제적 이익에 대한 기대와는 무관한 일이라고 응답한 주주가 67.9%였다. 수익이 생기더라도 주식을 팔지 않겠다고 응답한 주주가 82.9%였다. 한겨레가 증자할 경우 다시 주식을 사겠다는 주주는 83.1%였다. 대자본이 참여할 우려가 있으므로 주식 상장을 반대한다는 주주도 58.4%였다.

1991년 들어 제3차 발전기금을 모금하면서 전국 지역별 주주 간담회를 열었다. 창간 이후 처음으로 신문사 간부들이 직접 주주들을 만나 대화하는 자리였다. 6월부터 12월까지 전국 주요 도시를 다니며 45차례의 간담회를 열었고, 2300여 명의 주주들이 참석했다. 송건호 대표이사, 김태홍 주식담당이사, 최성민 노조위원장, 김근 논설위원 등이 간담회에 동석해 주주들의 질의에 답했다. 한겨레가 기댈 수 있는 언덕은 국민 주주밖에 없다고 생각한 김태홍이 적극적으로 이 행사를 추진했다.

이 간담회를 계기 삼아 1992년 6월, 전국독자주주 대표자모임이 만들어졌다. 창간 주주인 김택중, 신맹순, 장문하 등이 공동대표를 맡았다. 〈한겨레 전국독자주주모임〉이라는 소식지도 펴냈다. 신문사 경영진도 주주 모임 결성을 후원했다. 원래는 주주들의 참여의식을 높이고 전국에 흩어진 주주 독자를 하나로 묶어 발전의 원동력으로 삼으려는 구상이었다. 그러나 국민 주주가 신문사 경영에 어떤 방식으로 참여할 수 있을지에 대해선 정교한 대답을 마련하지 못했다. '세계 유일의 두레 자본주의이자 새로운 사회주의'에 기초해 미디어기업 경영의 안정성과 효율성을 극대화하는 최선의 길을 한겨레 사람들은 여전히 찾고 있다.

창간 당시 다섯 명의 자매가 아파트를 팔아 창간기금을 낸 일이 있었다. 한겨레 사람들은 이들을 '5자매'로 불렀다. 창간 첫돌 기념식 때는 송건호 대표이사가 직접 창간 공로 감사패를 전달하기도 했다. 그런데 신문 지향과 경영 방식에 대한 논란이 빚어지자, 이들은 대표이사실을 점거하고 농성을 벌였다. 참언론이 태어나길 기대하며 기금을 냈는데, 한겨레가 그 뜻과 다른 길로 가고 있다는 것이었다. 한겨레를 사랑하는 마음이 지극했던 때문이었지만, 당시 김명걸 대표이사를 비롯한 경영진으로선 당혹스런 일이었다.

어떻게 6만 주주의 목소리를 담을 것인가

1993년, 주주 대표자 모임의 주도로 주주총회 결과를 문제 삼는 법정 소송이 빚어진 것도 비슷한 경우였다. 생각이 서로 다른 6만여 주주들이 내놓는 건강한 제안과 비판을 한겨레의 지면과 경영에 어떻게 담을 것인지는 여전한 숙제이다. 다만 지난 20년간 국민 주주들 사이에서도 일정한 공감대가 형성되었다. 경영 안정성을 심각하게 해치는 방식으로 주주의 권리를 행사하는 것은 오히려 한겨레 창간 정신 구현에 걸림돌이 된다는 판단이 널리 확산되었다.

2005년 5월, 제2의 창간을 선언한 한겨레는 다시 한 번 전국 주주 모임을 열었다. 이듬해인 2006년 4월까지 부산·경남을 시작으로 서울·인천·경기, 대구·경북, 대전·충남, 광주·전남, 청주·충북 등을 다니며 지역 주주 모임을 다시 일으키거나 북돋았다.

국민 주주가 한겨레를 낳았다. 한겨레가 어렵고 힘들 때마다 도왔다. 공덕동 사옥 2층 현관에 들어서면 한겨레의 주인인 그들이 손님을 맞는다. 70개의 동판에 6만여 주주들의 이름이 하나하나 새겨져 있다.

갈 길을 묻다

1989년 6월, 새 사옥 건립과 고속 윤전기 도입을 위한 발전기금 모금이 끝났다. 119억 원이 모였다. 큰돈이었다. 국민들이 모아준 현금이 은행계좌에 쌓여 있었다. 이자가 조금이라도 높은 곳으로 돈을 옮기자는 이야기가 이사회에서 나왔다. 반대 의견도 나왔다. 정론을 표방한 한겨레가 다른 언론사처럼 돈놀이를 할 수는 없다는 반론이었다.

당시 관리국장 성유보가 기금 모금 및 관리를 맡고 있었는데, 이 분야에 경험이 없어 쉽게 결단을 내리지 못했다. 성유보는 발전기금 모금 방안을 가장 먼저 제안한 이 가운데 하나였다. 제안자가 책임지라는 말에 떠밀려 관리국장이 되었다. 이후 발전기금 모금을 성공적으로 이끌었는데, 이제 기금 운용의 책임까지 맡게 되었다.

논란을 거듭하느라 몇 달을 보내다 결국 시험적으로 자금 운용을 해보기로 했다. 마침 외부에서 데려온 경리부장이 막 출근을 시작했다. 자금 운용 실무를 맡을 경리부장이 마땅치 않아 외부에서 특별 채용한 사람이었다. 그에게 일을 내맡겼다. 그러다 사고가 터졌다. 기업어음을 샀는데 해당 기업이 부도가 났다. 2억여 원의 손실이 발생했다.

곳간 맡을 사람이 없는 신문사

뒤늦게 이사회에 관련 사실이 보고되었다. 재정보증서 등의 입사 서류를 제대로 받지 않은 채 채용한 경리부장이 거래 과정에서 부당한 커미션을 챙겼다는 사실도 드러났다. 문제의 경리부장은 행방을 감추고 나타나지 않았다. 결국 이사진 전원이 공동 책임을 지기로 했다. 이사진 이름으로 은행에서 돈을 빌려 손실분을 메웠다.

그런데 빌린 돈에 대한 이자를 감당하려니 이사들의 개인 부담이 커졌다. 성유보가 이를 떠안겠다고 자처했다. 원래 그는 자금 운용 분야의 경험이 없어 일을 맡지 않겠다고 버티다가 다른 이사들의 강권으로 그 책임을 맡았었다. 해직 이후 변변한 직업을 가져본 적이 없는 그는 한겨레에서도 가장 가난한 축에 속했다. 그의 곤궁한 형편으론 감당할 수 없는 일이었다. 성유보는 월급과 퇴직금 전부를 손실 처분에 썼다.

이 일은 초창기 한겨레의 조직 풍토를 상징한다. 경영 전문가가 부족했다. 자금 흐름을 파악하고 이를 제대로 운용할 사람이 없었다. 회사 곳간을 맡을 실무자조차 마땅치 않았다. 그런 사람을 채용할 때 어떤 서류를 챙겨야 하는지도 몰랐다. 그러다 문제가 생기면 곧바로 개인에게 책임을 물었다. 그 결과, 선의를 바쳐 최선을 다한 창간 주역들이 저마다 상처를 입고 신문사를 떠났다. 그들이 떠나면서 그나마 신문사 사정을 알고 있는 사람들이 더 줄어들어 또다시 경영관리에 공백이 생겼다.

경영전략의 혼선은 새 사옥 건설 과정에서도 드러났다. 당시 지방세법은 대도시에 공장을 새로 지을 경우 중과세하고 있었다. 공해시설의 도시 진입을 막기 위한 취지였지만, 창사 이래 첫 사옥을 마련하려는 한겨레로서는 부당한 일이었다. 그렇다고 윤전기가 들어갈 서울 외곽의 땅을 따로 마련할 수도 없었다.

새 사옥 건설을 맡은 정태기는 중과세 문제를 해결할 수 있을 것이라 판단했다. 창간 때도 실정에 맞지 않는 법령을 지혜롭게 넘고 피하면서 신문사 등록 등을 관철했던 경험이 있었다. 관련법을 봐도 내무부(오늘의 행정안전부) 장관이 주무 부처와 협의해 중과세 적용 예외를 둘 수 있는 시행령이 있었다. 권력과의 담합을 도모하는 게 아니라 정당한 절차를 거쳐 세금을 감면받는 길이었다.

실제로 정부는 대도시 한복판에 공장이 들어서더라도 불가피한 사정을 따져 세금 면제 조치를 취한 적이 여러 차례 있었다. 수십 년 만에 처음으로 신문사가 세워진 상황에서 한겨레야말로 그 예외가 될 수 있으리라 판단했다. 만일 정부와의 협의가 여의치 않으면 실정에 어긋나는 법령 자체의 개정도 요구할 수 있을 것이라 생각했다. 그러나 다른 이사들은 반대했다. 정부가 눈엣가시 같은 한겨레에게 중과세 예외 규정을 적용하지 않을 것이라고 판단했다. 실정법의 예외를 염두에 두고 세금을 안 낼 것을 전제로 일을 풀 수는 없다고 반박했다.

결국 중과세 납부 문제에 대한 분명한 방침이 정해지지 않았다. 그 상태로 시간

이 흘렀다. 이사진의 상당수가 이 문제에 큰 신경을 쓰지 않고 있었다. 1989년 12월 말, 3억여 원의 중과세와 함께 이를 제때 납부하지 않은 것에 대한 6000여 만 원의 가산금까지 내라는 고지서가 신문사로 날아왔다.

이를 두고 뒤늦게 책임 논란이 분분해졌다. 세금을 처음부터 냈다면 가산금은 물지 않았을 것이라는 주장이 나왔다. 지금도 늦지 않았으니 중과세 회피 방침을 밀고 나가면 가산세를 낼 일도 없다는 반박도 나왔다. 적절한 시기에 분명한 방침을 정하지 못했던 한겨레는 결국 가산금까지 더해 세금을 모두 냈다.

가산금 납부를 둘러싼 논란이 커졌던 것은 새 사옥 건설을 둘러싼 이견이 완전히 해결되지 않았던 탓도 컸다. 창간 사무국을 주도했던 정태기는 창간 직후 개발본부를 출범시켜 새 사옥 건설 및 윤전기 도입 사업을 추진했는데, 여기에 필요한 자금이 적지 않았다. 100억여 원의 발전기금을 모으긴 했지만, 애초 구상했던 수준의 윤전기와 사옥을 갖추려면 이보다 더 많은 돈이 필요했다.

경 영 을 둘 러 싼 혼 란 , 불 어 나 는 적 자

여기서 비롯한 것이 '기채론'과 '자립론'이다. 은행 돈을 빌려서라도 자금을 마련해야 한다는 주장과 한겨레가 대자본에 예속되어선 안 된다는 주장이 맞섰다. 경영의 경험이 많은 정태기 같은 이는 신문사 설립 초기에 '규모의 경제'를 갖춰야 지속적인 성장이 가능하다고 판단했다. 반면 해직 시절 재야운동을 이끌었던 김종철 같은 이는 한겨레가 대자본에 예속될 경우 권력의 압력으로 창간 정신을 유지할 수 없을 것이라고 판단했다. 논란이 커지면서 경영관리 부문의 차장급 이상 간부 34명이 개발본부의 독주를 비판하는 성명을 내기도 했다. 결국 애초 사업 규모를 축소해 윤전기 도입과 사옥 건설을 추진하는 것으로 논란을 매듭지었는데, 그 끝에 가산금을 납부하는 일이 불거진 것이었다.

경영을 둘러싼 혼란은 잦아들지 않았다. 한겨레는 창간 첫 해인 1988년, 7억 7000만 원의 적자를 냈다. 이듬해인 1989년엔 17억 5000만 원의 적자가 났다. 적자는 1993년까지 계속되었다. 1991년 9000만 원, 1992년 8억 2000만 원, 1993년 7억 7000만 원의 적자로 창간 5년 만에 61억 원의 적자가 쌓였다. 창간 자본금 50억 원을 넘어서는 규모였다.

1990년대 초반, 한겨레는 중대한 기로에 놓였다. 흑자를 내는 방법을 찾지 못한

다면 시한부 인생이나 다름없었다. 경영 위기와 경영 혼선이 맞물리면서 창간 주역들이 하나씩 신문사를 떠났다. 이유는 조금씩 달랐지만 그 배경은 하나였다. 신문사 안팎에서 분란이 일어났다.

편집국 인사 파동

1990년 11월 1일, 성유보 편집위원장이 편집국 인사안을 냈다. 차장급 3명과 평기자 2명의 소속 부서를 옮기는 내용이었다. 초대 편집위원장이었던 성유보는 편집위원장 직선제 실시 이후 잠시 편집국을 떠나 있다가 1990년 7월, 4대 편집위원장으로 다시 선출된 상태였다. 성유보가 인사안을 낸 지 이틀 뒤인 11월 3일, 임원회의에서 이 인사안을 고쳤다. 성유보는 인사권 침해라며 보직 사퇴서를 냈다.

11월 8일, 편집위원회가 유감을 표시하는 입장을 발표했다. "이번 사태로 편집권 독립이 크게 침해되었다"는 게 주된 내용이었다. 같은 날, 경력직 기자 42명, 공채 1기 기자 17명, 공채 2기 기자 10명 등이 연서명으로 성명을 발표했다. 역시 임원회의의 결정이 편집권 독립을 부정한 일이라는 내용이었다.

다음 날인 11월 9일에는 사태의 확대를 경계하는 노동조합의 성명이 발표되었다. 기자들의 성명과는 다른 내용이었다. 편집국 기자 인사에 대한 최종 권한은 임원회의에 있으므로 절차와 위계를 무시한 반발은 조직의 안정성을 해친다고 지적했다. 결국 경영진과 편집진이 갈등하고 노동조합과 평기자들이 서로 편이 갈리는 모양새가 되었다.

11월 10일, 성명에 참가한 기자들을 중심으로 '편집국 총회 준비위원회'가 만들어졌다. 오귀환, 조홍섭, 최영선, 조선희, 이홍동 등이 앞장섰다. 11월 15일 저녁, 편집국 총회가 열렸다. 곽병찬, 최보은, 신현만, 정상모, 박해전, 고승우 등 12명이 공식 토론자로 나서 논쟁했다. 무려 여섯 시간 동안 총회가 계속되었다.

토론회 직후, 이번 사태가 편집권 침해인지 적법 인사인지를 묻는 투표를 실시했다. 전체 기자 167명 가운데 116명이 투표에 참여했는데, 다수가 편집권 침해라는 의견을 냈다. 12월 4일에는 성유보 편집위원장의 신임을 묻는 투표가 열렸다. 신임 투표를 주도한 것은 평기자들이었지만, 성유보도 이를 원했다. 팽팽히 의견이 맞서고 있는 상태에서 기자들이 자신을 재신임한다면, 편집국에 대한 정당한 인사권을 계속 행사할 수 있을 것으로 봤다. 109명이 투표에 참가해 102명이 성유보에 대한 신임 의사를 밝혔다. 편집위원장의 인사안을 그대로 관철시켜야 한다는 뜻이었다.

그러자 편집국 기자들의 행동을 비판하는 목소리가 연이어 불거졌다. 편집위원장 신임 투표 자체가 사규에도 없는 부당한 절차였고, 이를 근거로 애초 인사안을 강행하려 해서는 안 된다는 반박이었다. 결국 조영호, 김태홍 등 일부 이사진이 보직 사퇴서를 냈다. 이사회의 권한 안에서 정당하게 치러진 인사안 심사 결과가 다시 번복되어선 안 된다는 뜻을 밝혔다. 해를 넘긴 1991년 1월 5일, 이인철, 김근, 이종욱 논설위원은 '다시 태어나야 할 겨레의 신문'이라는 제목으로 장문의 공개 사직서를 내어 성유보의 편집국 인사안과 기자들의 집단행동을 비판했다.

1월 중순에는 광고국 직원 13명이 이에 뜻을 같이해 집단 월차휴가를 냈다. 비슷한 시기, 전남·광주·전북 및 서울 동북부 지국장들이 공동 성명을 내거나 본사에 항의 방문했다. 어느 지국장은 사흘간 단식 농성까지 했다. 익명과 실명의 성명서들이 신문사 벽에 매일 나붙었다. 다른 언론사의 주간지, 월간지 등이 이 사건을 취재해 기사로 썼다.

논쟁의 발단은 경영권과 편집권의 관계 설정이었다. 편집국을 이끄는 편집위원장의 인사권을 그대로 존중해야 편집권 독립을 이룰 수 있다는 입장과 모든 인사에 대한 최종 결정 권한은 대표이사를 포함하는 임원회의에 있는 게 옳다는 입장이 맞섰다.

지면 구성에 대한 노선 차이

그러나 논란의 바탕에는 보다 근본적인 문제가 있었다. 한겨레 지면의 방향 및 논조에 대한 것이었다. 발단이 된 인사안은 어느 정치부 기자를 사회부로 소속을 바꾸는 내용이 포함되어 있었다. 정치적 편향이 강한 기자를 정치부에 계속 둘 수 없다는

● 편집국 인사 파동 직후인 1991년 1월, 제3대 노조위원장을 뽑는 선거가 열렸다. 서로 다른 의견그룹을 대표하는 3명의 후보가 출마했고, '통합'을 주창한 김영철이 당선됐다. 왼쪽 사진은 당시 투표에 참가한 조합원들의 모습. 그러나 김영철 노조위원장도 혼란 속에 7개월 만에 사퇴했고, 1991년 8월부터 윤석인이 제4대 노조위원장이 됐다. 오른쪽 사진은 1991년 9월 14일, 김명걸 대표이사 사장 등의 경영진과 윤석인 노조위원장 등 조합 집행부가 단체협상을 벌이는 모습.

게 편집위원장의 판단이었다. 반면 정치적 편향을 드러낸 사례가 구체적이지 않은 상태에서 주관적이고 애매한 기준으로 기자 인사를 함부로 해서는 안 된다는 반론도 제기되었다. 이 논란은 '김대중 문제'와 연결되어 있었다.

당시 편집국에는 독재에 맞서는 민주세력의 결집을 위해 김대중의 리더십을 평가하면서 이를 한겨레가 적절히 이끌어야 한다는 입장과 기자 개인의 정치적 지향과는 별개로 언론은 공정과 중립을 지켜야 한다는 입장이 엇갈리고 있었다. 창간 이후 두 흐름은 건강한 긴장 관계를 유지하면서 역동적 지면 구성의 바탕이 되었는데, 편집국 인사안을 둘러싼 논란이 크게 확대되면서 감정적인 대립으로 번지게 되었다.

1990년 11월의 '편집국 인사 파동' 이전과 이후는 많은 것이 달랐다. 개인적 성향의 차이가 신문사 운영을 둘러싼 주도권 경쟁으로 확대되었다. 그동안 잠재했던 모든 문제가 한꺼번에 수면 위에 올라왔다. 정당한 의견 차이가 대립적인 갈등 구도로 번졌다. 이 문제는 편집위원장의 사표를 수리하면서 일단 봉합되었지만, 더 큰 후폭풍이 다가왔다.

경영진 선출을 둘러싼 갈등도

1991년 3월 정기주주총회를 앞두고 이사진 구성에서 논란이 생겼다. 누구를 이사로 선임할 것인지를 두고 내부 조정에 진통을 겪었다. 전에 없던 일이었다. 당시 한겨레는 창간위원회가 이사진을 추천하여 주주총회 의결을 거치면, 마지막으로 사원 동의 투표에서 확정하는 임원 선출제도를 갖고 있었다. 논란 끝에 송건호 대표이사를 포함하는 새 이사진이 확정되었다. 주주총회에서도 이사진 명단이 승인되었다. 그런데 1991년 4월 8일, 사원 동의 투표에서 새 이사진이 거부당했다. 초유의 일이었다.

주총에서 이미 통과된 이사진을 이제 와서 바꿀 수는 없었다. 다만 이사 보직을 변경하는 것은 가능했다. 새 이사진은 숙의 끝에 김명걸 이사를 대표이사로 하는 수정안을 사원 투표에 다시 붙였다. 그러나 역시 부결되었다. 신문사가 다시 한 번 혼란에 빠졌다. 창간 이후 처음으로 최고 경영진의 공백 사태가 빚어진 셈이었다. 사원들의 다수가 초대 대표이사였던 송건호의 리더십에 의구심을 제기한 결과였다. 한편에서는 일부 기자들이 경영진을 의도적으로 흔들고 있다고 비판하는 목소리도 나왔다. 다시 한 번 편이 갈렸다.

사내 통합을 주창하며 3기 노동조합 위원장이 된 김영철 등이 중재안 마련을 위해 동분서주했다. 결국 송건호를 대표이사 회장으로, 김명걸을 대표이사 사장으로 하되, 김명걸이 실질적으로 경영을 책임지도록 하는 이사진 구성안이 나왔고, 사원 투표에서도 이 방안이 통과되었다. 주주총회가 끝난 지 한 달이나 지난 뒤였다. 이후 1년여 동안 경영진 선출제도, 경영 지향, 신문 논조 등에 대한 공론이 분분해졌다. 이젠 편집권이 아니라 경영권이 문제였다.

1993년 6월 19일, 서울 강남구 삼성동 한국종합전시장에서 새 임원진 구성을 위한 주주총회가 열렸다. 임기가 끝난 김명걸의 뒤를 이어 김중배 전 동아일보 편집국장을 새 대표이사로 선임하는 자리였다.

주주총회가 시작된 직후인 오전 10시 50분, 송건호가 주총장을 빠져나갔다. 주총장에 참석하지 못하는 국민 주주들은 이사진에게 의결권을 위임해왔는데, 이날 송건호는 전체 위임 주식의 81%를 위임받고 있었다. 그가 주총 의결에 참가하지 않으면 어떤 의안도 통과될 수 없었다. 이날 제출된 새 이사진 명단에는 송건호의 이름이 빠져 있었다. 주총 전날 이를 알게 된 송건호는 "신임 이사진 명단에 동의할 수 없다"며 주총장에 아예 참석하지 않으려다가 간부들의 설득으로 자리에 나와 있었다.

"아직 안건 심의도 안 끝났는데 어딜 가십니까?" 장윤환 논설주간이 송건호를 따라가 물었다. "회의에 나오지 않으려 했는데, 내가 참석하지 않으면 회의가 성립되지 않는다고 해서…." "그럼 의결권이라도 회사 쪽에 넘기셔야죠. 김명걸 대표이사에게 위임한 것으로 해도 되겠습니까?" "그렇게 하시오." "알겠습니다. 감사합니다."

당시 송건호는 사내 분란에 책임이 있는 다른 이사진은 그대로 이사회에 남고 창간 대표이사인 자신만 졸지에 신문사 밖으로 내몰리게 된 것을 서운해했다는 게 유족들의 회고다.

송건호의 퇴장 이후 이사진 구성에 대한 장시간의 논란 끝에 표결이 시작되었다. 신문사가 만들어진 이래 주주총회에서 의안을 놓고 찬반 투표를 벌인 것은 처음이었다. 그동안은 회사가 제출한 원안대로 만장일치의 박수를 치며 통과시켰다. 주주총회 의결권을 투표를 통해 행사해야 하는 일이 생긴 것이다. 주총 진행을 맡은 이병 차장이 자택에 전화를 걸어 송건호와 통화했다. 재위임 여부를 다시 확인했다. 결국 표결 끝에 새 이사진 구성안이 원안대로 통과되었다.

주총 사흘 뒤인 6월 22일, 새 이사진 구성안에 비판적이었던 일부 주주들이 송건호의 자택을 찾아갔다. "무책임한 재위임을 하셨다"며 주주들이 항의했다. 송건호는 "누구에게도 주총 의결권을 위임한 적이 없고, 회사의 누구도 나에게 주총 의결권을 위임해달라고 부탁한 적도 없다"고 말했다. 송건호는 그 자리에서 의결권을 위임한 사실이 없다는 확인서를 썼다.

이를 근거로 전국독자주주 대표자모임 소속 일부 주주들이 7월 22일, 김중배 대표이사 등 새 이사진을 승인한 주총의결 무효확인소송을 제기했다. 재위임을 동의하지 않은 국민 주주들의 의결권으로 부당하게 새 이사회를 구성했으니 원천 무효라는 취지였다. 창간 이후 처음으로 한겨레 경영권이 법적 정당성의 위기를 맞았다.

일부 주주, 경영진의 정당성을 묻다

1993년 가을, 서울 서부지원 법정 증인석에 송건호가 섰다. 초대 대표이사가 신임 대표이사의 권한 무효를 다투기 위해 증언해야 하는 참담한 자리였다. 법정 기록에 남겨진 그날의 증언에 송건호의 복잡한 심경이 담겨 있다.

"다섯 번의 주총에서 한 번도 표결에 들어간 적이 없고 만장일치 형태로 안건이 통과되었기에 이번 주총에서도 만장일치 형식으로 이사, 감사가 선임될 것이라 믿었습니다. 그래서 어느 누구에게도 주총 의결권 위임을 하지 않았습니다. (이사 선임안에 대해) 개인적으로는 불만이지만 다수결로 결정하면 따를 수밖에 없다고 생각했습니다."

"주총에 참석하지 못하는 주주들이 회사 임원에게 의결권 위임을 하는 경우가

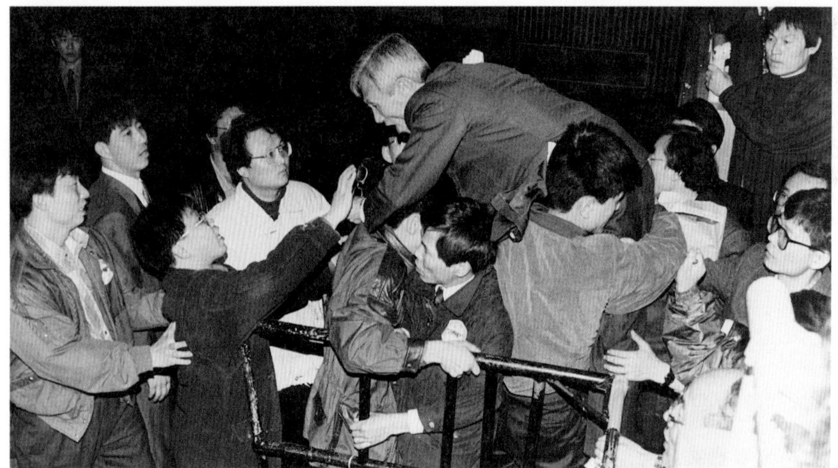

많은데, 그 주주들의 의사는 회사가 마련한 원안에 동의한다는 것이고, 회사의 안에
반대하는 주주들은 주총에 직접 참석해 반론을 펴온 것이 그동안의 관행입니다. (이사
선임안에 대해) 심중으로는 반대했지만 표결에서까지 회사 안에 반대라고 의사 표시를
할 생각은 없었습니다. (이번 사태 해결을 위해) 소를 취하하는 것이 한겨레신문사 명예
를 위해 좋겠다고 생각합니다."

그러나 소송은 취하되지 않았다. 표면적으로는 경영권 선임 절차를 문제 삼았지
만, 그 이면에는 한겨레 경영진 구성에 적극 개입하려는 일부 주주들의 판단이 깔려
있었다. 이들은 한겨레가 창간 정신을 저버리고 있다고 비판했다. 이를 제어하기 위
해서는 지역별 주주 대표들이 나서서 경영권을 직접 창출해야 한다고 생각했다.

이 소송은 한겨레 지배구조에 대한 근본적 질문과 연관된 것이었다. 비록 '이상
론'에 가깝긴 했지만, 국민주로 만들어진 한겨레에서 6만여 주주가 경영에 참가하겠
다는 주장이 터무니없는 것만은 아니었다. 그러나 사태 진행은 합리적 토론 대신 파국
으로 흘러갔다. 법적 정당성을 따지는 소송이 제기된 순간부터 차분한 논의의 여지는
없어졌다.

소송을 제기한 일부 주주들은 첫 소송이 진행 중이던 1994년 8월, 그해에 열린 주
총 절차를 문제 삼아 또 다른 소송을 제기했다. 일련의 일을 거치면서 한겨레 임직원
의 대다수는 소송을 제기한 주주들에게 비판적인 입장이 되었다.

소송이 제기된 직후인 1994년 1월, 김중배 대표이사 등 새 이사진 전원이 사원비상총회에서 사퇴를 선언했다. "우리는 법정이든 권력이든 자본이든, 그 주체가 누구이든 간에 우리의 명운을 타율에 의탁할 수 없습니다. 타율의 결과에 일희일비할 수 없고, 우리의 명운이 타율로 결정되는 선례를 남겨서는 안 된다는 것이 우리의 확신입니다." 경영권 안정을 위해 대표이사 김중배가 택한 결정이었다. 이날 사퇴로 경영진의 권한을 문제 삼은 소송의 원인이 사라지게 되었다. 다음 주총 때까지 '대행 체제'로 경영을 계속할 수 있는 길도 열렸다.

재판은 결국 1, 2심을 거쳐 대법원까지 갔는데, 각 재판부가 모두 같은 판결을 냈다. 한겨레 이사회의 손을 들었다. 1995년 2월 24일, 법정 다툼이 최종적으로 마무리되었다. 이날 대법원은 주주 대표자 모임 쪽의 소송을 기각한 1, 2심의 판결을 확정했다. 논란이 된 이사진들이 모두 사임한 상태에서 주총 결의 무효를 다툴 실익이 없다는 게 주된 이유였다.

편집권 · 경영권 파동의 후폭풍

소송이 진행되는 내내 송건호는 소를 제기한 주주와 그 때문에 혼란을 겪고 있는 신문사 사이에서 힘들어했다. 송건호는 한겨레 창간 때부터 두 가지를 염두에 두었다. 평소에도 주변 사람들에게 이를 강조했다. "신문을 만드는 사람들이 다른 장사를 하면 정부의 눈치를 보게 되어 절대로 정론을 펼 수 없어." 70·80년대 한국 신문사들의 타락을 보면서 굳어진 생각이었다. 그의 이런 생각은 신문사의 확대 성장을 꾀하는 이들과 갈등하게 되는 이유가 되었다. "국민들이 힘들게 모은 돈이야. 허투루 쓰면 안 돼." 전국을 다니며 직접 국민 모금운동을 벌이던 시절부터 다짐한 생각이었다. 이 때문에 국민 주주 한 사람 한 사람의 지적과 질책에 예민하게 반응했다.

신문사 안팎으로 문제가 불거진 뒤에는 무력감을 자주 호소했다. "왜들 다투는지 모르겠어. 다 함께 가야 하는데 누구를 배제하는 건 건강하지 못해. 왜 나를 그런 문제의 가운데 올려놓는 거지?" 대표이사 시절 그를 만나 이야기를 나눈 임직원들은 당혹스런 일들도 적잖이 겪었다. 이 사람의 이야기를 들으면 "그 말이 옳다"고 하다가, 다른 사람의 이야기를 듣고 "그게 옳다"고 했다. 대표이사가 문제를 해결하지 못하고 오히려 키운다는 지적이 이런 일에서 비롯했다.

좋지 않은 건강도 그의 분명한 판단을 흐리게 했다. 군사정권 시절, 그는 여러 차

● 1993년 4월, 김중배 편집위원장의 취임식에서 김명걸 대표이사가 인사말을 하고 있다. 이 자리에 참석한 간부들의 표정이 어둡다. 사진 왼쪽부터 장윤환, 김두식, 김태홍, 성한표, 문영희, 최학래 등이다.

례 당국에 끌려가 고초를 겪었다. 특히 신군부 쿠데타 직후인 1980년에 겪은 고문의 후유증이 컸다. 당시 50대 중반이었던 그는 각목으로 허벅지를 구타당하는 모진 고문을 보름 동안 당했다. 1990년대 들어서는 이사회 자리에서 잠이 들거나 사소한 일을 기억하지 못하는 증세도 자주 찾아왔다. 의결권 위임 여부를 놓고 다툼이 벌어진 데에는 기억력까지 흐려진 당시 송건호의 병세가 적잖은 영향을 미쳤다.

주총 파동 직후, 송건호의 병은 더욱 깊어졌다. 사지의 근육이 굳기 시작했다. 파킨스씨병이었다. 몸져눕기 직전인 1995년 여름, 그는 평생 모은 1만 5000여 권의 책을 기증하기로 결심했다. 그의 책을 받아 잘 운영하겠다고 한길사가 제안했다. 모교인 서울대 도서관도 기증 후보였다. 그러나 송건호는 한겨레를 택했다. 준비 작업 끝에 1996년 9월 3일, 공덕동 한겨레 사옥 4층에 그의 호를 따 이름 지은 청암문고가 문을 열었다. 그날, 송건호는 휠체어를 타고 신문사를 찾았다. 권근술 대표이사가 휠체어를 밀었다. 주총 파동 이후 3년 만의 신문사 방문이었다. 마지막 방문이기도 했다.

2001년 12월 21일, 송건호는 오랜 투병 끝에 세상을 떠났다. 2002년 1월, 후배 언론인과 유족들이 고인의 뜻을 기리는 청암언론재단을 만들었다. 한겨레는 2002년 5월 15일, 창간 기념일에 맞춰 사옥 현관 입구에 그의 얼굴상을 세웠다. 한겨레신문사와 청암언론재단은 송건호 언론상을 함께 제정해 2002년 이후 매년 뜻있는 언론인에게 이 상을 주고 있다.

초대 대표이사 송건호를 가운데 세우고 편집권과 경영권 문제로 분란을 겪은 한겨레 사람들도 깊은 상처를 받았다. 1년 6개월여 계속된 소송 때문에 신문사 최고 간부들이 줄줄이 법정 증인석에 올랐다. 송건호가 한겨레를 떠나게 되자 일련의 사태에

대한 항의의 뜻으로 유종필 기자도 사표를 냈다.

몇몇 사원들은 소송을 제기한 주주들과 뜻을 같이하여 공개적으로 경영진과 편집진을 비판하고 나섰는데, 혼란을 바로잡으려는 뜻에서 김두식 대표이사가 이들 가운데 최성민과 박해전 기자를 정직 처분했다. 징계 이후에도 신문사 방침에 대한 비판 활동을 계속했던 이들은 결국 해고에 이르는데, 이를 문제 삼은 법정 소송 끝에 나중에 나란히 복직하게 되었다.

국민주 신문사에서 국민 주주들과 법정 소송을 벌이고, 해직 기자들이 만든 신문사에서 기자를 해고하는 사태가 벌어진 것은 이 무렵 한겨레의 대혼란을 웅변하는 일이었다. 초대 편집인이자 부사장이었던 임재경은 "그런 상태에서 1년을 더 신문사에 머물면 내가 죽을 것 같았다"고 당시의 괴로움을 회고한다.

결국 창사와 창간을 이끌었던 이들이 줄줄이 신문사를 떠났다. 더 이상 분란의 주인공이 되는 걸 피하려는 고육지책이기도 했다. 초대 편집인 임재경은 1991년 3월에 사표를 냈다. 초대 영업이사 이병주와 초대 편집이사 신홍범도 같은 시기에 신문사를 그만두었다. 초대 관리이사였던 정태기는 이보다 앞서 1990년 5월 사표를 냈다. 초대 기획이사였던 조영호도 1991년 6월 신문사를 떠났다. 초대 편집위원장 성유보는 1991년 3월에 사표를 냈고, 창간 때부터 경영 실무를 이끌었던 서형수는 1992년 5월 신문사를 그만두었다. 새 신문을 만드는 데 힘을 모았던 지도급 인사들이 모두 신문사를 떠났다.

한겨레에는 여러 사원 모임이 있다. 그 가운데 가장 처음 만들어진 게 여성 모임이다. 1988년 1월 8일, 한겨레신문 여성 발의자 모임이 열렸다. 창간 사무국의 여성 해직·경력 기자들이 참석했다. 이날 모임에서는 장차 기자 인사에서 양성평등의 원칙을 지키고, 편집국 안에 '여성부'를 만들어 각 지면의 여성 관련 기사를 검토하자는 데 뜻을 모았다.

여성부는 편집국 안에 여성문제를 전담하는 일종의 소편집위원회를 두자는 발상에서 비롯했다. 각 부서에서 여성 관련 기사를 작성하면, 여성부 편집위원이 양성평등의 시각에서 이를 점검하는 데스크 역할을 하자는 것이었다. 아울러 각 부서에 여성 관련 기사의 취재를 지시하고 주도하는 역할도 겸할 것으로 기대했다.

"모든 기사는 여성부 편집위원을 거쳐라"

이 제안이 실제로 구현되지는 않았다. 그 구상에 따르자면, 모든 기사는 각 부서 데스크를 거친 뒤에 다시 한 번 여성부 편집위원의 검토를 거쳐야 했다. 그런 시간을 확보할 제작 여건이 아니었다. 그러나 그 정신은 창간 이후 계속되고 있다.

창간 사무국 시절의 여기자 모임을 토대 삼아 창간 직후 '여성 편집인 모임'이 만들어졌다. 한겨레 사람들은 이를 줄여 '여편네'라 불렀다. 창간 초기 여성 편집인 모임에는 조성숙, 지영선, 신연숙, 권태선, 조선희, 최보은, 박근애, 김화령, 김미경, 권정숙, 문현숙 등이 참가했다.

이들은 부정기적으로 모임을 열었다. 각 부서마다 여기자를 고루 배치할 것, 신입사원 모집 때 성차별 없이 능력에 따라 선발할 것, 기혼자와 미혼자를 불문해 선발·인사할 것, 신입·공채 사원 선발 때 여성 전형위원을 포함시킬 것, 여사원에게도 가족수당을 지급할 것 등을 제안했다. 이는 한겨레 조직 운영에 그대로 반영되었다.

언론사에는 야간 상황을 관장하는 야간 편집위원장 및 야근 편집위원들이 있다. 창간 초기 한겨레에선 '여성 배려' 차원에서 여기자들을 야근에서 제외했다. 창간호가 나온 지 얼마 지나지 않아 여성 편집인 모임이 "특별 보호 대우를 바라지 않는다"며 이를 문제 삼았다. 그 뒤부터 여기자들도 야근을 시작했다.

한겨레 여기자들이 활발히 움직인 데에는 이유가 있다. 1980년대까지 각 언론사는 여성을 차별 대우했다. 우선 입사 기회가 주어지지 않았다. 조선일보에서 해직될 당시 김선주는 그 신문사의 유일한 여기자였다. 그 시절 동아일보에선 여기자가 결혼하면 신문사를 그만두어야 했다.

"차별도, 배려도 거부한다"

한겨레는 처음부터 이와 달랐다. 창간 초기 전체 기자 가운데 16%가 여성이었다. 전례를 찾을 수 없을 정도로 여기자 비율이 높았다. 창간 첫 해인 1988년, 한겨레 지면에는 여성 또는 양성평등과 관련된 연재물이 많았다. '여성, 오늘과 내일'(1988년 9월), '해외 여성'(1988년 9월), '여성 여성 여성'(1988년 11월) '부부 함께 일한다'(1989년 1월), '젊은 가정 사회를 바꾼다'(1989년 5월), '아버지 육아일기'(1989년 10월) 등이 대표적이다.

비록 중도에 접긴 했지만 2003년 11월, 새로운 개념의 여성월간지 허스토리를 창간한 것은 여성 인재들이 한겨레에 있었기에 가능한 일이었다. 공채 1기 최보은은 수습을 마치자마자 정당 출입을 시작했는데, 당시 그는 모든 언론사를 통틀어 정당을 출입하는 거의 유일한 여기자였다. 신연숙은 훗날 미디어사업본부장을 맡았고, 지영선과 문현숙은 편집국 부국장에 올랐다. 조선희는 씨네21의 초대 편집장, 김미경은 인터넷한겨레 뉴스부장과 허스토리 초대 편집장을 맡았다. 김선주는 2004년 2월 언론계 최초의 여성 논설주간이 됐다. 권태선은 2002년 봄, 종합일간지 사상 처음으로 여성 사회부장이 되었고, 2005년 3월엔 종합일간지 사상 첫 여성 편집위원장이 되었다.

2000년 1월 30일, 한겨레 여성회가 공식 출범했다. 그때까지는 편집국 여성모임, 업무직 여성모임, 전산직 여성모임 등이 따로 활동했었다. 김선주가 초대 고문, 권태선이 초대 회장을 맡았다. 2000년대 이후, 한겨레 공채 입사자의 절반 정도가 여성인데, 덕분에 한겨레 여성회원 수는 계속 늘었고, 2008년 현재 130여 명이 여성회 회원이다.

남성들, 여성회 덕분에 육아휴직을 얻다

여성들의 활발한 활동은 남성들에게도 혜택을 주었다. 편집국의 권복기는 2000년 5월, 둘째 딸의 출산 직후, 한 달 동안 육아휴직을 받아 가정을 돌봤다. 국내 언론계에서는 처음 있는 일이었다. 대다수 기업에서 남성의 육아휴직 규정은 사문화되어 있고, 게다가 언론사에선 상상할 수 없는 일이었다. 2001년 5월에는 한겨레21의 김창석, 2001년 9월에는 정보자료부의 최민수 등이 각각 두 달간의 육아휴직을 받았다. 이후 한겨레 남성 가운데 육아 휴직의 '기쁨'을 누리는 이가 줄을 잇고 있다. 양성평등을 강조하는 한겨레에선 남성이라 하여 육아휴직의 예외로 두지 않는다.

●1990년 여름, 양평동 사옥 근처의 아파트 단지 내 공원에서 여기자들이 뭉쳤다. 왼쪽부터 시계 방향으로, 김인숙, 김화령, 김경애, 권태선, 신연숙, 윤영미, 최보은, 윤강명, 권정숙.

1991년 8월, 한국일보가 영남 현지 인쇄를 시작했다. 동아일보는 1991년 9월, 영남은 물론 호남에서도 현지 인쇄를 시작했다. 조선일보는 1992년 3월, 신문사 가운데 처음으로 전국 각 지역에 걸쳐 동시 인쇄망을 갖췄다. 중앙일보도 1992년 내내 강남 사옥, 대구공장, 광주공장, 안산공장을 차례로 준공해 전국 현지 인쇄 준비를 마쳤다.

지방 인쇄를 위해서는 신문 제작 시스템의 전산화가 필수적이었다. 한국일보가 1992년 9월 CTS를 전격 도입하자, 조선일보도 한 달 뒤 CTS 개발을 완료했다. 같은 해 중앙일보도 CTS를 도입했고, 동아일보는 1994년 4월, CTS 전면 편집을 시작했다. 이들이 채택한 CTS는 한겨레가 창간 때 도입한 CTS보다 한발 앞선 것이었는데, 신문 편집은 물론 기사 입력 단계부터 컴퓨터를 활용했다.

신문사들의 물량 전쟁이 시작되다

한국일보·조선일보의 조간, 동아일보·중앙일보의 석간 등으로 반분되어 있던 신문 시장도 혼돈에 빠졌다. 한국일보가 1991년 12월, 조간과 석간을 함께 발행했다. 조간 시장에 머물지 않고 석간 시장까지 공략하겠다는 뜻이었다. 그러자 석간신문이 맞대응했다. 1993년 4월, 동아일보가 조간으로 전환했다. 1995년 4월, 중앙일보도 조간으로 바뀌었다. 텃밭으로 여겼던 조간 시장을 위협당하자 한국일보는 결국 석간 발행을 접었다. 결과적으로 주요 일간지 모두 조간 시장을 놓고 경쟁하게 되었다.

증면 경쟁도 벌어졌다. 1993년 4월, 조선일보, 동아일보, 한국일보, 중앙일보 등 4개 중앙일간지가 하루 32면 발행을 결정했다. 지나친 증면을 막기 위해 적정선에서 서로 타협을 한 셈인데, 오래가지 못했다. 1994년 7월, 자매지 중앙경제신문을 흡수한 중앙일보는 9월부터 종합뉴스, 경제, 스포츠 등 3개 묶음으로 나뉜 48면의 3개 섹션신문을 매일 냈다. 다른 신문들도 뒤따라 지면을 늘렸다.

판매부수를 늘리는 일이 시작되었다. 지역마다 가구 구독자 시장은 한정되어 있었다. 신문사는 각 지국에 판촉 할당량을 부여했다. 목표치에 미달하면 지국장을 갈아치웠다. 각 신문사 지국들은 자신들의 신문 부수를 조금이라도 늘리려고 불법 판촉을 일삼았다. 몇 달 동안 무료로 신문을 배달해주었다. 신문을 받아 보면 값비싼 경품을 제공했다. 1996년 조선일보 지국장과 중앙일보 지국장의 다툼 끝에 살인 사건이 일어날 때까지, 누구도 제어하지 않는 판촉 경쟁이 펼쳐졌다.

한국의 신문 가격은 제조원가에 훨씬 못 미친다. 신문을 많이 발행할수록 손해가 난다. 판매부수가 늘어나면 적자 폭이 더 커진다. 이를 메워주는 것이 광고다. 막대한 자본을 들여 설비를 투자하고 출혈이 뻔한 판촉 경쟁을 벌인 뒤에 가장 먼저 할 일은 광고를 따 오는 것이었다. 신문사마다 광고 수주 경쟁이 이어졌다. 한겨레가 창간되던 1988년, 주요 일간지 지면에서 광고가 차지하는 비중은 40% 정도였다. 1990년대 들어 그 비중이 60%로 높아졌다. 증면 경쟁으로 두께는 두툼해졌지만, 기사보다 광고가 더 많아진 것이다.

배 고 픈 것 은 참 을 수 있 으 나 …

윤전기로 대표되는 대규모 장치산업인 신문사는 어느 수준의 물량 경쟁을 피할 수가 없다. 한겨레도 이에 대비하지 않은 것은 아니다. 1989년 2월 발족한 개발본부는 신문사의 도약을 뒷받침할 물적 토대를 갖추려는 뜻을 품고 있었다. 정태기가 본부장을 맡고, 이창화가 건설팀장, 서형수가 시설팀장, 고상배가 기본계획팀장을 각각 맡았다. 이들은 창간 때의 고물 윤전기와 양평동 공장의 전세 사무실로는 사세를 더 키울 수 없다고 생각했다. 개발본부는 발전기금을 밑천 삼아 사세를 키우려 했다. 발전기금 모금운동을 시작했던 1988년 10월, 주요 일간지에 게재된 광고에서 한겨레 사람들은 이렇게 말했다.

"해 지면 호주머니에 소주 한잔 값이 없는 가난한 한겨레 기자들. 해 뜨면 독재정

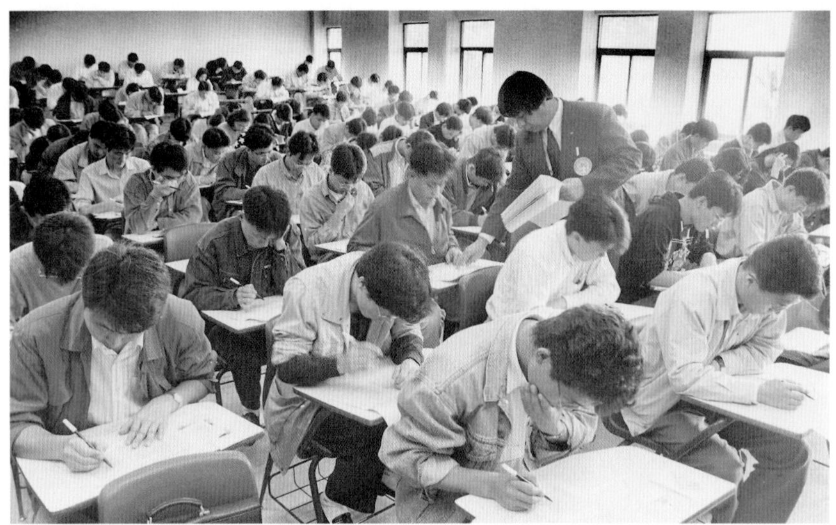

●1993년 10월 10일, 한겨레 공채 응시생들이 입사시험을 치르고 있는 모습.

권 총칼부리도 무섭지 않은 의연한 한겨레 기자들. 월급 많아 좋은 직장, 신문사 다 팽개치고 박봉도 좋다 껄껄 웃으며 제 발로 모여든 한겨레 기자들. 술 고픈 것도 좋고 안식구 시린 눈치도 참을 수 있으나, 그러나, 윤전기 명색이 워낙 못나 신문 발행이 늦습니다. 속보성이 생명인 신문 인쇄가 늦습니다. 뜻있는 분들께 도움을 청합니다. 새 윤전기를 사주십시오."

이 광고의 대표 카피는 '국내에서 가장 못난 신문, 세계 언론 사상 가장 놀라운 신문'이었다.

이렇게 모은 발전기금이 창간기금보다 더 많았다. 창간기금은 1987년 10월부터 이듬해 3월까지 50억 원이 모였다. 발전기금은 1988년 9월부터 이듬해 5월까지 119억여 원이 모였다. 그 돈으로 새 윤전기를 들이고 새 사옥을 지었다. 개발본부는 창간 때 들여온 CTS를 대체할 새 전산 시스템을 개발해 업무 전체를 전산화하는 계획도 세웠다. 그러나 개발본부의 구상은 온전히 실현되지 못했다. 사옥과 윤전기를 새로 마련하는 일에도 돈을 아껴 써야 했다. 운영자금 마련이 더 급했기 때문이다.

창간 넉 달여 만인 1988년 10월부터 운영자금이 바닥났다. 그 뒤엔 매달 2억 원씩 적자가 발생했다. 애초 50억 원으로 신문사를 만든다는 구상에서 임금 등에 대한 고려는 큰 비중을 차지하지 않았다. 그때 예상했던 인력 규모는 150~200명 정도였다. 창간 1년 만에 임직원 수가 400명을 넘어섰다.

다른 일간지의 절반에 못 미치는 월급을 주고는 있었지만, 어쨌건 400여 명의 인력 규모를 유지하는 데는 상당한 자금이 필요했다. 신문용지와 잉크를 사고, 각종 시설을 유지하며, 최소한의 판매망을 유지하는 등의 고정비용도 계속 늘었다. 발전기금으로 확보한 자본이 이런 일에 요긴하게 쓰였다. 그러나 시설 투자의 여력은 그만큼 줄었다. 2~3년 동안 내부 진통을 겪느라 전략적 투자를 이끌거나 그 뒷감당을 맡을 사람도 마땅치 않았다. 그 사이 다른 신문사들이 물량 경쟁에 시동을 건 것이다.

1991년 9월 6일, 본격적인 물량 경쟁을 눈앞에 두고 있던 동아일보는 편집국장을 바꿨다. 깐깐한 김중배 편집국장이 사세를 키우는 데 혈안이 된 사주의 눈 밖에 났다. 급작스레 자리에서 물러나게 된 김중배는 이임식에서 이렇게 말했다. "언론은 이제 권력과의 싸움에다 보다 원천적인 제약 세력인 자본과의 힘겨운 싸움까지 벌이지 않으면 안 되는 시기에 접어들었습니다."

자신이 예측한 그대로 전에 없던 대규모 시장 경쟁이 한창 벌어지던 1993년 4월, 김중배는 한겨레 편집위원장이 됐다. 곧이어 6월, 한겨레 대표이사에 취임했다. 그 곁을 김두식 상무가 지켰다. 김두식은 머지않아 김중배의 뒤를 이어 대표이사에 오른다. 자본과의 힘겨운 싸움을 벌여갈 한겨레의 새로운 동력이 이때 마련되었다.

중장기 발전전략의 전진 기지, 회발위

1992년 7월 20일, 회사발전기획위원회(이하 회발위)가 출범했다. 김명걸 대표이사 시절이었다. 김두식 상무가 지휘하는 직속 기구였지만, 사실상 노사 합동 기구이기도 했다. 노동조합이 특별 기구의 출범을 진즉에 촉구했고, 발족 이후엔 적극 성원했다.

회발위는 창사 이후 처음으로 중장기 발전전략을 연구하기 위해 만들어진 특별 기구였다. 창간 당시의 한겨레는 언론사의 한 축인 경영 마인드를 거의 갖추고 있지 못했다. 매일, 매월을 걱정하며 살았다. 회발위 출범은 근시안적인 경영 관행을 벗으려는 첫 시도였다.

이 기구의 또 다른 목적은 사내 통합이었다. 편집국 인사 파동 등으로 어지러워진 신문사의 여러 흐름을 한곳으로 모아내려 했다. 당시 대표이사였던 김명걸은 백가쟁명으로 터져 나오는 다양한 목소리 앞에서 철저히 중립을 지키려 했다. 주장하지 않고 들으려 애썼다. 그는 사내 분란의 완충 역할을 자임했다. "사내 통합에 신경 쓰느라 내가 원래 하려던 일도 스스로 많이 접었다"고 그는 회고한다.

당시 노조위원장은 윤석인이었다. 그는 1991년 8월, 임기 1년의 노조위원장이 되었다가 회발위 출범 나흘 전인 1992년 7월 16일 재선되었다. 윤석인은 첫 번째 임기 때부터 경영권과 편집권의 관계 설정 등 신문사 현안에 대한 대안을 연구해 경영진에게 제시했다. 한겨레적 경영 모델을 마련하기 위한 특별 기구 설치도 제안했다. 그 전까지 노동조합은 경영진과 유착하거나 강경 대립하는 극단을 오갔다. 윤석인은 경영진을 적절히 견제하며 한발 앞서 이끌겠다는 태도를 취했다.

회발위를 실제로 이끌었던 김두식은 동투 출신이다. 동아일보에서 일어난 70년대 자유언론운동의 핵심 인물 가운데 하나다. 동아일보 노조 창립을 이끌었다. 1975년 해직 이후 취직 길이 막히자 강남에 부동산중개사무소를 열었다가 오래지 않아 접고, 남대문 시장에서 옷가게를 운영하다 실패하는 등 닥치는 대로 일하며 생계를 해결했다. 그는 한겨레에서 사회교육부와 경제부 편집위원을 거쳐 1991년부터 광고국장 및 광고담당이사를 맡고 있었다. 한겨레의 경영 사정을 누구보다 잘 알고 있었다. 그는 1992년 5월, 사외보 〈한겨레가족〉에서 이렇게 말했다. "이제는 한겨레의 근본적인 틀을 정립해야 할 때입니다. 논의와 추측만으로 경영을 할 수는 없습니다."

회발위가 2000년대의 한겨레까지 내다보는 전략 기획을 만들어낸 데는 이런 배경이 있었다. 분란이 계속되는 동안에도 김명걸과 윤석인이 경영진과 노동조합의 중심을 잡고, 김두식이 미래 전략 구상을 이끌었다. 특별 기구에서 일할 사람들은 김두식이 직접 골랐다.

회발위의 실무는 박영소, 이홍동, 오태규, 이태호 등 편집과 경영 부문의 젊은 사원들이 맡았다. 박영소는 인사 부문 경력 사원을 모집한다는 소식을 듣자마자 5년간 일했던 삼성에 사표를 던지고 한겨레에 입사했다. 이태호는 책벌레로 정평이 나 있었는데, 경제·경영 관련 서적을 섭렵하며 경영기획 분야에서 다양한 아이디어를 내놓고 있었다. 이홍동과 오태규는 경력 기자 출신으로 한겨레 창간에 합류했는데, 당시 6~8년 차였던 이들은 해직 세대를 중심으로 벌어진 사내 분란에 비판적이었다. 박영소는 인사·교육 부문, 이태호는 장기 경영 계획, 오태규는 경영권 창출, 이홍동은 경영권과 편집권의 관계 설정 등을 맡았다. 김두식은 이들의 독자적 활동을 보장했다.

합리적 조직 운영의 원리를 도입하다

출범 석 달 뒤인 1992년 10월, 회발위의 보고서가 윤곽을 드러냈다. 회발위는 주주 대표제를 기초로 하되 사원이 중심이 되는 경영권 창출 방안을 처음으로 제시했다. 이때 제기된 원칙은 이후 한겨레 경영진 선출제도가 변경될 때마다 깊은 영향을 준다.

아울러 사원 지분율을 높이는 사원주주제도 및 우리사주조합의 추진을 제안했다. 창간 때부터 대부분의 임직원이 한겨레 주식을 갖고 있었지만, 사원 주주를 한데 묶는 틀은 없었다. 회발위의 제안 직후인 1992년 12월, 한겨레 우리사주조합이 처음으로 만들어졌다. 다만 그 지분율이 미미해 사원주주제도의 실현에는 미치지 못했다. 회발위의 구상은 2000년대 들어 현실화된다.

경영권과 편집권의 관계 설정에 대해서는 편집권을 포괄하는 경영권 개념을 내놓았다. 대표이사와 편집위원장이 따로 떨어진 섬처럼 존재해서는 안 된다는 뜻이었다. 이 부분은 2000년대 이후에도 계속 논란이 되는데, 크게 보아 대표이사의 권한을 강화하는 방향으로 제도가 바뀌어왔다.

인사제도, 교육제도를 비롯해 각종 사규를 새로 만들거나 정비한 것도 회발위의 성과였다. 인사관리 규정, 인사고과 규정, 승진관리 규정, 해외연수 규정, 해외출장 여비 규정, 지방주재사원관리 규정, 안전보건관리 규정 등이 이때 처음 만들어졌다. 창간 뒤 5년이 지나도록 이런 규정이 없어 임기응변으로 조직을 관리했던 것이다. 이런 규정의 마련은 원칙 없는 인사관리가 사내 분란의 한 요인이라는 판단에 따른 것이었다.

이때부터 양심수로 복역한 기간을 경력으로 산정했던 규정이 없어졌다. 운동가가 아니라 언론인 또는 경영인을 뽑겠다는 뜻이었다. 금기시했지만 뚜렷한 원칙 없이 이루어지던 해외연수에 대해서도 명문화된 규정을 만들었다. 사원들에게 자기계발의 기회를 주되, 공정하게 심사하여 관리하겠다는 뜻이었다. 경영기획실 아래 전략기획부, 인력개발부 등을 새로 설치했다. 앞으로도 계속 전략적 경영을 추진하겠다는 뜻이었다.

회발위가 제시한 전략적 경영의 지향은 '구조의 고도화'였다. 대규모 투자와 비약적 성장을 기대해서는 안 되고, 적정 범위의 투자를 통해 사업 다각화를 꾀하면서 경영 상태를 조금씩 개선해야 한다는 것이다. 몇 년이 지난 1990년대 후반, 한겨레는 대규모 투자의 위험성이 어떤 것인지를 실감하면서 회발위의 경고를 곱씹게 된다.

회발위는 미래 신규 사업 분야도 제시했다. 기획출판 사업, 기사와 이를 재가공한 정보의 인터넷 서비스, 주간 종합지 및 월간 종합지 창간, 주간 전문지 및 월간 전문지 창간, 이벤트 및 광고기획 사업, 여행 사업, 학술 사업 등을 구상했다. 이후 15년여 동안 한겨레는 이 가운데 일부를 성공시켰고, 일부는 실패했으며, 일부는 미처 시도하지 못했다.

1992년 12월 15일, 회발위가 제출한 보고서를 실제로 집행할 '회사발전추진위원회'가 만들어졌다. 대표이사를 비롯해 신문사의 모든 임원이 위원으로 참가했다. 외형적으로는 임원회와 비슷했지만, 실제로는 회발위에서 제시한 방안을 전격적으로 집행하는 특별 기구의 구실을 했다.

회발위는 '창간 정신'만 내세웠던 한겨레에 과학적, 합리적 조직 운영의 원리를 도입한 첫 시도였다. 다른 신문사들의 물량 공세에 맞서 민족·민주·민중 언론의 창간 정신을 지킬 수 있는 전략적 경영의 방도를 고민하고 제시했다. 회발위가 마련한 구상과 내용은 이후 모든 전략 기구에서 변주된다. 남은 문제가 있었다. 이를 구현할 경영·편집의 리더가 필요했다.

김중배 리더십, 절반의 성공

1991년 동아일보를 그만둔 뒤, 김중배는 한겨레 비상임이사로 재직했다. 그러다 1993년 4월, 한겨레 편집위원장이 되었다. 한겨레의 중견·소장 기자들이 그를 찾아가 모셔 왔다. 김중배의 영입에 공을 들인 이들에겐 공통점이 있었다. 이들 대부분은 다른 언론사에서 기자 수업을 마친 뒤 한겨레 창간에 합류한 경력 기자 출신이었다. 창간 이후 주로 사회부 등에서 일하며 현장을 누볐다.

이들은 현장을 떠난 지 오래되어 신문 제작의 노하우가 부족하거나 재야운동에 치우쳐 이상론에 들뜬 선배 기자들의 모습에 실망했다. 세력을 형성해 신문사의 결정을 좌지우지하려는 작풍도 이해하기 힘들었다. 이런 혼란을 정돈하기 위해서는 한겨레 사람 모두를 도닥거릴 강력한 카리스마가 필요하다고 보았다. 김중배는 1991년 기자협회가 현직 기자들을 상대로 조사한 설문조사에서 '가장 영향력 있는 언론인'으로 꼽힌 인물이었다. 당시에는 그가 언론계의 양심을 상징했다.

한겨레 내부에는 김중배를 불편하게 여기는 분위기가 없지 않았다. 창간 세대 가운데는 동료들이 해직될 때 김중배가 현직에 그대로 남아 있었다는 이유로 서운함을 느끼는 사람들이 있었다. 아무리 어려워도 한겨레 내부에서 리더를 뽑아야지 왜 외부 인사를 모셔오느냐는 반론도 있었다. 그러나 편집국을 중심으로 한 내부 갈등을 해결

● 1993년 6월, 임시주주총회에서 김명걸의 뒤를 이어 김중배가 새 대표이사로 선임됐다. 주총에 참석한 유현석 초대 자문위원장의 뒤에 김중배, 윤활식, 김태홍, 김두식 등 새 이사진과 전임 대표이사 김명걸의 모습이 보인다.

할 적임자가 김중배라는 의견이 더 많았다. 해직 세대의 주도권 경쟁에 염증을 느낀 소장 세대가 특히 김중배의 리더십을 신뢰했다. 그는 다수의 지지를 받아 편집위원장이 되었다. 한겨레 편집위원장 시절, 그는 가장 먼저 출근해 자리를 지켰다.

그러나 편집위원장 자리에 오래 머물지는 못했다. 석 달 만에 한겨레 대표이사로 추대되었기 때문이다. 1993년 6월, 경영진추천위원회에서 김중배가 대표이사 후보로 선임되었다. 당시 경추위 논의 과정에서 리영희 역시 대표이사 후보로 거론됐지만 본인이 강력히 고사했다. "날 망신주려고 그러는 것이냐"며 단단히 화를 내어 호통 쳤다. 글쟁이로만 남겠다는 뜻이었다.

"한겨레는 자본주의의 토양 위에서 진보적 정론지를 추구해야 하는 숙명을 안고 태어났습니다. 그 딜레마를 안은 한겨레는 사세의 신장보다 생존을 위한 현상 유지에 치중할 수밖에 없었습니다. 그러나 생존을 위한 현상 유지는 바로 정체의 다른 표현에 지나지 않습니다."

김중배는 대표이사 취임사에서 신문사의 확대 발전 계획을 분명히 했다. 다만 이 무렵의 확대 발전 구상은 창간 초기의 그것과 다소 구분된다. 대규모 투자를 피하면서 적정 범위의 투자를 통한 사업 다각화를 시도했다. 김중배는 취임 직후부터 주간지 창간 사업을 적극 추진했다. 이는 머지않아 한겨레21 창간으로 결실을 맺는다. 컬러 윤전기를 추가로 도입하는 등 신문사 설비 투자에도 의욕을 보였다.

그러나 그는 제 뜻을 다 펼치지 못했다. 처음부터 고된 일을 많이 치렀다. 그가 대표이사로 취임했던 1993년 6월의 주주총회는 일부 주주들의 법정 소송으로 '원인 무효'의 위험에 처해 있었다. 당시 소송을 제기한 쪽은 김중배 대표이사의 권한을 정지시켜야 한다고 주장했다.

●1993년 9월, 김중배 대표이사가 최학래 편집위원장과 함께 증면 이후의 한겨레를 펼쳐 보고 있다.

　김중배는 1994년 1월 10일, 자신을 포함한 임원진 총사퇴를 선언하는 '승부수'를 던져 경영권의 존엄을 지켰다. 이 때문에 경영진 선출의 정당성을 문제 삼은 소송이 원인 무효가 되어버렸다.

　두 달 뒤인 1994년 3월, 경영진추천위원회는 김중배를 대표이사 후보로 다시 선임했다. 주주총회의 인준만 받으면 논란의 여지없는 경영권을 확보할 길이 열렸다. 그러나 편집위원장 임명 동의 투표 과정에서 생긴 일 때문에 그는 한겨레를 떠났다.

　새 대표이사 후보가 새 편집위원장 후보를 추천하면 편집국 기자들이 이에 대한 동의 투표를 실시하게 되어 있었다. 그런데 김중배가 추천한 편집위원장 후보가 번번이 부결되었다. 편집국 인사 파동 이후의 내부 갈등이 잠복해 있다가 선거를 맞아 다시 등장했던 것이다. '강력한 리더십'을 주창했던 김중배를 불편하게 여긴 이들도 그새 늘어나 있었다.

　김중배는 편집위원장 동의 투표 부결을 자신에 대한 불신임으로 보고 주주총회 직전 대표이사 후보직을 사임했다. 두문불출했다. 임원진은 물론 노동조합 간부를 비롯한 여러 사원들이 직접 찾아가 복귀를 요청했지만 끄덕하지 않았다. 김중배는 원칙을 정해 기강을 잡은 뒤 끌고 가는 스타일이었다. 대신 여의치 않을 때는 미련 없이 자리를 던졌다.

●창간 6돌 기념 좌담회를 마치고 김두식 대표이사(왼쪽에서 두 번째)가 사원 및 독자들과 함께 편집국을 둘러보고 있다.

'일 중심으로 뭉치자'

경영 위기 상황을 풀려고 대표이사를 외부에서 데려왔는데, 사원들이 이를 배척하여 다시 한 번 경영 공백이 생긴 꼴이 되었다. 그를 데려온 사람들과 그를 배척하려는 사람들 사이에서 갈등의 불씨가 완전히 꺼지지 않은 탓이었다. 그가 사표를 제출하고 이틀 뒤인 1994년 3월 16일, 한겨레21이 창간되었다.

김중배의 빈자리는 사내 통합의 중요성을 다시 한 번 일깨우는 계기가 됐다. 이 시기 이후, 사내 분란을 야기하는 행동에 대한 혐오가 한겨레 사람들 안에 널리 퍼졌다. '일 중심으로 뭉치자'는 이야기가 공공연히 번졌다. 물러난 김중배를 대신해 김두식 상무가 대표이사 대행이 되었다. 김두식은 김명걸 대표이사 시절부터 경영을 실질적으로 총괄해왔던 인물이었다. 1994년 6월, 주주총회에서 김두식은 정식으로 대표이사에 취임했다.

1995년 1월, 전년도 경영 실적이 나왔다. 12억여 원의 흑자가 났다. 매출액이 43%나 늘었다. 신문 부문과 주간지 부문 모두 기대 이상의 수익을 올렸다. 언론 사상 최대의 호황기로 평가되는 광고 시장 확대의 영향이 컸다. 그러나 흑자 소식을 접한 한겨레 사람들의 느낌은 특별한 것이었다. 창간 이후 7년 만의 첫 흑자였다.

논객의 요람

칼럼 때문에 한겨레를 읽는다는 사람이 적지 않다. 창간 때부터 그랬다. '한겨레 논단'은 한겨레 초창기를 대표하는 고정 칼럼이다. 1988년 5월 19일, 최일남을 시작으로 매주 목·일요일마다 1면에 리영희, 변형윤, 조영래 등 4명이 번갈아 글을 썼다. 칼럼을 1면에 도드라지게 편집한 시도 자체도 획기적이었지만, 워낙 글이 좋았다.

한겨레 논단을 찾는 이가 많아 1989년 7월에는 그때까지 나온 글을 묶어 단행본으로 발간했다. 1995년 2월을 끝으로 1면의 한겨레 논단이 사라졌다. 이에 버금가는 창간 초기의 명칼럼이 여론면에 실린 '이렇게 본다'였다. 나중에 '더불어 생각하며'로 이름을 바꿨는데, 필진을 따로 정하지 않고 유력 지식인들의 글을 번갈아 실었다.

지식인들에게 지면을 열다

논설위원들이 사설과 칼럼을 도맡아 쓰는 게 다른 신문의 관행이었다. 한겨레는 사내 논설위원을 최소화하는 대신, 지면을 지식인들에게 개방했다. 한국 사회의 내로라하는 글쟁이 대부분이 한겨레를 빌어 세상에 나섰다. 덕분에 한겨레는 한국 진보 담론의 산실이자 중심이 되었다.

지식인들에게 칼럼이나 논설을 많이 맡긴 데에는 내부 사정도 있었다. 한겨레를 창간한 해직 기자 가운데는 재직 시절 논설을 써본 이가 거의 없었다. 한국일보 논설위원 출신인 임재경 정도가 예외였다. 논설위원실을 편집국 부서의 하나로 만들고 사안이 생길 때마다 담당 기자가 논설을 쓰도록 하자는 의견도 있었다. 창간 때의 여러 혁신과 궤를 같이하는 발상이었지만, 평기자에게 논설을 맡기자는 제안은 당시로선 너무 파격적인 것이었다.

결국 명망 있는 외부 인사를 논설위원으로 모시는 쪽으로 방향을 정했다. 기자들의 특권 의식을 배제하고 독자들의 언론 접근권을 높인다는 창간 정신에도 잘 어울렸다. 임재경과 권근술이 초대 논설위원실 구성을 책임졌다.

이들이 섭외한 초대 논설위원의 면면은 화려했다. 리영희와 최일남은 당시에 이미 이름 높은 언론인이었다. 리영희는 국제와 정치를, 최일남은 문학과 문화를 맡았다. 노동 분야의 김금수, 정치 분야의 최장집, 경제 분야의 정운영, 법률 분야의 조영래 등도 논설위원이었다. 사내 인사 가운데 김종철, 신홍범이 초대 논설위원이 되었고, 권근술 편집이사가 논설간사를 맡았다. 여기에 대표이사 송건호와 편집인 임재경도 논설과 칼럼을 가끔 썼다.

이들 가운데서도 리영희는 한국 사회의 맹목적 냉전 반공 의식에 맞서 큰 싸움을 벌였다. 한겨레 논단을 대표하는 필자였다. 한국의 마르크스주의 경제학을 정초한 정운영은 방대한 지식 위에 예리한 관점을 얹어 경제 문제를 파고들었다. 1990년 마흔넷의 나이에 세상을 떠난 조영래는 짧은 시간이나마 한겨레 지면을 통해 인권과 노동 문제에 천착했다. 이들이 터를 닦은 덕분에 한겨레의 논설과 칼럼에는 시대를 읽는 지적 담론이 마르지 않았다.

초대 논설위원의 뒤를 이어 지난 20년 동안 개인 고정 칼럼을 맡은 한겨레 내부 필자들이 많았지만, 특히 정연주, 김선주, 손석춘, 홍세화 등에 대한 독자의 신망이 높았다. 이들은 각자의 시대를 반영하는 빛나는 칼럼으로 이름을 알렸다.

● 한겨레를 대표하는 논객들. 왼쪽 위부터 송건호, 리영희, 임재경, 신홍범, 김종철, 정운영, 김금수, 권근술, 변형윤, 조영래, 최일남, 최장집, 정연주, 김선주, 손석춘, 홍세화, 강준만, 진중권, 박노자, 한홍구.

정연주는 2000년대 초, 보수 언론에 대한 일갈로 큰 반향을 일으켰다. 2000년 10월, '한국 신문의 조폭적 행태'라는 제목의 칼럼을 썼는데, 이때부터 '조폭 언론'이라는 말이 보수 언론을 가리키는 고유명사가 됐다. 비슷한 시기, 손석춘도 '여론읽기'라는 고정 칼럼을 썼다. 담백한 글에 명쾌한 논리를 담아 주요 현안을 파헤쳤다. 그의 글은 특히 젊은 독자들에게 인기가 많았다.

김선주는 다른 이들과 구분되는 독특한 필체를 구사했다. 사소한 일상으로부터 사회와 삶의 본질을 길어내어 독자의 마음을 사로잡았다. 대통령 후보 시절의 노무현은 가장 좋아하는 언론인으로 김선주를 꼽기도 했다. 홍세화는 1999년부터 한겨레에 '빨간 신호등' 등의 고정 칼럼을 썼다. 《나는 빠리의 택시운전사》를 펴내 유명해진 그는 소박하면서도 분명한 필체로 소외된 이들의 삶을 주로 살폈다.

1990년대 중반까지만 해도 지역주의를 정면으로 다룬 언론이 많지 않았는데, 사내 논설위원 가운데 김종철과 김근이 '호남 문제'의 본질을 파고들었다. 고종석과 이주헌은 한겨레 문화부 기자로 출발해 착실히 실력을 쌓은 뒤, 문화 분야의 대표적 칼럼니스트로 자리 잡았다. 고종석은 자신의 글을 누가 손대는 걸 싫어해 마감이 임박해서야 원고를 내놓았다. 이주헌은 미술평론 부문에서 독보적인 입지를 구축했다.

한 겨 레 와 함 께 한 글 쟁 이 들

지난 20년 동안, 한겨레에 고정 칼럼을 실은 명망가를 모두 꼽을 수는 없다. 한겨레를 거치지 않은 진보 논객은 없다고 봐야 한다. 박원순, 박호성 등은 비상임 논설위원을 지냈다. 이오덕은 우리말에 대한 칼럼을 썼다. 경제·노동 분야에 특히 명칼럼니스트가 많았다. 강수돌, 김기원, 김대환, 김수행, 박현채, 변형윤, 장하성, 정운찬, 조순 등 이 분야를 대표하는 학자들이 한겨레에 글을 썼다.

문화계에서는 고은, 도정일, 박노해, 박완서, 백낙청, 송기숙, 신경림, 양귀자, 염무웅, 유홍준, 윤정모, 은희경, 장정일, 조세희, 조정래, 황지우, 현기영 등이 글을 많이 썼다. 수준 높은 문화평론은 한겨레의 또 다른 자랑이다. 한겨레에 고정 칼럼을 썼던 이효인, 정성일, 이명인, 강헌 등이 대중문화 평론의 지형을 바꿔놓았다. 인문학 및 사회과학계에선 강만길, 김동춘, 김우창, 박명림, 송두율, 신영복, 안병욱, 장을병, 조국, 조한혜정, 조효제, 한승헌 등이 단골 필자로 등장했다.

90년대 후반부터는 '신세대 논객'들이 한겨레를 빌어 세상에 알려졌다. 강준만, 김규항, 박노자, 진중권, 한홍구 등이 대표적이다. 해박한 지식과 급진적인 관점으로 세간의 편견을 뒤엎어버린 이들의 도발적인 글은 젊은이들에게 특히 주목을 받았다.

칼럼니스트의 전통적 규준을 깨트리는 새로운 유형의 필자들도 한겨레를 통해 데뷔했다. 인문사회 분야의 지식인이 아니면서도 구체적 삶에 밀착한 글을 써서 공감을 얻었다. 시골의사 박경철, 버스운전사 안건모, 영화인 오지혜, 과학자 정재승, 노동운동가 하종강, 여행가 한비야 등은 한겨레와 함께 유명 칼럼니스트로 성장했다.

여러 한국 언론 가운데 유독 한겨레를 편애한 외국 칼럼니스트들도 있다. AP와 워싱턴포스트 특파원 출신의 국제문제 전문가 셀리그 해리슨, 도쿄대 명예교수이자 일본을 대표하는 지식인 와다 하루키, 반세계화 운동의 대표적 이론가인 필리핀대 교수 월든 벨로, 세계체제론으로 유명한 사회과학계의 대부 임마누엘 월러스틴 등이 대표적이다.

한 겨 레 논 객 의 아 이 러 니

논설위원을 비롯한 한겨레의 글쟁이 가운데는 신문사를 떠날 때 껄끄러운 일을 겪은 경우가 많았다. 자기주장과 색깔을 분명히 드러내어 독자의 사랑을 받았지만, 바로 그 때문에 이런저런 논란에 그대로 노출되었다. 사내 분란이 있을 때는 자신의 뜻과 무관하게 특정 의견그룹을 대표하는 인물로 지목되었다. 상처를 받고 스스로 그만두거나 떠밀리다시피 신문사를 떠났다. 명칼럼을 썼던 이 가운데는 명성에 따라붙는 강연·저술 등 대외활동을 펼친 경우가 적잖았다. 이게 오히려 퇴직의 빌미가 되었다. 경영 위기가 닥칠 때마다 가장 먼저 신문사를 그만두어야 했다. 다른 '밥벌이'가 있다는 이유였다.

정운영은 1999년 말에 비상임 논설위원에서 해촉되었다. 본인은 한겨레에 글을 더 쓰고 싶어했다. 이 일 때문에 말년에 이르러 한겨레에 대한 서운함이 깊었다. 손석춘도 2005년 말, 비슷한 과정을 거쳐 신문사를 그만두었다. 그 역시 고정 칼럼을 한겨레에 쓰지 못하게 되면서 마음의 상처를 입었다. 논설 주간을 맡았던 김선주는 2004년 말, 다른 논설위원들의 명예퇴직을 종용하면서 자신도 사표를 썼다. 논객들이 모인 한겨레에서 논객으로 지내는 일은 결코 쉽지 않았다.

일반 기업의 주주가 최고 경영자 및 임직원들에게 요구하는 것은 간단하다. 수익을 내어 투자한 돈에 대해 이익을 배당할 것, 그리고 기업의 시장가치를 높여 주식 거래에 따른 이득을 도모할 수 있도록 할 것 등이다.

1994년 4월, 한겨레는 6만여 주주를 상대로 설문조사를 했다. 답신을 보낸 9631명의 주주 가운데 86.2%가 "민주 언론에 동참하기 위해 한겨레의 주주가 되었다"고 답했다. "투자 목적으로 주주가 되었다"는 답은 3.8%에 그쳤다. 한겨레 주주는 보통 기업의 주주와 다르다. 수익 지향이 아니라 가치 지향적이다. 세계 어느 기업에서도 이런 주주들을 찾아보기 힘들 것이다.

주주들이 이런 생각을 갖게 된 데에는 한겨레 창간 주역들의 역할도 컸다. 창간 때부터 민족·민중·민주 언론을 내걸었다. 해직 기자들이 만드는 새로운 신문이라는 점을 강조했다. 국민주 모금으로 편집의 독립성을 지키겠다고 공언했다. 수익을 내어 돈으로 돌려주겠다는 약속은 감히 하지 못했다. 결국 이익이 아닌 가치에 대한 투자를 이끌어낸 셈이었다. 한겨레라는 언론기업을 만든 해직 기자들 역시 가치 지향적이었다.

가치 지향의 딜레마, 무엇을 우선할 것인가

주주도 가치 지향적이고 임직원들도 가치 지향적인 한겨레는 '효율과 이익' 보다 '명분과 원칙'이 항상 중요했다. 명분으로 받아들일 수 없으면 어떤 일도 이루어지지 않았다. 이것이 한겨레 내부의 구구한 말과 일을 낳은 근본 원인이다. 이를 누군가 대신 결정하거나 판가름해주기를 기대할 수도 없었다. 지배권을 발휘하는 대주주가 따로 없었으므로, 대주주가 경영·편집의 전권을 특정인에게 위임하는 일은 아예 불가능했다.

제한된 자원을 어디에 쓸 것인가를 결정하고 이를 강제하는 힘이 권력이라 할 때, 한겨레를 움직이는 권력은 처음부터 민주주의에 기초할 수밖에 없었다. 그 근본은 주주 민주주의였고, 그 실질은 사원 민주주의였다. 민주주의에 기초한 기업이라는 점에서 한겨레는 동서고금을 통틀어 전무후무한 실험이다. 그 실험은 많은 실패와 상처를 수반하는 것이기도 했다.

창간 무렵의 한겨레는 너나 구분 없는 공동체에 가까웠다. 창간 사무국이 만들어진 1987년 9월부터 창간호가 나오는 1988년 5월까지의 반년을 한겨레 창간 주역들은 가장 아름다웠던 시절로 기억한다. 개인의 이익과 자리에 연연하지 않고 새 신문이 나오는 데 각자가 어떻게 기여할 수 있을지 고심하며 분투했다.

'생각의 차이'가 불거지기 시작한 계기는 편집위원장 직선제 논란이었다. 1988년 4월 출범한 기자평의회는 첫 사업으로 편집위원장 직선제 도입을 추진했다. 당시로선 편집권 독립을 위한 선진적인 제도였다. 그러나 초대 이사회는 이 제안을 거부했다. 사주가 따로 없고 국민 주주에 의해 승인받은 대표이사가 있는데 편집위원장 선출을 위해 굳이 별개의 선거를 치를 필요가 없다는 이유였다. 할 일이 산적한 창간 초기에 조직 운영의 효율성을 높여야 한다는 뜻도 있었다.

논쟁의 시초, 편집위원장 직선제

이사회 결정에 대해 기자평의회 집행부가 크게 반발했다. 항의의 뜻으로 총괄 사퇴했다. 결국 이사회가 이를 재론하여 편집위원장 직선제를 실시하게 되었다. 이 논란은 한겨레의 경영·편집을 둘러싼 서로 다른 시각을 드러내는 결정적인 구실을 했다. 창간 무렵을 기억하는 많은 사람들은 편집위원장 직선제의 도입 과정과 도입 이후 전개된 일을 '다툼의 시초'였다고 기억한다.

그 바탕에는 권력에 대한 욕망이 없지 않았다. 창간의 이념은 높았지만 창간의 실무는 구차한 것이기도 했다. 어떤 사람을 어느 자리에 놓을 것인지를 결정해야 했다. 이 과정에서 창간을 주도한 집단과 그렇지 못한 집단의 틈이 생겼다. 서로에 대한 오해와 긴장이 싹텄다.

창간 주도 그룹이 애초에 구상했던 것은 '소수 정예 조직'이었다. 언론 분야의 전문성을 갖춘 기자 100여 명과 이를 지원하는 최소한의 업무 조직으로 신문사를 꾸려간다는 생각이었다. 취약한 자본을 생각하면 자연스런 발상이기도 했다. 이를 구현하려면 모든 해직 기자를 받아들일 수 없었다. 경력 기자와 공채 사원도 채용해야 했다. 수백 명에 달하는 해직 기자들 모두가 함께 일한다는 것은 이들이 보기에 어불성설이었다. 해직 기자 가운데서도 옥석을 가려 신문사에서 일할 사람을 뽑으려 했다.

이런 옥석 구분 논리를 반대편에서 보자면, 소수 인사들이 배타적 인사권을 휘두르려는 시도와 다름없었다. 누가 누구를 평가하고 채용할 수 있을 것인지 분명한 기준이 없는 상태에서 창간 실무를 주도한 사람들의 친소 관계에 따라 한겨레 합류가 결정되었다고 봤다. 실제로 해직 기자 가운데서도 한겨레 입사가 미뤄지거나 거절당한 경우가 없지 않았다. 해직 기자의 정통성을 계승한다고 공언한 신문사에서 있을 수 없는 일이라는 비판이 일었다.

이 긴장은 다시 두 가지 층위로 구분된다. 우선 실무적으로 보아 창간에 실제 공헌한 이와 그렇지 못한 이가 분명히 있었다. 새 신문 창간을 처음 제안했을 때, 상당수 해직 기자들은 회의적이었다. 그런 비관에 아랑곳하지 않고 뚝심 있게 일을 밀어붙인 소수의 사람들이 있었다. 막상 국민 모금이 진행되고 신문 창간이 현실화되어서야 팔짱 끼고 있던 이들이 뒤늦게 합류했다는 게 창간 주도 그룹의 생각이었다.

그러나 또 다른 문제도 있었다. 한겨레는 1970년대 이후 전개된 자유언론운동에 뿌리를 두고 그 정통성과 정당성을 계승하는 유일한 언론이다. 그런데 창간 논의가 시작되던 1987년 여름과 가을에 걸쳐 해직 기자들의 상당수는 새 신문 창간보다 그해 겨울에 치러질 대통령 선거에 더 큰 관심을 뒀다. 그들이 보기에는 사상 첫 민주정부를 세우는 게 새 신문을 만드는 일보다 급했다.

이런 사정 때문에 자유언론운동에는 헌신했으나 자유언론창간에는 주도적으로 참여하지 못한 이들이 적잖게 생겼다. 그저 팔짱낀 것이 아니라 다른 차원의 일을 한 것인데, 자유 언론의 명분만 내세우고 실제로는 그 정통성을 계승하는 자신들을 배제하려는 게 아니냐는 의구심을 품은 이들이 등장한 것이다.

조금 더 근본으로 들어가면 실제로 두 집단의 지향은 조금 달랐다. 해직 기자들은 80년대 민주화운동의 주축이기도 했는데, 이들은 당시 민주화세력이 안고 있었던 정치적 이견을 그대로 반영하고 있었다. '후보 단일화론'과 '비판적 지지론'을 둘러싼 해직 기자들의 판단이 서로 달랐다.

이 문제는 한겨레 창간 이후에도 중요한 논쟁거리가 되었다. 비판적 지지론자들은 민주세력의 동향에 예민하게 반응했다. 한겨레가 민주세력의 발전에 보다 직접적으로 기여해야 한다고 생각했다. 그게 자유언론운동의 정통성을 잇는 한겨레의 구실이라고 봤다.

반면 비판적 지지론과 거리를 두고 있었던 집단은 언론 그 자체의 고유한 지위를 강조했다. 공정한 보도를 통해 야당은 물론 재야로부터도 독립적인 위상을 지키면서 대다수 독자의 신뢰를 얻는 것이 자유 언론의 역할이라고 봤다.

2000년대의 눈으로 이런 논쟁 구도를 온전히 이해하기는 쉽지 않다. 그러나 당시에는 이 문제가 역사에 대한 양심적 지식인의 근본적 태도를 결정했다. 창간 세대 누구도 자신의 신념을 접으려 하지 않았다.

민주주의 질서에 기초해 조직을 운영하는 한겨레에서 이를 판가름 짓는 것은 선거였다. 명분을 선점하고 다수의 지지를 얻으려는 경쟁이 치열해졌다. 한겨레 초창기의 공론 경쟁은 신문사의 갈 바를 논하여 그 주도권을 쥐려는 정치 과정이었다. 그런 점에서 초창기 한겨레의 의사 결정 과정은 정당과 비슷한 측면이 있었다. 다수의 지지를 받기 위해 서로 논리 경쟁을 벌이다가, 그 경쟁이 격화되면 세를 모아 상대편을 거세게 몰아붙였다. 70·80년대 재야운동의 작풍이 한겨레에도 그대로 옮겨 왔다.

이들 의견그룹에 의해 신문사의 공적 결정이 흔들리기 시작했다. 합리적 토론에 의한 민주적 의사 결정보다는 세의 동원을 통한 다수결의 폐해가 두드러졌다. 선거는 승복의 시작이 아니라 후일을 도모하는 또 다른 선거의 시작이 되었다.

정치 경쟁에 휘말리다

대표적인 사례가 1991년의 선거이다. 1991년 초, 한겨레 사람들은 넉 달 동안 적어도 여섯 차례 이상의 선거를 치렀다. 1991년 1월 31일 제3기 노동조합 위원장 선거가 열렸다. 박성득, 김영철, 유종필 등 3명의 후보가 출마해 경쟁했다. 사내 세 의견그룹을 각각 대표하는 인물이었다. 김영철이 당선되었다.

이어 3월 23일 정기 주주총회가 열렸다. 주총 현장에서 이사회 구성을 두고 논란이 벌어졌다. 특정 의견그룹의 입김이 작용한 이사 추천 안이라 하여 뒷말이 생겼다. 선거는 없었지만 의견그룹 사이의 긴장이 고조되었다.

4월 2일에는 편집위원장 선거가 있었다. 김종철과 성한표가 2차 투표까지 갔고, 김종철의 사퇴로 성한표가 당선되었다. 두 사람 역시 사내 특정 그룹을 각각 대표했다. 4월 8일, 주총에서 승인받은 이사진 가운데 대표이사를 선임하는 사원 동의 투표가 진행되었다. 이사회는 송건호 대표이사 사장 안을 내놓았다. 그런데 사원들이 이를 부결시켜버렸다.

이사회는 4월 10일, 김명걸 대표이사 전무 안을 다시 내놓았는데 역시 부결되었다. 4월 15일에는 노동조합이 임시총회를 열어 사내 쟁점에 대한 결의안을 제안하고 조합원 찬반 투표를 진행했다. 결국 4월 26일, 이사회가 제시한 송건호 대표이사 회장－김명걸 대표이사 사장 안이 사원 동의 투표에서 가결되었다.

각 투표 때마다 의견그룹들이 움직였다. 이 무렵의 정치 경쟁은 가공할 정도였다. 각종 대자보가 매일처럼 사내 곳곳에 나붙었다. 기자 대여섯 명이 편집위원장 앞에 나란히 서서 지면 방향에 대한 비판 성명서를 큰 소리로 읽은 일도 있었다. 그런 일이 가능했을 정도로 치열한 정치 경쟁이었다.

앞선 선거에서 뜻한 바를 관철하지 못하면 뒤이은 선거에서 다시 뒤집었다. 일단 선거 경쟁이 본격화되면서 합리적 토론보다는 세 확보가 중요해졌다. 신문 제작이 끝나면 삼삼오오 모여 다음 선거를 준비했고, 젊은 사원들을 따로 불러 은밀한 이야기를 들려줬다.

심지어는 부서별로 그 지향이 뚜렷이 구분되기도 했다. 해당 부서장의 지향을 소속 부원들이 따르게 되거나 아예 뜻 맞는 기자를 부서에 데려온 결과였다. 이런 그룹별 구분은 광고국·판매국 등에도 영향을 미쳤다. 사내 갈등이 가장 심했던 1991~93년 무렵에는 신문사 조직 곳곳이 사실상 각 의견그룹의 '게토'가 됐다.

정파 경쟁은 한겨레의 지면 지향, 경영 방침, 조직 원리 등에 걸쳐 두루 전개되었다. 토론 없이 결정할 수 있는 것은 하나도 없었으므로, 한겨레 초기에 정파 구도가 자리 잡은 것은 당연한 일이기도 했다.

그러나 세 싸움으로 변질되면서 능력 있는 인재가 신문사를 떠나거나 특정 의견그룹의 이해관계에 따라 경영, 편집, 인사의 중요한 사안이 결정되는 일이 생겼다. 열심히 일을 하면 오히려 반대 그룹에게 밉보여 가장 먼저 비판의 표적이 되는 경우도 없지 않았다.

1991년 1월 5일, 이인철, 김근, 이종욱 등이 '다시 태어나야 할 겨레의 신문'이라는 공개 사직서를 내면서 사내 주도 그룹의 행태를 비판했다. 그 내용 가운데 이런 대목이 있다. "파벌이 조직 내에 존재한다면 그 파벌에 저항하고 비판하는 집단이 존재하게 마련이며, 이 비판 집단이 또 하나의 파벌처럼 비춰지고 있는 것입니다. …아무리 고쳐 생각해보아도 그 사람들의 언행은 어제와 오늘이 전혀 다르고 논리에도 전혀 일관성이 없습니다."

흥미롭게도 창간 주역의 상당수는 이 성명서에 등장한 논리를 그대로 자신의 것으로 삼는다. 자신의 입장은 정당한 원칙이었고, 상대의 입장은 파벌적 이해관계에 따른 몰상식이라는 것이다. 그만큼 한겨레의 갈 길에 대한 각자의 신념이 강했고, 스스로의 행보에 대한 자부심도 깊었다.

"알파벳 선거를 거부합니다"

2003년 2월, 제11대 대표이사 선거를 앞두고 사내 게시판에 대자보가 붙었다. 공채 10기 사원 몇 명이 이름을 올렸다. 제목은 '알파벳 선거를 거부하며'였다. "선거를 앞둔 사내에는 인물과 정책, 반성과 비전은 오간 데 없고 이른바 A, B, C와 관련된 뒷소문만 무성합니다. 모두들 쉬쉬하지만 엄연한 현실로 살아서 이 조직을 병들게 하고 있는 유령 같은 먹구름이 또다시 전면에 등장한 것입니다. 우리는 알파벳 선거를 거부합니다. 기존 파벌 구조의 재생산으로는 한겨레가 맞닥뜨린 위기를 극복할 수 없습니다.”

여기서 ‘알파벳’이란 사내 그룹의 별칭을 빗댄 표현이었다. 한겨레 공론장을 주도한 세 그룹은 각각 A파, B파, C파로 불렸다. 최초 작명자는 정확하지 않다. 이런저런 자리에서 편의상 부른 이름이 굳어졌다.

A그룹은 비판적 지지론에 정치적 뿌리를 두고 있다. 민주세력의 집권에 관심이 많았다. 재야 및 민주세력과의 연대에 관심을 두었다. B그룹은 후보 단일화론에 동정적이면서도 기본적으로는 언론 고유의 공정성을 잃어서는 안 된다고 생각했다. 동투 및 호남 출신이 주로 A그룹을 형성했고, 조투 및 영남 출신이 주로 B그룹을 이뤘지만, 출신별로 정확히 구분되는 것은 아니었다. C그룹은 이들 모두를 비판하며 1991년 무렵 등장했는데, 독자적인 정립을 하기보다 양비론적인 자세를 취했다. 사안에 따라 A 또는 B그룹과 연대했다.

1990년대 후반에 입사한 한겨레 사원들은 이렇게 구분된 사내 경쟁 구도 자체를 비판했다. 젊은 사원들의 이런 태도로 인해 정파 경쟁의 폐해가 확산될 토양이 사라지기 시작했다. 1990년대 중반부터 대표이사, 편집위원장, 노조위원장 등의 선거가 있을 때마다, 모든 후보가 ‘사내 통합’을 주창했다. 결국 1990년대 후반 이후 한겨레의 정파 경쟁은 크게 약화됐고 2000년대 중반 이후 사실상 자취를 감췄다.

정파 경쟁의 한 축이었던 A그룹이 사내 정치 경쟁에서 사실상 패배한 것도 배경이 되었다. 1993년 주총 파동이 고비였다. 일부 주주들이 김중배 대표이사의 취임을 승인한 주주총회 결과를 원천 무효라고 주장하는 소송을 냈을 때, 사내 주도 그룹에 비판적이었던 A그룹은 이들 주주들과 행보를 함께했다. 국민 주주의 결속을 통해 창간 정신 회복 운동을 벌인다는 명분이었지만, 비타협적인 이들의 활동 방식 때문에 사내의 다수가 오히려 등을 돌리게 됐다.

창간 세대가 골몰했던 논쟁거리 대부분이 시대가 지나면서 자연스레 해소된 점도 빼놓을 수 없다. 1997년 12월 대선에서 김대중이 대통령에 당선되었다. 비판적 지지론은 현실성을 잃어버렸다. 재야도 아닌 집권여당이 된 정치세력에 대해 한겨레가 우호적인 자세를 취한다는 논리는 성립하기 힘들었다. 김대중 정부의 출범에 큰 의미를 부여한 이들 가운데 일부는 언론계를 떠나 정치권으로 자리를 옮겼는데, 이 또한 결과적으로 A그룹의 약화를 부추겼다.

경쟁에는 반드시 승패가 따른다. 한국 유일의 진보정론지의 갈 길을 놓고 대논전을 벌였던 당대 최고의 언론인들이 그 경쟁에서 명분과 논리와 정치력으로 크게 겨뤘다. 이와 관련된 공론의 경험은 한겨레의 체질을 더 강화시켰지만, 정작 그 당사자들은 거의 예외 없이 깊은 상처를 주고받았다. 서로에 대해 깊은 서운함도 여전히 갖고 있다.

"그런 문제 때문에 1987년 이후 민주세력이 만든 모든 조직이 결국 반 토막 나거나 아예 사라졌잖아요. 그런데 한겨레는 그렇지 않았어요." 창간 사무국 때부터 한겨레에서 일했던 안정숙의 이야기다. "한겨레에는 의견이 다른 사람들이 모여 있어요. 그 때문에 정파도 생겼죠. 그리고 서로 피터지게 싸웠어요. 하지만 이를 통해 조직을 건강하게 만들었고 모든 상처를 이겨내고 신문을 더욱 제대로 만들었죠. 그건 하나도 부끄러운 일이 아니에요."

피터지는 싸움 끝에 얻은 소중한 교훈

창간 초기의 갈등 구도는 사라졌지만, 2000년대 들어 새로운 긴장이 형성되었다. 혁신의 속도를 두고 노장과 소장 세대 사이에 이견이 있다. 소장 세대 가운데서도 기업 합리성을 강화해야 한다는 의견과 진보 지향성을 강화해야 한다는 의견이 나뉜다. 한겨레 조직 운영의 근본원리인 민주주의의 구체적 절차에 대해서도 이견이 있다. 의견이 다른 상대 집단에 대해 새로운 정파 또는 파벌의 등장이 아니냐는 의구심을 보내기도 한다.

그러나 과거와 달리 이런 이견의 존재가 곧장 본격적인 정파의 탄생으로 이어지지 않는 데는 이유가 있다. 다양한 공론장을 통해 의견을 나누고 최종 결정 이후에는 여기에 따르고 매진하는 문화가 형성되고 있다. 2008년 2월, 3명의 후보가 출마한 대표이사 선거는 역대 어느 선거보다 평화롭고 우호적인 분위기에서 진행되었다. 통합을 강조했고 실제로 통합했다.

무엇보다 정파와 파벌의 차이가 때로는 백지장 한 장보다 얇다는 것을 한겨레 사람들 다수가 이해하게 되었다. 동조자를 은밀히 모아 세를 과시하여 상대를 굴복시키려는 자세는 결국엔 합리적 주장의 기반을 스스로 무너뜨리게 된다는 것을 지난 20년 동안 절절히 겪었다. 지금 한겨레에는 파벌은 없고 민주주의만 있다.

한겨레신문사 사옥과 윤전기의 변천

9월 · 안국빌딩 입주
1987

1988
3월 · 잡지용 중고 윤전기 도입
8월 · 하마다 중고 윤전기 도입

5월 · 양평동 사옥 입주
1989

1990

12월 · 공덕동 사옥 입주
1991
12월 · 도쿄기계 중고 윤전기 도입

1992

1993
9월 · 도쿄기계 중고 컬러윤전기 도입

1994

1995

4월 · 공덕동 사옥 3개 층 증축
1996
9월 · 케바우 신형 고속윤전기 1호기 도입

1997
4월 · 케바우 신형 고속윤전기 2호기 도입

1998

12월 · 공덕동 사옥 신관 증축
1999

2000

2001

2002
3월 · 영남 현지 인쇄 시작
5월 · 호남 현지 인쇄 시작

2003
11월 · (주)한국신문제작 위탁 인쇄

2004

2005

2006
5월 · 케바우 윤전기로 신문인쇄 재개
도쿄기계 중고 컬러윤전기 도입 · 보완

2007

한겨레신문

3
다 시 한 걸 음

이라크에
평화를...
난민에게
희망을...
AQI Hope to P

네의
만들어시나리오공모

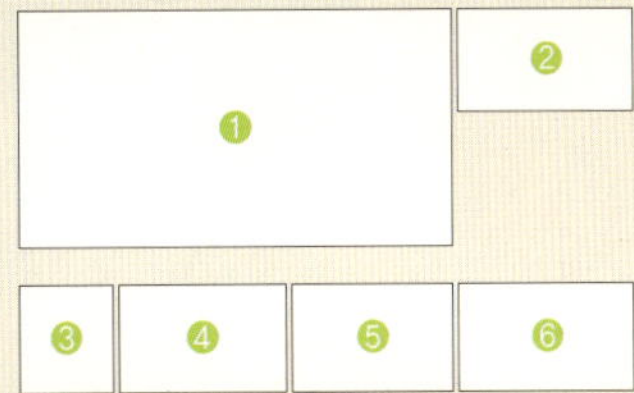

❶ 2006년 10월 31일, 경기도 과천 서울랜드에서 열린 '서울 학생 동아리 한마당' 개막식.

❷ 2005년 2월 15일, 한겨레플러스와 하나투어가 합작법인 ㈜한겨레투어를 공동으로 설립하기로 하고 조인식을 열었다.

❸ 2003년 4월 1일, 경기도 안산시 외국인노동자의 집에서 이주 노동자들이 이라크 어린이 돕기 성금을 모아 한겨레통일문화재단에 전달하고 있다.

❹ 2000년 5월 25일, 씨네21이 주최한 막동이 시나리오 공모전 시상식 뒤 수상자와 주최 쪽이 한자리에 섰다. 왼쪽부터 안정숙 씨네21 편집장, 수상자 조중훈, 배우 한석규, 수상자 김형진, 오귀환 인터넷한겨레 대표이사.

❺ 2002년 5월 15일, 한겨레 창간 14돌을 맞아 고 송건호 선생 얼굴상 제막식에 참석한 동아투위 위원들.

❻ 2007년 9월 18일, 한겨레 공덕동 사옥 3층에서 한겨레통일문화재단의 '한겨레 평화의 나무 합창단' 창단식이 열렸다. 사진은 합창단의 창단 기념 공연 모습.

① 2003년 6월 28일 오후, 서울 여의도 한강공원 여의도지구 강변둔치 감자밭에서 한겨레통일문화재단 주최로 열린 통일감자꽃 축제가 열렸다. 한 남매가 감자를 캐내며 즐거워하고 있다.

② 2003년 6월 15일 오전, 서울 상암동 월드컵경기장 남쪽 광장에서 열린 6월항쟁 16돌 기념 제7회 시민달리기 대회 '행진 6·10'에는 5000여 명의 시민들이 참가했다.

③ 2003년 1월 21일, 베트남 푸옌성에서 한–베 평화공원 준공식을 마치고 한겨레신문사 관계자들과 시민사회단체 대표 등 한국 쪽 참석자들이 기념사진을 찍었다. 뒤에 보이는 것은 한–베 평화공원의 상징물이기도 한 '진실과 우정의 둥지' 다.

제2회 한겨레-부산 국제심포지엄
북 핵실험 이후 동아시아의 '평화 실험'
– 동아시아 평화를 위한 도시의 역할
2006 한겨레-부산 국제심포지엄
2006. 11. 24 – 25
The 2nd Hankyoreh-Busan International Symposium Trying for Peace after Testing Nukes City-Based Efforts for East Asian Solidarity

2007 지속가능 한겨레를 위한
Happy Hani Project 워크숍

윤이상통일음악회

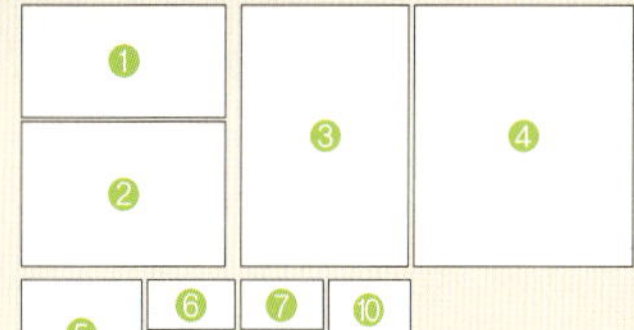

1. 2006년 11월 26일, 부산에서 열린 제2회 한겨레－부산 국제심포지엄.
2. 2007년, 7월 서울 효창동 백범기념관에서 전체 임직원들이 참석한 가운데 열린 '해피 하니 프로젝트' 워크숍.
3. 2003년 8월 24일 오후, 대구시민운동장에서 열린 유니버시아드 대회, 여자축구 북한과 프랑스의 경기에서 한겨레남북평화응원단원들이 북한이 골을 넣자 기뻐하고 있다.
4. 2005년 10월 13일, 한겨레 매체설명회 행사에 참석한 유럽 상공회의소 관계자들을 위해 공덕동 사옥 9층 생태정원에서 열린 피로연.
5. 1990년 8월부터 전국 7개 도시 순회공연을 펼친 '겨레의 노래' 공연팀이 음반을 녹음하고 있다.
6. 1994년 12월, 독일 케바우 사의 신형 고속 윤전기 도입 계약서를 교환한 김두식 대표이사가 케바우 사 임원과 악수하고 있다.
7. 2005년 9월 27일, 한겨레초록마을이 제주시 노형동에 200번째 지점인 노형점을 열었다.
8. 2004년 7월, 시민방송의 '한겨레 뉴스브리핑'에서 한겨레의 주요 기사를 소개하고 있다.
9. 1998년 12월 30일, 한겨레통일문화재단이 주최하여 평양에서 열린 윤이상 통일음악회.
10. 1994년 7월, 민족가극 〈금강〉 공연을 위해 배우들이 연습하고 있다.

　　면접을 보러 온 고경태는 그런 광경을 난생처음 보았다. 두 대의 팩스에서 수신음이 끊이질 않았다. 잠시도 쉬지 않고 종이를 토해냈다. 치우기 무섭게 팩스용지가 가득 쌓였다. 항의 전화를 받느라 한겨레신문사 출판국 사람들이 바빴다. "아니, 그 팩스, 고장 난 거 아니요? 보낼 수가 없어요. 계속 통화 중이던데?" 팩스는 정상이었다. 다만 팩스를 보내는 사람이 워낙 많았다.

　　1994년 1월 5일부터 1월 16일까지 열흘 동안 2만 5041명이 새 주간지의 제호 공모에 참가했다. 여러 장에 걸쳐 주문과 충고를 써 내려간 사람이 많았다. 외국 주간지 동향을 분석해 제안서를 보낸 경우도 있었다. 하루에 수천 통의 우편물과 팩스 문서가 날아들어 사무실을 채웠다. 제호 공모에 참가한 이에겐 박재동 화백의 그림 달력을 선물하기로 공지했었다. 달력 2만 5000개를 만드느라 돈을 적잖이 썼다. 난리 법석의 곁에서 면접을 치른 고경태는 새 주간지팀의 막내 기자로 입사했다. 그의 첫 업무는 이 우편물과 팩스를 정리하는 것이었다.

월간지 전망이 어둡다고? 그렇다면 시사주간지는?

　　1994년 1월 1일, 새해 첫 신문 1면에 알림 기사가 나가자마자 독자들의 관심이 폭발했다. "단순한 사실의 전달자이기를 거부합니다. 치열한 분석과 합리적 대안, 그리고 분명한 주의 주장을 제시할 것입니다. 새로운 저널리즘의 기수로 우뚝 서겠습니다." 새 시사주간지 창간을 알리는 그 기사의 제목은 '21세기를 향한 뉴저널리즘 선

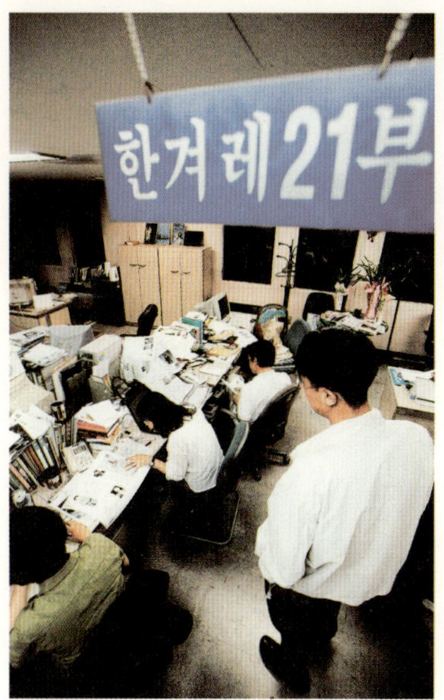

●한겨레21은 한겨레가 매체 다각화를 위해 처음으로 창간한 자매지였다. 사진은 한겨레21 사무실.

언'이었다. 한겨레21은 자신만만하면서도 도발적인 문구로 그 탄생을 예고했다.

오귀환, 곽병찬, 박태웅, 김상윤, 이태호, 박규봉 등이 새 매체의 청사진을 마련했다. 대표이사 김중배, 상무이사 김두식, 운영기획이사 성한표가 적극 후원했다. 고영재가 초대 편집장이 되어 창간 진용을 이끌었다. 이들은 한국 언론의 수준을 한 단계 끌어올렸다. 한겨레21을 구상하고 기획하여 창간한 것이다.

주간지의 꿈은 한겨레 창간 때부터 있었다. 창간 사무국 시절인 1987년 10월에 만들어진 사업계획서에는 일간지, 주간지, 월간지 등을 조속한 시일 내에 함께 발행한다는 구상이 나와 있다. 다만 당시 꿈꾸었던 주간지는 '일요판 신문' 개념이 강했다. 평일에는 12면의 신문을 내고 일요일에는 36면짜리 주말판 신문을 따로 발행한다는 구상이었다. 그러나 창간 이후 '다매체 발행'은 뒤로 밀려나 있었다. 신문 발행만 해도 감당하기 벅찬 일이었다.

1992년 들어 새 매체 발행에 대한 공감대가 조금씩 넓어졌다. 그해 봄, 월간 사회평론이 한겨레에 한 가지 제안을 했다. 자본 잠식 상태에 빠진 사회평론을 인수해 한겨레의 월간지로 발행해달라는 것이었다.

당시 이 잡지의 대표자는 한겨레 창간 때부터 인연이 깊은 강만길 고려대 교수였다. 사회평론은 진보적 시사대중지를 기본으로 학술지의 성격을 가미했던 월간지다. 1992년 6월, 이사회에서 최종 결론이 났다. 인수하지 않기로 했다. 결국 사회평론은 1993년 월간 길과 통합됐다가 경영 악화 때문에 1998년 11월 무기한 휴간에 들어간다.

● 1995년 3월 15일, 한국언론재단 회관에서 열린 한겨레21 창간 첫돌 기념 축하연. 왼쪽부터 한승헌 변호사, 백기완 통일문제 연구소장, 권근술 한겨레 대표이사, 김상현 민주당 고문, 이시윤 감사원장.

그러나 이 일은 한겨레의 새 매체 창간에 불씨를 지폈다. 경영 실무자들은 기존 월간지를 인수할 바에야 참신한 새 월간지를 만드는 게 낫다고 이사회에 보고했다. 다만 월간지 시장의 전망이 그다지 좋지 않다는 점도 덧붙였다. 그렇다면 주간지는?

당시 김명걸 대표이사를 보좌했던 김두식 상무가 이 문제를 파고들었다. 사회평론 인수를 포기하기로 결정한 지 두 달 만인 1992년 8월, 처음으로 '시사주간지 발행계획안'이 이사회에 보고되었다. 한겨레21의 미래를 그린 최초의 시장조사 보고서였다. 그러나 늘어나는 적자를 우려하고 있었던 임원진은 일단 이 구상의 실현을 미뤘다.

회사발전기획위원회가 다시 불꽃을 지폈다. 1992년 말에 제출한 전략 보고서에서 몇몇 신규 사업을 제안했다. 그 가운데 가장 현실성 높은 것이 주간지 발행이었다. 시사주간지를 만드는 일에 조금씩 힘이 실렸다. 1988년 5월 창간 이후 처음으로 한겨레가 제 영토를 넓히는 일을 시작했다.

뉴저널리즘을 표방한 최초의 시사주간지

1993년 들어 다시 시장분석 작업을 펼쳤다. 1993년 8월, 편집 쪽의 곽병찬과 경영 쪽의 김상윤이 초안을 마련했다. 두 달 전인 1993년 6월, 대표이사에 취임한 김중배가 이 초안에 흔쾌히 동의했다. 1993년 10월, 주간지 준비팀이 구성되었다. 당시 편집, 업무에서 최고의 능력을 인정받았던 사람들이 달려들었다.

오귀환과 곽병찬은 취재력, 기획력, 문장력 등에서 편집국에서 둘째가라면 서러운 민완 기자였다. 오귀환은 조선일보를 그만두고 한겨레에 입사했다. 곽병찬은 서울신문에 사표를 내고 한겨레에 합류했다. 오귀환이 '사회통'이라면 곽병찬은 '정치통'이었다. 둘은 고등학교 선후배 사이였다. 기자직으로 입사했다 나중에 스스로 업무직으로 옮긴 박태웅은 취재와 경영 마인드를 겸비한 인물이었다. 이태호, 박규봉도 한겨레의 젊은 경영 인재를 대표했다.

이 팀은 전사적 지원을 받았다. 대표이사 김중배는 취임 직후부터 주간지 창간을 직접 독려했다. 이 구상의 초창기 때부터 후원자 노릇을 했던 김두식이 상무였다. 품격 있는 언론을 꿈꾸었던 성한표가 운영기획이사였고, 노조위원장 시절 사업 다각화를 주창했던 윤석인이 기획부장이 됐다. 모두가 주간지 창간에 매달렸다.

창간을 앞두고 3월 3일부터 12일까지 전국 5개 도시를 순회하는 특별 문화공연도 열었다. 임직원들이 모두 정기 독자 확보 캠페인에 나섰다. 창사 이래 처음으로 텔레비전 광고도 내보냈다. 영화배우 오정해가 한겨레21 창간을 알리는 모델이었다.

주간지 준비팀이 내건 것은 '뉴저널리즘'이었다. 1960년대 이후 미국 언론계에서 확산되어온 뉴저널리즘 운동에서 영감을 얻었다. 형식적 균형을 강조하는 객관주의 저널리즘을 지양하고, 편집자의 시각과 입장을 분명히 드러내겠다고 선언했다. 정치적 편향을 택하겠다는 것이 아니었다. 단순 사실 보도를 넘어 깊이 있는 분석과 전망을 제공하겠다는 뜻이었다.

좋은 언론을 대표하는 개념으로 '정론' 외에는 마땅한 단어조차 없던 시절이었다. 다른 신문사가 발행하는 주간지들은 선정적 보도가 많았다. 정론지를 표방하는 것만으로도 차별성을 내세울 수는 있었다.

그러나 한겨레21은 여기서 한 걸음 더 나아갔다. 한국 언론 가운데 뉴저널리즘을 표방한 것은 한겨레21이 처음이었다. 주간지 준비팀 안에서는 뉴저널리즘을 전면에 내세워 제호를 '뉴(NEW)'라고 정하자는 의견이 강하게 제기되기도 했다. 언론의 새로운 전범을 보여주겠다고 처음부터 작정한 것이다.

출판 디자인의 전설이 되다

뉴저널리즘과 창의적 마케팅이 맞들어진 첫 번째 결론은 편집에 디자인 개념을 도입하는 것이었다. 주간지를 단순히 '편집' 하지 않고 '디자인' 했다. 심층 보도의 내용을 독자들에게 효과적으로 전달하는 최적의 방법이었다.

실력 있는 디자이너들이 한겨레21에 합류했다. 이재용이 아트디렉터를 맡았다. 박은주, 최진이, 백성원, 이남숙, 배정희가 디자인팀을 구성했다. 창간 때 팀장을 제외한 취재 기자가 7명이었는데, 디자이너는 6명이나 되었다. 한겨레21은 디자이너가 이끄는 편집 체제를 갖췄다. 국내 시사주간지에서 디자이너가 편집의 중심이 된 것은 처음이었다.

슈피겔, 옵세르바퇴르 등 유럽 주간지를 주로 참고하며 편집 디자인을 구상했다. 시사저널, 주간조선 등 기존의 시사주간지들보다 더 큰 5×7배판의 판형을 택했다.

참신하고 창의적인 디자인을 적용하기 위한 밑바탕이었다. 시사주간지로는 처음으로 탁상출판 시스템(DTP)을 전격 도입했다. 기사 작성부터 편집·제작까지 컴퓨터를 사용했다.

때마침 매킨토시가 한국에 도입되고 있었다. 한겨레21 편집·디자인팀은 이 매킨토시를 적극 수용했다. 덕분에 디자인 중심의 편집이 더 용이해졌고, 당시로선 파격적인 일러스트들이 지면에 등장할 수 있었다.

이후 한겨레21은 출판 디자인계에서 전설이 된다. 세련되면서도 시대를 앞서가는 디자인이 진지한 내용을 다루는 주간지에서도 가능하다는 것을 스스로 입증했다. 한겨레21은 디자인을 가르치는 대학과 전문학원에서 교재로 쓰였다. 한겨레21의 판형과 DTP 제작 방식 및 일러스트 기술은 이후 모든 주간지의 모방 대상이 되었다.

한겨레21 초대 편집장은 편집국에서 정치부장을 맡고 있었던 고영재다. 그는 한겨레와 경향신문을 오가며 곡절 많은 인연을 쌓았다. 1980년 경향신문에서 언론자유운동을 이끌다 해직되었다. 1988년 한겨레 창간 무렵, 경향신문에서는 옛 해직 기자를 다시 불러 모아 과거 야당지 전통을 재건하려는 흐름이 생겨났다. 1980년 경향신문에서 해직된 이 가운데 홍수원, 박우정, 박성득 등은 한겨레에 합류했지만, 고영재는 친정으로 돌아갔다.

그러나 이 신문사가 한화그룹에 인수되기 직전인 1989년 12월, 경영진에 의해 다시 해직되었다. 당시 그는 노조 간부였다. 결국 1990년 1월, 한겨레에 뒤늦게 입사했다. 훗날 그는 한겨레 편집위원장을 거쳐 '독립 언론'을 표방한 경향신문의 대표이사가 된다.

편집국 정치부장은 여러 부장 가운데 최선임 격이다. 신문 정치부장을 주간지 편집장으로 임명한 것 자체가 한겨레21 편집진의 면면을 짐작케 한다. 창간 때의 취재팀은 공공연하게 '베스트 오브 베스트'로 불렸다. 일간지를 더 중시하는 다른 신문사의 풍토와는 달리 편집국 정예 인력을 한겨레21에 배치했다. 최학래 편집위원장도 기꺼이 도왔다.

한겨레21 창간의 밑그림을 그렸던 오귀환과 곽병찬이 각각 취재팀장과 취재팀차장을 맡았다. 두 사람은 초창기 각종 기획과 특종을 주도했다. 취재 현장에는 공채 출신의 민완 기자들을 배치했다. 김현대, 여현호, 이공순, 이봉현, 정재권, 강석운, 박태웅 기자가 창간호를 만들었다.

감각적인 제목과 편집은 김용기, 윤승일, 고경태가 맡았다. 김용기는 월간 옵저

●1994년 3월 12일 오후, 서울 등촌동 88체육관에서 열린 한겨레21 창간기념 서울 공연.

버 편집장 출신으로 한겨레21 초창기 편집팀을 이끌었다. 윤승일은 대학을 중도에 접고 노동운동을 거쳐 을지로 인쇄 골목에서 출판 편집을 익히고 있었다. 고경태는 학보사 편집장을 거쳐 전국대학신문기자연합회 간부를 지냈다. 이들이 뽑아낸 촌철살인의 표지 제목은 이후 한겨레21의 상징이 된다. 탁상출판 시스템(DTP)의 구현에도 편집팀의 공이 컸다. 김선규, 변재성, 이정용, 이혜정 등이 사진 취재를 담당했다. 이들은 크고 작은 부상을 달고 다녔다. 몸을 사리지 않고 현장에 접근하는 공격적인 취재로 이미 이름 높았다.

한겨레21은 처음부터 해외 취재망을 다졌다. 국제 뉴스의 비중이 그만큼 컸다. 당시 편집국 소속이었던 워싱턴의 정연주, 도쿄의 김효순 특파원을 활용하는 동시에 고종석을 파리 주재 기자로 두었다. 여기에 송두율(베를린), 이종원(도쿄), 심재호(뉴욕), 이욱연(베이징), 최영철(예루살렘), 박소원(런던), 김창진(모스크바) 등 10여 명의 해외 특별 기고가 및 통신원을 두었다.

한겨레21의 해외 통신원은 이후 수시로 그 면면이 바뀌는데, 크고 작은 특종과 대형 기획에 단골로 이름을 올렸다. 윤성주(보스턴), 권은정(런던), 최연구(파리), 최우성(브레멘), 김성환(베이징), 정진아(바라나시), 구수정(호치민) 등이 90년대 한겨레21의 해외 취재를 맡았다.

해외 통신원을 통해 구축한 취재망은 2000년 9월, '아시아 네트워크'의 탄생으로 결실을 맺는다. 한겨레21에 꾸준히 기사를 전재해온 분쟁전문기자 정문태를 중심으로 아시아 각국의 기자 20여 명이 아시아 네트워크를 만들었다. 아시아 네트워크는 일종의 신디게이트 기자 집단으로, 한겨레21과 직접적인 관련은 없었다. 그러나 한겨레21은 이들이 아시아 곳곳에서 보내는 기사를 거의 독점적으로 지면에 실었다. 아시아 네트워크는 사실상 한겨레21의 외곽 취재팀 구실을 했다. 서구 언론이 살포하는 '유럽 중심주의'를 넘어 아시아를 아시아의 눈으로 보자는 그 기치는 오늘에 이르러 더욱 값지다. 한겨레가 그러했듯이 한겨레21 역시 창간 때부터 기성 언론의 관성을 깨고 취재·편집의 새 영역을 부단히 개척했다.

창간과 동시에 한겨레21은 주간지 시장의 판도를 바꿨다. '뉴저널리즘'을 표방한 한겨레21에 대한 관심은 폭발적이었다. 특히 한겨레21의 표지 기사는 한국 탐사 저널리즘의 효시였다. 뜨거운 문제를 정면으로 다루되 오랜 시간 동안 깊이 있게 파고들었다. 한겨레21이 표지로 다루면 다른 신문과 방송이 그 후속편을 기획 기사로 썼다.

탐사 저널리즘을 시도한 표지 기사는 단편적인 신문, 방송 보도에 식상해 있던 독자를 끌어 모았다. 창간호 표지 기사에선 모두 쉬쉬하던 김영삼 대통령의 아들 김현철 문제를 다뤘다. 정치인들의 이전투구를 주요 기사로 다루던 기존 주간지와는 달리 사회, 문화, 국제 분야에 눈을 돌린 점도 신선했다. 대담하면서도 참신한 디자인이 새로운 독자층을 일구었다.

1994년 3월 24일에 창간호가 나왔는데, 창간 3주 만에 2만 5000여 명의 정기 독자를 확보했다. 창간 넉 달 뒤에는 정기 독자가 3만 5000명을 넘어섰다. 총 발행부수는 10만 부를 돌파했다. 애초 예상했던 초기 정기 독자는 5000여 명 정도였다. 창간호 10만 부가 모두 매진된 것은 물론 이후 서점, 가판 등에서 다른 주간지의 두 배 이상에 달하는 판매고를 올리며 1위 자리를 놓치지 않았다.

2년 정도 적자가 이어질 것이라는 예상과 달리 발간 9개월 만에 손익분기점에 도달했고 첫 해부터 수지를 맞췄다. 한겨레21은 한겨레가 신문 부문에서 미처 이루지 못한 꿈을 먼저 실현했다. 발행부수, 열독률, 영향력, 품질 등에서 동종 매체 1등의 자리에 올랐다. 자신감을 얻은 한겨레는 한 가지 일을 더 꾸몄다.

세계에 전례가 없는 영상주간지

조선희와 정성일이 마주 앉았다. 1994년 12월 하순의 어느 날이었다. 영화인들이 자주 드나드는 서울 충무로 극동빌딩 지하 다방이었다. 조선희는 한겨레 문화부 영화 담당 기자였고, 정성일은 한겨레 문화면의 영화 칼럼 필자였다. 죽이 맞기로 이들보다 더할 수 없었지만, 적어도 이날은 달랐다. 이제 조선희는 한겨레가 만드는 새 영상매체의 준비팀장이었고, 곧 그 편집장이 될 터였다. 정성일은 영화 전문 월간지를 준비하고 있었고, 이미 기자들을 모아 한창 작업 중이었다.

영상매체 준비팀장으로 발령받은 1994년 12월 19일, 조선희는 정성일이 영화잡지를 만들려고 사무실을 차렸다는 이야기를 들었다. 한국 영화 시장은 아직 영세했다. 고급 영상매체를 두 개씩이나 건사할 수준이 아니었다. 게다가 정성일은 새 영상매체의 주요 필자가 되어줄 것으로 큰 기대를 걸었던 인물이었다.

둘 중의 하나는 창간을 포기해야 한다고 마음먹은 조선희가 정성일을 불러냈다. 담판은 실패했다. 조선희는 그만두라는 이야기조차 꺼내지 못하고 돌아섰다. 서로 덕담만 건넸다. 정성일은 이미 넉 달여 전부터 일을 시작했었다. 그 열의와 준비가 한겨레보다 못하지 않았다. 그는 영화 마니아들을 사로잡을 월간 키노를 곧 발행할 터였다. 거기에 비하면 오히려 한겨레가 한 걸음 뒤처진 상태였다.

씨네21 창간 준비는 적잖은 우여곡절을 겪었다. 한겨레21은 이미 형성된 시사주간지 시장에 뛰어들었지만, 씨네21은 스스로 영상주간지 시장을 개척해야 했다. 당시 시장에는 10대 여고생의 감성에 맞춘 흥미 위주의 연예주간지가 판을 쳤다. 영화잡지라고 해봐야 월간지 또는 격주간지였다. 국내는 물론 세계적으로도 영상주간지의 전례가 없었다. 고급 영상잡지를 표방한 주간지가 독자들에게 좋은 반응을 얻을 수 있을지 누구도 장담할 수 없었다. 이 때문에 시장분석에 애를 먹었다. 실무팀이 보고서를 내면 임원진이 난색을 표하는 일이 반복되었다.

새 매체를 하나 더 만들자는 이야기가 임원급 회의에서 처음 나온 것은 1994년 10월이었다. 한겨레21 창간의 밑그림을 그렸던 운영기획실 김상윤이 제안했다. 당시 30대 초반의 그는 잘 다니던 광고회사를 때려치우고 한겨레에 입사했다. 그는 곧바로 운영기획실에서 일을 시작했는데, 자신을 포함해 직원이 세 사람이었다. 한 사람은 신문 판매, 또 한 사람은 신문 광고 분야를 맡고 있었다.

모두가 반대하다. 딱 한 명 빼고…

김상윤은 딱히 맡을 일이 없었다. 대신 새 사업만 궁리했다. 그는 한겨레21, 씨네21, 한겨레문화센터 등의 아이디어를 줄줄이 내놓으며 일을 성사시켰다. "신문사에서 일하고 싶었던 게 아니라, '한겨레'니까 일하고 싶었다"고 김상윤은 회고한다.

그는 영화주간지 창간을 제안하는 보고서를 만들어 임원회의에 제출했다. 모든 참석자가 반대했다. 한겨레가 영화나 영상을 다루는 매체를 내면 창간 정신에 어긋나는 것 아니냐는 게 주된 이유였다. 그나마 조금 감각이 있는 이들도 주간지를 낼 만큼 한국 영화 시장이 성장하겠느냐며 의문을 제기했다. 딱 한 사람, 김두식 대표이사만 찬성했다. 한겨레21 창간 때 상무이사였던 그는 1994년 6월부터 대표이사를 맡았다.

김두식은 이 문제를 연구할 팀 구성을 지시했다. 11월, 새 매체 창간 실무 검토팀을 만들었다. 판매의 장창덕, 광고의 황충연 등을 불러 시장조사를 시켰다. 새 영상정보지에 대한 독자 수요가 높다는 것을 확인했다. 그러나 이 보고서에 대해서도 회의론이 많았다. 반대를 무릅쓰고 김두식이 결정을 내렸다. 12월에 두 사람을 새 영상매체 준비팀에 상근 발령을 냈다. 편집국 문화부의 조선희, 운영기획실의 김상윤이 일을 떠맡았다. 새 영상주간지 발행이 기정사실화되었다.

상근 준비팀이 만들어진 지 한 달 만인 1995년 1월 23일, 한겨레 1면에 영상매체 창간을 알리는 기사가 났다. "고급 영화 관객은 많지만 고급 영화잡지는 없습니다. 젊은 영상 세대는 있지만 젊은 영상잡지는 없습니다." 준비팀은 지적이면서도 감각적인 영상 세대를 위한 고급지 전략을 택했다.

초대 편집장은 조선희가 맡았다. 당시 한겨레 문화부에는 영화 담당 기자가 두 명이 있었다. 안정숙과 조선희였다. 안정숙은 80년 해직 이후 다시 학업을 시작해 서울예전에서 영화학을 공부했다. 영화에 조예가 깊었다. 한겨레 초창기 문화부에선 서평, 학술 등을 중시하고 영화, 음악 등을 가볍게 여기는 경향이 없지 않았는데, 이런 분위기를 안정숙이 뒤바꿨다.

영상매체 이야기가 나오자 안정숙은 조선희를 적극 추천했다. 당시 조선희는 영화를 담당한 지 2년 정도 지난 상태였다. 연합통신에 입사해 '정통 사회부 기자' 훈련을 마친 뒤 한겨레 창간 소식을 듣고 곧바로 합류했다. 새로운 도전 앞에서 오히려 더욱 강한 열정을 발휘하는 그의 능력을 안정숙이 눈여겨봤다. 소설을 쓰고 싶다고 입버릇처럼 말하던 조선희도 영상매체 이야기를 듣고는 적극적으로 나섰다. 누구도 선뜻 맡겠다는 이가 없을 때, 그가 떠안았다. 안정숙은 훗날 후배 조선희의 뒤를 이어 씨네21의 2대 편집장이 된다.

창간 취재팀은 김광철이 이끌었다. 김영진, 김소희, 오은하, 김영희, 김창석, 김혜리가 취재를 담당했고, 윤승일과 남동철이 편집을 맡았다. 취재팀 가운데 김영희, 김창석은 신문 편집국 출신이었지만, 취재팀장을 비롯한 대부분의 취재 인력은 외부에서 뽑았다. 당시 타블로이드판 영화·영상 잡지들이 있었는데, 여기에 좋은 글을 써온 사람들을 골라 뽑았다.

김광철은 영화잡지의 편집장 출신이다. 허문영은 문예중앙에서 기자를 했고, 오

●창간 첫돌을 앞둔 1996년 2월 6일, 서울 여의도 엘지빌딩 공연장에서 제1회 씨네21 영화상 시상식이 열렸다. 왼쪽부터 이민용 감독, 배우 안성기, 배우 홍경인, 제작자 유인택, 박광수 감독.

은하는 매일경제 기자 출신이다. 김혜리, 김소희, 김영진, 남동철도 영화잡지에서 기자 또는 평론가로 활약했다. 사진팀에는 변재성 팀장과 함께 손홍주, 정진환, 오계옥이 일했다. 한겨레21과 마찬가지로 디자인에 공을 들였는데, 한겨레21 창간을 이끌었던 이재용이 씨네21의 아트디렉터를 다시 맡았고 신지희, 장병인, 권은영, 우수현이 디자인팀에 합류했다.

씨네21 창간호는 1995년 5월 2일에 나왔다. 주간지는 공식 발행일보다 며칠 앞서 인쇄되는데, 한겨레 사람들은 4월 말에 창간호를 받아들었다. 사진팀 손홍주가 어렵게 섭외한 안성기, 문성근, 채시라 등 영화계 스타들의 사진이 표지를 장식했다. 다른 영화잡지들이 주로 외국 영화배우를 표지로 썼던 것에 비해 파격적인 구성이었다. 씨네21이 한국 영화의 부흥에 기여하겠다는 의지도 담겨 있었다.

'영상문화를 움직이는 베스트 50인'을 특집 기사로 썼다. 공지영, 도정일, 이효인을 비롯해 세계적 영화비평가인 토니 레인즈의 글까지 실었다. 김영진, 김혜리, 김소희 등 훗날 한국 영화비평계를 대표하게 될 씨네21 기자들이 창간호에 기사를 올렸다. 창간호 발행과 동시에 제1회 서울영화제를 열었다. 5월 8일부터 14일까지 서울 종로5가 연강홀에서 개봉 예정 화제작 및 국내 우수단편영화를 상영했다.

3년 만에 최고의 영화주간지로

그래도 조선희의 성에 차지 않았다. 창간호가 나온 날 저녁, 권근술 대표이사, 박우정 출판국장, 김선주 논설위원 등이 위로의 자리를 열었다. "창간호가 일단 나왔으니까 이제 된 거야." 권근술이 말했다. 그는 씨네21 창간 준비 작업이 한창 진행 중이던 1995년 3월에 대표이사 회장으로 취임했다. 씨네21은 대표이사 권근술의 작품이기도 했다. 그러나 바른 말 잘하는 김선주의 생각은 달랐다. "톡 까놓고 말해서 이게 동

인지이지 뭔지 모르겠어.”

　창간호는 매진되었지만, 시장에 안착하기까지 시간이 걸렸다. 사내외의 반응도 엇갈렸다. 어렵다는 사람도 있었고 촌스럽다는 사람도 있었다. 2년 동안, 씨네21은 수익 면에서 그다지 좋은 성과를 내지 못했다. 창간 첫 해인 1995년에만 5억 7000만 원의 적자를 냈다. “씨네21 때문에 한겨레신문사가 망하게 생겼대요.” 큰 덩치의 손홍주가 신문사 엘리베이터 안에서 울먹이던 모습을 조선희는 기억한다.

　한겨레 사람들은 정서적으로도 씨네21을 낯설게 여겼다. 낯선 제호를 잘못 읽은 사람들이 씨네21을 ‘씨네리’로 발음하는 일은 애교에 가까웠다. 제호에 외래어를 사용한 것은 한겨레답지 않다는 눈총이 적잖았다. 편집국 출신이 아닌 외부 경력 기자들의 면면도 문화적인 충격이었다.

　김소희, 김혜리, 김영진, 오은하, 남동철 등은 공동체 정신에 충만한 기존의 한겨레 사람들과 달랐다. 개성적이며 감각적이었다. 짧은 치마의 여기자, 콧수염을 기른 남기자, 자유분방한 헤어스타일, 화려한 장신구까지, 어느 하나 한겨레 기자들과 닮은 데가 없었다. 씨네21 기자들의 아방가르드는 오늘날에도 여전히 구닥다리 같은 한겨레 기자들을 한참 앞서 간다.

　그래도 씨네21 기자들은 그들의 방식으로 헌신했다. 창간호 발행 직후부터 매주 새 주간지를 만드는 심정으로 일했다. 조선희는 카리스마와 독재의 경계를 오가며 씨네21 기자들을 도무지 쉴 수 없게 만들었다.

　창간 두 달여 만인 1995년 7월 31일, 판형을 키우고 새로운 편집 디자인을 선보였다. 사실상의 재창간이었다. 대형 기획이 끝나면 또 다른 기획에 매달렸다. 취재와 마감에 쫓기던 오은하는 일하다 쓰러져 구급차에 실려 가기도 했다. 한겨레 기자들은 문전옥답에서 일하지만, 씨네21 기자들은 자갈밭을 갈고 있다고 스스로 한탄했다.

이는 머지않아 자부심으로 바뀌었다. 창간 3년여 만인 1997년, 씨네21은 6억 원의 당기순이익을 냈다. 이후 안정적인 경영 기반을 이어갔다. 창간 직후부터 잘나갔던 한겨레21에 비교당하며 설움 받던 때도 있었지만, 2000년대 들어서는 한겨레21보다 훨씬 나은 수익을 냈다. 창간 초기의 씨네21 사람들에게 '지적 열등감'을 불어넣었던 월간지 키노는 경영 문제를 해결하지 못하고 고전하다 2003년 7월, 99호를 끝으로 폐간했다. 2000년대 들어 다른 영상주간지들이 생겼지만, 씨네21은 판매부수, 영향력, 열독률 등에서 이 분야의 1위 매체 자리를 굳건히 지켰다.

공덕동 옥탑방의 두 고학생

한겨레21은 '뉴저널리즘'을 표방했다. 씨네21은 '고급 대중지'라는 개념을 만들었다. 사람들이 두루 관심 가질 만한 소재를 심층성, 전문성 등을 갖춰 보도하여 차별성을 얻었다. 시장에서도 좋은 반응을 얻어 최고 매체의 자리를 놓치지 않았다. 마케팅 개념을 도입해 사전에 치밀한 시장조사를 진행했던 것도 한겨레로선 새로운 경험이었다.

두 주간지는 창간 이후 지난 20년 동안 한겨레가 내놓은 가장 성공적인 매체다. 김중배, 김두식, 권근술을 잇는 90년대의 대표이사들이 이를 합작했다. 한겨레 사람들로선 이에 버금갈 만한 후속타가 없는 것이 안타까울 따름이다.

1996년 4월, 공덕동 사옥에 3개 층을 더 올려 지을 때까지 한겨레21과 씨네21은 변변한 정식 사무실 없이 지냈다. 짧게는 1년, 길게는 2년 동안 5층 건물 위 옥상에 가건물을 짓고 일했다. 공덕동의 옥탑방에서 두 고학생이 일을 낸 셈이었다. 비바람 맞아가며 만든 두 주간지는 일간지 한겨레의 날개 구실을 했다.

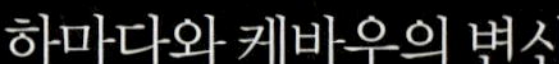

하마다와 케바우의 변신

한겨레가 부자 신문이 아닌 것은 윤전기를 보면 안다. 1988년 5월 15일 창간호를 찍어낸 윤전기는 신문 인쇄가 아닌 잡지 인쇄를 위해 만들어진 것이었다. 1988년 3월, 경기도 파주의 한 공장에 보관 중이던 것을 들여왔다. 이를 급한 대로 고쳐 신문을 찍었다.

모든 윤전기는 제조사를 덧붙여 부른다. 하마다 윤전기, 케바우 윤전기 하는 식이다. 그런데 한겨레 창간호를 찍은 이 윤전기는 '작명'이 힘들다. 일본 하마다 공업사가 만든 기계 부품이 중심이 되긴 했는데, 다른 제조사의 부품을 여기저기 덧댔다. 정확한 제조연도를 따지기가 힘들 정도로 낡은 물건이었다. 만든 지 20년이 지났다는 점은 분명했다. 1980년대 후반, 한국과 대만에서 새 신문사가 많이 생기면서 일제 중고 윤전기 가격이 치솟았다. 한겨레로서는 이 정도 윤전기라도 구한 것이 다행이었다.

신문을 펼쳤을 때의 용지 크기를 대판이라 한다. 윤전기는 이 대판을 찍어낸다. 앞뒤로 신문 4개 면을 한 번에 인쇄하는 셈이다. 그래서 모든 윤전기는 4면, 8면, 12면 식으로 4배수의 지면만 인쇄할 수 있다. 한겨레가 처음 들여온 것은 8면을 시간당 2만 4000부 정도 인쇄하는 2대의 윤전기였다. 이 때문에 창간 초기엔 8면만 발행했다. 애초 계획엔 매일 12면을 낼 예정이었지만 윤전기가 따라주지 못했던 것이다.

"이래도 기계가 돌아가는군요"

1988년 3월 10일, 윤전기 시험 가동에 성공했다. 이날 〈한겨레신문 소식〉 7호를 이 윤전기로 찍었다. 창간호를 찍어내게 될 일제 중고 윤전기의 첫 작품이었다. 소식지를 찍어줄 곳을 찾느라 충무로 인쇄소 골목을 누비는 수고도 끝이 났다.

1988년 8월, 하마다 중고 윤전기 2대를 추가로 들여왔다. 윤전부 사원들이 이 기계들을 서로 짜 맞췄다. 8면을 인쇄하는 윤전기 2대 가운데 하나를 절반으로 잘라 다른 하나에 덧붙이면 12면을 인쇄할 수 있다는 발상이었다. 초대 윤전부 사원들이 이를 현실화시켰다. 12면 인쇄가 가능한 윤전 라인을 완성했다. 1988년 8월 20일, 시험 가동에 성공했다. 열흘 뒤인 1988년 9월 1일부터 12면을 발행했다.

나중에 윤전기 점검을 위해 일본 기술자가 한겨레를 찾았다. 가동 중인 하마다 중고 윤전기의 '한겨레 버전'을 보고 입을 다물지 못했다. "야, 이렇게 붙여 쓰는 방법도 있군요. 이래도 기계가 돌아가는군요."

한겨레의 2세대 윤전기는 도쿄기계가 만들었다. 1971년 제작되었다. 역시 낡은 중고였지만 그래도 신문용 윤전기였다. 대만에서 최대 부수를 자랑하는 렌허바오(연합보)가 사용하던 것을 1989년 2월 도입 계약을 맺었다. 그해 여름, 서형수, 이길우, 윤영수, 장기선 등이 현지에 가서 윤전기를 살펴보고 이를 해체해 배에 실었다. 발전기금으로 사게 된 이 윤전기는 1989년 10월 부산항에 들어왔다. 그러나 한겨레 사람들이 그 윤전기를 실제로 보게 된 것은 한참 뒤였다. 건설사의 부도로 공덕동 새 사옥 공사가 늦어졌기 때문이었다. 하는 수 없이 서울 당산동 야적장에 윤전기를 보관했다. 무려 1년 반 동안 그렇게 방치되었다가 1991년 5월, 사옥 골조 공사가 끝난 뒤에야 비바람을 막을 지붕 아래로 윤전기가 들어왔다.

도쿄기계 윤전기로 신문을 처음 인쇄한 것은 1991년 12월 13일이었다. 흑백 16면 기준으로 시간당 10만~15만 부 정도를 찍어냈다. 그러나 예상보다 선명도가 떨어지고 인쇄 속도도 느렸다. 원래 활판용으로 만들었던 것을 대만 기술자들이 오프셋(offset)용으로 개조했는데, 들여오고 보니 인쇄 롤러가

● 한겨레의 윤전기는 간난신고의 20년 역사를 웅변한다. 맨 위쪽은 창간호를 찍어낸 잡지용 중고 윤전기. 뒤편에 윤전기의 정상 가동을 기원하는 고사상이 보인다. 가운데는 야적장에 방치됐다가 뒤늦게 공덕동 사옥에 들어온 도쿄기계 중고 윤전기. 정상 가동까지 오랜 시간이 걸린 이 윤전기를 송건호 대표이사가 둘러보고 있다. 맨 아래쪽은 케바우 고속 윤전기 제어실. 케바우 윤전기를 도입한 뒤부터 전자 제어실 안에서 작업을 할 수 있게 됐다.

엉망이었다. 국내 반입 뒤 야외에 쌓아둔 동안 일부 부품이 녹이 슨 것도 문제였다. 윤전부와 발송부 사원들이 애를 많이 먹었다.

윤전기의 잉크 분사가 고르지 않아 윤전부 사원들이 밤새 분무기로 물을 뿌려가며 인쇄를 했다. 찍어낸 신문 가운데 온전한 것만 골라 발송하느라, 신문용지를 많이 허비했다. 당시 최학래 상무가 윤전기 안정화를 책임졌는데, 한 달여 동안 윤전 사원들과 함께 밤을 새웠다. 결국 어느 날 새벽, 심장에 무리가 와서 쓰러졌다. 직원들이 놀라 달려왔다. "괜찮아. 윤전기 돌리기 전엔 안 죽어." 제작국장이었던 박노성은 교회 장로였는데, 작동을 멈춘 윤전기를 붙잡고 기도를 하기도 했다.

그래도 윤전기 사고가 자주 일어나 발송 시간이 늦어졌다. 지방에 배달하는 신문은 기차에 실어 보내야 했다. 발송부 사원들이 서울역 관계자들과 멱살잡이까지 벌이며 떠나려는 기차를 붙잡아놓고 신문 나오기를 기다렸다. 기차를 놓치면 하는 수 없이 화물차에 실어 고속도로를 밤새 달렸는데, 그 비용이 만만치 않았다.

여러 사람을 고생시켰던 도쿄기계 윤전기는 1992년 2월 무렵에야 안정화되었다. 1993년 9월에는 경향신문이 보유하고 있던 도쿄기계 컬러윤전기를 추가로 도입해 보완했다. 1972년 제작되었는데, 1992년부터 가동되지 않고 창고에 처박혀 있던 물건이었다.

중고 시대를 끝낸 독일제 신형 케바우 윤전기

남들이 쓰다 남은 중고 윤전기를 써야 했던 지긋지긋한 시절이 1996년에 끝났다. 1994년 12월, 독일 케바우 사와 신형 고속윤전기 도입을 계약했다. 케바우는 이 분야에서 세계 최고의 회사였다. 130여 년 동안 윤전기만 만들었다. 한겨레가 도입하기로 한 윤전기는 컬러 8면을 포함해 모두 32면의 신문을 시간당 7만 부씩 찍어내는 최신식 기계였다.

제작국장 박성득, 총무부장 이훈우, 기획부장 윤석인, 전기팀장 장기선 등이 케바우 윤전기 도입을 추진해 성사시켰다. 신형 윤전기를 들여온 것은 창간 이후 처음이었다. 일제보다 성능이 뛰어난 독일제 윤전기를 산 것도 의미가 깊었다.

윤전부 사원들이 독일을 찾아 단기 연수를 받았고, 기계를 설치할 때는 독일 케바우 사 직원들이 공덕동 사옥을 찾아 일을 도왔다. 케바우 윤전기가 들어오면서 윤전부 사람들의 고생이 조금이나마 줄었다. 그 전에는 굉음을 내는 윤전기 옆에서 직접 작업해야 했지만, 케바우 도입 이후 사방이 유리로 막힌 방음실 안에서 컴퓨터 제어장치로 윤전기를 조정할 수 있었다. 윤전기를 바꾸면서 발송 장비도 최신식으로 교체했다. 스위스 뮬러마티니사가 만든 신형 발송 장비는 신문을 꾸러미로 묶고 포장하는 전 과정을 자동으로 처리해주었다.

1996년 9월, 마침내 케바우 고속윤전기 1호기가 들어왔다. 이듬해인 1997년 4월에 2호기까지 들여왔다. 이 윤전기는 2008년 현재까지도 한겨레 고속윤전 라인의 핵심을 이루고 있다. 2006년 5월에는 컬러 지면을 늘이기 위해 도쿄기계 윤전기를 들여와 케바우와 합체해 쓰고 있다. 이 도쿄기계 윤전기도 중고 제품이다. 윤전기 합체 분야에서 아마도 세계 최고라 할 만한 한겨레 윤전부 사람들이 독일제 윤전기와 일본제 윤전기를 결합해 쓰는 일을 성공시켰다.

사람들이 아는 체하며 인사를 했다. "전문가가 오셨으니 기대 많이 하겠습니다."
5년여 동안 세 곳의 출판사에서 편집장을 했으니 전문가는 맞다. 한겨레는 그 전문가
에게 사무실 구석에 책상 하나 내주고 일을 시켰다. 공채 1기로 들어와 판매 영업을 담
당했던 박정수가 같은 팀의 유일한 식구였다. 1994년 2월, 이기섭은 한겨레 운영기획
실 출판팀에서 그렇게 일을 시작했다.

김중배 대표이사는 이기섭을 볼 때마다 입버릇처럼 말했다. "한겨레도 《무궁화
꽃이 피었습니다》 같은 책을 내야 합니다." 핵개발에 대한 국수주의적 시선을 드러낸
이 책은 당시 여러 비판 속에서도 최고의 베스트셀러가 되었다. 김중배의 말은 '팔리
는 책'을 내자는 것이었다. 한겨레출판이 평생 짊어질 고민이기도 했다.

한겨레가 제 이름을 걸고 처음으로 낸 책은 《한겨레 논단》이다. 1989년 9월에 발
간했다. 창간호부터 1면에 연재한 '한겨레 논단'을 묶었다. 쟁쟁한 논객들의 글에 대
한 독자의 반응이 뜨겁다는 것을 확인하고 책으로 냈다. 1991년 11월에는 《발굴 한국
현대사 인물》을 발간했다. 1989년 10월부터 3년에 걸쳐 한겨레에 연재한 기사를 엮었
다. 인기가 높아 1권에 이어 2, 3권까지 펴내며 모두 6만 부 이상을 찍었다. 1993년 4월
에는 일본 해방출판사가 《산하여 나를 안아라》라는 제목으로 일어판을 내기도 했다.

수익 면에서 큰 성공을 거둔 것은 아니었지만, 인문교양 서적 시장이 침체한 가
운데서도 두 책 모두 괜찮은 반응을 얻었다. 신문에 실리는 글이 책으로도 널리 읽힐
수 있다는 것을 확인한 계기였다. 1993년 2월, 사업 다각화를 고민하던 한겨레가 운

영기획실 아래 출판팀을 만든 것도 이 때문이었다. 1993년 출판팀이 펴낸 책 가운데 대표적인 책은 9월에 출간한 《이곳만은 지키자》였다. 1991년 5월부터 이듬해 10월까지 조홍섭과 김경애가 학계 전문가들과 함께 훼손되어가는 생태계를 찾아 전국을 누비며 기사를 썼는데, 이를 엮었다.

신문 연재물을 책으로, 한겨레출판의 시작

이기섭이 한겨레에 왔을 때, 출판팀은 이제 막 태동 단계에 있었다. 1994년 4월, 한겨레 운영기획실 아래에 있던 출판팀이 출판부로 이름을 바꿨다. 본격적인 한겨레출판의 시대가 시작되었다. '야만의 시대를 이겨낼 수 있는 교양과 지식의 저변 확대'가 한겨레출판부의 모토였다.

출판부 출범 첫 해인 1994년에 《이렇게 해야 바로 쓴다》를 펴냈다. 1995년에는 소설 《인샬라》를 냈다. 해방 50주년 기념 한겨레 장편소설 공모 당선작이었다. 큰 호응을 얻었다. 《인샬라》의 성공을 계기로 1996년부터 '한겨레문학상'을 만들어 소설을 공모했다. 나중에 《나의 아름다운 정원》(2002년), 《삼미슈퍼스타즈의 마지막 팬클럽》(2003년) 등의 당선작을 책으로 내어 큰 인기를 끌었다.

그러나 한겨레출판부가 자신의 색깔을 분명히 드러낸 첫 결실은 《우리 문화의 수수께끼》의 출판이었다. 1995년 봄, 유홍준이 쓴 《나의 문화유산답사기》가 한창 인기를 누리고 있었다. "저는 북한 문화유산답사기를 쓰고 싶습니다." 운영기획실 이병의 소개로 처음 만난 그는 자신과 열의가 대단했다. 민속학자 주강현이었다. 북한 문화에 대한 이야기를 나누다 화제가 민속 문화 전반으로 번졌다. 주제를 넓혀 우리 문화 전체를 시야에 올리는 글을 써보기로 했다. 신문에 일단 연재하고 이를 묶어 책을 내기로 했다.

합의를 본 바로 다음 날, 주강현이 《우리 문화의 수수께끼》라는 제목을 달아 기획안을 팩스로 보냈다. 각 꼭지의 제목과 차례를 보면서 이기섭은 감탄했다. 하루 만에 신문 연재 기획안을 만들어내는 솜씨에 놀랐다. 주강현의 글은 1995년 5월부터 12월까지 모두 22차례에 걸쳐 신문에 매주 연재되었다. 1996년 여름과 1997년 봄, 두 권으로 나뉘어 출판되었다. 모두 30만 부 정도 팔렸다. 한겨레출판부가 내놓은 첫 베스트셀러였다.

한겨레21 디자인팀이 이 책 발행의 조연을 맡았다. 시사주간지의 새로운 전형을 선보인 이들이 《우리 문화의 수수께끼》를 디자인했다. 단행본 편집 경험이 없어 잡지 디자인 개념을 많이 도입했는데, 오히려 그게 주효했다. 구태의연하지 않고 참신했다. 사진과 도판을 최대한 살렸다. 단행본 디자인에서도 한겨레의 감각이 앞서 갔다.

한겨레출판은 이 분야의 또 다른 전문가인 김수영과 공채 사원인 정진항, 조재성 등을 새 식구로 받아들이며 90년대 후반부터 본격적으로 출판의 새 지평을 개척했다. 문학, 인문, 에세이, 어린이 등 다양한 분야에 걸쳐 종합 출판사의 면모를 굳혔다.

언론사가 거느린 출판사 대부분이 상업적 대중서 출간에만 신경을 쓰고 있는 데 반해, 한겨레출판은 인문·사회과학이 대중과 만나는 영역을 집중적으로 파고들어 명성과 이익을 동시에 얻었다. 한겨레가 품격 있는 언론사의 위상을 지킬 수 있었던 데에는 대중들에게 고급 담론을 지속적으로 제공한 한겨레출판의 구실이 결정적이었다.

《우리 문화의 수수께끼》의 성공은 이후 한겨레 편집국, 한겨레21과 씨네21, 한겨레출판 등에 두루 깊은 영향을 주었다. 일간지와 주간지가 좋은 기사 또는 좋은 연재물을 발굴해 싣는다. 그 가운데서도 독자 반응이 좋은 글을 골라 책으로 출판한다. 책을 통해 탄탄한 독자층을 확보하게 된 필자는 신문 또는 주간지에 새로운 글을 쓰고 강연 행사 등에 참가하면서 매체 영향력 확대에 기여한다. 이 과정을 지켜본 새로운 필자들이 한겨레에 기꺼이 글을 보낸다….

진보적 담론의 생산 기지가 되다

이 공식은 홍세화를 프랑스에서 한국으로 돌아오게 만들었다. 한겨레는 1995년부터 세계 각 나라의 정치, 경제, 사회, 문화를 돌아보는 짧은 연재물을 신문에 실었다. '내가 본 일본, 일본인', '내가 본 베트남, 베트남인' 등의 제목을 달아 중국, 프랑스, 독일, 러시아, 몽골, 호주 등을 다뤘다.

홍세화는 이 가운데 '내가 본 프랑스, 프랑스인'의 필자였다. 1996년 6월부터 10월까지 30편을 신문에 실었다. 그는 1979년 무역회사의 주재원으로 파리에 갔다가 고국에서 터진 '남조선 민족해방전선' 사건에 연루되어 망명 생활을 시작했다. 1995년 창작과비평사에서 출판한 《나는 빠리의 택시운전사》로 한국에 그 이름을 알렸다.

한겨레출판은 홍세화의 '내가 본 프랑스, 프랑스인'을 바탕 삼아 《쎄느강은 좌우를 나누고 한강은 남북을 가른다》를 냈다. 책을 쓰는 데 3년이 꼬박 걸렸다. 마지막까지 고치고 또 고치느라 원고 한 장 보여주지 않는 홍세화의 결벽증 때문에 한겨레출판 사람들이 고생을 많이 했다. 1999년 4월, 책이 나왔다. 두 달 뒤인 1999년 6월, 홍세화는 20년의 망명 생활 끝에 처음으로 한국에 귀국했다.

이후 그는 한겨레에 '빨간 신호등'이란 제목의 칼럼을 연재했고, 2000년 영구 귀국해 한겨레 기획위원으로 일했다. 홍세화는 《악역을 맡은 자의 슬픔》(2002년), 《빨간 신호등》(2003년) 등을 모두 한겨레출판에 맡겨 펴냈다.

한국의 역사와 사회에 대한 새로운 시선을 제시한 박노자도 한겨레와 한겨레출판을 통해 필명을 떨쳤다. 1999년 5월, 한겨레는 외국인들이 보는 한국에 관한 연재물을 실었다. 제목이 '서울 돋보기'였다. 초대 필자는 미국계 국제변호사 로버트 할리, 독일계 방송인 이한우, 그리고 러시아인 교수 블라디미르 티호노프였다. 티호노프에겐 박노자라는 한국 이름도 있었다.

당시 그는 스물일곱 살이었고, 한국말을 유창하게 했고, 한국인보다 한국의 역사와 문화에 더 해박했다. 그가 한겨레에 쓴 칼럼을 토대로 《당신들의 대한민국》(2001년)을 한겨레출판에서 펴냈다. 이후 한겨레와 한겨레21에 줄곧 칼럼을 쓰면서 《좌우는 있어도 위아래는 없다》(2002년), 《하얀 가면의 제국》(2003년), 《우승 열패의 신화》(2005년), 《당신들의 대한민국 2》(2006년), 《우리가 몰랐던 동아시아》(2007년) 등을 연이어 냈다.

한겨레출판은 시대를 앞서가거나 시대와 불화했던 지식인들을 대중과 만나게 하는 다리 역할도 했다. 한국 현대사를 전공한 소장학자였던 한홍구는 2001년 1월부터 한겨레21에 '역사이야기'를 연재했다. 이를 토대로 2003년 2월, 《대한민국사》 1권을 냈다. 독자의 뜨거운 반응에 힘입어 2006년 12월까지 2, 3, 4권을 연이어 한겨레출판을 통해 펴냈다. 재미, 지식, 관점을 함께 제공하며 현대사의 감춰진 진실을 이해하도록 돕는 이 책은 2000년대 젊은이들의 필독서가 됐다.

송두율은 '경계인'이라는 말에 가장 잘 어울리는 지식인이다. 창간 직후부터 한겨레에 부정기적으로 글을 싣다가 2001년 1월부터 고정 칼럼을 썼다. 2003년, 국정원은 송두율이 북한 노동당 정치국 후보위원이라고 발표했다. 그 혐의를 벗으려 송두율

● 한겨레의 품격을 드높인 한겨레출판 사람들.

은 오랫동안 고생했다. 독일에서 공부하고 강의한 그는 남북을 오가며 분단을 넘으려 했던 지식인이었다. 국가보안법의 잣대로 그를 평가하기에는 무리가 많았다. 한겨레 출판은 송두율의 진면목을 보여주는 《통일의 논리를 찾아서》(1998년), 《민족은 사라지지 않는다》(2000년), 《21세기와의 대화》(2001년), 《경계인의 사색》(2002년) 등을 펴냈다.

또 다른 경계인이라 할 만한 정수일도 한겨레를 통해 세상과 다시 만났다. 그의 생애 자체가 한 편의 드라마다. 연변에서 태어나 중국 베이징 대학 동방학부를 수석으로 졸업하고 중국 외교관으로 일했다. 서른 살에 북한으로 국적을 바꾼 뒤 교수 생활을 하다 튀니지, 말레이시아, 필리핀 등을 거쳐 필리핀 국적의 '무함마드 깐수'라는 이름의 아랍계 외국인으로 한국에 들어왔다. 1996년 국가보안법 위반 혐의로 구속되었다가 2000년 광복절 특사로 풀려났다. 그는 2005년 10월부터 2006년 9월까지 한겨레에 '실크로드 재발견'을 연재했다. 실크로드를 배경으로 동서 문명 교류사를 짚은 그의 글은 2006년 11월 책 《실크로드 문명기행》으로 엮여 발행되었다.

출판부 설립 이래 한겨레출판은 가치와 수익 면에서 모두 성공을 거뒀다. 한겨레 출판이라는 브랜드 자체가 인문교양 서적을 찾는 독자들에게 신뢰를 주었다. 진보 담론에 목마른 사람들은 한겨레출판이 내는 책을 꾸준히 찾았고, 대중에 목마른 진보 지식인들은 지속적으로 한겨레출판과 인연을 맺었다.

한겨레출판의 성공은 한겨레 사람들에게 중요한 교훈을 주었다. 깊이 있는 진보, 성찰하는 지성의 콘텐츠가 대중적으로도 널리 사랑받을 수 있다는 사실을 확인했다. 이 분야에 가장 강점을 갖고 있는 기업이 바로 한겨레였다. 한겨레가 신문, 주간지, 인터넷 등을 통해 내놓는 여러 기사와 칼럼 등을 적절히 재가공할 수만 있다면, '가치 있는 상품'으로 만들어 수익 창출에도 기여할 수 있다는 점을 한겨레출판이 몸소 보여 주었다.

대규모 투자로 대박을 노리는 모험을 감행하지 않더라도, 적정 규모의 지속적인 투자로 신문사의 사회적 가치와 경제적 수익을 동시에 성취할 수 있다는 사실이 분명해졌다. 대안에 목마른 평범한 시민들에게 다가가는 '진보적 삶의 마케팅'이 시작되었다.

가치와 수익, 두 마리 토끼를 한 번에

1994년 초부터 1년여 동안 독특한 회의가 부정기적으로 열렸다. 이름 하여 '사업 다각화 회의'였다. 이사회 및 임원회의와 별개로 한겨레 콘텐츠를 바탕에 둔 각종 사업 방안을 논의하는 자리였다. 김두식, 문영희, 박성득, 박우정, 이병, 윤석인, 이상훈 등 당시의 관련 임원이 한자리에 모여 머리를 맞댔다.

이 자리에서 영화, 공연, 전시, 컴퓨터통신, 남북 교류 등 각 분야에 걸친 문화 사

●1990년 8월 18일, 서울 잠실학생체육관에서 열린 '겨레의 노래' 공연. 한겨레가 본격적으로 펼친 첫 문화 사업이었다.

업이 논의되었다. 문화 사업의 특성상 많은 돈이 들어가는 경우가 많아, 열 가지를 논의하면 한 가지도 성사시키기 힘들었지만, 이런 회의가 지속적으로 열렸다는 것 자체가 의미하는 바가 있다. 시민들의 피부에 와 닿는 문화 사업을 통해 신문사의 수익을 늘리고 영향력도 높일 수 있다는 전략적 사고가 바탕에 깔려 있었다.

창간 때부터 한겨레는 이 분야에서 나름의 저력을 갖고 있었다. 1990년 8월 18일부터 한 달간 진행된 '겨레의 노래' 전국 순회공연이 그 효시다. 한겨레 창간에 합류하기 전, 여러 공연 이벤트를 맡아 성공시킨 바 있는 이병주 상무이사가 겨레의 노래 사업단장을 맡았다. 가수 김민기가 공동위원장 겸 실무총감독이었다.

한겨레가 처음으로 기획한 이 문화 사업의 핵심은 '차별화'에 있었다. 기존의 대중가요, 고답적인 국악, 급진적인 운동가요 등과 달리, 널리 불리되 삶을 살찌울 수 있는 '우리 겨레만의 노래'를 발굴하고 그 창작을 북돋겠다는 뜻으로 사업을 진행했다. 방송사가 주최하는 대학가요제, 집회 장소에서나 만날 수 있는 민중가요 행사 등과 구분되는 한겨레만의 음악 행사를 기획했다. 사업단의 당시 구상을 요즘 말로 풀면 음악 시장의 '블루오션'을 찾아 나선 셈이었다.

1990년 8월 18일 서울 공연을 시작으로 광주, 대구, 부산, 전주, 대전 등 전국 7개 도시에서 22차례 공연을 펼쳤고, 5만여 명이 이 공연을 즐겼다. 해외 동포 사회에서 구전되는 한민족의 노래를 수집해 《겨레의 노래》라는 책으로 펴냈고, 그 가운데 열두 곡을 골라 담은 〈겨레의 노래〉 음반도 내어 10만 장을 팔았다. 음반 제작 과정에 150여 명의 각 분야 음악인들이 참여했고, 순회공연 때는 각 지방마다 노래패들이 동참해 70여 개 문화단체의 1500여 명이 무대에 올랐다.

이때의 경험을 바탕으로 한겨레 사업부는 '민족가극 금강'(1994년 8월), '음반 사전심의 철폐를 위한 자유 콘서트'(1996년 6월), '평양 교예단 서울 공연'(2000년 6월), '인권 콘서트'(2003년 12월), '오 통일 코리아 2004'(2004년 6월) 등의 문화공연 행사를 지속적으로 펼쳤다.

진보 마케팅의 지속 가능한 모델을 찾아

그러나 여러 공연 행사는 절반의 성공에 그쳤다. 각 행사가 모두 좋은 반응을 얻었지만, 막상 수익 면에서는 좋은 성과를 내지 못했다. 야심만만했던 기획 의도에도 불구하고 겨레의 노래 사업이 계속 이어지지 못하고, 그 뒤의 여러 문화 행사 대부분이 단발로 끝난 데에는 이런 수익의 문제가 있었다.

사람들에게 진보적 삶의 콘텐츠를 제공하는 것은 멀티미디어기업 한겨레의 존재 이유이기도 하다. 다만 그 일을 지속적으로 펼치기 위해서라도 수익을 내야 했다. 지속 가능한 진보의 마케팅은 한겨레 사람들이 창간 이후 줄곧 고심해온 화두였다.

한겨레문화센터는 그 해답 가운데 하나였다. 사업 다각화 회의가 내놓은 결실이기도 했다. 권근술 대표이사가 공식 취임한 1995년 3월 13일이 한겨레문화센터의 개관일이다. 한겨레출판에 이어 지식·교양의 저변을 확대하려는 한겨레의 또 다른 사업이었다.

당시 운영기획실은 기획부와 사업부로 나뉘어 있었다. 이병이 사업부장을 맡았고 강병수, 김상윤, 이승철 등이 함께 일했다. 사업부는 한겨레 사업 다각화의 첨병 구실을 했다. 한겨레21, 씨네21 등을 입안하여 성공적으로 추진했다. 그 세 번째 사업이 문화센터 건립이었다. 최초 기안은 김상윤이 했다. 이를 실현하고 제 궤도에 올리는 일을 강병수가 맡았다. 그는 한겨레문화센터 초대 팀장, 부장이 되어 2001년까지 센터 안착을 책임졌다.

한겨레문화센터는 서울 마포구 노고산동에 강의 공간을 따로 마련하고 직장인과

● 서울 신촌에 자리한 한겨레문화센터에서 열리고 있는 PR전문가 양성을 위한 전문 강좌.

학생을 대상으로 하는 전문 강좌 및 생활문화 강좌 등을 개설했다. 개관과 동시에 정상 궤도에 올랐다. 석 달 단위로 강좌를 여는 데, 매번 1000~2000여 명의 수강생들이 몰렸다. 주부, 대학생, 직장인 등이 골고루 한겨레문화센터 강좌를 찾았다. 강의 공간이 비좁아 더 많은 수강생을 받지 못할 정도였다.

다른 언론사들도 문화센터를 운용하고 있지만, 한겨레문화센터만큼 명성과 권위를 유지하는 곳은 드물다. 특히 출판, 언론, 영상 분야의 전문 강좌는 대학의 정규교육 과정에 버금갈 정도로 많은 실력자를 배출했다. 영화연출, 애니메이션, 출판만화, 시나리오, 출판편집, 언론사입사 과정 등은 관련 지망생들 사이에서 '사관학교'로 통한다. 글쓰기 분야는 한겨레문화센터의 또 다른 강점이다. 자유기고, 교정교열, 문화비평, 번역 등 전문적 글쓰기는 물론 논술, 토론, 독서 등 청소년 글쓰기 분야까지 다양한 강좌를 개발했다.

개관 첫 해인 1995년, 수강생들을 대상으로 수강 동기를 조사했는데, 응답자의 58%가 '전문성을 갖추기 위해서'라고 답했다. 그저 교양 강좌를 듣는 곳에 지나지 않았던 시중의 문화센터와 질적으로 다른 위상을 인정받은 셈이었다. 대학에서도 제대로 가르치지 않는 전문 강좌를 개발해 20·30대의 젊은 층에게 다가가려는 한겨레문화센터의 '교육철학'은 지금까지도 계속되고 있다.

한겨레문화센터는 한겨레 콘텐츠의 또 다른 허브 구실도 하고 있다. 2004년부터 매년 3월이면, 한겨레문화센터와 한겨레21이 공동으로 인터뷰 특강을 진행하고 있다. 한겨레의 주요 필자들이 독자들과 만나 특정 주제에 대해 집중적으로 강연한다. 그 성과는 한겨레출판이 매년 책으로 펴내고 있다.

남북 민간 교류의 허브, 한겨레통일문화재단

한겨레가 펼치는 문화 사업 가운데는 수익과 무관하게 진행되는 것도 있다. 바로 통일 사업이다. 한겨레통일문화재단은 남북 민간 교류의 허브 구실을 해왔다. 그 주춧돌은 기업인 김철호가 놓았다.

김철호는 해방 직후 무역회사를 차려 사업을 일군 뒤 섬유 사업, 화공약품 제조업에 뛰어들어 많은 돈을 모은 전형적인 기업가였다. 그러나 다른 기업인과는 달리 1968년, 40대 중반의 나이에 자신이 세운 회사를 후진에게 물려주었다. 대신 고향인 경기도 화성에 돌아가 농장을 짓고 거기에 매달렸다. 환갑을 앞둔 1983년에는 농사짓던 땅 가운데 2만 5000평을 노동부에 기증하면서, 산재 노동자를 위한 요양소를 세워달라고 부탁하기도 했다.

1990년 초, 그는 역사문제연구소에서 펴내는 계간지 역사비평을 읽게 되었다. 감동을 받은 나머지 당시 역사문제연구소를 이끌던 서중석 성균관대 교수, 박원순 변호사 등을 직접 만나 연구소 후원을 약속했다. 역사 문제에 뒤늦게 눈을 뜬 그는 자신의 전 재산을 이념 전쟁에 희생된 원혼을 위로하는 일에 쓰기로 마음을 먹었다. 지리산 노고단이 바라보이는 전남 구례 야산을 사들였다. 이곳에 분단 희생자를 위한 납골당을 세우려 했다.

그러나 터를 닦으려는 무렵, 암 판정을 받았다. 서중석과 박원순을 찾아갔다. 생이 얼마 남지 않은 것 같으니, 이 사업을 맡아 계속해달라고 부탁했다. 두 사람은 고민 끝에 한겨레신문사를 소개했다. 김철호는 1995년 5월, 1만 2000여 평의 땅과 현금 5억 원을 한겨레에 기탁했다.

한겨레는 기증자의 높은 뜻을 기리기 위해서라도 일회성 행사가 아닌 지속적인 통일 사업을 벌이기로 했다. 1995년 8월 11일, 이사회는 기탁금을 종자돈 삼아 통일 사업을 지속적으로 벌일 국민재단을 설립하기로 결정했다. 한겨레 창간 때 그랬듯이 전 국민이 발기인으로 참여하도록 하자는 구상이었다.

한겨레통일문화재단의 주춧돌을 놓은 김철호는 재단 설립을 보지 못하고 1995년 10월 29일, 세상을 떴다. 숨지기 직전 현금 2억 원을 추가로 한겨레신문사에 기탁했다. "통일문화재단 사업의 결실을 보고 싶다"는 게 그의 유언이었다.

주춧돌 위에 기둥을 세운 것은 김영철이었다. 김영철은 민중문화운동연합에서 활동하다 한겨레 창간에 합류했다. 문화부를 거쳐 여론매체부 미디어팀장으로 일하던 그는 통일문화재단 설립을 책임졌다. 나이, 계층, 정파를 초월한 전 국민적 참여 캠페인을 벌이자는 게 그의 구상이었다.

1996년 1월 9일, 한겨레 1면에 서태지 인터뷰 기사가 등장했다. 한겨레통일문화재단의 탄생을 축하한다는 내용이었다. 다음 날인 1월 10일, 서태지의 팬클럽 가운데서도 가장 회원 수가 많은 '요요팬클럽' 회장이 신문사를 찾아왔다. 회원 1000여 명 모두의 이름으로 한겨레통일문화재단의 국민 발기인으로 참여하겠다고 말했다. 서태지의 또 다른 팬클럽 '또래네'도 회원 40여 명이 발기인으로 참여하겠다는 뜻을 밝혔다. 하루 50통 정도씩 걸려오던 문의 전화가 100여 통으로 늘었다. 서태지가 한겨레통일문화재단 발기인으로 참여한다는 기사를 보고 "우리도 참여하겠다"고 나선 청소년들이었다.

한겨레통일문화재단 설립추진본부 사무국장을 맡은 김영철이 내놓은 아이디어였다. 재단에 참여할 국민 발기인 모집에 불을 지르기 위해선 고루함을 버려야 한다고 생각했다. 국민모금 캠페인을 위한 연쇄 인터뷰의 첫 주인공으로 당대 최고의 대중스타인 서태지를 섭외했다. 문화운동가 출신다운 발상이었다.

서태지를 필두로 패닉, 안성기, 임권택 등 문화예술인들을 앞장세웠다. 정치권에서도 여야를 넘나들며 이회창, 김종필, 이수성, 조순 등을 끌어들였다. 이들 모두가 한겨레통일문화재단의 발기인으로 참여했다.

김수환, 김정한, 송월주, 서영훈, 손기정, 한완상 등 각계 원로 23명을 비롯해 3만 2000여 명이 재단 발기인이 됐다. 한겨레통일문화재단은 분단 희생자 추모사업 외에도 남북이산가족 생사 및 주소 확인 사업, 통일 연구·교육 사업, 남북 학술·문화 교류 사업 등을 내걸었다.

일련의 과정이 한겨레 창간 과정과 비슷했는데, 설립 허가 문제로 고생한 것까지도 똑같았다. 재단 발기 작업이 순조롭게 진행되던 때에 통일부가 한겨레의 통일문화재단 설립을 불허한 것이다. 통일부는 재단이 계획한 분단 희생자 위령 사업, 이산가족 주소 확인 사업 등에 대해 국내외 정세를 이유로 시기상조라고 트집 잡았다. 통일 교육 사업에 대해서는 초중등 과정의 통일 교육 내용과 상충할 우려가 있다고 주장했다. 한겨레가 남북 교류 사업에 직접 뛰어드는 것을 인정하지 못하겠다는 뜻이었다.

● 한겨레통일문화재단이 제8회 한겨레통일문화상 수상자로 선정한 박용길 통일맞이 상임고문(왼쪽)과 홍근수 평화와 통일을 여는 사람들 상임대표가 2006년 3월 21일 오전 서울 한국언론회관에서 열린 시상식에서 변형윤 재단 이사장(오른쪽)과 기념사진을 찍고 있다. 오른쪽 사진은 1998년 9월 7일 서울 서초구 반포동 반포플라자 앞에서 열린 한겨레실업극복교육·지원센터 현판식.

　　우여곡절 끝에 1997년 6월에야 한겨레통일문화재단이 정부 허가를 받아 정식으로 출범했다. 이후 한겨레통일문화재단은 남북 민간 교류의 개척자 역할을 했다. 북녘동포 수해 돕기 캠페인(1997년), 윤이상 통일음악회(1998년), 남북경협아카데미(1999년), 금강산 자전거 평화 대행진(2001년), 북한 미술 특별전(2002년), 통일 감자꽃 축제(2003년), 용천군 폭발사고 피해 동포 돕기 캠페인(2004년), 북녘 나무 보내기 캠페인(2005년), 북녘 수해 지원 캠페인(2006년), 평양어린이학습장공장 준공(2007년) 등의 다양한 사업을 펼쳤다.

　　특히 1999년부터 한겨레통일문화상을 제정해 시상하고 있는데, 그동안 윤이상(1회), 강만길(2회), 문정현·문규현(3회), 정주영(4회), 부산 아시안게임 북한 응원단(5회), 임동원(6회), 개성공단을 만든 사람들(7회), 박용길·홍근수(8회), 리영희(9회) 등이 이 상을 받았다. 2000년대 들어서는 남북 교류 증진 사업에만 머무르지 않고 세계 평화의 문제로 시야를 넓혔다. 2003년에는 이라크 어린이들에게 의약품을 보냈다. 2005년부터는 세계 각국의 학자, 시민운동가, 정치인 등이 참가하는 '한겨레－부산 국제 심포지엄'을 매년 열고 있다.

　　한겨레통일문화재단 사람들이 안타깝게 여기는 일이 있다. 분단 희생자의 원혼을 기리는 납골당 건립 공사가 여전히 진행 중이다. 애초의 기탁자금으로 사업을 벌이는 데 부족함이 있었고, 재단 건립 이후 운영자금 마련조차 애를 먹으면서 시설 완공이 늦춰져왔다. 2008년 현재, 가칭 '한겨레 평화마을'로 이름 지은 묘지공원을 조성 중이다.

연대와 책임, 실업극복국민운동

언론사로서의 사회적 책임과 연대의식을 발휘한 또 하나의 사례가 실업극복국민운동 캠페인이다. 권근술 대표이사 시절, 편집국 사회부장이었던 오귀환이 적극 추진했다. 구제금융 사태 직후인 1998년 초, 실업자 교육 훈련과 취업 알선을 목표로 범국민 캠페인을 벌였다. 노동부, 한겨레, 시민단체 등이 함께 참여했다. "구제금융 사태로 어려움에 빠진 서민을 돕는 사회 공익적 사업이니만큼 한겨레가 그 일을 맡는 게 가장 적절할 것으로 봤다"고 오귀환은 회고한다.

이 사업은 언론·정부·시민사회가 공동으로 사회문제를 푸는 방식의 전범이 됐다. 한겨레의 역할이 지대했는데, 지면을 통해 관련 기사를 지속적으로 보도해 여론을 환기하는 한편, 사업 작풍이 서로 다른 정부기관과 시민단체를 연결하면서 중심을 잡았다. 성한표 총괄상무, 정영무 경제부 차장, 안영진·권복기 기자 등이 관련 취재와 사업을 열 달 동안 전담했다.

수백억 원의 성금을 실업자 교육과 취업 알선에 썼지만, 한겨레에 돌아온 수익은 한 푼도 없었다. 그러나 이들의 노력은 2003년 공익법인 실업극복운동본부의 출범으로 이어졌고, 지금까지도 언론사의 사회사업 가운데 가장 성공적인 사례로 남아 있다. "기자 노릇 하면서 그렇게 많은 사람들에게 피부에 와 닿는 큰 도움을 준 적이 없어서 일을 마칠 때는 모두 감격스러워했다"고 정영무는 회고한다.

한겨레21, 씨네21, 한겨레출판, 한겨레교육문화센터, 한겨레통일문화재단, 실업극복국민운동 등이 1990년대 중반의 한겨레신문사를 대표하게 된 것은 우연이 아니다. 여러 이유로 대표이사가 수시로 바뀌는 혼란 속에서도 당시 한겨레 사람들을 지배하는 화두는 하나였다. 신문 발행으로 축적된 한겨레의 고유한 콘텐츠를 보다 많은 사람들에게 전할 수 있는 다양한 경로의 개척이었다. 멀티미디어기업의 면모가 이 시절 형성되었다.

휴가 없는 시사만화가

건너편 승객이 한겨레를 들고 읽는다. 박재동은 유심히 그를 살폈다. 1면을 찬찬히 읽더니, 내쳐 2면을 넘긴다. 2면 아래쪽에 그가 그린 '한겨레 그림판'이 있다. 승객의 시선이 2면 위에서 아래로 내려간다. 잠시 한겨레 그림판 언저리에 눈길을 주더니, 곧장 3면으로 넘어갔다. 박재동은 자존심이 상했다. 섭섭했다. 한겨레가 창간된 지 얼마 지나지 않은 어느 날, 흔들리는 지하철에 앉아 그는 결심했다. '한번 붙어보자. 독자들이 무얼 더 눈여겨보는지.' 박재동은 자신의 그림판과 1면 머리기사를 경쟁 붙이기로 마음먹었다.

한국 시사만화의 새 이름, 박재동

승부를 정확히 가리기는 힘들지만, '한겨레 그림판'이 한겨레에 실린 어느 기사보다 높은 열독률을 자랑했던 것은 모두가 인정하는 사실이다. 지하철에서 박재동이 마주쳤던 그 독자는 드문 예외였다. 1988년 5월부터 1996년 5월까지, 한겨레를 펼쳐 읽는 많은 독자들이 '한겨레 그림판'부터 찾았다. 한국 언론사가 한겨레 이전과 한겨레 이후로 나뉘듯이, 한국 언론의 만화는 박재동 이전과 박재동 이후로 나뉜다.

그는 원래 고등학교 미술 교사였다. 아이들과 어울리는 생활이 행복했다. 그러다 문득 불안해졌다. 행복에 취해 그림의 꿈을 접게 될까 두려웠다. 학교를 그만두고 출판사 일러스트 일을 시작했다. 알고 지내던 유홍준이 한겨레 창간 제호 디자인을 해보라고 제의했다. 도전했는데 떨어졌다. 낙심해 있는데 미술가 박불똥이 불꽃을 지폈다. "예전에 보니 만화 잘 그리던데 시사만화에 응모해봐요." 1988년 2월, 한겨레 초대 시사만화가 공모 때 김을호가 선발되었다. 그는 네 칸 만화 담당이었다. 한 칸 만평을 맡

●한겨레의 만화가들. 왼쪽부터 박재동, 김을호, 김영훈, 박시백, 장봉군, 홍승우, 조남준, 정훈이.

을 사람의 자리는 비어 있었다. 1988년 4월, 박재동은 추가 모집에 응모해 뽑혔다.

박재동보다 한겨레 입사 선배인 김을호는 한국은 물론 세계적으로도 전무후무한 여성 시사만화가다. 그는 미술을 전공하지 않았다. 대학과 대학원에서 불문학을 공부하고 프랑스 유학을 준비했던 문학도였다. 다만 대학 학보사에 만평을 그렸다. 대학원 시절을 포함해 8년간 한 칸 만평과 네 칸 만화를 그렸다. 한겨레가 시사만화가를 공모한다는 이야기를 듣고 자신의 실력이 궁금하기도 하여 응시했다.

금녀의 영역을 무너뜨린 '미주알' 김을호

그런데 덜컥 합격했다. 유력한 신문에서 오랫동안 만평을 그린 경력자들을 모두 제치고 한겨레 초대 시사만화가가 됐다. 너무 좋아 유학의 꿈은 그날로 접었다. 한겨레 창간에 참가하게 된 것 자체가 기뻤다. 출근 첫 날, 성유보 편집위원장이 말했다. "당신이 여자라서 뽑을지 말지 고민 많이 했어요." 시사만화는 '금녀의 영역'으로 여겨졌었다. 네 컷 만화 주인공의 이름을 무엇으로 정할까 고민하는데, 친오빠가 말했다. "한겨레 기자들은 10년 이상 말 못할 시절을 보냈으니, 얼마나 미주알고주알 하고 싶은 말이 많겠냐." 그래서 탄생한 것이 '미주알'이다. 창간호에서 그 '미주알'은 "할 말은 하겠다"고 독자들에게 인사했다.

박재동과 김을호는 이 분야의 경험이 전혀 없었다. 창간호가 나오던 5월 15일까지 한 달여 동안 책상을 나란히 붙여놓고 그리고 또 그렸다. 박재동은 여기저기 다니며 아이디어를 구했고, 김을호는 조용히 앉아 자신과 씨름했다.

다른 신문에서는 시사만화가를 일반 사원으로 취급했다. 한겨레도 처음에는 그랬는데, 얼마 지나지 않아 두 사람을 기자로 불렀다. 박재동 기자와 김을호 기자는 휴일이 없었다. 매일 만화를 그렸다. 쉬려면 미리 그림을 그려두어야 했다. 부친이 돌아가셨을 때, 박재동은 상복을 입고 편집국에 나와 그림을 그렸다. 김을호는 입사 4년여 만에 첫 휴가를 받았다. 휴가 때 내보낼 만화를 6개월 전부터 그려두어야 했다. 막상 여벌 그림을 끝내놓고는 극심한 두통 때문에 병원에서 휴가를 보냈다. 박재동은 1996년, 김을호는 2004년 각각 한겨레를 떠나 대학 등에서 활발한 활동을 하고 있다.

에세이만화 개척한 박시백, 연습생 출신의 4번 타자 장봉군

박재동의 뒤를 이어 박시백이 1996년부터 '한겨레 그림판'을 맡았다. 그는 한 컷 또는 네 컷에 머물렀던 시사만화를 '수필만화' 또는 '에세이만화'로 확장시킨 개척자였다. 박시백은 한 컷 만평에 만족하지 않았다. 1997년부터 2001년까지 한겨레에 연재된 '박시백의 그림세상'은 일간지에 '수필만화'를 본격적으로 도입한 결실이었다.

경제학을 공부한 그는 대학 시절 유명한 운동권이었는데, 수더분하고 얌전한 인상을 기억하는 한겨레 사람들은 박시백의 과거를 좀체 믿지 않았다. 그래도 사회과학도의 면모를 유감없이 발휘했다. 국제, 경제, 역사, 정치 등을 전면에 내세워 서사가 있는 시사만화를 구현했다. 2001년 신문사를 떠나 역사 만화 등을 펴내고 있다.

장봉군은 밑바닥부터 만평을 시작했다. 연습생으로 시작해 1군 4번 타자가 된 경우다. 그는 한겨레 독자만화투고에 매일 자신의 만화를 보냈다. "일주일에 하루만 쉬자"고 아우성치던 박재동이 그의 그림을 눈여겨봤다. 박재동이 쉬는 날, 장봉군이 그날의 만평을 책임졌다. 매주 목요일마다 '초대석'이라는 이름으로 만평을 그렸다. 유명세를 타면서 잠시 문화일보로 옮겼다가 1997년부터 다시 한겨레에 돌아와 '한겨레 그림판'을 맡게 되었다.

그는 빈민을 대상으로 한 야학을 거쳐 1년 동안 공장에서 '현장 활동'을 하다 명동성당 만화패에서 만화운동을 이끌었다. 한겨레를 통해 데뷔하자마자 시사만화계의 세대교체를 대표하는 인물이 되었다. 나중엔 '전국시사만화작가회의' 초대 회장도 맡았다.

그의 본명은 김주성이다. 운동권 경력을 알고 있는 사람들은 그의 필명 장봉군이 혹시 '장군봉'의 다른 말 아니냐고 의심하기도 한다. 진실은 이렇다. 어느 서예잡지에 만화를 그렸는데, 잡지 편집장이 필명을 지어주었다. 날카로운 획을 부드럽게 다듬는 서예 기법인 '장봉'에 놈 '군'자를 붙였다. 결과적으로는 그의 필체를 설명하는 절묘한 이름이 되었다.

시사만화의 2세대, 홍승우, 조남준, 정훈이

홍승우는 한겨레 시사만화의 2세대를 대표한다. 1998년 한겨레리빙에 '정보통 사람들'을 연재하다 1999년부터 한겨레에 '비빔툰'으로 제목을 바꿔 싣고 있다. 갓난아이를 기르는 육아만화였던 '비빔툰'은 이제 초등학생이 된 남매를 키우는 교육만화로 자랐다. 홍승우는 두 남매가 결혼해 아이를 낳을 때까지 한겨레에 만화를 계속 그릴 생각이다.

한겨레 1세대 시사만화가 촌철살인의 만평으로 대표된다면, 2세대 시사만화는 서사가 있는 에세이만화가 큰 비중을 차지한다. 조남준은 1997년부터 2004년까지 한겨레21에 '시사SF'를 연재하여 이 분야의 새로운 지평을 열었다. 디지털컴퓨터 화상으로 다듬은 그의 그림은 기왕의 거친 시사만화와 확연히 구분되었다. 정치, 경제, 사회, 역사 등 각 분야를 넘나들었다.

이들과 전혀 다른 만화 세계를 구축한 이가 정훈이다. 씨네21에 '만화 vs 영화'를 연재했다. 씨네21 창간 초기에 가끔씩 만화를 실었는데 반응이 워낙 좋아 1996년 초부터 계속 연재하고 있다. 기상천외하면서도 강력한 그의 패러디는 독자를 정신없이 웃기는데, 씨네21을 받자마자 그의 만화부터 찾아 읽는 독자들이 많다.

여러 시사만화가들이 곡절 많은 부침을 겪으며 한겨레를 거치는 동안 김영훈은 창간 이후 줄곧 묵묵히 붓을 들었다. 한겨레 창간 때부터 삽화, 일러스트, 시사만화를 그렸다. 2005년부터 '함께하는 교육' 섹션에 '세상을 바꾸는 100가지 공학기술'이라는 청소년 만화를 연재하는 등 '학습만화'의 새로운 영역을 개척하고 있다.

한겨레가 유명한 시사만화가를 거느린 것은 어찌 보면 자연스런 일이다. 시사만화의 생명은 사태의 본질을 꿰뚫는 데 있는데, 그런 일에 가장 잘 어울리는 매체가 바로 한겨레다. 2007년 3월 1일, 씨네21은 격주간 만화잡지 팝툰을 창간했다. 한겨레와 그 자매지들이 지난 20년 동안 쌓아온 만화 내공을 팝툰을 통해 만날 수 있다.

군계일학의 지역 기자

창간 때부터 한겨레는 '주재 기자' 대신 '지역 기자'라는 말을 썼다. 다른 중앙 언론사의 지역 주재 기자들은 지역민으로부터 원성을 많이 들었다. 기자실에 모여 노름을 일삼고 공무원과 지역 기업체로부터 촌지를 받고 취재 대신 광고 영업을 했다. 공무원, 지역 토호 등과 카르텔을 맺고 지역사회를 좌지우지했다. 한겨레 지역 기자는 처음부터 그런 일을 배척했다. 지역사회에서는 당연하게 여겨지던 촌지를 거부했다. 중앙 언론사의 주재 기자 및 지역 유력지 기자들이 주요 관공서와 맺은 침묵의 카르텔도 부수었다.

지역의 권언 카르텔에 맞서다

김영환·배경록(경기·인천), 손규성(충남), 박화강(전남), 장세환(전북), 김현태·신동명(경남), 이수윤(부산), 김종화(강원), 구대선(대구·경북), 허호준(제주) 등이 한겨레 지역 기자 1세대다. 이들 대부분은 각 지역을 대표하는 유력지를 그만두고 한겨레에 합류했다. 박화강, 장세환, 손규성, 이수윤, 김현태, 김영환, 김종화는 창간 멤버다. 배경록, 구대선, 신동명, 허호준은 창간 이후 몇 달 뒤에 한겨레에 들어왔다. 이 가운데서도 박화강은 한겨레 지역 기자들의 정신적 지주다. 그는 전남매일 기자 시절인 1980년, 광주항쟁을 보도하려다 해직되었다. 관련 기사를 썼는데 지면에 실리지 못했다. 바로 사표를 냈다. 동료 기자들은 그가 쓴 사표를 복사해 유인물로 만들어 광주 시민들에게 돌렸다. "보았다. 사람이 개 끌리듯 끌려가 죽어가는 것을 두 눈으로 똑똑히 보았다. 그러나 신문에는 한 줄도 싣지 못했다. 이에 부끄러워 붓을 놓는다." 박화강의 사직서는 진실을 덮은 모든 기사를 대신했다. 신문사는 이 사표를 반려했지만, 머지않아 전두환 신군부가 박화강을 신문사에서 내쫓았다.

● 퇴직자를 포함한 한겨레 역대 지역 기자들이 2006년 12월, 계룡산 국립공원에 모였다. 후배 지역 기자들이 '홈커밍데이'를 열어 선배 지역 기자들을 초청했다. 뒤 사진은 행사장에 내걸린 펼침막.

박화강의 남동생 박형선은 1974년 민청학련 사태에 연루되어 12년 징역형을 받았다. 여동생 박기순은 광주의 들불야학을 이끌다 연탄가스 중독으로 죽었다. 훗날 박기순은 광주항쟁을 이끌다 전남도청에서 사망한 '최후의 시민군' 윤상원과 영혼결혼식을 맺었다. 역시 광주항쟁을 주도한 윤한봉은 박화강과 처남 매제 사이다. 한겨레 창간위원이기도 한 박화강의 삶 자체가 지역 기자 1세대의 도덕성을 상징한다.

자부심 빼면 시체인 한겨레 사람들조차 한겨레 지역 기자들을 '천연기념물'이라 부른다. 어지럽고 더러운 일들이 많이 일어나는 지역사회에서 오히려 더 맑은 정신으로 기자 노릇을 하려 애쓴 결과다. 지역 기자 사회에선 요즘에도 촌지가 많다. 한겨레 지역 기자들은 여전히 식사 자리까지 골라가며 한겨레 윤리강령을 철저히 지킨다.

이 때문에 1세대 지역 기자들은 고생을 많이 했다. 혈혈단신으로 지역의 권언 카르텔을 상대했다. 촌지 받으며 지역사회에 군림하는 다른 언론사 기자들의 텃세를 혼자서 감당해야 했다. 경남도청 기자단이 한겨레 기자의 기자실 출입을 거부하자 김현태는 기자실 출입문에 아예 대자보를 써 붙이기도 했다. 한겨레의 지역 기자들은 촌지 문제를 자주 취재해 보도했는데, 그때마다 영세한 지역 일간지 기자들이 하소연을 많이 했다. 그들은 촌지를 받지 않으면 생계를 유지할 수 없었다. 지역 언론의 사주들은 월급

대신 촌지를 받아 생활하라고 기자들에게 노골적으로 강요했다.

한겨레 지역 기자들은 주재 기자단의 따돌림 덕분에 오히려 현장을 열심히 다닐 수 있었다. 기자 한두 사람의 담당 지역이 영남 전체 또는 호남 전체이던 시절이었다. 주요 출입처인 관공서만 따져도 20여 곳이 넘었다. 시골에서 일이 터지면 기차를 타고 달려가 취재했다. 각 지역의 재야단체, 노동단체는 모두 한겨레 기자를 찾았다. 노동운동이 폭발적으로 일어나던 1980년대 후반에는 하루에도 수십 곳에서 노조 결성식이 열렸다. "2~3년 동안 노력해서 목숨 걸고 민주노조를 만들었는데, 한겨레 기자가 안 온다는 게 말이 됩니까?" 한겨레 지역 기자들은 당장 기사가 안 되는 소규모 공장의 노조 출범식까지 뛰어다녔다.

창간 때의 1세대에 뒤이어 1990년대 초중반에 지역 기자를 더 뽑았다. 홍용덕·김기성(경기), 안관옥(광주), 이수범(광주), 최익림(부산), 홍대선(대구), 하석(대전) 등이다. 이들이 합류한 뒤에 한겨레 지역팀의 특종이 더 많아졌다.

지역팀의 특종들

정부가 지역 교사와 공무원들을 상대로 3당 합당을 일방적으로 홍보하는 교육을 벌였다(1990년 2월 13일). 지역 군부대가 민간업자와 짜고 군 장비를 불법 유출했다(1992년 11월 13일). 인천시장이 관내 통장 3000여 명에게 선물을 돌려 사전 선거운동을 벌였다(1994년 3월 24일). 지자체들이 주민들의 혈세로 계도용 신문을 사서 배포했다(1995년 11월 22일). 청와대 고위 관계자들이 과천시 일대 녹지 해제를 위해 압력을 넣었다(1996년 11월 27일). 한 지방대학이 교수 수십 명으로부터 채용을 빌미로 20억여 원을 불법으로 받았다(1999년 9월 6일)….

이런 일들이 지역 언론에 좀처럼 드러나지 않는 이유가 있다. 한 지역에 여러 명의 주재 기자를 두는 다른 중앙일간지는 주재 기자들을 활용해 지역 권력층에 영향력을 행사하거나 개발 정보를 캐내 신문사의 자산을 불리는 경우가 많다. 지역 유력지로 꼽히는 신문의 경우엔 그 사주가 아예 지역 토호다. 지역 언론의 상황은 여러모로 1980년대 수준을 벗어나지 못했다. 한겨레 지역 기자들은 말 그대로의 군계일학이다.

2008년 현재 한겨레 지역팀은 3세대가 떠받치고 있다. 2000년대 들어 공채 또는 경력으로 입사한 기자들이다. 김광수(울산), 박영률(대구), 박임근(전주), 박주희(대구), 송인걸(대전), 오윤주(청주), 정대하(광주), 최상원(부산) 등이다.

3세대에 이르러 대형 특종들이 나왔다. 2003년 10월, 부산 성인오락실 업주들과 검경 커넥션을 폭로했다. 2005년 1월, 기아차 노조, 부산 항운노조 등의 간부들이 채용을 대가로 뒷돈을 받은 사실을 특종 보도했다. 2005년 2월, 타이 여성 이주 노동자들의 노말헥산 중독을 발굴 취재했다. 이런 특종은 서울의 사회부 기자와 지역팀이 공동 취재를 하거나, 전국 각지의 지역 기자들이 유기적으로 취재해 일군 성과다. 2005년 5월, 지역 기자들은 창간을 기념해 수여하는 '한겨레 대상'을 단체로 받았다.

도덕의 상징이고 취재의 모범인 한겨레 지역 기자들에게도 고민이 있다. 한겨레는 창간 이후 줄곧 지역 신문 시장을 효과적으로 공략하지 못했다. 1994년 말, 고심 끝에 지역법인을 따로 만드는 방안을 추진했다. 사업 다각화 회의에서 처음 나온 구상이었다.

'부산 한겨레' '광주 한겨레' 등을 분사시키고 이들 지역 법인이 4~8면에 걸쳐 지역 뉴스를 담으면 나머지는 서울 본사가 제작한 기사로 채운다는 계획이었다. 자금과 지면 관리 문제가 말끔히 해결되지 못한 상태에서 대표이사가 중도에 바뀌어 그 구상을 접었다. 2005년 무렵엔 지역팀 규모를 줄인다는 이야기가 사내에서 나돌았다. 묵묵히 일했던 지역 기자들의 마음이 많이 상했다. 그래도 묵묵히 일했다. 지역 기자들의 그런 작풍 덕분에 한겨레는 전국 종합일간지의 위상을 20년간 지켜오고 있다.

하루 종일 차만 타고 다니는 한겨레 기자들이 있었다. 1994년 5월 무렵의 일이다. 김영삼 대통령의 아들 김현철의 승용차를 24시간 뒤쫓았다. 김현철의 측근으로 통하는 주변 인물들도 추적했다. 그들이 언제 어디에서 누구를 만나는지 알아내려 했다. '한겨레' 로고가 박힌 신문사 취재 차량 대신 개인 승용차를 구해 타고 다녔다. 놓칠까 우려해 두 대의 차에 사회부 기자와 사진부 기자가 나눠 탔다. 어느 날, 청와대 수석 비서관이 최학래 편집위원장에게 전화를 걸었다. "어떻게 스물네 시간을 따라다닙니까. 신경이 쓰여서 (김현철의) 눈 실핏줄이 터졌답니다. 너무 심한 거 아닙니까."

너무 심한 일을 먼저 벌인 것은 김현철이었다. 그는 1994년 5월 3일, 한겨레 보도가 자신의 명예를 훼손했다며 20억 원의 손해배상 청구소송을 냈다. 명예훼손 소송 사상 최고의 청구액이었다. 1994년 4월 27일 한겨레 1면에 나간 기사를 문제 삼았다. 무자격 한약업사들이 자신들을 구제하는 조건으로 김현철에게 1억 2000만 원의 정치자금을 건넸다는 내용이었다.

이 기사는 엄밀히 말해 한겨레의 특종이 아니었다. 사건 관련 첫 보도는 세계일보가 했다. 무자격 한약업사를 구제하는 일에 청와대가 압력을 넣었다는 의혹을 1994년 4월 24일에 보도했다. 이틀 뒤, 관련 핵심 인물인 한약업사 정재중이 정치자금을 김현철 쪽에 건넸다고 주장하는 기자회견을 열었다. 한겨레가 보도한 것은 그 기자회견 내용이었다.

이 기사를 한겨레만의 특종으로 만들어준 것은 다른 언론이었다. 각 언론사 기자

20여 명이 기자회견에 참석했지만 누구도 이를 보도하지 않았다. 한겨레를 제외한 나머지 언론 가운데 최초 보도를 했던 세계일보만 초판에 기사를 내보냈는데, 그나마 밤새 기사를 빼버렸다. 이 신문사 부사장은 "미안하다. 외압이 왔다"고 기자들에게 말했다. 첫 기사와 달리 김현철의 이름이 거론된 것이 문제였다. 이후 언론계에선 '한겨레적 특종'이란 말이 회자되었다. 알면서도 누구도 쓰지 않는 기사를 한겨레만이 소신 있게 쓰는 경우를 일컫는 말이었다.

문민정부 최후의 성역을 무너뜨리다

1994년 3월 24일자로 발행된 한겨레21 창간호 표지 기사도 그런 의미에서 한겨레적 특종이었다. '황태자 김현철은 성역인가'라는 제목으로 김현철을 둘러싼 여러 의혹을 처음으로 짚었다. 그런데 한겨레21보다 먼저 이를 다루려 했던 주간지가 있었다. 경향신문사가 발행하는 뉴스메이커였다. 그해 초 김현철의 정치권 인맥에 대한 취재를 마치고, 2월 초에 기사를 내보내려 했다. 그런데 청와대에서 연락이 왔다. 기사를 싣지 말라고 했다. 뉴스메이커는 김현철 관련 보도를 접었다.

한겨레21 기자들도 이런 일을 알고 있었다. 그 상황이 오히려 한겨레21 기자들을 자극했다. 창간호에서 김현철 문제를 정면으로 다루기로 했다. 어떻게 알았는지 연락이 왔다. 청와대 비서관이 취재를 맡은 곽병찬에게 연락했다. 안기부 간부는 고영재 편집장에게 연락했다. 기사를 쓰지 말라고 노골적으로 압박했다. 한겨레21은 그래도 썼다. 기사 가운데는 기업인 장명호가 김현철을 등에 업고 서울 강남지역 유선 방송 사업권을 따내려 했다는 내용도 있었다. 장명호는 기사가 나온 지 일주일 뒤에 곽병찬을 상대로 1억 원의 명예훼손 소송을 걸었다.

김현철은 김영삼 대통령의 둘째 아들이다. 공식적으로는 아무 직함도 권한도 없는 자연인이었다. 그러나 문민정부의 실세들이 그에게 머리를 조아렸다. 김현철은 '소통령'으로 불렸다. 개인 사무실과 비선 조직을 운영하면서 비밀스럽게 권부를 조정했다. 아버지인 대통령은 그에게 각별한 애정을 보냈다. 여러 권력기관들이 앞 다투어 김현철을 보호했다. 언론은 그 이름 석 자를 거론하는 일조차 피했다. 한겨레의 김현철 보도는 그래서 특별했다.

1994년 봄부터 한겨레와 한겨레21은 김현철을 둘러싼 각종 의혹을 연달아 보도했다. 김현철의 비밀 개인 사무실을 찾아내고, 그가 동원한 사조직의 실상을 드러내고, 그의 정·재·관계 커넥션을 폭로했다. 1994년과 1995년에 걸쳐 한겨레의 정치부, 사회부, 경제부 소속 기자 가운데 김현철 관련 기사를 써보지 않은 이가 드물었다. 한겨레와 한겨레21의 크고 작은 보도가 이어지면서 김현철의 전횡이 정국의 핵으로 떠올랐다.

그러나 그가 구체적으로 무슨 일을 어떻게 잘못했는지가 드러나지 않았다. 한겨레도 좀체 결정적인 치부를 캐지 못했다. 권력기관이 앞장서 지키는 김현철의 주변을 파고드는 일이 쉽지 않았다. 그 사이 김현철이 제기한 소송이 일사천리로 진행되었다. 사법부가 대통령의 눈치를 보고 있다는 비판이 들끓었다. 원고인 김현철은 한 차례도 법정에 나오지 않았다. 재판부는 이를 눈감았다. 반면 한겨레 쪽이 제기한 증인 신청은 기각했다. 충분한 심리를 거치지 않은 상태에서 1995년 1월 16일, 1심 재판부가 한겨레의 패소를 판결했다. 4억 원의 배상 판결을 내렸다. 한겨레는 즉각 항소했다.

항소심이 진행되던 1997년 3월 10일, 한겨레 1면에 결정적인 특종 보도가 나왔다. 김현철이 YTN 사장 인사에 깊숙이 개입했다는 내용이었다. 김현철과 그의 상담 의사 박경식의 전화 통화 내용을 녹음한 테이프를 정치부 김성호 기자가 입수했다. 이 통화에서 김현철은 정부 고위 인사들로부터 수시로 보고를 받으며 주요 공직자의 인사 문제까지 관여했음을 스스로 털어놓았다. 김현철이 국정에 개입했다는 결정적이고도 구체적인 증거가 처음으로 세상에 알려졌다.

이를 보도한 김성호는 1994년부터 김현철 문제에 관심을 두고 오랫동안 추적 취재를 벌이고 있었다. 제보자인 박경식과 돈독한 관계를 맺으며 공을 들였고, 결국 결정적 제보를 받아냈다. 보도가 나간 지 일주일 만인 1997년 3월 17일, 김현철은 대국민 사과문을 냈다. 한겨레를 상대로 한 명예훼손 소송도 취하했다.

앞서 1997년 2월 25일, 김영삼 대통령도 "아들의 허물은 아비의 허물"이라며 대국민담화에서 사죄의 뜻을 밝혔다. 한겨레는 이후 김현철이 권영해 안기부장을 만나 국정을 논의한 사실 등을 추가로 특종 보도했다. 두 달 뒤인 1997년 5월 15일, 김현철은 피의자 자격으로 검찰에 출두했다. 문민정부 최후의 성역이 한겨레에 의해 무너졌다.

싸 우 는 신 문 , 한 겨 레

군사정부 시대가 끝나고 문민정부가 들어선 1992년 이후, 한겨레 보도는 중요한 변화를 겪는다. 초창기 주요 특종과 기획 기사들은 군사정부의 인권유린에 주목했는데, 문민정부 이후에는 권력형 비리에 더 많은 관심을 기울였다. 취재 방식에도 변화가 생겼다. 초기에는 내부 제보자의 양심선언에 많이 기댔지만, 문민정부 이후에는 끈질긴 추적에 의한 심층 보도 또는 발굴 특종이 주를 이뤘다.

2001년, 일본 아사히신문의 이토 지히로 기자는 《싸우는 신문―한겨레의 12년》(이와나미서점)이라는 책을 펴냈다. 제목 그대로 '진보적이면서도 전투적인' 한겨레 같은 신문이 일본에도 필요하다는 게 그의 생각이었다. 그의 감동은 90년대의 한겨레 보도에서 비롯된 바가 크다.

성한표, 김중배, 최학래, 윤후상, 박우정 등이 이 무렵 편집위원장을 맡았다. 이들은 한 번 물면 놓지 않는 근성 있는 보도를 강조했다. 동시에 기사로서의 공정성과 심층성을 갖출 것을 요구했다. 이에 화답한 것이 당시 30대의 젊은 기자들이었다. 다른 언론사에서 사회부 초년 시절을 보낸 뒤 한겨레에 합류한 경력 기자 출신과 한겨레에 공채로 들어와 몇 년간의 현장 경험을 쌓은 기자들이 이 시기의 주요 특종과 기획에 이름을 올렸다. 한겨레 편집국의 주력이 해직 기자 세대에서 공채 기자 세대로 넘어가고 있었다.

건설부, 토지공사, 서울시 등이 특정 건설업체에게 특혜를 베풀고 그 대가로 정치자금을 받은 의혹을 폭로한 건영 특혜 보도(1992년 10월), 카지노업자와 정치권의 유착 의혹을 제기한 카지노 비리 보도(1993년 5월), 재벌그룹의 정치자금 전달 현장을 발굴 폭로한 쌍용 사과상자 보도(1996년 7월), 한보그룹의 비자금 의혹 보도(1997년 1월) 등이 대표적이다. 한 번의 보도로 그치지 않고, 이후 두세 달 동안 추적을 계속해 관련 기사를 내놓았다.

김대중 정부도 '싸우는 신문' 한겨레에게 예외가 될 수 없었다. 1999년 5월 24일, 한겨레 사회면에 '부인들'이 등장했다. 최순영 신동아그룹 회장의 부인 이형자가 김대중 정부 장관 부인들의 단골 의상실에서 1억 원어치가 넘는 옷을 구입했고, 구속된 남편의 구명 로비를 위해 권력자들의 부인에게 이를 선물한 의혹이 있다고 보도했다.

● 1999년 9월, 옷 로비 의혹 사건과 관련된 인물들이 국회청문회에 출석해 증인 선서를 하고 있다.

'옷 로비' 사건을 처음으로 알린 특종이었다.

민권사회부장 이상현이 전직 관료와의 식사 자리에서 들은 이야기가 취재의 발단이 되었다. 고위직 부인들이 비싼 옷을 주고받는 과정에서 잡음이 생겼다는 이야기가 나왔다. 고위층의 도덕적 불감증에 대한 한탄을 하다 불쑥 나온 말이었다. 뭔가 낌새가 이상하다 느낀 이상현은 바로 다음 날부터 취재를 지시했다.

분명한 것은 아무것도 없었다. 파편적인 단서가 전부였다. 민권사회부 차장인 배경록이 경찰청 간부에게 전화를 걸었다. 고위직과 관련된 사건을 전담하는 경찰청 형사국 조사과의 '사직동팀' 소속이었다. 혹시나 하여 연락했는데 의외의 성과를 얻었다. "아, 그 비슷한 일이 있긴 있었는데, 우리가 조사해보니 별것 아니더군요. 잘 처리했습니다." 소문이 사실로 확인된 순간이었다.

사회부 기자들이 일제히 취재에 들어갔다. 강석운 경찰팀장이 현장 취재를 이끌었다. 문제의 의상실을 찾아냈다. 드나든 인물들도 파악했다. 어떤 옷을 언제 구입했는지도 취재했다. 5월 24일치 사회면에 기사를 내보냈다. 다음 날인 5월 25일부터는 1면 머리에 후속 기사를 올리며 본격적인 보도에 들어갔다.

이 사건의 줄기는 간단했다. 재벌 총수의 부인이 권력 실세의 부인에게 접근해 고액의 옷을 뇌물로 전달하고 그 대가로 감옥에 들어간 남편을 구해내려 했다. 그런데 수사 당국은 실체를 제대로 밝히지 못했다. 경찰, 검찰, 청와대 등은 문제의 근원을 건드리지 못했다. 권력의 카르텔이 진실을 드러내는 일을 막았다. 결국 1999년 6월, 사상 처음으로 특별검사제가 도입되었다. 한겨레의 특종이 특별검사의 탄생을 불러온 셈이었다.

대통령에게만 보고되는 청와대 내사 보고서가 검찰에 유출된 사실이 수사 과정에서 드러났다. 김대중 정부의 주요 인사들이 법과 제도를 넘어 권력을 사유화했다는 정황이 속속 드러났다. 김태정 법무부 장관과 박주선 청와대 법무 비서관이 이로 인해 구속됐다. 김대중 정부의 도덕성에 결정적 흠집이 생겼다. 결국 김대중 대통령은 6월 25일 기자간담회를 열어 "최근 몇몇 사건으로 국민 여러분께 크게 심려를 끼쳐드린 데 대해 대단히 죄송하게 생각한다"고 말했다.

김현철 보도와 옷 로비 보도는 많이 닮아 있다. 김영삼과 김대중은 나란히 민주 정부를 표방했다. 일련의 개혁 조치도 취했다. 그러나 시간이 흐르면서 소수에게 권력이 집중되었다. 법치가 아닌 인치의 전횡이 시작됐다. 한겨레는 이 대목을 놓치지 않았다. 최초의 특종 보도는 물론 이후 지속적인 보도로 권력의 치부를 파고들었다. 관련자를 권좌에서 끌어냈다.

옷 로비 보도를 전후해 한겨레 주변에는 두 가지의 의구심이 있었다. 김대중 정부 출범 이후 한겨레가 권력 비판을 소홀히 한 게 아니냐는 시선이 그 첫 번째다. 그러나 한겨레는 옷 로비 보도 이후에도 김대중 정부의 잘못을 계속 파고들었다. 대검 공안부 가 공기업 구조조정 차원에서 조폐공사 노조의 파업을 유도했다(1999년 6월). 한빛은행 이 현직 장관 친인척 등에게 거액을 편법으로 대출했다(2000년 8월). 김대중 대통령의 아들 김홍걸이 체육복표 사업자 선정 등의 이권 사업에 개입했다(2002년 4월)…. 한겨 레는 김대중 정부의 치부를 가장 매섭게 추적 보도한 언론이었다.

정반대 입장에서 제기된 질문도 있다. 실체가 뚜렷하지 않은 의혹을 한겨레가 과 도하게 부풀려 김대중 정부를 공격한 게 아니냐는 것이다. 당국의 수사와 법정 공방이 진행될수록 재벌 총수 부인이 로비를 시도했고, 이를 최고 권력자들이 초법적 방법으로 덮으려 했다는 점이 명백해졌다. 한겨레가 보도한 내용 그대로였다. 다른 언론의 근거 없는 보도 때문에 이 사건을 선정적으로 보는 여론이 높아지긴 했지만, 그렇다고 한겨레가 권력의 부패를 눈감을 수는 없었다.

"사소한 정보도 놓치지 않는 한겨레 기자들이 순수한 취재 열정으로 특종을 만 들었어요. 이런저런 억측들이 있었지만, 기자란 정치적 고려가 아니라 사건 그 자체 에 집중할 필요가 있고, 한겨레 기자들도 그렇게 했을 뿐입니다." 당시 민권사회부장 으로 관련 보도를 이끌었던 이상현의 말이다.

"경찰도 검찰도 못해낸 일을 해냈다"

한겨레는 정치권력만 상대한 것이 아니었다. 1994년 3월, 서의현 조계종 총무원 장이 3선 연임을 밀어붙였다. 그는 김영삼 정부의 최고위층과 긴밀한 관계를 유지하 며 종단을 장악했다. 신자들의 주머니에서 나온 돈을 모아 집권세력에게 거액의 정치 자금으로 제공했다는 의혹도 제기되었다. '정치 10단'이 그의 별명이었다.

정인식 기자가 서의현의 3선 추진이 종단의 대분란을 낳을 것이라는 분석 기사를

3월 초부터 썼다. 종단의 개혁을 주장하는 '범승가종단개혁추진회' 소속 승려들이 3월 26일부터 서울 조계사에서 서의현의 3선 연임을 반대하는 단식 농성에 들어갔다. 3월 29일 새벽, 조직폭력배 300여 명이 조계사에 쳐들어가 농성 중이던 승려들을 마구잡이로 때리고 위협했다. 경찰은 난동을 부린 폭력배 대신 농성 중이던 승려들을 연행했다. 폭력 사태의 배후에 대해서도 눈감았다.

한겨레 기자들이 나섰다. 조계종 총무원을 상대로 이길 수 있는 언론사는 없다고 주변에서 우려했다. 김종구 경찰팀장은 이를 일축했다. 외압에 대한 우려보다 진실 보도가 우선이라 믿었다. 지창은 등 초년 기자들이 조계사 근처의 호텔과 여관을 뒤졌다. 직원들은 입을 닫았다. 끈질긴 설득 끝에 조금씩 단서를 구했다. 폭력배들이 투숙한 호텔을 찾았다. 숙박비를 총무원이 계산하기로 했다는 진술도 확보했다. 서의현 총무원장의 최측근이 신용카드로 숙박비를 결재한 영수증도 찾아냈다. 폭력배를 동원하는 데 적어도 1억 원 이상을 썼다는 정황이 드러났다.

한겨레는 4월 1일, 서의현 총무원장 쪽이 조직폭력배들을 동원했다고 특종 보도했다. 경찰이 뒤늦게 수사에 들어갔고, 한국 최대 종교집단의 위세에 눌려 있던 다른 언론들도 관련 기사를 내보내기 시작했다. 불똥이 튈까 염려한 정치권에서도 서의현에 대한 지지를 거두어들였다. 일제 때부터 내려오는 조계종과 조직폭력배의 유착도 흔들리기 시작했다. 4월 13일, 서의현이 총무원장직에서 전격 사퇴했다. "경찰도 검찰도 못해낸 일을 한겨레가 해냈다"는 격려 전화가 편집국에 쇄도했다.

문화권력의 치부를 파헤치는 한겨레의 진면목은 2001년에 제대로 드러났다. 2001년 3월부터 두 달간 모두 25차례 70건의 기사를 썼다. '심층해부 언론권력' 시리즈였다. 이 연재 기획은 김이택 사회부 차장의 제안에서 비롯했다.

당시 언론사에 대한 세무조사가 사회적 논란이 되고 있었다. 한겨레는 다른 기업과 마찬가지로 언론사 역시 세무조사를 받아야 한다고 보도했다. 이에 조선일보 등은 "법인세를 한 푼도 내지 않는 한겨레가 언론사 세무조사를 거론할 자격이 있느냐"는 투의 기사와 사설을 내보냈다. 경영의 어려움 때문에 흑자를 내지 못하는 한겨레가 법인세 부과 대상이 아닌 것은 사실이었다. 그러나 본류를 벗어난 딴죽걸기가 한겨레를 오히려 자극했다.

김이택 등 편집국 간부들은 심층 기획 기사로 한국 언론 문제를 정면으로 다뤄보기로 뜻을 모았다. 사회부와 여론매체부를 중심으로 편집국 특별취재팀을 구성했다. 민완 기자들이 모두 여기에 달려들었다.

한겨레는 언론권력 시리즈를 통해 조선일보, 동아일보, 중앙일보가 정치권력과 유착해 이권을 챙긴 과거와 현재를 낱낱이 파헤쳤다. 성역으로 간주됐던 언론의 일그러진 모습이 속속 드러났다.

조선일보와 동아일보의 반대에 밀려 세종로 앞 도로가 좁아지고, 지하철 노선이 직선에서 곡선으로 둔갑했다. 애초 도시계획에 포함되었던 세종로 광장도 들어서지 못했다.

조선일보사가 운영하는 코리아나 호텔은 시유지를 무단으로 차지해 주차장 진입로로 썼다. 사주 방씨 일가 묘역을 꾸미면서 주변 임야를 무단으로 훼손하고 불법으로 진입로를 냈다. 조선일보사는 구청의 고발에도 불구하고 시내 한복판에 불법 광고판을 세워 계속 운영했다. 중앙일보 홍석현 회장의 아버지 홍진기 묘역도 주변 임야를 불법으로 훼손한 뒤에 만들어졌다.

조선일보 방일영 고문은 서울 시내 최고 규모인 자택을 흑석동에 짓고 구청 허가 없이 마당에 정자를 지었다. 방씨 일가는 전국 곳곳에 30여 만 평의 땅을 사들였고 이 가운데 일부는 부동산실명거래법 위반의 의혹이 있다. 동아일보사는 마라톤 육성을 명분으로 재단을 만든 뒤, 이를 내세워 부동산을 사들였다. 재단 설립 명분으로 모은 국민성금의 용처도 불분명하다.

이 모두가 3월 19일치까지 나간 '심층해부 언론권력' 1부에서 소개된 내용들이다. 지금껏 어느 언론에서도 볼 수 없었던 기사들이었다. 보수 신문의 불법과 비리를 밝힌 대목 하나하나가 모두 특종이었다.

3월 28일부터 보수 신문의 역사를 다룬 2부가 이어졌다. 조선일보는 친일 사업가 방응모가 인수한 1937년 이후 해방 때까지 신년호 1면에 일왕 부부의 사진을 크게 실었다. 1940년 신년호에선 제호 위에 일장기를 올렸다. 1939년 4월, 일왕 히로히토의

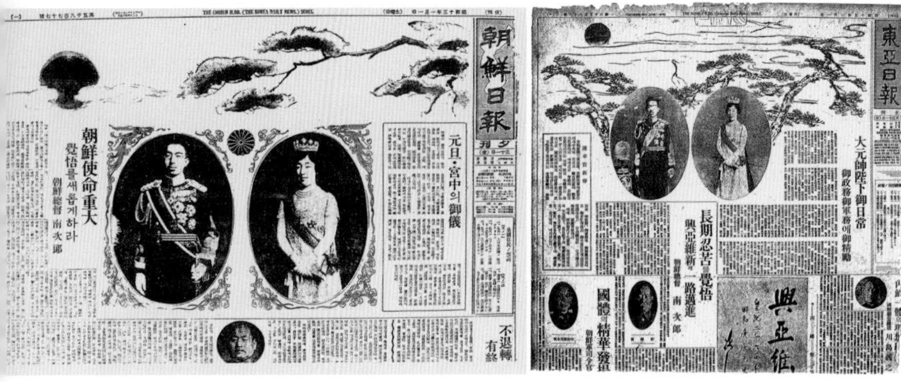

●1930년대 후반부터 폐간되던 1940년까지 조선일보와 동아일보는 해마다 1월 1일 1면을 털어 일왕 부부의 사진과 찬양 기사를 실었다.

생일에는 사설로 '성상 폐하' 운운하는 생일 축하문을 썼다. 동아일보는 1936년 8월, 베를린 올림픽 마라톤에서 금메달을 딴 손기정의 사진에서 일장기를 지웠다는 이유로 담당 기자를 쫓아냈다. 조선일보와 마찬가지로 일왕의 생일을 축하하는 사설을 줄곧 썼다. 두 신문은 일제의 침략 전쟁 동참을 독려하고 군수물자를 헌납했다. 심지어 히틀러와 무솔리니까지 찬양했다.

해방 이후에는 군사정권을 미화하고 찬양했다. 박정희, 전두환 등을 영웅으로 만들었다. 재벌의 비리를 숨기고 오히려 정당화했다. 선거 때는 집권세력에 유리한 기사만 편파적으로 내보냈다. 그 대가로 이들 신문사의 주요 인사들이 속속 정치권의 고위직에 올랐다. 각종 시국, 공안 사건을 왜곡 보도해 여론을 호도했다. 사주들은 대통령 앞에서 굽실거리고 아부했다.

이런 내용을 전한 2부에 이어 언론 개혁의 대안을 모색한 3부 마지막 기사가 2001년 4월 27일치에 실렸다. 연재 기사가 나가는 동안 독자들의 반응은 가히 폭발적이었다. 가판 판매도 급증했다. 격려 전화가 쇄도했다. 다른 언론사 기자들도 한겨레를 열독했다. "내일은 뭐가 나와? 오늘은 왜 기사가 안 나왔지?" 한겨레 기자들은 타사 기자들의 이런 질문에 시달렸다. 일부 신문사는 한겨레의 비리를 찾아내라고 소속 기자들을 닦달했다. 한겨레의 비리를 제보하면 돈을 주겠다고 취재원을 꼬드긴 신문사도 있었다.

기자들이 더 열심히 읽은 언론권력 시리즈

연재 기사 가운데 현직 조선일보 기자의 기고글이 실린 것도 화제였다. 2001년 3월 12일, 한겨레 지면에 실린 글에서 익명의 조선일보 기자는 이렇게 말했다. "조선일보 편집국은 두 가지 이데올로기적 성벽이 크게 울타리를 치고 있다. 국가주의와 엘리트주의가 그것이다. 입사 초기 진보적 성향을 보이던 기자들도 4~5년이 지나면 어느 샌가 조선 스타일에 익숙해진다. 그러나 아무도 사주의 강요 때문이라고 생각하지 않는다. 교묘하고 음습하게 그저 몸에 밸 뿐이다." 조선일보는 이 기자의 정체를 밝히려고 무던히 애를 썼다. 한겨레는 끝까지 취재원을 보호했다. 편집국 압수 수색을 당하는 한이 있어도 취재원만큼은 철저히 보호하는 게 한겨레 기자의 전통적인 직업윤리다.

조선일보와 동아일보는 이 기획 기사와 관련해 한겨레를 상대로 명예훼손 소송을 냈다. 조선일보는 2001년 4월, 동아일보는 2001년 9월, 각각 70억 원과 10억 원의 손해배상 청구소송을 제기했다. 족벌 언론답게 사주 일가에 대한 보도에 특히 민감하게 반응했다. 조선일보는 사주 일가의 편법 상속이나 오만한 행태 등을 비판한 기사를 명예훼손이라 지목했다. 동아일보는 사주 일가의 비리 의혹 보도는 물론 이들의 친일 행위를 보도한 것에 대해서도 시비를 걸었다.

조선일보는 2심 진행 도중 소를 취하했다. 동아일보는 끝까지 법원의 판단을 물었다. 2008년 2월 14일, 대법원 판결이 나왔다. "보도의 전체적인 취지가 왜곡되었다고 볼 수 없고, 객관적 진실에 부합하거나 진실하다고 믿을 만한 상당한 이유가 있음을 근거로 한 원심의 판단은 모두 정상하다." 동아일보사의 청구를 기각한 2심의 판결을 확정한 것이다.

2001년, '언론권력 심층해부' 기획이 가능했던 것은 한겨레만이 축적해온 이 분야의 노하우 덕분이었다. 한겨레는 창간과 동시에 언론사 가운데 처음으로 언론 감시를 본업으로 하는 여론매체부를 만들었다. 여론매체부는 크고 작은 기사를 통해 보수 언론의 탈법과 불법을 파헤쳤다. 1988년 5월 15일, 창간특집호에 언론과 권력의 유착을 비판하는 기획 기사를 실었다. 곧이어 1980년 신군부의 언론인 대량 해직사태와 5공 언론의 실상을 폭로하는 기획 기사를 내보냈다. 1996년 9월에는 보수 신문의 탈법 판촉 활동 등을 고발하는 '신문 전쟁' 기획을 실었다. 1998년 7월에는 '신문 개혁, 지금이 기회다'를 제목으로 언론계의 고질을 짚었다. 1999년 5월에는 '왜 다시 언론 개혁인가'를 통해 대안을 제시했다. 1990년대만 따져도 언론 개혁과 관련한 굵직한 연재 기획을 10여 차례 실었다. 2001년의 장기 기획은 그 집대성이었다.

북한 주민들은 무슨 일을 겪고 있는가

1994년 9월, 한겨레는 또 하나의 금기를 넘었다. 정연주 워싱턴 특파원이 평양을 방문했다. 베이징을 출발한 고려항공편으로 9월 6일 오후 6시, 평양에 도착했다. 10일부터 평양에서 열리는 북미 전문가 회의와 김일성 주석 사망 이후 현지 실상을 취재하려 했다. 그때까지 한국 기자들은 여러 언론사가 함께 구성한 기자단의 일원으로 평양을 방문해 특정 행사만 취재하거나, 관광객 등으로 신분을 숨기고 비공식 취재를 벌이는 게 전부였다. 단독 취재를 위해 공식적으로 북한을 찾은 한국 기자는 정연주가 처음이었다.

동아일보에서 해직된 정연주는 1982년 미국 텍사스 주 휴스턴 대학으로 유학을 갔다가 그곳에서 한겨레 창간 소식을 듣고 한겨레 통신원이 되겠다고 나섰다. 1989년 한겨레의 첫 해외 특파원이 됐다. 정연주는 물밑 접촉 끝에 북한 당국으로부터 취재 승인을 얻었다. 곧바로 워싱턴 주재 한국 총영사관에 북한 방문 신고서를 냈다. 베이징 주재 북한 대사관에서 정식 비자를 발급받았다. 한국 정부는 정연주의 방북을 문제 삼지 않았다. 통일원은 "필요한 법적 절차를 모두 밟았으므로 법적인 문제가 전혀 없다"고 밝혔다. 1989년 4월, 한겨레 기자들의 방북 취재 계획을 트집 잡아 신문사 간부들을 연행 구속한 지 5년 만의 일이었다.

그러나 이번에는 북한 당국이 한겨레의 방북 취재를 막았다. 정연주는 방북 나흘 만인 9월 10일 베이징으로 돌아왔다. 사건의 발단은 연합통신의 보도였다. 정연주가 방북을 준비하던 9월 3일, 연합통신은 워싱턴발로 "북한이 언론인의 선별 입국을 통해 대남 선전 활동을 강화하고 있다"고 보도했다. 다른 신문과 방송이 이를 그대로 인용해 다시 보도했다. 악의적인 거짓 기사였다. 기사를 쓴 것은 워싱턴 특파원이 아니라 연합통신 편집국장이었다. 현지에 있지도 않았으면서 서울의 책상 앞에 앉아 한겨레의 방북 취재를 '대남 선전 활동에 넘어간 일'로 취급했다. 한겨레의 단독 취재를 시기하면서 냉전적 상상력으로 창작해 쓴 기사였다.

방북 이틀째인 9월 7일, 정연주는 취재에 협조할 수 없다는 북한 당국의 통보를 받았다. 한겨레 기자의 취재를 허락할 경우, 우호적인 매체만 선별 입국시켰다는 남쪽의 보도를 인정하는 꼴이 된다는 이유였다. 정연주는 평양을 떠나기로 결심했다. 그는 김정일을 비롯한 북한 고위 인사들을 만나고 나진·선봉 지구를 방문하는 등의 취재 계획을 세워놓고 있었다.

휴대용 컴퓨터, 녹음기, 휴대용 마이크, 90분짜리 녹음테이프 40개, 카메라 필름 30통, 휴대용 프린터, 변압기, 구급약, 건전지, 여러 전기 소켓 등이 정연주가 북한에 들고간 취재 장비 목록이다. 그의 평양 방문 목적은 관광이 아니라 취재였다. 정상적인 취재를 허용하지 않는 상태에서 평양에 하릴없이 머문다면, 나중에 한국 정부가 엉뚱한 의혹을 제기하지 않을까 우려했다.

한국 최초의 평양 단독 취재는 결국 절반의 성공에 그쳤다. 정연주는 베이징으로 돌아온 직후인 9월 12일부터 다섯 차례에 걸쳐, 닷새 동안의 체류 때 보고 느낀 평양의 모습을 기사로 썼다. 취재를 허락받지 못한 상태에서 평양의 겉모습을 주로 살핀 감상을 적었다.

마지막 편에서 정연주는 북한에 대해 이렇게 썼다. "우리 사회 극히 일부의 교조주의자들이 생각하듯 그 사회가 이상적인 것도 아니었으며, 그렇다고 해서 가만두면 금방 망하게 될 사회도 아니었다." 같은 기사에는 김일성 사망 이후 궁핍에 처한 북한 주민들의 실상에 대한 언급도 있다. 정연주는 "이런 이야기가 부분적으로 사실인 것으로 보인다"고 썼다. 북한 주민들이 무슨 일을 겪고 있는지에 대한 한겨레의 관심이 커지기 시작했다.

과장과 은폐 모두를 경계하다

1994년 5월, 한겨레와 한겨레21은 시베리아 북한 벌목 노동자들에 대한 심층 취재 기사를 내보냈다. 당시 보수 언론은 탈북자들의 입을 빌어 러시아 벌목장에서 일하는 북한 노동자들이 모진 착취를 견디지 못해 집단으로 탈주하고 있다고 보도하고 있었다. 한겨레의 양상우, 강재훈과 한겨레21의 박태웅은 그 실상을 파악하려 했다.

간첩으로 몰려 북한 관리들에게 체포당할 뻔한 위기까지 넘기며 이들이 취재한 진실은 이랬다. 북한 노동자들은 강제 노동을 하고 있는 것은 아니었다. 조금이라도 돈을 더 벌려고 치열한 경쟁을 뚫고 러시아 벌목공 일을 자원한 사람들이었다. 배급을 주지 않아 굶으면서 일한다는 풍설도 거짓이었다. 오히려 북한보다 식량 사정이 나았다. 다만 기름진 식사와는 거리가 멀었다. 집단 탈주가 횡행한다는 다른 언론의 보도도 실상과는 거리가 멀었다. 다만 북한 노동자들이 돈을 더 벌어보려고 다른 일을 도모하다 문제를 일으켜 벌목장을 탈출하는 경우는 있었다.

수용소 간부들에게 뇌물을 주고, 자기들끼리는 호칭 없이 김일성과 김정일의 이름을 거론하고, 남쪽의 경제 사정에 큰 관심을 보이면서, 북쪽의 궁핍한 처지를 비관하는 이들의 증언이 생생하게 지면에 담겼다. 한겨레는 실상을 한껏 부풀리는 남쪽 언론의 과장 보도와 현실을 아예 숨기려는 북쪽 간부의 거짓말을 동시에 비판했다.

이 기사는 1990년대 중반 남북 관련 보도에 대한 한겨레의 의미심장한 변화를 웅변한다. 창간 초기 한겨레는 반공 이데올로기와 냉전 의식을 강하게 비판했지만, 1990년대 중반부터는 북한의 실상을 있는 그대로 알리는 일을 중시했다. 1994년 7월, 김일성 사망을 전후해 북한의 경제난이 심각해졌는데, 한겨레는 그 변화를 예민하게 감지했다. 보수 언론이 충분한 확인 없이 북한 체제의 붕괴 위기를 거론할 때, 한겨레는 정확한 사실만 보도했다. 남북 관계에 대해서 가장 신뢰할 만한 매체라는 한겨레의 평판은 이 시절 더욱 확실하게 자리 잡았다.

　　1997년, 한 해 내내 한겨레 지면을 장식했던 북한돕기 캠페인이 대표적이다. 1997년 4월 4일, 한겨레 1면에 '아, 굶주리는 북녘' 연재 기획 기사의 첫 편이 실렸다. 배급은 끊겼고, 굶주리다 못해 석탄가루를 먹고, 한 마을에서 하루 3명꼴로 굶어 죽는다는 사실을 전했다. 김경무, 유창하 기자가 직접 두만강 국경 지대로 가서 취재했고, 조선족 동포 1명을 북쪽으로 들여보내 실상을 파악했다. 북한 주민들이 굶주리고 있다는 이야기가 외신에서 나오고, 보수 언론이 이를 확인 없이 대서특필하고 있었다. 한겨레는 이를 직접 취재했다. 4월 22일까지 10편에 걸쳐 연재 기사가 나갔다.

　　이 기획에 대해 한겨레 안팎의 우려가 없지 않았다. 북한의 어려움을 과장해 반공·반북 이데올로기에 편승하려는 보수 언론의 보도가 넘치던 때였다. 실상을 알리는 한겨레의 보도가 이런 흐름을 강화시키는 게 아니냐는 걱정도 있었다. 이를 일축한 것은 오귀환 사회부장이었다. 그럴 때일수록 진실을 알려야 한다는 게 그의 판단이었다. 박우정 편집위원장도 관련 보도에 과감히 지면을 할애했다.

　　보도가 나가자 북한 동포를 도울 길이 없겠느냐는 문의 전화가 폭주했다. 민간단체들이 성금을 모으기 시작했다. 여기에 착안한 한겨레는 아예 북녘동포돕기 캠페인을 시작했다. 1997년 12월 말까지 9개월에 걸쳐 '북녘동포를 도웁시다', '북녘 어린이에게 생명을' 등의 연재 기획을 실으면서 모금운동을 벌였다. 한겨레를 빌어 도움의 손길을 내민 이들이 100만 명이 넘었다.

　　이 분야에서 의미심장한 한겨레의 특종이 더 있다. 1998년 3월 18일, 한겨레 1면에 안기부의 '북풍 공작'의 실체를 폭로하는 기사가 실렸다. 1997년 대통령 선거에 즈음해 안기부가 특수 공작원을 야당 진영에 침투시켜 북한과의 접촉을 유도하고 이를 빌미로 탄압을 시도했음을 단독 보도했다. 반공 이데올로기를 이용한 정치 공작의 실상이 처음으로 세상에 알려졌다.

　　1999년 8월 5일, 한겨레21은 남쪽에서 북쪽으로 보낸 북파 공작원의 실상을 특종 보도했다. 한국전쟁 이후 북한에 파견되어 비밀 공작 등을 수행하다 숨지거나 실종된 북파 공작원이 모두 7000여 명에 이른다는 사실도 처음으로 확인했다.

부끄럽다고 감출 수는 없다, 베트남 양민 학살

　　이들 특종은 분단 시대의 금기를 파헤쳤다는 공통점이 있다. 이와 관련해 빼놓을 수 없는 기사가 있다. 한국군의 베트남 양민 학살 보도다. 한국은 1965년에서 1973년까지 연인원 30만여 명의 전투부대를 베트남에 보냈다. 당국의 공식 통계를 보면, 참전 한국군 가운데 4960여 명이 죽었고, 한국군은 베트남인 4만 1450여 명을 죽였다. 한겨레와 한겨레21은 그 실체를 처음으로 알렸다. 한국 사회를 넘어 국제적으로 큰

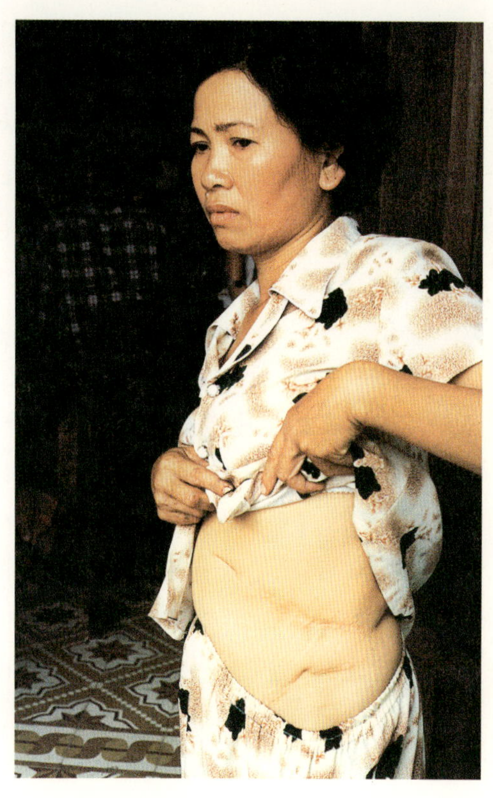

반향을 불러 일으켰다.

첫 보도는 1999년 5월 6일, 한겨레21의 '움직이는 세계' 라는 꼭지에 실렸다. 한겨레21의 베트남 통신원이었던 구수정이 기사를 썼다. 구수정은 월간 사회평론에서 기자로 일하다 1993년 베트남 호치민 대학으로 유학을 떠났다. 역사를 공부하는 한편, 현지 기사를 한겨레21에 보내고 있었다.

그는 베트남 정부의 전범조사위원회가 작성한 기록을 입수했다. 그 기록에는 한국군의 양민 학살에 대한 언급이 있었다. 기록에 나온 곳 가운데 베트남 남부 란팡이라는 마을을 찾아 증언을 들었다. 베트남 여성을 희롱하는 한국 군인을 마을의 승려가 제지했고, 격분한 이 군인은 부대 병사들을 데려와 승려 4명을 죽였으며, 이 마을 인근 지역에서 한국군 맹호부대가 1966년 1월부터 한 달 동안 1200여 명의 주민을 학살했다는 사실을 알게 되었다.

베트남 전범조사위원회 보고서의 다른 기록을 보면, 한국군은 주민들을 한데 모아 기관총을 난사해 몰살하고, 한 집에 몰아넣고 총을 난사한 뒤 집을 통째로 불태우고, 마을의 땅굴에 주민을 몰아넣고 독가스를 분사해 질식시켰다. 아이의 머리를 깨뜨리거나 사지와 목을 자르고, 여성을 윤간한 뒤 살해하는 등의 잔혹행위도 서슴지 않았다. 이 보고서가 사실일까? 구수정은 그 의문을 풀기 위해 본격적인 취재에 나섰다.

그 결과가 '베트남의 원혼을 기억하라'는 제목으로 1999년 9월 2일 한겨레21에 실렸다. 구수정은 베트남 중부 5개 성, 9개 현을 다니며 수십 곳의 현장을 취재했다. 현지인 100여 명의 생생한 증언을 들었다. 보고서는 대부분 사실이었다. 오히려 더 극악한 학살을 자행했던 사실을 확인했다. 한겨레도 한겨레21의 취재 내용을 지면에 실었다.

관련 보도는 이듬해인 2000년에도 이어졌다. 한겨레21은 고경태와 황상철 등을 베트남에 보내 후속 기사를 썼다. 2000년 4월에는 베트남전에 참가했던 김기태 예비역 대령의 인터뷰를 한겨레와 한겨레21에 함께 실었다. 그는 베트남전 양민 학살에 대해 증언한 최초의 한국 장교였다. 한겨레21의 기사는 이후 로이터, 뉴스위크, 워싱턴포스트, 뉴욕타임스 등이 인용 보도하며 세계적인 주목을 받았다. 2000년 2월에는 시민단체들이 모여 '베트남 양민학살 진상규명 대책위원회'를 만들었다.

한겨레21은 1999년 10월부터 한국군에게 피해를 입은 베트남인 가족을 돕는 캠페인을 벌였다. 캠페인은 39개월 동안 계속되었다. 1억 5000여만 원의 성금을 종자돈 삼아 2003년 1월 21일, 베트남 푸옌성에 한-베 평화공원을 지었다. 베트남에 파병된 청룡·맹호·백마 등 한국군 3개 전투부대가 모두 거쳐 간 격전지였다. 한겨레21의 보도는 여론을 움직이고 정부를 나서게 했다. 2001년 이후 정부는 한국국제협력단(KOICA)을 통해 베트남전 당시 한국군이 토벌을 맡았던 중부 5개 성 지역에 5개의 병원과 40개의 초등학교를 건립했다.

1990년대 한겨레의 보도를 살펴보면, 한겨레21의 기여가 혁혁했음을 알 수 있다. 일간지의 특성상 아무래도 속보 경쟁에 휘말릴 수밖에 없었던 한겨레의 한계를 넘어 한겨레21은 심층 보도와 대형 기획 분야에서 지속적인 성과를 냈다. 베트남전 양민 학살 보도는 그 대표적 사례일 뿐, 그 전부가 아니다.

한겨레21은 1996년 10월부터 6개월 동안 종군위안부 할머니를 돕는 캠페인을 벌여 3억여 원을 모았다. 그 돈으로 경기도 광주에 할머니들의 쉼터인 '나눔의 집'을 지었다. 1998년 10월에는 북한의 종군위안부 할머니들의 이야기를 보도해, 이 문제가 남북에 걸친 공통의 것임을 환기했다.

특히 소수자 문제에 대한 한겨레21의 관심은 특별했다. 한국에서 산업재해를 당해 장애의 몸으로 고향에 돌아간 이주노동자 이야기를 다룬 '히말라야 농부의 잘린

손 잘린 꿈'(23호·1994년 8월 25일), 공고생들의 실상을 고발한 '우리는 노예가 아니다'(29호·1994년 10월 13일) 등이 대표적이다.

한겨레21은 구제금융 사태를 경고한 유일한 언론이기도 했다. 1997년 6월, 1년 전에 비해 두 배나 늘어난 부실 채권 문제를 분석해 금융 위기 징후를 심층 진단했다(161호·1997년 6월 12일). 구제금융 직전인 11월 중순에는 '강경식 경제팀 부도'(182호·1997년 11월 13일), '환란, 금융기관 대폭발 온다'(183호·1997년 11월 20일) 등을 통해 사태 해결을 촉구했다. 그러나 김영삼 정부와 보수 신문은 마지막 파국이 올 때까지도 낙관론만 폈다.

이 시기 한겨레21의 편집장을 맡은 것은 오귀환과 곽병찬이었다. 한겨레21의 창간을 실질적으로 주도했던 두 사람은 1995년부터 앞서거니 뒤서거니 하며 편집장이 되었다. 이들은 스스로 표방했던 뉴저널리즘이 어떤 것인지를 한겨레21을 통해 유감없이 보여줬다. 그 취재 보도의 기풍이 90년대 한겨레 기자들에게 큰 영향을 주었다.

미주판과 영문판

창간 준비가 한창이던 1988년 1월, 미국에 머물고 있던 리영희가 창간 사무국에 편지를 보냈다. "100만에 육박하는 재미교포들은 고국에서 한겨레신문이 발간된다는 소식에 민족의 장래에 희망을 본다는 기쁨을 표시하고 있습니다. …많은 교포들이 새 신문 창간을 위해 성금을 보내고 싶으니 방법을 알려달라는 청을 하기도 했습니다."

국내 주요 일간지들은 1960년대부터 미주판을 발행했다. 중앙일보는 1965년, 한국일보는 1969년에 각각 미주판을 창간했다. 로스앤젤레스를 시작으로 미국 주요 도시에 지사를 설치할 정도로 배급망을 넓혔다. 그러나 보수 일색이었다. 선정적 보도도 많았다. 재외 동포 가운데 한겨레를 받아 읽으려는 이가 적지 않았다.

계속된 시행착오, 한겨레 미주판

한겨레 미주판 논의는 일찍부터 시작되었다. 창간하던 1988년 12월부터 미주 지사 설치를 의논했다. 본사에서 미주판을 만들 여력은 없었다. 동포 사회에서 먼저 제안을 해 왔다. 한국일보 시카고판 편집국장을 지내다 1980년 광주항쟁 관련 보도로 해직당한 조광동이 한겨레 미주판 창간을 적극 제안했다. 그가 시카고에 살았던 탓에 첫 한겨레 미주판은 시카고에서만 발행됐다. 1989년 3월 1일 창간호를 냈다. 그러나 2년 만에 종간했다. 열성 독자들도 있었지만, 초창기 한겨레의 거친 기사가 보수적인 미국 동포 사회에 널리 퍼지진 못했다.

1989년에는 미국 로스앤젤레스에서 발행되는 코리언스트리트저널이란 매체를 '주간 한겨레'로 이름을 바꿔 발행했다. 역시 현지 동포들이 주축이 되었는데, 오래지 않아 종간했다. 1995년에도 미국 뉴욕에 사는 기자 출신의 동포들이 비슷한 제안을 했다. 검토 끝에 접었다. 어지럽게 얽힌 동포 사회에서 행여

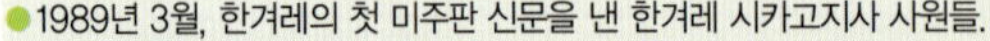

● 1989년 3월, 한겨레의 첫 미주판 신문을 낸 한겨레 시카고지사 사원들.

●2003년 9월 15일에 발행된 한겨레 미주판 창간호.

한겨레의 가치를 훼손할까 염려했다. 별다른 성과 없이 중도에 발행을 접은 전례도 영향을 미쳤다.

한겨레 미주판이 제 모습을 갖추고 제대로 발행된 것은 2003년 9월 15일이다. 미국 로스앤젤레스의 한인방송인 라디오코리아가 한겨레 미주판 발행을 맡았다. 가수 출신의 이장희가 미국에서 세운 회사였다. 라디오코리아는 2000년부터 스포츠서울 미주판 발행도 겸하고 있었다.

이장희는 1996년부터 꾸준히 한겨레 미주판 발행 제안을 제의해 왔다. 고희범 대표이사가 사업 다각화 차원에서 이를 검토해 승인했다. 한겨레가 뉴스 콘텐츠를 제공하고 라디오코리아가 현지에서 편집해 발행하는 형태였다. 과거의 전철을 밟지 않기 위해 백현기 기획위원이 현지에 파견되어 신문 내용을 점검했다. 미주 한겨레 발행으로 본사가 얻는 수익은 월 300만 원이 전부였고, 그나마 현지 파견 인력의 인건비 등으로 쓰였다. 당장의 수익보다는 미래를 내다본 투자인 셈이었다.

동포 사회에서 나름의 기대를 받았고 일부 호응도 있었지만, 결국 1년 6개월 만인 2005년 3월 9일, 지령 458호를 끝으로 종간했다. 지면 운용과 구성에서 의견이 서로 맞지 않았다. 한겨레는 종합일간지의 품격을 지켜주길 기대했으나, 현지 발행사의 사정이 여의치 않았다. 2008년 현재, 미국 등 해외에서 발행되는 한글 매체 가운데 '한겨레'의 이름을 빌린 경우가 간혹 있지만, 이는 한겨레신문사와는 무관하다.

인 터 넷 영 문 판 서 비 스 를 시 작 하 다

2000년대 들어 인터넷이 확산되면서 한겨레의 관심은 미주판이 아니라 영문판으로 옮겨졌다. 이제는 재외동포가 아니라 외국인이 문제였다. 외국인들이 한겨레의 기사를 읽을 방법이 마땅치 않았다. 반면 자본력을 갖춘 보수 신문은 영문 서비스를 일찌감치 시작했다. 이 때문에 한국에 관심을 둔 외국인들은 보수 신문의 보도만 접했다. 보수 신문의 영문판 기사를 인용한 외국 신문을 다시 한국 보수 신문들이 대서특필하는 괴상한 일도 자주 일어났다.

이런 일을 접한 재외 동포들도 한겨레 영문 서비스를 요청했다. 진즉부터 만들려 했지만 돈과 인력이 필요한 문제라 시간이 걸렸다. 논설위원 장정수가 영문판 준비를 맡았다. 2006년 5월부터 인터넷한겨레에서 영문판 서비스(http://english.hani.co.kr)를 시작했다. 사설, 칼럼, 국내, 국제, 경제, 문화 등의 기사를 매일 내보내고 있다. 매주 화요일과 목요일에는 영문 뉴스를 골라 담은 인터넷 뉴스레터 서비스도 제공한다.

4

1996년 12월 16일 저녁 7시, 공덕동 한겨레 사옥에서 사원총회가 열렸다. 침통한 표정으로 권근술 대표이사가 마이크를 잡았다. "어디서 공격해 들어올지 모르는 유령이 떠돌고 있습니다. 눈 가리고 진검 승부를 하는 기분입니다." 사원들은 일순 긴장했다. "최근 들어 광고 수주량이 급격히 줄어들고 있습니다. 외부 세력이 개입되어 있어 문제의 심각성을 더하고 있습니다."

다시 안기부였다. 창간 때부터 줄곧 한겨레의 발목을 잡았던 안기부가 이번에는 광고 수주를 방해하고 있었다. 1996년 10월부터 한겨레의 광고가 급감했다. 정부투자기관과 대기업들이 예약되어 있던 광고를 뚜렷한 이유 없이 취소했다. 일부 대기업 임원들이 최학래 광고 담당 부사장에게 귀띔했다. 안기부 때문에 광고를 줄 수 없다는 것이었다.

안기부가 광고까지 탄압하다

1996년 9월부터 시작된 안기부 관련 기획 기사가 발단이 됐다. 당시 안기부는 1990년대 중반에 폐지되었던 국가보안법상 찬양·고무와 불고지죄 등에 대한 수사권 부활에 안간힘을 쓰고 있었다. 이른바 '안기부법 개정'이 정국의 최대 현안이 되었다. 인권침해의 요소가 짙었고, 권력이 다시 정보기관에 집중될 위험이 컸다. 한겨레는 '안기부법 개정, 무엇이 문제인가' 등의 기획 기사를 쓰면서 이를 비판했다. 당시 안기부법 개정안을 끝까지 반대한 언론은 한겨레가 유일했다. 법 개정에 조직의 사활을

● 1996년 10월부터 시작된 안기부의 한겨레 광고 탄압 사태를 보도한 미디어오늘.

걸다시피 한 안기부가 이를 트집 잡은 셈이었다.

사원총회 이후 한겨레도 정면 승부했다. 주눅 들지 않고 관련 기사를 계속 썼다. 1996년 9월부터 이듬해인 1997년 3월까지 '안기부를 말한다', '안기부 대해부' 등 대형 기획 기사를 포함해 모두 624건의 안기부 관련 기사를 지면에 실었다. 이 사태는 전화위복이 된 측면도 있다. 안기부의 광고 수주 방해가 장기화될 것을 대비해 금융기관으로부터 긴급 자금을 빌렸는데, 1년 뒤 구제금융이 터지자 금리가 급등했다. 싼 이자로 미리 자금을 구해둔 것이 한겨레의 자금 운용에 보탬이 된 것이다. 그러나 당시로선 1년 뒤를 내다볼 여유는 없었다. 코앞에 닥친 안기부의 위협부터 해결해야 했다.

1975년 동아일보 광고 탄압을 떠올리게 하는 이 사태의 실체는 4년여 뒤 월간조선이 밝혀줬다. 2001년 3월 11일, 조갑제 월간조선 대표이사가 한겨레신문사 사장실에 팩스를 보냈다. 안기부 광고 탄압 당시 광고 담당 부사장이었던 최학래가 대표이사였다. 명확한 물증을 확보하지 못해 치명타를 날리지 못한 일이 두고두고 분했던 그의 눈이 번쩍 뜨였다.

한겨레의 실상을 정확히 드러낸 안기부 문건

"최근 월간조선은 1997년 정부기관이 작성한 '한겨레신문 종합 분석'이란 문서를 하나 입수했습니다. 그 내용에 대해 확인하고 한겨레에 반론의 기회도 주기 위해 사장이나 한겨레를 대표할 만한 사람과 인터뷰를 하고 싶습니다."

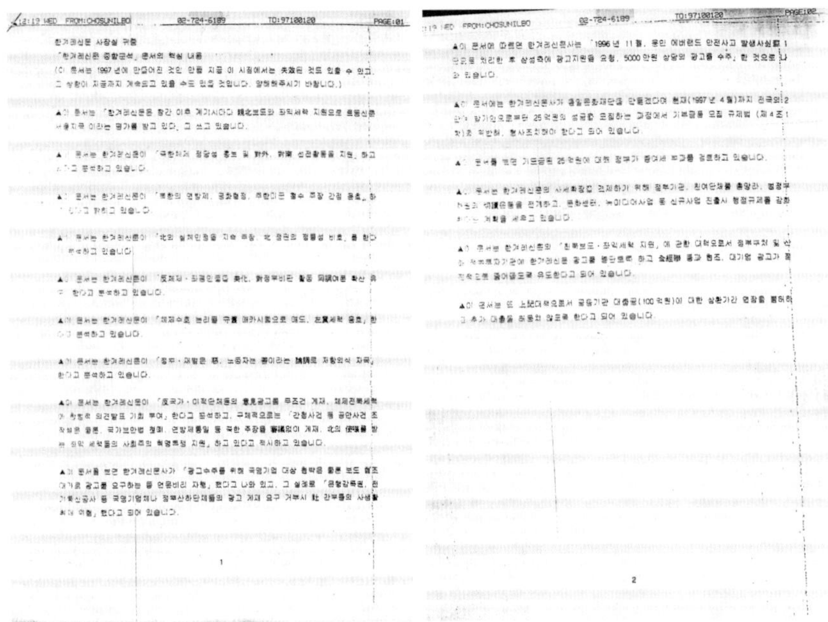

●2001년 3월, 월간조선이 한겨레에 인터뷰를 요청하면서 보낸 안기부 문건 요약본.

한겨레는 문건 전체와 질문서를 보내면 인터뷰에 응하겠다고 답했다. 월간조선은 문건 전문을 보여주긴 곤란하다며 주요 내용을 A4용지 두 장 분량으로 요약해 보냈다. "한겨레는 친북·좌익·반미 세력으로부터 지원을 받는 신문사이므로 광고 수주 등에 대해 비리를 찾아내야 하며, 사세 확장을 막기 위해 정부와 친여단체가 광고 중단, 구독 중단, 대출 중단, 신규 사업 행정 규제 강화 등을 해야 한다"는 내용이었다.

한겨레는 이 문건 내용을 2001년 3월 15일 신문에 보도했다. 며칠 뒤인 3월 18일, 권영해 안기부장 등 안기부 간부들에 대해 직권남용과 명예훼손 등을 저지른 혐의로 검찰에 고소하고 손해배상 소송을 제기했다. 사실 확인 없이 문건 내용을 그대로 보도한 월간조선 조갑제 대표 등에 대해서도 명예훼손 등 혐의로 민형사 소송을 냈다. 2004년 10월, 1심 재판부는 권영해 등 안기부 간부들에게 7000만 원, 조갑제 등 월간조선 간부들에게 2000만 원의 손해배상액을 각각 한겨레에 지급하라고 판결했다.

이 사건은 정권 차원의 언론 길들이기 공작의 대표적 사례다. 그러나 그 배경에는 한겨레의 취약한 경영 기반이 있었다. 안기부는 눈엣가시 같은 한겨레의 경영을 흔들어 신문사 하나를 없애겠다는 뜻을 품었던 것이다.

당시 안기부 광고 탄압을 대내외적으로 공표하기로 결정하는 과정에서 신문사 간부들의 고민이 컸다. 명확한 물증이 확보되지 않은 상태에서 자칫 역공세를 당할 경우 어려운 신문사 경영을 더 악화시킬 수 있다는 우려가 있었다. 과거에 그랬듯, 결국 진실을 보도하는 정면 대응을 택했지만, 한겨레의 존립을 가능케 하는 경영 환경에 대한 걱정은 그만큼 현실적인 문제였다.

1997년 4월에 작성된 안기부의 '한겨레신문 종합 분석' 보고서를 보면, 당국은 이 대목을 집중적으로 파고들고 있다. 보고서는 광고 탄압에 맞선 한겨레가 정면 대응에 나서자, 이에 대한 안기부 차원의 대책이 무엇인지를 제안하고 있는데, 한겨레의 상황을 이렇게 진단했다. "재무구조는 양호한 편이나, 계열사나 방계 사업이 없어 자금난 심화. 대기업의 광고 기피와 판매 부진으로 적자 경영 지속. 민주화에 따른 탈이념 분위기로 사세 확장이 한계에 봉착. 국민주 모금 활동을 통한 자금 확보의 한계와 광고 수주의 어려움에 따라 만성적인 자본 잠식. 국민주 신문이라는 명분 아래 직원들에게 희생을 강요함으로써 생활고로 인한 기자들의 불만 상존. 경영 악화에 따른 상여금 삭감으로 근무 의욕 저하."

이런 진단에 기초해 안기부가 내놓은 한겨레 '고사 작전'의 핵심은 광고 중단과 금융 압박이었다. "자금 지원 차단으로 다각적인 경영 압박. 정부 부처 및 정부투자기관의 한겨레 광고 중단 조치. 전경련 등과 협조해 대기업 광고 점진 축소 유도. 대출된 자금의 상환 기간 연장 및 추가 대부 금지. 정부 기관, 친여 단체를 총망라해 범정부 차원의 절독 운동 전개. 문화센터, 뉴미디어 사업 등 신규 사업 진출 시 행정 규제 강화. 대공 혐의 포착, 사법 처리."

역설적이게도 안기부의 이 보고서는 한겨레의 경영 상황을 가장 솔직하게 드러낸 문서다. 1988년 5월 창간 이후 1997년까지 10년에 걸쳐 한겨레는 딱 한 차례의 흑자를 냈다. 11억여 원의 흑자가 난 1994년이었다. 한겨레21이 시장에서 좋은 반응을 얻은 탓도 있지만, 당시 급팽창한 신문 광고 시장의 덕을 봤다. 이 해를 제외하면 매년 적자였다. 1996년에는 창간 이후 최대인 32억여 원의 적자가 났다. 때마침 들이닥친 안기부 광고 탄압은 한겨레 사람들에게 더 치명적으로 다가왔다.

좋 은   언 론 ,   그 러 나   살 림 은   어 려 운   신 문 사

1990년대 초중반, 한겨레는 한국 언론사에서 전무후무한 특종 행진을 계속하고 있었다. 김현철 비리 문제를 포함해 각종 권력형 비리·부패, 인권침해 사건, 현대사 왜곡 사건, 남북문제 등에서 발군의 취재력을 발휘했다. 영향력 면에서 신문·방송을 통틀어 최고의 자리에 올랐다. 열독률과 발행부수에서도 전국 4대지의 지위를 놓치지 않았다. 독자들의 호감도, 신뢰도 등에서는 언제나 1위였다. 그러나 경영 사정은 좋아지지 않았다. 한겨레는 '좋은 언론'이었지만 '살림이 건실한 언론사'는 아니었다.

한겨레의 자본은 국민기금이 토대를 이룬다. 1988년에 모은 창간기금, 그리고 1989년에 모은 발전기금 등이다. 이런 기금 모금 방식으로 계속 자본을 만들 수는 없었다. 1990년 이후에도 간헐적인 발전기금 모금이 있었지만, 창간 초기만큼 돈이 모아지지 않았다. 누적된 적자를 메우기에도 벅찬 규모의 모금액이었다. 안기부 보고서의 표현대로, 민주화 진전 이후 한겨레에 대한 일반 국민들의 호응은 창간 초기 수준에 미치지 못하는 상황이었다. 이제 그들은 주주가 아니라 독자의 대접을 받고 싶어했다.

살아남으려면 영업 이익을 내어 운용자금과 투자 자본을 스스로 마련할 수밖에 없었다. 신문은 판매 수익과 광고 수익을 통해 돈을 번다. 그러나 한겨레는 아무리 좋은 신문을 만들어도 이 두 분야에 걸쳐 극복하기 힘든 딜레마를 안고 있었다.

창간과 동시에 한국일보를 제치고 4대지 반열에 오른 판매부수는 이후 특별히 더 늘지 않았다. 한국 신문 시장에서는 전체 3%의 독자가 매달 자연 감소한다. 1년이면 전체 독자의 3분의 1이 떨어져 나간다는 이야기다. 어느 매체나 비슷하다. 매체마다 다른 것은 이 자연감소분을 메우는 방식이다. 판매부수를 늘린다는 것은 매달 전체 독자의 3% 이상의 신규 독자를 만들어내야 한다는 의미다. 자본력이 풍부한 보수 신문은 이를 위해 불법을 마다않는 판촉 경쟁을 벌인다. 무료 구독 기간을 늘리고 값비싼 경품을 내놓는다. 자본력이 취약한 한겨레는 충성 독자를 유지하는 것만으로도 힘에 부쳤다.

많은 판촉비용을 들여 부수를 일시적으로 늘인다 해도 문제가 있다. 2000년 초를 기준으로 계산하면, 신문 1부를 만드는 데 들어가는 재료비는 월 2900원 정도다. 반면 판매지국에서 신문 1부를 팔았을 때 본사에 내는 납입금은 월 2000원 정도다. 신문 1부를 팔 때마다 신문 본사는 한 달에 900원씩 손해를 보는 셈이다. 여기에 신문 제작에 투입하는 인건비를 감안하면 본사의 적자 부담은 더 커진다.

신문 가격에 따라 차이는 있지만, 이 정도의 격차가 창간 이후 계속되었다. 본사가 이보다 더 많이 받으면 지국이 망한다. 지국이 망하면 독자에게 신문을 배달할 수 없다. 신문 가격을 획기적으로 높이면 이 손해를 메울 수도 있다. 그러나 비싼 신문을 굳이 사서 보려는 독자가 그만큼 줄어들 것이다. 신문 판매의 딜레마다.

신문은 판매에서 생기는 손실을 광고 수익을 통해 보충한다. 신문에 광고를 싣지 않는다면 신문사는 문을 닫을 수밖에 없다. 주요 광고주는 대기업이다. 중소기업은 신문에 광고를 낼 만한 여력이 많지 않다. 한겨레는 대기업 중심으로 형성된 한국 사회의 정경 유착에 날카로운 비판을 가해왔다. 이는 한겨레 창간의 이유이기도 하다. 반면 보수 신문은 대기업 중심의 경제 성장 논리를 일방적으로 편든다. 대기업이 한겨레에 광고를 주는 일을 꺼릴 수밖에 없다.

결국 자본력이 풍부한 신문사가 막대한 판촉비용을 들여 부수를 늘이고 이를 근거로 광고 단가를 높게 매긴 뒤, 친기업적인 기사를 써서 여러 곳에서 광고를 유치하는 일이 반복된다. 한겨레는 판촉비용에 쏟아 부을 돈이 부족했다. 판매부수를 획기적으로 늘리지 못했으니 광고 단가를 보수 신문만큼 높게 책정할 수 없다. 그렇다고 사실을 외면하는 재벌 편향적인 기사를 쓸 수도 없다. 한겨레는 보수 신문들이 주도하는 판매·광고 게임에 뛰어들기가 힘들었다. 창간 초기 한겨레의 광고 수주액은 조선일보의 10분의 1 수준이었다. 창간 이후 20년 동안 많은 노력을 기울였지만, 그 격차를 6분의 1 수준으로 좁히는 데 그쳤다.

1975년 동아일보에서 해직된 권근술은 1995년 3월, 한겨레 대표이사에 취임했다. 그는 동아일보 시절부터 촉망받는 기자였다. 해직된 뒤에도 동아일보사가 남몰래 복직을 제의할 정도로 능력이 출중했다. 그래도 이를 거절하고 한겨레 창간 작업에 합류했다.

권근술은 4년 동안 대표이사를 맡았다. 2년 임기를 두 번 치렀다. 첫 임기 때는 권근술 대표이사 회장, 김두식 대표이사 사장의 짝을 이뤄 신문사를 경영했다. 두 번째 임기 때는 단독으로 대표이사를 맡았다. 1990년대 초반의 잦은 경영진 교체에 따른 혼란기가 그를 통해 정리되었다.

그의 재임 기간에 한겨레는 경영의 관점에서 의미심장한 전환을 시도했다. 김중배, 김두식 대표이사 시절 시도된 경영 합리화 및 과학적 마케팅 개념을 전면적으로 한겨레에 도입하기 시작했다. 한겨레21, 씨네21 등을 통해 시도한 고급정론지 지향을 신문에도 적용하려 했다.

취임 직후인 1995년 5월 20일, 권근술은 사외보 〈한겨레가족〉에 창간 7주년을 기념하는 글을 썼다. 여기서 그는 "양보다 질 위주의 변화를 추구하면서, 다른 대중지와 차별되는 고급정론지의 품격을 지키겠다"고 선언했다. 기동성 있는 선별 투자, 업무 효율화, 독자 서비스, 진보적 지식층의 문화 허브 등의 개념을 사용했다. '민족·민중·민주 언론'이라는 개념만으로 한겨레의 지면·경영 지향을 설명했던 과거와 구분된다.

그는 취임과 동시에 창간 이후 처음으로 전 임직원이 참석하는 '마케팅전략 수립을 위한 워크숍'을 열었다. 1995년 4월 1일부터 5월 13일까지 매주 토요일마다 경기도 과천 호프호텔 세미나실에서 각 국실별로 사원 워크숍을 진행했다. 5월 26일부터 이틀 동안 임원 워크숍도 열었다. 창간 직전인 1988년 3월, 전체 임직원이 강화도 마

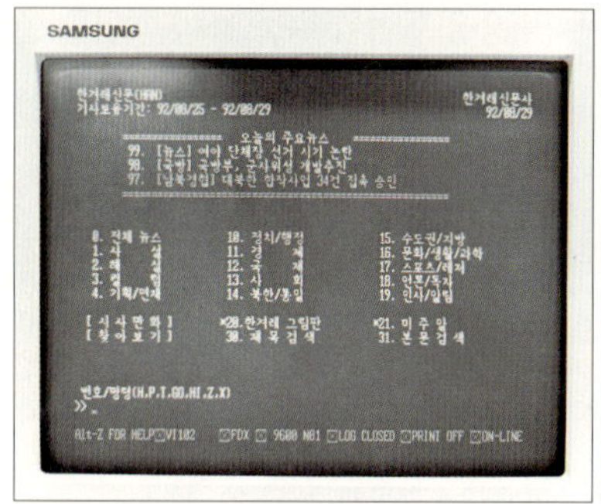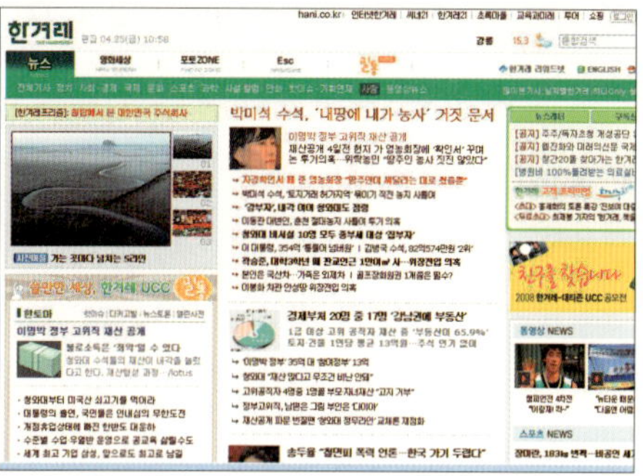

●한겨레는 1992년 9월 1일부터 피시통신을 이용한 기사 서비스를 시작했다. 왼쪽은 피시통신 서비스 초기 화면. 오른쪽은 오늘날의 인터넷 한겨레 초기 화면.

니산에 1박2일로 모꼬지를 다녀온 뒤로 처음 있는 일이었다. 1988년의 자리가 저마다 제 생각을 이야기하는 토론회의 자리였다면, 1995년의 워크숍은 전략적 마케팅의 필요성을 전 사원이 공유하는 자리였다. 다른 기업이 늘 마련하는 이런 자리를 한겨레는 이때 처음 경험했다.

워크숍에 앞서 전국 주주를 대상으로 편지 설문조사를 실시했는데, 그 결과도 흥미롭다. 멀티미디어기업을 향한 한겨레의 발전 전망에 대해 주주들의 의견을 물었다. 답지를 회신한 9537명 가운데 78.6%가 '신문사의 영향력 확대를 위해 찬성한다'고 답했다. '창간 정신에 위배되므로 반대한다'는 의견은 7%에 불과했다.

1995년 3월, 경영지원실에 뉴미디어부가 만들어졌다. 석 달 뒤인 6월에는 뉴미디어부를 뉴미디어국으로 승격했다. 멀티미디어기업의 첨병이 될 기구였다. 신문 시장의 왜곡을 극복할 만한 자본력이 없는 한겨레가 거의 유일하게 희망을 걸 수 있는 영역이 뉴미디어였다.

당시 뉴미디어국이 입안한 사업계획서 등을 보면 그 구상을 엿볼 수 있다. 국가적으로 추진하고 있는 초고속 정보통신망 구축에 맞춰 다양한 매체 수단을 통해 지식과 정보의 부가가치를 획기적으로 증가시키겠다는 게 핵심이었다. 미래 계획 가운데는 1990년대 후반 50여 개로 늘어날 텔레비전 채널에 한겨레 콘텐츠를 가공한 방송용 프로그램을 제작해 공급하겠다는 구상도 있었다. 이런 뉴미디어 구상은 창간 20주년이 된 2008년까지 이어지고 있다.

뉴미디어국의 첫 번째 결실은 한겨레21 기사의 인터넷 서비스였다. 1995년 7월 11일부터 시작했다. 그 전까지 한겨레는 피시통신망에 한겨레 기사를 서비스하는 데 그쳤다. 국내 언론사 가운데 기사 콘텐츠를 인터넷에 올린 것은 한겨레가 두 번째였다. 당시만 해도 월드와이드웹(www) 서비스를 이용하려면 국내 피시통신 서비스를 거쳐야 했다. 그런데도 서비스 개시 20일 만에 30만 건의 조회 수를 기록했다. 인터넷 환경을 고려할 때 대단한 성공이었다. 이에 힘입어 1996년 1월부터 씨네21이 인터넷 서비스를 시작했고, 1996년 5월에는 한겨레 인터넷 홈페이지(www.hani.co.kr)를 처음 으로 열었다.

정론지와 정보지의 만남

1996년 4월 총선 때는 피시통신의 한겨레 게시판을 통해 개표 결과를 실시간으로 중계하기도 했다. 신문사가 선거 개표 상황을 컴퓨터 망을 통해 실시간으로 알린 것은 한겨레가 처음이었다. 창간호 이후 70호까지 한겨레21의 모든 기사를 담은 시디롬을 제작한다거나 씨네21에 실린 영화 관련 정보를 재가공해 전화 음성 서비스를 제공하는 일도 벌였다. 모두 뉴미디어국이 중심이 되어 진행한 사업이었다. 신문 판매·광고의 쳇바퀴를 넘어 새로운 매체 시장을 개척하려는 노력이었다. 1997년 5월부터 국내 처음으로 인터넷 광고 영업도 시작했다.

신문 부문과 경영 부문을 한데 묶는 CTS체제 등 종합 전산화 개발도 이 시기에 이루어졌다. 1996년에는 사옥 증축과 함께 독일 케바우 사의 고속 컬러윤전기를 들여왔고, 발송 장비도 교체했다. 멀티미디어기업으로 가는 기초 시설을 새로 들여놓은 셈이다.

이 시기 한겨레의 변화를 가장 여실히 드러내는 것이 1996년 10월 14일에 단행한 지면 혁신이다. 우선 제호를 '한겨레신문'에서 '한겨레'로 바꿨다. 목판 활자의 거친 느낌 대신 날렵한 디자인의 글자체를 새로 만들었다. 제호 바탕에는 백두산 천지가 아니라 생명, 평화를 상징하는 녹색이 깔렸다. 지면 곳곳에 경제와 생활 관련 정보를 많이 늘렸다.

섹션 신문의 새로운 장을 연 '한겨레 창'도 이때 만들어졌다. 매일 본지에 덧붙여 테마별 섹션을 발행했다. 월요일에는 미래 분석과 생활·금융, 화요일에는 출판과 지성, 수요일엔 일과 삶, 목요일엔 여가와 여행, 금요일엔 열린 공동체, 토요일엔 대중문화 등의 주제를 다뤘다. 전면에 대형 사진이나 일러스트를 넣고 한겨레21과 씨네21에 적용했던 그래픽디자인을 도입했다. 한겨레 창은 이후 한겨레가 발행하는 모든 섹션의 원형이 됐다.

'이제까지 정론지 한겨레신문을 보셨습니까. 이제부터 정보신문 한겨레를 만나 보십시오. 제호에서 마지막 면까지 변하지 않은 것은 올곧은 기자 정신뿐입니다.' 지면 혁신 이후 만들어진 한겨레 홍보 전단지의 대표 카피다. 일련의 변화는 권력의 치부를 파헤치는 특종만으로는 언론사 한겨레를 지탱할 수 없다는 인식에서 비롯했다. '정론지'와 '정보지'의 균형을 강조한 것도 같은 맥락이었다. 권근술은 '싸우는 신문' 한겨레에 생활·지식·정보의 개념을 적극 도입했다. 그 정점이 한겨레리빙이었다.

1998년 2월 5일, 이사회 분위기가 모처럼 화기애애했다. '지역정보신문 창간 계획'을 만장일치로 결정했다. 새 사업을 펼치는 데 한겨레 임원진이 흔쾌히 뜻을 모은 것은 드문 일이었다. 사업 계획 자체가 워낙 좋았다. 김성수 기획조사부장이 일을 도모했다. 조선일보를 그만두고 한겨레를 찾아온 그는 정치부와 경제부를 거쳐 1995년 6월부터 경영기획 부문으로 자리를 옮겼다. 그의 주도로 1997년 12월부터 한겨레리빙의 밑그림이 그려졌다.

생활정보지 창간 열풍은 1990년대 초부터 시작되었다. 벼룩시장, 교차로 등이 대표적이었다. 벼룩시장은 1989년 대전에서 만들어졌고, 교차로는 1990년 부천에서 창간되었다. 이들은 특정 지역을 주 활동 무대로 삼아 구인·구직 등 생활정보 광고를 싣는 무가지를 발행하다가 점차 시장을 넓혀 대도시까지 진출한 뒤, 전국 주요 도시에 지사를 설립하는 식으로 사업을 확장했다.

이들 매체의 성공을 보고 우후죽순 격으로 여러 생활정보지가 만들어졌다. 1997년 당시에 이미 전국에 653개의 생활정보지가 등록되어 있었다. 그러다 보니 광고 유치 경쟁이 벌어져 선정적이거나 불법적인 내용까지 싣게 되었고, 이 때문에 정보지 독자들의 불편과 비판이 적지 않았다.

한겨레는 여기에 주목했다. 생활정보는 서민들의 삶에 꼭 필요하다. 그런 정보일수록 신뢰가 중요하다. 한겨레는 두 가지 모두 충족시킬 수 있다. 김성수는 벼룩시장 등에서 생활정보지를 제작·운영해본 경력자들과 함께 1997년 12월부터 본격적인 시장조사에 들어갔다.

지역 고유의 뉴스를 전하는 지역신문에 생활정보지의 장점을 결합한 타블로이드판 무가 지역생활정보신문 창간을 목표로 잡았다. 당시 중소도시나 대도시의 구 단위로 발행되는 지역신문들은 저급한 싸구려 신문의 전형이 되어 있었다. 한겨레가 지역정보신문을 만들면 선정적인 지역신문의 독자까지 끌어올 수 있을 것이라고 봤다.

전체 48면 가운데 8개 면에 걸쳐 기사를 싣고, 나머지는 각종 생활정보 광고를 게재하기로 했다. 전국 종합일간지인 한겨레에는 기사를 제공할 만한 충분한 콘텐츠가 있었고, 일부 인력을 보태면 생생한 지역 뉴스를 보강할 수 있을 것으로 판단했다.

1998년 3월 27일, 한겨레 1면에 알림 기사가 나갔다. '생활인의 신문, 지역주민의 신문, 군소 경제주체들의 신문'을 창간한다는 내용이었다. 우선 서울 지역을 중심

●1998년 4월, 창간 준비에 한창인 한겨레리빙 사원들.

으로 수도권부터 공략하기로 했다. 서울을 동서남북 4개 광역권으로 나눴다. 각 지역마다 주 5회에 걸쳐 5만여 부씩 발행했다. 이후 수도권 나머지 지역과 지방까지 공략한다는 구상을 세웠다. 당시 이런 매체를 발행하겠다는 중앙일간지는 없었다. 한겨레가 블루오션을 개척한 셈이었다.

1998년 4월 6일, 한겨레 자회사인 ㈜한겨레리빙이 탄생했다. 한겨레가 50.13%를 출자하고 다른 사업자들의 투자를 받았다. 4월 20일, 한겨레리빙 창간호가 서울 곳곳에 배포되었다. 국내 첫 일간 지역정보생활신문이 독자들을 만났다. 이때부터 한겨레는 안기부가 그렇게 비꼬았던, '방계회사도 없어 자금난을 겪고 있는' 신문사가 더 이상 아니었다. 사업 다각화와 매체 다각화의 기획이 처음으로 맞들어진 결실이었다.

구직자와 중소기업을 잇고, 서민들의 실생활에 유용한 정보를 제공하고, 지역의 풀뿌리 뉴스를 전한다는 한겨레리빙의 매체 구상은 여전히 혁신적이다. 서민층, 중소기업, 지역사회 등을 아우르는 풀뿌리 언론은 한겨레가 지향하는 가치와 정확히 일치한다. 형태는 다르지만 2000년대 중반, 무료일간지 창간 열풍을 앞서간 시장 예측도 타당했다.

그러나 한겨레리빙은 시장 안착에 실패했다. 기존 생활정보매체들의 텃세와 견제가 심했다. 한겨레리빙의 창간을 지켜본 중앙일보가 1998년 10월, 비슷한 성격의 중앙타운을 만든 뒤 광고 덤핑 정책을 쓴 것도 한겨레리빙의 정착에 걸림돌이 되었다.

1997년 겨울, 구제금융 이후 광고 시장이 전반적으로 위축된 것도 불리하게 작용했다. 한겨레는 자회사 한겨레리빙의 늘어나는 적자를 감당하지 못했다. 1999년 5월, 이사회에서 한겨레리빙에 대한 지원 중단을 결정했다. 매각 이후에도 고전하던 한겨레리빙은 결국 2000년 5월 폐간했다. 한겨레 경영진 모두가 찬성하고 기대하며 새 매체를 창간한 지 2년 만이었다.

한겨레리빙의 실패는 한겨레 20년 역사에서 가장 뼈아픈 대목이다. 척박한 신문 시장 구조를 넘어 다매체 전략에 토대를 둔 사업 다각화를 통해 멀티미디어기업으로 거듭나려는 고비의 순간에 처음으로 실패를 맛보았다. 한겨레21, 씨네21, 문화센터, 한겨레출판 등 그 전까지 순조롭게 진행되었던 신매체 창간, 신사업 추진의 속도에도 제동이 걸렸다.

한겨레리빙은 한겨레신문사에 90억 원 이상의 손해를 남겼다. 한겨레의 살림 규모를 고려하면 막대한 액수였다. 이 일은 이후 한겨레의 경영전략에 큰 영향을 주었다. 새로운 시장을 찾아 새 사업을 벌일 때마다 한겨레리빙의 과거를 살피게 되었다.

실 패 는 있 어 도 좌 절 은 없 다

한겨레리빙의 청산을 둘러싸고 사내에서 논란이 없었던 것은 아니다. 창간 1년도 안 된 매체를 적자가 난다는 이유로 헐값에 매각하는 것은 잘못이라는 지적이 없지 않았다. 반면 막대한 적자를 내고 있으면서도 관련 사실을 이사회 등에 제대로 알리지 않은 폐쇄적인 경영 방식에 문제가 많았고, 뒤늦게라도 손실을 줄이는 것이 현명한 선택이었다는 평가도 있다.

여러 논란에도 불구하고 한겨레리빙 사업의 가장 큰 패착은 막대한 적자, 그 자체에 있었다. 한겨레 자본의 규모로 보아 1년여 만에 90억 원의 적자가 발생한 사업을 계속 유지하기 어렵다는 판단이 많았다. 1999년 봄의 한겨레 이사회 회의록을 보면, 한겨레리빙 처리 문제를 놓고 몇 시간씩 격론을 벌이며 수차례 회의를 거듭한 것을 알 수 있다. 사상 최대 규모의 단일 사업 적자에 대해 전임 이사진이 법적 책임을 져야 한다는 의견이 나와, 이를 두고 다시 논란이 빚어지기도 했다. 그만큼 한겨레리빙 문제는 한겨레 경영의 중요한 고비였다.

그러나 한겨레리빙 사업을 접은 뒤에도 뉴미디어 전략의 지향은 중단되지 않았다. 1999년 3월 대표이사에 취임한 최학래가 가장 먼저 서두른 일은 뉴미디어 사업 부문의 혁신이었다. 1999년 12월, 또 다른 자회사인 '인터넷한겨레'를 만들었다. 앞서 만들어진 뉴미디어국을 모태 삼아 유통 사업과 여행 사업을 더해 독립법인을 출범시켰다.

뒤이어 국내 출판 디자인의 새로운 장을 열었던 출판국 디자인 부문을 분사시켜 '디자인 이즈'라는 독립법인을 만들었다. 두 사업 모두 한겨레의 콘텐츠를 새롭게 가공해 확대하려는 전략에 따른 것이었다. 실패는 있어도 좌절은 있을 수 없었다. 한겨레리빙은 그 거름이 되었다.

언론사 앞에는 시위대가 가끔 출몰한다. 보도에 항의하는 사람들이다. 한겨레도 다르지 않다. 크고 작은 일로 항의 방문하는 사람들이 늘 있다. 일본도를 차고 신문사를 찾아오는 이가 있는가 하면, 전화를 걸어 "손목을 잘라버리겠다"거나 "식구들 잘 챙기라"고 협박하는 이도 있다.

부산 성인오락실 업주들의 검경 상납 의혹을 취재하던 2003년 11월에는 현지에 타고 간 한겨레 취재 차량의 타이어가 예리한 칼로 찢어진 일도 있었다. 그만 들쑤시라는 조직폭력배의 경고 메시지였다. 한겨레 기자들은 그런 종류의 협박을 분발의 계기로 삼는다. 더 집요한 취재로 협박에 화답한다. 그런데 2000년 6월 27일, 전무후무한 일이 벌어졌다.

오전 11시께부터 공덕동 사옥 앞에 군복을 입은 중년의 남성들이 무리 지어 나타났다. 봉고차를 타고 속속 몰려왔다. 대한민국 고엽제후유의증 전우회 회원들이었다. 1999년 5월부터 한겨레와 한겨레21은 현지 취재와 참전 군인의 증언 등을 통해 한국군의 베트남 민간인 학살에 대해 지속적으로 보도하고 있었다. 전우회 회원들은 이 보도가 고엽제 손해배상 소송에 나쁜 영향을 주고 있다고 주장했다. 간혹 있는 시위대라 여기며 한겨레 사람들은 덤덤하게 받아들였다. 집회 소식을 듣고 이날 아침 8시부터 경찰 10여 명이 신문사 입구를 지키고 있었다.

그러나 점심시간이 지나자 분위기가 심상찮게 변했다. 100여 명 정도였던 시위대의 수가 순식간에 늘어났다. 근처 효창운동장 쪽에 집결했던 전우회원들이 꾸역꾸역 사옥 앞으로 밀려들었다. 점심때 술을 마신 이들의 얼굴은 이미 붉어져 있었다. 사옥 앞에 자리를 펴고 앉아 술판을 벌인 이들도 있었다. 오후 1시 무렵, 시위대는 2200여 명으로 늘었다. 이들은 사옥 정문을 가로막았다. 때마침 식사를 마치고 신문사로 들어오려던 한겨레 사원들을 못 들어가게 했다. 이 과정에서 몇 명이 폭행을 당했다. 같은 시각, 경찰이 뒤늦게 저지선을 만들었다. 16개 중대 2240명의 경비경찰을 배치해 사옥을 지켰다.

오후 3시, 전우회 대표자 5명이 군복 차림으로 신문사 5층 회의실에서 현이섭 출판국장을 만났다. 요구 사항을 전달하겠다며 신문사를 찾았으면서도, 계속 일방적인 욕설만 퍼부었다. 인내심을 갖고 설득한 끝에 최종 협상 문안을 만들었는데, 그만 소용없는 일이 되어버렸다. 협상이 진행되는 동안 바깥의 전우회원들이 신문사 난입을 시작한 것이다. 협상 대표단 가운데 일부는 "바깥의 지휘부가 통제를 제대로 못해 일을 망쳤다"며 불만을 토로하기도 했다.

시위대는 전경들을 밀어붙이며 사옥 진입을 시도했다. 참전 군인들의 거친 욕설에 전경들이 겁을 먹은 기색이 역력했다. 퇴역 군인들은 왕년의 지략을 발휘했다. 사옥 앞쪽에서 시위대와 전경들이 몸싸움을 벌이는 동안, 수십여 명이 사옥 뒤편 주택 쪽으로 몰려들었다. 신문사의 옥외주차장과 면해 있던 민가의 담을 허물어버렸다. 경찰도 미처 생각지 못한 일이었다.

무너진 담을 딛고 시위대가 옥외주차장으로 몰려들었다. 주차되어 있던 승용차들을 부쉈다. 곧이어 2층 주주센터 사무실에 접근해 외부에 나와 있던 환기구를 부쉈다. 독자용 지로용지 등 서류를 탈취해 불을 질렀다. 불붙은 서류 뭉치를 다시 사무실 안으로 던져 넣었다.

고엽제후유의증 전우회의 공덕동 사옥 점거

오후 3시 30분께, 경찰이 옥외주차장으로 신경을 돌린 틈을 타고 이번에는 시위대가 사옥 정문 쪽에

● 2000년 6월 27일, 고엽제후유의증 전우회 회원들이 민가의 담장을 허물고 공덕동 사옥에 진입해 난동을 부리고 있다.

붙어 있는 발송장에 몰려들었다. 내려 잠근 철제문을 부수고 난입했다. 발송장에 들어와 주차된 차량을 부쉈다. 발송용 컨베이어도 부쉈다.

발송장에는 사무실로 향하는 엘리베이터와 계단이 있었다. 이들의 진입을 막으려고 한겨레 직원들이 철제 비상문을 닫아걸었다. 몰려든 시위대는 몽둥이와 발로 철문을 두들기며 욕설을 퍼부었다. 사무실 진입이 힘들어지자 사옥 주변 나무와 전신주에 올라가 돌을 던져 창문을 깨뜨렸다. 무너진 민가 담장

● 전우회 회원들의 난입으로 난장판이 된 한겨레 5층 출판국 씨네21 사무실.

의 벽돌을 빼서 던졌다. 유리창 20여 장이 이들의 손에 박살났다. 7층 편집국까지 돌이 날아들었다.

편집국은 큰 화를 면했지만, 논설위원실이 있던 8층과 출판국이 있던 5층은 시위대에 의해 쑥대밭이 됐다. 비상구 문틈으로 쇠파이프를 쑤셔 넣어 문을 열었다. 시위대는 닥치는 대로 집기를 부쉈다. 성에 차지 않았던지 오후 4시 50분께 시위대 중 1명이 사옥 옆 전신주에 올라가 전력 차단기를 내렸다. 신문사 전체가 정전이 되었다. 시위대가 난동을 부리는 틈바구니에서 한국전력 긴급복구반이 달려와 복구에 들어갔다. 오후 5시 50분께 신문사에 전기가 다시 들어왔다.

신문사 안까지 들어와 극렬하게 난동을 피운 이는 수십여 명이었다. 그러나 피해가 막심했다. 컴퓨터 등 사무용품은 물론 발송 장비와 윤전시설 등 신문 제작 설비가 파손되었다. 직원 10여 명이 이들에게 몽둥이 등으로 폭행을 당했다. 취재용, 발송용 등 차량 21대가 파손됐다. 7000여 만 원의 재산 피해가 났다.

경찰은 현장에서 40여 명을 연행하고, 4명을 구속했다. 시위대는 밤늦도록 해산하지 않고 사옥 주변을 에워쌌다. 예정보다 30분가량 늦게 나온 신문 발송을 위해 경찰들이 도로를 틔웠다. 밤 9시께 시위대는 해산했다.

이들은 이튿날에도 사옥 앞에 밀려와 회사 진입을 시도했다. 눈앞에서 시위대에게 저지선을 뚫렸던 경찰이 이날은 단단히 막았다. 29일에는 "전우회원이 사복 차림을 하고 한겨레신문사에 들어가 건물을 폭파하려 한다"는 제보 전화가 걸려왔다. 경찰은 특수견을 동원해 사옥 안팎을 수색했으나 별다른 징후를 발견하지 못했다.

7월 13일, 전우회 임원들이 신문사를 다시 찾았다. 최학래 대표이사를 만나 공식 사과했다. 경찰의 처벌을 원치 않는다는 취지의 탄원서를 써줄 것을 부탁했다. 최학래는 사과와 부탁을 함께 받아들였다.

베트남전 양민 학살 보도와 별개로 한겨레는 고엽제후유의증 환자들에 대한 정부 차원의 보상을 가장 먼저 그리고 지속적으로 보도한 매체였다. 전우회원들이 보도된 기사조차 제대로 읽어보지 않고 감정적으로 대응한 것이 발단이 되었다.

점거 농성 전력자, 점거 농성에 당하다

전우회원들의 난입 시위를 불러일으킨 첫 보도는 한겨레21에서 나왔다. 베트남전에 참전한 한국군이 현지 양민들을 학살한 정황을 포착해 특종 보도했다. 당시 고경태가 관련 취재를 맡고 있었는데, 그 역시 한겨레 사옥에서 농성한 경험이 있었다.

창간 이듬해인 1989년 6월, 대학 학보사 기자 10여 명이 양평동 사옥에서 점거 농성을 벌였다. 당시 변사체로 발견된 조선대 학생 이철규의 주검 사진을 한겨레 지면에 게재할 것을 요구했다.

아무리 운동권 학생의 의문사 사건이라 해도 타살 근거가 뚜렷하지 않은 상태에서 참혹한 주검 사진을 신문에 실을 수는 없었다. 학생들은 막무가내로 사흘간 농성했다. 한 학생은 삭발까지 했다. 그 배후에는 전국대학신문기자연합회 간부였던 고경태가 있었다.

고경태는 농성 중인 학생들을 격려 방문하기 위해 양평동 사옥을 찾았다. 깜짝 놀랐다. 장윤환 편집위원장이 학생들을 위해 따로 방을 마련해주었다. 그 방에서 학생들은 투쟁가를 부르고 있었다. 한겨레 사람들이 이불과 음식을 갖다주고, 외부와 통화를 위해 전화까지 편히 쓰게 했다. 국민기자석에 '의견'을 싣기로 하고 사흘 만에 농성을 풀었다.

한겨레 사람들이 가장 가슴 아프게 기억하는 농성은 1999년 7월에 있었다. 경영 악화로 다른 회사에 매각한 한겨레리빙 직원 300여 명이 본사에 찾아와 한 달여간 장기 농성을 벌였다. 매각 이후 임금 체불 등을 한겨레가 책임져야 한다고 요구했다. 당시에는 본사도 극심한 어려움을 겪을 때였다. 법적으로 보면 한겨레리빙의 주인은 더 이상 한겨레신문사가 아니었다. 한겨레리빙 시위대를 보며 출근하는 한겨레 사람들의 마음이 아프고 쓰렸다.

1987년 10월 말, 동아대 학보사 기자가 송건호를 인터뷰하러 안국동 사무실을 찾았다. 학보사 기자가 물었다. "새 언론이 지향하게 될 이념적 지표는 무엇입니까?" 송건호가 벌컥 화를 냈다. "이데올로기는 무슨 이데올로기. 우린 그런 것 없어요." 조금 목소리를 낮춰 말을 이었다. "우리는 어떤 경우에도 이데올로기를 떠나 사실에 입각한 진실 보도만 할 뿐입니다."

당돌한 대학생 기자의 예리한 질문이 이어졌다. "현재 양 김씨가 따로 당을 만들었습니다. 양 김씨에 대해 어떻게 평가하십니까?" "우리는 어느 특정인을 지지하지 않아요." 송건호가 답했다. "개개의 정책은 비판할 수도 있겠지만 어떤 인물에 대한 일방적 지지는 있을 수 없어요. 사실을 보도하겠다는 우리가 어떤 특정한 정당을 지지할 수는 없습니다."

한겨레는 창간 때부터 정치권력에 대한 비판의 자세를 견지했다. 모든 정치세력에 대해 엄정하고 공정한 보도 태도를 갖는 것은 언론의 기본이자 한겨레의 철칙이었다. 개별 언론사 가운데 처음으로 만든 윤리강령에서는 "우리는 정당에 가입하지 않으며 특정 정당·종교·종파의 입장을 대변하지 않는다"고 적었다. 정치적 중립의 지향을 분명히 하는 대내외적인 약속이었다.

1988년 1월, 시민들을 상대로 설문조사를 했는데, 질문 가운데 '한겨레가 운동권과 어떤 관계를 맺어야 하느냐'는 내용도 있었다. 응답자의 78.7%가 '독자적 입장을 견지해야 한다'고 답했다. 10%는 '운동권과 무관해야 한다', 11%는 '운동권을 대변해야 한다'고 답했다. 기성 정당은 물론 재야세력에 대해서도 거리를 두겠다는 창간 세대의 문제의식이 이 설문에 담겨 있다.

한겨레는 정치권력의 편을 들거나 그 앞에 굴복하지 않았다. 선거 때마다 특정 후보를 교묘히 돕는 다른 신문들과 근본적으로 다르다. 다만 외부자의 눈에 잘 드러나지 않는 내부의 치열한 논쟁이 있었다. 결과적으로는 이런 논쟁이 한겨레의 평형추를 유지시켰다.

중립과 연대의 딜레마

공정 보도에 철저하려 애쓰긴 했지만, 한겨레 내부에 민주세력에 대한 연대의식이 아예 없다고 강변하는 것도 거짓말이다. 한겨레를 창간한 사람들의 대다수가 한때 민주세력의 일부였다. 물론 개인적 호감과 공정한 보도는 별개의 것이었다. 문제는 공정 보도의 원칙을 누구에 대해 어떻게 적용할 것인지에 대한 논란이었다. 민주세력에 대한 배려는 어디까지 허용할 수 있을 것인가. 누가 과연 민주 또는 진보 세력인가. 무엇이 연대이고 무엇이 편파인가. 한겨레 사람마다 그 기준이 조금씩 달랐다.

창간호가 나온 1988년 5월 15일의 에피소드는 그 딜레마를 상징한다. 김영삼 당시 민주당 총재가 신문 제작이 한창이던 15일 낮에 편집국을 찾았다. 김대중 당시 평민당 총재는 윤전기에서 창간호가 쏟아지던 15일 오후에 신문사를 찾았다. 갓 나온 신문에는 김영삼의 사진이 실려 있었다. 문영희 판매국장이 성유보 편집위원장에게 항의했다. "1판 신문은 전부 호남에 배달되는데, 김대중 사진은 없고 김영삼 사진만 있으면 어떻게 합니까."

일단 윤전기를 세우고 다시 신문을 편집했다. 이번에는 두 김씨의 사진을 나란히 실었다. 원래 1판을 보내기로 했던 호남에 시내판을 발송했다. 다음 날 편집국에 항의 전화가 걸려 왔다. 장문의 편지를 써서 보낸 독자도 있었다. "사진 크기를 쟀는데 김영삼 사진이 김대중 사진보다 1㎜ 작다는 거예요. 또 다른 독자는 사진 아래에 있는 설명 기사의 글자 수를 일일이 헤아렸는데, 김대중에 대한 기사가 김영삼 것보다 다섯 글자 적다는 겁니다." 성유보의 기억이다.

두 김씨에 대한 정치적 공정성을 유지하는 것은 대단히 예민하고도 까다로운 문제였다. 안팎에서 이를 두고 말이 많았고, 해법도 분명치 않았다. 1988년 12월 30일, '편집국에서'라는 칼럼에 정운영이 글을 썼다.

"사회의 다른 집단이나 조직에서와 꼭 같이 한겨레신문에도 지난 대선 과정에서 이른바 비판적 지지나 단일화 추진을 위해 분투했던 사람들과 반면에 그 일에 미련을 끊고 제3의 진로를 모색했던 사람들이 같이 모여 일하고 있습니다. 신문이 기자를 포함한 어느 개인의 정치적 신조를 바꾸도록 요구할 수는 없겠습니다. 마찬가지로 그런 정치적 입장들이 신문 제작 방향을 좌우하지 않은 것도 분명합니다. 그것은 사주를 포함한 특정인의 이해가 걸리지 않은 한겨레만이 유일하게 향유할 수 있는 특권입니다."

이 특권을 누리는 데는 진통이 적잖았다. 한겨레는 어느 일방의 주장이 여과 없이 관철되는 조직이 아니다. 이 때문에 어느 기자가 편향적인 기사를 썼다 해도 편집국 내부의 공론을 거쳐 공정 보도의 규준을 갖추어 독자들에게 전해진다.

그런데 칼럼은 조금 달랐다. 신문사의 최고참 격인 논설위원이 자신의 이름을 걸고 쓴 칼럼을 다른 이가 나서 간섭하기가 쉽지 않았다. 자연스레 논설 또는 칼럼은 정치적 지향이 드러나는 매개가 되었다. 특정 정치세력에 대한 편향의 문제가 불거진 것도 대부분 칼럼이나 사설이었다. 창간 직후엔 양 김씨에 대한 균형을 갖추는 것이 중요했지만, 1990년대 초반 김영삼 정부가 출범한 뒤부터는 '김대중 문제'로 좁혀졌다. 이는 80·90년대 한국 정치의 근본 문제이기도 했다.

이 사안이 본격화된 것은 김대중의 정계 복귀 이후였다. 1992년 대선에서 패배한 김대중은 정계 은퇴를 선언했다가 1995년 다시 정치권으로 돌아왔다. 이를 어떻게 평가할 것인지를 두고 한겨레 사람들 사이에 의견이 엇갈렸다.

1995년 7월 18일, '전망대'에 실린 정운영 칼럼의 제목은 '환멸'이었다.

"지난 1992년 대통령 선거 다음 날, 다른 많은 유권자처럼 나도 기대와 연민으로 하루를 보냈다. 문민정부의 순조로운 출범에 거는 '기대'와 김대중 후보의 정계 은퇴에 보내는 '연민'이 그것이다. …그로부터 2년 반이 흐른 오늘, 당시의 기대와 연민은 죄다 스러지고 쓰디쓴 환멸이 그 자리를 채웠다. …김 이사장의 정치 재개 소식을 대하며, 나 또한 다른 많은 사람처럼 몹시 황당한 기분이었다. …그의 복귀 명분을 마련하기 위해 이 사회가 치를 비용과 대가는 엄격하게 따져야 한다."

열흘 뒤인 7월 28일, '아침햇발'에 실린 김종철 칼럼은 흡사 정운영 칼럼을 비판하는 듯한 내용이다.

"김대중 아태재단 이사장이 정계 복귀를 선언하자 그야말로 융단폭격이 일어났다. 우리 사회의 양식을 대변한다고 자부하는 지식인들이 소총, 박격포, 네이팜탄, 스커드미사일, 고엽제 같은 다양한 종류의 무기로 그를 공격했다. …정치는 이념과 정책을 실천하려는 이상의 대결이기도 하지만, 현실의 마당에서는 전략과 전술이 어지럽게 부닥치는 전쟁터이기도 하다. …김영삼, 김대중, 김종필은 걸어온 길이 다르고 정치적 역량과 도덕성에도 큰 차이를 보였을 텐데 왜 싸잡아서 '반3김'인가. 이런 주장을 하려면 그동안 중대한 정치적 국면마다 세 김씨에 대해 지속적으로 공정한 논평을 해왔어야 마땅하다."

신문을 대표하는 논설과 칼럼면에서 일어나는 이런 충돌을 한겨레는 완전히 해결하지는 못했다. 각 논설위원은 일관된 논리와 확고한 신념으로 김대중 문제에 접근했다. 1990년대 한겨레의 정치 칼럼은 어느 논설위원이 쓰는지에 따라 논조가 조금씩 달랐다. 서로의 심기를 불편하게 했던 '김대중 문제'는 1990년대 후반에 어느 정도 극복이 되었다. 이 시기에 이르러 1980년대 중반 이후 대학 생활을 한 공채 세대가 평기자의 다수를 이뤘다. 이들 대부분은 '양김 구도와 지역주의 청산'을 당연한 시대적 과제로 여기고 있었다.

1997년 12월 대선에서 김대중이 대통령이 되었다. 김종필 자민련 총재와 손잡은 'DJP 연합' 전략이 결정적인 승리 요인이었다. 이를 보는 한겨레 사람들의 시선이 다시 엇갈렸다. 1997년 11월 4일, 정운영은 칼럼에 이렇게 썼다.

"네가 하면 야합이고 내가 하면 공조가 되는 논리의 혼선도 답답하지만, 군사독재 시절 박해와 탄압에 앞장섰던 여권 인사와 악명 높던 정보기관의 고위 간부 출신마저 끌어들인 '난민 수용소' 정치의 결말이 대체 무엇일지 의심스럽다. …쿠데타로 민간 정부를 전복

한 장본인과 그 잔재를 청소하겠다는 후보의 밀실 결탁이 자행할 '무슨 짓'은 권력 배급에서 내각제 개헌까지 어지럽기 한량없다."

대선이 끝난 뒤인 1998년 2월 24일, 김근은 '아침햇발'에서 다른 이야기를 했다.

"지난해 대통령 선거는 연합세력의 대립이었다. 한쪽은 김대중 후보와 김종필 씨가 손을 잡아 이른바 디제이피로 선거에 나섰고, 또 한쪽에서는 신한국당의 이회창 후보와 민주당의 조순 씨가 연합하여 아예 한나라당으로 통합했다. …디제이피 연합이 야합이라면 이회창-조순 연대는 무엇인가. 오히려 디제이피는 상당 기간 공개적으로 추진되었으나, 이-조 연대는 돌출한 것이다. …개혁적인 전통 야당 혼자서 정권 교체를 이룰 수는 없다. 그것은 못마땅하지만 우리의 엄연한 현실이며 운명이다."

김대중을 보는 시각의 이면에는 지역주의에 대한 서로 다른 관점이 있다. 영남 민주세력이 보수세력과 연합한 일에 대해선 날카롭게 비판하지 않고, 호남 민주세력이 보수세력을 끌어들인 일에 대해선 왜 가혹하게 대하느냐는 게 '비판적 지지론'의 논리였다. 한국 사회의 계층·계급 모순은 호남이라는 지역에 집중되어 있고, '민주 기지로서의 호남 정치세력'에 주목하는 것이 민주주의의 절실한 과제라는 인식도 깔려 있다. 이는 나름의 타당한 논리를 갖추고 있으며, 2000년대 들어서도 여전히 한국 사회의 중요한 논쟁거리다.

한겨레의 386

그러나 한겨레의 '386세대'의 다수는 이런 주장을 수긍하지 않았다. 언론이 집권세력을 두둔하는 자세를 취한 것이나, 독재정권의 주역인 김종필과의 연합을 현실론을 들어 두둔한 것 모두 부당하다고 판단했다. 1998년 봄, 공채 6기 이하 젊은 기자들이 연서명으로 '디제이피 연합의 현실 불가피론'을 제기한 칼럼과 사설들을 공개 비판했다. 한겨레에서는 젊은 사원들의 목소리가 강력한 힘을 발휘하는데, 이때부터 '김대중 문제'를 둘러싼 의견 대립의 추가 한쪽으로 기울기 시작했다.

이 논란의 마지막 고비는 2000년 총선이었다. 2000년 2월 초, 한겨레 정치부 기자 김성호가 민주당 국회의원 후보로 공천을 받았다. 김성호는 현직 기자로선 유일하게 한겨레 창간 발기인에 실명으로 참여했고, 김현철의 YTN 사장 인사 개입 등 굵직한 특종을 많이 한 유능한 기자였다. 그는 민주당에 공천을 신청한 적이 없었다. 다만 민주당 당직자들이 김성호의 공천을 염두에 두고 있었다. 자신을 공천하려 한다는 사실을 확인하자마자 김성호는 사표를 썼다.

이 과정을 두고 논란이 일었다. 2000년 2월 9일, 노동조합이 '독립 언론 정신 훼손에 대한 강력한 조처를 촉구한다'는 성명을 발표했다. 2월 15일에는 젊은 기자 36명이 연서명으로 재발 방지 대책 마련을 촉구하는 성명을 냈다. 김성호는 일련의 과정을 해명하면서 노조의 성명을 비판하는 개인 입장을 사내 게시판에 올렸다. 몇몇 고참급 기자들이 "김성호는 공천을 위해 '정치 기자' 노릇을 한 적이 없다"며 노조 등의 거친 문제 제기를 비판했다.

한겨레 출신 가운데 정관계에 몸담은 이들은 그 전에도 있었다. 김성호의 국회의원 출마는, 다른 언론사의 기자는 물론 한겨레의 이전 기자들과 비교했을 때 도덕적으로 결정적인 흠결이 있었던 것은 아니다. 그러나 편집국의 다수를 차지한 젊은 기자들의 윤리적 감수성은 기성 세대와는 또 다른 것이었다. 정당을 출입하다 정계로 자리를 옮기는 것 자체를 비판적으로 보았다.

김성호는 그해 총선에서 16대 국회의원이 되었고 개혁적 의정 활동을 벌여 좋은 평가를 받았다. 이 논란을 계기로 한겨레 내부에는 어느 정치세력이건 정치권 전체와 거리를 두는 일이 상식으로 자리 잡았다. '김대중 문제'도 그런 차원에서 정리의 가닥을 잡았다.

이 문제의 근원에는 보수 일색의 기성 언론과 분명히 구분되는 한겨레의 차별적 좌표 설정에 대한 고민도 있다. 1991년 4월 편집위원장 후보에 나선 김종철은 공약집에 이렇게 썼다.

"한겨레는 반민족, 반민주, 반민중의 현 정권을 극복할 세력이 누구이고 그 방법은 무엇인지에 대한 정치적 입장을 밝혀야 합니다. 현실적으로는 민자당 정권의 맞은편에 가장 큰 덩치로 서 있는 것이 평민당이고 그보다 규모가 뒤지는 민주당과 민중당이 같은 편에 있으며, 재야·노동·농민·빈민·학생·문화 운동 부문이 각각 독자적 영역을 확보하고 있습니다. 제 개인적 신념은 이런 야권의 대동단결입니다. 이 구도 속에서 야권의 모든 정치집단과 운동단체에 대해 일상적이고 연속적으로 보도하고 논평해야 합니다. 비판에는 성역이 있을 수 없지만, 지역 모순의 본질과 해악을 드러내는 작업도 한겨레의 책무이자 역할입니다."

김종철은 1975년 동아일보에서 해직되었다. 해직 이후엔 민통련 등에서 재야운동에 앞장섰다. 그는 재야에서도 뛰어난 이론가이자 조직가로 통했다. 한겨레 창간에도 주도적으로 참여했다. 그가 쓴 일련의 글은 개인의 이득을 취하려는 의도가 아니라, 한국 사회와 한겨레의 갈 길에 대한 나름의 신념을 반영하고 있었다.

어쩌면 한겨레가 그의 길을 따라갈 수 있었을지도 모른다. 그러나 일련의 공론 과정에서 '지역 모순에 주목하면서 야권의 대동단결을 한발 앞서 이끄는 전략'은 소수 의견이 되었다. 1990년대 이후 입사한 한겨레의 젊은 기자들도 이를 부정적으로 대했다. 젊은 세대는 김대중에 대한 비판적 지지론은 물론 민주대연합론과 같은 정치공학적 접근을 수용할 수 없었다.

보수 언론 또는 보수세력이 한겨레를 '친여지' 또는 '친정부지'라고 헐뜯을 때마다 한겨레 사람들이 억울함을 넘어 분노를 느끼는 이유도 여기에 있다. 한겨레 사람들은 창간 이후 줄곧 예민한 더듬이를 세워 정치적 공정성을 지키려 무던히 애썼다. 다른 언론에서라면 특별히 문제되지도 않았을 칼럼 문장 하나하나까지 따져 물으며 모든 정치권력에 대해 비판적인 거리를 유지했다. 한겨레는 단 한 번도 정치권력에 우호적인 때가 없었다. 진보와 개혁의 가치를 신뢰하면서 개별 정책을 정당하게 평가하거나 비판했을 뿐이다. 한겨레 기자들은 공정보도와 진실보도의 작두 위에 올라 정치적 사안을 전한다.

진보 정당 가입 논쟁

정치적 공정성 문제를 다루는 한겨레 사람들의 예민하고도 독특한 자세를 보여주는 일이 2000년대 이후에도 일어나고 있다. 2003년 1월 20일부터 이틀간 한겨레 사원총회가 열렸다. 이번에는 한겨레 임직원의 정당 가입이 문제가 되었다. 전체 사원 가운데 75.6%인 419명이 참가한 투표에서 236명(56.3%)이 정당 가입에 반대했다. 찬성은 165명(39.6%)이었다. 안건은 그저 '정당 가입'이었지만, 실제로 문제가 된 것은 특정 정당이었다. 한겨레 기자의 민주노동당 가입 문제가 불거진 것이다.

이 투표에 이르기까지 무려 여섯 달 동안 사내에서 토론과 논의가 이어졌다. 사건의 발단은 사소한 데서 시작했다. 2002년 8월 재보궐선거를 앞두고 민주노동당이 선거 홍보 광고를 중앙일보에 실었다. 민노당의 이런 결정을 비판하는 글이 한겨레 사내 게시판에 올라왔다. 이야기는 확대되어 진보 정치세력에 대한 한겨레의 보도 태도에 대한 비판과 반비판으로 이어졌다.

다른 언론사에서는 상상하기 힘들지만 한겨레에서는 언제나 있는 정치 토론, 지면 토론이었다. 그런데 이 와중에 당시 노동조합 지면개선위원회 간사였던 조준상 기자가 민주노동당 기관지인 진보정치 편집위원을 겸하고 있다는 사실이 알려졌다. 한겨레 노동조합은 전국언론노조 소속이고 언론노조는 민주노총의 핵심 산별노조 가운데 하나였다. 진보정치 편집위원 직함을 달게 된 것을 노조 전임자의 활동으로 볼 수도 있었는데, 이 문제가 한겨레 기자와 당원 신분에 대한 논란으로 확대되었다.

여러 사람이 사내 게시판 등을 통해 토론에 참여하면서 홍세화 기획위원과 윤전부의 최수근이 민주노동당 당원이라고 스스로 밝히고 나섰다. 두 사람 모두 직책이 없는 평당원이었다. 당시 홍세화는 '왜냐면'을 편집하면서 칼럼을 쓰는 기획위원이었고, 조준상은 현직에서 잠시 물러난 조합 전임자였으며, 최수근은 취재 보도 업무가 아닌 윤전 부문의 사원이었다.

내부 논의가 이어졌다. 2002년 7월 23일, 윤리위원회는 이들이 정당 가입을 금지한 한겨레 윤리강령을 위반한 것으로 결론을 내리고 탈당을 권유했다. 그러나 홍세화와 조준상은 이를 거부했다. 홍세화는 그 이유를 전체 임직원 앞으로 보낸 공개편지에서 밝혔다.

"(정당 가입을 금지하는 윤리강령의) 문제 조항은 한국의 정당 정치 현실에 비추어 볼 때, 기자직을 권력 지향의 발판으로 이용하려는 기자에겐 어떤 구속력이나 규정을 갖지 못하는 반면, 기층 민중을 대변하는 진보 정당 활동은 가로막고 있다. 나는 한겨레를 떠날 의사가 추호도 없듯이 진보 정당을 떠날 의사도 추호도 없다. 나는 문제 조항의 개정을 요구한다. 그날까지 사규를 어긴 구성원으로서 불이익을 감수하겠다."

윤리위원회는 법률가들에게 자문을 구했다. 자문 변호사들은 "회사가 구성원들의 정치적 활동을 일정 범위 내에서 제한하는 것은 헌법에서 규정한 영업의 자유에 해당하지만, 이와 동시에 정당 가입 자체를 금지하는 윤리강령은 헌법과 정당법에 위반된다고 해석될 여지도 있다"고 답했다.

아울러 "정당 가입을 이유로 임직원을 징계할 경우 위법한 처분이라고 할 수 있으며, 이 징계 처분을 받은 임직원이 노동위원회에 제소할 경우 징계 처분이 무효로 판단될 가능성이 높다"고 덧붙였다. 법률을 따져 풀 수 있는 문제가 아니라는 이야기였다.

결국 윤리위원회는 관련자들에게 재차 탈당을 권유하는 한편, 이 문제를 대선 이후 사내 토론을 거쳐 정리하기로 했다. 그런데 대선 직전인 2002년 12월 5일, 홍세화가 문화방송의 '100분토론'에 민주노동당 지지자로 출연했다. 이튿날인 12월 6일, 조상기 편집위원장은 홍세화가 맡았던 '왜냐면' 편집을 중단시켰다. 12월 10일, 홍세화 편집위원장에게 징계의 부당함을 지적하는 공개 질의서를 보냈다. 징계를 둘러싼 찬반 논란 끝에 12월 13일 홍세화의 업무 정지가 해제되었다.

12월 26일, 임직원의 정당 가입 문제를 놓고 사내 공청회가 열렸다. 찬반 토론이 뜨거웠다. 윤리위원회는 이 문제를 사원 총투표를 통해 결론을 내리기로 했다. 그러나 사원총회 직전, 투표 자체를 거부한다는 젊은 기자 40여 명의 성명이 발표되었다. "정당 가입과 정당 활동을 포괄적으로 금지한 현행 윤리강령 7조가 헌법은 물론 정당법 규정에 어긋나는 데도 이를 찬반 투표로 해결하려 해서는 안 됩니다. 충분한 검토와 논쟁을 통해 광범위한 합의를 이끌어내는 방식으로 문제를 해소해야 합니다." 당시 발표된 성명서의 한 대목이다. 비슷한 취지의 성명을 노동조합도 발표했다.

양심의 자유와 언론의 공정성

2003년 1월 20일 사원총회는 이런 일의 끝에 일어났다. 투표 결과를 보면 정당 가입 금지론자가 60%, 정당 가입 허용론자가 40%인 셈이었는데, 투표 불참자까지 고려하면 사내 여론은 백중세였다. 결국 윤리위원회는 정당 가입자에 대해 징계를 내리지 못했다.

이 문제는 여전히 한겨레 내부에서 논란 중이다. 실질적인 정치 활동을 하지 않는 평당원이라 해도, 그 소속 정당이 진보 정당이라 해도, 정당 가입자는 취재 보도의 공정성을 의심받을 수 있는 정치부 등에서 일하지 않는다는 암묵적인 공감대가 형성되어 있는 상태다.

그러나 많은 논쟁거리가 남겨져 있다. 진보 언론을 표방하는 한겨레는 진보 정당과 어떤 관계를 맺어야 하는가. 진보 정당을 지지하는 기자의 양심은 공정 보도를 해야 하는 기자의 윤리와 어떻게 양립할 수 있는가. 진보 정당을 지지하는 오늘의 신념과 평민당을 지지했던 과거의 신념은 서로 무엇이 다른가. 논란은 여전히 진행 중이다.

다만 이 문제를 두고 이토록 오랜 토론과 치열한 논박을 벌이는 일 자체가 한겨레다운 일이다. 적어도 그 과정만 보자면 '진보 정당 당원 논쟁'은 한겨레 공론의 백미에 해당한다. 정치적 공정성에 대한 한겨레 사람들의 감수성과 치열함을 다른 언론사의 그것과 비교할 수 없다. 그들은 총선 공천권을 따내는 일에 목을 매지만, 한겨레 사람들은 역사의 진보를 성취하고 양심의 자유를 지키는 일에 목숨을 건다.

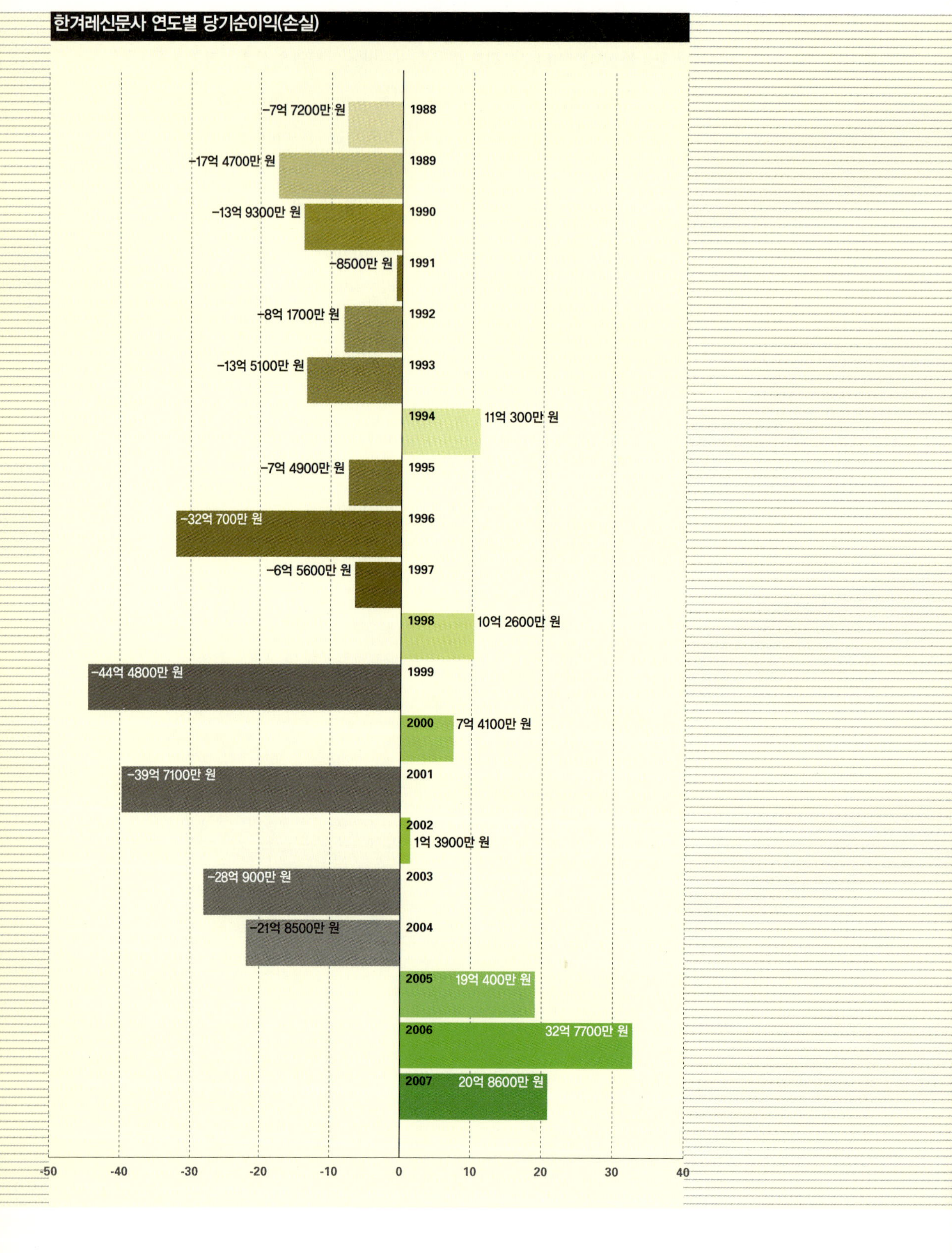
한겨레신문사 연도별 당기순이익(손실)
-7억 7200만 원 1988
-17억 4700만 원 1989
-13억 9300만 원 1990
-8500만 원 1991
-8억 1700만 원 1992
-13억 5100만 원 1993
1994 11억 300만 원
-7억 4900만 원 1995
-32억 700만 원 1996
-6억 5600만 원 1997
1998 10억 2600만 원
-44억 4800만 원 1999
2000 7억 4100만 원
-39억 7100만 원 2001
2002 1억 3900만 원
-28억 900만 원 2003
-21억 8500만 원 2004
2005 19억 400만 원
2006 32억 7700만 원
2007 20억 8600만 원
-50 -40 -30 -20 -10 0 10 20 30 40

한겨레
THE HANKYOREH

연대와 신뢰의 시대

4.

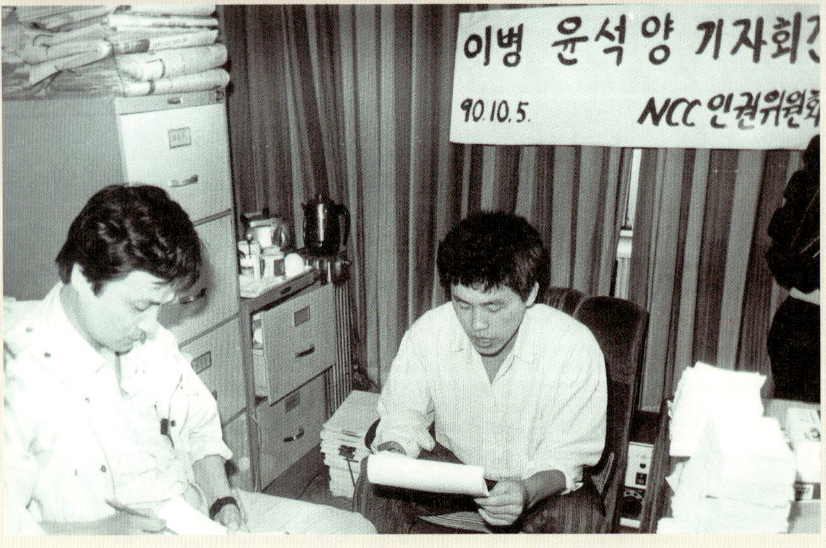
이병 윤석양 기자회견
90.10.5.   NCC 인권위원회

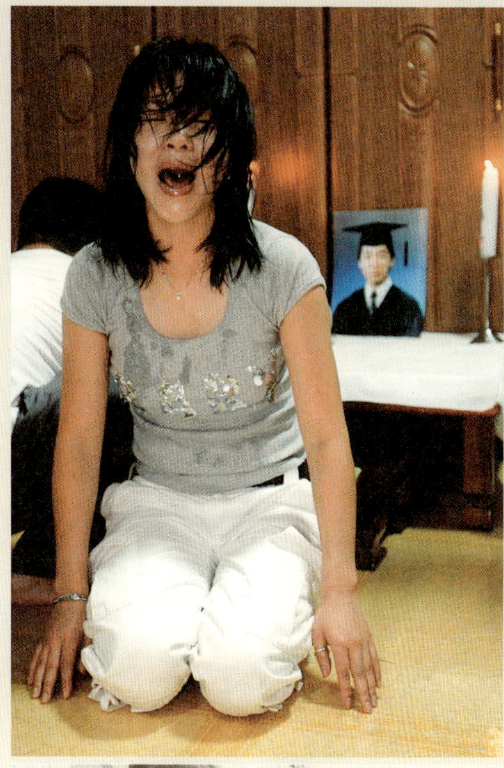

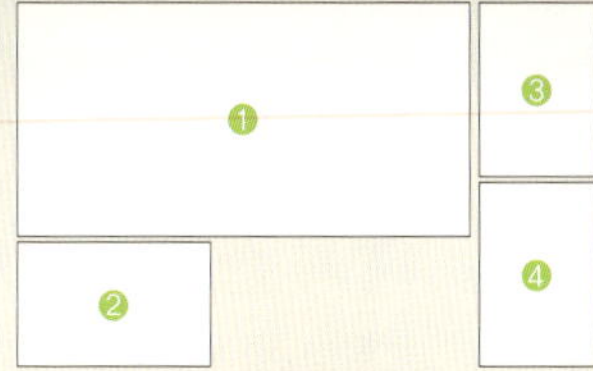

각종 보도사진상을 수상했거나 특종보도와 관련된 사진들

① 2006년 7월 29일, 중국 단둥 호산장성 건너편 북녘 땅에서 군인들이 침수를 막기 위해 강둑 보강작업을 벌이고 있다.

② 1990년 10월 5일, 윤석양 이병이 보안사의 민간인 불법사찰 실태를 폭로하고 있다.

③ 2004년 6월 3일, 이라크에서 납치됐다 참수당한 고 김선일 씨의 피살 소식이 전해진 뒤, 부산 동구 범일동 집에서 동생 김정숙 씨가 급히 마련된 영정 앞에서 오열하고 있다.

④ 무장탈영한 강원도 철원군 육군 제15사단 소속 임채성 일병이 1993년 4월 19일 오전 서울 종로구 명륜동 주택가에서 민간인에게 총기와 수류탄을 난사한 뒤 군경과 교전하다 뒷머리와 복부에 총상을 입고 쓰러져 신음하고 있다.

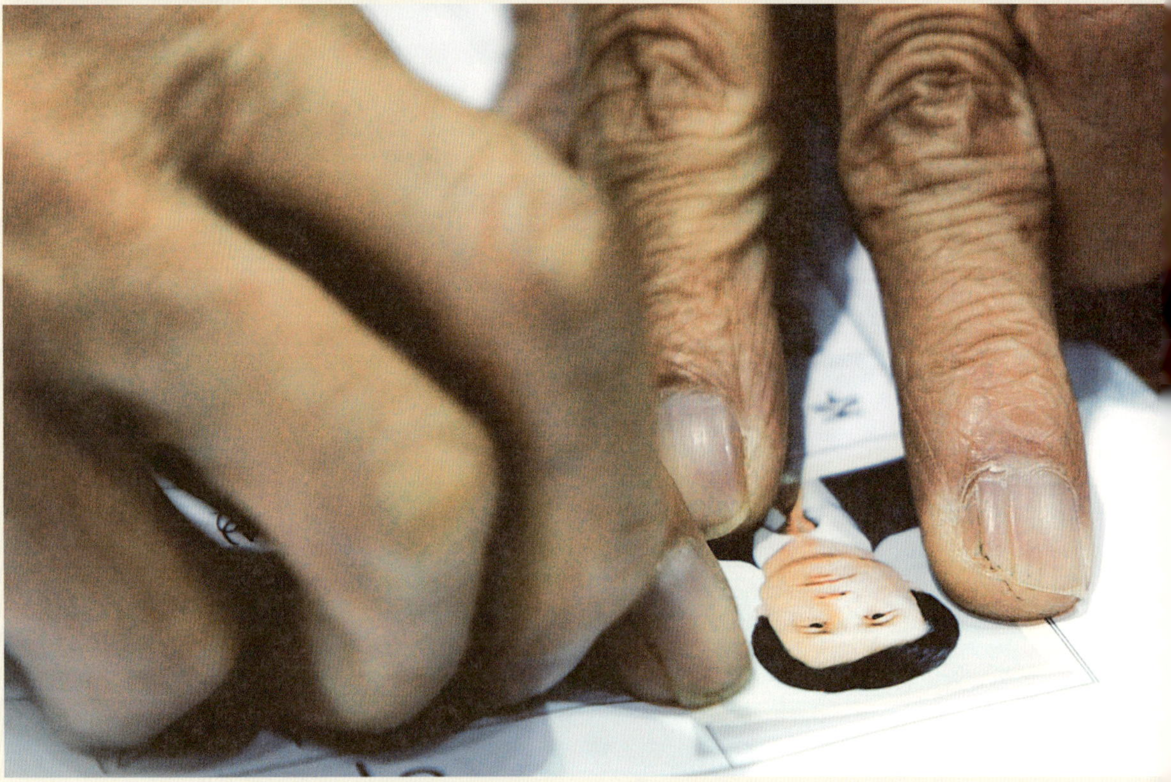

① 2007년 4월 1일, 협상장인 서울 하얏트호텔 들머리에서 민주택시 노조연맹 소속 허세욱 씨가 분신하자 경찰이 급히 휴대용 소화기로 불을 끄고 있다. 허씨는 병원으로 옮겨졌으나 결국 숨졌다.

② 2005년 10월 22일, 서울 강남 코엑스 인도양홀에서 열린 실버취업박람회에서 구직자가 몇 해는 됐음직한 사진을 이력서에 붙이고 있다.

③ 1994년 1월 19일, 극비리에 한국을 방문한 제임스 울시 미 중앙정보국장이 서울 국방부 청사에 들어서고 있다. 울시 국장 경호에 나선 두 나라 정보요원들은 이를 취재하던 한겨레 기자들에게 필름을 내놓을 것을 요구하며 협박했다.

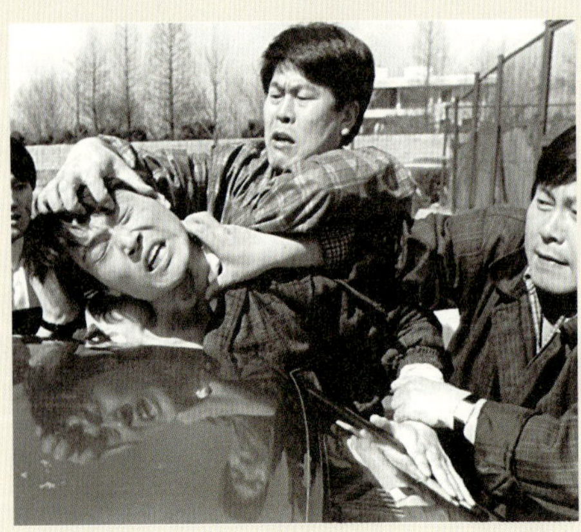

❶ 1994년 6월, 시베리아에서 일하고 있는 북한 벌목공들이 대화를 나누고 있다.

❷ 1990년 3월 7일, 민자당 중앙당사에 들어가려던 대학생 8명 가운데 전대협 전 부의장 문광명 씨가 당사 앞에 대기하고 있던 안기부 직원들에게 붙잡혀 강제로 차에 태워지고 있다.

❸ 2000년 8월 17일, 이산가족 상봉을 위해 서울을 찾은 북쪽의 서기석(오른쪽) 씨가 남쪽의 어머니 김금예 씨와 작별인사를 나눈 뒤 눈물을 흘리며 돌아서고 있다.

❹ 2003년 3월 17일, 이라크 남부 유전지역인 바스라의 병원에 이라크 어린이가 누워 있다. 어린이는 1991년 걸프전 때 미국이 사용한 열화우라늄탄 때문에 선천성 백혈병에 걸린 채 태어났다.

❺ 1996년 3월 27일, 경부고속도로 하행선 칠곡 휴게소에서 쌍용양회 직원 2명이 의문의 과일상자를 신한 국당 대구 달성지구당 차량으로 옮기고 있다.

1

"어제 사직서를 냈습니다. 직원으로서는 마지막일지도 몰라 회색빛 건물도 보고, 정든 얼굴들도 만나보기 위해 회사를 찾아갈까도 싶었으나 감정을 주체하지 못하고 눈물부터 보일 것 같아 다른 직원 편에 사장 앞으로 사직서를 보냈습니다.

사직서를 품에 담은 채 기차를 타고 서울로 가는 길은 고통이면서도 아름다웠던 추억들로, 지난 16년만큼이나 멀고도 길었습니다. 추수가 이미 끝나고 새 떼까지 떠난 초겨울 빈 들판은 바로 저의 모습이었습니다. 비바람과 눈보라, 태풍 속에서도 아름다운 들판을 만들어보려다가 지치고 힘 떨어지고 어느새 늙어 망연자실 홀로 서 있는 농부는 바로 저였습니다.

한겨레신문은 저를 사람다운 사람으로 사람답게 살게 했습니다. 늘 기쁨이었고 희망이었고 행복이었습니다. 오래오래 함께 걸어가고 싶은 동반자였습니다. 거기서 만난 사람들은 세상에서 내가 만난 사람들 가운데 가장 아름다운 마음을 가진 사람들이었습니다. 능력이 부족해 1등 신문 못 만들고 떠나 죄송합니다.

가을바람에 단풍이 들면 잎이 떨어지고, 세월이 가면 육신도 힘이 떨어지고 기웁니다. 빈 들판, 빈 가슴으로 지리산에나 다녀와서 비록 작지만 다른 2막이 있는지 찾아보겠습니다. 한겨레신문사에서 행복했습니다. 안녕히 계십시오."

2004년 11월 12일 오후 4시, 한겨레 사람들은 박화강의 전자우편을 받았다. '정든 회사를 떠나며.' 전자우편 제목을 보고 놀라 기사 마감과 신문 제작도 잠시 멈추었다. 이 글을 읽고 한겨레 사람들이 많이 울었다. 한겨레 창간위원이자 편집국의 어른

이었던 박화강은 전날 광주에서 서울에 올라와 양상우 비상경영위원회 공동위원장에게 사직서를 전했다. 그날을 끝으로 신문사를 떠났다. 그 뒤로 한겨레 사람들은 전체 임직원 앞으로 보내진 전자우편을 많이 받았다.

"어느새 새벽이 다가오고 있습니다. 정든 한겨레신문사에서 마지막 퇴근을 하기 위해 이제 일어섭니다. 한겨레신문사와 더불어 17년, 행복했습니다. 안녕히 계십시오." 창간 발의자, 창간 발기인에 이어 한겨레 창간 편집국에 합류해 미디어사업본부장을 지낸 신연숙이 사직서를 냈다. 11월 16일이었다.

"제 가슴 속 노파심은 말합니다. 눈물이 메마른 땅에 진보적 가치는 꽃필 수 없다, 눈물을 동반한 땀이 아니면 한겨레의 새 길은 열리지 않는다고. 한겨레를 떠나기로 했습니다. 작은 힘이나마 한겨레 재건에 힘을 보태지 못하게 된 날, 안타까움과 서글픔을 느낍니다." 12월 20일, 한겨레 편집위원장을 지낸 고영재가 마지막 인사를 전했다.

한겨레를 대표했던 젊은 논객 손석춘도 12월 26일 사표를 냈다. "간곡히 부탁 드립니다. 다시는 한겨레신문사에서 2004년 겨울과 같은 일이 벌어지지 않기를. 한겨레가 상처를 딛고 진보 언론으로 바로 서기를. 한겨레를, 그리고 한겨레의 눈 맑은 벗들을, 사랑합니다."

2대 노조위원장을 지낸 최성민은 12월 29일, 신문사를 떠났다. "제 청춘과 영혼을 쏟았던 한겨레였습니다. 저는 경영과 편집에 대해 비판의 입장을 견지해왔습니다. 그 탓에 마음 불편함을 가져야 했던 선후배, 동료 여러분께 깊은 위로의 말씀을 드리고자 합니다. 저희가 못다 이룬 꿈을 이루어주십시오."

편집위원장을 지낸 윤후상도 같은 당부를 남기고 12월 30일, 사직서를 냈다. "애초에는 인간보다는 효율을 선택한 구조조정 방식에 견해를 달리 했지만, 그것이 한겨레 공동체를 보다 안전하게 살리는 방식임을 부정할 수만은 없었습니다. 그에 순응하는 것이 창간 멤버로서 마지막으로 봉사하는 것이라고 생각했습니다. 거친 경쟁에서 한겨레가 살아남아 거듭나기를 염원하는 주주와 독자들을 한시도 잊지 말아주시기 바랍니다."

그리고 2004년의 마지막 날, 한겨레 사람들은 2통의 전자우편과 함께 그해를 마감했다. "한없이 부족한 제가 12년간 한겨레에서 일할 수 있게 해주신 선후배, 동료분들께 진심으로 머리 숙여 감사의 인사를 드립니다. 새해에는 한겨레와 그 식구들, 떠나는 사람 모두 다들 잘됐으면 정말 좋겠습니다." 특종 제조기로 통하던 하석은 12월

●2004년 9월, 고희범 대표이사(왼쪽)와 양상우 겸임조합 위원장이 비상경영위원회 구성안을 논의하고 있다.

31일에 사표를 냈다. 같은 날, 여론팀의 이영원도 이별 편지를 보냈다.

"2004년의 마지막 날이네요. 제가 한겨레에서 시간을 보내는 마지막 날이기도 합니다. 만 14년을 보냈습니다. 이제 한겨레와 함께했던 긴 여행을 마무리합니다. 한겨레에서 만난 좋은 사람들이 있어 참 행복했습니다. 아픔도 슬픔도 아쉬움도 다 두고 좋은 기억만 가지고 갑니다. 그동안 감사했습니다."

2004년 11월부터 두 달간 80명이 한겨레신문사를 떠났다. 한겨레에 있어 행복했다며, 같이 일할 수 있어 감사했다며, 부디 한겨레를 올바로 이끌어달라며, 그들은 마지막 인사를 남겼다. 창간 이후 첫 구조조정이었다.

구 조 화 된   경 영   위 기

1998년 이후 한겨레의 경영 위기가 구조화되기 시작했다. 신문 부문에선 보수 신문이 주도하는 물량 공세를 따라잡지 못했다. 한겨레21, 씨네21, 한겨레문화센터, 한겨레출판 등이 1990년대 후반에도 좋은 성과를 거두고 있었지만 전체 매출의 75% 이상을 차지하는 신문 부문의 적자를 메워줄 수는 없었다. 새 사업을 펼치려 해도 돈이 충분치 않았다. 80억 원의 손실을 가져다준 한겨레리빙의 실패 이후 신문사가 동원할 수 있는 자금이 한계를 드러내고 있었다.

1999년 3월, 대표이사에 취임한 최학래는 승부수를 던졌다. 신문사의 주력 상품이면서도 가장 큰 적자를 내고 있는 신문 부문에서 돌파구를 마련하기로 했다. 창간 때 경영 조직을 구축했던 조영호를 다시 불러 전무이사를 맡겼다. 그는 1992년 12월 한겨레에 사표를 내고 이후 5년여 간 나산그룹 등에서 전문경영인의 길을 다시 걷고 있었다. 창간 때 경영 실무를 맡았던 서형수도 한발 먼저 돌아와 있었다. 그 역시 1991년 신문사를 떠났다가 1995년부터 한겨레 운영기획실에 복귀해 있었다. 최학래는 서형수에게 사업국장을 맡겼다.

최학래 대표이사를 비롯한 당시 경영진은 현상 유지에 급급한 방어적 경영전략으로는 신문사의 체질을 바꿀 수 없다고 판단했다. 대신 공세적인 경영에 나섰다. 판매부수를 끌어올리고 이를 토대로 광고 수익을 올리면서 신문의 적자를 줄이기로 했다. 1998년 2월 김대중 정부의 출범도 이런 판단에 일부 영향을 주었다. 평화적 정권 교체에 의한 민주세력의 집권이라는 정치 환경이 한겨레에 불리하지 않다고 판단했다. 한계 수준에 다다른 자금력을 최대한 끌어올려 신문 부문에 투자했다.

전무이사를 맡은 조영호는 창간 초기만 해도 섣부른 확장 경영을 경계했었다. 금융권으로부터 거액을 융자받을 경우 군사정부에게 한겨레의 목줄을 넘겨줄 수 있다고 생각했다. 그러나 1999년 복귀 뒤에는 적극적인 경영을 주창했다. 더 이상 권력의 동향을 예의 주시하며 주눅들 필요가 없다고 판단했다. 보수 신문의 시장 카르텔을 넘어설 절호의 기회라고 보았다.

1999년 12월 사옥 신관을 증축했다. 같은 달 인터넷한겨레를 분사했다. 2000년 4월, 관계회사 한겨레커뮤니케이션스를 창립했다. 한겨레커뮤니케이션스는 2000년 6월 디지털 주간지 dot21을 창간했다. 이들을 자회사 또는 관계회사로 만들면서 외부 투자를 끌어들였다. 같은 달, 한국통신과 손잡고 위성방송사 설립을 위한 컨소시엄을 맺었다. 자금 부족으로 중도에 접긴 했지만, 같은 해 8월에는 윤전기 증설을 위한 투자를 이사회에서 결의하기도 했다.

1999년부터 전사적인 판매부수 증진에 들어갔다. 1999년 봄, 창간 이후 처음으로 공중파 방송에 신문 판촉 광고를 내보냈다. 당시 신세대를 대표하는 인물로 떠오르던 《네 멋대로 해라》의 저자 김현진을 모델로 하고 '새로운 눈, 새로운 모습, 다시 한겨레'를 대표 카피로 삼았다. 임직원들도 모두 판촉에 들어갔다. 주주 독자를 중심으로 한겨레 구독 운동을 펼쳤다. 2000년 12월, 신문 판매 부문을 전담하는 마케팅국을 신설했다. 2001년 9월부터는 사외보 〈열린사람들〉을 제작해 주주 독자들에게 배포했다. 신문사의 자금이 이런 사업에 집중되었다. 권근술 대표이사 재임 시절인 1997년부터 늘어나기 시작한 신문 판매 부문 투자액은 1999년과 2000년에 걸쳐 정점에 이르렀다.

회사채를 발행해 목돈도 마련했다. 한겨레가 금융기관에서 큰돈을 융자받은 것은 그때까지 두 차례였다. 첫 번째가 1996년이었다. 100억 원을 마련했다. 한겨레21, 씨네21 창간 등 사업 다각화를 시도하면서 윤전기 증설 등의 투자를 꾀하던 때였다. 당시 시작된 안기부의 광고 수주 방해 공작을 우려해 미리 자금을 확보하려는 뜻도 있었다. 2001년에 두 번째 대규모 차입이 이루어졌다. 판매부수 확대가 당면한 목표였다. 운영자금도 필요했다. 150억 원을 빌렸다. 이 시기 일련의 조치를 관통하는 흐름이 있었다. 자회사 또는 관계회사를 만들어 투자를 유치하고 금융권에서도 돈을 빌려 최대한의 자금을 마련한 뒤, 보수 신문이 휘젓고 있는 신문 시장에 이를 투입해 판매·광고 부문의 선순환 구조를 갖추겠다는 의도였다.

그러나 창간 이후 최대의 판촉 캠페인은 의도했던 바를 이루지 못했다. 1990년대 초반과 비교해 10배나 많은 자금을 신문 판매 촉진에 투자했는데, 여기서 나온 수익은 1.5배 늘어나는 데 그쳤다. 판매부수가 다소 늘긴 했는데, 크지 않은 폭이었다. 판촉 활동에 의해 구독을 시작한 독자들은 손쉽게 한겨레 구독을 중단했다. 자발적으로 한겨레를 구독하는 '충성 독자'와 달랐다. 새로 늘어난 독자만큼 기존의 독자가 줄어들었다.

이 무렵 한겨레는 두 차례의 흑자를 봤다. 1998년 10억 원, 2000년 7억 원의 수익을 냈다. 그러나 이 흑자 경영은 내핍을 감수한 결과였다. 1998년에는 상여금 300%를 삭감했다. 2000년에는 그나마 상여금 가운데 50%를 사원들이 반납했다. 적자가 계속되면 은행에서 융자를 받을 수가 없다. 연이은 적자를 막기 위해 사원들이 임금을 내놓았던 것이다. 저임금을 견디는 사원들의 인내가 한계에 이르고 있었다. 투자 여력은 물론 임금을 포함한 운영자금을 마련하는 일도 장벽에 부딪혔다.

상황이 어려운 것은 다른 신문사들도 마찬가지였다. 2001년의 통계를 보면, 조선일보, 중앙일보, 동아일보를 제외한 모든 중앙일간지가 자본 잠식 상태에 있었다. 경향신문, 국민일보, 세계일보, 한국일보는 완전 자본 잠식 상태였다. 자본금보다 누적 적자가 몇 배 더 많았다. 한겨레는 일부 자본 잠식 상태였다.

한국 신문 시장 규모가 급감한 것이 배경이었다. 전체 신문 구독률은 1986년 71%에서 2000년 52%로 떨어졌다. 신문을 보는 사람이 그만큼 줄었다는 이야기다. 신문 시장이 축소되는 가운데 몇몇 보수 신문은 물량 공세를 통해 시장 점유율을 높였다. 후발 신문사들은 이를 따라잡지 못했다. 신문 광고 시장의 숨통을 열었던 금융권 호황도 2001년부터 잦아들었다.

그나마 한겨레의 재무구조가 다른 신문보다 조금 낫다고 할 수 있었지만, 여기에는 다른 문제가 있었다. 국민일보, 세계일보 등은 거대 종교집단을 배경으로 삼고 있다. 한국일보에는 사주 일가의 막대한 개인 재산과 과거 전성기에 구축했던 전국 곳곳의 부동산이 남아 있었다. 현대그룹이 창간한 문화일보, 한화그룹이 인수했던 경향신문은 1990년대 후반 계열 분리 과정의 진통을 겪고 있었지만, 그래도 믿는 구석이 없지 않았다. 반면 한겨레는 기댈 언덕이 전혀 없었다.

어려울 때마다 국민 주주에게 도움을 청해왔지만, 그 방식은 이미 한계에 봉착해 있었다. 그때까지 한겨레는 일반 국민을 상대로 네 차례에 걸쳐 대대적인 기금 모금을 했었다. 1987년 11월부터 1988년 3월까지 진행된 창간기금 모금이 첫 번째다. 50억 원의 자본금을 이때 마련했다. 뒤이어 1988년 9월부터 12월까지 1차 발전기금, 1989년 1월부터 5월까지 2차 발전기금을 잇따라 모았다. 이때 국민들은 130억 원의 기금을 한겨레에 냈다.

그러나 1991년 3월부터 두 달 동안 진행한 3차 발전기금 모금 때는 15억 원을 모으는 데 그쳤다. 이후에도 한겨레 주주가 되려는 시민들의 참여는 계속되었지만, 창간 때의 수준에는 미치지 못했다. 수십억 원을 모아봐야 모금 캠페인에 들어가는 비용을 빼고 나면 크게 남는 돈이 없었다. 국민 모금을 통해 경영 혁신에 필요한 자본금을 마련한다는 것은 어려운 일이었다.

앞 길 이 막 히 다

거액을 투자한 신문 부수 증대 캠페인이 사실상 실패한 일은 한겨레 경영에 또 다른 난관을 제공했다. 한겨레리빙이라는 새 매체를 만들어 사업 다각화를 벌이는 일이 실패한 직후였다. 새 매체를 만들어 신규 시장을 개척하는 일과 신문 부수 증대를 통해 주력 상품의 영업이익을 높이는 일이 연이어 좌절되면서, 한겨레는 앞길이 막혔다. 사업 다각화도 안 되고 신문 부문 수지 개선도 안 된다면, 한겨레 사람들이 도모할 수 있는 일은 거의 없었다.

분사한 인터넷한겨레는 훗날 초록마을과 하니투어의 전신이 될 유통·관광 부문의 사업을 펼쳤지만, 적어도 2000년대 초까지만 해도 적자를 면치 못했다. 자회사인 한겨레커뮤니케이션스도 이코노미21, 씽크머니 등 정보통신 및 금융 부문의 잡지를 만들었지만, 계속되는 적자로 고전을 거듭하고 있었다.

더 근본적으로는 취약한 자본이 문제였다. 새 매체가 시장에 안착할 때까지 버텨 줄 자본이 있었다면 한겨레리빙은 조금 다른 길을 걸을 수도 있었을 것이다. 신문 판매부수를 늘리는 데 들어가는 자본도 2~3년이 아니라 5년 이상 지속되어야 그 성과를 볼 수 있는데, 그럴 만한 돈이 없었다. 한겨레리빙의 시장 안착을 기다리고, 신문 판매

부수의 증가를 기다렸지만, 두 가지 모두 경영 개선으로 이어지지 못했다. 더 기다리려 해도 더 쓸 돈이 없었다.

한겨레의 살림이 휘청거리기 시작했다. 통상적인 투자로는 위기를 극복할 수 없다는 게 분명해졌다. 2000년 무렵, 한겨레의 부채 비율은 500%를 넘어서고 있었다. 경영 수지가 좋지 않고 부채 비율까지 높은 신문사에 돈을 빌려주려는 금융기관은 없었다. 빌려 간 돈이나 빨리 갚으라는 압력이 거세졌다.

이후 4년여 동안, 한겨레는 거의 한 해도 빠짐없이 특별 기구를 만들었다. 근본적인 경영 혁신을 꾀했다. 제2창간위원회(2000년), 21세기발전기획단(2001년), 한겨레 장기발전기획팀(2001년), 한겨레 혁신추진단(2002년), 그리고 비상경영위원회(2004년) 등이 속속 만들어졌다. 이들 특별 기구를 가로지르는 화두는 하나였다. 한겨레의 태생적 한계와도 같았던 취약한 자본의 문제를 해결하는 일, 즉 증자였다.

2000년 11월 16일 출범한 '제2창간위원회'는 정연주 논설주간이 위원장을 맡고, 장정수·윤석인·박영소 등이 상근 위원이 되었다. 같은 해 12월 8일까지 한시적으로 운용했다. 이 기구는 퇴직금 중간 정산에 뒤이은 출자전환을 처음으로 공식 제안했다. 대표이사 임기를 2년에서 3년으로 늘리고, 편집위원장 임명동의제를 실시해 경영권을 안정화시키는 방안도 내놓았다.

창간 이후 이어지던 단일호봉제의 수정도 제의했다. 사원들은 성과급제에 따라, 간부들은 연봉제에 따라 임금을 받는 청사진이었다. 기사와 마케팅을 연계시키는 교육사업단이 출범하게 된 것도 제2창간위원회의 제안에 따른 것이었다. 4년 뒤 현실화될 혁신안의 기초가 이때 마련되었다. 그러나 큰 성과를 거두지 못했다. 노동조합과 함께 연구·논의할 계획이었지만, 노조는 경영진의 논의를 지켜보겠다며 한발 물러섰다. 구상 자체가 흐지부지되었다.

2001년 2월, '21세기 발전기획단'이 만들어졌다. 제2창간위원회에서 시작된 경영 혁신의 화두를 구체화시키는 기구였다. 최학래 대표이사가 직접 단장을 맡았다. 차성진 경영기획실장을 비롯해 경영 부문의 박영소, 편집 부문의 권복기가 상근했다. 이 기구는 구조조정 계획을 처음으로 입안했다.

애초 미래 전략 등을 고민하는 게 목표였는데, 그 과정에서 한겨레의 인력 구조 문제에 천착하게 되었다. 2001년 3월, 21세기 발전기획단은 '한겨레 발전전략 기본계획안'을 만들었다. 희망 명예퇴직, 희망 무급휴직, 순환 무급휴직, 상여금 삭감 등을 통해 총인원을 감축하고 간부 연령을 낮춰 장기적으로 지속 가능한 인력 구조로 바꿀 것을 제안했다.

이 방안은 실행에 옮겨지지 않았다. 최고 경영진에게 보고서가 제출되었지만, 구조조정이 공론화되지도 않았다. 워낙 예민한 사안이었다. 한겨레는 창간 이후 한 번도 인력 구조조정을 실시한 적이 없었다. 이 기구를 이끌었던 차성진은 구조조정 없이 조직 혁신이 힘들다는 판단을 내렸다. 다만 한겨레에서 이런 일이 가능할지에 대해 회의적이었다. 차성진은 보고서가 나온 직후인 2001년 4월, 신문사를 그만두었다.

제2창간위원회는 퇴직금 출자전환을, 21세기발전기획단은 인력 구조조정을 각각 제안했다. 당시 경영진은 두 보고서를 토대로 퇴직금 출자전환과 증자를 경영 혁신의 방향으로 잡았다. 2001년 11월, ‘한겨레 장기발전기획팀’이 출범했다. 이 팀은 앞선 두 기구와 달리 ‘연구’가 아니라 ‘실행’을 목표로 삼았다. 박우정 독자서비스본부장이 팀을 이끌었다. 이길우와 배경록이 상근을 했다.

장기발전기획팀은 처음으로 증자를 위한 로드맵을 제시했다. 먼저 임직원들이 퇴직금을 출자전환한다. 이를 통해 부채비율을 낮추고 종업원 지분 증가에 따른 안정적인 경영권의 토대를 마련한다. 이후 기존 주주 대상 증자 캠페인, 일반 국민 대상 증자 캠페인, 그리고 기업 및 우호 단체를 대상으로 하는 증자 캠페인을 벌인다…. 한겨레 소유 구조와 관련해 ‘기업 증자’를 공개적으로 거론한 것도 장기발전기획팀이 처음이었다.

제2창간위원회와 21세기발전기획단의 구상은 보고서로 만들어져 최고 경영진에게만 제출되었지만, 장기발전기획팀은 2001년 11월부터 두 달여 동안, 전사적인 설명회와 토론회를 열었다. 전체 임직원이 이런 내용을 접한 것은 장기발전기획팀의 설명회 자리가 처음이었다. 한겨레 사람들은 당혹감에 빠졌다. 국민 주주 신문을 사원 주주 신문으로 전환시킨다거나, 증자에 일반 기업을 참여시키겠다는 구상을 쉽게 받아들이지 못했다.

2002년 2월, 노동조합이 장기발전기획팀의 방안에 대해 조합원 설문조사를 벌였다. 전체 사원의 78.4%가 응답했는데, 그 가운데 82.5%가 퇴직금 출자전환에 반대했다. 가장 큰 이유는 ‘출자전환 이후의 경영 계획을 신뢰할 수 없다’(46.1%)는 것이었다. 소유 구조의 변화 이후에 어떤 일이 생길지 확신하지 못하겠다는 뜻이었다.

출자전환과 증자 집행을 목표로 삼았던 장기발전기획팀은 결국 해체했다. 노조의 동의 없이 출자전환을 실행할 방도가 없었다. 해체 직전 내놓은 보고서에서 장기발전기획팀은 “이번 출자전환 방침의 결정은 경영진이 일방적으로 주도했다”며 그 한계를 스스로 짚었다. 낮은 임금을 감수하고 한겨레에 헌신해온 사람들로부터 퇴직금까지 받아내려면 자발적 동의가 필요했다. 그런 동의는 미래에 대한 믿음이 있을 때 가능한 것이었다.

논의가 제자리걸음을 하고 있을 때, '한겨레 혁신추진단'이 발족했다. 혁신추진단은 2000년 이후 진행된 논의를 집대성하고 발전시켰다. 2002년 5월 15일 출범했다. 최학래 대표이사와 박상진 노조위원장이 공동단장이 됐다. 박순빈, 장철규, 김충환, 권복기, 김창석 등 5명이 상근했다. 1992년 회사발전기획위원회 이후 처음으로 노사가 함께 구성한 전략 기구였다. 당시 노조는 출자전환에 대한 동의 전에 조직 혁신 방안이 먼저 만들어져야 한다고 판단했다.

당시 혁신추진단이 제시한 경영·조직·지면 지향의 밑그림은 2000년대 후반에 이르기까지 지속적인 영향을 주었다. 1992년 활동했던 회사발전위원회가 1990년대 한겨레 지면·경영 혁신의 바탕이 되었듯이 혁신추진단은 2000년대 지면·경영 혁신의 토대가 되었다. 회사발전위원회는 창간 멤버 가운데 소장 세력들이 주도한 기구였다. 혁신추진단은 1990년대 초반에 입사한 젊은 공채 세대가 주도했다.

2002년 9월 28일, 모든 임직원이 연세대 상경관에 모였다. 혁신추진단이 그동안 연구한 혁신안을 발표했다. 창간 이후 처음으로 외부 전문기관에 경영컨설팅을 의뢰하며 준비한 내용이었다. 한겨레의 핵심 콘텐츠를 상품화하자는 게 혁신추진단 프로그램의 바탕이었다. 비판적 정론지의 지향에 영역별 전문지의 내용을 가미하고, 이를 온라인·영상매체 등 다양한 방식으로 제공하는 '원 소스 멀티 유스' 개념을 처음으로 주창했다. 무차별적인 판촉 대신 체계적인 독자 관리 및 서비스 제공이 필요하다고 제안했다.

이와 함께 선출제도 변경 방안을 제시했다. 대표이사의 임기를 2년에서 3년으로 늘려 경영권 안정을 도모하되, 총 주식 1% 이상을 보유한 외부 주주들에게 후보 추천권을 주고, 사전에 선거인단에 등록한 주주 독자에게는 대표이사 투표권을 주자고 제안했다. 이런 혁신을 도모한다는 전제 아래, 퇴직금 출자전환을 통해 경영권 방어가 가능한 수준으로 사내 지분을 확보하자는 게 혁신추진단이 구상한 로드맵이었다.

2002년 11월 1일, 최학래 대표이사와 박상진 노조위원장이 이런 내용의 합의문을 발표했다. 대표이사와 노조위원장의 합의문 발표 직후, 공채 6기부터 12기까지 60여 명의 사원들이 출자전환을 지지하는 연서명을 줄지어 내놓았다. 입사 2~8년 차의 젊은 사원들이었다. 공채 6~10기 사원 30여 명이 모여 만든 사내 연구동아리 '진보언론 연구모임'이 기수별 연서명의 주축이 되었다.

이 가운데 11월 4일 발표된 공채 6기 사원들의 성명에는 이런 대목이 있다. "한겨레는 권력과 자본에 날을 세운 진보 언론의 성채였고, 민주주의를 지키는 소중한 불씨였습니다. 그런데 그 희망이 발밑부터 흔들리고 있습니다. 기업으로서 생존을 위협받

●2002년 12월 9일, 한겨레 노사가 혁신추진단 기본합의서에 서명했다. 최학래 대표이사와 박상진 노조위원장이 합의서에 서명한 뒤 악수하고 있다.

는 처지로 몰리고 있습니다. 그럼에도 저희는 다시 희망을 일구고 싶습니다. 한겨레는 아직 내릴 수 없는 깃발입니다. 그 변화의 첫걸음을 퇴직금 출자전환에서 찾고자 합니다. 출자전환은 한겨레가 다시 태어나는 시발점이 되어야 합니다. 경영과 편집 전반에 걸쳐 구태를 털어내는 과감한 구조 개혁이 따르지 않는다면 출자전환은 한겨레를 살리는 처방이 되지 못할 것입니다.”

창간 초기를 제외하면, 이때부터 2년여 간 공개 성명서가 가장 많이 나붙었다. 젊은 사원들이 조직·경영·지면 혁신 문제에 집단적으로 참여했다. 소장 세대의 이런 움직임은 이후 비상경영위원회가 주도하는 구조조정 때까지 영향을 주었다. 결국 12월 4일부터 이틀간 진행된 사원총회에서 노사 합의서 및 부속문이 통과되었다. 곧이어 진행된 퇴직금 출자전환에 전체 임직원의 95%가 넘는 522명이 참가했다.

창간 이후 처음으로 한겨레 임직원들이 퇴직금을 출자전환하면서, 전체 주식의 4%였던 사내 주주 비율이 38.5%로 늘었다. 총자본도 198억 원에서 311억 원으로 증가했다. 정관에 따르면, 전체 주주 3분의 1이 참석하면 주주총회를 열 수 있고, 참석자의 과반 의결로 안건을 처리할 수 있다. 퇴직금 출자전환을 통해 한겨레는 사내 주주들만으로 이런 일을 도모할 수 있게 되었다. 국민 주주가 다수이지만 실질적으로는 사원 주주 언론사가 된 셈이었다.

그러나 혁신추진단도 미완의 프로젝트에 그쳤다. 출자전환을 이룬 것을 제외하

● 2004년 6월 1일, 우리사주조합과 노동조합의 통합 방안에 대해 노조 집행부와 사주조합 이사들이 함께 논의하고 있다.

면 나머지 혁신 프로그램들은 조금씩 어긋나거나 유보되었다. 대표이사 선출제도 개선안은 2003년 1월 23일 이사회에서 부결되었다. 지면 혁신과 조직 개편 과제도 집행이 늦어졌다. 2003년 3월의 새 대표이사 취임을 앞둔 과도기인 탓도 있었다.

사원들의 퇴직금을 출자전환했지만, 조직 혁신이 충분히 이루어지지 않은 상태에서 경영 위기의 징후가 계속 찾아오고 있었다. 장기발전기획팀은 2001년 11월 15일에 제출한 보고서에서 "심각한 현금 유동성 위기가 예상된다. 2002년 8월 이후 신문사가 확보한 자금이 고갈될 것으로 보인다"고 경고했다. 혁신추진단은 2002년 10월 제출한 보고서에서 "2004년이면 도산할 수 있다"고 경고했다. 2003년 3월, 고희범 대표이사가 취임했을 때, 한겨레는 이미 자금 유동성 위기의 목전에 있었다.

신규 사업의 연이은 실패

고희범은 한겨레 창간에 합류한 뒤 편집과 경영, 경영진과 노동조합을 두루 경험했다. 한겨레 초대 경찰팀장을 지냈고, 초대 노조위원장도 역임했다. 이후 광고국장 등을 거쳐 대표이사가 되었다.

그는 취임과 함께 한겨레가 3년째 고심해온 경영 혁신의 길을 터야 했다. 크게 세 가지 사업을 추진했다. 관련 시장에서 최고의 매체로 인정받던 씨네21을 분사해 투자를 유치하고, 합작 인쇄 법인을 설립해 고질적인 윤전기 문제를 처리하면서, 새로운 개념의 여성 월간지 허스토리 창간을 추진했다. 이 세 사업의 공통점이 있었다. 큰돈을 들이지 않고 그 효과를 기대할 수 있다는 점이었다.

2003년 4월 만들어진 (주)한국신문제작은 5개 신문사가 함께 출자한 공동 인쇄 법인이었다. 한겨레 외에도 경향신문, 세계일보, 문화일보, 국민일보 등이 자본금을 댔다. 어려움에 처한 경향신문사가 매물로 내놓은 가산동 윤전공장을 이 공동 법인이 인수했다. 같은 해 11월 9일부터 한겨레는 한국신문제작에 맡겨 신문을 인쇄했다.

신문 사업에서 가장 큰 투자 대상이 윤전기인데, 한겨레는 한국신문제작을 통해 이 문제를 풀고자 했다. 공동 인쇄 법인이 경쟁력을 높여 수익을 내면 더 좋은 윤전시설을 들여올 여력이 생길 것이고, 한겨레는 막대한 자본을 투자하지 않더라도 자연스레 인쇄와 발송 문제를 개선할 수 있을 것으로 보았다.

2003년 7월 이사회에서 여성지 창간을 결정했다. 새 매체 창간을 처음으로 검토한 것은 2002년 4월이었다. 출판사업본부에서 여성지 조사팀을 만들었다. 2000년대 들어 30대 직장 여성층이 크게 늘었는데, 기존의 여성지가 소비문화와 가정생활에만 초점을 뒀던 것에 주목했다. 직장과 가정 사이에서 자기 발전을 꾀하는 기혼 직장 여성의 정보 욕구에 부응하려는 게 한겨레가 만드는 여성지의 콘셉트였다.

애초 사업계획안에서는 창간 3개월 안에 안정적으로 시장에 진입하고, 창간 8개월 뒤부터는 손익분기점에 이를 것으로 보았다. 다른 주간지의 전례를 참고한 것이기도 했다. 한겨레21은 창간 4개월 뒤부터 손익분기를 넘었다. 씨네21은 창간 16개월 만에 손익분기를 넘었다. 이사회는 단서 조항을 달아 여성지 창간 계획안을 승인했다. 회사가 감당할 수 있는 한계를 넘는 자본이 투입되어 자금 운용에 부정적 영향을 미칠 경우, 사업을 철수한다는 조건을 달았다. 최초 투자 자본도 최소화했다.

2003년 11월 17일, '스물한 살보다 아름다운 서른한 살'이라는 대표 카피와 함께 허스토리 창간호가 나왔다. 창간호 표지모델로 김주하 문화방송 앵커를 등장시켜 파격을 주었다. 창간 때부터 한겨레 여성문제를 다뤄온 김미경이 편집장을 맡았다. 미디어사업본부장 신연숙이 새 매체의 운용을 지휘했다.

2003년 8월 1일, 자회사인 (주)씨네21을 설립했다. 씨네21을 따로 떼어 분사시킨 것이다. 이는 한겨레 본사에 직접적인 영향을 주지 않으면서도 외부 자본의 유치를 원활하게 하려는 뜻이었다. 영상 시장의 확대 가능성을 높게 보았다. 씨네21은 이 분야에서 최고의 콘텐츠를 갖고 있었다. 2000년대 들어서는 매체 판매·광고만으로도 한겨레21보다 더 많은 수익을 내는 우량 사업체이기도 했다. 이듬해인 2004년 3월부터는 한겨레가 보유한 씨네21 지분의 매각을 추진했다. 금융권으로부터 자금 조달이 어려워진 상황에서 씨네21 지분 매각은 한겨레가 기댈 수 있는 유일한 자금원이었다.

● 2003년 11월 17일, 공덕동 사옥 3층에서 열린 허스토리 창간 축하연.

그러나 시설, 사업, 자금 등에 걸친 이 계획들은 하나같이 뜻대로 진행되지 않았다. 우선 한국신문제작이 설립과 동시에 경영난에 빠졌다. 합작 인쇄 법인을 세우면 여러 인쇄 물량을 수주해 이익을 낼 것으로 기대했지만, 현실은 달랐다. 오히려 한국신문제작의 적자를 한겨레가 메워야 하는 상황이 계속됐다. 여러 신문사가 함께 세운 회사라 한겨레가 주도적으로 이 문제를 풀기도 어려웠다.

제2의 한겨레21 또는 씨네21이 될 것으로 기대했던 허스토리는 창간 첫 달을 제외하고는 계속 적자를 냈다. 창간 다섯 달 만인 2004년 4월에 누적 적자가 8억 원에 이르렀다. 애초 매체를 만들 때 8억 원 이상 적자가 쌓이면 사업을 철수하기로 했었는데, 창간하자마자 바로 그 같은 상황이 발생한 셈이었다. 씨네21 지분 매각도 뜻대로 추진되지 않았다. 몇몇 기업이 투자 의향을 밝혔지만, 한겨레가 기대하는 수준에 미치지 못했다. 헐값에 지분을 넘길 수는 없었다.

"현재의 구조로는 더 이상 버틸 수 없습니다"

그 사이 한겨레는 급박한 상황을 맞이했다. 2004년 1월 4일 열린 새해 첫 이사회는 창간 이후 최대의 경영 위기에 대해 숙의했다. "신규 자금 조달이 상반기 안에 이뤄지지 않으면 3/4분기에는 가용 자금이 바닥날 것입니다." 경영기획실의 보고 내용이었다. 2월 11일에 열린 이사회에선 더 심각한 이야기가 나왔다. "작년 하반기 이후

추진했던 금융권 대출은 실현 불가능한 단계에 왔습니다. 제2금융권에서도 실무적으로 검토는 해보겠다는 수준 이상의 답을 내놓지 않고 있습니다. 다른 차원의 노력이 필요합니다. 각종 투자 계획은 새로운 자금이 조달될 때까지 모두 보류해야 합니다.”

2004년 여름, 한겨레는 막다른 골목에 이르렀다. 씨네21 지분 매각은 실패했다. 한국신문제작과 허스토리는 계속 적자를 냈다. 금융권으로부터 돈을 빌리는 길도 막혔다. 2004년 7월 28일 이사회에서 처음으로 ‘워크아웃’이 거론되었다. 자금 조달 방법을 찾되 워크아웃 신청까지 고려해야 한다는 이야기가 나왔다. 거래 은행에 파산 신청을 할 수도 있다는 뜻이었다. 파산 신청을 할 경우, 한겨레는 경영권을 채권단에 내주고 대대적인 인력·사업 구조조정을 감수해야 했다. 이 방안은 대내외적 여파를 고려해 결국 보류되었지만, 구조조정 외에는 달리 해법이 없다는 데 이사회의 뜻이 모였다.

2004년 8월 11일, 경영진은 침통한 가운데 이사회를 열었다. 박성득 이사가 말했다. “이제 외부의 힘이 신문사에 작용하기 시작했습니다. 일종의 구조조정입니다. 생존을 위해 근본적 문제를 고민해야 할 때입니다. 현재의 구조로는 더 이상 버틸 수 없습니다.”

이 자리에서 고희범 대표이사는 세 가지 방안을 내놓았다. 첫째, 대표이사를 연임하지 않는 것을 전제로 그동안 전개한 사업을 정리하고 내부 개혁을 직접 추진한다. 둘째, 손익 관리는 대표이사가 맡되 총괄이사가 임원의 생사여탈권을 갖고 내부 구조 개혁을 완결한다. 셋째, 임원회를 대체하는 비상대책위원회를 출범시킨다. 구조조정의 세 방안을 제시한 셈이었다. 그 권한을 대표이사가 갖느냐, 대표이사는 한발 물러서고 총괄이사가 쥐느냐, 아예 임원회를 대체하는 비상대책위원회가 맡느냐 등의 차이가 있었다.

2004년 8월 17일, 고희범은 임원회에서 중대 결심을 밝혔다. 모든 경영권을 비상대책기구에 넘기기로 했다. 노사 합동으로 경영 위기를 타개하지 않으면 활로가 없다고 보았다.

이 시기, 노동조합과 우리사주조합도 숨 가쁘게 움직였다. 2004년 4월, 15대 노조위원장에 당선된 양상우는 취임과 동시에 경영 위기에 대한 해법 마련에 골몰했다. 1년 전, 7기 우리사주조합장이 된 장철규도 뜻을 같이했다. 두 조합의 대표들은 2004년 봄부터 조합 통합 논의를 시작했다. 노동자인 동시에 주주인 한겨레 사원들의 권한과 책임을 두 조합의 통합을 빌어 강화하려는 뜻이었다.

여기에는 경영에 대한 감시를 넘어 경영 난맥상의 해결에 직접 개입하겠다는 의도가 없지 않았다. 그만큼 상황이 다급했다. 2004년 8월 31일, 양상우가 16대 노조위원장 및 8대 우리사주조합장을 겸하는 위원장으로 다시 선출됐다. 이른바 '겸임조합 체제'가 시작됐다.

일련의 움직임 뒤에는 젊은 사원들이 있었다. 이 무렵의 노동조합과 우리사주조 합은 입사 10년 차 이하의 젊은 기자, 사원들이 중핵을 이루고 있었다. 이들은 90년대 후반부터 선배 세대와는 궤를 조금 달리하는 일종의 '의견그룹'을 형성해왔다.

1996년 10월, 김형선이 제9대 노조위원장에 당선된 이후, 손석춘·이정구·김보 근·박상진 등이 뒤이어 노조위원장을 맡았는데, 대부분 단독 출마해 당선됐다. 그 전 까지는 창간 세대의 의견그룹을 대표하는 여러 인물들이 노조위원장을 두고 경합을 벌였지만, 90년대 후반부터는 사내 소장 세대가 노조를 사실상 장악하고 단독 후보를 내놓았다.

노조를 중심으로 결집한 소장 세대에 대해 또 하나의 '정파'가 아니냐는 의구심 을 보내는 이가 없지 않았다. 그러나 젊은 사원들 각자의 생각이 달라 과거 의견그룹 처럼 정체성이 강하진 못했다. 다만 2002년 혁신추진단 이후 경영과 편집에 걸친 대 대적인 혁신을 직접 추동하려는 의지가 강했다. 창간 세대의 리더십에 대한 불신을 드 러내기도 했다. 이 대목에 관한한 소장 세대는 일사분란하게 움직였다. 이 때문에 2004년 무렵을 '노·소장 세대의 갈등'이 절정에 이른 시기로 보는 이도 있다.

그러나 한겨레의 환골탈태는 2000년대 이래 경영진과 조합, 노장과 소장, 편집 사원과 경영 사원 모두의 숙원이었다. 사상 최대의 경영 위기는 노사를 한 자리에 앉 히는 결정적 계기가 됐다.

결국 2004년 9월 8일, 노사 합동 비상경영위원회가 출범했다. 공동위원장은 서형 수 총괄전무와 양상우 노동조합·우리사주조합 위원장이 맡았다. 경영진의 추천을 받 은 박영소와 김진현, 조합의 추천을 받은 장철규와 이제훈이 상근위원이 되었다. 이 동구가 실무간사를 맡았다. 대표이사는 비경위의 결정 사항을 원안대로 승인하기로 했다. 비경위의 활동 시한은 차기 대표이사 후보 확정 때까지였다. 차기 대표이사 선 출 때까지 5개월 동안, 실질적인 경영권을 부여받은 전대미문의 노사 합동 특별 기구 가 탄생했다.

2004년 겨울의 폭풍

그 이후 일어난 일에 대해 한겨레 사람들은 저마다 다른 기억을 갖고 있다. "어느 새 한겨레가 한국에서 가장 늙은 신문사가 되어 있었지. 창간 때 성유보 씨가 편집위 원장을 했던 게 마흔다섯 살이었으니까. 나는 그게 올바른 판단이었다고 봐. 그때의 결단으로 신문사가 젊어졌으니." 당시 논설주간으로 재직하다 사직서를 낸 김선주의 기억이다.

"이제 한겨레의 주력은 후배들이라는 걸 인정해야 한다고 생각했어. 다만 한겨레 창간 세대는 한국의 개혁과 진보를 온몸으로 체화하고 이를 한겨레에 적용한 사람들이거든. 그들의 경험과 네트워크를 소홀히 여기면 안 되는데, 이를 고려하는 섬세함이 부족했어. 준비 안 된 혁명군의 난폭한 성곽 진입을 보는 느낌이랄까." 역시 그무렵 신문사를 그만둔 3대 노조위원장 김영철의 기억이다.

"그런 일은 한겨레가 아니면 어디에서도 일어날 수 없어요. 경영이 어렵다는데, 나한테 드는 인건비가 많다는데, 내가 그만두면 젊은 후배들 몇 명이 더 일할 수 있다는데, 자 뒤돌아보지 말고 나이든 사람들 다 함께 배에서 뛰어내립시다, 그렇게 했던거지요. 후배들이 등을 떠민 게 아니에요. 선배들이 먼저 기꺼이 그렇게 한 것이지. 다만 남은 사람들이 신문 제대로 못 만들면 다신 후배들 얼굴 보지 않겠다는 생각은 했지." 씨네21 편집장 출신으로 당시 희망퇴직한 안정숙의 기억이다.

그런 기억들의 한복판에 비상경영위원회가 있다. 비상경영위원회에는 한겨레의세 주체가 참여했다. 경영진, 노동조합, 우리사주조합 등이다.

2004년 11월 13일 오후 2시, 서울 마포 국민건강보험회관 지하 강당에서 비경위의 개혁안 설명회가 열렸다. 한겨레 사람들은 충격을 받았다. 2004년도 상여금은 모두 삭감한다, 2005년 3월까지 상여금 지급을 중단한다, 직위별로 차등 정년제·승진정년제·호봉 상한제·임금 피크제 등을 도입한다 등의 개혁안이 발표되었다.

가장 핵심적인 것은 퇴직금 정산 방식에 대한 것이었다. 2002년 12월, 혁신추진단이 이끈 출자전환은 퇴직금을 한겨레 주식으로 바꾸되, 실제 퇴직 때는 그 주식을다시 현금으로 바꿔 돌려주는 방식이었다. 출자전환에 따른 위험 부담이 있긴 했지만, 신문사가 도산하지 않는 한, 퇴직자가 퇴직금을 받는 데는 큰 지장이 없었다.

비경위는 이를 바꿨다. 2005년 이후 퇴직할 경우, 2009년 말까지는 출자전환한주식을 현금으로 바꿔 지급하지 않기로 했다. 2009년 말이 되더라도 신문사가 적정한수익을 내지 못할 경우, 이 결정을 연장할 수 있도록 했다. 설명회가 열린 날로부터 한달 보름 이내에 퇴직하지 않는다면, 이후 적어도 5년 동안은 퇴직금을 받을 방법이 없어진다는 이야기였다.

그 전에도 희망퇴직을 실시한 적은 있었다. 구제금융 이후인 1998년 11월, 처음으로 희망퇴직 신청을 받았다. 당시 총무부, 전산제작부 등을 중심으로 12명이 희망퇴직했다. 2001년 3월에도 희망퇴직제도를 실시했는데, 별다른 성과가 없었다. 두차례의 희망퇴직은 정년퇴직을 눈앞에 둔 사람들을 중심으로 이루어졌다. 그 규모도미미했다.

●고희범은 대표이사 임기 마지막까지 사업 다각화 방안을 찾으려 애썼다. 2005년 2월, 한겨레와 에스비에스의 지상파 디엠비 협력에 관한 협정 체결식.

반면 비경위가 내놓은 희망퇴직 방안은 보다 강력한 것이었다. 이 방안은 인적 구조를 혁신하겠다는 뜻을 담고 있었다. 2001년 '21세기 발전기획단'이 고민했던 문제이기도 했다. 1994년 100억 원이던 인건비가 2002년 200억 원으로 늘어나 있었다. 전체 임직원 가운데 차장급 이상이 68.7%를 차지하고 있었다.

단순히 인건비를 줄이는 게 아니라, 전체 인력 구조를 젊게 만들자는 게 비경위의 판단이었다. 희망퇴직 신청의 자격을 10년 차 이상으로 규정했다. 사실상 40대 이상 대부분이 희망퇴직의 대상이 되었다. 고(高)호봉자를 중심으로 자발적 희망퇴직을 받은 뒤, 나머지 임직원들이 5년간 퇴직금을 받지 않고 모두 한겨레 주식으로 출자전환한다면, 자금 유동성 위기를 막으면서 인력 구조 혁신도 꾀할 수 있다는 구상이었다.

비경위 개혁 방안을 놓고 사내 논란이 불붙었다. 사내 온라인 게시판에 하루 수십여 건의 글이 올라왔다. 반박과 재반박이 꼬리를 물었다. 전체 임직원이 큰 폭의 임금 삭감을 감수하고 다 함께 위기를 극복하자는 제안이 나왔다. 그런 임금 삭감은 젊은 인력의 유출을 가속화할 뿐이라는 반론이 나왔다. 노동조합을 중심으로 한 소장 세대의 의도를 의심하는 비판이 나왔다. 누적된 문제를 해결하는 악역을 젊은 사원들이 맡았을 뿐이라는 반론이 나왔다.

이때 터져 나온 논란은 이후에도 한겨레의 미래를 둘러싼 주요 쟁점을 형성하는 것이었다. 시장주의 원리를 한겨레 조직 운용에 어느 정도까지 적용할 수 있을 것인가. 노장 세대의 연륜과 소장 세대의 추진력을 어떻게 조화시킬 것인가. 실질적 지배주주로 등장한 사원들의 책임과 희생은 어디까지인가.

논란의 와중에도 결단은 이뤄졌다. 11월 22일부터 이틀간 진행된 노동조합·사주조합 총투표에서 60%의 찬성으로 비경위 개혁 방안이 통과되었다. 곧바로 희망퇴직 신청을 받았다. 6개월 급여에 해당하는 퇴직 위로금을 지급하고 퇴직 뒤 1년간 4대 보험을 보장하기로 했다. 11월 30일부터 12월 31일까지 모두 59명이 희망퇴직했다. 희망퇴직 대상은 입사 만 10년 이상의 임직원이었는데, 이에 해당하지 않는 직원들 가운데 21명이 같은 기간에 퇴직을 신청했다. 2004년 8월 531명이던 한겨레 임직원이 희망퇴직 실시 이후 451명으로 줄었다. 대부분이 40대 중반 이후의 임직원이었다.

비경위는 2005년 1월 13일, 대표이사 임기를 2년에서 3년으로 늘리고 편집위원장을 임명동의제로 뽑는 선출제도 개선안도 확정했다. 대표이사의 리더십을 강화하는 것이 핵심이었다. 이 역시 1월 19일부터 이틀간 열린 사원총회에서 다수 찬성으로 통과됐다. 창간 초부터 이어져온 편집위원장 직선제를 변경하는 것에 대한 논란이 있었지만, 당시 상황에선 대표이사의 권한 강화가 지상 과제로 받아들여졌다. 그 밖에도 논설위원실을 축소하고 콘텐츠평가실, 감사실 등의 기구를 통폐합했다. 노동조합과 우리사주조합이 이사회에 사외이사 1명씩을 추천하고, 우리사주조합이 감사를 추천하도록 하는 등 조합의 권한을 강화한 것도 이때다. 전산제작팀과 수송팀 직원들은 이 시기 계약직으로 전환되었다. 가장 뜨거운 논란이 됐던 것은 허스토리 문제였다.

2004년 10월 6일 비경위는 허스토리 분사안을 결정했다. 본사가 3억 원을 출자하면 이 자본금으로 따로 독립해 생존의 길을 모색하라는 뜻이었다. 허스토리 직원들이 이에 반대했다. 비경위는 결국 허스토리 사업부를 폐지하고 12월부터 발간을 중단했다. 여러 손실을 볼 때 더 이상 발행은 어렵다고 판단했다. 허스토리에서 일하던 정규직 6명은 총무부에 대기 발령을 냈다. 계약직 3명은 계약을 해지했다. 허스토리 사원들은 이에 항의해 침묵시위를 벌였다.

허스토리 창간을 결정한 2003년 7월 이사회에서 사업 철수 때의 고용 문제에 대해 비경위의 결정과 비슷한 원칙을 정했었다. 그러나 허스토리 사원들은 이런 사실을 전혀 모르고 있었다. 비경위는 당시 이사회가 정한 결정을 따른 셈이었지만, 허스토리 사원들은 부당한 인사 조치로 받아들였다. 젊은 여성이 대부분인 허스토리 사원들이 구조조정의 희생양이 되는 게 아니냐는 비판도 제기되었다. 이 과정에서 신연숙 미디어사업본부장과 김미경 허스토리 편집장이 사표를 냈다. 자신들이 사태의 책임을 질 테니 사원들의 고용을 보장해달라는 부탁도 남겼다.

"아픈 기억일랑 지우고 사랑하는 모두여 안녕"

이 사안은 비경위의 강력한 구조조정 계획에 대한 반대 여론과 맞물려 '한겨레 공동체와 기업 한겨레'의 가치를 다투는 논쟁으로 확산되기도 했다. 나중에 허스토리 사원 대부분이 정규직으로 다시 한겨레에서 일하게 되었지만, 후유증은 상당 기간 이어졌다.

비경위가 활동한 5개월 동안, 주요 결정에 대해 임직원의 다수가 지지를 보냈다. 이 때문에 희망퇴직, 사업 정리, 제도 개선 등을 관철할 수 있었다. 혁신에 대한 갈증은 그만큼 강렬한 것이었다. 그러나 반대의 목소리도 적지 않았다. 한겨레의 미래를 둘러싼 논쟁부터 소장과 노장 세대의 이견, 편집 부문과 업무 부문의 갈등까지 한꺼번에 불거졌다. 사내 온라인 게시판에 온갖 글이 넘쳐났다.

서형수, 양상우, 박영소, 장철규, 이제훈, 김진현 등 비경위원들은 그런 논쟁을 다 떠안았다. 사상 유래 없는 인력 구조조정과 사업·기구 통폐합을 이끈 이들은 냉혈한이라는 비난까지 묵묵히 감수해야 했다. 비경위원들은 그 시절을 다시 떠올려 생각하기 힘들어한다. 4년여 동안 뒤로 미뤄온 구조조정의 시한폭탄을 받아든 이들은 그 기폭장치를 직접 눌렀다. 선후배와 동료의 사직서를 받고 뒤돌아 흘린 눈물을 이들끼리만 안다. "아마 내가 평생 흘릴 눈물을 그때 다 흘린 것 같다"고 이제훈은 회고한다.

2005년 2월 17일, 비경위는 활동을 끝냈다. 최종 보고서 마지막에 이렇게 적었다. "격동의 다섯 달에 대한 평가는 후일 엄정하게 이루어질 것이다. 무수한 피와 땀, 눈물을 희망의 무지개로 버무려야 할 절체절명의 시기에 비경위가 있었다."

비경위 활동이 끝나면서 고희범 대표이사의 임기도 끝났다. 한겨레를 떠난 뒤, 그는 1년간 신문사 고문으로 일했는데, 고문에게 지급되는 활동비를 모두 한겨레에 반납했다. 그 시절을 돌이켜 고통스런 것은 그도 마찬가지였다. 잠 못 들던 어느 밤, 시를 썼다. 나중에 무명가수로 지내는 친구가 그 글을 읽고 곡을 붙여 노래를 지었다. 노래 제목은 〈굿바이〉다.

"아름답던 날은 가고 이제 그대를 떠난다. 그 많던 꿈들 조용히 접어도 내가 누린 것 적지 않아 행복한 삶이었어. 미친 듯 치열하게 열정으로 살았어. 내가 있어 누군가 행복하길 바랐어. 지난 뒤 안 잘못들 얼마나 부끄러운지. 수많은 선택과 결정들, 그땐 최선이라 믿었지. 아픈 기억일랑 지우고 사랑하는 모두여 안녕. 가슴에 새겼으니 떠나도 사라지진 않아. 끝내 못 잊을 남은 벗들아. 지난 잘못들은 다 잊고 사랑하는 모두여 안녕."

창간 전인 1988년 4월 16일, 한겨레 기자평의회가 만들어졌다. 평기자 119명이 참가했는데, 편집국 최고위급 간부를 제외하면 거의 모든 기자가 가입한 셈이었다.

동아일보 해직 기자 출신으로 한겨레 초대 민권사회부 편집위원보를 맡은 이태호가 기평 1대 의장이었다. 2대 의장은 문화방송에서 1980년 해직된 정상모가 맡았다. 기자평의회는 편집권 독립을 최고의 가치로 내걸고 편집위원장 직선제를 추진했다. 창간 이사회는 이에 대해 다소 비판적이었다. 1988년 5월 17일, 편집위원장 직선제 안을 이사회가 거부하자 기평 초대 의장단이 사퇴해버렸다. 결국 기평의 강력한 요구 끝에 1988년 8월, 종합일간지 사상 첫 편집위원장 직선 투표를 실시하게 되었다.

편집위원장 직선제를 관철시킨 한겨레 기자평의회

기평은 지면개선위원회도 설치했다. 편집위원회가 편집국 간부들의 자리라면, 지면개선위원회는 평기자들의 모임이었다. 편집진이 책임지는 지면에 대해 평기자들이 서슴없이 비판하여 공론에 붙였다. 지개위는 이후 노동조합 산하 기구로 통합되어 오늘에 이르고 있다. 2004년 5월부터 그 이름을 '진보언론실천위원회'로 바꿨다. 지금까지도 국내 언론사 가운데 자신의 지면을 가장 활발히 비판하는 곳이 한겨레다.

1980년대 이후 한국기자협회는 어용단체로 전락해 있었다. 기자협회 지회를 한겨레에 두는 것에 대해 초창기 한겨레 기자 대부분이 반대했다. 기평은 기자협회와 별개로 만들어진 한겨레 기자들만의 조직이었다.

노동조합이 필요하다는 의견을 제시한 것도 기평이었다. 기평은 1988년 10월 노조준비위원회를 만들어 노조 설립에 들어갔다. 편집 부문과 경영 부문에서 각 15명씩의 대표자들이 참석해 준비위원회를 만들었다. 국민주 신문인 한겨레에 과연 노동조합이 필요한지를 놓고 논쟁을 벌였다.

기평은 창립 1년여를 넘기지 못하고 2대 의장단을 끝으로 사실상 활동을 접었다. 처음에는 모든 기자를 대표하는 조직으로 인정받았지만, 시간이 지나면서 사내 갈등의 중요한 당사자로 등장했다. 부담을 느낀 기자들의 참여와 관심이 낮아지면서 모임의 동력이 사라졌다.

한겨레에도 노동조합이 필요하다

이후 노동조합이 기평의 구실을 대체했다. 1988년 12월 10일, 한겨레신문 노동조합이 창립총회를 열었다. 초대 위원장은 고희범이었다. 여러 논란이 있었지만, 국민 주주로부터 위임받은 경영권과 편집권의 올바른 행사를 감시하고 외부로부터의 압력을 막아내기 위해 노조가 필요하다는 데 의견이 모였다. 첫 노조위원장 선출 때는 사원총회 자리에서 즉석 추천을 받아 투표를 했다. 정견 발표는 하지 않았다. "얼굴이나 한번 보고 찍자"고 해서 후보들이 일어나 인사만 했다.

초창기 한겨레 노동조합은 의견이 다른 사내 그룹들의 각축장이기도 했다. 선거 때마다 두세 명이 위원장에 출마했는데, 신문사의 지향을 놓고 치열한 논쟁을 벌였다. 공교롭게도 초대 위원장 고희범, 2대 위원장 최성민은 서로 다른 의견그룹을 대표하는 인물이었다. 노조는 경영·편집 간부와 맞서는 일종의 야당 구실을 했다.

3대 노동조합을 이끈 김영철은 사내 통합을 내걸고 당선된 첫 노조위원장이었다. 그 역시 사내 갈등으로부터 완전히 자유롭지는 못했지만, 이후 노조 선거는 갈등을 부각시키기보다는 통합에 비중을 두게 되었다. 윤석인(4·5대)은 처음으로 노조위원장을 연임했는데, 경영진을 비판적으로 견제하면서도 현실적인 경영 대안을 함께 고민했다. 농담 삼아 한겨레 노동조합을 '어용노조'라 부르는 일이 이때부터 생겨났다. 경영진보다 더 경영을 걱정한다는 뜻이었다. 이런 작풍은 이후에도 크게 변하지는 않았다.

원병준(6대)은 업무 부문 사원으로는 처음으로 노조위원장이 되었다. 조합원들의 복리후생에 초점을 뒀다. 뒤이은 송우달(7·8대) 위원장 시절에는 한겨레 사원들의 임금이 크게 올랐다. 두 위원장은 한겨레 노조가 조합원들의 권익 향상에 복무하는 기풍을 세우는 데 기여했다.

1996년 10월 당선된 김형선(9대)은 '독립 노조'를 내걸었다. 그 무렵까지 잔존해 있던 사내 갈등 구조로부터 독립하겠다는 뜻이었다. 이때부터 한겨레 노동조합은 기존의 갈등 구조에 비판적인 젊은 세대들이 대거 참여하게 된다. 손석춘(10대), 이정구(11·12대), 김보근(13대), 박상진(14대) 등은 창간 세대의 리더십을 비판하며 새로운 노사 관계 정립에 주력했다. 손석춘은 한겨레 노조위원장을 마친 뒤, 1998년 전국언론노동조합연맹 위원장이 되었다.

2004년 4월 당선된 양상우(15·16대)는 오늘의 한겨레 노사 관계를 정초했다. 그는 우리사주조합을 재건하고, 이를 바탕으로 노동조합과 사주조합을 겸하는 겸임조합의 틀을 만들었다. 우리사주조합은 1992년 12월, 이사회 결의로 만들어졌다. 사원 주주의 권한을 강화해야 경영권을 안정시킬 수 있다는 문제의식이었다. 그러나 사원 주주들의 지분율이 낮아 사주조합은 유명무실했다. 경영 부문의 중간 간부가 사주조합장을 겸하면서 최소한의 사무만 챙겼다.

2002년 12월, 사원들이 자신의 퇴직금을 한겨레 주식으로 전환한 뒤 사원 지분율은 크게 높아졌다. 그 전까지 3% 정도에 불과했던 사원 지분율이 38%를 넘어섰다. 2003년 2월 12일, 사원 주주들의 첫 직선으로 장철규가 7대 우리사주조합장이 되었다. 2004년 9월, 한겨레 노동조합과 우리사주조합이 '겸임 체제'로 다시 태어났다. 경영 위기 상황에서 주주이자 노동자인 한겨레 사원들을 합리적이고 효율적으로 대변하자는 뜻이었다. 양상우가 노조위원장과 사주조합장을 겸하게 되었다. 겸임조합 체제는 이후 이제훈(17대), 조준상(18대), 이재성(19대), 김보협(20대)에 이르기까지 계속되고 있다.

기자평의회가 사라진 뒤, 한겨레에는 기자들만의 조직이 없었다. 1999년, 이상기의 주도로 한국기자협회 한겨레지회가 탄생했다. 기자협회를 어용으로 몰아붙여도 좋던 시절이 지났고, 전체 기자 사회에 한겨레가 기여할 바가 있다는 판단이었다. 기자 50여 명이 회원으로 참가했는데, 지금은 180명으로 늘

● 한겨레의 동아리들. 왼쪽부터 미술반, 풍물패, 바둑동호회, 노래패, 록밴드.

었다. 전국 신문사 가운데 기협 회원이 가장 많다. 초대 이상기 회장 이후 차한필(2대), 유강문(3대), 김창금(4대)에 이어 김동훈(5대)이 기자협회 한겨레 지회장을 맡았다. 이상기는 2002년부터 한국기자협회장으로도 일했다.

풍물패에서 록밴드 '공덕스'까지

한겨레는 창간 때부터 사원들의 동아리 활동이 활발했다. 창간 직후, 풍물패가 가장 먼저 만들어졌다. 뒤이어 노래패 '겨레의 소리'가 출범했다. 노래패와 풍물패는 다른 언론사 노조의 파업 행사 등에 불려가 단골로 공연을 했다. 사원들의 결혼식 축가나 신문사 주요 행사 때도 초청받았다. 1990년 봄에 만들어진 그림패는 회원들의 전시회까지 열었다. 최장수 동아리는 한겨레 산악회다. 1989년 3월에 만들어졌다. 풍물패, 그림패, 노래패가 2000년대 들어 사실상 활동을 접은 반면, 산악회는 지금까지도 꾸준히 회원을 모으고 있다. 이밖에도 역사기행 모임, 낚시회, 볼링회, 바둑회 등의 취미 동아리가 있었다.

학습 동아리를 곧잘 만들어내는 것도 한겨레 사람들의 특징이다. 창간 초기 '우리다섯', '화요일에만난 사람들' 등의 학습 모임이 있었다. 편집 부문과 업무 부문의 사원들이 매주 모여 유물론, 혁명사, 노동법 등의 서적을 탐독했다. 1992년 11월, 두 모임이 합동으로 토론회를 열었는데 그 주제가 '범민주단일후보론과 민중후보론'이었다.

연구 모임이 한겨레의 공론장에 지대한 영향을 준 경우가 두 차례 있었다. 그 첫 번째는 한겨레언론연구회다. 박해전 기자 등이 주도해 1991년 11월 탄생했는데, 모임 소식지 〈한겨레정론〉을 통해 사내 문제를 정면으로 다뤘다. 소식지의 공격적인 논조와 배포 방식 때문에 논란의 진앙지가 되기도 했다.

성격과 지향은 다르지만 진보언론연구모임도 연구만 하지는 않았다. 1993년 이후 입사한 공채 6기~10기 기자 30여 명이 모여, 지면 개선 등을 연구하는 모임을 2000년 1월에 만들었다. 주요 회원들이 훗날 노동조합 활동 등에 대거 참여하면서 한겨레의 소장 세대를 대표하는 모임이 되었다. 2004년 이후 모임을 해체했다.

한겨레 최초의 동아리가 풍물패였다면, 최근의 동아리는 록밴드다. 2007년 12월, 보컬, 기타, 베이스, 드럼 등을 갖춘 록밴드 '공덕스'가 만들어졌다. 노조 창립 기념행사에서 데뷔 무대를 치렀는데 임직원들의 폭발적인 반응을 얻었다.

"어제와 같은 오늘을 원하십니까?" 기호 1번 양상우 후보가 첫 번째 공약집에서 물었다. "여러분은 준비되어 있습니까?" 기호 2번 정태기 후보가 첫 번째 공약집에서 물었다. 두 사람 모두 한겨레의 혁신을 이야기했다. 2005년 2월, 한겨레는 제12대 대표이사 선거를 치르고 있었다. 세 차례에 걸쳐 공약집이 나왔고, 두 차례에 걸쳐 토론회가 열렸다. 사내 온라인 게시판에는 여러 쟁점에 대한 익명과 실명의 글이 쏟아졌다.

정태기는 한겨레 창간의 주역이었다. 1990년 신문사를 떠났다. 후배들의 요청을 받아들여 대표이사 선거에 출마했다. 60대의 그가 다시 돌아온 것에 대해 비판적인 사람들도 있었다. 양상우는 비상경영위원회 공동위원장이었다. 고호봉자들의 명예퇴직을 관철시켰다. 그가 곧바로 대표이사 선거에 나선 것에 대해 비판적인 사람들도 있었다. 대표이사를 사원 직선제로 뽑기 시작한 1999년 이후 가장 치열한 선거가 펼쳐졌다.

퇴직자와 평기자가 대표이사 선거에 나서다

한겨레의 대표이사는 정기 주주총회 자리에서 국민 주주들로부터 승인을 받는다. 한겨레는 한 명의 대표이사 후보를 선정해 주총에 추천해왔다. 사내에서 대표이사 후보를 선정하는 과정은 몇 차례 바뀌었다.

창간 직후에는 창간위원회에서 대표이사 후보를 뽑았다. 창간 발기인 가운데 직능·계층을 대표하는 명망가들로 창간위원회를 만들었는데, 이들이 대표이사 후보 추천권을 갖고 있었다. 1993년 5월부터 경영진추천위원회가 새로 만들어졌다. 사내를 대표하는 10명의 경추위원을 투표로 뽑고, 여기에 사외를 대표하는 자문위원 10명을 더해 경영진추천위원회를 구성했다. 경추위원들이 회의를 열어 대표이사 후보를 비롯한 이사진 후보 명단을 확정했다. 1999년부터는 이 제도를 바꿔 사원 직선제로 대표이사 후보를 뽑았다. 전체적으로 보아 한겨레 임직원들의 의견이 더 많이 반영되는 쪽으로 변했다.

직선제가 처음으로 실시된 1999년 2월, 제9대 대표이사 후보 선출을 위한 선거에는 편집위원장 출신의 권근술, 최학래, 성한표가 출마했다. 최학래가 당선되었다. 2001년 2월, 제10대 대표이사 후보 선거에는 최학래와 고희범이 출마했다. 최학래가 연임했다. 2003년 2월, 제11대 대표이사 후보 선거에는 고희범과 고영재가 출마했다. 고희범이 당선되었다.

2005년 2월의 대표이사 후보 선거는 예전과 달랐다. 역대 직선제 대표이사 후보 선거에서는 편집위원장 또는 광고국장 등을 역임한 현직 간부들이 출마했다. 그러나

●2005년 4월 20일 오후, 본사 8층 회의실에서 열린 제2창간 운동본부 사무처 출범식.

정태기는 퇴직자였고 양상우는 평기자였다. 이전 선거에선 사내 특정 의견그룹을 대표하는 인사들이 출마했는데, 12대 대표이사 선거 때는 그런 경계가 사라졌다. 대신 노장과 소장의 긴장이 형성되었다. 부장급 이상 간부의 상당수가 정태기를 설득해 출마를 북돋았다. 팀장급 이하 평사원 가운데 상당수는 양상우의 출마를 지지했다. 역대 선거에서는 후보들마다 다른 지향을 드러냈는데, 정태기와 양상우는 그 차이가 크지 않았다는 점도 특이했다. 공약집만 보면 두 사람의 경영 구상은 별반 다르지 않았다. 조직과 지면의 혁신을 통해 새로운 멀티미디어기업으로 도약하겠다고 나란히 약속했다.

2005년 2월 18일, 임직원 전체 투표에서 정태기가 당선되었다. 이어 열린 3월 26일 주주총회에서 12대 대표이사로 정식 취임했다. 한겨레 사람들은 경영자 수업을 거치고 연륜을 겸비한 정태기를 중심으로 창간 때의 동력을 재현하는 길을 선택했다.

12대 대표이사 선거는 한겨레의 질적 변화를 상징한다. 2004년의 비상경영위원회는 발등에 떨어진 불을 끄는 역할에 충실했다. 도산 직전까지 갔던 신문사의 자금 유동성 위기를 해결하고, 향후 몇 년 동안 버틸 수 있는 인력 구조조정을 단행했다. 우리사주조합의 지분율을 높여 안정적이고 강력한 경영권 집행이 가능한 토대를 만들었다. 무엇보다 전체 임직원들에게 비상한 위기 상황에 대한 경각심을 일깨웠다.

2004년을 거치면서 한겨레 사람들은 대표이사 리더십의 중요성을 절감했다. 혁신의 필요성을 인정했다. 이를 위해 외부 인재를 데려올 수도 있고, 퇴직자 가운데 유능한 사람이 다시 돌아올 수도 있고, 평사원이라 해도 능력만 있으면 대표이사를 할 수 있다는 생각들이 퍼지기 시작했다. 가장 중요한 것은 혁신이었다.

제2창간 운동으로 새 길을 열다

정태기 대표이사는 혁신의 청사진을 제2창간 운동으로 집약했다. 지면을 바꾸고 조직을 바꾸고 경영 방식과 소유 구조를 바꾸는 것까지 포함하는 구상이었다. 취임 직후인 2005년 4월 20일 제2창간 운동본부를 출범시켰다. 고광헌이 사무처장이었다. 배경록, 이수윤, 서기철, 강병수, 이재경, 구본권, 이동구, 박용태, 김보협, 김명희 등이 실무를 맡았다.

그동안 이리저리 흩어진 주주 독자들을 다시 품는 일이 급했다. 5월 21일 부산·경남지역 주주 독자 및 지역 원로를 모아 '한겨레의 날' 행사를 열었다. 이후 서울·인천·경기(6월 4일), 대구·경북(6월 17일), 대전·충남(6월 25일), 광주·전남(7월 7일), 청주·충북(7월 20일) 등에서 같은 행사를 진행했다. 지역별로 주주 독자 배가 운동을 이끌 '한겨레 큰지킴이'를 선정해, 이듬해인 2006년 3월까지 다시 지역 간담회 자리를 만들었다. 창간 때처럼 각계각층의 지도급 인사를 중심으로 전 사회적인 힘을 모으는 일에도 공을 들였다. 5월 11일, 각계 원로 간담회를 열었다. 제2창간위원회 참가를 부탁했다.

6월 7일, 지면을 통해 제2창간을 공식 선언하고, 제2창간위원회 출범을 알렸다. 정태기 대표이사를 비롯해 박원순 변호사, 문규현 신부, 영화감독 박찬욱, 배우 안성기, 작가 황석영 등 16명이 공동본부장이 됐다. 각계 인사 1000여 명이 위원으로 참가했다. 제2창간위원의 수는 나중에 1900여 명으로 늘었다. 각계 원로인사 65명이 제2창간 운동의 고문직을 맡았다. 16명의 중앙집행위원을 비롯해 시인 안도현, 배우 오지혜, 개그맨 유세윤·장동민·유상무 등이 홍보사절을 맡았다. 이날 발표된 제2창간 선언문은 이들 각계 인사의 뜻이 담겨 있다. 한겨레의 미래 지향도 함께 녹아 있다.

"우리나라의 민주주의가 선진화되기 위해서는 진보와 보수가 견제와 균형을 이루며 선의의 경쟁을 펼칠 수 있어야 합니다. 그러기 위해서는 더욱 튼튼한 진보 언론이 필요합니다. 신문에 더해 인터넷과 방송을 수렴시킨 입체적 매체로서의 한겨레 제

●2005년 6월 4일, 서울 효창운동장에서 열린 '한겨레의 날' 행사.

4부 • 연대와 신뢰의 시대

2창간을 도웁시다. 한겨레를 북돋아 더불어 사는 세상의 행복을 믿는 사람들에게 기쁨과 긍지를 주고 나아가 세계에 자랑할 만한 민족문화의 자산으로 키워냅시다.”

일반 시민들을 대상으로 제2창간 캠페인을 진행했다. 창간 소식지를 돌리던 때의 일을 되새기며 2005년 5월 16일 아침, 한겨레 임직원들이 제2창간 운동을 알리는 소식지를 서울 시내 곳곳에서 나눠줬다. 이날부터 서울 시내 주요 지하철역과 주요 대학 등 25곳에서 ‘야, 한겨레’ 사진전을 열어 한겨레의 역사를 알렸다. 8월 5일에는 광복 60돌과 제2창간 운동을 기념하는 평화·통일 대행진 행사를 진행했다. 2006년 1월 18일부터는 세종문화회관 미술관에서 ‘한겨레를 위한 한국미술 120인 마음전’을 열었다. 한국미술협회, 민족미술인협회 소속 작가들이 참여해 작품 판매액을 제2창간 기금으로 기증했다.

지면 개편도 서둘렀다. 창간 17돌 기념호인 2005년 5월 16일자에서 사상 처음으로 탈네모꼴 서체인 ‘한결체’를 선보였다. ‘18.0°’ ‘36.5°’ ‘100°’ 등 세 가지 섹션도 이때부터 발행했다. 뒤이어 2006년 신년호부터는 제호를 새로 바꿨다. 2006년 2월 13일에는 부·차장 등의 직제를 없애고 편집장과 팀장으로 이뤄진 ‘에디터 제도’를 중심으로 편집국 조직을 바꿨다. 2006년 10월, 편집국 디자인센터가 만들어졌다. 한겨레21, 씨네21 등 잡지 디자인의 혁명을 이끌었던 박은주가 편집국 디자인센터를 책임지는 부국장이 되었다. 디자이너가 신문 편집 전반을 관장하는 체제는 국내 신문사 가운데 한겨레가 처음이었다.

제2창간 운동본부는 2006년 3월 31일, 공식 활동을 마쳤다. 한겨레발전기금 모금에 6931명이 참가해 21억 원이 모였다. 같은 기간 1만 4119명의 독자가 새로 한겨레를 받아보기 시작했다. 다소 부풀려 잡은 목표치긴 했지만, 애초 운동본부가 계획했던 발전기금 모금액은 200억 원이었다. 적어도 4만 2000명의 신규 독자를 발굴한다는 목표도 잡았다. 여기에는 열독율과 시장 점유율을 두 배로 높이고, 제작 설비 등을 보강하는 자금을 확보하면서, 멀티미디어기업으로 거듭나는 토대를 마련한다는 구상이 깔려 있었다.

아울러 국민 모금을 토대 삼아 우호 단체 및 일반 기업으로부터 투자를 받아 증자한다는 내용도 있었다. 이는 최학래 대표이사 시절인 2001년 11월 장기발전기획팀에서 제안했던 것이기도 했다. 그러나 기업 증자에 따른 정체성 훼손 등을 우려한 노동조합·사주조합의 반대로 실현에 옮기지는 못했다. 예상보다 저조한 국민 모금의 결과도 곧바로 기업 증자에 나서는 데 부담이 되었다.

“이 운동이 붐을 일으킨 것으로 보이지는 않는다. 심지어 일부에선 냉소적인 반응도 감지됐다.” 2005년 6월부터 발행된 〈제2창간 소식〉의 마지막 호(2006년 4월 11일)

● 2005년 8월 22일 오전, 경기도 안산시 단원구 원곡동 안산 외국인노동자센터에서 타이 여성노동자들이 한겨레 제2창간 발전기금으로 147만 원을 낸 뒤 밝게 웃고 있다. 노말핵산 중독 피해자인 이들의 이야기를 한겨레가 가장 먼저 보도했다.

에 실린 최민희 민주언론시민연합 공동대표의 글이다. 그러나 최 대표는 "민주개혁 성향의 사람들에게 잊고 있던 소중한 가치를 다시 생각하게 하는 계기가 됐다"고 평가했다. 한겨레 내부에 미친 제2창간 운동의 가치도 여기에 있다.

애초 제2창간 운동본부는 창간 스무 돌이 되는 2008년 5월 15일까지 이 운동을 지속한다는 계획이었다. 실무를 맡은 운동본부는 2006년 4월에 해체되었지만, '제2창간 운동'의 정신은 이후에도 계속되었다. 제2창간 운동은 증자, 독자 증대, 지면 혁신 등을 목표로 내건 대대적인 개혁 프로그램이었다. 세 분야에 걸친 개혁은 지금까지도 계속되고 있다.

새로운 비전의 열쇠말, 신뢰

2005년 11월, 전략기획팀이 만들어졌다. 2006년 3월부터는 전략기획실로 이름을 바꿨다. 편집 부문의 김현대, 강희철, 정남구 등과 경영 부문의 김영주가 참여했다. 전략기획실의 신설은 조직의 중장기 전략 마련을 경영조직의 상설팀이 맡게 됐다는 점에서 의미가 깊다. 그 전까지는 위기 때마다 특별 기구를 임시로 만들어 청사진을 내놓게 했다.

이들은 한겨레의 새로운 비전을 창출하는 역할을 맡았다. 1990년대 중반 이후 여러 시행착오 속에서 마련된 공감대가 바탕이 되었다. 첫째, 한겨레신문사의 존립 이유이자 실제로도 가장 큰 비중을 차지하는 신문 부문에서 돌파구를 마련할 것. 둘째, 미디어 환경 변화에 발맞춰 인터넷·영상 등을 아우르는 멀티미디어기업으로 거듭날 것. 셋째, 한겨레의 터전인 진보의 영역을 중심으로 새로운 독자층과 지지층을 개척해 확장하고 이를 사업 부문과 연계할 것 등이 그 공감대의 핵심이다.

2006년 이후 전략기획실을 중심으로 한겨레는 이런 화두에 골몰했다. 여러 시장·독자 조사를 실시했다. 2006년 기준으로 볼 때, 한겨레 독자 가운데 전문직과 사무직 등 화이트칼라 계층이 44.7%에 달했다. 중앙일간지 평균인 33.2%보다 훨씬 높았다. 대졸 이상 고학력자도 전체 한겨레 독자의 63.7%나 됐다. 중앙일간지 평균은 51% 수준이었다. 한겨레를 주로 읽는 독자는 고학력의 진보적 화이트칼라 집단이었다.

여기에 착안한 전략기획실은 한겨레 지면·경영의 핵심 낱말을 '신뢰'로 잡았다. 진보를 지향하는 고학력, 고소득, 엘리트 독자층에게 다른 언론과 분명히 구분되는 정보, 지식, 관점을 제공하는 것을 한겨레의 지향으로 제시했다.

2007년 1월 29일, 취재보도 준칙을 발표한 것은 그런 맥락 위에 있다. 언론에 대한 독자의 불신을 허물고 올바른 진실과 정확한 사실을 보도하기 위한 구체적 지침을 담았다. 전략기획실이 발제하고 노동조합·사주조합이 수정안을 제시한 뒤, 김효순 편집인을 위원장으로 하는 제정위원회를 만들어 구체 조항 마련에 들어갔다. 전체 임직원의 검토를 거쳐 1월 25일 확정했다. 1월 29일에는 편집국에서 취재보도 준칙 선포식을 가졌다.

발표 직후 여러 언론학자들로부터 국내 언론사 가운데 가장 체계적으로 보도 준칙을 정비했다는 평가를 받았다. 전문 외에 '기자의 책무' '공정한 보도' '정직한 보도' '취재보도의 기본자세' '이해 상충의 배제' 등 모두 7개 장 50개 조항으로 구성되어 있다.

"한겨레신문사의 모든 구성원은 어떤 권력으로부터도 독립하여 언론의 자유를 지킨다. 국민의 알 권리를 실현하기 위해 정확하고 공정한 보도를 통해 진실을 추구하며, 민주주의의 완성과 인권의 신장, 세계 평화에 기여한다." 한겨레 기자의 책무를 밝힌 대목이다.

"국내외의 주요 사안 또는 사건의 진실을 최대한 완전하게 취재해 독자에게 알린다. 모든 형태의 권력을 감시하고, 부당한 권력과 부정부패에 맞서 사실을 찾아내고 진실을 밝히는 데 최선을 다한다." 진실 추구의 자세를 언급한 조항이다.

"신문사나 기자 개인의 이익보다 진실을 앞세운다. 독자에게 진실을 알리기 위해 필요하다면 신문사나 기자의 불이익도 감수할 수 있다." 어떤 이해관계보다 진실 보도를 우선하겠다는 원칙을 밝힌 대목이다.

취재보도 준칙과 함께 한겨레에 대한 독자들의 신뢰를 높이는 한겨레만의 제도로 시민편집인을 빼놓을 수 없다. 2006년 1월, 한겨레는 국내 언론사 가운데 처음으로 시민편집인 제도를 만들었다. 시민편집인의 구실은 언론학자들이 매체를 비평하는 옴부즈만과 조금 다르다. 신문사 안에 상근하면서 매체 생산 과정을 직접 지켜보고, 독자들의 반응과 지적을 가장 먼저 수집하면서, 편집위원회 등에 참석해 논조 등에 대한 의견을 제시하는 것이 시민편집인이다.

이 분야에서 한겨레는 나름의 노하우를 쌓아왔다. 창간 때부터 독자들의 '언론 접근권' 보장을 최우선 가치로 삼았다. '국민 기자석'을 매일 지면에 실어 한겨레 기사에 대한 독자들의 비판과 의견을 그대로 전달했다. 인터넷한겨레가 2000년부터 일반 시민들을 대상으로 하니 리포터를 모집해 그들의 글을 온라인에 내보낸 것은 '시민 기자'의 원형이 되었다. 하니 리포터는 한때 3000여 명에 이르렀다. 2003년엔 이를 신문에 적용했는데, '독자가 기자로'의 연재물을 실어 일반 독자들이 관심 사안을 직접

● 2005년 10월 27일 오전, 공덕동 사옥 앞에서 기념사진을 찍은 제2창간 운동본부 임직원들.

● 한겨레 제2창간 알림 광고.

취재해 지면에 싣도록 했다. 2002년에는 기존 국민 기자석 외에 '왜냐면'을 새로 만들었다. 시민사회에 지면을 개방하겠다는 취지였다. 누구나 주요 현안에 대해 논리와 논거를 갖춰 글을 실을 수 있게 했다. 시민들에게 칼럼 지면을 내준 것과 다름없었다.

　시민편집인 제도는 이런 노력의 결정체였다. 시민들의 언론 접근권을 극대화하면서도 독자 우선의 정신을 더했다. 독자들의 요구와 비판은 다양할 수밖에 없는데, 이를 허투루 듣지 않고 기사 취재와 지면 제작에 최대한 반영하겠다는 게 시민편집인을 선임하는 이유다. 한겨레는 사규를 통해 시민편집인의 역할과 직무를 따로 정해두었다. 시민편집인은 시민을 대표해 신문 제작에 대한 의견을 표시할 수 있고, 기사에 의한 권리침해 행위를 조사하거나 사실이 아닌 기사에 대한 시정을 권고할 수 있다. '시민편집인'이라는 이름부터 신문사가 생산하는 모든 매체를 관장하는 '편집인'과 동격이라는 의미를 갖고 있다. 2006년 3월부터 홍세화 기획위원이 제1대 시민편집인을 맡았고, 2007년 2월엔 김형태 변호사가 제2대 시민편집인으로 취임했다.

　'연대와 신뢰'를 모토로 한겨레만의 기사와 콘텐츠를 생산하고, 이를 신문사 경영에 보탬이 되는 수익으로 전환시키겠다는 게 정태기의 구상이었다. 일련의 지면·조직·경영 혁신 작업은 여전히 진행 중인데, 이제 막 결실이 드러나고 있다. 한겨레교육문화센터, 한겨레경제연구소, 한겨레 노드 프로젝트 등이 대표적이다. 2007년 이후 시작된 이들 사업은 20년간 축적된 한겨레의 지식 정보를 새롭게 가공해 제공하고, 이를 통해 새로운 수익을 얻는다는 공통점을 갖고 있다.

한겨레의 가치를 지키며 생존하는 길

　한겨레교육문화센터는 2007년 1월 출범했다. 기존의 한겨레문화센터가 과거 교육사업단을 흡수했다. 사회부 민완 기자 출신으로 교육사업단 초기 멤버였던 강석운은 두 조직의 공통분모에 주목했다. 초등학생부터 직장인에 이르기까지 평생 교육을 관장하는 통합 사업을 구상하고 이를 추진했다. 한겨레교육문화센터는 각종 전문가 교육 과정 및 청소년 교육 프로그램을 개발하는 한편, 섹션 '함께하는 교육'을 전담 편집하면서 교육·교양의 허브로 거듭나고 있다.

2007년 2월에는 한겨레경제연구소가 탄생했다. 사회적 책임을 다하는 기업 문화를 확산시키기 위해 관련 컨설팅 사업을 벌이면서, 한겨레 스스로 연대와 신뢰를 표상하는 언론사로 거듭날 수 있는 미디어 경영의 방도를 연구하고 있다. 한겨레 기자 출신으로 미국에서 유학을 마치고 돌아와 삼성경제연구소 연구원을 지낸 이원재가 소장을 맡고 있다.

기업 부설 연구소들이 재계의 입장을 대변하는 나팔수 노릇에 그치고 있는 것과 비교해 한겨레경제연구소는 시민의 눈으로 경제 문제를 바라본다. 사회적 책임을 고심하는 기업들이 한겨레경제연구소의 컨설팅 상대다. 한겨레가 쌓아온 윤리경영·책임경영의 콘텐츠를 기업이 실제로 적용할 수 있도록 돕고 있다. 진보 언론이 경제 발전에 어떻게 기여할 수 있는지를 입증해 보이고 있다.

'노드 프로젝트'는 한겨레의 새로운 경영전략을 적용한 대표적 사례다. 노드(Node)란 여러 관계망에서 중심 구실을 하는 지점을 의미한다. 노드 프로젝트는 온·오프와 출판·영상을 통틀어 한겨레의 가치 있는 콘텐츠를 한국 사회 공론장의 중심에 세우려는 계획이다. 신문 부문은 물론 한겨레21, 씨네21, 교육문화센터, 초록마을, 팝툰 등 한겨레가 생산하는 모든 지식과 정보를 다양한 방식으로 대중과 만나게 하는 것이 핵심이다.

그 첫 단계로 2007년 8월부터 국내 최대의 포털 네이버와 정보 제공 계약을 맺고, 전문기자 블로그 서비스를 시작했다. 환경 분야의 조홍섭, 종교 분야의 조현, 공동체 분야의 권복기, 사진 분야의 박미향과 곽윤섭, 여행레저 분야의 이병학 등이 첫 삽을 떴다. 2008년 1월에는 노드 프로젝트를 관장하는 노드 콘텐츠팀을 신문 편집국에 따로 두었다.

인터넷 부분에 적용한 노드 프로젝트의 성공적 출발을 발판으로 영상·방송 분야로 이 기획을 넓히고 있다. 2007년 11월, 권태선 편집인의 지휘 아래 전략기획실, 한겨레경제연구소, 편집국, 인터넷한겨레 등의 핵심 인력이 모여 '뉴미디어 전략 태스크포스팀'을 만들었다. 여기에서 인터넷한겨레의 혁신 방안과 방송 콘텐츠 사업을 연구·기획했다.

일련의 시도를 경제부 기자 출신의 함석진이 이끌고 있다. 신문, 인터넷, 방송 등을 오가며 한겨레 콘텐츠의 유통 방식을 고민하고 있다. 그에 이르러 2004년 혁신추진단이 제시했던 '원 소스 멀티 유스'가 본격적으로 구현되고 있다.

한겨레가 축적해온 고유의 콘텐츠를 보다 많은 독자들이 접할 수 있도록 하는 게 뉴미디어 전략 태스크포스팀의 핵심 화두였다. 고유의 지식·정보를 바탕으로 매체력을 넓히면서 수익도 내는 새로운 모델을 연구했다. 인터넷한겨레 혁신, 방송 영상산업 진출 등도 연구 중이다.

이 무렵 제자리를 잡은 초록마을의 성공도 빼놓을 수 없다. (주)한겨레플러스가 2002년 8월, 친환경 유기농 전문 브랜드 '초록마을'을 만들었다. 이후에도 계속 성공적인 사업을 이어가고 있다. 2007년 현재, 전국 200여 매장에서 1200여 종의 친환경 유기농 상품을 팔고 있다. 취급하는 모든 농산물에 대해 매일 잔류 농약을 검사하고 이를 홈페이지를 통해 공개하는 등 좋은 먹거리를 안심하고 먹을 수 있도록 하고 있다.

한겨레의 여러 사업 가운데서도 초록마을은 특별하다. 한겨레의 브랜드로 소비자들에게 신뢰를 주면서, 친환경 먹거리를 찾는 대안적인 삶에 구체적인 도움을 제공하고, 이를 통해 적절한 수익까지 얻고 있다. 한겨레적 비즈니스의 모범이다. 한겨레 초록마을은 먹거리 기업 경영의 새로운 지평을 개척한 공을 인정받아, 2006년 한국소비자포럼이 주는 '소비자의 신뢰기업상' 대상을 받았다.

2006년 1월, 한겨레신문사 출판부는 독립자회사인 (주)한겨레출판으로 거듭났다. 홍세화, 주강현, 박노자, 한홍구 등이 쓴 인문·사회과학서가 한겨레출판의 뿌리라면, 최근에는 고혜경, 김용석, 김형경, 박미라, 신동원, 정출헌, 조현설, 홍은택 등 참신하고 유능한 필자들을 새롭게 발굴해 깊이와 재미를 아우르는 인문교양서 및 에세이 분야로 가지를 넓혀가고 있다. 또한 어린이책 전문 브랜드 '한겨레아이들'의 성과도 돋보인다. 우리 옛이야기 시리즈인 '한겨레옛이야기'를 시작으로 어린이 인문서 시리즈 '숨은 역사 찾기'와 여러 창작동화들을 출간하여, 생명을 소중히 여기고 자유와 평화를 사랑하는 어린이, 스스로 미래를 가꾸는 어린이로 자랄 수 있는 씨앗을 책 속에 담아내고 있다.

이들 사업은 큰 자본금을 투자하지 않고도 한겨레의 신뢰를 바탕 삼아 새로운 시장을 개척해 제 궤도에 올랐다는 점에서 닮아 있다. 새 매체를 만들어 단숨에 큰 흑자를 낸다거나, 대대적인 투자로 수익 개선에 큰 보탬이 된다거나 하는 발상은 여기에 없다. 2005년 이후 한겨레 경영에 정착한 풍토다.

눈물 어린 결실, 3년 연속 흑자

지면과 조직 재편에 힘썼던 정태기는 한겨레에 돌아온 지 2년 만인 2006년 2월,

사직서를 냈다. 대표이사 임기가 1년 더 남아 있는 시점이었다. 일련의 변화를 이끄는 과정에서 건강이 뒷받침해주지 못한 것에 부담을 느꼈다. 말 많은 한겨레를 이끌기에는 나이도 적지 않았다. 그 이면에는 한겨레 혁신의 속도와 방향을 둘러싼 긴장도 있었다. 2004년 겨울의 퇴직금 출자전환 이후, 사원지주 강화에 따라 경영권의 견제와 비판에 나서려는 노동조합·사주조합과 강력한 리더십으로 경영 혁신을 마치려는 최고 경영진의 상호 소통이 부드럽지 못했다.

대표이사가 취임 2년 만에 편집위원장을 세 차례 바꾸게 된 일도 부담이 되었다. 권태선 편집위원장(2005년 3월 취임), 오귀환 편집위원장(2006년 6월 취임)에 이어 2007년 2월, 곽병찬을 편집위원장 후보로 지명했는데, 잦은 편집위원장 교체가 편집권을 침해하는 일이라는 반대 여론이 일어 위원장 임명 동의 투표가 부결됐다. 그 직후인 2월 13일, 정태기 대표이사가 임원회에서 사의를 표했다. "(나의 사의가) 한겨레의 핵심 가치에 대한 사원들의 깊은 성찰의 계기가 되길 바란다"고 말했다.

뒤이어 남은 임기 1년을 치르게 될 대표이사 선거가 열렸다. 서형수, 오귀환, 곽병찬 등이 출마했는데, 세 후보가 중단 없는 혁신 등의 합의문을 발표하고 단일 후보를 추대했다. 대표이사 직선제를 실시한 이래 합의 추대가 이루어진 것은 처음이었다. 한겨레 창간 때 경영의 밑그림을 그렸던 서형수가 사실상 단독 출마하게 되었다.

그는 창간 사무국 이후 기획실장, 판매국장, 뉴미디어국장, 전무이사 등을 지냈다. 밑바닥부터 가장 높은 곳까지 한겨레 경영의 속내를 훤히 아는 인물이었다. 편집국을 거치지 않은 인물이 대표이사가 된 것은 그가 처음이었다. 2007년 3월 31일 열린 주주총회에서 서형수는 제13대 대표이사에 정식 취임했다.

2004년 12월 희망퇴직을 실시한 뒤, 정태기와 서형수가 대표이사를 맡은 3년 동안 한겨레는 창간 이후 처음으로 연속 흑자를 냈다. 2005년, 2006년, 2007년 모두 각각 20~30억 원대의 당기순이익을 기록했다. 도산 위기까지 몰렸던 한겨레는 창간 스무 돌을 맞는 2008년 3년 연속 흑자를 낸 우량 언론사가 되었다.

최소한의 이익

창간을 앞둔 1988년 4월 28일에 나온 〈한겨레신문 소식〉에는 광고 영업에 대한 구상을 밝힌 대목이 있다. "한겨레신문의 광고 영업은 두 가지 목표를 갖고 있다. 하나는 신문사 경영에 필요한 최소한의 이익을 확보하는 것이고, 다른 하나는 우리나라 신문 광고업계에 새바람을 일으키는 것이다." 돈을 버는 데 혈안이 되어 신문사를 영리 추구의 집단으로 변질시키지 않으면서, 생존에 필요한 수익을 마련하는 과정에서도 기존의 신문사들과는 다른 방식을 택하겠다는 다짐이었다.

창간 1주년을 맞은 1989년 5월, 한겨레가 임직원을 대상으로 설문을 실시했다. 질문 항목 가운데 이런 내용이 있다.

'다음과 같은 광고를 본지에 게재하는 것에 대해 어떻게 생각합니까.
①국내 기업의 국산상품 광고 ②국내 기업의 수입상품 광고
③외국 기업의 상품 광고 ④국내 기업의 이미지 광고 ⑤외국 기업의 이미지 광고…
⑨반공연맹 및 재향군인회 등의 의견 광고 ⑩전민련 등 재야단체의 의견 광고
⑪고용주 측의 의견 광고 ⑫노동조합 측의 의견 광고 ⑬카드 대출 광고 ⑭술집 광고'

"기사는 기사고 광고는 광고입니다"

설문 결과는 기록으로 남아 있지 않다. 다만 이런 설문조사를 실시했던 것 자체가 광고에 대한 당시 한겨레 사람들의 인식을 드러낸다. 돈이 된다고 해서 아무 광고나 마구 실을 수는 없지만, 어느 정도 시장의 현실과 타협해야 신문사를 유지할 수 있다는 문제의식이 설문지에 담겨 있다.

한겨레 초대 광고담당이사는 해직 기자 출신의 이병주가 맡았다. 광고·홍보 기획 일을 경험했다는 이

● 1989년 12월, 광고 목표 초과 달성을 축하하는 기념행사가 열렸다.

유로 중책을 맡았다. 그러나 실제 신문 광고 영업을 해본 사람이 필요했다. 중앙일보, 경향신문 등에서 광고부장과 광고국장을 지냈던 변이근에게 도움을 청했다. 변이근은 창간호부터 시작해 초창기 광고 영업을 책임졌다. 동투 출신으로 대홍기획, 한미은행 등에서 일했던 윤성옥이 광고관리를 맡았다.

창간호에는 현대, 삼성, 선경(오늘의 SK), 럭키금성(오늘의 LG·GS), 포항제철(오늘의 포스코) 등이 전면 광고를 냈다. 삼성은 가장 뒷면인 36면에 광고를 실었다. 한국화약(오늘의 한화), 대한항공, 쌍용, 해태, 금호, 기아 등의 대기업이 광고를 냈고, 외국계 기업인 아메리칸익스프레스도 창간호 광고주에 이름을 올렸다. "그때는 윗사람 눈치를 보면서도 기업 홍보 책임자들이 한겨레에 도움을 주고 싶어했다"고 이병주는 회고한다.

창간 직전, 한겨레는 광고주 설명회를 열었다. 1988년 4월 19일, 한국언론재단회관의 좋은 회의실을 빌려 자리를 만들었는데, 정작 설명회에는 몇몇 기업의 부장급 실무자 10여 명만 참석했다. 언론사의 광고주 설명회에는 기업 임원들이 오는 게 보통이었다. 그 시절만 해도 언론사 주최 광고주 설명회는 제주도 등의 최고급 호텔을 빌려 거나한 술판을 벌이고 여행을 시켜주는 방식이었다. 한겨레 사람들이 그런 설명회를 준비했을 리 없으니, 광고주들도 시큰둥했다.

창간호에 유력 기업들의 광고를 유치하긴 했지만, 그 뒤로는 고난의 연속이었다. 기업들은 한겨레 광고국 사원들을 반기지 않았고, 한겨레 광고국 안에도 신문 광고 영업을 해본 사람이 드물었다. 광고국 사원들은 서울 시내를 구역별로 나눠 사설 학원, 약국, 병원 등을 다니며 밑바닥부터 영업을 시작했다. 발길 닿는 집집마다 멈춰 서서 한 끼의 공양을 청하는 승려들의 탁발과 다름없었다.

이런 상황을 반전시킨 것은 과학적 시장조사였다. 창간 1주년이던 1989년 5월 15일, 한국언론재단 회관에서 광고주 초청 설명회를 열었다. 1년 전만 해도 시큰둥했던 광고주들이 이날 설명회에서 크게 놀랐다. 언론사상 처음으로 일간지 열독률 조사 결과를 발표했는데, 한겨레가 한국일보를 제치고 조선일보, 동아일보, 중앙일보와 함께 4대지 반열에 올랐다는 사실이 공개됐다. 각 신문의 열독률이 광고주들에게 알려진 것도 처음이었고, 창간 1년 만에 한겨레가 중앙일간지 시장의 강자가 됐다는 것도 이들에겐 뜻밖의 일이었다.

이후 각 조사기관이 신문 열독률을 정기적으로 조사해 언론사 및 광고주들에게 공개하는 일이 제자리를 잡았다. 과학적 시장조사에 바탕을 둔 한겨레 광고국의 노력이 한국 신문 시장의 광고 영업 관행까지 바꾼 셈이다.

과거에 비해 많이 좋아지긴 했지만, 광고주들은 여전히 열독률 외의 다른 것을 신문에 기대한다. 1992년 봄에 열린 광고주 설명회에는 편집진을 대표해 장윤환 논설주간이 동석했다. 어느 기업의 광고 담당 임원이 기사와 광고에 대한 한겨레의 원칙을 물었다. "한겨레는 존재할 가치가 있을 때만 존재합니다. 다른 신문과 마찬가지로 광고를 놓고 기사를 판단한다면 한겨레의 존재가치를 어디서 찾을 수 있겠습니까. 기사는 기사고 광고는 광고입니다." 맞는 말이었지만, 돌아앉은 기업 임원들은 쑥덕거렸다. "저래서 어떻게 광고를 받아가겠어?"

"우리가 당신들에게 왜 탄환을 줍니까?"

광고 시장의 현실은 엄혹했다. 1990년 이후 한겨레는 기자 출신들을 광고국에 배치했다. 기업 관계자들과의 인맥을 무시할 수 없었다. 초대 편집위원장인 성유보, 초대 민족국제부 편집위원인 홍수원 등이 변이근의 뒤를 이어 광고국장이 됐다. 1992년 1월부터는 초대 사회교육부 편집위원인 김두식이 광고국장으로 발령받았다. 이때 편집국에 있던 고희범과 유희락도 함께 광고국에 갔다. "기자 하러 한겨레에 들어왔지만, 한겨레라는 조직에서 가라고 하면 가야 되는 것 아니냐고 생각했다"고 고희범은 말한다.

광고 영업이라곤 난생 처음이었던 김두식과 고희범이 첫 방문지로 택한 곳은 어느 대기업 계열사였다.

광고 담당 임원이 의자에 뒤로 기대고 앉아 물었다. "어떻게 오셨소?" "새로 광고국에 부임했습니다. 인사차 들렀습니다." 못마땅한 표정의 그 임원이 여전히 뻣뻣한 자세로 물었다. "이것 보시오. 우리한테 총을 겨누고 있는 당신네 신문사 문을 닫게 해도 모자라는 판에 우리가 왜 탄환을 줍니까."

광고국 사람들은 그렇게 수모를 당하며 살았다. 황찬석은 조선일보에서 20년간 광고와 판매를 맡았는데, 1992년부터 5년여 간 한겨레로 자리를 옮겨 광고 영업을 했다. 같은 시기 조선일보 등에서 역시 광고를 담당했던 최계식도 한겨레에 합류했다. 취재 편집이 그러하듯 광고 기획·영업에도 경험이 필요했다. 이들은 기존 언론의 광고 영업 노하우를 한겨레에 전했다.

이후 최학래, 윤유석, 고영재, 고광헌, 김형배, 송우달 등이 광고담당임원 또는 광고국장을 지냈다. 1997년 7월, 광고국장 윤유석은 코피 때문에 광고를 따냈다. 좀체 광고를 주지 않으려는 대기업 임원실을 발이 닳도록 드나들었는데, 하루는 그 앞에 서자마자 코피가 쏟아졌다. "광고 한 판 드릴 테니까 집에 가서 좀 쉬세요." 담당 임원의 말이었다. 2002년, 광고국장이 된 고영재는 연말 결산 때 애초 목표만큼 광고를 유치하지 못했다며 스스로 사직서를 내기도 했다. 물론 신문사는 이를 반려했고, 광고국 사원들은 더욱 분발했다.

1990년대 초반 이후 한겨레 광고국의 최대 과제는 광고 단가를 높이는 것이었다. 창간 초기, 한겨레의 광고 단가는 조선일보의 3분의 1에 불과했다. 열독률, 영향력, 신뢰도 등에서 이미 4대지의 반열에 들었지만, 광고주들은 좀체 광고 단가를 올려주지 않았다. 1992년 대통령 선거가 하나의 고비가 되었다. 정주영 회장의 대선 출마를 앞두고 현대그룹 전체가 들썩이고 있었다.

광고 단가 인상을 요구하는 한겨레에게 현대그룹의 광고 담당 임원이 전한 이야기는 간단했다. "회장님을 3대 후보 가운데 하나로 공정하게 다뤄주시오." 실제로 정주영은 김대중, 김영삼과 함께 높은 지지율을 얻고 있었다. 한겨레 편집국에서는 이미 있는 그대로의 비중을 담아 보도하고 있었다. 김대중의 당선을 우려한 다른 신문들이 '정주영 죽이기'에 나선 것이 문제였다. 한겨레를 보는 현대그룹의 눈이 달라졌다. 한겨레는 공정 보도만으로 '어부지리'를 얻었다.

신 문 시 장 의 모 순 을 최 일 선 에 서 겪 는 광 고 국 사 람 들

광고국의 분투가 늘 아름답게 기억되는 것은 아니다. 대선 직전인 1997년 12월, 권영길 후보를 내세운 '국민승리21' 지지자들이 한겨레 사옥 앞에서 항의 농성을 벌였다. 지면에 대선 홍보 광고를 냈는데, 여기에 들어간 '재벌 해체'라는 단어를 '재벌 개혁'으로 바꾸라고 신문사 쪽에서 강요했다는 주장이었다. 광고 문안이 빌미가 되어 광고 자체를 싣지 못하거나 실었다 빼는 등의 일이 생기면서 대우그룹노조협의회(1998년 5월), 성균관대 총학생회(1998년 7월), 한국통신 노조(1999년 4월) 등도 신문사에 항의한 적이 있다.

이런 문제가 일어나는 데는 실정법의 제약도 작용한다. 1998년 8월, 검찰은 한겨레가 한총련 명의의 의견 광고를 실었다며 수사를 벌였다. 한총련이 이적단체인 만큼 그 주장을 그대로 광고에 내보낸 한겨레에도 책임이 있다는 것이었다. 현행법에 따라 개인의 명예를 심각히 침해하거나 실정법과 풍속에 현저히 어긋나는 내용을 담은 광고에 대해서는 신문사도 책임을 져야 한다. 강한 주장을 담을 수밖에 없는 의견 광고를 놓고 한겨레 광고국 사람들은 법적 책임에 대한 걱정도 해야 한다. 대기업의 불법 노동행위를 비판하는 기사를 쓰는 기자들에게 최소한의 임금을 주기 위해서라도 그 대기업의 광고를 받아내야 하는 게 광고국 사람들의 역할이다. 고심이 없을 수 없다.

2007년 1월, 입사 2~8년 차 사원 50여 명이 실명 대자보를 연이어 붙였다. '금속노조 의견 광고 게재 거부 사태'를 비판하는 내용이었다. 1월 초, 대기업을 비판하는 의견 광고 게재를 금속노조가 의뢰해 왔다. 광고국 실무자가 난색을 표했다. 사실이 알려지자 편집과 업무 부문의 젊은 사원들이 "부끄러운 월

급봉투는 싫다. 소중하게 지켜온 가치를 자본권력 앞에서 내동댕이칠 수는 없다"며 집단적인 비판에 나섰다.

한겨레의 막내 사원들이 집단적으로 의견을 표출한 이 사건은 한겨레 지면과 경영 전반에 대한 논란으로 이어졌다. 두 달여 뒤, 편집위원장이 교체되고 대표이사가 사퇴하는 일에도 영향을 주었다. 이후 한겨레는 광고와 지면을 분리하되, 문제가 될 만한 의견 광고에 대해서는 게재 여부를 임원회의 등을 통해 최종 결정하도록 하는 제도적 대안을 마련했다.

그동안 안팎으로 논란이 됐던 광고들은 대부분 '생활광고' 지면에 실렸다. 생활광고는 평범한 시민들이 작은 알림 광고를 내거나, 경제적 약자인 소외 계층들이 자신의 의견을 표출할 수 있도록 한겨레 광고국이 특별히 고안해 만든 광고면이다. 다른 신문에는 이런 광고면 자체가 없다. 가끔 오해나 논란의 한가운데 서는 일이 생겨도 한겨레는 생활광고란을 꾸준히 유지하고 있다.

삼성 광고가 없어도 할 말은 한다

광고국 임직원들은 한겨레의 모순을 최일선에서 가장 절절히 겪는다. 대기업을 비판하면서도 대기업의 광고에 의존하는 게 한겨레의 현실이다. 2005년 9월, 시사저널은 중앙일간지의 전체 광고 매출 가운데 삼성 광고가 차지하는 비중을 조사했다. 그 결과 서울신문, 경향신문, 문화일보, 한겨레 등의 순으로 삼성 의존도가 높았다. 한겨레는 전체 광고의 14.6%를 삼성에서 받았다. 조선일보, 중앙일보, 동아일보 등은 그 비중이 10%에 미치지 못했다.

삼성으로부터 실제로 받는 광고비는 보수 신문들이 훨씬 많다. 중앙일보(124억 5800만 원), 조선일보(119억 4400만 원), 동아일보(117억 8100만 원) 등에 비해 한겨레는 그 절반 수준인 61억 3400만 원의 광고 수주액을 기록했다.

2007년 11월 이후 삼성은 한겨레에 대한 일체의 광고를 중단했다. 삼성그룹 비자금 사건에 대한 한겨레의 줄기찬 보도를 탄압하려는 뜻이다. 애초 광고 수주 목표치는 삼성의 통상적인 광고 집행을 포함한 것이었다. 당연히 목표 달성이 힘들 것으로 보았는데, 한겨레 광고국 임직원들이 일을 냈다. 삼성 광고가 끊어진 11월부터 석 달 동안, 원래 목표를 오히려 웃도는 광고를 유치했다. 삼성이 광고를 주지 않아도 한겨레는 할 말을 한다. 한겨레 광고국 덕분이다.

자금과 윤전시설 문제로 한겨레는 많은 지면의 신문을 만들어낼 수 없었다. 창간 때부터 정보 부족을 지적하는 독자의 목소리가 적지 않았다. 한정된 지면을 효과적으로 활용하는 방법은 없을까? '섹션' 체제가 그 해답이었다. 한겨레 섹션의 변천 과정은 처음부터 독자 마케팅과 밀접한 관련이 있었다.

생활·문화·교양에 대한 독자의 정보 욕구를 담아라

1996년 10월 14일, 제호를 바꾸고 24면을 28면으로 늘리는 등의 지면 혁신을 단행했다. 이때 '한겨레 창'이 태어났다. 별지 묶음으로 낸 것이 아니므로 본격적인 섹션이라 할 수는 없었지만, 신문 안쪽에 도드라지게 편집해 별개의 신문이라는 느낌을 주었다.

창간 초기에도 '한겨레 마당', '책 세상' 등의 문패를 달고 생활·문화 정보 등을 돋보이게 편집한 지면은 있었다. 그러나 한겨레 창은 월요일부터 토요일까지 매일 서로 다른 주제로 심층·특화 정보를 다뤘다. 당시 독자 조사 결과, 생활·문화·교양 등에 대한 정보 욕구가 높다는 것을 파악했다. 한겨레 창은 여기에 부응하기 위해 철저히 계획된 콘텐츠를 실었다.

월요일의 '미래' 편에는 과학·정보통신·재테크, 화요일의 '책과 사람' 편에는 출판·학술·문학·종교, 수요일의 '일과 삶' 편에는 구인·구직·창업·청년·건강, 목요일의 '여가연출' 편에는 여행·쇼핑·취미, 금요일의 '열린공동체' 편에는 출산·육아·가족·여성·교육, 토요일의 '문화세상' 편에는 영화·연극·미술·연예 등을 다뤘다.

관성적인 신문 편집에 디자인 개념을 도입한 것도 이때다. 한국에서 디자이너가 신문 전면을 편집한 것은 한겨레 창이 처음이었다. 하단 광고를 없애고 전면 컬러로 편집했다. 한 면에 표지 기사와 부속 기사 하나씩만 실었다. 지면 맨 위에는 작은 알림 기사를 배치했다. 사진을 쓰던 관행을 버리고 과감히 일러스트를 도입해 펼쳤다. 한겨레21, 씨네21이 그랬듯이 한겨레 창의 디자인은 시대를 앞서 갔다. 이 분야를 개척한 이재용이 초기 한겨레 창 편집을 이끌었다.

한겨레 창은 1990년대 후반 한겨레 기사의 심층성과 다양성을 대표하는 섹션이었다. 1998년 9월의 독자 조사에서 정치·사회면 등을 제치고 가장 열독률이 높은 지면으로 평가받기도 했다. 한겨레 창이 다룬 콘텐츠는 이후 각종 섹션 체제가 바뀔 때마다 선택적으로 재구성되었다. 국내의 다른 신문들이 채택한 다양한 섹션들의 원형이 여기에 있다고 평가해도 좋을 정도로 기획과 구성이 탄탄했다.

1999년 5월 10일, 한겨레가 본격적인 섹션을 내기 시작했다. 말 그대로 신문 하나를 따로 묶었다. 이른바 '16+16' 체제가 시작됐다. 주요 현안 기사를 다루는 '한겨레'와 경제·문화·스포츠 기사를 담은 '한겨레e'가 각 16면씩 함께 발행되었다. 뉴스 섹션과 생활 섹션으로 분리한 것이다. 한겨레e의 탄생에는 경제 기사를 특화하려는 뜻이 있었다. 경제 분야가 취약하다는 독자의 지적을 반영했다. 한겨레e의 표지는 경제 관련 기사의 자리였다.

2001년 4월 16일, 두 묶음 체제에 변화를 주었다. 첫 묶음은 각 분야의 뉴스를 주로 다루고, 두 번째 묶음은 요일별로 주제를 달리하는 콘텐츠를 담았다. 두 번째 묶음의 이름은 한겨레e에서 '한겨레2'로 바꿨다. 월요일엔 디지털 경제, 화요일엔 지성, 수요일엔 여성, 목요일엔 소비자 경제, 금요일엔 건강과 공동체, 토요일엔 대중문화와 디지털 엔터테인먼트 등을 다뤘다. 이런 변화의 배경에는 광고 문제도 있었다. 두 번째 묶음에 경제 기사가 들어가면서 열독률이 오히려 낮아졌고, 기업들이 한겨레e에 광고를 싣는 것을 꺼렸다. 결국 경제 기사를 첫 번째 묶음으로 돌려야 했다.

최초의 교육 전문 섹션, 함께하는 교육

한겨레 섹션 가운데 가장 오랜 생명을 유지하고 있는 것은 '함께하는 교육'이다. 2000년 3월, 한국 종합일간지 가운데 처음으로 교육 전문 섹션을 내놓았다. 교육 분야의 기사와 정보를 특화해 취재와 사업을 함께 진행하기 위해 만들어진 교육사업단의 작품이었다. 최영선, 강석운, 문상호, 안창현 등이 '함께하는 교육'의 창립 멤버다. 처음 나올 때부터 매주 월요일마다 발행하고 있다. 2005년 10월, 타블로이드 판형으로 바뀌었다가 2007년 5월부터 다시 대판형으로 발행하고 있다.

교사, 학부모, 학생에게 두루 정평이 난 '함께하는 교육'은 2007년 10월, '아하! 한겨레' 섹션의 탄생으로 이어졌다. 정규 교육 과정에서 배운 지식을 단순한 입시 준비가 아닌 진정한 사색과 논리 능력 계발로 승화시키기 위해 한겨레가 내놓은 섹션이다. 학생들이 알아야 할 사회문제 세 가지를 매주 골라, 이와 관련된 한겨레, 한겨레21, 씨네21, 이코노미21 등의 기사, 칼럼, 사설을 정돈해 전달하고 있다. 신문을 통해 배움을 얻는 '신문활용교육(NIE)'의 새로운 전범이 되고 있다.

2005년 5월 16일, 한겨레는 신문 섹션계에 새바람을 불어넣었다. '36.5°'(수요일), '100°'(목요일), '18.0°'(금요일) 등 세 가지 테마 섹션이 등장했다. 사람의 체온을 뜻하는 36.5°는 생활·건강·공동체, 뜨거운 감성을 뜻하는 100°은 대중문화, 두뇌 활동이 가장 활발한 기온에서 이름을 따온 18.0°은 출판·지성·에세이·문학 등을 담았다.

이 가운데서도 타블로이드 판형으로 나온 18.0°의 인기가 좋았는데, 2007년 5월부터 신문 안 섹션 '책과 생각'으로 바뀌었다. 한국 신문 가운데 고급 담론을 본격적으로 다룬 첫 시도인 18.0°은 서울대 인문대 철학과 강의의 부교재로 채택됐을 정도로 주목을 받았다. 그러나 그 명멸에도 독자 조사가 영향을 미쳤다. 18.0°을 애독하는 마니아층이 있긴 했지만, 다수의 독자들은 오히려 이를 외면한다는 조사 결과가 나오면서 이 섹션이 사라졌다.

18.0°의 실험정신은 'Esc'가 이어가고 있다. 2007년 5월, 생활문화 매거진을 표방하며 태어났다. 매거진이라는 표현에서 짐작할 수 있듯이 이 섹션은 편집국의 다른 부서와 전혀 별개의 취재·편집 과정을 거쳐 만들어지고 있다. 한겨레21 편집장을 지낸 고경태가 초대 팀장을 맡아 이끌고 있다.

여행·음식·쇼핑·패션·연예 등을 다루고 있는데 창간호 때부터 안팎의 논란이 있었다. 영어식 표현이 아니라 아예 영어 알파벳을 제호로 올렸고, 민족국가의 경계쯤은 자유롭게 넘어버리면서 젊은 세대의 소비문화에 주목하고 있다. 한겨레 창이 올바른 삶을 담았다면 Esc는 발칙한 삶을 담고 있다. 한겨레 섹션의 진화는 지금도 계속되고 있다.

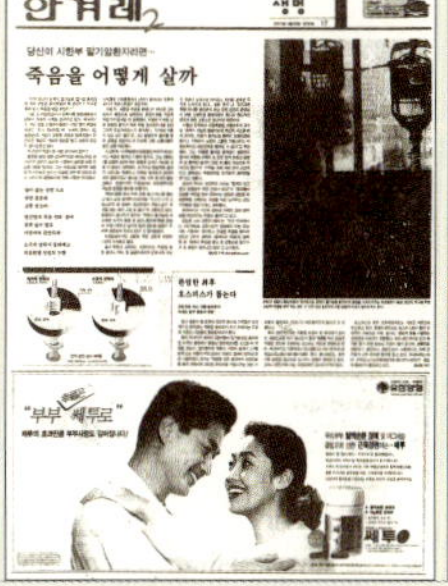

정치 민주화를 넘어 경제 민주화로

2002년 이후, 한겨레는 세대교체를 이루었다. 편집국 지휘부가 해직 세대에서 공채 세대로 바뀌었다. 창간 주역인 75년·80년 해직 세대는 취재 보도 업무에서 한발 물러섰다. 대신 기성 언론에서 초년 기자 수업을 받은 뒤 한겨레에 입사한 '경력 세대'와 창사 이후 한겨레의 채용시험을 거쳐 입사한 '공채 세대'가 편집국 지휘부를 맡기 시작했다. 편집국 부장급 기자가 편집장을 맡는 한겨레21도 사정은 마찬가지였다.

편집국의 지도부, 해직 세대에서 공채 세대로

해직 세대의 대부분은 8~13년여 동안 언론 현업을 떠나 있었다. 재야에서 언론 운동을 벌이거나 다른 분야의 생업에 종사했다. 이들이 창간 이후 10여 년 동안 한겨레 지면을 이끌었다. 기사에 담긴 비판의 목청은 높았지만 엄밀함과 전문성에서 부족함이 없지 않았다. 반면 2000년대 이후 편집위원장들은 기자 수업을 착실히 받은 경우가 대부분이었다. 노무현 정부 출범 이후인 2003년부터 2008년까지 편집위원장을 맡은 김효순, 권태선, 오귀환, 김종구가 2000년대의 한겨레를 대표한다.

김효순은 연합통신과 경향신문에서 기자 경력을 쌓았다. 그는 또래의 해직 기자들이 일선에서 물러나 있는 동안에도 현업 언론인으로 계속 현장을 지켰다. 1979년 언론계에 입문한 그가 한겨레 창간에 합류했을 때, 이미 9년 차의 중견 기자였다. 김효순은 창간 멤버 가운데서도 취재 보도 역량을 꾸준히 쌓아온 대표적인 인물이었다. 창간 당시 정당팀을 이끌었고, 1992년 1월부터 3년간 초대 도쿄 특파원으로 일했다.

권태선은 80년 해직 세대의 막내 격이다. 1978년 한국일보에 입사했는데, 해직 이후 직장 생활을 하다 한겨레 창간에 합류했다. 창간 때부터 2000년 3월까지 민족국제부에서 줄곧 일했다. 1997년 3월부터 1년간 초대 파리 특파원도 지냈다. 자연스레 국제 분야에 정통했다. 2001년 4월부터 2년간 사회부장을 역임했는데, 한국 중앙일간지 사상 첫 여성 사회부장이었다.

오귀환은 조선일보 출신이다. 1982년 입사해 내로라하는 인재로 인정받았다. 잘나가는 조선일보 기자였던 그는 1988년 5월, 스스로 한겨레로 자리를 옮겼다. 주로 사회부와 정치부에서 일했다. 1995년에 만들어진 한겨레21의 창간 주역이자 초대 취재팀장이었다. 뉴저널리즘을 주창하며 시대를 앞서 갔다. 사회부장 시절인 1998년에는 교육 캠페인, 실업극복 캠페인, 북녘동포돕기 캠페인 등을 모두 성공적으로 이끌었다.

김종구는 연합통신 출신이다. 1985년에 언론계에 입문해 3년여간 사회부 기자 수업을 받고 한겨레 창간 때 경력 기자로 들어왔다. 그는 초년 기자 때부터 한겨레의 주요 특종 대부분에 이름을 남겼다. 보안사 민간인 사찰 사건, 조계종 폭력배 동원 사건, 김현철 비리 사건 등의 취재를 지휘했다. 한겨레21 편집장 때는 한국군의 베트남 양민 학살 사건을 특종 보도했다.

이들은 한겨레 창간을 주도적으로 이끈 인물은 아니다. 창간 작업에서는 한발 물러서 있었다. 그런 점에서 창간 주역들과는 다소 구분된다. 그러나 언론인으로서의 전문성을 꾸준히 갈고 닦았다. 창간 이후 취재 보도의 전문성을 높이는 일에 이들 각자는 뚜렷한 자취를 남겼다. 네 사람은 편집위원장이 된 뒤 조금씩 다른 방식으로 지면과 조직을 이끌었다.

김효순은 2003년 3월부터 2년간, 권태선은 2005년 3월부터 1년 4개월간, 오귀환은 2006년 7월부터 7개월간, 편집위원장을 각각 맡았다. 2007년 4월부터 김종구가 편집위원장을 맡고 있다. 각자의 개성은 서로 달랐지만, 이들의 영향이 두루 한겨레 지면에 축적되었다.

2000년대 한겨레 보도의 변화를 이야기할 때 빼놓을 수 없는 것이 한겨레21이다. 2000년대의 한겨레21은 새로운 의제 발굴에서 신문 못지않은 성과를 일구었다. 심층 보도에 강한 특기를 계속 살리면서, 소수자 인권을 포함한 다양한 영역에 관심을 기울였다. 경력 또는 공채로 한겨레에 들어온 정영무(2001~2003년), 배경록(2003~2005년), 고경태(2005~2006년), 정재권(2006~2008년) 등이 이 시기의 한겨레21을 이끌었다. 2008년 3월부터 한겨레21 편집장이 된 박용현은 한겨레의 386세대를 대표하는 인물 가운데 하나다. 이들의 새로운 감성은 진보의 새로운 화두를 남보다 한발 앞서 발굴하는 다양한 보도로 이어졌다.

2000년대 들어 한겨레 지면에는 대형 기획들이 많이 등장했다. 대부분 진보의 정체성을 새롭게 재구성하는 데 초점을 맞췄다. 민주 정부 이후 한국 진보개혁세력의 나아갈 바를 모색하려는 노력이었다. '대한민국 새 틀을 짜자'(2004년 5월), '선진대안 포럼, 더 나은 대안 더 좋은 사회'(2006년 1월), '함께 넘자 양극화'(2006년 1월), '사회개혁 위기, 대안 모델을 찾는다'(2007년 3월), '6월항쟁 20돌, 끝나지 않은 6월'(2007년 6월), '다시 그리고 함께 – 새로운 모색을 위하여'(2008년 1월) 등이 대표적이다. 짧게는 일주일에서 길게는 1년에 걸쳐 관련 기사를 내보냈다.

큰 담론을 다루는 기획 가운데 구체적 대안을 제시하려는 노력들도 적지 않았다. 특히 상생의 경제 모델을 탐색하거나, 친환경적인 사회정책을 내놓는 기획이 많았다. 경제 분야에서는 '상생의 기업경영'(2004년 1월), '기업 – 사회, 상생 지속 가능의 길'(2004년 6월), '성장의 기본 틀 바꾸자'(2004년 8월), '기업과 사회의 연대'(2007년 10월) 등이 대표적인 기획물이다. 환경 분야에서는 '청계천에 생명을'(2002년 4월), '이곳만은 지키자 – 그 후 12년 공존의 해법을 찾아서'(2003년 5월), '서울의 섬'(2005년 2월), '초록사회 만들기 현장을 가다'(2007년 5월) 등을 실어 구체적인 정책 대안을 제시했다.

청계천 관련 기사에 영감을 얻은 이명박은 2002년 서울시장 선거에서 이를 주요 공약으로 받아들이기도 했다. 2002년 한겨레 신년호에 청계천을 복원하자는 소설가 박경리의 제안을 크게 싣고 뒤이어 관련 기사를 내보냈는데, 이명박 후보의 선거 참모들이 이를 읽고 공약을 준비했다. 그러나 한겨레가 제안했던 생태 친화적 청계천 복원 사업은 미완에 그쳤다. 한겨레는 환경 문제를 짚었는데 이명박은 건설과 조경 문제로 풀었다.

환경·복지 친화적 사회에 대한 이런 관심은 소외 계층 및 소수자에 대한 연대의식을 바탕에 깔고 있다. 한겨레21은 2001년 2월 15일에 발행한 345호에서 집총을 거부해 감옥에 갇힌 여호와의 증인 신도들을 다뤄, 양심적 병역 거부와 대체 복무제를 사회 쟁점으로 부각시켰다. 2005년 1월 14일, 한겨레는 노말헥산에 중독된 이주 노동자들의 실태를 특종 보도했다. 2000년대 초부터 이주 노동자, 양심적 병역 거부자, 성적 소수자 등의 문제를 꾸준히 다뤘다. 독재정권의 인권유린에 대한 관심이 소수자 인권 문제로 확장되는 데 한겨레가 결정적 역할을 했다.

일상의 미시적 권력에 대해서도 메스를 들었다. 한겨레21은 2006년 1월 10일 발행한 592호 표지 기사에서 각급 학교와 기관에서 이뤄지고 있는 '국기에 대한 맹세' 문제를 다뤘다. 일상까지 파고든 국가주의 잔재에 대한 비판이었다. 한겨레는 2006년 3월 9일, 신입생 신고식을 빌미삼아 가혹한 얼차려를 시키는 여러 대학의 실상을 폭로했다. 2007년 3월, 2008년 3월에도 그 현장을 취재해 알렸다. 알면서도 눈감는 일상의 부조리와 폭력에 대한 고발이었다. 성인 오락실 비리(2006년 7월)나 부산항운노조 비리(2007년 11월)를 다룬 심층 보도 역시 누구나 짐작하는 일상의 부조리에 눈길을 돌린 특종 보도였다.

그러나 일련의 변화 속에는 한겨레의 고민이 놓여 있었다. 1990년대까지 한겨레가 독점하다시피 했던 진보와 개혁의 의제를 2000년대 들어 다른 언론사들이 나눠 가졌다. 보도 기능이 취약했던 방송사가 자본과 인력을 바탕으로 다양한 탐사 보도물을 내놓았다. 한국방송, 문화방송 등은 탐사기획팀 등을 신설하며 심층 기획 보도에 공을 들였다. 사원 주주 회사로 거듭난 경향신문이 독립 언론을 선포하며 진보개혁 진영을 대변하는 신문을 자처하고 나섰다. 오마이뉴스, 프레시안 등 인터넷에 기반을 둔 대안 언론들도 생겨났다. 조선일보, 중앙일보 등 보수 신문사들도 저널리즘의 전문성이라는 관점에서만 보자면 지속적인 변신에 힘을 쏟고 있었다.

참여정부 출범 이후 절차적 민주주의 문제가 상당히 해결되면서, 한겨레가 전통적으로 강세를 보였던 정치권력에 대한 매서운 비판의 여지도 많이 줄어들었다. 진보개혁 담론을 독점했던 한겨레의 지위가 흔들리기 시작했고, 자본을 등에 업은 거대 언론사들은 보도의 품질을 높였다. 권력 비판, 심층 보도, 진보 담론 등의 영역에서 한겨레는 새로운 지평을 열기 위해 안간힘을 써야 했다. 각종 대형 기획과 정책 대안을 제시하려는 노력의 이면에는 이런 사정이 있었다.

한미 자유무역협정(FTA), 삼성 비자금 사태, 경부 대운하 등은 그런 면에서 한겨레의 새로운 20년의 갈 길을 예고하는 사안이다. 한겨레의 좌표는 정치·사회 문제에서 사회·경제 문제로 옮겨가고 있다.

2006년 2월 2일부터 한미 자유무역협정 협상이 시작되었다. 한겨레는 2007년 4월 2일 이 협상이 완전 타결될 때까지 줄기차게 이 사안을 보도했다. 기본적인 보도 태도는 2006년 2월 2일자 사설에 드러나 있다.

"미국과의 협정은 독이 든 약이다. 잘못 처방하면 치명적일 수 있다. 한미 자유무역협정이 어떤 희생을 감수하더라도 서둘러야 할 절체절명의 과제일 수는 없다. 미국이 수용할 수 없는 요구를 해 온다면 발길을 돌릴 수 있어야 한다. 협정 자체가 목표로 변질되어 미국에 끌려간다면 섶을 지고 불에 뛰어드는 꼴이다."

그해 3월에는 한미 자유무역협정을 바라보는 경제학자들의 연속 기고를 실었고, 5월에는 자유무역협정을 맺은 다른 나라의 사례를 살펴보는 기획 기사, '집중탐구 한미 FTA'를 실었다. 7월에는 '한미 FTA 2차 협상 쟁점 분석'을 통해 분야별로 협정 내용과 그 허실을 짚었다. 1년 2개월의 협상 기간 동안 한겨레는 사설, 칼럼, 기고를 비롯해 적어도 1300여 건 이상의 관련 기사를 내보냈다. 2006년 8월 1일에 나온 한겨레21은 아예 한미 자유무역협정 특별판이었다. 전체 112쪽이 모두 한미 자유무역협정을 둘러싼 쟁점을 분석하는 기사로 채워졌다.

9월 14일자 칼럼에서 김영호 언론개혁시민연대 공동대표가 한겨레 보도에 대해 평가한 대목이 있다.

"이 나라 언론에 과연 저널리즘이 있나. 한미 자유무역협정 보도 행태를 보면 묻고 싶은 말이다. 언론 보도를 보아도 무엇이 어떻게 돌아가는지 모르겠다. 수구 신문들은 '협정 반대=반미'라고 등식화하고 있다. 방송은 어정쩡한 모습이다. 나쁘기도 하지만 좋을 수도 있다는 따위다. 균형 보도라는 틀에 갇혀 옴짝달싹하지 못하는 느낌이다. 그래도 한겨레가 길잡이 노릇을 해준다. 협상 내용이 어려워 가독성이 떨어질 텐데도 열심히 알리고 바르게 논평하려고 노력한다. 한겨레를 보면 안개가 걷히는 느낌이다."

한겨레는 관련 정부 보고서의 수치 조작이나 협정 내용의 이면을 전하는 여러 특종을 내놓았다. 그러나 한미 자유무역협정 보도에서 한겨레가 돋보였던 것은 그저 몇몇 특종을 했다는 것이 아니라, 이 문제를 1년 이상 끈질기게 물고 늘어진 데 있었다. 다수의 언론이 한미 자유무역협정 체결을 당연시하거나 애매모호한 태도로 얼버무릴 때, 한겨레는 사실 보도에 기초해 그 문제를 파고들었다.

최종 협상이 타결된 직후인 2007년 4월 18일, 참여정부는 한겨레의 관련 보도를 반박하는 내용을 '청와대 브리핑'에 사흘간 연이어 올렸다. 이례적인 일이었다. 한미 자유무역협정에 대한 한겨레의 보도가 정부의 심기를 얼마나 불편하게 했는지 짐작케 하는 사건이었다.

한겨레는 이에 대해 4월 27일자 신문에서 청와대의 반박 내용을 재반박했다. 사실 관계를 왜곡했다는 청와대의 주장에 맞서 구체적으로 어떤 내용을 근거 삼아 보도했는지를 조목조목 따졌다. 참여정부와 한겨레가 지면 논쟁을 벌인 일 자체가 큰 화제가 되었다. 노무현은 청와대 비서관회의에서 "한겨레의 반론 보도 태도에는 진지함이 엿보인다. 이번 논쟁은 한국 언론 보도의 새로운 진전이라고 생각한다"고 말하기도 했다.

한겨레의 한미 자유무역협정 보도는 참여정부에 대한 진보개혁 진영의 비판적 거리두기로 이어졌다. 이 때문에 일부 노무현 지지자들이 한겨레를 강하게 비난하기도 했다. 이 시기를 고비로 참여정부 지지도는 급격히 떨어졌고, 국정 운영에서 여러 문제가 도드라지기 시작했다. 참여정부의 정체성을 둘러싼 이른바 '진보 논쟁'이 시작된 것도 한미 자유무역협정 협상 때문이었다.

●한미 자유무역협정(FTA) 협상 마감 시한 직전인 2007년 11월 30일 밤, 서울시청 앞 광장에서 시민·사회단체 회원과 대학생 등 5000여 명이 모여 협상 중단을 요구하는 촛불 문화제를 열고 있다.

김영삼 정부 시절, 한겨레의 권력 비판은 김현철 비리 보도로 대표된다. 한겨레는 김영삼 정부의 치부를 정면으로 파고들었다. 김대중 정부 시절, 한겨레의 권력 비판은 옷 로비 보도로 대표된다. 한겨레는 김대중 정부의 도덕적 정당성에 강력한 의문을 제기했다. 두 경우 모두 권력형 부정부패와 연관되어 있었다.

노무현 정부 시절, 한겨레의 권력 비판을 상징하는 것은 한미 자유무역협정 보도다. 이를 계기로 집권 세력에 대한 국민적 신뢰가 크게 떨어졌다는 점에서는 앞선 두 정부 시절과 비슷했다. 그러나 절차적 민주주의와 관련이 깊은 권력형 비리가 아니라 사회경제적 민주주의의 내용을 놓고 비판의 메스를 들이댔다는 점에서 과거와 달랐다. 권력을 감시하는 한겨레의 구실은 한미 자유무역협정 보도를 빌어 한 단계 성숙했다.

한겨레의 좌표, 정치·사회에서 사회·경제로

한국의 사회·경제 체제에 대한 한겨레의 관심도 이 보도를 계기로 더욱 높아졌다. 절차적 정당성을 갖춘 정권이라 해도 그들이 어떤 나라를 어떻게 만들려는 것인지를 깊이 따져 묻기 시작했다. 2006년 이후의 각종 대형 기획은 신자유주의를 넘어서는 새로운 대안 모델이 무엇인지를 모색하는 내용이 많은데, 한미 자유무역협정 논란이 그 촉매가 됐다. 한겨레의 관심은 이제 인권침해, 권력부패, 사회부조리 등을 넘어 시장주의와 양극화의 폐해를 극복하는 대안 탐구로 전환했다.

공교롭게도 한미 자유무역협정 보도는 한겨레가 공정 보도에 기초한 신뢰 구축을 안팎으로 내세운 시기에 집중되었다. 한겨레의 보도가 협정의 부정적인 측면만을 강조한 것이 아니냐는 비판이 내부에서 제기되기도 했다. 일련의 보도에 대한 성찰과 토론이 한겨레 사람들 사이에서 끊이지 않았다. 기계적 균형 보도를 넘어 실체적 진실을 가려내면서도, 최소한의 공정성을 갖추는 일의 중요성을 한겨레 기자들 모두가 공유하는 계기가 되기도 했다.

이 보도의 배경에는 편집국 일선 기자들의 세대 변화도 자리 잡고 있다. 1990년대 중반까지만 해도 한겨레 기자들의 대다수는 군사정부의 폭압을 직접 체험한 세대가 다수를 이루었다. 독재와 민주의 구분법에 익숙한 이들이었다. 민주 정부 수립을 진보의 핵심으로 이해했다. 그러나 1990년대 후반부터 조금 다른 감성을 지닌 이들이 신문사에 들어왔다. 김대중 정부 이후 대학 시절을 겪은 이들은 정치적 억압보다 경제적 불평등의 문제를 더 절감하는 세대였다. 절차적 민주주의가 아니라 경제적 민주주의에 대한 관심이 높았다. 1년 이상 계속된 한겨레의 한미 자유무역협정 보도에는 젊은 기자들의 감성이 큰 영향을 끼쳤다.

김승연 한화그룹 회장 폭행 사건은 그런 변화를 상징하는 또 다른 변곡점이 됐다. 2007년 4월 27일, 한겨레는 김승연 회장이 자신의 아들이 폭행당한 것에 앙심을 품고 경호원을 동원해 직접 보복 폭행에 나섰다는 내용을 1면에 알렸다. 2~3일 전 다른 언론도 비슷한 내용을 보도하긴 했는데, 그룹과 그 회장의 이름을 모두 익명으로 처리했다. 피해자들의 생생한 증언을 확보해 김승연 등을 실명으로 보도한 것은 한겨레가 처음이었다. 한겨레 보도 이후 사건은 일파만파로 번졌고, 김승연은 결국 폭행죄로 구속됐다. 다른 언론이 실명 보도를 꺼린 이유는 간단했다. 상대가 재벌그룹의 회장이었기 때문이다. 반면 경제권력에 대한 예민한 촉수를 세우고 있었던 한겨레는 이 점을 그냥 지나칠 수 없었다.

삼성 앞에 당당한 유일한 신문

2007년 10월 30일, 한겨레 1면에 삼성 비자금 계좌에 대한 김용철 변호사의 양심선언 내용이 실렸다. 천주교정의구현전국사제단과 함께 공식 기자회견을 열어 밝힌 내용이었다. 다른 언론들도 같이 듣고 보도했으니 한겨레만의 특종은 아니었다. 그러나 이 사안을 시종일관 비중 있게 보도한 것은 한겨레가 유일했다. 관련 의혹을 추적해 계속 보도했다. 결국 삼성 비자금의 실체를 수사하는 특검팀이 2008년 1월 출범했다. 어지간한 권력형 비리도 특검 출범을 계기로 언론들이 대대적으로 보도하게 마련인데, 삼성 특검은 달랐다. 미디어오늘이 분석한 바에 따르면 삼성 특검 출범 이후 보름간, 한겨레가 54건의 관련 기사를 싣는 동안 경향신문은 37건, 중앙일보는 17건을

● 2008년 2월 22일 오후, 한국언론회관에서 언론인과 학자들이 모여 한겨레에 대한 삼성광고 중단 사태를 주제로 심포지엄을 열었다.

보도하는 데 그쳤다. 다른 언론이 관련 보도를 꺼린 이유 역시 간단했는데, 상대가 한국 최고의 재벌그룹인 삼성이었기 때문이다.

창간 때부터 정경유착 및 재벌그룹의 전횡에 대한 한겨레의 비판은 일관된 것이었다. 다만 그 초점은 재벌의 뒤를 봐주면서 검은 돈을 받아 챙기는 정치권력에 맞춰져 있었다. 반면 2000년대 중반 이후 한겨레의 재벌 감시 및 비판은 무소불위의 권력이 된 재벌그룹 자체에 더 많은 비중을 두고 있다. 이 문제는 한미 자유무역협정 보도를 고비로 크게 불거진 사회경제적 비전 문제와도 밀접한 관련이 있다. 기업의 사회적 책임, 노사 상생의 경제 구조, 지속 가능한 성장 모델, 소외 계층을 배려하는 사회복지 체제 등은 재벌그룹의 전횡을 극복하지 않고서는 불가능하기 때문이다.

삼성은 관련 보도가 나온 2007년 11월 이후 한겨레에 대한 광고를 중단했다. 2008년 2월부터 한겨레에는 언론단체와 시민들의 격려 광고가 실렸다. 전국언론노조와 민주언론시민운동연합이 '삼성 앞에 당당한 신문, 한겨레와 경향신문 살리기 캠페인'을 펼쳤다.

이명박 정부의 경부 대운하 정책은 한겨레의 취재 보도 역량을 드러내는 또 하나의 사건이 되고 있다. 이명박 대통령이 대선 공약으로 경부 대운하 건설을 전면에 내건 2006년 10월부터 관련 보도를 계속하고 있다. 여기에는 성장과 분배, 개발과 생태, 독재와 민주주의, 기업 중심 경제와 서민 중심 경제 등의 문제가 모두 녹아 있다. 정치적 민주화에서 경제적 민주화로 눈을 돌린 한겨레는 다른 언론과 비교할 수 없을 정도의 공을 들여 이 문제에 천착하고 있다. 발굴 특종과 심층 기획이 이어지고 있다. 한겨레는 한 번 물면 절대 놓지 않는다.

기자 중의 기자

2005년 5월, 한겨레는 국내 처음으로 선임기자제도를 도입했다. 부장급 이상 고참 기자들이 취재 현장에 다시 나갈 수 있는 길이 열렸다. 이후 조선일보, 경향신문, 문화방송 등 다른 언론사들도 한겨레를 따라 선임기자제를 시행했다.

선임기자제의 도입 배경에는 아무래도 2004년 하반기의 비상경영위원회 국면이 영향을 주었다. 희망퇴직 실시 과정에서 신문사의 노장, 소장 세대의 거리가 적잖이 벌어졌음을 확인했다. 2005년 초부터 '세대차'를 좁히려는 노력이 시작되었다.

부장급 이상 편집국 간부들 사이에서 "우리가 현장에 가자"는 이야기가 나왔다. 권태선 편집위원장은 취임과 동시에 이 제도를 도입했다. 젊은 기자들도 이에 부응했다. 취재 일선으로 돌아온 고참 선배 기자들을 스스럼없이 대했다. 덕분에 고참 기자와 초년 기자가 서먹함 없이 현장을 함께 누비는 팀워크를 발휘했다.

다른 언론사에서는 고(高)호봉 기자를 '좌천'시키는 목적으로 선임기자제도를 악용하기도 하지만, 한겨레에서 그런 일은 없다. 한겨레의 선임기자제는 다른 언론사 기자들이 부러워할 정도로 뿌리를 잘 내렸다.

고참 기자들 현장에 서다

성한용 정치 부문 선임기자가 대표적이다. 정치부장까지 지낸 그는 2005년 5월, 선임기자제가 처음 도입된 이후 줄곧 현장을 지켰다. 한국 정당 정치의 속살을 헤집는 분석 기사와 칼럼으로 정치부장 시절보다 더 높은 유명세를 치르고 있다.

정석구 경제 부문 선임기자는 2007년 삼성 비자금 특종의 주역이다. 그 역시 경제부장을 거쳤는데, 경제 부문에 대한 오랜 식견과 넓은 네트워크로 전문성을 널리 인정받고 있다. 한승동 문화 부문 선임기자는 도쿄 특파원을 지낸 식견을 바탕으로 동아시아 문제와 지성 문제를 아우르고 있다. 이밖에도 김병수, 이상기, 배경록, 임종업, 김경무, 이홍동, 이인우, 이길우, 허종식 등이 각 부문에서 선임기자를 거쳤거나 선임기자로 일하고 있다.

한겨레 선임기자제의 원형은 편집국 사진부에서 찾을 수 있다. 한겨레 사진부에는 기자협회, 사진기자협회 등이 주는 각종 보도 사진상을 휩쓰는 민완 기자들이 모여 있다. 다들 현장에 나가고 싶어 안달이다. 신문사에 앉아 후배들이 찍어온 사진을 검토하는 일이 이들에겐 죽을 맛이다. 2002년 3월, 무려 6년간 사진부장을 맡았던 탁기형이 현장 기자로 복귀했다. 그의 오랜 숙원이었다. 부장 하기 싫다고 후배들을 어르고 달래어 그 자리를 다른 이에게 물려주었다.

이때부터 한겨레 사진부는 일종의 '순번제'를 도입해 데스크를 맡고 있다. 일정한 연배가 되면 경력의 고하를 가리지 않고 데스크를 담당했다가 다시 현장에 돌아가 취재하는 방식이다. 2008년 현재, 강재

● 현장을 누비는 한겨레의 대기자, 선임기자, 전문기자들. 오른쪽 페이지 위 왼쪽부터 최재봉, 조홍섭, 김효순, 곽정수, 정석구, 조현, 한승동, 성한용, 강태호, 강재훈, 홍세화.

훈 선임기자, 탁기형 선임기자 등은 모두 이정우 사진부장보다 경력이 오래되었다.

선임기자의 직함을 갖진 않았지만 나이를 따지지 않고 현장 취재를 마다지 않는 모범을 홍세화와 김훈이 보여줬다. 두 사람은 2002년 1월, 나란히 한겨레에 입사했다. 이들은 입사 당시 이미 50대 중반이었다.

한국일보, 시사저널 등에서 편집 간부를 맡았던 김훈은 한겨레 민권사회부 기동취재팀 기자를 자청했다. 종로경찰서를 출입하면서 갓 수습을 뗀 기자의 '2진'으로 활약했다. 김훈은 노트북을 이용해 기사를 전송하는 법을 몰랐다. 언론계 후배이자 한겨레 선배인 2년 차 종로서 출입 최혜정 기자에게 원고지에 연필로 쓴 기사를 건넸다. 그는 1년 동안의 한겨레 기자 생활을 마친 뒤 전업 작가로 변신했다.

기획위원으로 입사해 칼럼을 쓰던 홍세화는 2007년 6월부터 '세상 속으로'라는 칼럼형 르포를 썼다. 주로 노동 현장을 다니며 기성 언론이 외면하는 노동 문제를 파고들고 있다. 김훈은 50대 중반에 한겨레 사회부 기자 노릇을 했지만, 홍세화는 그새 환갑을 넘기고도 현장 취재에 나서고 있다.

한겨레의 선임기자는 다시 데스크로 자리를 옮길 수 있다. 선임기자를 잠시 했다가 해당 부서의 부장이 되는 경우도 종종 있다. 이에 비해 전문기자는 조금 다른 길을 걷는다. 해당 분야를 계속 파고들면서 현장을 지킨다.

오 랜 세 월 한 길 을 걸 어 온 전 문 기 자 들

전문기자제도의 원형은 2000년 4월에 마련되었다. 당시 고영재 편집위원장이 부장을 마친 김형배, 정세용, 조홍섭에게 따로 편집국 내 방을 마련하고, 각자 관심 영역을 전담 취재할 수 있도록 했다. 대기자제와 전문기자제를 만들어야 한다는 논의가 막 시작될 때였다.

정식으로 전문기자제를 도입한 것은 2001년 3월이다. 이후 10년 차 이상 기자 가운데 특정 분야의 전문 취재 능력을 심사해 소수 정예를 선발하고 있다. 2008년 현재, 한겨레에는 조홍섭 환경전문기자, 강태호 남북관계전문기자, 최재봉 문학전문기자, 곽정수 대기업전문기자, 조현 종교전문기자 등이 이 길을 걷고 있다. 오랫동안 한 길을 파고들어 각 분야에서 일가를 이룬 사람들이다.

이 가운데서도 조홍섭은 한겨레가 생태·환경 분야에서 독보적인 권위를 갖는 데 결정적인 역할을 했다. 전문기자제도가 생기기 전부터 그는 이미 환경전문기자였다. 창간호에 대량생산·대량소비 체제를 분석하는 특집 기사를 썼는데, 이후 20년 동안 한눈팔지 않고 관련 기사를 썼다. 1998년을 전후해 생활과학부장·민권사회부장 등을 맡았던 때를 빼놓으면, 창간 이후 20년 내내 줄곧 기명 기사를 쓴 이는 조홍섭이 유일하다.

김양중은 2002년 5월, 한겨레의 첫 의료전문기자가 되었다. 한겨레 전문기자 가운데 가장 젊다. 의대를 나와 3년 동안 공중보건의 과정까지 마쳤는데, 안락한 전문의의 길을 스스로 포기하고 한겨레에 입사했다.

정규직 기자는 아니지만 주로 한겨레를 통해 독자들과 만나온 정문태 국제분쟁전문기자도 빼놓을 수 없다. 그는 1988년부터 60여 곳 이상의 나라를 다니며 각종 분쟁 현장을 취재해 한겨레21에 고정 기고했다. 그는 '종군기자' 대신 '국제분쟁전문기자'라는 표현을 고집하는데, 전쟁이 아니라 그 전쟁의 본질과 배경을 짚어야 한다는 소신 때문이다. 2000년 9월부터는 아시아의 진보적 기자들을 엮는 아시아네트워크 팀장도 맡아 각 나라 기자들이 쓴 기사를 한겨레21에 실었다.

정식으로 전문기자 직함을 단 것은 아니지만, 실제로는 전문기자를 능가하는 전문성을 갖춘 기자들이 한겨레에 많다. 최인호 교열부장은 창간 이후 한겨레의 순한글 중심 교열법을 다듬어왔다. 그는 교열기자인 동시에 자타가 공인하는 한글 전문가이다. 2005년 7월부터 한겨레 말글연구소 창립을 주도해 그 소장을 맡고 있다.

미술 분야의 이주헌과 정재숙, 문학 분야의 고종석, 영화 분야의 안정숙, 언론비평 분야의 손석춘 등도 이 분야의 대표적 전문가로 인정받았다.

한겨레에는 기자 중의 기자도 있다. 초대 도쿄 특파원, 편집위원장, 편집인을 지낸 김효순은 한겨레 기자들을 대표하는 대기자다. 1974년 민청학련 사건으로 옥고를 치르고, 경향신문을 거쳐 한겨레 창간 때 합류했다. 대기자 제도는 2007년 4월 만들어졌다. 국장급 이상의 기자들이 현장에 돌아와 기사를 쓸 수 있게 되었다. 김효순은 특파원 출신의 경험을 살려 국제 문제에 천착하고 있다.

1970·80년대는 한국 언론의 암흑기였다. 권력자들이 시민의 주리를 틀고, 그 신음소리를 전하려는 언론인의 입마저 막았다. 그때, 부역의 노릇을 거부한 언론인들이 있었다. 부당한 권력의 부정부패를 곡필로 찬미할 수 없다고 선언했다. 총칼의 힘을 앞세워 군사정부가 이들을 거리로 내몰았다.

숨죽여 자리를 보전한 채 기꺼이 권력의 시녀가 된 사람들은 출세와 영달의 길을 갔지만, 해직 언론인들은 시장에서 옷 장사를 하고 출판사에 번역 원고를 넘기고 고향에서 농사를 지으며 시대와 불화했다. 감옥에 끌려가 모진 고초를 당하고 그 끝에 얻은 병으로 세상을 떠난 이들도 있었다.

굴종 언론과 맞선 자유 언론 20년

극한의 침묵을 강요당하던 80년대, 해직 언론인들은 절망 속에서 새 언론을 예비했다. 정치가의 칼 앞에 두려움이 없고, 자본가의 돈 앞에 구차함이 없는, 그래서 오직 사실과 진실을 전하는 진정한 자유 언론을 꿈꾸었다. 민주화 운동에 앞장선 이들 가운데서도 새 언론의 창설을 삶의 진지한 과업으로 생각한 이는 해직 언론인뿐이었다.

1987년 여름, 국민주 모금 방식과 첨단 제작 시스템을 결합하면 많지 않은 돈으로도 새 신문사를 차릴 수 있다는 제안이 나왔다. 반신반의하면서 해직 기자들이 모였다. 이내 뜻과 힘을 합쳐 새 신문 창간 작업에 돌입했다. 새 신문의 구상과 포부를 세상에 알렸다. 각계각층의 양심을 대표하는 이들이 힘을 더했다. 내로라하는 투사들이

●2006년 4월 25일, 한겨레 편집국에 견학 온 서울 성북구 장위동 모난 유치원 어린이들.

대통령 선거를 통한 정권 교체를 도모할 때, 해직 기자들은 굴종 언론을 교체할 자유 언론을 준비했다.

누구도 신문 편집에 대해 함부로 간섭하여 훼방 놓지 못하도록 소액 주주들을 모았다. 기성 언론 모두가 외면하는 가운데서도 사람들의 입에서 입으로 그 소식이 전해졌다. 6만여 국민들이 돈을 냈다. 모금 100여 일 만에 창간 자본금 50억 원을 만들었다. 새 언론, 참언론에 대한 국민들의 열망이 기적과도 같이 쏟아져 나왔다.

용기백배한 해직 기자들은 실력 있는 경력 기자를 뽑고, 새 사원을 모집하여 신문사를 차렸다. 순 한글 가로쓰기 전면 편집, 출입처 중심 체제 탈피, 촌지 거부, 민생과 인권 중시 등 취재 보도의 진용과 체계에서 한국 언론사에서 전무후무한 혁신을 시도했다. 이에 걸맞은 광고와 판매의 새 기틀도 다졌다. 모든 임직원이 양심의 준거로 삼을 윤리강령을 만들어 새 신문의 바탕에 두었다.

마침내 1988년 5월 15일, 민족·민주·민중 언론을 표방한 한겨레신문 창간호를 냈다. 한겨레는 유일무이한 언론이었다. 분단의 금기, 권력의 비리, 재벌의 치부가 한

● 2007년 1월 30일, 한겨레 편집국에서 취재보도 준칙 선포식을 열었다. 사진은 선포식 뒤 기자들이 취재보도 준칙을 성실히 이행하겠다는 뜻으로 서명하는 모습.

겨레를 빌어 세상에 알려졌다. 권력자들은 정치공작을 벌여 신문사 간부들을 감옥에 넣었지만, 오히려 국민들은 100억 원의 발전기금을 모아 한겨레를 성원했다. 창간과 동시에 영향력과 신뢰도에서 종합일간지 가운데 최고의 자리에 올랐다.

그러나 한겨레는 시장의 높은 벽을 함께 넘어야 했다. 굴종 언론이 만들어놓은 판매와 광고의 왜곡된 시장 구조는 자본이 열악하고 경험이 일천한 한겨레 사람들에게 벅찬 과제를 연이어 안겨주었다. 가장 좋은 신문, 가장 믿을 만한 신문, 진실만을 보도하는 신문이라고 다들 평가했지만, 그것이 곧바로 신문사의 이익이 되지는 못했다. 창간 직후부터 적자가 쌓였다.

경영의 어려움이 생기면서 장차 갈 길을 둘러싼 논란도 커졌다. 정치 지향, 경영 방식, 소유 구조 등을 놓고 백가쟁명의 토론을 벌였다. 한겨레에 대한 신념과 애정이

너무 투철하여, 내부에서 정치적 경쟁도 벌였다. 일부 주주들이 여기에 합세해 경영권의 정당성에 대한 법정 소송까지 제기했다. 마음의 상처를 입은 사람들은 신문사를 떠나기도 했다.

한겨레의 영원한 동력, 민주주의

민주주의는 그러나, 한겨레의 영원한 동력이었다. 선거와 정파가 아니라, 공론과 화합이 민주주의의 진정한 힘이었다. 여러 혼란 가운데서도 한겨레는 옳은 길을 찾아 자유 언론의 지평을 넓혔다. 창간 정신을 지키면서도 언론사의 확대재생산이 가능한 경영 토대와 전략 마련에 힘을 쏟았다.

1990년대 중반부터 한겨레는 매체 다각화, 사업 다각화를 펼쳤다. 한겨레21, 씨네21을 새로 창간했다. 두 매체는 젊은 진보, 새로운 진보를 표상하며 최고의 매체로 자리 잡았다. 한겨레출판, 한겨레문화센터, 한겨레교육사업단, 한겨레통일문화재단 등을 출범시켰다. 서민의 삶과 밀착한 사회적 기업의 역할을 시작했다.

김영삼 정부, 김대중 정부, 노무현 정부 등을 거치는 이른바 민주 정부의 시기, 한겨레는 진보에 바탕을 둔 공정하고 심층적인 보도로 권력의 치부를 여지없이 드러냈다. 김영삼 정부 시기의 김현철 비리 특종, 김대중 정부 시기의 옷 로비 특종, 노무현 정부 시기의 한미 자유무역협정 보도 등은 각 정치권력의 정당성을 근본적으로 캐물었다. 1990년대 초반에는 발굴 특종이 주를 이뤘다면, 2000년대 들어서는 심층 기획에서도 성과를 냈다. 진보세력의 갈 길을 찾으면서 구체적인 정책 대안을 내놓는 각종 대형 기획을 마련했다.

경영의 어려움이 완전히 해소되진 않았지만, 2002년 이후 임직원들의 퇴직금을 출자전환하면서 경영의 안정성을 확보했다. 국민 주주 신문사의 바탕 위에 사원 주주 신문사의 엔진을 달았다. 이에 걸맞은 제도 개선을 통해 한겨레 사람들의 역량을 통합하는 데도 힘을 쏟고 있다. 인터넷한겨레, 한겨레경제연구소, 초록마을 등을 새로 만들어 한겨레적 경영의 새로운 지평을 열고 있다. 한겨레만의 진보적 콘텐츠를 바탕으로 공중파 방송 및 케이블 방송 프로그램도 준비하고 있다. 신문, 주간지, 인터넷과 함께 방송 분야의 새 사업을 펼쳐 열어 21세기 멀티미디어기업으로 거듭날 태세를 갖추고 있다.

2005년부터 창간 이후 처음으로 3년 연속 흑자를 냈다. 흑자경영을 든든한 배경 삼은 한겨레는 정치권력보다 더 강력하게 군림하고 있는 경제권력에 대한 비판을 벼리고 있다. 2007년 삼성그룹 비자금을 특종 보도하고, 이를 빌미 삼은 삼성의 광고 탄압에도 의연하게 대처하고 있다. 가장 영향력 있는 언론(시사저널 2005년 조사), 가장

●2008년 3월 8일, 숙명여대 순헌관에서 열린 제20기 정기주주총회에서 새로 선임된 고광헌 대표이사(가운데)를 비롯한 신임 이사진 및 감사.

신뢰하는 언론(기자협회보 2007년 조사), 가장 선호하는 신문(한국대학신문 2006년 조사)이 바로 한겨레다.

지난 20년에 걸쳐 한겨레는 창간 때 세운 뜻을 이뤘다. 민족의 화해와 통일, 정치의 민주화, 사회 정의의 실현, 인권의 신장, 민생 경제의 향상, 경제 정의의 구현 등은 이제 시민 누구나 공감하는 화두가 되었다. 한겨레의 집요하고도 줄기찬 보도를 통해 한국 사회는 이런 시대적 과제를 진지하게 받아들이고 그 해법을 논하기에 이르렀다. 기대에 비해서는 더디고 부족하지만 각 분야에서 나름의 진전도 이루어졌다.

그래서 만족스럽냐고 묻는다면, 한겨레 사람들 모두 아니라고 답할 것이다. 강하게 도리질 칠 것이다. 20년 전의 벅찬 각오에 비해, 20년 동안 펼쳐온 분투에 비해, 무엇보다 20년을 한결같이 성원한 시민들의 기대에 비해, 한겨레가 이뤄 성취한 바는 여전히 대단치 않다.

한국에서 가장 신뢰받는 언론, 한국에서 가장 공정한 언론, 한국에서 가장 영향력 있는 언론을 꼽을 때, 한겨레는 창간 이후 어느 조사기관이 시행한 어떤 종류의 조사이건 언제나 1위를 지켰다. 그러나 언론권력으로 군림하는 족벌 언론과 재벌 언론의 독점적인 지위는 여전히 강력하다. 이들의 위세 탓인지, 분단의 비극은 아직 해소되지 않았고, 정치권력의 폐쇄성은 온전히 극복되지 않았으며, 경제권력의 전횡은 갈수록 심해지고 있다. 민족통일과 민주주의, 그리고 민생 안정이라는 창간 때의 과제는 21세기를 사는 오늘에 이르러 더 절실한 화두가 되었다.

그리고 이제 새로운 과업이 한겨레 사람들 앞에 놓여 있다. 신자유주의 세계경제 체제는 지금까지 겪었던 관치 경제, 정경 유착, 재벌 독점의 시대와는 근본부터 다르다. 민주세력의 적자를 자처했던 김대중, 노무현 정부가 보수세력에게 정권을 넘겨준 것은 이 문제에 답하지 못했기 때문이었다. 그리고 이는 한겨레가 독자들에게 그 대답을 내놓아야 할 물음이기도 하다.

한때 한겨레의 성과로 자처했던 민주 정부의 탄생은 이제 곱씹어 돌아봐야 할 성찰의 대상이 되었다. 남북 정상이 만나 평화 공존의 길을 천명했던 6·15공동선언의 정신은 새 정부의 등장으로 가뭇없이 사라질 위기에 처했다. 복지와 후생의 정신은 더 옅어지고 서민들의 경제적 고통과 계층 불평등은 오히려 깊어지고 있다. 돈 많은 자가 더 많이 배우고 더 많은 권력을 얻어 다시 더 많은 돈을 버는 악순환이 고착화되고 있다.

창간 20년을 맞는 한겨레 사람들에게 오늘의 현실은 당혹스럽다. 세상은 과연 무엇이 달라졌는가. 한겨레는 과연 무엇을 기여했는가. 창간 때의 마음으로 돌아가는 것은 그래서 그저 치레하는 말이 아니다. 다시 처음으로 돌아가 자기 성찰과 혁신으로 독자를 만나고 시민의 눈으로 권력과 대적하여 세상을 개척할 순간이 왔다.

"이제 우리는 한겨레의 미래를 보장할 생존전략을 추진하는 동시에 거꾸로 돌아가는 역사의 시계를 바로 돌려야 하는 큰 싸움을 앞두고 있습니다. 위기는 기회로 바꿔야 하고, 한겨레는 특히 위기에 강하다는 걸 보여줘야 합니다. 제가 그 도정의 앞줄에 서겠습니다." 2008년 3월 취임한 고광헌 대표이사의 말이다.

큰 싸움을 앞둔 한겨레는 다행스럽게도 혼자가 아니다. 대안을 찾고 진실을 갈구하는 이들이 곳곳에서 한겨레를 기다리며 응원하고 있다. 지난 20년 동안 한겨레를 통해 삶의 희망을 얻은 사람들이다. 가난하여 핍박받는 자, 힘이 없어 탄압당하는 자, 시대를 깊이 멀리 보려는 자, 그들 모두가 한겨레를 통해 진실을 발견하고 삶의 좌표를 정했다. 그리고 그들에겐 여전히 한겨레가 필요하다. 더욱 절실하다. 다시 신발 끈을 고쳐 매고 한겨레가 나아간다. 지금껏 그래 왔듯이 고뇌하며 싸우며 이 길을 갈 것이다. 희망으로 가는 길이다.

각계각층을 대표하여

가장 가까운 곳에서 그러나 묵묵히 한겨레의 20년을 지켜본 이들이 있다. 창간위원, 자문위원, 사외이사들이다. 밖에서는 한겨레를 옹호하고 안에서는 한겨레를 꾸짖었다. 각자의 생업은 따로 있었으나 마음은 언제나 한겨레에 두고 살았다.

1987년 10월 30일, 창간 발기인 대회를 열었다. 각계각층의 인사들이 두루 참여해 3317명이 발기인 명단에 올랐다. 이 가운데 다시 직능과 지역을 고려해 56명의 대표를 뽑았다. 이들 56명이 한겨레 창간위원회를 이뤘다. 그 절반인 28명은 해직 기자 출신이었다. 나머지 28명은 각계각층을 대표하는 인사들이었다. 창간 초에는 창간위원회가 주주총회에 추천할 대표이사 후보를 선정했다.

자문위원회 제도도 창간 때부터 있었다. 정기적인 회의 참석이 어려운 창간위원은 자문위원 직함을 갖도록 했다. 자문위원회가 활성화된 것은 1993년부터다. 창간위에서 대표이사 후보를 선정하지 않고, 사내외 인사로 경영진추천위원회를 구성하여 여기서 이사진을 선임하도록 제도를 바꿨다. 자문위원회가 사외 경영진추천위원을 선정했다. 바뀐 제도에 따라 1993년 4월 29일, 창간위원과 퇴직 임원을 중심으로 10명의 자문위원을 새로 위촉했다. 이들 자문위원은 사외경추위원을 겸했다. 1999년 선출제도가 다시 한 번 바뀌면서 자문위원회는 지면·경영에 대한 의견을 내놓는 역할에 주력하고 있다.

20년 동안 한겨레를 아껴준 사람들

한겨레는 창간위원 또는 자문위원과 별개로 외부 인사들을 비상임이사로 많이 모셨다. 2002년 3월부터는 이들 비상임이사를 사외이사로 통일해 부르고 있다. 경영진, 노동조합, 우리사주조합 등이 각각 사외이사를 추천하고 있다. 창간위원, 자문위원, 사외이사 등의 제도는 한겨레를 아끼는 민주양심세력의 뜻을 지면과 경영에 반영하려는 뜻을 담고 있다. 그 면면은 지난 20년 동안의 한국 민주개혁세력을 대표한다.

창간 무렵만 해도 해직 기자들이 문인이나 출판인과 교류가 잦았다. 넓은 의미에서 다 같은 언론인이기도 했다. 작가 김정한, 시인 고은은 창간위원이었고, 시인 신경림은 자문위원(3·4대)을 맡았다. 창간호에 연재소설 〈바람 부는 섬〉을 실었던 소설가 현기영도 자문위원(5대)을 지냈다. 한국 출판계의 거목인 이기웅 열화당 대표는 창간위원과 자문위원(6대)을 역임했다. 극작가 출신으로 예술원 회장을 지낸 차범석은 창간위원이었다. 차범석은 2006년 6월 6일 세상을 떠났다.

이 가운데서도 김정한은 창간위원과 초대 비상임이사(1989년 2월~1992년 3월)를 지냈다. 일제 시절부터 빼어난 리얼리즘으로 민중의 저항 의식을 담은 소설을 썼다. 창간 당시 민족문학작가회의 의장이었다. 한국 문학계의 정신적 지주였다. 새 신문 창간을 처음으로 의논하던 시절, 몇몇 사람이 김정한을 한겨레 초대 대표이사로 모시는 게 어떻겠느냐는 의견을 낸 적이 있었는데, 본인이 극구 사양했다. 1996년 11월 28일 세상을 떠났다.

법조계에는 한겨레와 인연을 맺은 이가 유난히 많다. 70·80년대 군사정부 시절, 해직 기자들이 법정에 설 일이 적지 않았는데, 그 변호를 맡은 인권변호사들이 한겨레 창간에 힘을 보탰다. 창간 뒤에도 각종 쟁송에서 이들이 수고를 아끼지 않았다.

법조인이자 재야운동가였던 한승헌은 한겨레 창간위원장을 맡았다. 국제엠네스티 한국지부 창립이사

(1972년), 크리스챤아카데미 이사(1973년), 자유실천문인협의회 이사(1974년), 민주헌법쟁취국민운동 본부 상임공동대표(1987년) 등의 이력이 그의 삶을 웅변한다. 변호사 시절, 어느 잡지에 기고한 칼럼 때문에 반공법 위반으로 구속된 일은 유명하다. 1960년대부터 40년간 민청학련, 인혁당, 김대중 내란 음모사건 등 주요 시국·공안 사건의 변호를 맡았다. 김대중 정부 시절 감사원장을 지냈다.

이돈명도 1970년대 이후 시국 사건의 변호에서 빠지지 않았다. 덕분에 동투·조투 출신의 해직 기자들 과도 막역해졌다. 한겨레 창간위원이었던 그는 역대 '최장수 이사'이기도 하다. 창간 때부터 2001년 3월 까지 줄곧 비상임이사를 맡았는데, 그 사이 바뀐 대표이사가 6명이었다. 조선대 총장 시절을 포함해 어 떤 일이 있어도 이사회에 꼬박꼬박 참석했다. 그는 이제 옛 기억이 가물가물한데, "한겨레 역대 사장 모두 참 선량하고 좋은 사람들이었다"는 점은 분명히 기억하고 있다.

황인철 변호사는 창간위원과 초대·2대·3대 감사를 역임했다. 1974년 민청학련 사건 때부터 각종 시국 사건의 변론을 맡았던 그는 마지막까지도 시국 사건 관련자의 인권을 대변했다. 한겨레가 특종 보도한 보안사령부의 민간인 사찰 사건과 관련해 윤석양 이병의 변론을 하던 중 지병인 직장암이 재발해 1993년 1월 20일 세상을 떠났다.

● 한겨레를 지켜온 창간위원, 자문위원, 사외이사들. 박원순, 고 계훈제 선생, 이소선 여사, 고 김정한 작가, 이돈명 변호 사, 고 김승훈 신부, 이효재 교수, 변형윤 교수, 고 황인철 변호사, 박재승 변호사, 한승헌 변호사.

대한변협회장을 지낸 박재승 변호사도 한겨레 감사를 오랫동안 맡았다. 1994년 6월부터 7년간 한겨레신문사 비상임감사로 일했고, 1997년 7월부터 9년간 한겨레통일문화재단 감사를 맡았다. 2008년 1월, 통합민주당 공천심사위원장으로 가서 공천 신청자들을 감사해 공천 혁명을 주도했다. 이계종 회계사도 박재승 변호사와 함께 한겨레 비상임감사로 6년간 일했는데, 재임 중인 2000년 7월 25일 세상을 떠났다.

이들보다 한 세대 아래의 법조계 인사로 박원순 변호사가 있다. 창사 및 창간 과정에서 법률 자문을 도맡았던 그는 1996년 참여연대 사무처장을 맡으면서 시민운동계의 대표적 지도자로 떠올랐다. 2000년 3월부터 4년간 사외이사를 지냈다. 참여연대 협동사무처장을 지낸 하승수 변호사도 2006년부터 2년간 사외이사를 맡았다.

한겨레에 도움을 준 법조계 인사를 꼽을 때 조영래 변호사를 빼놓을 수 없다. 《전태일 평전》을 직접 집필하고도 자신의 이름을 숨기고 익명으로 발행한 주인공이자 대표적인 인권변호사였던 그는 한겨레 초대 객원논설위원을 맡았지만, 1990년 12월 12일 세상을 떠나 한겨레의 발전을 더 지켜보지 못했다. 이용대 변호사는 1990년 이후 한겨레신문사의 유일한 개인 고문 변호사로 일해왔다.

김형태, 조용환, 백승헌 변호사 등은 한겨레가 송사에 휘말릴 때마다 단골로 변론을 맡았다. 2001년 언론권력 시리즈에 대해 조선일보와 동아일보가 소송을 제기했을 때 이들이 고생을 많이 했다. 그 인연이 깊어져 백승헌은 2002년부터 4년간 사외이사가 되었고, 김형태는 2007년부터 1년간 시민편집인이 되었다.

1993년 초대·2대 자문위원장은 유현석 변호사가 맡았다. 대한변협인권위 위원장을 지낸 그는 주총 무효 결의 소송 때 신문사 쪽의 변론을 맡았다. 2004년 5월 25일 세상을 떠났다. 조준희 변호사가 뒤를 이어 3대 자문위원장이 되었다. 1999년부터 4대 자문위원장을 맡았던 문재인은 창간위원인 동시에 한겨레 초대 부산지사장이기도 했다. 문재인의 권유를 받은 노무현도 그때 한겨레 창간기금을 냈다. 문재인은 참여정부에서 청와대 민정수석비서관에 이어 비서실장을 지냈다. 3대 자문위원을 맡았던 고영구 변호사는 참여정부 시절 국정원장이 됐고, 4·5대 자문위원을 지낸 임채균 변호사는 중앙선관위원이 되었다.

법조계 인사들에 비해 재야운동가들은 한겨레와 긴 인연을 맺지는 못했다. 창간위원 가운데 상당수가 각 부문별 민주화운동을 대표하는 인물이었는데, 이후 비상임이사 등에 오른 경우는 거의 없었다.

창간위원인 계훈제는 재야의 정신적 지주였다. 1960년대부터 민주·민족 운동을 이끌었다. 삼선개헌반대투쟁위 상임운영위원(1969년), 민주수호국민협의회 운영위원(1970년), 민주통일국민회의 부의장(1984년), 민주헌법쟁취국민운동본부 공동대표(1987년), 전민련 상임고문(1989년) 등의 이력이 그의 삶을 그대로 말해준다. 1970년부터 10년간 씨알의 소리 편집위원을 지냈다. 1999년 3월 14일 세상을 떠나 경기도 마석 모란공원에 묻혔다.

전태일의 어머니로 더 많이 알려진 이소선은 아들의 죽음 이후 노동운동에 투신해 모든 노동자의 어머니가 되었다. 1989년 민주화운동유가족협의회 회장을 맡았다. 창간위원으로 참여했던 그는 2005년 한겨레 제2창간 캠페인 때 스스럼없이 모금 광고 모델로 나섰다.

1970년대 초부터 노동 현장에 뛰어든 천영세는 한겨레 창간위원을 맡을 당시 한국노동교육협회 사무국장을 맡고 있었다. 이후 민주노총의 전신인 전국노동조합협의회 상임지도위원으로 민주노총 건설의 주역이 되었다. 2000년 민주노동당 창당과 함께 사무총장에 올랐고 2004년부터 비례대표 국회의원이 됐다. 노동계에서는 이원보 한국노동사회연구소장(4·5대)과 김유선 한국노동사회연구소장(6대)이 자문위원으로 일했다.

창간위원 시절 서경원은 가톨릭농민회 의장이었다. 농민운동사에 길이 남을 1976년 전남 함평 고구마

사건의 주역이었다. 1988년엔 평민당 소속 국회의원이 되었는데, 평양을 몰래 방문했다가 곤욕을 치렀다. 그의 입북 사실을 나중에 취재했던 한겨레도 덩달아 곤욕을 치렀다.

이밖에도 이우정 한국여성단체연합 회장, 조아라 민주쟁취국민운동본부 전남본부 고문, 심성보 서울교사협의회 공동대표 등도 재야를 대표해 한겨레 창간위원으로 참여했다. 윤영규 5·18재단 이사장은 자문위원(2·3대), 김귀식 전교조 위원장은 5대 자문위원장을 맡았고, 지은희 여성단체연합 상임대표는 4·5대 자문위원으로 일했다.

종교계에선 김승훈 신부, 김지길 목사 등이 창간위원이었다. 김승훈 신부는 1974년 결성된 천주교정의구현전국사제단을 주도적으로 이끌었고, 1976년에는 민주구국선언 미사를 주재했다가 중앙정보부에 끌려가 고초를 당하기도 했다. 1987년 5월 18일, 명동성당에서 광주항쟁 추도 미사를 집전하던 중 박종철 고문치사 사건이 조작되었음을 처음으로 폭로했다. 그의 폭로는 87년 6월항쟁에 기름을 부었다. 2003년 9월 2일 세상을 떠났다. 이밖에도 김찬국 목사(초대)와 임동규 목사(5대)는 자문위원을 각각 지냈다.

학계 인사들은 꾸준히 한겨레와 인연을 맺었다. 한국 경제학계의 거두인 변형윤은 창간위원과 사외이사(1991~1993년)를 지냈고, 1997년부터 9년간 한겨레통일문화재단 이사장도 맡았다. 그에게 가르침을 받은 경제학자들을 스승의 호를 따 '학현 사단'이라 부르는데, 이정우·김대환·강철규·김태동 등 민주 정부 시절의 주요 경제 각료들이 모두 변형윤에게서 배웠다.

역시 창간위원인 이효재는 한국 사회학 1세대를 대표하는 학자다. 한국여성민우회 초대회장, 한국여성단체연합 회장 등을 맡으며 한국 여성운동을 이끌었다. 민족사학계의 거두인 강만길 고려대 교수는 2001년부터 1년간 비상임이사를 지냈다. 이밖에도 문학평론가인 최원식 인하대 교수, 미술평론가인 김윤수 영남대 교수, 합동통신 기자 출신인 팽원순 한양대 교수 등이 창간위원이다.

역대 자문위원 가운데도 이름 높은 학자들이 많다. 창작과비평을 창간하고 민족문학 이론으로 일가를 이룬 백낙청 서울대 교수는 한겨레 초대·2대 자문위원, 한겨레통일문화재단 초대 이사 등을 지냈다. 최장집 고려대 교수(3·4대), 장회익 서울대 교수(3·4대), 김수행 서울대 교수(5대), 임현진 서울대 교수(5대), 문용린 서울대 교수(6대), 이민규 중앙대 교수(6대), 정현백 성균관대 교수(6대), 조국 서울대 교수(6대), 서병문 단국대 교수(6대) 등도 자문위원을 맡았다.

경영 전문성에 갈증을 느꼈던 한겨레에서 기업인 출신 자문위원의 존재는 특별했다. 변재용 한솔교육 대표(4·5대), 이청종 후이즈 대표(6대), 문국현 유한킴벌리 대표(6대) 등이 자문위원을 지냈다. 전문경영인은 아니지만 소액주주운동을 이끌며 누구보다 기업 실상에 밝은 장하성 고려대 교수는 2007년부터 사외이사를 역임했다.

한겨레의 진정한 힘, 6만여 주주와 50만 독자

창간위원 가운데는 명망가가 아닌 평범한 시민들도 있다. 주부 김천주, 은행원 안평수, 천주교 평신도 한용희 등이다. 의사 황선주(초대), 약사 서지영(2·3대) 등은 자문위원을 지냈다. 황선주 자문위원은 1995년 지역문화 발전에 써달라며 군산의 건물을 한겨레에 기증하기도 했다.

간난고초 속에서도 한겨레가 20년 동안 발전할 수 있었던 것은 이들 시민 덕분이다. 이름은 높지 않으나 뜻이 깊어 특별한 보답을 바라지 않고 한겨레를 아껴준 이들이다. 그들이 모은 돈으로 신문사를 만들었고, 그들이 신문을 받아 읽는 돈으로 지국을 관리했고, 그들의 존재를 간판 삼아 광고를 유치했다. 지면 부족을 핑계로 6만여 주주와 40만여 독자의 이름 하나하나를 밝혀 적지 못하는 송구함이 클 뿐이다.

헌법의 주요 내용, 특히 선출제도가 바뀔 때마다 함께 살아가는 방식, 즉 공화의 체제도 바뀐다. 한국 사람들은 1987년 이후 제6공화국 체제에서 살고 있다. 5년 단임 대통령 직선제의 사회다. 직접 민주주의에 대한 열망과 독재 권력에 대한 공포가 이 제도에 함께 녹아 있다.

이에 비유하자면, 지난 20년 동안 한겨레는 네 개의 공화 체제를 겪었다. 대표이사 선출제도의 변화는 한겨레의 당면 과제와 밀접한 관련이 있었다. 어려움에 처할 때마다 한겨레는 선출제도의 변경을 통해 역량을 결집시키려 했다.

창간 때부터 한겨레는 기업 조직과 정치 조직의 특성을 두루 안고 있었는데, 전체적으로 보아 정치 조직의 특성이 쇠퇴하고 기업 조직의 특성이 강화되는 흐름을 보였다. 그러나 동서고금의 어느 조직과도 비교하기 힘든 독특한 권력 구조와 조직문화는 여전하다. 소유 구조와 공론 구조가 복합적이기 때문이다.

한겨레가 만들어졌을 때, 대표이사 선임은 창간위원회에서 이루어졌다. 본래의 취지로 보아 창간위원회는 일종의 '평의회'에 가까웠다. 종교계·학계·재야·여성계·법조계 대표 등이 지역별 안배에 따라 고루 참석했다.

창간위원회에서 대표이사를 선임한 창간 초기

이는 국민주 신문이라는 소유 구조에 기초한 것이었다. 국민 주주를 대표할 만한 인물이 모여 최고 경영자를 골랐다. 다만 그 논의의 중심에 사내 임원들이 있었다. 56명의 창간위원 가운데 28명이 해직 기자 출신이었다. 이들 해직 기자 출신 창간위원 대부분은 한겨레 임직원도 겸하고 있었다. 이들은 이사진에 참여할 경우에 한해 창간위원에서 잠시 물러났다.

결국 신문사 내부 인사들이 주도권을 가진 가운데 각계각층의 대표자들과 협의해 대표이사 후보를 추천했다. 창간위가 추천한 대표이사 후보가 주주총회에서 거부되는 일은 상상하기 어려웠다. 창간위가 사실상의 실권을 가진 기구였다.

그러나 시간이 갈수록 '대표자회의'가 아니라 '원로회의'의 성격이 강해졌다. 창간위원을 교체하거나 새로 뽑는 방법에 대한 명문 규정이 없어 초기 창간위원은 사실상 종신직이었다. 인적 구성에 변화가 없으니 사내 임원 가운데서도 특정인에게 의사 결정권이 집중되는 현상을 보였다. 주로 원로들이 참석한 탓에 경영과 지면의 혁신을 요구하는 사내 여론도 제대로 반영되지 못했다. 한마디로 '논의의 폐쇄성'이 문제가 되었다.

1992년 만들어진 '회사발전기획위원회'가 이 제도에 대한 창간위원들의 의견을 들었는데, 그 내용의 일부가 기록으로 전한다. "내가 보기엔 창간위원회가 필요 없는 것 같아요. 애초에는 국민의 뜻을 반영하고 임원진 구성에 주주와 사원의 뜻을 수렴하려고 만들어졌는데, 사외위원들은 회의에 별로 나오지 않고, 사내위원들도 사내 분파 문제 때문에 서로 이야기를 안 하려고 합니다. 위임을 합쳐 겨우 정족수를 넘기곤 형식적으로 진행됩니다." 초대 창간위원장 한승헌에 이어 1992년부터 창간위원장을 맡았던 조준희 변호사의 말이다.

창간위원회에 대한 논란은 경영 주도권을 둘러싼 사내 의견그룹 사이의 경쟁과 무관하지 않았다. 1991년 1월, 김근·이인철·이종욱 등 논설위원은 '다시 태어나야 할 겨레의 신문'이라는 제목의 공개 사직서에서 창간위원회 운영 방식을 강하게 비판했다. 1992년 2월 이사회에서 김태홍 판매이사는 창간위원회를 폐지하고 주주 대의기구를 신설하자고 공식 제의했다. 사내 연구동아리 '한겨레 언론연구회'가 1992년 9월 25일 펴낸 〈한겨레 정론〉이라는 소식지에서 고승우 편집위원은 '전국 주주 대표자기구' 도입을 제안했다. 전국의 각 행정구역별로 주주대회를 열어 대표를 뽑고, 이들 구역 주주 대표가 참석하는 전국 주주 대표총회에서 집행부를 구성하며, 전국 주주 대표기구가 한겨레 임원 후보 추천권을 갖도록 하자는 내용이다.

반면 한겨레 임직원 다수의 생각은 조금 달랐다. 1992년 6월 16일, 노동조합이 '한겨레 식 경영·편집권의 올바른 정립을 위한 노조의 의견'이라는 문서를 만들어 경영진에게 공식 전달했다. 당시 노조위원장은 윤석인이었다. 핵심은 사원 중심의 경영권 창출이었다. 국민 주주 대표제는 대표 선출의 복잡성, 주주 상호 간의 분쟁 가능성, 조직 운영비용 과다 등의 문제가 있다고 비판했다. 창간 이후 안정적인 경영권의 기반이 없어 신문사가 어려움을 겪고 있다고 봤다. 그 토대는 실제로 한겨레를 이끌고 있는 임직원들의 단합이므로 사원들이 대표이사 선출에 참여해 이를 실현하자고 제안했다.

사원 주주제 강화 구상이 갑자기 등장한 것은 아니었다. 창간 전인 1987년 11월 월간 샘이깊은물에서 조영래 변호사가 송건호, 정태기를 상대로 새 신문의 미래에 대한 대담을 나눴다. 조영래가 물었다. "자본주의 사회에서 주식회사는 회사 실적을 돈벌이로 바라보는 주주들의 독재 체제입니다. 돈벌이하려는 주주들의 뜻을 배반하면 경영진이나 편집진을 교체하거나 파면하지요."

선의의 국민들이 참여한 소액주주제도를 토대로 새 신문을 만들더라도 어디까지나 주식회사인 이상, 일반 주주의 이해관계에 따라 독립 언론을 유지하는 데 어려움이 있을 수 있다는 지적이었다. 이에 대해 정태기가 답했다. "장기적으로는 주주 간 협약을 통해서

양수 우선권을 새 신문의 사원-종업원 단체가 가져야겠죠. 주식의 3분의 1쯤을 기자들이 가지면 신문의 중요한 결정은 기자들이 할 수 있게 되지 않을까 합니다.”

국민 주주 대표제와 사원 주주 중심제의 절충, 경영진추천위원회

국민 주주 대표제 강화와 사원 주주 중심제 강화의 길목에서 1992년 7월 8일, ‘회사발전기획위원회’가 출범했다. 이 기구가 내놓은 방안이 경영진추천위원회였다. 1993년 1월, 이사회에서 이 제도를 확정했다. 경추위 제도는 조금 복잡하다. 그만큼 논란과 고심이 많았다는 이야기다. 모두 20명의 경추위원 가운데 절반은 사내에서 선출하고, 절반은 사외에서 선출했다. 사외 경추위원은 국민 주주를 대표하고 사내 경추위원은 사원 주주를 대표했다.

이때 사내 경추위원은 편집 부문에서 5명, 경영관리 부문에서 5명을 뽑았다. 출마자를 따로 두지 않았다. 대신 경추위원으로 적절하다고 생각되는 세 사람의 이름을 각 사원이 써 내면 그 가운데 다수 득표자가 사내 경추위원이 되었다. 1993년 5월 18일부터 이틀간 진행된 초대 사내 경추위원 투표에서 고희범·김종철·오귀환·윤석인·최학래(이상 편집 부문), 문영희·박성득·송길섭·오성호·황윤미(이사 경영관리 부문) 등이 뽑혔다. 창간위원회의 뒤를 이어 만들어진 자문위원회 위원들이 사외 경추위원을 겸했다.

이들 사내외 경추위원들이 모여 대표이사 후보를 정했다. 이 기구는 창간위원회와 비교해 사내 구성원 특히 일반 사원들의 여론이 더 결정적인 영향력을 가진다는 특징이 있었다. 사외위원들은 신문사 경영에 대한 구체 정보에 어두웠고, 자연스레 사내 경추위원들의 중론에 따랐다. 사원들이 선출한 사내 경추위원은 사내 여론에 민감할 수밖에 없었다.

이 제도를 빌어 한겨레 임직원들이 대표이사 선출에 참여할 수 있는 길이 처음으로 열렸다. ‘사내 민주주의’ 요소를 강화한 셈이었다. 경추위 제도에 의해 처음으로 선출된 대표이사가 김중배였다. 그가 대표이사로 승인된 1993년 6월 주주총회에 대해 일부 주주들이 원인 무효 소송을 제기한 배경에는 경추위 제도의 도입에 반대하고 주주 대표기구 방안을 관철시키려 했던 의도가 있었다.

논리 구도로만 보자면, 국민 주주 강화와 사원 주주 강화의 방안이 이 무렵 크게 부딪친 셈이었지만, 실제 공론 과정에서는 국민 주주 강화 방안이 소수 의견으로 몰렸다. 여러 이유가 있겠지만, 당시 국민 주주 대표기구 건설이 ‘이상론’에 가깝고 어려움에 처한 한겨레 경영을 실제로 풀기에는 역량 소모가 지나치다는 비판이 설득력을 얻은 결과였다. 그러나 경영진 구성 과정에 국민 주주의 뜻을 어떻게 반영할 것인지의 문제는 이후에도 계속 중요한 논점이 된다.

1997년에 이르러 경추위 제도의 허점에 대한 비판이 사내에서 일었다. 1997년 1월 14일,

공채 6기 사원들이 성명을 냈다. "얼굴 없는 선거로 치러져 파벌을 확대재생산하는 선거 제도를 개선하자"는 내용이었다. 뒤이어 경영관리 부문의 공채 1~9기 사원들도 경추위 제도의 문제를 지적하고 대표이사 후보 명단의 공개 및 후보자 공개 토론회를 요구했다.

경추위원 선거 과정의 익명성 때문에 빚어진 음성적 선거운동이 문제였다. 경추위원 선거 때가 되면 사내 의견그룹마다 서로 다른 경추위원 명단을 돌리며 사실상의 선거운동 을 벌였다. 대표이사 후보가 누군지 알려지지 않은 상태에서 경추위원들의 '성향'을 보고 투표하는 수밖에 없었다. 공식적으로 공개되지 않은 상태에서 이뤄진 일이므로 정책이나 지향에 대한 검증 없이 '끼리끼리' 뭉치는 일도 생겼다.

경추위 제도를 도입할 때와 마찬가지로 이번에도 노동조합이 앞장섰다. 1997년 1월 14일, 창간 이후 처음으로 대표이사 후보 토론회가 열렸다. 공식적으로는 경추위원에 출마한 사람도, 경추위원회에서 선임을 받고자 대표이사 후보로 나선 사람도 없었다. 그러나 누 가 대표이사로 출마할 것인지를 모르는 사람은 없었다. 당시 권근술 대표이사 회장과 김 두식 대표이사 사장이 물망에 오르고 있었다. 결국 노조가 두 사람의 토론회 참석을 요청 했고 승낙을 받았다.

토론회에서 권근술은 "이번 대표이사를 뽑는 절차나 과정이 사실상 직선제 대표이사 를 뽑는 것과 유사한 과정을 밟고 있다"고 말했다. 실제로 일이 그렇게 진행됐다. 대표이 사 후보 초청 토론회 이후 경추위 제도의 실효성이 사실상 사라지면서, 선출제도 개선 작 업에 탄력이 붙었다.

경추위 제도를 도입하면서 한겨레는 편집위원장 선출 방식에도 변화를 주었다. 대표이 사가 복수의 편집위원장 후보를 추천하고 편집국 사원들의 투표로 편집위원장을 확정하 도록 했다.

편집위원장 선출 방식 역시 변화가 적지 않았는데, 창간 때는 이사회에서 편집위원장 을 선임했다. 성유보 초대위원장은 임명 편집위원장이었다. 창간 직후 편집위원장 직선 제를 도입했다. 기자들의 투표로 1988년 8월, 장윤환이 편집위원장에 올랐다. 경추위는 이 제도를 바꿔 '복수 후보자'를 대표이사가 추천하면 이들 가운데 한 사람을 기자들이 선택할 수 있도록 한 것이다.

그런데 새 대표이사가 된 권근술이 추천한 편집위원장 후보의 면면을 본 사원들이 투 표를 아예 거부하는 사태가 일어났다. 대표이사가 염두에 둔 인물과 기자들이 생각했던 인물이 달랐던 것이다. 결국 경추위를 통한 대표이사 후보 선출제도, 복수 추천에 이은 편 집위원장 선출 제도 모두 문제가 되었다.

1997년 6월, 노조 산하에 '제도개선위원회'가 만들어졌고, 여기서 나온 보고서를 토대 로 1998년 7월, 노사 합동으로 '경영진선출제도개선위원회'를 구성했다. 1992년 '회사

발전기획위원회'의 제도 개선이 주로 경영권 안정에 초점을 두고 있었다면, 1998년의 '경영진선출제도개선위원회'는 주로 사내 민주주의 강화에 무게를 두었다. 대표이사를 전 사원들의 직선으로 뽑고, 편집위원장 역시 편집국 사원들의 직선으로 뽑도록 했다.

전면적인 직선제의 도입

1998년 11월 19일 이사회에서 제도 변경안을 확정했고, 1999년 2월 직선제에 따른 첫 대표이사 선거가 열렸다. 다만 이때의 제도 변화는 한 가지 곤란한 문제를 품고 있었다. 경영진 및 편집진의 구성에서 사원들의 발언권은 계속 강화되었는데, 주주의 다수를 점하고 있는 국민 주주들의 참여는 주주총회장에서나 가능하게 된 것이다. 이 문제는 2002년 12월, 사원들의 퇴직금 출자전환으로 어느 정도 해소되었다. 사내 지분율을 30%까지 끌어올려 실질적인 최대 주주로서의 영향력 행사에 대한 정당성을 얻었다.

당시 퇴직금 출자전환을 이끌었던 '혁신추진단'은 국민 주주 참여 방안을 제시했다. 총 발행 주식 1% 이상의 지분을 확보한 주주 대표자에게 후보 추천권을 부여하고, 인터넷 등을 통해 미리 선거인으로 신청한 사외 주주들에게도 대표이사 후보 투표권을 주자는 내용이었다. 당원이 아닌 일반 유권자에게도 참여의 기회를 주는 서구 정당의 '프라이머리 방식'이었는데, 논란 끝에 채택이 유보되었다. 조직된 소수의 사외 주주들에게 경영 안정성을 침해받았던 전례를 고려하지 않을 수 없었다.

선출제도의 마지막 변경은 2004년 12월에 이루어졌다. 노사 합동 비상기구였던 '비상경영위원회'가 대표이사 직선제는 그대로 두되 임기를 2년에서 3년으로 늘렸다. 아울러 대표이사가 편집위원장 후보를 한 사람 추천하여 이에 대한 동의 투표로 확정하도록 했다. 편집위원장 직선제를 다시 동의제로 변화시켰고, 경추위 제도 때의 '복수 후보'가 아닌 '단수 후보'를 추천토록 하여 대표이사의 권한을 더욱 강화한 것이다. 자금 유동성 위기를 겪고 있던 당시 비경위는 1992년의 회사발전기획위원회처럼 '경영권 강화'에 비중을 두었다.

직선제와 간선제를 오가는 편집위원장 선출제도는 지금까지도 논란의 대상이다. 1992년 회사발전기획위원회는 보고서에서 "한겨레의 경영진은 특정 자본 세력을 대변하고 있지 않아 일반 언론기업과 다르며, 경영권과 편집권이 적대적일 수 없다"고 썼다. 반면 1998년 경영진선출제도개선위원회는 보고서에서 "현실에서는 경영권과 편집권의 갈등이 일어나고 있으며 그 정당성이 항상 경영진에게 돌아가지는 않는다"고 썼다. 이 논쟁 구도는 여전히 유효하다.

네 가지의 대표이사 선출제도를 거칠게 톺아보면, 사원 주주들의 영향력을 높여 경영 안정성을 도모하는 흐름을 이어온 것을 알 수 있다. 편집위원장 선출제도는 경영 상황에 따라 직선제와 간선제를 오갔다. 일련의 변화에는 중요한 문제가 하나 있다. 소유 구조, 즉 자본 구성에 대한 것이다.

한겨레는 6만여 소액주주가 투자해 만든 신문사다. 여기에 지배 주주는 없다. 처음부터 주식 소유 상한선을 두었다. 기업 또는 정치집단의 투자도 막았다. 소액주주가 워낙 많기 때문에 특정 주주가 단독으로 영향력을 행사할 수 없다.

이 소유 구조는 특정 세력의 편집권 독점을 막는다는 점에서 세계 언론 사상 획기적인 것이다. 다만 '주인이 따로 없는' 태생적 한계가 있다. 이 때문에 경영권 안정화는 창간 이후 계속된 화두였다. 2002년 12월, 사원들의 퇴직금 출자전환 이후 한겨레는 국민주 신문사이면서도 실질적으로는 사원주 신문사를 겸하는 소유 구조를 갖추게 되었다. 사원들이 소유 구조의 안정성을 뒷받침하고 있다.

새로운 공화 체제에 대한 고심

남은 문제가 하나 있다. 증자다. 2005년 정태기 대표이사 시절, 법인증자가 거론된 적이 있다. 당시 노동조합은 "운영자금 마련을 위한 법인 증자는 반대한다"는 입장을 밝혔다. 여기에는 복합적인 뜻이 담겨 있다. 1990년대 이후 국민 모금이 그랬듯이 돈을 모아 운용자금에 써버리고 말 것이라면 한겨레의 근본을 뒤흔들 수 있는 법인 증자를 도모해서는 안 된다는 지적인 동시에, 한겨레의 정체성을 지켜나갈 확실한 안전판이 마련되고 비약의 토대가 될 만한 자본 확충 계획이 구체적으로 준비된다면 이 문제를 함께 논의할 수 있다는 뉘앙스가 담겨 있다. 이후 제2창간 운동을 통한 국민 모금 실적이 저조하여 관련 논의는 더 진전되지 않았다. 그러나 이 문제는 한겨레의 또 다른 20년을 결정할 중차대한 논쟁거리다.

2007년 3월 취임한 서형수 대표이사는 지배구조 개선 논의를 주요 공약 가운데 하나로 내걸었다. 대표이사 직선제를 변경해 지속적·전략적 경영의 토대를 마련하자고 제안했다. 1년여 동안 사내 논의가 진행되었지만, 아직 뚜렷한 결론을 내리지는 못했다. 2008년 3월 취임한 고광헌 대표이사는 지배구조 개선 문제를 조합과 공동으로 연구해 최상의 해법을 마련하겠다고 밝혔다. 한겨레 사람들은 민주주의에 기초한 멀티미디어기업을 꿈꾸어 왔다. 그에 걸맞은 '공화 체제'도 함께 고심하고 있다.

기구	제안 내용				
	편집 지향	경영권	편집권	사업 지향	조직 개편
회사발전기획위원회 (1992년)	●고급지 전략 – 화이트칼라 등 고급독자층 타깃	●사원 중심 경영권 강화 – 창간위원회 폐지 및 경영진추천위원회 신설 – 장기적으로 사원 지분율 높이는 사원지주제 도입 추진	●직선/간선 혼합제 – 편집위원장 직선제 폐지 – 대표이사의 편집위원장 후보 복수 추천 뒤 기자 투표제 신설	●사업구조 고도화 전략 – 사업 다각화, 지식기업 지향	
편집개선특별위원회 (1994년)	●독립진보지 및 고급정론지 전략 – 고품질신문, 고급전문화 지향 – 20~40대 화이트칼라, 지식인, 중산층, 여론주도층 타깃				●편집국 에디터·팀제, 전문기자제 도입 제안
경영·편집혁신 특별위원회 (1996년)	●진보적 대중지 전략 – 특정 계층이 아닌 신문 독자 대중 일반을 대상 – 진보 지향 구체화 – 차별화, 심층성 강화	●경영권 강화 – 대표이사/편집위원장 러닝메이트제 제안		●통합 마케팅 – 광고·판매 기획 기능 강화 – 주주 독자 센터 신설 – 통신판매·비즈니스 센터 등 새 사업 추진	
경영진선출 제도개선위원회 (1998년)		●사내민주주의 강화 – 경영 효율성 투명성 확보 – 사원 직선에 의한 대표이사 후보 추천 – 노동조합 추천 이사제 도입	●편집위원장 직선제 – 기자 직선에 의한 편집위원장 선출		
발전기획위원회 · 제2창간위원회 (2000년)	●고급진보지 전략 – 진보성, 심층성 동시 구현	●임기 연장 – 대표이사 임기 2년에서 3년으로 연장 제안	●편집위원장 간선제 제안 – 편집위원장 임명 동의제 제안	●선택과 집중의 경영 – 신문 경쟁력 강화 – 진보 개념 재설정 – 인터넷, 방송 등 멀티미디어 강화	●조직 유연화 – 간부 연봉제, 사원 성과급제 도입 제안 – 퇴직금 중간정산에 이은 출자전환 추진 제안
21세기발전기획단 · 장기발전기획팀 (2001년)				●통합 마케팅 – 신문 판매를 핵심으로 통합 마케팅	●조직 슬림화 – 총인원 감축을 통한 구조조정 제안 – 희망명예퇴직, 희망무급휴직, 간부연봉제 등 도입 제안 – 퇴직금 출자전환 제안 – 주주/국민 대상 증자 캠페인 제안 – 우호단체/기업 대상 증자 캠페인 제안
혁신추진단 (2002년)	●진보정론지 전략 – 다른 신문 지향 – 진보성, 심층성, 객관성 강화	●임기 연장 및 사외주주 직선제 도입 제안 – 대표이사 임기 2년에서 3년으로 연장 제안 – 개방형 선거인단 구성으로 대표이사 직선제 제안		●원 소스 멀티 유스 – 전문 콘텐츠 생산으로 다매체 전략 추진	●사원주주제 강화 – 퇴직금 출자전환 (퇴직시 환매)
비상경영위원회 (2004년)		●임기 연장 – 대표이사 임기 2년에서 3년으로	●편집위원장 간선제 – 대표이사의 편집위원장 단수 추천 및 임명동의제		●경영 위기 극복 – 허스토리 등 사업 중단 – 퇴직금 환매 유예 – 기구 통폐합
전략기획실 (2006~2007년)	●고급지 전략 – 고학력 고소득 엘리트 계층을 타깃으로	●경영 안정성 강화 – 경영권승계위원회 제안	●에디터제 도입	●뉴미디어 전략 강화 – 온오프 통합 및 뉴미디어 부문 강화	

부 록

1. 역대 대표이사

송건호 (1927. 9. 27~2001. 12. 21)
충북 옥천
서울대 법과대학
경향신문 편집국장
동아일보 편집국장
민주언론운동협의회 초대 의장
한겨레신문 창간위원회 공동대표
한겨레신문사 1·2·3·4대 대표이사

한겨레는 송건호의 이름 석 자를 내걸고 탄생했다 해도 과언이 아니다. 그를 통해 사람들은 새 신문에 대한 확신을 가질 수 있었다. 창간 준비 시절, 그는 환갑을 넘긴 몸으로 전국을 누비며 한국 언론과 새 신문의 갈 길에 대한 강연회를 열었다. 주주가 되려는 사람들이 곳곳에서 그의 강연을 청했다. 오늘의 강연을 마치면 내일 떠날 길을 생각하며 밤에도 몸을 편히 누이지 못했다.

그는 평생을 참언론운동에 몸 바쳤다. 대한통신에서 시작하여 한국일보, 경향신문, 조선일보를 거쳐 동아일보를 그만두는 순간까지 오직 언론의 정도를 걸었다. 동아일보 편집국장 시절, 박정희 정권이 그에게 입각을 제의했지만 송건호는 거들떠보지도 않았다. 개인의 영달이나 안위는 언제나 뒷전에 있었다. 그는 양심적 언론인의 표상이었다. 사람들은 새 언론을 만들자는 송건호의 말에 앞뒤를 재지 않았다. 얇은 지갑일망정 주저 없이 열어 한겨레 창간 주주가 되었다.

권력과 불화했던 송건호가 언론민주운동에 자신을 완전히 던진 것은 1975년 동아일보 해직사태 때였다. 기자 110여 명이 무더기로 쫓겨났는데 편집국장이 그런 신문사에 남아 일한다면 그것이야말로 치욕이라고 송건호는 생각했다. 미련 없이 자리를 박차고 나왔다. 이후 그는 공안 당국의 감시와 박해 아래 지냈다. 민주언론운동협의회 초대 의장 등을 맡는 등 자유언론운동에 나서는 한편, 연구와 집필 활동을 게을리하지 않았다. 매일 도시락을 싸 들고 남산도서관을 찾아 공부했다. 《한국민족주의의 탐구》, 《한국현대사론》, 《한국 민족주의론》, 《해방 전후사의 인식》 등 숱한 저작들을 이 시기에 내놓았다.

한겨레 대표이사 시절, 그는 결재 서류에 서명할 때마다 이렇게 말했다. "국민들이 모아준 돈입니다. 한 푼이라도 허투루 쓰지 말아야 합니다." 송건호는 경영에 직접 관여하기보다 실무자들이 능력껏 일할 수 있게 독려했다. 신뢰를 바탕으로 한 업무 추진이 그의 경영 방법이었다. 주주와 독자 앞에 언제나 마음가짐을 고쳐 잡았지만 외압에는 단호히 맞섰다. 서경원 방북 사건을 계기로 안기부가 편집국 압수 수색에 나선 1989년 7월, 한겨레 사람들 가운데 가장 강경한 입장을 취한 이가 송건호였다. 일부 간부가 타협안을 제시하자 전에 없이 크게 화를 냈다. "절대 물러날 수 없어요. 끝까지 싸워야 합니다."

송건호를 가리켜 사람들은 학처럼 고고한 선비라고 평한다. 1987년 11월, 한겨레 창간위원회 공동대표에 오른 뒤 1993년 4월, 한겨레 대표이사 회장 자리에서 물러날 때까지 그는 한겨레의 정신적 지주였다. 그랬던 그도 한겨레를 떠날 무렵에는 마음고생을 많이 했다. 한겨레의 진로를 놓고 사원과 주주들 사이에 틈이 생겼을 때, 그는 "사람들이 나한테 왜 이런 일을 치르게 하느냐"며 가족에게 고달픈 심정을 토로하기도 했다. 그는 1993년 이후 경영 일선에서 물러나 한겨레 고문으로 재직하다가 1994년에 한겨레를 떠났다.

이후 송건호는 오랜 투병 생활을 했다. 전두환 정권 때 겪은 잦은 구금과 고문으로 그의 육신은 지치고 병들어 있었다. 8년여 동안 파킨슨증후군으로 몸져누웠다. 송건호는 2001년 12월 21일 세상을 떠났다. 유해는 광주 망월동에 묻혔다. 생전에 그가 기증한 1만 5000권의 장서는 1996년 9월, 사내 정보자료실의 청암문고로 정리되어 후대에 읽히고 있다. 2002년 5월 15일, 창간 기념일을 맞아 한겨레신문사 현관에는 송건호의 얼굴상이 세워졌다. 한겨레 사람들은 매일 그 앞을 지난다.

김명걸 (1938. 1. 7~)
함남 북청
성균관대 법학과
동아일보 기자
한겨레신문 창간 발기인
한겨레신문 편집인
한겨레신문 논설위원
한겨레신문 3·4대 대표이사
한겨레신문 통일문화연구소 소장

김명걸은 우직하고 묵묵하게 자유언론운동의 현장을 지켰다. 동아일보에서 10년간 기자 생활을 하다 1975년 해직되었다. 그보다 어린 후배들이 자유언론운동을 주도했는데, 그는 앞에 나서기보다 뒤에서 돕는 편이었다. 책임질 일이 생기면 피하지 않았다. 장윤환이 기자협회 동아일보 분회장이 되면서 그가 부분회장을 맡았는데, 사주가 주동세력을 모두 해고하면서 그도 거리로 내쫓겼다.

해직 뒤 김명걸은 남대문 시장에서 옷가게를 열었다. 가족을 먹여 살려야 했다. 서슬 퍼렇던 시절이라 그를 받아주는 취직자리도 없었다. 기왕 이렇게 된 일, '제대로 바닥부터 일해보자'는 마음에 굳이 남대문시장을 택했다. 그러나 역시 쉽지 않았다. 3년 만에 장사를 접고 시골로 내려갔다. 이번에는 농부가 되기로 마음먹었다. 충북 음성에서 농사일을 처음부터 배웠다. 사과나무도 심고 젖소도 키웠다. 이제 흙과 친해졌다 싶을 무렵, 새 신문을 만든다는 소식이 들려왔다. 사과나무도 젖소도 모두 뒤로하고 서울로 왔다.

창간사무국 시절 그는 재정위원이었다. 남대문 시장에서 의류 도매업을 맡았던 경력 덕분이었다. 창간 뒤에는 편집 부위원장을 거쳐 논설위원과 심의실장을 맡았다. 그는 한겨레가 가장 큰 혼란을 겪고 있을 때, 최고 경영자의 책임을 맡았다. 송건호 대표이사의 부탁으로 신문사 경영을 총괄하는 전무에 오르고, 1991년 4월에는 공동 대표이사가 됐다. 송건호는 대표이사 회장, 김명걸은 대표이사 사장을 맡았는데, 실제 경영은 김명걸이 담당했다.

사장 시절 그는 한겨레 사람들 모두가 제자리를 찾아 좋은 신문 만드는 일에 전념하기를 원했다. 그는 갈등으로 초래될 피해를 최소화하고자 노심초사했다. 특히 자신의 언행이 어느 한쪽으로 쏠리게 되지 않을까 늘 경계하였다. 의견 충돌이 빚어질 때마다 김명걸은 묵묵히 자신을 낮추고 다른 이들의 의견을 경청했다. 주주총회 때도 주주들의 발언을 중간에 자르는 법이 없었다. 일부 주주들이 험한 말을 퍼부어도 끈기 있게 참았다. 끝까지 들었다. 그가 사장일 때 주주총회 시간이 제일 길었다.

김명걸 사장은 사내 갈등이 비등점에 이르렀을 때 자신의 방식으로 위기를 넘겼다. 스스로 소극적인 사장이었다고 자평하지만, 주위 사람들은 그가 뚝심 있었던 사장이라고 말한다. 서로 다른 생각을 가진 사람들을 감싸 안고 한겨레가 앞으로 나갈 수 있도록 헌신한 진정한 인격자라고 평가한다. 그의 재임 시절, 한겨레는 갈등으로 들끓었던 양평동 시절을 마감하고 공덕동 새 사옥으로 이전했다. 퇴임 이후 그는 서울 근교의 집에 머물며 독서와 집필로 조용히 생활하고 있다. 젊었을 때나 지금이나 그는 늘 '정중동'의 언론인이다.

김중배 (1934. 3. 26~)
전남 광주
전남대 법학과
한국일보 기자
동아일보 편집국장
한겨레신문 7대 편집위원장
한겨레신문 5대 대표이사
문화방송 사장
언론광장 상임대표

김중배는 해직당하지 않고 스스로를 해직한 기자다. 1991년 9월, 사주의 전횡을 비판하며 30년을 몸담았던 동아일보에 스스로 사표를 냈다. 편집국장을 그만두면서 "이제 언론은 자본과 힘겨운 싸움을 벌여야 할 것"이라고 일갈했다. 진정한 언론 정신을 지키기 위해서는 자본과의 대립을 피할 수 없다는 사실을 세상에 일깨웠다. 동아일보를 그만둔 직후 한겨레 사외이사를 맡았는데, 이때부터 그의 명칼럼이 한겨레 지면에 등장했다. 정직하고 단아한 문장에 본질을 꿰뚫는 논리를 담아 글을 썼다. 그러다 젊은 기자들의 요청을 받아들여 1993년 4월, 한겨레 편집위원장이 되었다.

편집위원장 시절, 김중배는 가장 먼저 출근해 편집국을 지켰다. 편집국 기자들에게는 마감 시간 엄수를 요구했다. 품질 좋은 기사는 필수였다. 재야의 분위기가 넘쳐나던 한겨레 편집국에 그는 새로운 기풍을 불어넣었다. 편집위원장을 맡은 지 두 달 만인 1993년 6월, 김중배는 대표이사가 되었다. 그를 대표이사로 모시려는 후배들의 요구가 드셌다. 취임식에서 그는 전 사원들에게 "'정당한 함성'의 시대가 갔음을 직시하라"고 말했다. 김중배는 '다른 신문과 다른 신문, 다른 신문과 다른 경영'을 경영과 편집의 지표로 삼았다.

취임과 동시에 한겨레의 경쟁력 강화를 위해 여러 일을 추진했다. 질 좋은 기사를 빠르게 전달할 수 있는 집배신 시스템의 도입을 서둘렀다. 시사주간지 창간에도 공을 들였다. 한겨레21은 김중배의 전폭적인 후원과 지지가 없었다면 탄생하기 어려웠을 것이다. 일부 주주들이 주주총회 결정을 무효화하려는 소송을 제기했을 때, 김중배는 임원진 총사퇴를 결정했다. 한겨레의 운명은 스스로 결정짓는 것이지 그 어떤 권력이나 힘에 의해 좌우될 수 없다는 게 그의 생각이었다.

이후 한겨레 경영진추천위원회는 김중배를 대표이사 후보로 다시 선임했지만, 주주총회 직전 대표이사 후보에서 스스로 물러났다. 원칙을 세워 그 방향으로 이끌되, 사람들이 꺼리면 스스로 자리를 떠나는 게 그의 스타일이었다. 그런 그를 일컬어 '부끄러움을 알기에 매력적인 남자'로 평한 이도 있다.

김중배는 짧은 시간 한겨레에 머물렀지만 과감한 결단으로 여러 어려움을 돌파하며 한겨레의 중흥에 일정한 역할을 했다. 정론의 원칙을 강조하며 언론인의 전문성 제고를 주창했고, 시대를 앞서가는 경영을 내세워 한겨레의 활로를 개척하려 했다. 퇴임 이후 참여연대 공동대표, 언론개혁시민연대 공동대표, 문화방송 사장, 언론광장 대표 등을 맡으면서 활발한 활동을 이어갔다.

김두식 (1943. 2. 20~)
충남 연기
서울대 법학과
동아일보 기자
한겨레신문 논설위원
한겨레신문 광고 담당 상무이사
한겨레신문 6대 대표이사
한국신문윤리위원회 윤리위원

1975년 동아일보에서 해직됐을 때 김두식은 어린 4남매와 아내를 둔 가장이었다. 당장 일자리가 필요했다. 그가 처음으로 계획한 사업은 부동산중개업. 개발 바람이 드센 강남으로 갔다. 그러나 오라는 손님은 오지 않고 갈 곳 없는 해직 기자들의 집합소가 되었다. 함바집에서 막걸리 잔을 들고 울분을 토하는 사이 개발 투기 열풍은 그를 비껴갔다. 재도전한 사업은 남대문 의류도매상. 동아일보 선배인 김명걸이 남대문에 진출해 있었다. 실패를 미리 경험한 김명걸이 만류했지만 소용없었다. 김두식은 집을 팔아 가게를 얻었다. 3년 만에 거덜이 났다. 사업 실패 원인을 그는 이렇게 분석한다. "신제품 개발을 하지 못했고, 전국 유통망을 뚫지 못했고, 점원 관리에 소홀했지요."

1980년, 대한상사중재원에 들어가 월급쟁이 노릇을 하면서 비로소 안정적인 직장을 구하게 되었다. 일에 재미를 붙이려는데, 한겨레 창간 소식을 들었다. 생활인 김두식은 기자로 다시 돌아왔다. 그는 한겨레 초대 사회교육부 편집위원장을 맡았다. 굵직한 특종을 터뜨리게 될 사회교육부 인선 작업이 그의 첫 임무였다. 부서 특성상 다른 언론에서 기자 수업을 받은 이들을 대상으로 사람을 구했다. 인선 기준은 간단했다. 한겨레 사람으로 살아갈 각오와 기개가 충만한지, 출중한 실력을 갖추고 있는지를 살폈다. 그는 자신의 드림팀을 꾸렸다. 고희범, 유희락, 최유찬, 김형배, 문학진, 김지석, 김종구, 이홍동, 오태규, 유종필 등이 그의 팀원이었다. 그렇게 사회교육부 편집위원으로 2년여 일할 때가 그의 인생에서 가장 신이 났던 시절이었다.

논설위원을 거쳐 광고국장이 되었을 때, 김두식의 세상은 두 개였다. 한겨레에 광고를 주는 세상과 광고를 주지 않는 세상. 그가 연말연시에 돌린 연하장은 3000여 장이나 되었다. 자기가 맡은 일이면 앞뒤 가리지 않고 매달리는 그의 성격을 주위에서는 독하다고 평하기도 했다. 맡은 일 외에는 관심도 없었고 관심 둘 여력도 없었다.

상무이사 시절 그는 직속 기구로 '회사발전기획위원회'를 꾸려 사내 통합과 발전전략을 도모하는 작업에 나섰다. 그는 사내에 만연한 대립과 갈등을 넘어설 장기 전략을 마련했다. 김중배의 사임 이후 사장 직무대행을 맡았고, 1994년 6월 정식으로 대표이사 사장에 취임했다. 그는 지면 개혁과 증면, 조직 개편 등을 단행하면서 신문사를 일신했다. 초고속 윤전기 도입 계약도 맺었다. 한겨레21 창간 작업과 한겨레문화센터 개설도 그의 작품이었다. 그가 사장으로 재임하던 1994년 말, 한겨레는 창간 7년 만에 첫 흑자를 냈다.

김두식은 매사에 시시비비가 분명한 사람이었다. 자신은 법가의 가르침을 따르는 사람이라고 입버릇처럼 말하며 신문사 기강을 바로잡고자 했다. 아니다 싶으면 누구든 그 자리에서 제대로 고쳐줘야 직성이 풀렸다. 후배와 언성을 높이는 일도 더러 있었다. 그러나 후배들과 술잔을 나누는 횟수가 더 많았다. 감정의 앙금이 생겼다 해도 술잔에서 녹아버렸다.

일에 대한 열성과 새로운 기풍을 다지려는 노력을 한겨레 사람들 모두 인정했고 적극 지지했다. 그는 권근술 대표이사 회장 시절 대표이사 사장으로 한 번 더 최고 경영진에서 한겨레를 이끈 뒤 퇴임했다. 이후 종근당 상임고문과 한국신문윤리위원회 윤리위원 등을 지냈다.

권근술 (1941. 10. 20~)

부산

서울대 정치학과

동아일보 기자

도서출판 청람 대표

한겨레신문 논설주간

한겨레신문 3대 편집위원장

한겨레신문 7·8대 대표이사

한양대 언론정보대학원 석좌교수

남북어린이어깨동무 이사장

동아일보 기자 시절, 권근술은 당시 사회부장이던 김중배로부터 장래 편집국장감이라고 칭찬을 들었다. 그러나 동아일보는 1975년 그를 해직했다. 하루아침에 무직자가 된 그는 먹고살 궁리를 해야 했다. 광화문 근처에 작은 사무실을 내어 출판사를 차렸다. 그를 보고 시인 고은은 이렇게 노래했다. "좀더 큰일, 좀더 굵직한 일, 아니면 좀더 먼 데까지 차지해야 할 포부가 서너 평짜리 방 한 칸에서 돌아앉았다가 한 번 일어난다.” 명색이 사장이었지만 청소에서 책 배달, 원고 교정까지 혼자 다했다.

권근술은 창간 사무국에서 편집기획을 총괄했다. 한겨레가 어떤 신문으로 태어날지 고심하는 일은 즐거웠지만 동시에 어깨가 무거운 일이었다. 임재경, 신홍범, 박우정 등과 함께 편집국 체제와 지면 구상을 완성시켰다. 신문이 본격적으로 나오면서 논설간사로 일했다. 당시 분야별로 주도적인 인물들을 접촉해 한겨레 논설위원실로 모셔오는 일도 그의 몫이었다. 장윤환 편집위원장이 안기부의 편집국 압수 수색 사태에 대한 책임을 지고 물러났을 때 편집위원장 서리였던 권근술이 위원장직을 이어받았다. 그는 한겨레가 고급지로서의 면모를 갖추기를 기대하면서 열성을 쏟았다.

그후 논설주간으로 오래 있다가 1995년 3월, 대표이사에 취임했다. 2년 뒤 대표이사 재선에 성공했다. 그는 신문 광고 시장에서 한겨레 위상을 재정립하는 데 상당한 힘을 쏟았다. 평소 마당발로 소문난 그는 기업주들과 직접 담판을 벌이며 한겨레 광고 효과의 정당한 값을 받아냈다. 1997년에 불어 닥친 구제금융의 위기 속에서도 1998년 15억 원의 흑자를 냈다. 전 사원이 상여금을 반납하는 희생을 치르긴 했지만 1994년 이후 처음 실현한 흑자 경영이었다.

그의 사장 재임 기간은 사업 다각화와 다매체 전략이 활발히 진행된 시기이기도 했다. 국내 첫 영상주간지 씨네21, 국내 첫 일간 지역생활정보신문 한겨레리빙, 케이블방송잡지 케이블TV가이드 등을 창간했다. 한겨레통일문화재단이 이 시절 만들어졌다. 정부, 언론, 시민단체의 3자 협력 모델의 모범으로 꼽히는 실업극복국민운동 캠페인도 이끌었다. 그러나 한겨레 최초의 자회사였던 한겨레리빙은 창간 1년을 넘기지 못하고 폐간되었다. 무가지 시장을 선도해 한겨레의 저변을 확대할 것이라는 기대도 함께 접어야 했다. 그 일에 대한 안타까움이 적지 않다.

권근술은 한겨레를 떠난 뒤에도 분주한 나날을 보내고 있다. 한양대 언론정보대학원 석좌교수, 한국 비무장지대 평화포럼 공동대표, 남북정상회담 자문위원, 남북어린이어깨동무 이사장 등을 지냈다.

최학래 (1943. 1. 6~)

경기도 이천

고려대 법학과

동아일보 기자

진로그룹 이사

한겨레신문 광고 담당 부사장

한겨레신문 8·9대 편집위원장

한겨레신문 9·10대 대표이사

한국신문협회 회장

전국재해대책협의회 회장

1975년 동아일보에서 해직된 최학래는 이후 ㈜진로를 거쳐 ㈜서광에서 임원으로 일했다. 전문경영인의 길을 걸은 셈이지만, 기자로 돌아가겠다는 생각을 한순간도 버리지 않았다. 그 꿈이 실현된 것은 한겨레 창간 다음 해인 1989년 3월이었다. 창간 전부터 바로 달려오고 싶었지만 10년 이상 몸담고 일했던 회사를 정리하는 데 시간이 걸렸다.

최학래는 경제부 편집위원으로 한겨레 생활을 시작했다. 그 시절 경제부에는 6명의 기자들이 있었는데, 성에 차는 기사가 나올 때까지 후배들을 닦달했다. 그런 작풍은 훗날 편집위원장 시절까지 이어졌는데, 그가 편집위원회를 주재하는 회의실에선 호통 소리가 끊이지 않았고 각 부장들은 몸을 사렸다.

정치부 편집위원과 논설위원을 지낸 뒤 1991년에 전무이사가 되었다. 담당 건설회사가 부도나면서 공덕동 새 사옥 공사가 많이 늦어지고 있었는데, 최학래는 건물 완공 때까지 공사판 주임처럼 현장을 지휘했다. 마침내 번듯한 사옥이 들어섰지만 이번에는 신형 윤전기가 문제였다. 새 윤전기가 찍어낸 신문은 때로는 백지로, 때로는 먹지로 나왔다. 최학래는 아예 회사에서 기거했다. 뜬눈으로 윤전기를 지키는 최학래의 곁에서 직원들은 파지가 쌓인 종이 더미에 숨어들어 겨우 눈을 붙였다. 최학래는 과로 때문에 윤전기 옆에서 쓰러지기도 했다.

그 뒤 논설위원으로 있다가 편집국부위원장을 거쳐 편집위원장에 선출되어 연임했다. 그가 편집위원장을 맡았을 때

카지노 비리, 김현철 비리, 조계사 사태 등 대형 특종이 연이어 한겨레 지면을 장식했다. 괄괄한 성격이라 후배들과 격의 없이 지냈다. 언성을 높여가며 의견을 나누다 아주 가끔 완력도 썼다. 그에게 봉변을 당한 후배들도 여럿 있는데, 그런 일이 있어도 다시 만나 술잔을 기울이게 하는 매력이 최학래에게 있었다.

그의 호방함은 북쪽에서도 통했다. 한겨레통일문화재단 사무총장, 한국신문협회장 등으로 일하면서 세 차례에 걸쳐 북한을 방문했는데, 김정일 위원장을 비롯한 북쪽 사람들이 그와 무람 없이 어울리며 호의를 표했다.

1999년 3월, 대표이사에 취임한 뒤 역시 연임했다. 사장 시절 그는 한겨레의 확대 성장을 시도했다. 증면, 사옥 증축, 경제주간지 창간, 인터넷한겨레 설립, 영호남 지역 현지 인쇄 개시 등이 그의 재임 기간 때 이루어졌다. 퇴임 이후에도 경남대 극동문제연구소 석좌교수, 삼성언론재단 이사, 아시아기자협회 이사장, 전국재해대책협의회 회장 등을 맡아 여전히 정력적인 활동을 펼치고 있다.

고희범 (1951. 1. 21~)
제주
한국외대 이태리어과
기독교방송 기자
한국방송공사 기자
한겨레신문 초대 노조위원장
한겨레신문 11대 대표이사
한국에너지재단 사무총장
한겨레통일문화재단 이사

고희범은 1975년 기독교방송에 입사하면서 언론계에 첫발을 내딛었다. 1980년 신군부의 언론 통폐합 과정에서 기독교방송의 보도 기능이 사라졌고, 이 때문에 한국방송으로 옮겼다. 그 시절 전두환 정권의 압력에 의한 외신 조작을 직접 목격하면서, 한국방송 기자를 그만두었다. 기독교방송으로 돌아온 그는 보도기능 회복운동을 이끌었는데, 이 때문에 곤욕을 치르기도 했다. 한겨레 모금운동을 취재하면서 한겨레 사람들과 만났고, 그 인연으로 한겨레 초대 경찰팀장을 맡았다.

그는 한겨레 초대 노조위원장이기도 하다. 기독교방송에서 노조위원장을 맡았던 경력도 작용했다. 노조위원장 시절 그는 경영진과 대립하기보다 내부 조정 문제에 더 많은 비중을 두었다. 정치부장, 사회부장, 출판국장, 편집국부위원장 등을 거친 고희범은 유능한 기자였지만, 1990년대 초와 1990년대 말 두 차례에 걸쳐 광고국에서 일하는 특별한 경험을 했다. 대부분 내켜 하지 않는 일이었지만, 한겨레가 하라면 해야 된다는 게 그의 생각이었다.

구제금융 사태 직후 광고국장이 되었을 때, 고희범은 자괴감에 시달렸다. 모든 기업이 위기를 겪고 있었고 이들로부터 광고를 유치하는 일이 더 힘들어졌다. 고희범은 다 그만두고 싶다는 생각을 했다. 그러나 아침이면 다시 일어섰다. '힘내자, 내가 안 하면 누군가 해야 할 일 아닌가.'

고희범은 2003년 3월에 대표이사에 취임했다. 그는 한겨레가 살아갈 튼튼한 기초를 위해 자신을 바치겠다고 결심했다. 그러나 그의 대표이사 시절은 생각보다 더 험난했다. 외환위기 시절에 빌린 거액을 갚아야 할 시기가 코앞에 다가와 있었다. 백방으로 쫓아다니며 상당한 액수를 갚았지만, 완전히 해결되지는 않았다. 위기를 극복하기 위한 비상 대책을 찾아야 했다. 노조와 함께 비상경영위원회를 꾸렸다. 고통의 시기였다.

고희범은 2005년 대표이사 임기를 마치고 한겨레를 떠났다. 그는 자신의 퇴직금과 고문으로 일하며 받은 돈까지 모두 신문사에 되돌려주었다. 한겨레를 떠난 뒤에도 비상경영위 시절의 고통을 안고 산다. 퇴임 이후 한국에너지재단 사무총장으로 일하고 있다.

정태기 (1941. 2. 28~)
대구
서울대 행정학과
조선일보 기자
도서출판 두레 대표
한겨레신문 제작·관리 담당 이사
신세기통신 대표이사
한겨레신문 12대 대표이사
대산농촌문화재단 이사장

한겨레를 만드는 데 참여한 이들 대부분이 지금도 입을 모아 말한다. "정태기가 추진력이 있었다. 그 힘으로 그때 한겨레가 태어날 수 있었다." 정태기는 처음부터 신문사 만들기에 주력했다. 창간 당시에는 경영 실무에 능한 사람들이 많지 않았다. 그는 자금, 인쇄, 공무, 윤전 업무까지 맡았다. 각종 인·허가를 받기 위해 관청을 수도 없이 드나들었다. 밤중에도 자다가 벌떡 일어나 계산기를 두드려댔다.

창간 이후에는 곧바로 개발본부장을 맡아 새 사옥 건설과 고속윤전기 도입을 추진했다. 한겨레가 열정을 누르고 보다 과학적이고 이성적인 태도로 나가야 할 때라고 주장했다. 정태기의 비전은 다른 이들보다 앞서 나가는 것이었다. 결심을 하면 머뭇거림 없이 확신을 갖고 일을 추진했다. 그가 엘리트 의식에 젖어 있다거나 독주한다는 비판이 주변에서 나왔다. 창간 사무국 시절부터 그는 싫든 좋든 혼자서 일을 진행하지 않을 수 없었다. 주위에 글쟁이들은 많았지만 경영 실무를 의논할 동료는 없었다. 창간 3년여 만에 신문사를 떠났다.

한겨레를 떠난 뒤 정태기는 오대산에서 야생화 재배에 열성을 쏟으며 지냈다. 신문사를 떠난 뒤 10여 년 만에 후배들이 찾아왔다. "선배가 만든 한겨레가 시들어가고 있습니다." 그는 망설였다. 그러나 마음이 흔들렸다. 자칫 한겨레가 좌초할 수도 있다는 위기감이 그를 회피할 수 없게 했다. 2005년 3월 그는 대표이사 사장에 취임했다.

그는 제2창간 운동을 통해 한겨레의 새로운 변신을 꾀했다. 변화된 신문 시장에서 한겨레는 고급지로서 승부수를 던져야 한다고 생각했다. 그는 전 사원을 대상으로 교육 프로그램을 강력하게 추진했다. 총론보다는 기능 교육에 충실한 연수를 통해 실질적인 업무 능력을 가진 한겨레인들을 키워내려 했다.

그는 3년 임기의 대표이사직에서 2년간 일하고 중도하차했다. 편집위원장 임명 동의안이 부결되는 등 그가 내건 발전 계획은 내부에서 진통을 치러야 했다. 그는 한겨레의 미래를 후배들에게 당부하고 떠났다. 그는 두 번 한겨레를 떠났지만 사람들은 그를 한겨레를 만든 사람으로 기억한다. 퇴임 이후 대산농촌문화재단 이사장으로 일하고 있다.

서형수 (1957. 4. 5~)
부산
서울대 법학과
한겨레신문 기획예산부장
언론문화연구소 사무국장
나산백화점 이사
한겨레플러스 대표이사
한겨레신문 13대 대표이사
한겨레신문 상임고문

서형수가 한겨레와 인연을 맺은 것은 서른둘 되던 해 가을이었다. 롯데그룹 기획실 계장인 그에게 동아일보 해직 기자 출신인 조영호 과장이 점심을 먹다 말고 말했다. "새 신문 만드는 데 함께할 생각 없나? 지금 당장 일손이 필요하다는데." 조영호는 집안 형편으로 당장 달려가지 못하는 자신의 입장을 안타까워했다. 대신 후배 서형수에게 한겨레 합류를 권했다.

입사 4년 차인 대기업 엘리트 사원, 언론 쪽과는 생면부지였던 서형수는 그 길로 안국동 창간 사무국에 갔다. 서형수의 인생은 그날 이후 완전히 바뀌었다. 그는 기존의 질서를 그대로 따라가기보다는 새로운 질서를 만드는 데 자신을 던지고 싶었다. 서형수는 한겨레에 첨벙 뛰어들었다. 월급 75만 원이 25만 원으로 줄었다. 한겨레 초대 운영기획실 기획예산부장으로 일을 시작했다.

1991년 3월, 새 사옥이 한창 건설 중이던 때, 서형수는 한겨레를 잠시 떠났다. 건설회사가 부도가 났다. 사옥 건설 현장의 인부들이 임금을 받지 못하고 있었다. 체불 임금을 달라며 인부들이 농성을 벌였다. 그들을 겨우 달래고 주주총회장에 참석했다. 서형수는 크게 실망했다. 주총장에서 벌어진 논란은 너무 정치적이었다. 새 사옥 공사나 신문사 발전에 대한 관심은 저만치 물러나 있는 듯 보였다. 그는 한계를 느꼈다.

1994년 다시 한겨레에 돌아왔다. 한겨레는 항상 마음의 빚으로 남아 있었다. 기획실, 사업국, 판매국 등 앞뒤 살피지 않고 일에 매달렸다. 판매국장 시절, 체계적 마케팅을 위해 정기 독자 명부를 확보하기로 마음먹었다. 주변에선 모두 "어림없는 일", "다른 데서 안 하는 일"이라고 했지만, 고객인 독자에 대한 정보를 구축하는 일이 신문 판매를 위한 제일 조건이라는 게 그의 생각이었다. 한겨레가 독자 명부를 확보했다는 소식에 다른 언론사들도 서둘러 뒤따라 했다.

2004년에는 비상경영위원회 공동위원장을 맡아, 한겨레 역사상 가장 위태로웠던 경영 위기를 극복하는 데 일익을 담당했다. 2007년 정태기 사장이 임기 도중 사임했다. 2007년 3월, 서형수는 대표이사 사장으로 선출되어 그 잔여 임기를 맡았다. 그는 한겨레가 재정적인 안정을 이룩하는 데 심혈을 기울였다. 창간 사무국 시절부터 그는 경영 안정이 좋은 신문을 만들어낸다고 생각했다. 1년의 짧은 임기를 마치고 대표이사직을 떠났다. 자신이 세운 원칙과 소신에 따라 한겨레를 위해 열성껏 일한 젊은 사장이었다.

김정한 (1908. 9. 26~1996. 11. 28)

부산

일본 와세다대 제1고등학원 수학

자유실천문인협의회 고문

부산대 교수

민족문학작가회의 초대 의장

한겨레신문사 비상임이사(1987. 12~1991. 3)

이병주 (1938. 2. 5~)

경북 포항

한국외대 러시아어학과

동아방송 PD

동아자유언론수호투쟁위원회 위원장

신통기획 대표이사

한겨레신문 상임이사(1987. 12~1991. 3)

한국광고연구원 회장

임재경 (1936. 5. 30~)

강원도 철원

서울대 영문학과

조선일보 기자

한국일보 논설위원

민주언론운동협의회 공동대표

한겨레신문 상임이사(1987. 12~1991. 3)

한겨레신문 편집인 겸 논설주간

한겨레신문 부사장

민주개혁국민연합 공동대표

청암언론문화재단 이사

홍성우 (1938. 7. 4~)

서울

서울대 법학과

서울형사지방법원 판사

한겨레신문 비상임이사(1987. 12~1991. 3)

개혁신당 공동대표

통합민주당 최고위원

한나라당 공천심사특별위원회 공동위원장

서초법무법인 변호사

황인철 (1940~1993. 1. 20)

대전

서울대 법학과

서울형사지법 판사

민주사회를위한변호사모임 2대 대표간사

경제정의실천시민연합 초대 공동의장

한겨레신문 비상임감사(1987. 12~1991. 3)

이돈명 (1922. 8. 21~)

전남 나주

조선대 정치학과

서울지방법원 판사

조선대학교 제8대 총장

민족문제연구소 이사장

한겨레신문 비상임이사(1987. 12~2000. 3)

법무법인 덕수 대표변호사

신홍범 (1941. 2. 10~)

충북 진천

서울대 외교학과

조선일보 기자

도서출판 두레 대표

조선자유언론수호투쟁위원회 3대 위원장

한겨레신문 창간 발기인

한겨레신문 논설위원

한겨레신문 비상임이사 (1988. 9~1989. 11)

장윤환 (1936. 11. 22~)

전북 전주

서울대 법대

동아일보 기자

동아자유언론수호투쟁위원회 위원

한겨레신문 상임이사(1988. 9~1989. 11)

한겨레신문 2대 편집위원장

한겨레신문 편집위원

한겨레신문 논설주간

대한매일 논설고문

미디어오늘 논설고문

언론중재위원회 중재위원

성유보 (1943. 6. 28~)

경북 경산

서울대 정치학과

동아일보 기자

한겨레신문 창간기금모집특별위원회 위원장

한겨레신문 1·4대 편집위원장

한겨레신문 상임이사(1988. 9~1990. 3)

한겨레신문 논설위원

사회평론사 대표이사

언론개혁시민연대 공동대표

청암언론문화재단 이사

민주화운동기념사업회 비상임이사

이효재 (1924. 11. 14~)

경남 마산

미국 앨라배마대 사회학 박사

서울여자대학교 교수

이화여자대학교 교수

한국여성민우회 초대 회장

한겨레신문 비상임이사(1988. 9~1991. 3)

한국여성단체연합 회장

한국여성단체연합 상임고문

조영호 (1946. 12. 13~)

전남 무안

서울대 조선항공학과

동아일보 기자

한겨레신문 상임이사(1988. 9~1991. 6)

나산백화점 대표이사

거평유통 대표이사

한겨레신문 상임이사(1999. 3~2003. 3)

한겨레리빙 대표이사

방송문화진흥회 이사

김태홍 (1942. 9. 27~)

전남 광주

서울대 사학과

한국일보 기자

합동통신 기자

민주언론운동협의회 의장

월간 말 발행인

한겨레신문 상임이사(1988. 9~1991. 6)

16·17대 국회의원

대통합민주신당 중앙선거대책위원회 특보단장

윤활식 (1929. 1. 8~)

평북 의주

고려대 영문학과

R. C. A. TV 방송국 PD

동아방송 제작부 차장

동아자유언론수호투쟁위원회 위원장

한겨레신문 주식관리실장

한겨레신문 상임이사(1989. 2~1989. 11)

한겨레신문 상임감사(1991. 3~1993. 6)

변이근 (1937. 5. 27~)

서울

고려대 법학과

동아일보 기자

경향신문 국장

한겨레신문 광고국장

한겨레신문 상임이사(1989. 2~1990. 7)

리영희 (1929. 12. 2~)

평북 삭주

한국해양대 항해학과

합동통신 기자

조선일보 외신부장

한양대학교 신문방송학과 교수

한겨레신문 논설고문

한겨레신문 비상임이사(1989. 2~1991. 3)

한양대학교 언론정보대학원 명예교수

서한영 (1931. 2. 18~1999. 3. 18)

서울

한양대 기계학과

조선일보 제판부 부장

전남일보 공무이사

한겨레신문 상임이사(1991. 3~1991. 6)

문화일보 상무이사

변형윤 (1927. 1. 6~)

황해 황주

서울대 경제학과

서울대학교 경제학과 교수

한국경제학회 19대 회장

한겨레신문 비상임이사(1991. 3~1997. 3)

한겨레통일문화재단 이사장

한국외국어대학교 이사장

한국사회정책학회 2대 회장

학교법인 상지학원 이사장

서울대학교 명예교수

성한표 (1942. 10. 19~)

경남 진양

서울대 건축학과

현대경제일보 기자

조선일보 기자

한겨레신문 5·6대 편집위원장

한겨레신문 논설주간

실업극복운동위원회 운영위원장

한겨레신문 상임이사(1993. 6~1994. 6)

한겨레신문 부사장

실업극복국민재단 함께일하는사회 상임이사

문영희 (1943. 9. 2~)

전남 영암

서울대 독문학과

동아일보 기자

한겨레신문 논설위원

한겨레신문 상임이사(1993. 6~1995. 12)

새천년민주당 경기 안산갑지구 위원장

동아자유언론수호투쟁위원회 제13대 위원장

민주화운동기념사업회 부이사장

박재승 (1939. 3. 25~)

전남 강진

연세대 법학과

서울형사지방법원 판사

한겨레신문 비상임감사(1993. 6~2000. 3)

한겨레통일문화재단 감사

서울지방변호사회 제86대 회장

대한변호사협회 제42대 회장

통합민주당 공천심사위원장

이계종 (1938~2000. 7. 24)

전남 나주

성균관대 회계학과

내외합동회계사무소

세동회계법인 부회장

한겨레신문 비상임감사(1994. 6~2000. 3)

윤후상 (1949. 8. 20~)

대전

서울대 사회사업학과

합동통신 기자

전자신문 취재부장

한겨레신문 편집부국장

한겨레신문 10대 편집위원장

한겨레신문 상임이사(1995. 3~1997. 3)

한겨레신문 통일문화연구소 연구위원

한겨레신문 논설위원

한국언론재단 한국언론교육원 원장

감사원 정책자문위원

박성득 (1950. 12. 14~)

경남

고려대 사회학과

경향신문 기자

월간 말 기자

한겨레신문 경영기획실장

한겨레신문 제작국장

한겨레통일문화재단 사무총장

한겨레신문 상임이사(1997. 3~1999. 10)

윤이상평화재단 이사

경향컬쳐스 대표이사

박우정 (1950. 4. 5~)

충남 홍성

서울대 독문학과

경향신문 기자

한겨레신문 출판국장

한겨레신문 11대 편집위원장

한겨레신문 상임이사(1997. 3~1999. 3)

한겨레신문 논설주간

도서출판 길 대표이사

김근 (1942. 9. 7~)

전북 전주

한국외대 서반아어과

현대경제일보 기자

동아방송 기자

한겨레신문 논설주간

한겨레신문 상임이사(1999. 3~2000. 8)

연합뉴스 사장

한국방송광고공사 사장

통합민주당 공천심사위원

고영재 (1948. 12. 4~)

전남 장흥

서울대 정치학과

경향신문 기자

평화방송 사회부장

한겨레21 창간 편집장

한겨레신문 논설위원

한겨레신문 12대 편집위원장

한겨레신문 상임이사(1999. 3~2001. 3)

경향신문 대표이사

이석태 (1953. 4. 17~)

충남 서산

서울대 법학과

한국교육연구소 이사장

한겨레신문 비상임이사(1999. 3~2001. 3)

대한변호사협회 인권위원회 위원장

민주사회를위한변호사모임 회장

법무법인 덕수 변호사

민주화운동기념사업회 이사

박원순 (1956. 3. 26~)

경남 창녕

단국대 사학과

법무법인 나라종합법률사무소 변호사

한겨레신문 논설위원

한겨레통일문화재단 후원회 운영위원

한겨레신문 비상임이사(1999. 5~2003. 3)

희망제작소, 아름다운재단, 아름다운가게 총괄

상임이사

강만길 (1933. 10. 25~)

경남 마산

고려대 사학과

고려대학교 사학과 교수

월간 사회평론 발행인

상지대학교 제5대 총장

한겨레신문사 비상임이사(2000. 3~2001. 3)

청암언론문화재단 초대 이사장

월간 민족21 고문

고려대학교 명예교수

고재봉 (1955. 9. 6~)

전남 고흥

서강대 경영학과

안진회계법인 공인회계사

한겨레신문 비상임이사(2000. 3~2003. 3)

딜로이트안진회계법인 부대표

김기천 (1940. 8. 4~)

전북 김제

서울지방법원 영등포지원 판사

한겨레신문 비상임이사(2000. 3~2003. 3)

김기천법률사무소 변호사

오귀환 (1954. 11. 6~)

경기 평택

서울대 정치학과

조선일보 기자

한겨레21 편집장

즐거운학교 대표이사

한겨레신문 비상임이사(2001. 3~2003. 3)

한겨레플러스 대표이사

한겨레신문 16대 편집위원장

정연주 (1946. 11. 22~)

경북 월성

서울대 경제학과

동아일보 기자

씨알의 소리 편집장

한겨레신문 워싱턴 특파원

한겨레신문 논설주간

한겨레신문 상임이사(2001. 3~2003. 3)

한국방송협회 12·13대 회장

한국방송공사 16·17대 사장

조상기 (1950. 2. 26~)

전남 목포

서울대 철학과

경향신문 기자

평화방송 기자

한겨레신문 정치부장

한겨레신문 상임이사(2001. 3~2003. 3)

한겨레신문 13대 편집위원장

한겨레신문 논설위원

한국방송공사 이사

백승헌 (1963. 12. 14~)

서울

연세대 법학과

백승헌법률사무소

한겨레신문 비상임이사(2001. 3~2005. 3)

법무법인 한결 변호사

민주사회를위한변호사모임 회장

변재용 (1956. 1. 1~)

전북 고창

서울대 토목공학과

한솔교육 설립

한겨레신문 제4기 자문위원

한겨레신문 비상임이사(2003. 3~2004. 9)

한솔교육그룹 회장

윤유석 (1948. 1. 10~)

전남

조선대 경제학과

전남매일신문 기자

한겨레신문 편집부장

한겨레신문 관리국장

한겨레신문 광고국장

한겨레신문 상임이사(2003. 3~2004. 9)

한국신문협회 광고협의회 부회장

한겨레신문 광고지사장

노금선 (1963. 2. 18~)

서울

서울대 간호학과

구로노동상담소 창립

삼일회계법인 공인회계사

한겨레신문사 비상임감사(2003. 3~2005. 3)

한국여성재단 감사

국민연금관리공단 상임감사

이성규 (1959. 10. 25~)

충남 예산

서울대 경영학과

서울은행 상무

제일제당 이사

국민은행 부행장

한겨레신문 비상임이사(2003. 3~2005. 3)

하나금융지주 부사장

김효순 (1953. 1. 9〜)

서울

서울대 정치학과

동양통신 기자

경향신문 기자

한겨레신문 도쿄 특파원

한겨레신문 논설위원

한겨레신문 14대 편집위원장

한겨레신문 편집인

한겨레신문 상임이사(2003. 3〜2007. 3)

한겨레신문 대표이사 직무대행

한겨레신문 대기자

김광호 (1967. 2. 23〜)

경기도 양평

서울시립대 회계학과

한겨레신문 재경부

한겨레신문 상임감사(2005. 3〜2008. 3)

한겨레신문 미디어기획부장

이민규 (1961. 3. 16〜)

서울

중앙대 신문방송학과

순천향대학교 신문방송학과장

한겨레신문 비상임이사(2005. 3〜2008. 3)

중앙대학교 교수

하승수 (1968. 12. 13〜)

대구

서울대 경영학과

참여민주사회시민연대 협동사무처장

한겨레신문 비상임이사(2005. 3〜2008. 3)

제주대학교 법학부 교수

법률사무소 이안 변호사

장하성 (1953. 9. 19〜)

전남 광주

고려대 경영학과

고려대학교 교수

한국증권학회 이사

참여민주사회시민연대 경제개혁센터 운영위원장

한겨레신문 비상임이사(2005. 9〜2008. 3)

장하성펀드 투자고문

권태선 (1955. 4. 27〜)

경북 안동

서울대 영문과

한국일보 기자

김&장 법률사무소 근무

한겨레신문 파리 특파원

한겨레신문 민권사회1부장

한겨레신문 15대 편집위원장

한겨레신문 편집인

한겨레신문 상임이사(2007. 3〜2008. 3)

3. 역대 주요 간부

※ 가나다순

고승우(1948. 4. 21〜)

전북 옥구

고려대 축산학과

합동통신 근무

한겨레신문 편집위원

한겨레통일문화연구소 연구위원

국정홍보처 분석국 국장

곽병찬 (1957. 7. 16〜)

충남 서산

서울대 미학과

한겨레21 편집장

한겨레신문 편집부국장

한겨레신문 논설위원

구자상 (1959. 11. 1〜)

전북 완주

한겨레신문 제작부국장

한겨레신문 제작국장

김금수 (1937. 12. 25〜)

경남 밀양

서울대 사회학과

한국노동조합총연맹 정책연구실장

한겨레신문 논설위원

한국노동사회연구소 소장

한국방송공사 이사장

김병수 (1959. 6. 12〜)

경북 의성

서울대 경제학과

서울경제신문 기자

한겨레신문 논설위원

한겨레신문 선임기자

김선주 (1947. 6. 15〜)

서울

이화여대 국어국문학과

조선일보 기자

한겨레신문 논설위원

한겨레신문 출판국장

한겨레신문 논설주간

법무부 정책위원

김양래(1945. 3. 19〜)

충남 연기

한국외대 독어독문학과

동아일보 기자

한겨레신문 광고국 기획위원

한겨레신문 정보자료부 부국장

김영조 (1961. 4. 1〜)

전남 강진

로얄프로세스 근무

한일칼라제판 근무

한겨레신문 제작국장

김영철 (1957. 8. 14〜)

경남 김해

서강대 국어국문학과

민중문화운동연합 사무국장
한겨레신문 3대 노조위원장
한겨레신문 편집국 기획위원
한겨레신문 논설위원
시민방송(RTV) 상임부이사장

김종구 (1957. 9. 1~)
전북 전주
한국외대 정치외교학과
서울신문 기자
연합통신 기자
한겨레21 편집장
한겨레신문 논설위원
한겨레신문 미디어사업단장
한겨레신문 17·18대 편집위원장

김종철(1944. 9. 2~)
충남 연기
서울대 국어국문학과
동아일보 기자
한겨레신문 논설위원
연합뉴스 대표이사 사장
사단법인 코베트 이사장

김지석 (1959. 9. 15~)
대구
서울대 철학과
서울신문 기자
한겨레신문 논설위원실장
한겨레신문 논설위원

김태읍 (1959. 7. 28~)
전남 장성
고려대 사학과
한겨레신문 판매국장
한겨레신문 마케팅본부장
한겨레신문 독자서비스국장

김현대 (1961. 1. 20~)
대구
서울대 사회학과
한겨레신문 창간 사무국
한겨레신문 전략기획실장
한겨레경제연구소 연구위원

김형배 (1953. 11. 5~)
서울
서울대 사회학과
조선일보 기자
한겨레신문 논설위원
한겨레통일문화연구소 연구위원
한겨레신문 미디어사업본부장
한겨레신문 광고·기획 이사
한겨레 창간20돌기념사업위원회 이사

노향기(1942. 2. 3~)
전남 영암
고려대 정치외교학과
월간 《말》 발행인
한국일보 편집부 차장
한겨레신문 편집부위원장
언론중재위원회 부위원장

박노성(1939. 2. 10~)
경기 파주
고려대 생물학과
동아방송 편성부 근무
한겨레신문 주식업무실 국장
한겨레신문 광고국 기획위원

박영소 (1959. 5. 16~)
경기 수원
동국대 정치외교학과
삼성전기
한겨레신문 인사부장
한겨레신문 경영기획실장
한겨레신문 기획·제작 담당 이사

박종문 (1957. 10. 9~)
전북 김제
한국외대 영어영문학과
제14기 외무고시 합격
외무부 외무사무관
조선일보 기자
한겨레신문 도쿄 특파원
한겨레신문 논설위원
아시아경제신문 논설실장

손석춘 (1960. 1. 17~)
서울
연세대 철학과
한국경제신문 기자
동아일보 기자
한겨레신문 10대 노조위원장
언론개혁시민연대 공동대표
한겨레신문 논설위원
새로운 사회를 여는 연구원 이사장/원장

송우달 (1959. 11. 2~)
경북 영주
중앙대 경제학과
충청일보 기자
한겨레신문 기자
한겨레신문 7·8대 노조위원장
한겨레신문 광고담당 상무이사

신연숙 (1954. 4. 5~)
충북 청주
이화여대 신문방송학과
한국일보 기자
한겨레신문 심의실장
한겨레신문 편집부국장
한겨레신문 미디어사업본부장
파라다이스 미디어아트 미디어사업본부장
한국원자력문화재단 전무이사

심채진(1938. 2. 8~2004. 1. 9)
경기 합천
부산대 영문학과
대구매일신문 기자
한겨레신문 편집부국장
한국멀티미디어뉴스협회 부회장

안재승 (1962. 11. 1~)
경기 오산
고려대 국어국문학과
한겨레신문 경영기획실 비서부장
한겨레신문 편집기획부장
한겨레신문 경제부문 편집장
한겨레신문 전략기획실장

양상우 (1963. 4. 14~)

강원

연세대 경영학과

동부건설(주) 근무

한겨레신문 15·16대 노조위원장

한겨레신문 편집국 사회정책팀장

한겨레신문 미디어사업국장

양정묵 (1948. 10. 18~)

서울

고려대 행정학과

고려대학교 교무처 근무

한국농촌경제연구원 연구원

한겨레신문 감사실 부장

한겨레신문 관리국장

오성호 (1946. 7. 30~)

서울

성균관대 도서관학과

한겨레신문 운영기획실장

한겨레신문 관리국장

한겨레신문 심의실장

한겨레신문 감사실장

한국신문윤리위원회 심의위원

윤석인 (1958. 12. 18~)

전북 군산

서울대 종교학과

한겨레신문 4·5대 노조위원장

한겨레신문 독자서비스 부본부장

한겨레신문 경영기획실장

한겨레신문 독자서비스국 판매·제작 담당 이사

희망제작소 부소장

윤성옥(1945. 10. 19~)

경기 안성

서울대 법학과

한겨레신문 광고국장

옴니콤 부사장

윤재걸(1947. 3. 1~)

전남 광주

연세대 정치외교학과

동아일보 기자

한겨레신문 기획취재위원

윤재걸언론문화연구소 대표

일요시사신문 사장

이기섭 (1960. 9. 13~)

충남 공주

서울대 서양사학과

미래사 편집장

의암출판문화 편집장

한겨레신문 출판사업단장

한겨레출판 대표이사

이기중 (1943. 5. 2~)

전북 정읍

고려대 정치외교학과

동아일보 기자

한겨레신문 여론매체부 편집위원

한겨레신문 제작국장

한겨레신문 판매국장

전자신문 편집국장

한국신문방송편집인협회 이사

언론중재위원회 언론중재위원

이길우 (1959. 10. 10~)

서울

연세대 중어중문학과

서울신문 기자

스포츠서울 기자

한겨레신문 베이징 특파원

한겨레신문 심의실 심의위원

한겨레신문 스포츠팀 선임기자

한겨레신문 사업국장

이병 (1958. 10. 2~)

인천

인하대 경영학과

남양유업 근무

한겨레신문 경영기획실장

한겨레신문 교육문화국장

한겨레신문 미디어사업단장

한겨레신문 사업기획국장

한겨레통일문화재단 상임이사

이병효(1954. 3. 6~)

전남 광주

한국외대 영어학과

조선일보 기자

동양방송 PD

한겨레신문 심의위원

한국디지털위성방송 동부권지사 총괄지사장

이봉수(1954. 5. 25~)

서울

서울대 국어국문학과

조선일보 기자

한겨레신문 논설위원

세명대학교 교수

이수영 (1954. 10. 24~)

인천

서울대 사회교육학과

동아일보 근무

한겨레신문 판매국장

한겨레신문 출판국장

한겨레애드컴 대표이사

이영일 (1950. 12. 2~)

전북 군산

한양대 신문방송학과

한국일보 기자

한겨레신문 편집부국장

한겨레신문 편집국 기획위원

한겨레신문 논설위원

이원섭 (1949. 11. 20~)

인천

서울대 외교학과

조선일보 기자

대우전자 근무

한겨레신문 정치부장

한겨레신문 논설위원

한겨레 통일문화연구소 연구위원

한겨레신문 논설실장

경원대학교 신문방송학과 교수

이유환 (1950. 3. 2~)

경기

한양대 신문학과
경향신문 기자
대우전자 근무
한겨레신문 사업본부장
한겨레신문 뉴미디어국장
한겨레신문 문화사업국장
스포츠투데이미디어 부사장

이인철(1935. 11. 10~)
평북 영천
한국외대 영어학과
동아일보 기자
한겨레신문 논설위원
강서양천생활협동조합 이사장

이종욱(1942. 1. 12~)
경북 의성
서울대 법대
동아일보 기자
한겨레신문 편집부위원장
계몽사 고문

이종욱(1945. 7. 13~)
경북 예천
고려대 영문학과
동아일보 기자
한겨레신문 논설위원
문화일보 논설위원
언론중재위원회 부위원장

이해성(1941. 3. 3~)
서울
한국외대 불문학과
동아방송 프로듀서
한겨레신문 편집위원
서울방송 라디오제작국장

이훈우 (1953. 12. 7~)
전남 광주
전남대 경제학과
롯데제과 근무
한겨레신문 제작국장
한겨레신문 경영지원실장
한겨레신문 독자서비스 부본부장

동광문화인쇄 사장

임응숙(1939. 3. 2~)
평남
덕성여대 국어국문학과
동아일보 기자
한겨레신문 기획위원
한겨레신문 특수자료실장

임희순(1939.8.19~)
서울
건국대 정치외교학과
조선일보 기자
AFP통신 서울특파원
한겨레신문 편집위원
문화일보 편집위원

장정수 (1956. 5. 27~)
경남 하동
서강대 사학과 중퇴
아시아위크 서울특파원
한겨레신문 심의실 심의위원
한겨레신문 논설위원
한겨레신문 편집인

장창덕 (1962. 5. 1~)
서울
고려대 영어교육학과
한겨레신문 경영기획실장
한겨레신문 미디어사업국장
한겨레신문 경영지원실장

정상모 (1948. 4. 16~)
충남 금산
서울대 인류학과
문화방송 기자
민주언론운동협의회 사무국장
한겨레신문 심의실 심의위원
한겨레통일문화연구소 연구위원
한겨레신문 논설위원
문화방송 논설위원

정석구 (1957. 2. 14~)
전남 담양

서울대 정치학과
한겨레신문 논설위원
한겨레신문 경제부문 선임기자
한겨레신문 논설위원실장

정동채(1950. 7. 3~)
전남 광주
경희대 국문학과
합동통신 기자
한겨레신문 논설위원
15·16·17대 국회의원
제41대 문화관광부 장관
대통합민주신당 사무총장

정세용 (1953. 9. 2~)
대전
서울대 철학과
서울신문 기자
한겨레신문 국제부장
한겨레신문 논설위원
내일신문 편집국장

정영무 (1960. 1. 26~)
경남 함양
서울대 정치학과
서울신문 기자
한겨레21 편집장
한겨레신문 편집국 수석부국장
한겨레신문 전략기획실장
한겨레신문 논설위원

정운영 (1944. 3. 18~2005. 9. 24)
대구
서울대 경제학과
한국일보 기자
중앙일보 기자
한겨레신문 논설위원
경기대학교 경제학부 부교수
중앙일보 논설위원

조성숙(1935. 10. 21~)
경기 수원
서울대 국문학과
동아일보 기자

한겨레신문 논설위원
조성숙가정상담소 소장
동아자유언론수호투쟁위원회 10대 위원장

지영선 (1949. 12. 5~)
서울
서울대 독어독문학과
중앙일보 기자
한국일보 기자
동아일보 기자
한겨레신문 편집국 부국장
한겨레신문 논설위원
남북어린이어깨동무 이사
주 보스톤 총영사

진재학 (1959. 11. 22~)
전남 광주
서울대 역사교육학과
교육신보 국장
한겨레신문 정치부 차장
한겨레신문 논설위원
농촌정보문화센터 소장

차성진 (1954. 7. 8~)
경기 용인
한국외대 노어노문학과
매일경제신문 기자
한겨레신문 뉴미디어국장
한겨레신문 제작국장
한겨레신문 경영지원실장
한겨레신문 경영기획실장
진주신문 편집장

최계식 (1945. 9. 8~)
서울
명지대 경영학과
한겨레신문 광고국장
한겨레신문 이사
미디어오늘 부사장
CNB NEWS 부사장

최영선 (1958. 9. 28~)
경남 합천
한국기독교사회문제연구원 연구간사
한겨레신문 교육사업단장
한겨레신문 경영기획실장
한겨레신문 문화교육사업국장
한국에너지재단 기획본부장

최일남(1932. 12. 29~)
전북 전주
서울대 국어국문학과
경향신문 문화부장
동아일보 편집국장
한겨레신문 논설위원
한국작가회의 17대 이사장

현이섭 (1949. 3. 10~)
충남 예산
단국대 법학과
현대경제일보 기자
민주언론운동연합 실행위원
한겨레신문 편집부국장
한겨레신문 제작국장
한겨레신문 심의실장

한겨레신문 출판국장
미디어오늘 대표이사

홍세화 (1947. 12. 10~)
서울
서울대 외교학과
대봉산업 해외지사
한겨레신문 제2창간운동본부 단장
한겨레신문 초대 시민편집인
한겨레신문 편집국 기획위원

홍수원 (1944. 9. 14~)
서울
고려대 경영학과
동화통신사 기자
경향신문 기자
한겨레신문 광고국장
한겨레신문 논설위원

황찬석 (1942. 12. 26~)
서울
연세대 교육학과
국제신문 광고국장
시사저널 광고국 이사
한겨레신문 광고국장

황충연 (1961. 3. 12~)
전북 정읍
한겨레신문 광고국 부국장
한겨레신문 광고국장

4. 역대 창간위원회 · 자문위원회 위원

〈창간위원〉

계훈제	민통련 부의장	김천주	주부클럽 연합회 회장	이기웅	도서출판 열화당 대표
고 은	시인	문재인	변호사	이돈명	변호사
김승훈	신부	변형윤	서울대 교수	이소선	노동운동가
김윤수	미술평론가	서경원	가톨릭농민회 회장	이우정	한국여성단체연합 회장
김정한	민족문화작가회의 회장	성 문	월간 '법회' 발행	이효재	이화여대 교수
김지길	한국기독교교회협의회(NCC) 회장	심성보	서울교사협의회 공동대표	조아라	민주쟁취국민운동 전남본부 고문
		안평수	은행원	조준희	변호사

차범석	극작가	
천영세	노동운동가	
최원식	인하대 교수	
팽원순	한양대 교수	
한승헌	변호사	
한용희	천주교 평신도사도직 협의회 회장	
홍성우	변호사	
황인철	변호사	
강정문	동아일보 해직 기자	
권근술	동아일보 해직 기자	
김명걸	동아일보 해직 기자	
김인한	동아일보 해직 기자	
김종철	동아일보 해직 기자	
김태홍	합동통신 해직 기자	
박우정	경향신문 해직 기자	
박화강	전남매일 해직 기자	
배동순	동아일보 해직 기자	
성유보	동아일보 해직 기자	
성한표	조선일보 해직 기자	
송건호	동아일보 해직 기자	
신홍범	조선일보 해직 기자	
안정숙	한국일보 해직 기자	
윤활식	동아일보 해직 기자	
이경일	경향신문 해직 기자	
이광우	국제신보 해직 기자	
이병주	동아일보 해직 기자	
이부영	동아일보 해직 기자	
이원섭	조선일보 해직 기자	
이종욱	동아일보 해직 기자	
임재경	한국일보 해직 기자	
정상모	문화방송 해직 기자	
정태기	조선일보 해직 기자	
조성숙	동아일보 해직 기자	
최장학	조선일보 해직 기자	
하봉룡	영남일보 해직 기자	
홍수원	경향신문 해직 기자	

〈자문위원〉

1기 1993. 7~1995. 6

위원장	유현석	대한변협인권위 위원장
부위원장	김찬국	한국기독교교회협의회 인권위 부위원장
위 원	백낙청	서울대 교수
	서석구	변호사

	이상희	전 서울대 교수
	이영희	전 한겨레신문 논설고문
	임재경	전 한겨레신문 부사장
	조아라	전 창간위원
	한승헌	변호사
	황선주	의사

2기 1995. 7~1997. 6

위원장	유현석	변호사
부위원장	이상희	전 서울대 교수
위원	김기진	한겨레신문 주주
	백낙청	서울대 교수
	서지영	약사
	윤영규	전교조 해직교사
	이효재	이화여대 교수
	임재경	전 한겨레신문 부사장
	조준희	변호사
	한승헌	변호사

3기 1997. 7~1999. 6

위원장	조준희	변호사
위원	신홍범	전 한겨레신문 비상임이사
	신경림	시인
	서지영	우리약국
	장회익	서울대 교수
	윤영규	전교조 해직 교사
	고영구	변호사
	이효재	이화여대 교수
	문재인	변호사
	최장집	고려대 교수

4기 1999. 7~2001. 6

위원장	문재인	변호사
위원	신경림	민족문학작가회의
	신홍범	전 한겨레신문 비상임이사
	장회익	서울대 교수
	최장집	고려대 교수
	김귀식	전교조 7대 위원장
	임채균	변호사
	지은희	여성단체연합 상임대표
	변재용	한솔교육 대표이사
	이원보	한국노동사회연구소 소장

5기 2001. 7~2003. 6

위원장	김귀식	전교조 7대 위원장
위원	임채균	변호사
	지은희	여성부 장관
	변재용	한솔교육 대표이사
	이원보	한국노동사회연구소 소장
	김수행	서울대 교수
	임현진	서울대 교수
	현기영	소설가
	임동규	목사
	성한표	한겨레노동교육연구소 이사장

6기 2003. 7~2008. 2

위원장	문용린	서울대 교수
위원	김갑배	진실, 화해를 위한 과거사 정리위원회 상임위원
	김유선	한국 노동사회연구소 소장
	문국현	유한킴벌리 대표
	서병문	단국대 교수
	이기웅	도서출판 열화당 대표
	이민규	중앙대 교수
	이청종	(주)후이즈 대표
	정현백	성균관대 교수
	조 국	서울대 교수

7기 2008. 3~

위원장	이계안	전 국회의원
위원	장하성	고려대 교수
	이승규	KAIST 교수
	김영욱	한국언론재단 미디어연구실장
	김현대	UC미디어(주) 대표이사
	정인숙	경원대 교수
	서근우	하나은행 부행장
	김영환	양지세무회계사무소 대표

〈씨네21〉

대표이사	한동헌	2003. 8~2004. 3
	김상윤	2004. 3~
	이인우	2008. 3~
상임이사	남동철	2005. 4~
비상임이사	신연숙	2003. 8~2004. 10
	윤석인	2003. 8~2005. 4
	이병	2003. 11~2004. 3
	이상훈	2004. 3~2004. 10
	최영선	2004. 3~2005. 4
	김형배	2004. 10~2005. 4
	이희진	2004. 10~
	서형수	2005. 4~2007. 3
	장창덕	2007. 3~
비상임감사	송길섭	2003. 8~2005. 3
	김광호	2005. 4~2007. 3
	장철규	2008. 3~

〈한겨레출판〉

대표이사	이기섭	2006. 1~
비상임이사	곽병찬	2006. 1~
비상임감사	김광호	2006. 1~2008. 3
	장철규	2008. 3~

〈한겨레엔〉

대표이사	이홍동	2005. 11~
상임이사	하변길	2005. 11~
	최용민	2005. 11~
비상임감사	김광호	2005. 9~2008. 3
	장철규	2008. 3~

〈한겨레지식〉

대표이사	이원재	2007. 11~
비상임이사	박영소	2007. 12~

〈한겨레미디어마케팅〉

대표이사	이재경	2007. 12~
비상임이사	양상우	2008. 3~
	김광호	2008. 3~
비상임감사	김광호	2007. 12~2008. 3
	장철규	2008. 3~

〈한겨레에스엔씨〉

대표이사	김태읍	2008. 1~
비상임감사	신주일	2008. 1~

〈한겨레플러스〉

대표이사	오귀환	1999. 12~2003. 3
	서형수	2003. 3~2004. 8
	이상훈	2004. 8~
상임이사	서형수	1999. 12~2007. 3
	조명환	1999. 12~2002. 6
	차성진	1999. 12~2001. 4
	이상훈	2000. 9~2004. 8
	윤종연	2002. 6~
	오명철	2004. 3~
	김용성	2005. 3~
비상임이사	김진현	2001. 6~2002. 4
	박성득	2002. 4~2003. 4
	윤석인	2003. 3~2003. 11
	이병	2003. 11~2004. 3
	최영선	2004. 3~2005. 3
	변성윤	2006. 8~
	장창덕	2007. 3~
비상임감사	이훈우	1999. 12~2002. 3
	태광훈	2002. 3~2005. 3
	송길섭	2003. 5~2005. 3
	김광호	2005. 3~2008. 3
	장철규	2008. 3~

〈한겨레통일문화재단〉

1기	1997. 7~1999. 8	
이사장	변형윤	서울대 교수
이사	권근술	한겨레신문 사장
	김용준	고려대 명예교수
	서중석	성균관대 교수
	이세중	변호사
	한완상	상지대 총장
	허웅	한글학회 이사장
	홍창의	의사
	백낙청	서울대 교수
	이효재	한겨레신문 이사
감사	이계종	공인회계사
	박재승	변호사

2기	1999. 8~2002. 3	
이사장	변형윤	서울대 교수
이사	권근술	남북어린이어깨동무 이사장
	김용준	고려대 명예교수
	서중석	성균관대 교수
	이세중	변호사
	한완상	상지대 총장
	허웅	한글학회 이사장
	홍창의	의사
	권오홍	(주)씨스젠 회장
	김지영	의사
	장영승	나눔기술 사장
	최학래	한겨레신문 사장
	김상근	제2건국위 위원장
감사	박재승	변호사
	이대용	변호사

3기	2002. 3~2004. 3	
이사장	변형윤	서울대 명예교수
이사	김용준	고려대 명예교수
	김지영	의사
	서중석	성균관대 교수
	이세중	변호사
	최학래	한겨레신문 사장
	홍창의	서울대병원 소아과
	김상근	제2건국위 위원장
	유영래	민주화운동기념사업회 사무처장
	탁무권	한겨레문고 대표
	박재규	경남대학교 총장
감사	박재승	변호사
	이대용	공인회계사

4기	2004. 3~2006. 3	
이사장	변형윤	서울대 명예교수
이사	김용준	고려대 명예교수
	서중석	성균관대 교수
	이세중	변호사
	홍창의	의사

6. 역대 노동조합·사주조합 임원·집행부

※15기 노조부터 산별노조 전환에 따라 언론노조 한겨레지부로 개칭
※2004년 9월, 노동조합–우리사주조합 겸임 체제가 도입되어 노조위원장이 우리사주조합장 겸임하고, 노조 임원이 우리사주조합이사 겸임

1기 1988. 12~1990. 1

위원장	고희범
부위원장	김승국, 이수영, 김현득, 염춘호, 원병준
사무국장	유정우
지개위 간사	김형배, 오귀환
노보편집부장	한승동, 지교철, 백현기
총무부장	한봉일
조직부장	박준철
교육부장	윤석인
복지부장	정완영, 이춘재
교섭쟁의부장	송길섭
조사부장	강태호
여성부장	박선애
회계감사	양지성, 김난희

2기 1990. 2~1991. 1

위원장	최성민
부위원장	태광훈, 강신균, 유정우, 오인철, 최인호
사무국장	이병
지개위간사	문학진
노보편집부장	지교철
총무부장	이상진
조직부장	박석조
교육부장	김우경
복지부장	김영민
교섭쟁의부장	오상석
조사부장	차한필
여성부장	김미경
회계감사	옥기범, 김현주

3기 1991. 2~1991. 7

위원장	김영철
부위원장	이병, 백종광, 육일정, 정석구, 조기옥
사무국장	김진현
지개위간사	김지석
노보편집부장	송우달
총무부장	박정수
조직부장	문형우
교육홍보부장	김형선
복지부장	김한수
교섭쟁의부장	조성도, 하성봉
조사부장	이종찬, 김이택
여성부장	김화령
대외협력부장	김종구, 오태규
회계감사	김형준, 박옥숙

4기 1991. 8~1992. 7

위원장	윤석인
부위원장	송우달, 조강복, 박동남, 강신균, 박관우
사무국장	박정수
지개위 간사	조흥섭
노보편집부장	이인우
총무부장	박수현
조직부장	윤기현, 이인호
교육홍보부장	안영진
복지부장	정충용
교섭쟁의부장	김진현
조사부장	이상훈
여성부장	문현숙
대외협력부장	곽노필
회계감사	이병옥, 이영희

5기 1992. 7~1993. 5

위원장	윤석인
부위원장	송우달, 박경하, 이철규, 온영상, 백병훈
사무국장	유승구
지개위간사	오귀환
노보편집부장	김용성
언노련 조직국장	오상석
총무부장	박수현
조직부장	김흥수
교육홍보부장	이주헌

복지부장	이광재
교섭쟁의부장	김병희
조사부장	곽노필
여성부장	유승희
문화협력부장	차성진
회계감사	이정구, 박옥숙

6기	**1993. 6~1994. 6**
위원장	원병준
부위원장	신동호, 이명기, 이병옥, 박상진
사무국장	윤재필
지개위간사	정석구
노보편집부장	서기철
총무부장	유승구
조직부장	신현우
조사부장	이찬영
여성부장	김난희
교육홍보부장	이태호
복지부장	박규봉
교섭쟁의부장	최승식
문화협력부장	전재철
회계감사	김정순, 권영숙

7기	**1994. 6~1995. 5**
위원장	송우달
부위원장	신현만, 이재경, 박정수, 장창덕, 정충용, 이승진, 박규봉
사무국장	김학태
지개위 간사	김지석
노보편집부장	김도형
언론노련 파견	손석춘
총무부장	유제호
조직부장	김택희
조사부장	김상윤
복지부장	강지숙
여성부장	김정화
교육홍보부장	임범
교섭쟁의부장	장창수
문화협력부장	한정연
회계감사	김형준, 이현자

8기	**1995. 6~1996. 9**
위원장	송우달
부위원장	안영진, 차호은, 이승진, 김형준, 한정연, 유승구
사무국장	박규봉
지개위 간사	최영선
노보편집부장	김순자, 강석운
총무부장	유제호
조직부장	김철홍
교육홍보부장	안재승
복지부장	심봉룡
교섭쟁의부장	김보근
조사부장	장창수
여성부장	강지숙
문화협력부장	정재권
회계감사	김난희

9기	**1996. 10~1997. 9**
위원장	김형선
부위원장	박찬수, 이광재, 손중석, 최병근, 김철홍, 김영진
사무국장	이정구
지개위 간사	신기섭
노보편집장	이재근
총무부장	장창수
조직부장	유강문
조사부장	원성연
복지부장	박원식
여성부장	이유경
교육홍보부장	양상우
교섭쟁의부장	신경식
문화협력부장	허미경
회계감사	김광호, 윤호숙

10기	**1997. 10~1998. 9**
위원장	손석춘
부위원장	김인현, 김택희, 박은주, 유제호, 이정구, 조철옥
사무국장	김광호
지개위 간사	양상우, 김현수, 김형선
제개위 간사	양상우
노보편집부장	박경만
정책실장	김형선
총무부장	박수현
조직부장	박덕진
조사복지부장	윤승일
여성부장	원성연

교육홍보부장	오철우
교섭쟁의부장	신경식
문화협력부장	김현수
회계감사	김세곤, 박민애

11기	**1998. 10~1999. 9**
위원장	이정구
부위원장	김보근, 박수현, 김수영, 이재원, 김상윤, 선종석
사무국장	원성연
지개위 간사	유강문, 오철우, 권복기
노보편집부장	오철우, 윤승일, 안영춘, 김보근
정책실장	신기섭
총무부장	박상진
조직부장	이제훈
조사복지부장	박숙경
여성부장	조경복
교육홍보부장	김광호
교섭쟁의부장	안영춘
문화협력부장	정광섭
회계감사	박선희, 남덕우

12기	**1999. 10~2000. 9**
위원장	이정구
부위원장	신기섭, 박수현, 이계승, 김상윤, 하태수, 신지희
사무국장	정광섭
지개위 간사	신기섭, 권복기
노보편집부장	조준상, 이제훈
정책실장	권복기, 원성연
총무부장	박상진
조직부장	임성환
조사복지부장	김회승
여성부장	류학렬
교육홍보부장	이남헌
교섭쟁의부장	류학렬, 안영춘
문화협력부장	박종우
회계감사	김명희, 김근영

13기	**2000. 10~2001. 11**
위원장	김보근
부위원장	장철규, 임성환, 이명기, 장창수, 지정구, 강창광

사무국장	박상진
지개위 간사	강희철
노보편집부장	오철우
총무부장	유제호
조직부장	하태수
여성부장	전주연
교육조사부장	권혁철
교섭쟁의부장	장민수
회계감사	김난희, 홍경표

14기	2001. 11~2003. 11
위원장	박상진
부위원장	조철옥, 김성태, 김창석, 임규학
사무국장	박용태
지개위 간사	안영춘
노보편집부장	조준상
총무부장	최승식
조직부장	이제훈
문화여성부장	김명희
교육조사부장	안수찬
회계감사	라정미, 김양임

15기	2004. 4~2004. 9
지부장	양상우
부지부장	이제훈, 이종규, 장민수, 최명진, 송제용, 고경태
사무국장	박용태
지개위 간사	박용현
노보편집부장	황상철
정책실장	김창석
총무부장	유용선
조직부장	김회승
교육홍보부장	강창석
교섭쟁의부장	임성환
문화여성부장	박민애
대외협력부장	조준상
회계감사	조철옥, 김난희

16기	2004. 9~2005. 3
	※8기 우리사주조합 임원 겸임
지부장	양상우
부지부장	최명진, 송제용, 이종규, 이제훈, 장민수, 김보협,

	김택희
분회장	장창수
사무국장	박용태
노보편집부장	황상철
정책실장	김창석
진보언론 간사	김규원, 권혁철, 이재성
총무부장	김효섭
조직부장	김회승
교육홍보부장	이용석
교섭쟁의부장	임성환
문화여성부장	김아리
대외협력부장	조준상
회계감사	조철옥, 김난희

17기	2005. 3~2005. 8
	※9기 우리사주조합 임원 겸임
지부장	이제훈
부지부장	이천우, 김경화, 이태경, 오철우, 장덕남, 박승화
분회장	강현명
사무국장	지정구
한소리편집부장	권혁철
진보언론 간사	이재성
정책실 부장	조준상
총무부장	유제호
조직부장	김회승
교육홍보부장	안수찬
교섭쟁의부장	김규원
문화생활부장	정인화
회계감사	김국화, 김금희

18기	2005. 8~2006. 9
	※10기 우리사주조합 임원 겸임
지부장	조준상
부지부장	이천우, 권태일, 강희철, 임종심, 박승화
분회장	김성일
사무국장	장민수
한소리편집부장	이재성
진보언론 간사	권혁철
정책실장	김창석
총무부장	김회승
조직부장	김경화
교섭쟁의부장	김보협

교육홍보부장	안창현
여성부장	정세라
문화생활부장	안수찬
회계감사	김국화

19기	2006. 9~2007. 9
	※11기 우리사주조합 임원 겸임
지부장	이재성
부지부장	김동훈, 조계완, 주희정, 권태일, 김태영, 윤명수
사무국장	장민수
미디어국장	안수찬
한소리편집부장	김남일
조직부장	김보협
교육부장	황보연
복지부장	김양중
교섭쟁의부장	김회승
여성부장	최혜정
대외협력부장	남종영
문화체육부장	서정민
회계감사	구정아, 김국화

20기	2007. 9~
	※12기 우리사주조합 임원 겸임
지부장	김보협
부지부장	김동훈, 정용일, 구정아, 권태일, 김태영, 윤명수
사무국장	정인택
미디어국장	서정민
편집부장	최혜정
총무부장	이영준
조직부장	남종영
복지부장	전정윤
여성부장	황예랑
교육부장	정세라
교섭쟁의부장	전철홍
문화부장	하수정
회계감사	주희정, 변정미

〈역대 우리사주조합 조합장〉

1, 2, 3기	정영택	1992. 12~1997. 10
4기	태광훈	1997. 10~1999. 12
5, 6기	박영소	1999. 12~2003. 2
7기	장철규	2003. 2~2004. 9

1. 새 신문 창간 발의 선언문

우리는 오늘 마침내 새 신문의 창간을 발의하게 되었습니다.

이는 언론의 자유를 초석으로 하는 참민주주의 실천을 눈앞에 둔 지금, 시대의 요청과 민중의 기다림에 응답하려는 것이며, 바르고 용기 있는 언론이 없음으로 하여 겪은 국민들의 고통과 분노의 세월을 종식시키는 것이며, 언론으로부터 쫓겨나고, 그러나 언론인임을 포기하지 않음으로써 치른 10여 년 인고(忍苦)의 시간 동안 우리들이 깨달은 언론의 정도(正道)를, 언론의 진실과 용기를 이 땅에 새로 구현하려는 뜻입니다. 또한 이는 시대의 어둠을 깨고 이 땅의 민중을 일으켜 자유와 평등을 실현케 하고, 세계를 숨 쉬게 하여, 나라의 주권과 민족의 자존을 지키게 하려던 1896년, 그 독립신문이 있은 이래 비뚤어진 민족 언론사의 정통성을 바로잡아 계승하려는 책임감과 긍지의 발로이기도 합니다.

돌이켜보면 우리 근대사 전체가 그러하듯, 한 세기가 채 못 되는 우리 언론사가 바로 수난의 역사이기도 하였지만 그중에서도 지난 20년의 기간은 독재권력에 의해 언론의 본질이 뿌리 뽑히고, 언론 그 자체가 부정당하는 암흑의 과정이었습니다. 5·16쿠데타 이래 권력의 언론 탄압 공작은 애초부터 집요하였지만 '유신' 이후의 그것은 세계 언론사에 유래가 없는 혹독한 것이었습니다. 차츰 빈도를 더해가던 체포와 투옥의 긴급조치 시대는 1974년 10·24 자유언론선언, 동아일보의 광고 탄압, 1975년 3월 동아일보와 조선일보 기자 160여명의 해직·파면·투옥에 이어 급기야 1980년 저 광주사태의 현장보도 통제에 항거한다 하여 수십 명의 기자들이 가지가지 죄목으로 투옥되었고, 700여 명의 기자들이 언론으로부터 추방되는 폭거로 결과 지어졌으며, 아직도 동료를 옥중에 남겨두고 있는 것이 우리들의 체험이며, 오늘의 언론 현실입니다. 통한할 일이 아닐 수 없습니다.

그러나 참으로 불행한 일은 추방된 해직 기자들이 감옥에서, 거리에서 그래도 끝내 언론인임을 포기하지 않고 있는 데 비해, 언론 그 차제는 그렇지 못한 사실입니다. 일간지에서 월간지에 이르기까지는 총 1000만 부를 자랑하는 발행부수와, 제각기 1000명이 넘는 종업원 수, 다투어 지어올린 현대식 고층사옥과 전자화된 최신 인쇄시설 등이 경탄할 만한 거대기업으로의 성장에도 불구하고, 지금의 언론은 한낱 배타적, 독점적 이권 집단일 뿐입니다. 일찌감치 권력에 투항해 기자들을 혹은 축출하고 혹은 매수하면서 권력체제의 일부로 편입되어 온갖 은폐와 왜곡, 선정적이고 상업적인 보도에 급급함으로써 주권자의 시야를 가리고, 비판의식을 마비시켜며, 권력 지탱의 가장 중요한 구실을 해온 이들 언론기업들만큼 명백한 언론의 자기부정은 없을 것입니다. 그러나 이들 제도 언론은 민중의 죽음으로써 쟁취한 민주화의 대세에 기민하게 편승하여 머잖아 언론 탄압의 희생자고, 자유 언론의 기수로 변신하면서 수난의 역사를 그들의 것으로 가로채 갈 것입니다.

이같은 악순환으로 해서, 불행하게도 우리는 '민주 사회에서의 신문다운 신문'을 접해본 적이 없는 반민주·반언론의 참담한 시대를 살아왔습니다. 한글을 막 깨친 어린이로부터 노년층에 이르기까지 우리의 동시대 국민 모두에게 한글로 된 정도(正道)의 언론이 어떠한 것인지를 보여주고 싶은 간절한 열망, 아니, 생전에 반드시 보여주어야 한다는 절절한 소망이야말로 우리들이 새 신문을 내려는 참뜻이기도 합니다.

우리의 이제까지 없었던 새로운 신문의 창간은 이리하여 역사의 필연적 요청에 부응하는 길이며 사회의 간절한 부름에 응답하는 길입니다. 이는 비록 폭력으로 유배당했다 하더라도 언론인으로서 우리들의 회피할 수 없는 역사에의 책임이며, 사회에서의 부끄러움을 씻는 빚 갚음입니다.

우리는 새 신문을 만들 것입니다. 진실과 용기 그리고 긍지를 바탕으로 새 신문은 그 어떤 세력의 간섭도 용납지 않을 것이며, 어떤 폭력에도 굴하지 않을 것입니다.

새 신문은 민주주의적 모든 가치들의 온전한 실현, 민중의 생존권 확보와 그 생활수준 향상, 분단의식의 극복과 민족통일의 지향을 주요 방향으로 삼을 것입니다.

그 실천을 위하여 새 신문은 정치권력으로부터의 독립은 물론 대자본으로부터의 독립, 광고주로부터의 독립을 확고히 할 제도적 장치 위에서 출범할 것입니다. 제도 언론에 책임 있는 인사들을 배제하고 경영, 편집진을 혁신적으로 구성할 것이며, 국민적 자본참여를 통해 경영권의 독과점을 불가능케 할 것이며, 편집·제작진의 경영 참여를 제도화하여 편집권의 독립을 실현케 할 것입니다. 선정주의를 가장 큰 금기로 삼아 민중의 눈으로 '보도할 가치가 있는 사실'만을 중점적으로 깊이 있게 보도할 것이며, 광고지면까지 정보화를 지향하여 광고의 가치기준을 수립해 나갈 것입니다. 동시에 편집진의 특권의식과 독단주의를 철저히 배격하고 고답적 엘리트주의를 경계하여 가장 쉬운 표현을 쓸 것이며 독자의 반론권을 최대한 보장할 것입니다.

우리는 새 신문이 그 엄숙한 사명으로 하여, 방대한 소요자금의 조달을 위하여, 민주적·민중적 정통성에 기반하기 위하여, 권력과 자본으로부터 독립하기 위하여, 민주적 경영과 편집을 현현키 위하여 반드시 '주식의 공모'를 통한 전 국민적 참여로 창설될 수밖에 없다고 믿습니다. 우리는 새 신문을 기다리는 국민적 여망을 이미 확인하였으며, 우리의 발의에 호응할 국민적 열의를 확신하고 있습니다.

이제 우리는 자리를 떨치고 일어났습니다. 우리들의 새 신문, 민중의 자유의 방패이자 민주주의의 보루가 될 새 신문을 찍는 우렁찬 윤전기 소리가 들리는 듯합니다.

1987년 9월 23일. 창간 발의자 일동.

창간 발의자 명단 (총 196명)　　　　　※가나다순. ( )안은 해직 당시 또는 재직 중인 언론사. 41명은 익명으로 참여.

강운구(동아일보) 강정문(동아일보) 고승우(합동통신) 고준환(동아일보) 국흥주(동아일보) 권근술(동아일보) 권태선(한국일보) 김대곤(현대경제) 김대은(동아일보) 김동현(동아일보) 김두식(동아일보) 김명걸(동아일보) 김민남(동아일보) 김병익(동아일보) 김선주(조선일보) 김성균(동아일보) 김성원(현대경제) 김순경(동아일보) 김양래(동아일보) 김언호(동아일보) 김영용(조선일보) 김영진(동양통신) 김영환(동아일보) 김유원(조선일보) 김윤재(한국일보) 김인한(동아일보) 김재문(조선일보) 김종원(조선일보) 김종철(동아일보) 김주언(현 한국일보기자) 김진홍(동아일보) 김창수(동아일보) 김태진(동아일보) 김태홍(합동통신) 김형배(조선일보) 노서경(한국일보) 노향기(한국일보) 문영희(동아일보) 문창석(조선일보) 박노성(동아일보) 박선애(조선투위의 고 마상원 씨 부인) 박성득(경향신문) 박순철(동아일보) 박영규(합동통신) 박영배(신아일보) 박우정(경향신문) 박원근(합동통신) 박정삼(한국일보) 박준영(중앙일보) 박화강(전남매일) 배동순(동아일보) 백맹종(현대경제) 서재일(전남매일) 서창모(조선일보) 성유보(동아일보) 성한표(조선일보) 손정연(전남매일) 송건호(동아일보) 송관율(동아일보) 송재원(동아일보) 송준오(동아일보) 신동윤(영남일보) 신연숙(한국일보) 신영관(동아일보) 신태성(동아일보) 신현국(조선일보) 신홍범(조선일보) 심재택(동아일보) 심정섭(동아일보) 안민영(동아투위의 고 안종필 씨 장남) 안상규(동아일보) 안성암(조선일보) 안정숙(한국일보) 양한수(동아일보) 오봉환(동아일보) 오성호(조선일보) 오정환(동아일보) 오흥진(동양방송) 왕길남(현대경제) 유영숙(동아일보) 유장흥(조선일보) 윤광선(국제신보) 윤석봉(동아일보) 윤성옥(동아일보) 윤활식(동아일보) 윤후상(합동통신) 이경일(경향신문) 이광우(국제신보) 이규만(동아일보) 이기한(현대경제) 이기홍(경향신문) 이대우(문화방송) 이동운(동아일보) 이명순(동아일보) 이문양(동아일보) 이병주(동아일보) 이병효(동양방송) 이부영(동아일보) 이상현(현대경제) 이시호(현대경제) 이영록(동아일보) 이영일(한국일보) 이원섭(조선일보) 이의범(조선일보) 이종대(동아일보) 이종덕(동아일보) 이종욱(동아일보) 이종욱(동아일보) 이지선(동아일보) 이창화(조선일보) 이태호(동아일보) 이태희(전남일보) 이해성(동아일보) 이흥재(중앙일보) 임부섭(동아일보) 임응숙(동아일보) 임재경(한국일보) 임채정(동아일보) 임학권(동아일보) 임희순(조선일보) 장윤환(동아일보) 전희천(중앙일보) 정교용(중앙일보) 정남기(합동통신) 정동익(동아일보) 정상모(문화방송) 정연수(중앙일보) 정연주(동아일보) 정영일(동아일보) 정재우(조선일보) 정태기(조선일보) 정흥렬(동아일보) 조강래(동아일보) 조성숙(동아일보) 조수은(국제신보) 조영호(동아일보) 조학래(동아일보) 최병선(조선일보) 최병진(조선일보) 최성민(한국방송) 최욱(한국일보) 최장학(조선일보) 최학래(동아일보) 최형민(중앙일보) 하봉룡(영남일보) 허육(동아일보) 현이섭(현대경제) 홍선주(동아일보) 홍수원(경향신문) 홍정선(동아투위의 고 조민기씨의 부인) 홍휘재(동아일보) 황명걸(동아일보) 황용복(동양방송) 황의방(동아일보) 황헌식(조선일보) 외 41명.

오늘 우리는 언론 사상 유례를 찾아보기 어려운 범국민적인 모금에 의한 새 신문의 창간을 내외에 선언합니다.

우리는 지금 나라와 민족의 역사를 새로이 열어야 할 중대한 전환점에 서 있습니다. 인간의 자유와 기본권을 유린해 온 오랜 독재 체제를 청산하고 사회 구석구석에 만연되어 있는 비민주적인 요소들을 제거하며 국민이 주인이 되는 진정한 민주화를 실현시키고, 분단을 극복하여 민족의 평화통일을 성취해야 할 중대한 과업을 우리는 안고 있습니다. 우리는 또한 왜곡된 민족경제를 재건하고 민중의 생존권을 확보하여 생활의 향상을 이룩하는 한편, 사회정의를 실현하고 민족정기를 바로잡아 이 병든 사회를 건강한 사회로 바꾸어놓아야 할 시급한 과제를 안고 있습니다.

표현의 자유 속에서 참다운 민족문화를 꽃피게 하는 한편 비뚤어진 교육을 바로잡아 인간의 자주성과 창조성을 발휘케 할 수 있는 민주교육을 실현시키는 것 역시 우리가 성취해야 할 주요 과제입니다.

이같은 우리 사회와 민족의 광범위한 과제는 국민 모두의 힘과 뜻과 지혜를 남김 없이 발휘케 하고 동원해냄으로써만 해결될 수 있을 것이며 그것의 가장 강력한 수단의 하나가 누구나 자기의 현실과 의사를 표현할 수 있는 민주적 언론임은 우리 모두가 다 아는 일입니다.

우리가 한 세기에 가까운 언론의 역사를 두고서도 이제 새 신문을 창간하고자 하는 것은 이같은 민족적 역사적 과제가 참된 새로운 언론을 어느 때보다도 시급히 요구하고 있기 때문입니다.

돌이켜보면 1896년 이 땅에 '독립신문'이 창간된 지 근 백년의 세월이 흘렀으나, 그동안 우리의 언론은 외세 아니면 독재권력의 억압으로 고난의 길을 걸어왔고, 진정 민족을 위한 자주적 언론을 갖지 못함으로써 오늘에 이르기까지 민주·민족 언론의 숙원을 이루지 못하고 있습니다.

오늘 우리가 새 신문의 창간을 결심하게 된 것은 이 땅에 언론 매체가 부족한 때문이 아님은 물론입니다.

다 아는 바와 같이 우리 사회는 백만의 부수를 주장하는 여러 신문, 97%의 보급률을 자랑하는 텔레비전을 포함하여 전국 방방곡곡에 미치지 않는 곳이 없다는 방송망과 수십만 부를 넘는다는 월간지와 주간지 등 수많은 언론매체를 갖고 있습니다.

그럼에도 불구하고 우리가 굳이 새 신문을 창간하고자 하는 것은 국민의 목소리와 민족의 양심을 대변하는 바르고 용기 있는 언론이 없기 때문입니다.

일제 통치 밑에서 이 땅의 언론은 외세의 억압으로 민족 언론으로서의 구실을 못하다가 8·15 해방을 맞았으나, 민족의 분단상황 속에서 온갖 탄압과 간섭 때문에 제 구실을 못해왔습니다. 특히, 5·16 군사쿠테타 이후 20여 년 동안 이 땅의 언론은 이른바 근대화 바람 속에서 시설과 규모 면에서 급속한 양적 확장을 보았지만 권력의 언론 탄압 속에서 독립성을 상실한 채 사실과 진실을 은폐, 왜곡하고 상업주의적인 보도에 급급함으로써 독재권력의 지탱에 가장 중요한 역할을 해왔습니다.

언론 자유를 수호하기 위해 독재에 항거한 양심적인 언론인들이 1975년과 1980년 언론 현장에서 무더기로 추방당하고 투옥되는 시련이 계속되는 가운데 이 땅의 언론은 국민으로부터 '제도 언론'이라는 불신을 받고 있습니다. 80년대 언론은 언론 기본법이라는 법적 규제도 부족해 보도지침을 통한 권력의 일상적인 제작 지시로 거의 제 기능을 상실하고 말았습니다.

개탄할 일은 오늘의 언론은 이러한 통제 속에서도 이미 지난날 보여준 바와 같이 언론의 자유와 독립을 위한 용기 있는 저항 정신을 보여주지 못하고 오히려 유유낙낙 권력 측의 부단한 간섭과 규제에 순응하고 있다는 사실입니다. 오늘의 언론 현실은 탄압의 결과라기보다는 많은 경우 자진 협조의 결과로 볼 수밖에 없습니다. 이러한 언론다운 언론의 부재는 오늘의 언론인들의 도덕적 차원의 문제만이 아닙니다. 권력의 정책적 의도하에 언론기업이 구조적으로 예속당해 이미 자주성을 상실하고 권력과 언론기업이 이른바 '권언 복합체'를 이루고 있는 상황 속에서 언론이 자주성을 획득한다는 것은 사실상 불가능하며, 한둘 양심 있는 언론인이 남아 있다 해서 언론이 제 기능을 되찾을 수는 없습니다. 오늘과 같은 통제와 억압의 틀 속에서 언론이 저항다운 저항을 못하는 이유는 바로 그 원인이 여기에 있다고 보아야 합니다. 오늘의 제도 언론은 그 기업구조로 보아 비록 이 땅에 민주화의 꽃이 핀다 해도 정치적, 경제적 자주성을 견지하지 못한 채 필경은 권력의 입장에서 국민에게 진실을 전달하지 못하고 그들을 오도할 수밖에 없을 것입니다.

오늘 우리는 새 언론의 창간을 통해 지금의 제도 언론이 갖는 이같은 구조적 결함을 극복하고자 합니다. 이것을 위한 첫째 요건은 기존의 언론처럼 몇 사람의 사유물이 되거나 권력에 예속되지 않게 해야 하는 것입니다. 그러기 위해서 우리가 책정한 창간기금 50억 원을 나라의 민주화를 염원하는 모든 사람의 참여로써 이룩하여 문자 그대로 국민이 주인이 되는 신문을 만들고자 합니다.

새 신문은 나라의 민주적 기본질서를 확립하기 위해 노력할 것이며 민족적 고통에 동참하는 가운데 책임 있는 편집을 다하도록 노력할 것입니다. 이런 근거로 해서 새 신문은 국민에 바탕을 둔 언론으로 성장할 것이며 따라서 민주적 가치와 사회 정의를 지향하면서 사회의 정치·경제·문화 등 각 방면에 걸친 온갖 사실들을 언제나 일반 국민의 입장에서 숨김 없이 공정하게 보도할 것입니다.

오늘의 제도언론이 보여주듯이 사소한 일은 크게 선정적으로 보도하고 정작 크고 중요한 정치, 경제, 사회의 문제들은 은폐하거나 왜곡 보도하여 국민들을 오도하는 일은 결코 하지 않을 것입니다. 또한 노동자, 농민, 여성 등 기존 언론이 소홀히 다루는 부분에 더욱 깊은 관심을 가지고 보도할 것입니다. 신문이 걸어야 할 정도를 지키기 위해 우리는 권력이 요구해 올지도 모를 부당한 간섭을 거부하고, '국민의 신문이며 신문인의 신문'이라는 주인 의식을 가지고 공정하고 신중하고 그러나 용기 있게 진실을 보도할 것입니다. 우리는 이 '한겨레신문'이야말로 민주주의 사회에서 언론의 정도를 걷는 참된 신문임을 보여주고자 합니다.

우리는 앞으로 있을지도 모를 어떠한 장애도 극복하고 진실을 알리기 위해, 국민의 알 권리를 위해 '한겨레신문'을 지키고 키워갈 것입니다.

우리의 이러한 굳은 결의는 국민 여러분의 적극적인 참여와 협조로써만 열매를 맺을 수 있을 것으로 확신하며 오늘의 이 발기 선언 대회가 역사적으로 길이 남게 될 것을 믿어 의심치 않습니다.

1987년 10월 30일
한겨레신문 창간 발기인

1. 서울

건축

강영건 강영환 강태운 강홍빈 김기석 김기홍 김무언 김석철 김영웅 김용식 김원 김유경 김인선 김자호 김중업 김진균 류춘수 박성규 박영건 변용 송정문 여태석 윤승중 이덕용 이범재 이삼재 이상헌 이원교 이정규 이준원 이후관 임서환 장응재 전봉수 정운주 조건영 조인숙 최명철 최정명 최종현 함인선 홍태형 황일인 (43명)

교육계

강창효 고광헌 고승하 고은수 곽대순 김갑철 김광환 김미영 김민권 김성식 김영준 김원 김윤수 김정균 김종만 김지철 김창태 김태진 김태형 김헌택 김현준 김혜원 김효곤 남궁효 노웅희 도종환 박진주 백종상 서문수 서병섭 손혜련 송문재 신학철 심성보 오용탁 오원석 오창훈 원영만 윤광장 윤영규 윤중기 윤지형 은연구 이광호 이규삼 이기출 이남희 이명복 이미영 이병렬 이병우 이북주 이상돈 이석우 이성재 이세천 이수호 이영주 이오덕 이재원 이종인 이주영 이효영 임일택 장두원 장재인 전수환 정기태 정길자 정명수 정병관 정양희 정해숙 정해직 조창래 차영민 최병만 최영민 표정숙 한만훈 한병길 한상훈 한상균 황시백 황호영 (85명)

대학교수

강경근 강내희 강덕수 강만길 강영주 강창민 강창순 강현두 경규학 고철환 고현무 곽신환 곽태운 구성렬 구자용 권광식 권기철 권오훈 권욱현 권창은 권태억 금장태 기연수 기종석 길희성 김건식 김경근 김경태 김경희 김계수 김광규 김구 김균 김기석 김기언 김기영 김남두 김남재 김내균 김대행 김덕 김동성 김동암 김두철 김명모 김명수 김명호 김문규 김상균 김상락 김상열 김상홍 김석현 김선웅 김성수 김성숙 김성훈 김수행 김숙자 김순기 김승혜 김신일 김신행 김애실 김영구 김영무 김영애 김영인 김영진 김영하 김영한 김완배 김완수 김용덕 김용옥 김용운 김용자 김용학 김우룡 김우창 김원식 김유배 김유성 김윤수 김이준 김익기 김인걸 김인석 김인중 김인환 김일수 김장호 김정위 김정탁 김정환 김정회 김주연 김주환 김준석 김준호 김지운 김진규 김진균 김진철 김찬국 김창국 김창효 김태영 김태준 김한규 김현구 김형관 김형근 김형래 김호동 김홍진 김화영 김황조 김효자 김흥규 김흥규 남경희 남기영 남성우 남영우 노승우 노영기 노재규 노태돈 도정일 도진순 류문찬 류양선 류인희 문준연 민경환 민병록 민용태 민홍식 박거용 박기덕 박기서 박기순 박노준 박명진 박명희 박삼옥 박상섭 박성래 박순경 박시현 박영근 박영상 박영신 박영재 박용운 박원호 박은구 박은정 박재우 박정대 박종대 박종철 박찬국 박철희 박필수 박한제 박현서 박현채 박혜일 박호성 반병률 반성완 방정배 배광준 배기열 배손근 백낙청 변형윤 서숙 서광선 서연호 서우석 서재명 서정목 서정수 서정희 석희태 성내운 성대경 성백남 성의제 성태용 성환갑 소광섭 소광희 소흥렬 손대현 손병헌 손예철 손종호

송기형 송윤엽 송인섭 송재소 송항룡 송해균 승병인 신동소 신병현 신상웅 신의순 신인령 신효철 심재룡 안국신 안두순 안병만 안삼환 안석교 안윤기 안철원 안휘준 양건 양동휴 양문흠 양보경 양승규 양승태 양윤재 양재혁 엄영석 여운 여운승 여정동 연기영 연점숙 오규원 오병선 오세영 오세철 오수형 오원배 오인석 오탁번 왕한석 원우현 유관희 유기환 유병석 유승남 유승우 유승주 유영렬 유인호 유일상 유재원 유재천 유평근 유한성 윤경로 윤도중 윤석범 윤석산 윤세철 윤여덕 윤원배 윤인섭 윤재근 윤정옥 윤정은 윤종규 윤지관 이 균 이철 이가원 이가종 이각범 이강수 이강숙 이강혁 이건우 이경의 이공범 이교충 이규환 이균성 이균영 이근수 이근식 이기수 이기홍 이대근 이동향 이동환 이만열 이만우 이명현 이병혁 이보철 이삼열 이상만 이상범 이상신 이상우 이상희 이석윤 이선복 이성규 이수원 이순구 이신복 이안희 이영수 이영자 이영주 이영호 이영환 이영환 이영희 이완재 이우리 이우성 이운형 이은영 이은철 이이화 이인웅 이인호 이장규 이재웅 이종걸 이종수 이종숙 이종일 이종진 이종태 이좌용 이준구 이지순 이지형 이진영 이태동 이태진 이팔범 이헌창 이혜경 이혜성 이호재 이화숙 이효성 이효재 임승표 임영상 임영재 임종률 임진권 임진창 임철규 임한순 임현진 임형택 임호일 장동철 장원석 장을병 장태환 장회익 전경수 전기호 전문배 전성우 전성자 전용원 전인수 정갑영 정광선 정규복 정기태 정대철 정대현 정문길 정성호 정양모 정연탁 정영미 정운영 정운찬 정윤형 정인임 정일용 정재일 정정호 정종락 정진석 정창렬 정창현 정태수 정필권 정하영 정학성 정현백 정현종 정현채 정혜영 정혜원 정홍익 조광 조은 조광희 조긍호 조남장 조남철 조병로 조영수 조요한 조일흠 조창현 조희연 주광열 주종환 주진오 차경아 차기벽 차상호 차수련 차인석 차주환 차하순 채수환 최광 최명 최경구 최기호 최남희 최대권 최두석 최두환 최무영 최문영 최병선 최생림 최선열 최양수 최장집 최재철 최재현 최차용 최창섭 최현무 최흥선 팽원순 표한용 한동철 한명남 한명수 한상권 한상문 한상범 한승옥 한완상 한인규 한정일 한진수 허웅 허명회 허창수 허창운 현길언 홍기택 홍상회 홍순권 홍승기 홍승수 홍승인 홍영남 홍원식 홍재성 황문수 황병기 황병태 황석숭 황패강 황필호 황현기 (485명)

독립운동원로

이강훈 조경한 한원석 (3명)

문화예술계

강민 강근식 강대철 강연균 강유정 강행원 고은 고정희 곽태천 구교문 구자흥 구중서 국수호 권병길 권영락 권오일 권옥연 권혜수 김경식 김경애 김광림 김광배 김규식 김기팔 김기하 김기홍 김도향 김동빈 김매자 김명곤 김명구 김미미 김민기 김민숙 김방죽 김병권 김복희 김사인 김상철 김서봉 김석만 김성동 김성숙 김성욱 김수남 김수연 김수용 김수자 김수희 김승옥 김영식 김영연 김영웅 김영철 김영희 김완수 김용식 김용태 김원우 김원일 김유성 김유진 김응현 김의경 김인순 김인태 김재운 김정옥 김정한 김정환 김주영 김준권 김지연

김지하 김진숙 김창남 김채원 김철리 김철호 김치수 김태수 김향숙 김현 김현자 김현표 김형영 김화숙 노경식 노순자 노영희 노현재 맹영미 문성근 문영태 문일지 문정희 민병하 민충근 박웅 박건섭 박계향 박광수 박규채 박근형 박기자 박두진 박범훈 박불똥 박상기 박상대 박완서 박용기 박용범 박용숙 박이엽 박인배 박인환 박정자 박조열 박진숙 박철수 박태순 박현덕 박혜인 방영웅 배태인 배한성 백시종 백인철 백창흠 서원동 서정호 손숙 손장섭 손진책 송기원 송길한 송능한 송도영 송원희 신경림 신병하 신상철 신성호 신연욱 신영균 심광현 심우성 심정수 안선호 안수환 안종관 안혜성 양귀자 양상국 양윤모 오광록 오문자 오생근 오세곤 오승명 오재호 오종우 온영삼 우명미 우종양 원동석 유덕형 유덕희 유시춘 유연복 유용환 유은종 유인택 유홍준 윤광희 윤명혜 윤문식 윤조병 윤청광 이강하 이경배 이경자 이덕재 이명실 이명원 이병복 이상우 이상현 이선관 이성수 이성용 이승하 이시영 이애주 이완호 이은우 이인성 이장호 이창동 이청준 이향림 이현순 이호철 이효인 이휴태 이희복 이희재 이희정 임권택 임명구 임무정 임종재 임진택 임학선 임현영 장선우 장형규 전영태 정경희 정병각 정복석 정소성 정재철 정지영 정진석 정진우 정한용 정현기 정환섭 정희성 조명남 조세희 조수동 조수홍 조정래 조태일 조혜경 조훈현 주강현 주명덕 주정순 지정신 진봉규 진형준 차범석 천승세 최열 최현 최명수 최민화 최상화 최성운 최승자 최자영 최창봉 추응식 표문태 하명중 하태진 한규희 한상철 현기영 홍선웅 홍성원 홍일선 황광수 황석영 황송문 황순원 황지우 황희연 (272명)

민주·사회단체

강기종 강문규 강병기 강성동 계훈제 곽태영 권종대 권태욱 금동혁 김광수 김광수 김금수 김덕수 김도연 김도원 김말룡 김명애 김미혜 김병걸 김부겸 김상덕 김성만 김영 김영숙 김옥현 김은미 김익호 김재훈 김정제 나강수 문익환 박성극 박성대 박성진 박순희 박승희 박용일 박용수 박용준 박인주 박재일 박진희 반재철 방용석 배용진 백기완 백종덕 서경원 서병훈 서영훈 서인규 서정용 서정자 서지근 성연택 신관섭 신대균 신영수 신정식 심상완 안양로 오대영 오상근 오영준 오장은 유남선 우병권 유영훈 유운필 유종성 윤석용 윤순녀 윤재근 윤정석 윤형기 이경남 이근배 이남주 이두수 이만근 이병철 이병훈 이상주 이석희 이세용 이소선 이수금 이신행 이우재 이인우 이재만 이재오 이진선 이창복 이철순 이총각 이해찬 장두석 전명진 전용구 정관수 정동남 정동민 정명애 정봉주 정성헌 정양숙 정준수 정현찬 정호경 조성두 조항원 조희부 천영세 최규성 최병욱 최열 최영선 최일해 최정심 한경남 한동숭 (122명)

법조계

강봉제 강신옥 강철선 고영구 곽동헌 권종칠 김강영 김공식 김광정 김구일 김동현 김상철 김성남 김신재 김은호 김제형 김주원 김춘봉 김춘수 김충진 김형진 김형태 김홍헌 문진탁 박광영 박성귀 박성민 박세경 박승서 박연철 박용일 박원순 박인제 박찬주 박학림 배진수

백승헌 변정수 서예교 서태영 소동기 손경한 신형조 심재찬 안동일 안명기 안영도 양승찬 우수영 유영혁 유택형 유현석 윤종현 이건호 이경우 이기문 이돈명 이돈희 이범렬 이상수 이석조 이석태 이양구 이양원 이원영 이종관 이종순 이혜림 임재연 장건상 장수길 전충환 정광진 정명택 정성철 정주식 조경근 조영래 조준희 주성민 최병모 최영도 하경철 하재일 하죽봉 한경국 한봉희 한승헌 한일환 홍성우 황인철 (91명)

시민

강란 강영숙 고광석 고아석 고현진 곽병준 구창웅 권영 김경중 김경희 김계선 김기남 김기종 김나리 김당 김대수 김대현 김덕봉 김도묵 김두성 김문철 김부웅 김상남 김상익 김석원 김소정 김순식 김연숙 김연식 김연옥 김연희 김영기 김영수 김영숙 김유경 김은규 김은상 김인자 김인홍 김장천 김재복 김점숙 김정수 김종태 김주윤 김주일 김중철 김진수 김진우 김태의 김학진 김해영 김현대 김현실 김흥규 김희삼 김희우 남관희 류예동 민병숙 민원배 박광열 박남숙 박동선 박상순 박선숙 박순섭 박순실 박영숙 박영혜 박용기 박유미 박인호 박일재 박종훈 박준식 박찬순 박충규 박홍규 박홍준 백운학 백혜진 서명숙 서원석 서온숙 서인석 서정숙 석규관 손승현 송문호 송상윤 송인호 송창의 신문섭 신민용 신성용 신수복 신자현 심병호 심옥자 심우보 안광애 안영재 안정옥 안창로 안철인 안평수 안형순 양광민 양병용 양성근 양인숙 염정현 오근찬 오병문 오병수 오세훈 오영호 오원배 오준철 우명자 우찬규 원유학 원정근 유도열 유석호 유승희 유우열 유종건 윤석철 윤양헌 윤태원 윤형기 윤형모 윤화자 이경재 이광석 이기령 이길후 이덕실 이도재 이동오 이동철 이만희 이병산 이보영 이삼규 이상옥 이상철 이상현 이성일 이숙민 이승일 이신범 이영언 이영우 이용석 이은철 이은호 이장호 이재록 이재욱 이재혁 이정미 이정태 이정희 이종린 이종희 이준우 이지현 이지형 이창근 이혜옥 이효우 이후경 인미자 임금순 임동철 임명구 임장빈 임장철 장광근 장두환 전득배 전미숙 전은주 전종호 정금란 정낭모 정문호 정병문 정석우 정승규 정영택 정택균 정학래 조동원 조승봉 조은호 조일래 조정화 주용성 주창돈 진병호 진영도 채현규 최규성 최낙진 최명세 최명의 최미경 최세희 최순덕 최오섭 최옥림 최옥주 최정명 최정윤 최풍식 최형규 추애주 하만수 한인숙 한혜경 한화자 허영무 현강섭 홍승새 홍승아 황선삼 황성숙 황정혜 (232명)

언론계

강운구 강정문 고승우 고준환 고희범 국흥주 권근술 권영자 권태선 김근 김대곤 김대은 김동현 김두식 김명걸 김민남 김병익 김선우 김선주 김성균 김성원 김송번 김순경 김승한 김양래 김언호 김영용 김영진 김영호 김영환 김유원 김윤자 김인한 김자동 김재문 김종구 김종원 김종철 김주언 김진석 김진홍 김창수 김태진 김태홍 김학천 김형배 노서경 노향기 문영희 문창석 박경희 박노성 박동출 박상신 박선애 박성득 박순철 박영규 박영배 박우정 박원근 박정삼 박정하 박준영

박혜란 박화강 배동순 배재우 백맹종 변상욱 서권석 서재일 서정훈
서창모 성유보 성한표 손정연 송건호 송경선 송관율 송단옥 송상호
송재원 송준오 송희경 신동윤 신동준 신연숙 신영관 신원영 신정자
신태성 신현국 신홍범 심재택 심정섭 안민영 안상규 안성암 안윤수
안정숙 양한수 오봉환 오성호 오애영 오정수 오정환 오흥진 왕길남
우승룡 유경 유영숙 유우근 유장홍 윤광선 윤석봉 윤성옥 윤활식 윤후상
이경일 이광우 이규만 이기중 이기한 이기홍 이대우 이동운 이명순
이문양 이병주 이병효 이부영 이상현 이수언 이수혁 이시호 이열모
이영록 이영일 이원섭 이의범 이인철 이종대 이종덕 이종욱 이종욱
이지선 이창화 이태호 이태희 이해성 이흥재 이희호 임부섭 임응숙
임재경 임채정 임학권 임희순 장윤환 전희천 정교용 정남기 정동익
정상모 정상태 정연수 정연주 정영일 정재우 정태기 정호상 정홍렬
조강래 조돈만 조성숙 조성호 조수은 조영호 조학래 최병선 최병진
최성민 최욱 최유찬 최장학 최학래 최형민 하봉룡 한국연 한현수 허육
허종렬 현이섭 홍명진 홍선주 홍수원 홍정선 홍휘자 황용복 황윤미
황의방 황헌식 (203명)

여성운동

강경을 공덕귀 곽배희 김계복 김동자 김명실 김미경 김복기 김봉숙
김선곤 김숙자 김순진 김천주 김판숙 김 형 김혜경 김혜숙 김화령
김효선 김희선 도순이 박경애 박부자 박선형 박소희 박순자 박애경
박영숙 박영숙 박옥규 박은혜 박진숙 백미도 송기봉 송보경 신용균
신윤옥 신정희 신희운 안정희 양정자 이미경 이양자 이연숙 이열희
이요식 이우정 이유일 이윤희 이정희 이종태 이태영 이한순 이헌정
이현숙 이혜숙 전정희 정강자 정창희 조동민 조용선 조종숙 차경애
최수경 한우섭 허순이 허훈순 홍승희 (68명)

의학·한의·약학

강봉주 김수경 김양일 김용찬 김현수 노환성 문웅대 박경래 박남운
박혜숙 손치석 신광식 신민경 윤진흥 이무남 이범구 이선옥 이재원
임익근 장규현 정규정 정진숙 조수월 최금자 최수경 하성주 황성동
심길순 문옥륜 서정선 엄대용 유병철 유태열 이성국 이시백 이재선
이충국 장임원 조한익 최용 홍강의 홍창의 황상익 강명회 강영훈 계기성
고광식 권호근 김광식 김록호 김상현 김세연 김승원 김옥희 김운식
김은경 김정문 김정택 김천식 김태권 김태석 김평일 노동두 박길용
박선병 박순서 박양희 박우찬 박은기 백태우 서정기 성열수 손현선
송학선 신언일 심재식 안효섭 양길승 양상기 오영천 서홍관 유영재
유영준 이광호 이기택 이덕은 이동우 이문령 이석우 이연종 이영원
이인승 이준규 이필한 이혜자 이홍열 임정재 장명훈 전종원 정청 정희태
조영환 최대호 최창규 최창혁 한상룡 한영철 함일성 허상보 홍영진
권기익 김상인 권용주 김덕호 김상익 박성보 소진백 송공호 유기덕
윤석용 이범용 정민성 조광호 조창주 천병태 (125명)

종교계

강순칠 강원하 강윤도 강종훈 강진호 강희남 강희성 경갑실 고광진
고민영 고산 고영근 고환규 공한영 관 조 구요비 구행모 권오성 권태복
금영균 김갑배 김경식 김경호 김경희 김관석 김관용 김광집 김규복
김규섭 김근대 김동완 김명식 김병균 김병상 김병희 김상근 김상진
김상해 김서규 김성룡 김성수 김성환 김소영 김승오 김승훈 김승훈
김영남 김영식 김영주 김영진 김영태 김영필 김예기 김용대 김용복
김용봉 김용한 김용현 김욱태 김원진 김윤식 김윤태 김윤환 김재기
김재복 김재열 김재영 김정남 김정식 김정웅 김정호 김종인 김종희
김지길 김지혁 김진석 김진호 김창수 김치영 김태원 김태윤 김택신
김택암 김학록 김학봉 김한기 김헌곤 김현식 김현준 김희방 김희항
나길동 남국현 남재희 남정홍 노세현 노완석 도리천 도법 도현 돈연 동
명 류강하 류인하 명궁 명진 모갑경 목우 무상 문국주 문동환 문양기
문정식 문정현 박광선 박규학 박덕신 박명서 박병준 박봉배 박봉양
박상영 박석진 박선균 박성렬 박승원 박우성 박윤정 박은국 박종기
박준철 박창균 박창신 박철주 박항호 박형규 박호인 박희봉 방영종
방철호 배영진 배은하 배진구 법명 법성 법연 법정 변광순 변철규 보각
서동석 서상범 서재일 서춘배 석담 석주 석준복 석찬귀 선종 선혜
설삼용 성문 성본성조 송진 송문식 송병수 송병철 송성식 송인정 송홍철
수완 신두수 신삼석 신영철 신현만 신현봉 신현태 안광덕 안기중 안병무
안상혁 안승길 안창협 안충석 안호석 양홍 양영수 양요섭 엄마리 여연
여의구 염영일 영담 오기만 오병수 오성백 오요한 오재식 오충일 오태순
원각 원광 원금순 원명 원유술 원종 원타 원행 원혜 원홍식 월서 월주
유근복 유성일 유영래 유인창 유재덕 유재준 윤영애 윤용남 윤창화 이철
이계문 이귀선 이귀철 이귀철 이규영 이규호 이길수 이대수 이동련
이명준 이병돈 이상구 이상복 이상헌 이석환 이성길 이성길 이성득
이수현 이승홍 이용섭 이응석 이재을 이재휘 이종옥 이종옥 이준형
이철호 이춘우 이태우 이학근 이한영 이해동 이해욱 이해학 이호근
이흥섭 이희동 인명진 일원 일진 일초 임기준 임기택 임병태 임태섭
임호출 자명 장기천 장문영 장승현 장의성 전달수 정병금 전양권 전이상
정일 정각 정규완 정기철 정상억 정세균 정우겸 정웅모 정월기 정의덕
정진 정진일 조구정 조규남 조규덕 조남기 조성교 조승균 조승혁 조용술
조응환 조일선 조정율 조창래 조학문 조화순 종열 주영 지선 지원 지종
지환 진각 진관 진우 차구영 차기병 차유황 청화 최기서 최기식 최석호
최원일 최창수 최창의 최치규 탁헌상 평상 표환규 하화식 한규준 한사석
한상렬 한숙자 한시석 한연홍 한용희 함세웅 허근 허병섭 허성학 허원배
허중식 허철수 현공 현기 현응 현정 혜성 홍승권 홍충수 황규록 황양주
황인성 황인하 (354명)

출판·광고계

강한영 고춘남 곽진태 권병일 권병태 김경희 김성재 김순이 김영종
김용희 김인혜 김제원 김종수 김준묵 김충식 김태경 김태형 김학민
김현표 나병식 나혜원 문애란 문이경 박기봉 박맹호 박병진 박인혜
박종만 박지서 박지열 백낙신 변녹진 서순일 서정옥 설호정 성욱 성상건

소병훈 송재완 원황철 윤석태 윤형두 이범 이갑섭 이강우 이건복 이기웅
이기후 이동명 이두영 이만재 이영원 이우희 이의영 이정호 이종복
이철지 임승남 임응배 임한규 임홍조 장정학 전병석 정선근 정양섭
정필영 정해렴 조남일 조상호 진철승 최동전 최민지 최선호 최영희
한창기 함영희 황건 황세연 (78명)

2. 인천·경기
대학교수
강남훈 강돈구 강영선 곽기완 국순옥 김경모 김경인 김기삼 김대환
김문창 김성재 김영규 김영호 김윤자 김준기 김진우 김창락 박광용
박영일 박영호 박종화 서광일 설준규 성완경 송영배 신영상 신황호
안병우 안병욱 안병학 안희수 양계봉 오영석 우명섭 원종례 유영준
윤호균 이경호 이기영 이미숙 이세영 이순근 이승교 이시재 이영자
이영훈 이윤구 이정용 이준모 이한주 임명방 정요일 정자환 정재훈
조현연 차봉희 최순남 최원식 최천택 한영국 홍영복 홍정선 (62명)

민주·사회단체
강근희 강희대 권병기 김관식 김동기 김명식 김명종 김민태 김영준
김지선 박귀현 박기순 박동래 박일성 박종훈 성수열 성원주 송봉길
안영근 염범석 오순부 이교성 이교정 이민우 이봉일 이성식 이숭일
이용원 이우재 이종열 이호웅 이희영 임송남 장인숙 장정옥 전광희
정완립 제정구 조인진 지용택 최순영 하동근 한기철 한덕희 한완수
허두측 홍성복 황선진 황주석 (49명)

법조
고경심 김상철 김승래 김승묵 김찬기 박운식 신명호 안용태 이동열
이창진 이탁규 최수자 홍성훈 (13명)

시민
강병택 강신중 김구연 김동선 김무길 김영팔 김오일 김원식 김정수
김정열 김혜식 박남수 박대호 박동선 박인홍 박찬옥 박청일 배중길
백국종 선호균 성낙수 송지수 안삼룡 양지환 염명순 오형국 용한신
용환신 유석호 이광재 이동기 이병 이양우 이완주 이용현 이원규 이은철
이은학 이현수 인태선 정공훈 정승렬 조명숙 조용명 조우성 최풍식
하태연 한영환 한윤수 홍성걸 황성숙 (51명)

종교계
김명욱 김정택 김지한 맹완재 박영모 박종열 백도기 송병구 윤지석
이경수 이근창 이덕상 이승복 이은규 현명수 호인수 홍창만 (17명)

3. 강원도
대학교수
강치원 김건수 김성기 김영 김영명 김용은 김재환 노명식 배동인 백영서
손병암 손주일 오경심 오춘택 오태현 이경수 이병천 조인형 최창희

홍숙기 김성목 김종화 이계호 황재우 (24명)

민주·사회단체
고광섭 성원주 홍재경 (3명)

4. 충청북도
대학교수
강철구 강형기 강혜숙 고병호 고석하 구연철 권영태 권오룡 김갑기
김병태 김복문 김우식 김정기 김종원 김종하 김진기 김철 김홍숙 남기민
남재봉 노경희 민경희 박정규 박정수 박허식 배병균 배영목 서관모
서대식 손문호 송규범 신호철 안상헌 양기석 양병기 오제명 유지훈
유초하 윤광흠 윤구병 윤기영 이승복 이옥경 이장희 이종철 이주현
이해복 전채린 전형준 전환성 정동호 정선영 정진경 정초시 정호영
조승래 조흥식 차범석 최병수 최세만 한석태 한홍렬 허석렬 (63명)

법조계
김덕배 김희식 박기식 이유근 이태화 정영수 정지성 (7명)

시민
고찬재 권영국 김성구 류사혁 문성식 박수용 유선요 유운기 이관복
이승원 이유중 이주형 이철수 정규영 정명희 정문화 조성현 주재성
진영희 최병찬 황선욱 (21명)

종교계
김창규 서정소 연제식 이도형 이쾌재 이현로 장성택 정차기 최현성
(9명)

5. 충청남도
대학교수
김병욱 김정헌 김흥수 박노영 손명환 이목훈 이병주 이숭원 전철환
정명교 정윤애 표언복 허수열 (13명)

민주·사회단체
강구철 김신환 김필중 박영기 양봉석 오원진 유희영 이규동 이번영
이종근 이하원 장수찬 정효순 최교진 최윤석 한의택 (16명)

시민
강연숙 권술룡 김경희 김대기 김상호 김석희 김승영 김옥엽 김우룡
김창수 남성현 민명수 서득원 송석인 송치호 양충모 유인종 이의영
정락기 조수형 진병관 채정숙 한기온 황인준 (24명)

종교계
강우석 구봉완 권영각 김순호 김영범 김용호 노정길 박종덕 박철규
원형수 유영소 이광수 이명남 이선주 이춘복 장길섭 전용호 정창수

조홍구 현광희 황대성 (21명)

6. 전라북도

대학교수

강건기 강성 강태권 고덕곤 고상순 권문봉 김경욱 김도종 김성환 김승수
김영기 김영정 김용우 김용욱 김의수 김일광 김일환 김재용 김종국
김희준 류종완 문제안 박광서 박동규 박명규 박영학 박종렬 박준완
박중정 박태영 백승화 백의선 봉필훈 서정철 신순철 심호택 오하근
위행복 유제호 윤덕향 윤미길 윤인선 이석영 이석형 이용인 이우정
이종민 이현순 이호선 임옥상 임철호 정두희 정명기 정초왕 정학섭
조순구 조영철 최규호 최준석 최중열 한단석 허걸 (62명)

민주·사회단체

강세현 태재원 황용만 (3명)

시민

김동준 김명순 김문기 김인철 김종철 김철용 두치현 류태헌 변형수
송돈자 신동룡 심병호 심은숙 엄영택 오탄 유지은 이강진 이금자 이기연
이난희 이한삼 임승식 조성용 진승호 채용석 한애규 (26명)

의학·한의·약학

김성태 김용범 서지영 장태안 황정연 (5명)

종교계

백남운 이점용 (2명)

7. 광주·전남

대학교수

고재기 고형일 김광수 김당택 김동원 김동중 김동희 김상형 김선부
김윤수 김재률 김정수 김정완 김종재 김현종 나병식 남성훈 노희관
명노근 문순태 박광서 박만규 박상철 박인수 박충년 배영남 서곤 송기숙
송정민 신경호 오국주 오재일 위상복 윤희면 이경운 이광우 이방기
이상식 이석연 이왕근 이정완 이지헌 이창인 임기건 임현숙 장신 정대수
정의석 정재윤 조담 조승현 지병문 지성애 차성식 최민 최영태 최진수
한상완 홍덕기(59명)

민주·사회단체

김경천 김영대 김영진 김영호 김윤기 김은수 김재균 문홍기 박무 오광주
오흥상 윤용상 윤후근 이래일 이학영 조아라 천기옥 허진명 (18명)

시민

고병상 고영천 고재청 곽종철 국석표 기재필 김대규 김병채 김상곤
김성남 김신근 김신용 김양진 김영일 김옥태 김용전 김정성 김제평
김천배 김헌 김호천 김홍길 김회현 리병재 마원훈 문병회 박광식 박국철

박두규 박석무 박순자 박용수 박정규 박준 박행삼 박형선 박희서 배은심

서명원 서준만 송선태 안성례 양창렬 양천택 염장렬 오수성 위의환
위정철 유공숙 유상표 유성수 유연창 유형근 유효숙 이대우 이상문
이상석 이석찬 이철환 이항규 임봉한 임승식 임종하 임추섭 장길석
장휘국 전희장 정광식 정규철 정동년 정삼균 정승욱 정용화 정일섭
정철웅 정혜숙 조영 조점복 조한유 최답천 최대봉 최연섭 하재귀 한민수
한상석 한정수 한혜정 홍기룡 (88명)

의학·한의·약학

강진상 구석원 국태진 김광호 김용일 김원기 김종영 민장식 신영환
윤광섭 이기영 이수헌 정만영 정수용 조기영 조남중 허경룡 허학부
황성하 (19명)

종교계

강신석 김정면 김희중 박광식 윤구현 윤기석 정형달 조철현 (8명)

8. 대구·경북

대학교수

강대석 강대인 권영규 권오대 권오중 권이구 김민남 김세철 김윤수
김종길 김종민 김종철 김혈조 김형기 민병준 민주식 박승길 박찬석
박현수 서정숙 서종학 성삼경 성호경 송병순 신현직 심희기 염무웅
윤병철 윤세훈 윤영천 이개석 이규성 이덕성 이덕형 이상욱 이성대
이성복 이수인 이윤갑 이윤석 이재성 이정옥 이정우 이종오 임병훈
장지상 정석종 정지창 정태철 주보돈 최광식 최상천 최익주 황태갑
(54명)

민주·사회단체

김종필 나우웅 마경렬 이정우 이종원 전호영 조창래 (7명)

시민

권혁주 남상용 박문성 박방희 박호성 신봉호 유시훈 이영희 이진구
전경상 조병한 (11명)

의학·한의·약학

김용범 박승국 유성규 (3명)

9. 부산·경남

대학교수

강영조 강인순 강재태 고석남 고재문 공명복 곽상진 권철현 김계섭
김공대 김광철 김기석 김남석 김대영 김덕현 김동수 김동철 김봉렬
김상온 김석준 김석희 김선범 김선중 김성득 김성언 김성연 김성열
김세윤 김승석 김승환 김양화 김연민 김영주 김용기 김용운 김유동
김유일 김의동 김일현 김재현 김종덕 김종현 김준형 김지화 김진식
김차두 김창호 김학범 김학수 김해명 김현우 노원희 명형대 문병근

문치은 문현병 민병기 민병위 박동혁 박령 박무호 박민선 박순태 박영태 박유리 박육현 박인호 박일근 박재환 박종근 박종윤 박종진 박종탁 박주철 박철수 박홍규 박희병 배경한 배흥규 백좌흠 백혜숙 서정근 서헌제 서혜란 성인수 손성호 손진우 손현숙 손호은 송무 신동순 신진 심지연 안미영 안승욱 안신호 안원현 안지환 안철현 엄국현 여성구 여운필 오상헌 오상훈 오정섭 우창웅 원상기 유낙근 유장근 유재건 유희수 윤문숙 윤병희 윤용출 이규정 이기영 이도수 이명재 이병화 이봉근 이상목 이성현 이성훈 이송희 이수동 이승현 이연규 이영기 이영덕 이영석 이영일 이영철 이은우 이재하 이재희 이종석 이준식 이창호 이필영 이학주 이현석 이혜숙 이호열 이훈 임영일 임정덕 임종운 장기풍 장남수 장대익 장동표 장희창 전국서 정기영 정기호 정명환 정문성 정민자 정상윤 정성진 정성훈 정영숙 정의광 정진상 정진주 정태훈 정홍섭 조계찬 조인성 조현선 조홍제 진영철 채상식 채숙희 채희완 최덕규 최상경 최영규 최영순 최원준 최유진 최일 최정일 최태룡 태선영 표교열 하일민 한규철 한규희 한석태 허권수 허영재 허평길 홍금희 홍성군 홍순찬 황준연 황창윤 황한식 (199명)

민주·사회단체

고승안 김명재 김종석 김창남 김희욱 도재원 박병철 백인 서영창 유경호 이경숙 김광남 이봉군 이상익 임정남 전성은 정동화 정찬용 정혜란 조헌주 주중식 최윤규 하동삼 허진철 (24명)

법조계

김광일 노무현 문재인 박윤성 안병희 오장희 이규학 이형규 이흥록 장두경 정세용 정시영 조성래 (13명)

시민

강병철 권희수 김건호 김경태 김규도 김극기 김근목 김기조 김동회 김병대 김사숙 김상배 김선희 김수경 김수태 김승기 김신부 김연만 김영옥 김영옥 김완식 김용 김윤환 김인자 김일 김일만 김정특 김종석 김종세 김찬환 김창수 김희로 도원호 박기만 박기찬 박복훈 박상도 박성원 박순섭 박순호 박정관 박정임 박희도 반병일 변수갑 변재관 서근수 서익진 서익진 신시범 신창호 안갑수 양인숙 윤동열 윤정규 이귀자 이길웅 이무웅 이상룡 이상순 이성기 이성순 이수성 이재업 이정자 이진오 장원덕 전정효 전희숙 정진원 주임환 최도술 최명수 최병두 최현두 하일 한영규 허재홍 허진수 황성근 황해순 (81명)

의학·한의·약학

강세구 고광주 곽수훈 김대영 김세윤 김영세 김정일 김종명 김종석 김종하 김준호 김택영 김현식 남기탁 목길수 문백섭 문우환 박용수 박주미 배상도 배종삼 손광웅 이광주 이기선 이동환 이병옥 이상봉 이영준 이장호 이호재 임성조 전장화 조기종 주영광 차봉환 최영철 추창구 하영환 (38명)

종교계

공명탁 김재헌 남주석 도승 박광선 소암 손덕만 송기인 송영웅 수안 신석규 염영일 원광 이일호 이재만 임명규 전병호 전재식 정영문 정허 조재영 조창섭 종수 최성묵 최철희 황대봉 (26명)

10. 제주도

대학교수

고창훈 이상철 조성윤 한석기 (4명)

민주·사회단체

김관후 김영추 김천석 노승권 이승익 (5명)

시민

강삼 고시홍 김경옥 김창수 김창후 문무병 오성찬 한림화 (8명)

이상 3317명

3. 창간 지지 원로 성명

성명서

새 신문 창간에 성원 바랍니다

우리는 70년대 중반부터 80년 초에 이르기까지 언론계의 일선에서 자유 언론을 실천하려다 온갖 고난과 박해를 당한 사람들이 새 신문을 만들기 로 했다는 소식을 듣고 자못 반가운 마음이 들었습니다.

새 신문은 기존의 신문과는 달리 돈 많은 사람들의 지배를 받지 않고 권 력의 간섭에서도 벗어나려고 국민 여러분의 땀이 묻은 돈으로 살림을 시 작하기로 했다고 합니다. 이는 일찌기 언론의 역사에 없었던 일입니다.

바른 소식을 애타게 기다리는 국민의 갈증을 해소시키고 국민의 알 권리 를 충족시켜줄 새로운 신문의 출현이 절실히 요구되고 있습니다. 이번에 첫걸음을 내딛는 새 신문은 국민이 알아야 할 것을 알리고 비판해야 할 것을 제대로 비판해서 우리의 이러한 소망을 풀어줄 것으로 확신하며, 이 들의 이 역사적인 작업이 열매를 맺을 수 있도록 각계의 대표들과 시민 여러분이 새 신문에 적극 참여하시고 이 신문을 아끼고 키워주시기를 간 곡히 당부 드립니다.

창간 지지 원로 24명

김관석 김수환 김옥길 김정한 김지길 문익환 박경리 박두진 박형규 박화성 변형윤 성내운 송월주 윤공희 이돈명 이우정 이태영 이효재 이희승 조기준 지학순 함석헌 홍남순 황순원

1987년 10월 12일

우리는 떨리는 감격으로 오늘 이 창간호를 만들었다. 세계에서 일찍이 유례를 찾아볼 수 없는 국민 모금에 의한 신문 창간 소식이 알려지자 그간 수십 명의 외신 기자들이 찾아왔고, 우리 역시 억누를 수 없는 감격으로 전혀 새로운 신문의 제작에 창조적 긴장과 흥분으로 이 날을 맞이하였다.

한겨레신문의 모든 주주들은 결코 돈이 남아돌아 투자한 것이 아니요, 신문다운 신문, 진실로 국민 대중의 입장을 대변해주는 참된 신문을 갈망한 나머지 없는 호주머니 돈을 털어 투자한 어려운 시민층이므로 이 신문은 개인 이익에서 벗어나지 못하는 재래의 모든 신문과는 달리 오로지 국민 대중의 이익과 주장을 대변하는 그런 뜻에서 참된 국민 신문임을 자임한다.

이와 같은 점을 염두에 두고 우리는 다음과 같은 원칙에서 앞으로 새 신문을 제작하고자 한다.

첫째, 한겨레신문은 결코 어느 특정 정당이나 정치세력을 지지하거나 반대하는 것을 목적으로 하지 않을 것이며, 절대 독립된 입장, 즉 국민 대중의 입장에서 장차의 정치·경제·문화·사회문제들을 보도하고 논평할 것이다.

왜 이 같은 점을 강조하느냐 하면 지금까지 거의 모든 신문들이 말로는 중립 운운하면서 현실로는 언제나 주로 권력의 견해를 반영하고, 한때는 유신체제를 지지하다가도 전두환 정권이 들어서자 어느새 유신을 매도하고, 새 시대 새 질서를 강조하고, 노태우 정권이 들어서자 일제히 이제까지 우러러 모시던 전 정권을 매도하는, 하룻밤 사이에 표변하는 자주성 없는 그 제작 태도야말로 사회 혼란을 조장하는 지극히 위험한 언론으로 보지 않을 수 없기 때문이다.

우리가 특별히 야당 여당 할 것 없이 어떠한 정치세력과도 특별히 가까이 하지도 않고, 특별히 적대시하지도 않고 오로지 국민 대중의 이익과 주장만을 대변하겠다는 이유가 여기에 있는 것이다.

재래 신문사의 많은 언론인들이 이렇게 표변하는 까닭은 그 원인을 그들의 윤리도덕에서 찾을 것이 아니라 오늘의 한국 언론기업의 구성이 이미 순수성을 잃고 독립성을 상실하고 있기 때문이다.

한겨레신문이 정치세력 앞에 공정할 수 있는 힘은 무엇보다도 신문사의 자본 구성이 국민 대중을 바탕으로 삼고 있기 때문이다.

우리는 한겨레신문이 정치적으로 절대 자주독립적임을 거듭 밝히고자 한다.

둘째, 한겨레신문은 절대로 특정사상을 무조건 지지하거나 반대하지 않을 것이며, 시종일관 이 나라의 민주주의 실현을 위해 분투 노력할 것이다.

우리는 오늘의 현실에서 크게 벗어나지 않는 범위 안에서 사상적으로 자유로운 입장임을 거듭 밝힌다.

한겨레신문이 이 사회에 민주주의 기본 질서를 확립하고자 하는 염원 외에는 어떠한 사상이나 이념과도 까닭 없이 가까이 하거나 멀리하지 않을 것을 밝히고자 하는 것이다.

그간 우리나라는 일부 정치군인들이 쿠데타로 정권을 탈취, 고도성장을 이루어놓았다고 구가하고 있으나, 안으로는 빈부의 차를 심화시키고 밖으로는 예속적 경제구조를 굳혀, 성장이 되면 될수록 오히려 사회 불안이 조성된다는 지극히 위험한 상황에 놓여 있다.

반항적인 민중이 경제성장이 되면 될수록 더욱 거세게 저항하는 이유가 여기에 있음을 간과해서는 안된다.

이제까지 집권자들은 이러한 불안정을 경제정책의 민주화로 개혁할 생각은 않고, 안보를 강조하여 반항하는 민중을 탄압하는가 하면 한편에서는 각종 구실로 언론 자유를 억압하여 정보를 독점하고, 그 뒤에서는 권력을 휘둘러 부정과 도둑질을 자행하여 당대에 천문학적인 치부를 하는 것이 이제까지 우리나라 권력의 일반적 행태였다.

자유롭고 독립된 언론은 따라서 권력의 방종과 부패를 막고 국민의 민권을 신장하여 사회 안정을 기할 수 있는 가장 믿을 수 있는 운동이랄 것이다.

이 나라의 민주화는 남북 간의 관계개선을 위해서 특히 동족의 군사대결을 지양하고 통일을 이룩하는 데 있어 절대적인 조건이 될 것이다.

치부를 위해 광분하는 자일수록 남북 간의 군사대결을 필요로 하고, 그럴수록 안보를 강조하고, 정보를 독점하여 독재를 자행하는 것이 이제까지 이 나라의 독재정권의 특징이기도 했다.

따라서 민주화는 남북문제의 해결에 불가결의 조건이 되나 한편 남북관계의 개선은 민주화를 위해 불가결의 조건이 된다는 것을 깨달아야 한다. 민주화와 남북관계의 개선은 떼어서 생각할 수 없는 한 가지 문제의 표리를 이루고 있다는 것을 깨달아야 한다.

남북통일문제는 전 민족의 이해관계와 직결된 생사가 걸린 문제로서, 어느 누구도 이를 독점할 수 없으며, 이런 뜻에서도 민주화는 기필코 실현되어야 한다.

한겨레신문은 따라서 이 나라에 이제까지 이데올로기로서만 이용되어온 민주주의와 자유로운 언론을 실현하기 위해 앞장서 노력할 것이다.

신문사에는 자기 봉급의 절반도 안 되는 수입을 감수하고, 참된 신문 기자가 되어보겠다고 기성 타 신문사에서 옮겨온 야심적인 기자들이 수십 명에 달하고, 다른 어느 신문사보다도 치열한 경쟁을 뚫고 합격한 유능한 수습사원들이 수두룩하고, 그리고 온갖 어려움을 무릅쓰고 십여 년간 신문다운 신문을 만들어보겠다고 온갖 고난을 참고 오늘까지 견뎌온 수십 명의 해직 기자들이 중심이 되어 제작에 참여하고 있으므로, 한겨레신문의 등장은 틀림없이 타성과 안일 속에 젖어 있는 기성 언론계에 크나큰 충격과 파문을 일으켜 한국 언론에 하나의 획기적 전기를 가져올 것으로 믿어 의심치 않는다.

한겨레신문의 3만 명에 달하는 주주들은 참된 신문을 만들어보겠다는 일념으로 가난한 호주머니를 털어 투자를 했다. 그러나 이와 같은 염원은 오늘날 4000만 전체 국민 대중의 꿈이지 어찌 한겨레 주주들만의 꿈이겠는가.

한겨레신문은 실로 4000만 국민의 염원을 일신에 안고 있다 해서 과언이 아니다. 따라서 한겨레는 기성 언론과는 달리 집권층이 아닌 국민 대중의 입장에서 나라의 정치·경제·사회·문화를 위에서가 아니라 밑에서 볼 것이다. 기성 언론과는 시각을 달리할 것이다.

5월 15일 창간일을 맞아 밤잠을 설치고 창간 준비에 심혈을 바친 300여 사원들의 노고를 만천하의 독자들에게 알리며, 참된 언론을 지향하는 한겨레신문에 뜨거운 격려와 성원을 보내주시기를 손 모아 빌고자 한다.

1988년 5월 15일
송건호

5. 윤리강령·윤리강령 실천요강

〈 한겨레신문 윤리강령 〉

한겨레신문은 이 땅에 민주주의와 민주 언론을 실현하려는 국민들의 오랜 염원과 정성이 모아져 창간되었다.

한겨레신문의 모든 임직원은 한겨레신문이 국민에 의해 만들어진 국민의 신문임을 언제나 마음에 새기고 우리의 언론활동은 국민의 뜻을 표현하고 실현하기 위한 것임을 잊지 않는다.

한겨레신문은 우리 사회의 민주화를 실현하고 분단을 극복하고 민족의 자주적 평화통일을 앞당기며 민중의 생존권을 확보·향상시키는 데 이바지해야 할 역사적 과제를 안고 있다.

이같은 사명을 다하기 위해서는 언론의 사회적 책무에 따르는 언론인 자신의 도덕적 결단과 실천 속에서 진실한 보도와 건전한 비판이라는 언론 본연의 역할이 수행되어야 것임을 우리는 믿는다.

이에 한겨레신문 임직원 모두는 다음과 같은 윤리강령을 만들어 이를 지킴으로써 민주 이론을 실천하고 언론인으로서 올바른 자세를 갖출 것을 다짐한다.

1. 언론 자유의 수호

1) 우리는 언론의 자유와 표현의 자유가 인간의 기본적인 권리이며 모든 자유의 기초임을 믿는다. 따라서 언론 자유의 수호는 한겨레신문사에서 일하는 우리 모두의 의무이다.

2) 우리는 스스로의 판단에 따라 신문을 만들며 정치권력을 비롯한 외부로부터의 어떤 간섭도 배격한다.

3) 우리는 한겨레신문이 특정 자본으로부터 독립하기 위해 과점주주가 회사의 경영권을 사유화하는 것을 막는다. 정치권력과 자본으로부터의 독립은 한겨레신문의 움직일 수 없는 원칙이다.

2. 사실과 진실보도의 책임

1) 우리는 상업주의, 선정주의 언론을 배격한다.

2) 우리는 나라와 민족, 세계의 중대사에 관하여 국민이 알아야 할 진실을 밝힌다. 사실과 진실을 바르게 전달하지 않는 것은 언론인으로서 알릴 권리와 의무를 저버리는 것이 며 국민의 알 권리를 침해하는 것이다.

3) 우리는 불의와 부정에 대한 비판자로서 봉사하며 정치권력 등에 의한 인권침해를 파헤친다.

4) 우리는 광고주나 특정 이익단체의 청탁이나 압력을 배제한다.

3. 독자의 반론권 보장

우리는 독자의 반론권을 보장한다.

4. 오보의 정정

우리는 잘못 보도한 것이 확인되었을 때 이를 인정하고 바로 잡는다.

5. 취재원의 보호

우리는 기사의 출처를 밝히지 않기로 한 약속을 반드시 지키며 가사내용을 제공한 사람을 보호한다.

6. 사생활의 보호

우리는 공익을 위한 것이 아닌 한 보도대상의 명예와 사생활을 존중한다.

7. 정당 및 종교활동에 대한 자세

우리는 정당에 가입하지 않으며 특정 정당이나 특정 종교 및 종파의 입장을 대변하지 않는다.

8. 언론인의 품위

1) 우리는 신문제작과 관련하여 금품·기타 부당한 이익을 얻지 않는다.

2) 우리는 개인의 이익을 위해 기사를 쓰거나 다루지 않는다.

9. 판매 및 광고활동

우리는 상도의에 벗어나는 거래를 하지 않는다.

10. 사내 민주주의 확립

우리는 사내의 문제에 대해 자유롭게 의견을 내고 이를 모아 신문제작과 회사의 운영에 반영한다.

11. 윤리실천 요강

이 윤리강령을 실천하기 위해 실천요강을 따로 마련한다.

12. 윤리위원회

이 윤리강령과 실천요강을 지키기 위해 윤리위원회를 둔다. 윤리위원회에 관한 규정은 따로 마련한다.

13. 시행

이 윤리강령은 1988년 5월 5일부터 시행한다.

〈 한겨레신문 윤리강령 실천요강 〉

한겨레신문사의 모든 임직원은 윤리강령을 바탕으로 하여 다음과 같은 실천요강을 지키기로 다짐한다.

1. 언론 자유의 수호

1) 우리는 외부의 간섭이나 압력에 의한 편집권의 침해를 막기 위해 모든 노력을 다한다.

2) 우리는 수사·정보기관원의 신문사 출입 및 신문제작과 관련한 불법 연행을 거부하며 부당하게 연행되었을 때에는 원상회복을 위해 힘을 합쳐 대처한다.

2. 금품

1) 우리는 윤리강령에 어긋나는 금품을 정중히 사절한다, 금품이 자신도 모르는 사이에 전달되었을 때에는 되돌려 보낸다. 되돌려 보내기가 어려울 때에는 윤리위원회에 보고하고 그 판단에 따른다. 다만, 선의의 사소한 선물은 예외로 할 수 있다.

2) 전항의 사소한 선물의 기준은 시가 5만 원 이하로 한다. 5만 원을 초과하는 선물을 받는 경우 즉시 윤리위원회에 귀속시키고 윤리위원회가 이를 처리한다.

3) 우리는 신문사의 지위를 이용하여 상품을 무료로 또는 할인해서 구입하는 등 상거래에서 부당한 이익을 얻거나 그 밖의 개인적 이득을 꾀하지 않는다.

3. 보도 및 논평자료

우리는 보도 및 논평에 필요한 서적이나 음반 및 테이프 등 자료를 받

을 수 있다. 이같은 자료는 회사의 소유로 하고 활용이 끝나면 정보자료
부서로 이관한다.

4 . 취재비용과 여행

1) 우리는 취재에 필요한 경비를 스스로 부담한다. 다만 일반적으로 승
   인된 취재편의가 제공된 경우에는 그렇지 아니하다.

2) 우리는 부득이한 경우를 제외하고는 남의 비용으로 출장이나 여행,
   연수를 가지 않는다.

3) 윤리위원회는 출장과 연수가 윤리강령에 어긋나는지의 여부를 정기
   적으로 점검한다.

5 . 다른 목적을 위한 정보활동 금지

우리는 언론활동 이외의 목적으로 정보나 자료를 수집하지도, 제공하지
도 않는다. 또 회사의 운영이나 신문제작의 기밀을 누설하지 않는다.

6 . 외부활동의 제한

1) 우리는 회사에 직접적으로 손상을 주는 활동에 참여하지 않는다.

2) 우리는 정부기관 등 외부기관의 사업 및 활동에 참여하지 않는 것을
   원칙으로 한다. 외부기관의 사업 및 활동에 참여할 필요가 발생한 경
   우에는 윤리위원회의 심의를 거쳐야 한다.

3) 우리는 자신이 수행하는 회사 업무와 직접 관련 있는 영리단체의 사
   업에 관여하지 않는다.

7 . 윤리위원회

윤리위원회는 윤리강령과 실천요강이 지켜지고 있는지를 심의·판단하
여 필요한 조처를 취한다.

8 . 시 행

① 이 실천요강은 1988년 5월 5일부터 시행한다.

② 이 실천요강은 2001년 8월 10일부터 개정 시행한다.

6. 취재보도 준칙

전 문

1988년 국민의 성금을 바탕으로 이뤄진 한겨레신문의 탄생은 한국 언론
사에서 커다란 의미를 지닌 사건이었다. 그것은 권력과 자본으로부터 독
립된 신문의 등장이었을 뿐만 아니라, 군사독재 아래서 길들여지고 망각
되었던 언론윤리를 되살리는 광야의 불씨가 되었다.

한겨레신문은 창간과 함께 개별 언론사로는 처음으로 '윤리강령' 을 제
정하고, "사실과 진실을 바르게 전달하지 않는 것은 언론인으로서 알릴
권리와 의무를 저버리는 것이며, 국민의 알 권리를 침해하는 것"이라고
선언한 바 있다.

오늘날 우리나라 언론은 안팎으로 심각한 신뢰의 위기를 겪고 있다. 거친
취재 행태, 자의적인 기사 판단과 편집, 균형을 잃은 논조, 편집권에 대한
안팎의 압력과 간섭, 독자의 비판에 귀 기울이지 않는 독선, 공익과 사익
의 혼동 등이 만연하고 있으며, 그것들은 서로 상승작용을 일으켜 언론에
대한 총체적 불신을 불러일으키고 있다. 한겨레신문 또한 신뢰의 위기를

자초한 책임에서 결코 자유롭지 못함을 겸허한 마음으로 받아들인다.

19년 전 이 나라에서 처음으로 엄격하면서도 자율적인 언론윤리의 실천
을 주창한 한겨레신문은 이 땅의 언론이 스스로 쌓아 온 불신의 벽을 허
물고, 다시금 참언론을 실현하는 선두에 서고자 정관과 윤리강령에 바탕
을 둔 취재보도 준칙을 만들어 공표한다.

취재 및 보도 행위에 관한 준칙을 새롭게 만드는 까닭은 올바른 진실과
정확한 사실을 추구하는 신문 본연의 사명에 더욱 충실하기 위함이다. 보
도와 논평 부문에 종사하는 한겨레신문사의 모든 구성원들은 취재보도
준칙의 제정 취지를 충분히 이해하고, 이를 성실하게 이행할 의무를 진다.

우리는 이 준칙을 바깥에도 널리 알려, 독자와 시민사회가 그 이행 여부
를 엄격하게 감시하고 매섭게 질책해주기를 당부하고자 한다. 우리는 내
부에 제도적 장치를 마련해 준칙의 이행여부를 지속적으로 점검하고, 독
자와 시민사회의 비판과 조언을 경청하여 부족한 점은 보완해 나갈 것임
을 다짐한다. **2007년 1월 29일 한겨레신문사 기자 일동**

1장. 한겨레 기자의 책무

보도와 논평에 종사하는 한겨레신문사의 모든 구성원들은 어떤 권력으로
부터도 독립하여 언론의 자유를 지킨다. 국민의 알 권리를 실현하기 위해
정확하고 공정한 보도를 통해 진실을 추구하며, 민주주의의 완성과 인권
의 신장, 세계 평화에 기여한다.

1. 〈진실 추구〉 국내외의 주요 사안 또는 사건의 진실을 최대한 완전하게
   취재해 독자에게 알린다. 모든 형태의 권력을 감시하고, 부당한 권력과
   부정부패에 맞서 사실을 찾아내고 진실을 밝히는 데 최선을 다한다.

2. 〈공공이익 우선〉 공공의 이익을 취재와 보도의 최우선 가치로 삼는다.
   어떤 보도가 공공의 이익에 부합하는지는 사실과 양심을 바탕으로 독
   립해 판단한다. 공익 우선의 원칙에 반하거나 이를 침해하는 압력이나
   부당한 간섭을 일체 배격한다.

3. 〈인권 옹호〉 갖가지 인권 침해를 감시하고 파헤쳐 이를 바로잡도록 하
   는 것은 한겨레신문의 중요한 사명 가운데 하나다. 인권을 침해하는 모
   든 형태의 불법, 폭력에 결연히 맞선다는 자세로 취재와 보도에 임한다.
   – 나이, 성별, 직업, 학력, 지역, 신념, 종교, 국적, 민족, 인종에 따른 차
   별과 편견을 없애기 위해 노력한다.
   – 정치적, 경제적, 사회적 약자가 불공정한 대우나 부당한 차별을 받지
   않도록 감시자의 역할을 다한다.
   – 언론 자유와 인권 보호가 대립할 때에는 양자가 최대한 조화를 이루
   도록 노력하며, 개인 또는 단체의 명예와 사생활을 존중한다.

4. 〈편견의 배제〉 취재 및 보도 과정에서 편견과 선입견을 배제하고, 사
   실 그대로를 전하기 위해 최선을 다한다. 기자 개인이나 특정 집단의
   정치적, 경제적, 사상적, 종교적, 이념적 신념 또는 이익을 위해 진실
   을 왜곡하거나 사실을 일부러 누락하지 않는다.

5. 〈독자 존중〉 정확한 보도를 요구하고 전달 받을 독자의 권리를 존중한
   다. 보도와 논평에 잘못이 확인되면 최대한 신속하게 바로잡는다.

6. 〈충분한 취재와 보도〉 보도할 가치가 있는 사안은 우리의 역량이 닿는 한 충분하게 취재해 독자에게 전한다. 독자가 사안의 본질과 전모를 파악할 수 있도록 여러 측면과 다양한 성격을 두루 짚는다.

7. 〈논쟁 중인 사안을 다룰 때〉 논쟁 중인 사안의 보도에서 균형을 잃지 않도록 노력한다. 기자는 이런 사안에 관해 예단을 갖지 않아야 하며, 어느 한쪽으로 치우치지 않도록 입장과 관점이 다른 여러 사람들을 두루 만나 취재한다.

8. 〈사회적 약자를 다룰 때〉 사회적 약자를 취재할 때에는 그 처지를 최대한 살핀다. 그러나 이들을 배려하고자 사실을 축소·과장·은폐·왜곡하지 않으며, 보도는 공정하게 한다.

9. 〈대립되는 이해관계를 다룰 때〉 개인 또는 집단의 대립되는 이해관계를 다룰 때에는 당사자의 입장을 공평하게 듣는다.

10. 〈국익〉 현존하는 긴급하고 명백한 사유가 전제되지 않는 한, 국익을 이유로 우리가 취재한 진실 또는 사실의 보도를 포기하지 않는다.

11. 〈남북관계를 다룰 때〉 남북관계, 북한의 제반 현실 등을 다룰 때 겨레의 항구적 평화를 바라는 분단국가의 언론인으로서 대결적인 시각을 배척한다.

12. 〈반론 기회의 보장〉 기사에서 불리하게 다뤄질 사람들에게는 자신을 방어하고 변호할 충분한 시간과 기회를 보장한다. 기자는 되도록 당사자를 직접 대면하고 주장을 듣는 성실한 노력을 기울여야 한다. 긴급한 상황에 따라 기사를 먼저 실었을 때에는 사후에라도 당사자의 정당한 반론은 기사로 쓴다. 다만, 명확한 사실로 확인됐거나, 진실이라고 믿을 만한 상당한 이유가 있는 경우는 예외로 한다.

3장. 정직한 보도

13. 〈확인 보도〉 확인된 사실을 기사로 쓴다. 사실 여부는 복수의 취재원에게 확인하도록 한다. 신속한 보도는 언론의 중요한 기능이지만, 속보 경쟁에서 앞서기 위해 확인되지 않은 정보를 함부로 보도하지 않는다. 취재원의 일방적인 폭로나 주장은, 독자적인 취재를 통해 사실 여부를 확인한다.

14. 〈사실과 의견의 구분〉 어떤 사건이나 사안을 보도할 때 확인된 사실과 기자의 주관적 견해·주장 등이 섞여 독자에게 혼란을 일으키지 않도록 각별히 주의한다. 기사나 논평, 사설과 칼럼 등에서 주어의 명시, 정확한 인용 표시와 같이 독자가 분명히 알 수 있는 방법을 사용하여 사실이나 사실에 대한 주장, 그와 관련한 필자의 의견이나 판단 등을 명확하게 구분한다.

15. 〈취재원의 실명 표기〉 모든 기사에는 취재원의 실명과 신분을 적는다. 다만 다음과 같은 예외적인 조건에 한해 취재원을 익명으로 표기할 수 있다.

① 의견이나 추측이 아니라 사실과 관련된 중요한 정보를 갖고 있는 취재원이 익명을 전제로만 말하겠다고 하는 상황에서 그 정보를 입수할 다른 방법이나 경로가 없다고 판단될 때.

② 취재원의 실명이 드러나면 각종 위해나 신분상 불이익에 노출될 위험이 있을 때.

사실에 관련된 정보가 아니라 의견이나 주장, 추측 등을 수집해 보도할 때에는 실명 표기를 원칙으로 한다. 익명으로 표기된 의견은 독자에게 '필자의 주관적 견해'라는 오해를 불러일으킬 수 있으므로 절대 남용하지 않는다.

16. 〈실명표기의 예외〉 각종 범죄의 피해자, 여성과 어린이를 포함한 성폭력 사건의 피해자, 범죄 혐의를 받고 있거나 유죄 판결을 받은 만 14세 미만(형사 미성년) 어린이 등을 취재원으로 인용할 때에는 익명으로 한다.

17. 〈익명 취재원의 표기〉 위 제16항을 제외하고, 취재원을 익명으로 적을 때에는 그 이유를 기사에 밝힌다. 취재원 보호라는 기본 틀 안에서, 익명 취재원의 일반적인 지위를 되도록 자세히 적는다.

18. 〈익명 취재원 보고와 비밀엄수 의무〉 기자는 기사에서 취재원을 익명으로 표기하더라도 그 실명과 신원, 익명으로 표기한 이유 등을 담당 편집장에게 보고하여야 한다. 보고를 받은 담당 편집장 또는 편집국장은 취재원의 신원을 비밀에 부칠 의무를 진다.

19. 〈출처의 명시〉 기사의 바탕이 된 모든 정보의 출처는 최대한 정확히 밝힌다.

20. 〈인용〉 문서, 문헌, 도서 등의 인용은 정확하고 엄밀하게 한다. 취재원의 말을 직접 인용할 때에는 원래 말한 그대로 쓰는 것을 원칙으로 한다. 다만, 취재원의 발언을 독자가 이해하기 어려울 것이라고 판단할 때에는 발언 취지를 최대한 살리는 선에서 변경하거나 적절한 설명을 덧붙일 수 있다.

– 취재원이 한 발언 그 자체가 아니라 취지만을 전달할 때에는 직접 인용구(겹 따옴표)에 넣지 않도록 한다.

– 간접 인용을 할 때에는 독자가 간접 인용임을 분명히 알 수 있도록 인용한 사실과 출처 등을 적는다.

21. 〈기명 표기〉 기사의 기명란에는 해당 기사를 취재하고 작성한 기자의 이름을 쓴다. 한 기사를 쓰는 데 2명 이상의 기자가 관여했을 때에는 핵심적인 취재로 기사 기여도가 높은 기자의 이름을 먼저 적는다.

22. 〈거짓 인용·날조·표절의 금지〉 기사는 물론 취재와 관련된 기록·보고 등에 거짓 인용, 날조, 표절한 내용을 절대 쓰지 않는다. 뉴스를 다루는 기사에는 가공의 명칭, 나이, 장소, 날짜 등을 사용하지 않는다. 기획 기사 등에서는 독자의 이해를 돕기 위해 가명이나 가공의 인물을 사용할 수 있으나, 그 이유를 기사에 반드시 밝혀야 한다.

23. 〈사진의 근본적 변형 금지〉 사진은 촬영된 원본을 쓴다. 선명하고 정확한 사진을 위한 손질이라도 최소한에 그쳐야 한다. 원본 사진의 내용을 바꾸거나 조작하는, 근본적인 변형이 있어서는 안 된다.

24. 〈정보그래픽의 표시〉 정보그래픽을 만드느라 사진의 원본 이미지를 강화하거나 추출 또는 발췌했을 때에는 해당 이미지가 변형된 것임을 밝힌다. 정보그래픽에 사용된 자료의 원본과 그 출처를 명시한다.

25. 〈기사 입증의 책임〉 기자는 자신이 취재해 작성한 기사의 정확성을 입증할 최종적인 책임을 진다. 취재원한테서 직접 인용한 내용이 사실이 아닌 것으로 밝혀질 때에도 최종 책임은 기자에게 있다.

26. 〈바로잡음〉 잘못된 기사 내용은 적극적으로 바로잡는다. 바로잡음 기

사는 충분하고, 분명하며, 정중하게 쓴다.

4장. 취재 · 보도의 기본자세

27. 〈취재할 때의 태도〉 진실을 끈질기게 추구하는 것은 기자의 본분이다. 취재를 할 때에는 당사자를 직접 만나는 것을 기본으로 한다. 취재원은 그가 개인이든 단체든 최대한 존중하며, 예의바르고 성실한 태도로 대한다.

28. 〈취재의 수단과 방법〉 취재의 수단이나 방법은 취재하려고 하는 사안의 사회적 의의와 필요성, 긴급성 등을 종합적으로 고려해 판단한다.

29. 〈취재의 기록〉 취재 대상의 발언은 기록으로 남긴다. 보완수단으로써 녹음도 가능하다. 기자회견이나 공식 인터뷰 등을 제외한 녹음에는 반드시 취재원의 승낙을 받도록 한다. 단, 권력의 부정·비리나 반사회적 사안을 취재할 때는 예외로 할 수 있다. 이때는 취재에 앞서 담당편집장의 승낙을 받거나 사후에 즉시 보고하도록 한다.

30. 〈사진 취재〉 특정한 개인을 촬영할 때에는 대상자의 동의를 얻는다. 다만, 개방된 공간에 공개돼 있는 사람들, 공인 또는 이에 준하는 인물, 공적 관심사에 해당하는 인물 등의 촬영은 예외로 한다. 사진은 연출하지 않는 것을 원칙으로 하되, 촬영 대상이 자세를 취해준 사진은 독자가 알 수 있도록 그 정황을 사진 설명에 담는다.

31. 〈인터넷 활용〉 국가기관이나 기업, 사회·시민 단체 등이 운영하는 공식 홈페이지의 내용은 공식적인 자료로 간주한다. 다만, 그 정보의 정확성과 시의성은 반드시 확인한다. 개인 홈페이지와 블로그 등도 취재의 단서로 활용할 수 있다. 이때에도 사실관계는 철저히 확인하며, 사실과 다를 경우 최종적인 책임은 기자가 진다.

32. 〈신분의 표시〉 취재를 위해 신분을 위장하거나 사칭하지 않는다. 취재할 때는 '한겨레 기자' 라고 밝힌다. 상황에 따라 굳이 신분을 드러낼 필요가 없을 때, 공익을 위해 긴급하고 중대한 사안을 취재할 때는 이를 밝히지 않아도 된다. 다만, 후자의 경우에 기자는 취재에 앞서 담당 편집장의 승낙을 받거나 사후에 즉시 보고하도록 한다.

33. 〈취재원 보호〉 취재원과 약속한 실명 및 신원의 보호는 기자 개인은 물론 신문사의 기본윤리로써 어떤 경우에도 엄격히 준수한다.

34. 〈사생활 존중〉 취재원의 사생활 (프라이버시)을 존중한다. 명백하고 긴요한 공적 관심사에 해당하지 않는 한, 취재를 명분으로 특정한 개인의 사적 영역 또는 그런 장소에서 이뤄지는 생활을 침해하지 않는다.

35. 〈희생자, 피해자 배려〉 사건·사고의 희생자, 범죄 피해자나 그 가족을 취재할 때에는 마음의 상처가 덧나거나 피해가 커지지 않도록 최대한 배려한다.

36. 〈기사 제공의 대가〉 금전적 보상을 전제로 한 취재원의 정보 제공이나 협조를 받지 않는다. 다만, 외부 필자의 칼럼, 정기적인 또는 선의의 기고와 좌담·자문, 인터뷰 참가자 등은 예외로 한다.

37. 〈차별적 표현의 배제〉 성별, 나이, 직업, 학력, 신념, 종교, 인종, 피부색, 지역, 국적, 민족적 배경은 물론 개인의 성적 정체성, 신체적 특성, 육체적·정신적 질병 및 장애 등과 관련해 선입견을 반영한 용어를 쓰거나 경멸적, 편파적, 선정적 표현을 사용하지 않는다.

38. 〈불쾌한 표현의 배제〉 폭력, 잔학행위, 성에 관한 표현 등에서 독자가 불쾌감을 느끼지 않도록 최대한 배려한다.

39. 〈범죄보도〉 자살 사건과 각종 범죄를 보도할 때에는 정황과 수법 등을 구체적으로 묘사하지 않는다. 특히 성폭력 사건의 보도에서는 자극적이거나 선정적으로 묘사하지 않는다.

40. 〈관련법률 준수〉 헌법이 보장하는 언론 자유의 범주 안에서 최대한 적극적으로 취재 활동을 하되, 취재 과정에서 적법한 절차에 따른다. 다만, 권력의 부정·비리나 공공의 관심이 높은 사건, 공공의 이익에 부합한다고 판단되는 사안 등 국민의 '알 권리' 를 위해 필요한 경우는 예외로 할 수 있다. 이런 사안의 보도 여부 등은 한겨레신문사 안의 적절한 기구에서 판단한다. 이런 사안의 보도 결과로 빚어질 수 있는 사회적·법률적 책임에 대해서는 이를 회피하지 않는다.

5장. 이해상충의 배제

41. 〈진실보도 우선〉 신문사나 기자 개인의 이익보다 진실을 앞세운다 독자에게 진실을 알리기 위해 필요하다면 신문사나 기자의 불이익도 감수할 수 있다.

42. 〈보도목적 외 사용 금지〉 취재과정에서 얻은 정보는 한겨레신문사의 자산이므로, 보도활동에만 사용한다. 기자 개인이 이를 외부의 출판, 강연, 기타 활동에 활용하고자 할 때에는 사전에 신문사의 승낙을 얻도록 한다.

43. 〈사적 이익추구 금지〉 취재과정에서 얻은 정보로 기자 개인과 신문사의 이익을 추구하지 않는다. 취재과정에서 알게 된 미공개 또는 비공개 정보를 주식이나 부동산 투자 등에 이용해 금전적 이익을 얻거나 손실을 회피하는 행위도 포함된다.

44. 〈이해관계 유의〉 기자 자신은 물론 친·인척의 정치적, 경제적, 사회적 이해관계가 취재 및 보도 행위에 영향을 끼치지 않도록 최대한의 주의를 기울인다.

45. 〈이해상충 가능성 배제〉 한겨레신문사 기자의 공정성을 의심하게 하는 대외활동, 한겨레신문사의 신뢰와 명예를 훼손할 우려가 있는 행동을 하지 않는다.

부 기

46. 〈확장 가능성〉 이 준칙은 종이신문과 활자 매체 이외에 인터넷과 이동통신 등을 바탕으로하는 각종 전자매체에도 적용된다. 한겨레신문사 구성원들은 이 준칙을 새롭게 확장하고 발전시켜 나갈 의무를 진다.

47. 〈세부 지침 마련〉 이 준칙의 구체화, 취재가 어려운 특별한 분야와 전문적인 영역 등에 대한 세부 지침은 이른 시일 안에 따로 마련해 시행한다.

48. 〈관리기구의 설치·운영〉 우리는 이 준칙의 성실하고 지속적인 이행을 위해 독자를 비롯한 외부의 비판을 겸허히 수용한다. 사내·외 인사를 망라한 관리기구를 설치하고, 그 평가를 독자에게 알린다.

49. 〈윤리강령 준수〉 준칙에 포함되지 않은 행동의 기준은 '한겨레 윤리강령' 과 그 실천요강에 따른다.

50. 〈개정 절차〉 이 준칙은 필요에 따라 적절한 절차를 거쳐 개정할 수 있다.

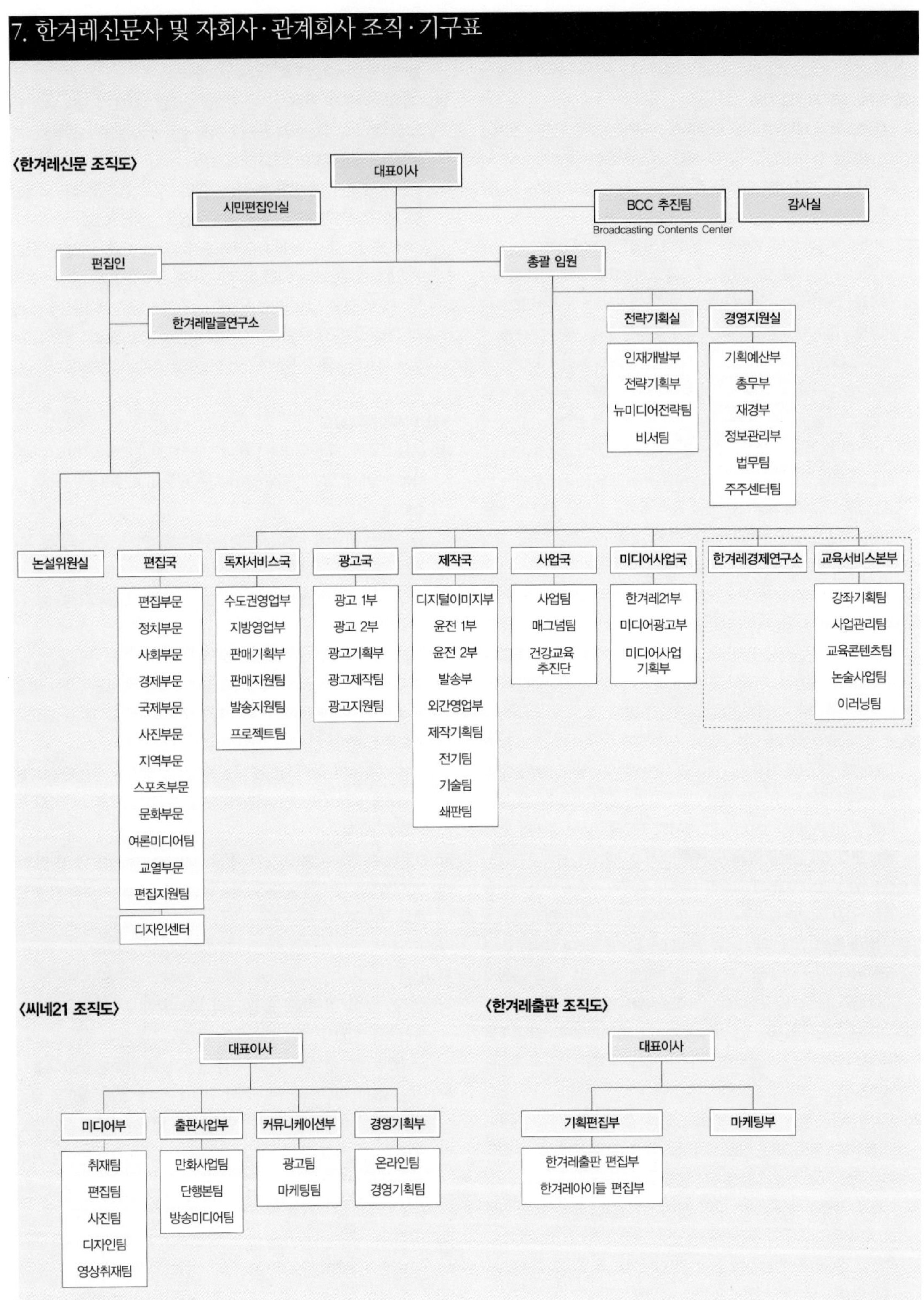
〈한겨레신문 조직도〉
대표이사
시민편집인실
BCC 추진팀
Broadcasting Contents Center
감사실
편집인
총괄 임원
한겨레말글연구소
전략기획실
인재개발부
전략기획부
뉴미디어전략팀
비서팀
경영지원실
기획예산부
총무부
재경부
정보관리부
법무팀
주주센터팀
논설위원실
편집국
편집부문
정치부문
사회부문
경제부문
국제부문
사진부문
지역부문
스포츠부문
문화부문
여론미디어팀
교열부문
편집지원팀
디자인센터
독자서비스국
수도권영업부
지방영업부
판매기획부
판매지원팀
발송지원팀
프로젝트팀
광고국
광고 1부
광고 2부
광고기획부
광고제작팀
광고지원팀
제작국
디지털이미지부
윤전 1부
윤전 2부
발송부
외간영업부
제작기획팀
전기팀
기술팀
쇄판팀
사업국
사업팀
매그넘팀
건강교육
추진단
미디어사업국
한겨레21부
미디어광고부
미디어사업
기획부
한겨레경제연구소
교육서비스본부
강좌기획팀
사업관리팀
교육콘텐츠팀
논술사업팀
이러닝팀
〈씨네21 조직도〉
대표이사
미디어부
취재팀
편집팀
사진팀
디자인팀
영상취재팀
출판사업부
만화사업팀
단행본팀
방송미디어팀
커뮤니케이션부
광고팀
마케팅팀
경영기획부
온라인팀
경영기획팀
〈한겨레출판 조직도〉
대표이사
기획편집부
한겨레출판 편집부
한겨레아이들 편집부
마케팅부

〈한겨레엔 조직도〉

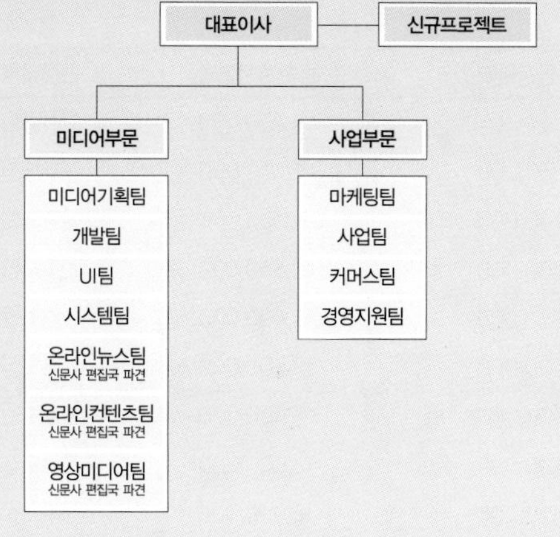
대표이사
신규프로젝트
미디어부문
사업부문
미디어기획팀
개발팀
UI팀
시스템팀
온라인뉴스팀
신문사 편집국 파견
온라인컨텐츠팀
신문사 편집국 파견
영상미디어팀
신문사 편집국 파견
마케팅팀
사업팀
커머스팀
경영지원팀

〈한겨레미디어마케팅 조직도〉

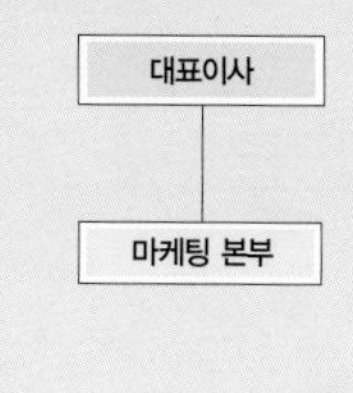
대표이사
마케팅 본부

〈한겨레에스앤씨 조직도〉

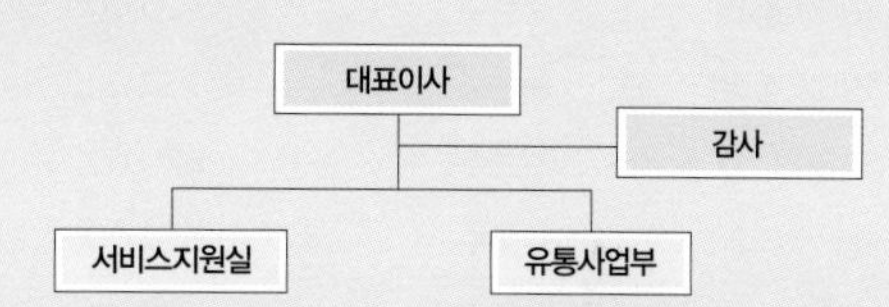
대표이사
감사
서비스지원실
유통사업부

〈한겨레플러스 조직도〉

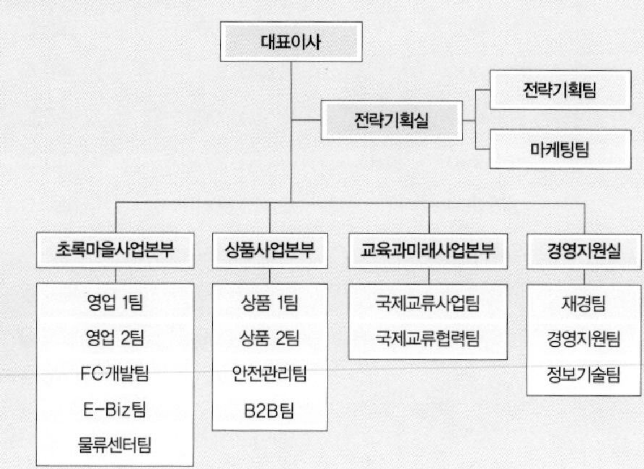
대표이사
전략기획실
전략기획팀
마케팅팀
초록마을사업본부
상품사업본부
교육과미래사업본부
경영지원실
영업 1팀
영업 2팀
FC개발팀
E-Biz팀
물류센터팀
상품 1팀
상품 2팀
안전관리팀
B2B팀
국제교류사업팀
국제교류협력팀
재경팀
경영지원팀
정보기술팀

주식수 6,227,591 **금 액** 31,137,955,000원

⟨자본금의 변동현황⟩   （금액:천 원）

증자일자	주식의종류	주식수	증자금액	증자후자본금	증자내역
1987.12.15	보통주	250,000	–	1,250,000	회사설립
1988.2.2	보통주	370,000	1,850,000	3,100,000	신주모집
1988.3.3	보통주	380,000	1,900,000	5,000,000	신주모집
1988.11.15	보통주	310,000	1,550,000	6,550,000	신주모집
1988.12.30	보통주	170,000	850,000	7,400,000	신주모집
1989.4.16	보통주	420,000	2,100,000	9,500,000	신주모집
1989.4.30	보통주	180,000	900,000	10,400,000	신주모집
1989.5.17	보통주	620,000	3,100,000	13,500,000	신주모집
1989.6.28	보통주	684,000	3,420,000	16,920,000	신주모집
1990.12.21	보통주	38,000	190,000	17,110,000	신주모집
1991.5.28	보통주	38,000	190,000	17,300,000	신주모집
1991.9.10	보통주	56,000	280,000	17,580,000	신주모집
1991.10.11	보통주	82,000	410,000	17,990,000	신주모집
1991.12.31	보통주	126,000	630,000	18,620,000	신주모집
1992.4.28	보통주	106,000	530,000	19,150,000	신주모집
1992.12.30	보통주	20,000	100,000	19,250,000	신주모집
1993.12.29	보통주	35,000	175,000	19,425,000	신주모집
1994.12.29	보통주	15,000	75,000	19,500,000	신주모집
1995.12.28	보통주	14,000	70,000	19,570,000	신주모집
1996.12.28	보통주	14,000	70,000	19,640,000	신주모집
1997.12.28	보통주	18,000	90,000	19,730,000	신주모집
1998.12.28	보통주	–	–	19,730,000	–
1999.12.31	보통주	30,000	150,000	19,880,000	신주모집
2000.12.31	보통주	–	–	19,880,000	–
2001.12.31	보통주	–	–	19,880,000	–
2002.12.27	보통주	2,251,591	11,257,955	31,137,955	신주모집
2003.12.31	보통주	–	–	31,137,955	–
2004.12.31	보통주	–	–	31,137,955	–
2005.12.31	보통주	–	–	31,137,955	–
2006.12.31	보통주	–	–	31,137,955	–
2007.12.31	보통주	–	–	31,137,955	–

〈한겨레신문 요약 손익계산서〉 (금액:백만 원)

과목	제1기 1988년	제2기 1989년	제3기 1990년	제4기 1991년	제5기 1992년	제6기 1993년	제7기 1994년
1.매출액	6,566	12,559	16,411	17,928	23,630	24,954	36,338
2.매출원가	4,668	9,157	11,447	11,887	15,249	16,101	21,088
3.매출총이익	1,898	3,402	4,963	6,041	8,381	8,853	15,250
4.판매비와관리비	2,413	5,352	6,200	6,904	8,390	9,297	13,528
5.영업이익(손실)	−514	−1,950	−1,237	−863	−9	−443	1,722
6.영업 외 수익	170	809	730	1,203	413	433	444
7.영업 외 비용	428	604	878	298	920	1,330	1,263
8.경상이익(손실)	−772	−1,745	−1,385	41	−516	−1,340	903
9.특별이익	−	−	−	−	5	16	204
10.특별손실	0	1	8	127	307	26	4
11.법인세비용차감전순이익(손실)	−772	−1,747	−1,393	−85	−817	−1,351	1,103
12.법인세비용	−	−	−	−	−	−	−
13.당기순이익(손실)	−772	−1,747	−1,393	−85	−817	−1,351	1,103

과목	제8기 1995년	제9기 1996년	제10기 1997년	제11기 1998년	제12기 1999년	제13기 2000년	제14기 2001년
1.매출액	47,435	53,479	61,309	72,181	83,811	85,066	71,256
2.매출원가	29,145	34,113	36,727	49,200	51,150	52,113	46,523
3.매출총이익	18,289	19,367	24,582	22,982	32,661	32,953	24,733
4.판매비와관리비	16,614	18,242	23,141	21,969	35,568	31,663	26,432
5.영업이익(손실)	1,676	1,124	1,441	1,013	−2,907	1,291	−1,699
6.영업 외 수익	442	638	1,047	2,347	832	1,556	864
7.영업 외 비용	2,939	4,969	1,883	2,877	4,285	2,178	3,137
8.경상이익(손실)	−822	−3,207	604	482	−6,360	668	−3,971
9.특별이익	130	71	−	544	3,511	73	−
10.특별손실	57	71	1,260	−	1,600	−	−
11.법인세비용차감전순이익(손실)	−749	−3,207	−656	1,026	−4,448	741	−3,971
12.법인세비용	−	−	−	−	−	−	−
13.당기순이익(손실)	−749	−3,207	−656	1,026	−4,448	741	−3,971

※1999년 인터넷한겨레 분사
　2003년 씨네21 분사
　2006년 한겨레출판 분사

<한겨레신문 요약 손익계산서> (금액:백만 원)

과목	제 15 기 2002년	제 16 기 2003년	제 17 기 2004년	제 18 기 2005년	제 19 기 2006년	제 20 기 2007년
1.매출액	81,777	81,798	80,550	76,610	76,744	76,286
2.매출원가	51,221	52,030	48,825	40,681	41,601	44,595
3.매출총이익	30,556	29,768	31,726	35,928	35,143	31,691
4.판매비와관리비	29,786	31,011	32,577	31,170	32,263	29,910
5.영업이익(손실)	770	−1,243	−851	4,758	2,880	1,781
6.영업 외 수익	4,008	1,565	1,778	1,288	1,951	3,056
7.영업 외 비용	4,638	3,131	3,113	4,142	2,309	2,367
8.경상이익(손실)	139	−2,809	−2,185	1,904	2,521	2,470
9.특별이익	−	−	−	−	−	−
10.특별손실	−	−	−	−	−	−
11.법인세비용차감전순이익(손실)	139	−2,809	−2,185	1,904	2,521	2,470
12.법인세비용	−	−	−	−	−755	384
13.당기순이익(손실)	139	−2,809	−2,185	1,904	3,277	2,086

<씨네21 요약 손익계산서> (금액:백만 원)

과목	제 1 기 2003년	제 2 기 2004년	제 3 기 2005년	제 4 기 2006년	제 5 기 2007년
1.매출액	3,055	7,674	8,050	8,023	7,455
2.매출원가	1,638	4,348	5,612	5,855	5,452
3.매출총이익	1,416	3,326	2,438	2,168	2,003
4.판매비와관리비	732	2,536	1,877	2,046	1,906
5.영업이익(손실)	685	790	561	122	97
6.영업 외 수익	1	51	61	194	27
7.영업 외 비용	41	93	215	61	102
8.경상이익(손실)	645	748	408	255	21
9.법인세비용차감전순이익(손실)	645	748	408	255	21
10.법인세비용	145	177	124	55	10
11.당기순이익(손실)	499	571	284	200	12

<한겨레출판 요약 손익계산서> (금액:백만 원)

과목	제 1 기 2006년	제 2 기 2007년
1.매출액	3,034	3,718
2.매출원가	1,798	1,905
3.매출총이익	1,236	1,813
4.판매비와관리비	1,084	1,452
5.영업이익(손실)	152	361
6.영업 외 수익	3	17
7.영업 외 비용	36	70
8.경상이익(손실)	119	308
9.법인세비용차감전순이익(손실)	119	308
10.법인세비용	20	57
11.당기순이익(손실)	99	250

<한겨레플러스 요약 손익계산서> (금액:백만 원)

과목	제1기 1999년	제2기 2000년	제3기 2001년	제4기 2002년	제5기 2003년	제6기 2004년	제7기 2005년	제8기 2006년	제9기 2007년
1.매출액	–	10,694	13,792	18,149	20,422	47,940	50,463	51,205	57,143
2.매출원가	–	10,791	15,186	10,998	9,202	32,644	37,293	38,847	41,759
3.매출총이익	–	–	–	7,151	11,220	15,296	13,170	12,357	15,384
4.판매비와관리비	–	–	–	8,615	10,323	14,314	13,035	11,777	14,271
5.영업이익(손실)	–	−97	−1,394	−1,465	897	982	135	581	1,113
6.영업 외 수익	1	368	288	843	249	309	1,873	364	559
7.영업 외 비용	–	226	94	4,152	970	1,232	1,950	601	485
8.경상이익(손실)	1	45	−1,199	−4,773	175	60	58	344	1,187
9.법인세비용차전순이익(손실)	1	45	−1,199	−4,773	175	60	58	344	1,187
10.법인세비용	–	1	–	27	–	–	–	–	−85
11.당기순이익(손실)	1	44	−1,199	−4,800	175	60	58	344	1,272

<한겨레엔 요약 손익계산서> (금액:백만 원)

과목	제1기 1997년	제2기 1998년	제3기 1999년	제4기 2000년	제5기 2001년	제6기 2002년	제7기 2003년	제8기 2004년	제9기 2005년	제10기 2006년	제11기 2007년
1.매출액									121	3,065	3,811
2.매출원가									–	–	371
3.매출총이익	–	–	–	–	–	–	–	–	121	3,065	3,440
4.판매비와관리비							2		81	3,018	3,417
5.영업이익(손실)	–	–	–	–	–	–	−2	–	40	47	23
6.영업 외 수익	1	7	5	3	–		2	2	1	1	8
7.영업 외 비용	1	1	1	–	–	–	–	–	–	–	–
8.경상이익(손실)	–	6	4	3	–			2	41	48	31
9.법인세비용차전순이익(손실)	–	6	4	3	–		–	2	41	48	31
10.법인세비용	–	1	1	1	–		–		5	12	9
11.당기순이익(손실)	–	5	3	2	–	–	–	2	36	36	22

〈한겨레신문 요약 대차대조표〉 (금액:백만 원)

과목		제 1 기 1988년	제 2 기 1989년	제 3 기 1990년	제 4 기 1991년	제 5 기 1992년	제 6 기 1993년	제 7 기 1994년	제 8 기 1995년
자산	1. 유동자산	5,390	11,644	9,368	9,230	11,858	12,798	16,569	18,826
	(1) 당좌자산	5,276	11,474	9,176	8,999	11,686	12,469	16,254	18,327
	(2) 재고자산	70	63	69	129	70	165	217	427
	(3) 기타유동자산	43	108	122	101	103	164	98	72
	2. 투자와 기타자산	293	647	959	1,970	1,218	676	1,600	2,374
	3. 고정자산	2,356	5,915	8,016	10,505	10,081	10,383	10,872	11,371
	(1) 유형자산	2,356	5,913	8,015	10,504	10,079	10,382	10,871	11,370
	(2) 무형자산	–	2	2	1	1	1	1	1
	4. 이연자산	931	753	213	79	32	9	2	1
	자산총계	8,970	18,959	18,556	21,784	23,188	23,866	29,044	32,573
부채 및 자본	1. 부채	2,342	4,564	5,366	7,156	8,747	10,600	14,602	18,810
	(1) 유동부채	1,154	2,976	3,393	4,935	5,413	6,543	9,241	12,155
	(2) 고정부채	1,188	1,588	1,974	2,221	3,334	4,058	5,361	6,655
	2. 자본	6,628	14,395	13,190	14,628	14,441	13,265	14,442	13,763
	(1) 자본금	7,400	16,920	17,110	18,620	19,250	19,425	19,500	19,570
	(2) 자본잉여금	–	–	–	–	–	–	–	–
	(3) 결손금	772	2,525	3,920	3,992	4,809	6,160	5,058	5,807
	(4) 자본조정	–	–	–	–	–	–	–	–
	부채 및 자본총계	8,970	18,959	18,556	21,784	23,188	23,866	29,044	32,573

제 9 기	제 10 기	제 11 기	제 12 기	제 13 기	제 14 기	제 15 기	제 16 기	제 17기	제 18 기	제 19기	제 20 기
1996년	1997년	1998년	1999년	2000년	2001년	2002년	2003년	2004년	2005년	2006년	2007년
21,502	24,985	32,124	30,875	30,830	26,152	31,759	29,425	23,900	26,204	27,233	32,599
20,842	24,012	30,738	29,929	29,895	25,265	30,612	28,336	22,673	24,833	27,123	32,437
560	973	1,386	946	935	887	1,147	1,089	1,227	1,371	110	162
100	–	–	–	–	–	–	–	–	–	–	–
6,054	6,370	5,000	3,321	5,894	7,829	6,347	10,234	12,626	13,376	8,629	9,640
13,435	11,582	20,698	21,677	21,200	20,975	20,358	20,836	19,438	18,536	27,566	27,304
13,433	11,581	20,696	21,672	21,187	20,917	20,287	20,666	19,162	17,665	25,251	25,252
1	2	2	5	13	58	72	170	276	871	2,315	2,053
1	26	19	–	–	–	–	–	–	–	–	–
40,991	42,963	57,841	55,873	57,924	54,956	58,464	60,494	55,964	58,116	63,427	69,543
29,874	32,412	41,002	43,333	42,952	43,825	36,050	41,054	39,225	38,857	40,645	44,588
21,173	23,103	27,894	29,375	26,327	13,407	16,299	34,275	25,402	30,437	30,815	28,083
8,701	9,309	13,109	13,958	16,625	30,418	19,752	6,779	13,823	8,420	9,830	16,505
11,117	10,551	16,838	12,540	14,972	11,130	22,414	19,440	16,739	19,259	22,783	24,955
19,640	19,730	19,730	19,880	19,880	19,880	31,138	31,138	31,138	31,138	31,138	31,138
529	529	–	–	–	–	–	–	–	648	648	–
9,051	9,707	2,892	7,340	6,599	10,487	10,348	13,157	15,342	13,438	10,161	7,165
–	–	–	–	1,691	1,737	1,624	1,459	943	911	1,157	982
40,991	42,963	57,841	55,873	57,924	54,956	58,464	60,494	55,964	58,116	63,427	69,543

〈씨네21 요약 대차대조표〉 (금액:백만 원)

과목		제 1 기 2003년	제 2 기 2004년	제 3 기 2005년	제 4 기 2006년	제 5 기 2007년
자산	1. 유동자산	3,506	3,324	3,747	3,202	2,884
	(1) 당좌자산	3,467	3,271	3,586	3,091	2,808
	(2) 재고자산	39	53	161	111	75
	2. 비유동자산	356	976	1,108	1,155	1,480
	(1) 투자자산	297	471	436	621	1,128
	(2) 유형자산	58	147	105	120	76
	(3) 무형자산	–	357	567	414	276
	자산총계	3,862	4,300	4,855	4,356	4,364
부채 및 자본	1. 부채	2,030	1,896	2,168	1,469	1,309
	(1) 유동부채	2,030	1,806	1,993	1,264	1,107
	(2) 비유동부채	–	91	175	205	202
	2. 자본	1,832	2,404	2,687	2,887	3,055
	(1) 자본금	1,294	1,294	1,294	1,294	1,294
	(2) 자본잉여금	39	39	39	39	195
	(3) 이익잉여금	499	1,071	1,355	1,554	1,566
	부채 및 자본총계	3,862	4,300	4,855	4,356	4,364

〈한겨레출판 요약 대차대조표〉 (금액:백만 원)

과목		제 1 기 2006년	제 2 기 2007년
자산	1. 유동자산	1,748	1,745
	(1) 당좌자산	1,118	1,038
	(2) 재고자산	630	706
	2. 비유동자산	189	258
	(1) 투자자산	176	241
	(2) 유형자산	14	17
	(3) 무형자산	–	–
	자산총계	1,938	2,003
부채 및 자본	1. 부채	1,573	1,388
	(1) 유동부채	1,573	1,328
	(2) 비유동부채	–	60
	2. 자본	364	615
	(1) 자본금	1250	250
	(2) 자본잉여금	–	–
	(3) 이익잉여금	114	365
	부채 및 자본총계	1,938	2,003

<한겨레플러스 요약 대차대조표> (금액:백만 원)

과목		제 1 기	제 2 기	제 3 기	제 4 기	제 5 기	제 6 기	제 7 기	제 8 기	제 9 기
		1999년	2000년	2001년	2002년	2003년	2004년	2005년	2006년	2007년
자산	1. 유동자산	3,410	4,297	11,624	9,885	11,965	10,850	10,921	14,216	14,041
	(1) 당좌자산	3,192	4,175	11,201	9,204	11,008	9,138	9,171	12,856	12,402
	(2) 재고자산	218	122	423	682	957	1,712	1,749	1,359	1,640
	2. 비유동자산	3,789	7,643	7,110	5,178	4,404	3,808	3,707	3,549	5,704
	(1) 투자자산	1	1,049	973	1,834	1,882	1,921	835	2,375	3,440
	(2) 유형자산	239	2,720	2,074	1,255	966	778	551	594	1,218
	(3) 무형자산	3,550	3,873	4,063	2,089	1,557	1,109	2,321	580	1,046
	자산총계	7,199	11,940	18,734	15,064	16,370	14,658	14,628	17,765	19,745
부채 및 자본	1. 부채	2,200	2,104	10,097	11,227	12,691	10,734	10,525	9,319	10,002
	(1) 유동부채	2,200	2,028	1,903	2,421	12,249	6,651	6,147	8,794	9,320
	(2) 비유동부채	–	76	8,194	8,805	441	4,083	4,379	525	682
	2. 자본	4,999	9,836	8,637	3,837	3,679	3,923	4,103	8,445	9,743
	(1) 자본금	1,286	5,398	5,398	5,398	5,398	5,398	5,398	5,374	5,374
	(2) 자본잉여금	3,713	4,394	4,394	4,394	4,394	4,394	–	4,025	3,098
	(3) 이익잉여금	1	45	−1,155	−5,955	−5,782	−5,723	−1,271	−927	1,271
	(4) 자본조정	–	–	–	–	−331	−146	−25	−26	–
	부채 및 자본총계	7,199	11,940	18,734	15,064	16,370	14,658	14,628	17,765	19,745

<한겨레엔 요약 대차대조표> (금액:백만 원)

과목		제 1 기	제 2 기	제 3 기	제 4 기	제 5 기	제 6 기	제 7 기	제 8 기	제 9 기	제 10 기	제 11 기
		1997년	1998년	1999년	2000년	2001년	2002년	2003년	2004년	2005년	2006년	2007년
자산	1. 유동자산	50	55	114	60	60	55	55	57	133	586	910
	(1) 당좌자산	50	55	114	60	60	55	55	57	133	586	910
	(2) 재고자산	–	–	–	–	–	–	–	–	–	–	–
	2. 비유동자산	–	–	–	–	–	5	5	5	5	17	322
	(1) 투자자산	–	–	–	–	–	5	5	5	5	10	208
	(2) 유형자산	–	–	–	–	–	–	–	–	–	5	108
	(3) 무형자산	–	–	–	–	–	–	–	–	–	2	6
	자산총계	50	55	114	60	60	60	60	62	138	603	1,232
부채 및 자본	1. 부채	–	–	56	–	–	–	–	–	40	469	575
	(1) 유동부채	–	–	56	–	–	–	–	–	40	412	507
	(2) 비유동부채	–	–	–	–	–	–	–	–	–	57	68
	2. 자본	50	55	58	60	60	60	60	62	98	134	657
	(1) 자본금	50	50	50	50	50	50	50	50	50	50	550
	(2) 자본잉여금	–	–	–	–	–	–	–	–	–	–	–
	(3) 이익잉여금	–	5	8	10	10	10	10	12	48	84	107
	부채 및 자본총계	50	55	114	60	60	60	60	62	138	603	1,232

11. 역대 주요 특종·기획

※ 취재 보도 관련 한겨레대상, 한겨레상, 공로상, 대특종상,
  특종상 1·2급, 노력상 포함
※ 사내 특종상 제도는 1989년 10월 이후에 정착
※ 특종상 수상 시점 기준

1989년

월	내용	수상자
1월	안기부 선거 자료 절취	오귀환
10월	전화국 블랙박스 도청장치 의혹	신동호
	한은법 개정 관련 정부, 여당 회의록	곽병찬
12월	구속영장 실질검사제 도입	김이택
	마르크스주의자 서울 온다	김영철
	새롭게 주목 끄는 중대생 변사사건	오용, 김영환, 곽노필, 오귀환
	여권 정호용 의원 사퇴 유도	곽병찬
	주한미군 절반 감축 시사	정연주
	지방 금융 활성화	정영무

1990년

월	내용	수상자
1월	장성탄광 광부 2차 질식 사고	고희범
2월	교사, 공무원 3당 합당 홍보 교육	오태규, 김영환, 신동명, 정세용
4월	교도관이 수감자 석방	김이택, 성한용
	연행되는 민자당사 기습 시위	이종찬
	한미연합사 앞 팀스피리트 중단 시위	곽윤섭
	주한 미공군 감축 및 기지 폐쇄	김형배
6월	재벌기업 비업무용 부동산 실태	이홍동, 이봉수
8월	수돗물 마음 놓고 마실 수 없나	안종주

1991년

월	내용	수상자
1월	보안사 민간인 불법 사찰	이병효
3월	군기무사 또 민간인 사찰	김성걸, 이상현
6월	김기설 유서 대필 관련자 경찰이 보호	김의겸

1992년

월	내용	수상자
7월	고속증식로 핵기술 개방	신동호
	북한 핵 관련 보도	오귀환, 박종문, 강태호
	이인모 씨 연행	장철규
	통신사 예하부대 대리 투표	이수윤
	PKO 파병 관련 보도	윤국한, 박종문
12월	단국대부고 해직 교사 첫 복직	최영선, 한승동
	총선 때 선심 사업 남발	김인현, 손규성, 박창식

| | 한국화약 거액 외화 유출 | 곽정수, 정석구, 신현만 |

1993년

월	내용	수상자
5월	건영특혜 의혹 보도	김인현, 김성호, 박중언, 정석구
	군 장비 불법 유출 비리	김성수, 박창식, 이수윤
	대선 방송연설 일정 일방 조정	유재훈
	매 사냥	최성민, 진천규
	카길사 국내 진출	차기태
10월	1994학년도 대입전형일자	박중언
	고위공직자 재산 공개	김의겸, 정남기, 지창은, 박중언, 김인현, 백기철, 강석운, 김도형, 유강문, 김종구
	전직 대통령 조사 방침	김성호
	카지노 비리	김종구, 허호준, 김현대, 강석운, 박중언, 안재승, 김인현, 정석구, 곽정수, 정재권
11월	소말리아 전투병 파견	이상기
	북한 핵 문제 관련 북-미 접촉 내용	정연주
	한화 회장 미국 비밀계좌 적발	하성봉
12월	쌀 시장 부분 개방 검토	이길우

1994년

월	내용	수상자
2월	미 CIA국장 극비 방한	이상기
	서울에 나타난 미 CIA 국장	이정우, 이종찬
4월	민자 김종필 대표 부의금 파문	윤국한
	삼성, 중동학원 인수 의혹	신현만
	시청료 전기료 합산 징수	정의길
	일부 민자당 의원 UR 반대 서약	정남기
	조계종 사태	정인식
	최기선 인천시장 사전 선거운동	김영환
	UR 이면계약서	이길우, 이봉수
6월	조계종 사태	권복기
	고위공직자 정당법 위반	정세용
	군 장성 인사	이상기
	김현철 씨 로비자금 의혹	김인현, 유강문, 이인우, 백기철, 박중언, 권태호, 성한용, 김의겸, 강희철, 하성봉
	러시아 벌목노동자	양상우, 강재훈
	상무대 정치자금 유입 의혹	유강문, 이인우, 김인현, 권복기, 성한용, 홍대선

	조계종 사태	백기철, 권태호, 박중언, 강희철, 정인식
	주총 성립 요건 완화 상법 개정	안재승
	조계종 총무원 조직폭력배 동원	지창은
	팔레스타인 자치 실현 및 예맨 내전	박찬수
7월	원진레이온 해체기계 중국 매각	변재성
10월	이곳만은 지키자	조홍섭, 김경애
11월	5월 광주 계엄군	정재권, 윤승일
	공고생 현장실습	강석운
	김현철 의혹	곽병찬, 여현호
	승지원 의혹	김현대
	시베리아 벌목공	박태웅
	외국인 노동자 산재	오귀환

1995년

1월	중국말 표기자료집	권정숙, 이찬영
	부천시 총무국장 비리	김영환, 백기철, 오철우
	소대장 길들이기	김성걸
	아현동 가스 폭발 사고 원인	양상우, 권복기
	장교 탈영, 하극상 고민	박병수, 양상우
	정부 핵 경협 연계 원칙 해제	강태호, 박중언, 김성수, 김성호
	주세법 개정 파동	안재승
	핵연료 결함	조홍섭
	검찰, 박홍 지원 관계기관 대책회의	하성봉
3월	모래시계	김도형
	인천 연수지구 특혜 분양	김영환
	헌법재판소의 공소 시효 판결	김인현
	힘내세요	곽윤섭
5월	창간 7주년 특집	오귀환, 곽병찬, 윤승일
	김대중 딜레마	곽병찬, 강석운, 여현호
	각종 범칙금 인상	이제훈, 정재권
	연금 관리 체계의 문제	곽병찬, 김현대, 윤승일
6월	과천선 지하철 결함	강남규, 양상우
	대만 총통 방미 허용	이길우
	동성동본 금혼 위헌 제청	김종태
	미군 전용 부두 활용 시급	최익림
	신문 과당경쟁 물의	김영철, 이근영, 김성수
	유원건설 3자 인수	곽정수
	인터넷으로 도둑 전화	신기섭
	한국통신, 공공 DB 점수 조작	권복기
11월	민자당 향응 제공	곽윤섭
	삼풍백화점 건설 비리	양상우, 이용인
	세계 여성회의 종군 위안부 의제 채택	김미경

| | 아시아 태평양 지역 관련 기획 | 김지석, 곽노필, 정의길, 조준상 |

1996년

2월	계도용 신문 비리	김기성
	고양 금정굴 유골 발굴	강남규, 강세준
	김종휘 씨 귀국 의사	윤국한
	노태우 비자금 실명 전환	임범
	뉴질랜드 대사 소환 방침	박중언
	영광원전 4호기 핵 연료봉 파손	안종주
	전두환 구속 집행	김종수
3월	미 대북 지원 강행 방침	정연주
	상속세법 대폭 손질	김병수
	체첸 인질 사건	진재학
5월	재일동포 돈 17억은 거짓	김성호
	선우중호 평화의 댐 옹호	권태호
	이회창 대선후보 완전경선 발언	오태규
	장학로 부정축재	김성호
	한글 반포 550돌 기념 특집	강희철
7월	쌍용 의혹의 사과상자	양상우, 변재성, 김회승, 노형석
	광진구 생활하수 방류	강재훈, 함석진
	배우자 상속세 공제 확대	곽정수
	올해 대종상 문제점	안정숙, 이성욱
	한반도 4자회담 추진	정연주
	효산 콘도 특혜	김성호, 배경록
9월	롯데 형제간 재산 싸움	김현대
	신문전쟁	송현순, 손석춘, 김현수
	운전면허 행정 문제점	함석진
	인도네시아 사태	곽노필
	중국 쌀 수입	곽정수
12월	경부고속철도 노선 폐광	곽정수, 박순빈
	고속도로 안내광고판 특혜 의혹	김종철
	대기업 수능이 좌우	박종생, 강석운
	북한 해상 3차례 침투	김성걸
	서울시의회 법적 유효성 논란	조연현
	화성운석 생명체 흔적 발견	이태희, 한승동
	대권후보 YS 장악 시나리오	장정수, 김용성
	없애자 방학숙제	신승근, 이혜정, 권태호
	영화검열 철폐 캠페인	이유란, 오철우
	조선족 6천 명이 한국을 고소한다	이정용, 유강문

1997년

2월	김영삼 대통령 사촌 특혜 의혹	이용인

		김현철 씨 정치 현안 개입	김성호, 유상규

월	기사	기자
	김현철 씨 정치 현안 개입	김성호, 유상규
	녹지해제 권력층 압력	김기성, 홍용덕, 배경록
	문학으로 만나는 역사	최재봉
	민변, 북한에 쌀 보내다	강희철
	이성호 복지부장관 1억 수수	권복기, 박용현
	커져가는 노동법 불안	강석운, 박종생
	대선 민심기행 보도	김용성
3월	포유류 성체세포 복제 성공	이태희
	한보 핵심 서류 조직적 폐기	양상우, 함석진
6월	김현철 사조직 가동	김의겸, 김현대
	김현철 YTN 인사 개입	김성호
	재계, 대선자금 거부 선언	곽정수, 정남구
	마사회 경마 부정	홍용덕
	미군 우라늄탄 폭발 처리	김도형
	박태중 미스터리	신승근, 김인현, 이제훈, 곽병찬, 양상우
	북한 어린이 실태 및 식량 문제	김보근
	소각장 다이옥신	김정수, 조성곤, 정광섭, 김용성, 송현순
	슬롯머신 대부 대선자금 제공	조성곤, 강석운
	알카 골드 파문	안종주
	한보 정태수 횡령 확인	양상우
	현대건설 골프장 위장 인수	박순빈
	김현철 씨 장관 인사 개입	김성걸
	한보 대북 투자 계획	양상우
7월	북에서 온 편지	곽병찬, 김보근
	4자 예비회담	정연주
	고속철 사업비 과다 책정	박순빈
	남총련 20대 폭행치사	이수범
	동두천 왕방천	김진수
	미국 상대 세계무역기구 제소	이태희
	이회창 권력 분점 제안 방침	조연현
	한국통신-데이콤 시장 쟁탈	김재섭
	아시아나, 노선 우회	박순빈
8월	신세대 여성감독 뜬다	오은하
	기아경영권 포기각서 제출	이봉현
	농수축산물 전면 개방에 따른 문제점	최익림
	반이회창 진영의 4인 연대 합의	박창식
	월성 원전 일대 지진 위험	신동호
	위안부 문제	김창금
	이회창 사조직 경선 개입	조연현
	청소년 시각에서 본 10대 문제	권태호, 지창은, 유강문
	타이 화폐 폭락 관련 기사	유재훈
9월	3개 스포츠신문 편집국장 기소	강희철

월	기사	기자
	사회봉사명령제의 제도적 장단점	김회승, 조준상, 정재권, 박종생
	오익제 관련보도	정남구
	오익제 관련보도	정연주
	이회창 장남 고의 감량 의혹	권혁철
10월	국방부 중형 잠수함 사업 논란 기사	김도형
	국제전화카드 첨단범죄 관련 보도	강석운, 송현순
	대형 건설업체 담합 관련 기사	박순빈
	수입축산물 식중독균 검출 관련 보도	안종주
	이인제 경선불복에 따른 탈당	박창식
	풍년 들녘 벼멸구 피해 보도	김봉규
11월	계도용 신문 배포, 선거법 위반 적용	김기성
	공진협 위원장 사전 내정 의혹	최보은
	남한강 종합개발 계획	김정수
	부천영화제	손홍주
	주택공사의 산업폐기물 불법 매립	박순빈
	증감원 평민당 계좌 조사	김이택, 김병수, 김인현
12월	금융권 부실채권 규모	곽정수
	12개 종금사 외환 업무 개선 명령	차기태
	기름 값 대폭 인상	김병수
	대선 민심기행	김용성, 송현순, 구본준, 안선희, 김규원, 안영춘, 강석운, 조성곤, 황상철, 김보협, 박창섭
	대통령과 국민신당 관계	김종철
	선경 부당 내부거래	김재섭, 유상규
	한반도의 엘리뇨 현상	황석연
	IMF 구제금융 관련 기획	박종문

1998년

월	기사	기자
1월	문화재는 살아 있다	정남기
	안기부 문서 파기	김이택, 이태희
	청와대 비서진, 이회창 지원	김성호
	한은, IMF 수혈 건의 묵살	곽정수
3월	구제금융 시기의 책 읽기	이상수
	구조조정 특별법안	박종생
	노사정 합의안 변질	안재승
	미국영화학교 한국분교	남동철
	사외이사 일정 비율 의무화	이강혁, 유상규
	새정부 100대 과제 선정	박중언, 김이택, 신승근
	안기부 비리	김보근, 송현순
	월가가 몰려온다	차기태, 임민, 정의길, 강태호
	작은권리 찾기	윤승일, 김수병
	적대적 인수합병 허용	박창식

	전자주민카드 백지화 방침	신승근
	조기결산으로 금융비용 절감	정태희
	총리 인사 청문회 철회	성한용
	판사 비리	강희철, 김현대
	SK 편법 증여 및 부당 내부거래	김재섭, 유상규
	노조전임 임금 지급 처벌조항 삭제	박창식
	자본 이득세 신설	유상규
	군 조직 통폐합 검토	신승근
4월	결격 공무원 퇴직	오상석, 김현태, 황석연
	교수 채용 비리 및 의치대 교육 부실	홍용덕, 김기성, 이수범, 홍대선, 임석규
	농수산물 유통 및 농가 위기	함석진
	문화 행정, 이것만은 고치자	고명섭, 정남기
	오익제 편지 관련 기본 대응 계획 입수	김효순, 윤석인, 임을출, 백기철, 성한용, 김이택
	투신사, 종금사 부실	권복기, 박순빈
	귀여운 동물 세계	장철규
	증권사, 보증보험사 부실	권복기
7월	98 떠오르는 별	박병수, 권오상
	검찰의 경제 실정 수사	강희철, 이종규, 김의겸
	권영해 전 안기부장 권력형 비리	강석운, 조성곤
	동아건설 김포매립지 용도변경 추진	함석진
	신문개혁, 지금이 기회다	구본준, 이강혁, 김도형
	신세계종금 대주주 예금 인출	이봉현
	정주영 방북 경협 논의	임을출
	청와대 건물 배치	신동호
	한국부동산신탁 권력 유착형 부실 경영	유강문, 이재성
	한국영화계 50인·단편영화비디오기획	조종국
12월	4대 보험의 문제점	조준상
	기아자동차 1차 공개입찰 유찰	곽정수, 이봉현, 박종생
	농약 투성이 농산물 시중 유통 뒤 검사	권혁철
	박갑철 씨 비리	김태경
	박노해 인터뷰	정재숙
	복제소 99년 1월 탄생	신동호
	브라이언 드 팔마 특집	김영진
	상수원주민보조금 땅 투기 전용	김기성
	서울대에 돌을 던져라	박용현, 김규원
	서초구청 위생과 직원 4년간 공짜 술	이성욱
	성원토건 특혜 의혹	정재권, 유강문
	양지마을 수용 부랑인 가혹 행위	하 석
	전문직 부가세	안재승
	스크린쿼터 폐지, 축소 기도	안정숙, 고명섭
	종합 점검, 국책사업	이원재, 이재성, 정재권, 박종생, 함석진
	DJ 모독, 왜 YS처럼 하는가	백기철, 박찬수
	TJ사단 포철 역사 다시 쓴다	양상우

1999년

1월	장관들의 성적표	박찬수, 백기철
	경찰의 주요 인사 사찰 재개	강석운, 노형석, 김회승, 김태경, 안수찬, 황상철, 이성욱, 정세라, 이본영
	국보법 위반 판결 유엔 규약 위반	김창석
	욕망을 디자인한다	김보근
	이산가족 방북 상봉	이제훈
	KAL기 운항 중 역추진장치 오작동	김회승
2월	검사들 총장 용퇴론 확산	강희철
	국민회의 자민련 합당 추진	김용성
	심재륜 고검장 수뇌부 퇴진 촉구	강창광
	암정복 다큐 특정 병원 간접 홍보	권정숙
4월	국민회의 전당대회 연기	김종철
	남편은 형사, 부인은 접대부 관리	이성욱
	서울지검 검사 연판장	김창석
	정부조직 개편	유상규
	한자 병용 정책	김보근, 손석춘
	교육 개혁 캠페인	황석연, 정의길
	실업 극복 캠페인	정영무, 구본준, 안영진, 권복기, 김경무
6월	고급 옷 로비 의혹	안창현, 배경록, 김규원, 권혁철, 강석운
	국가정보원은 악랄했다	조성곤
	상하이 추락 대한항공기 블랙박스	김현대
	여권 중선거구제 합의	김용성
	지방 권력, 토호들의 폐해	양상우, 조성곤, 임을출
	혈액형 돌연변이 국내 첫 발견	이창곤
7월	검찰이 조폐공사 파업 유도	김인현, 강희철, 하 석
	에넥스 관련 대규모 주가 조작	박순빈, 강남규
8월	국민회의 안양-구로을 돈 선거	김종철, 백기철, 김이택, 신승근, 양상우, 조성곤
	차세대 리더십 국민여론조사	박창식, 박찬수
9월	언론사주 미국 거액 도박 축소 수사	송창석, 김인현
11월	미군 노근리 피난민 학살 진상	황순구
	보험설계사 권력 실세 부인 실적 급증	이창곤, 김태경, 김규원
	중부대학 교수 채용 비리	하 석
12월	국정원, 이종찬 사무실 압수수색	곽윤섭
	쾌도난담 기획	고경태
	묘지강산을 금수강산으로 기획	박근애, 김학준, 허종식, 김영철

	언론 대책 문건 언론사 간부가 전달	여현호, 안재승
	엘지 데이콤 위장 정부서 불법 묵인	박순빈
	인천 호프집 화재	이재성, 안영춘, 김종태, 송창석

2000년

2월	계약직도 노조 결성 길 열렸다	김경무
	송년회 흥청 불우이웃 성금 썰렁	이재성, 김종태, 김기성, 손원제
4월	돈세탁 한 해 최고 169조 원	오철우
	민주신당 정강 내각제 명시 않기로	백기철
	벼랑에 선 조선족	김종태, 김동훈
	선거혁명 시민의 힘으로	이재성, 안영춘, 이춘재, 김규원
	아시아, IT 산업에 미래를 건다	이주명, 이용인, 강태호, 유강문, 함석진
	정보도 복지다	이제훈
	현대 주가조작 짜 맞추기 진술 유도	강희철, 김창석, 박순빈
5월	5, 6월 중 대북 비료 지원	유재훈
	베트남전 한국군 양민학살	고경태, 황상철
	현역 판사마저 병역비리	강희철, 김창석
6월	경찰, 시민 협박 가혹 행위	김동훈
	변호사의 파렴치한 사기	이종규
7월	금강산 면회소 설치	이제훈
	남북 정상회담 관련 기획	유재훈, 오태규, 강태호, 이제훈
	동강 댐 백지화	조홍섭, 정상영
	의사 집단 폐업	김소민, 안영춘, 손원제
	학교 공동촌지, 발전기금 줄이어	이춘재
	허비된 국가예산 시민들 환수 나섰다	최상원, 이수윤
9월	일본 역사왜곡 교과서 검정 신청	한승동
	이익치 회장 편법외자유치	곽정수
	한빛은행 거액 편법 대출	이춘재, 유상규, 정광섭
10월	전국 시장 군수 115명이 추천하는 비경	김소희
	군산 대명동 윤락업소 화재 참사	박임근, 이상기, 송인걸
	동인문학상 황석영의 거부	이상수
	북한의 조건부 미사일 중단	강태호
	함께 행복한 세상, 장애인과 더불어	이수범, 김보협, 오상석, 강석운, 안창현, 김규원, 김영희
11월	북파공작원 보상 요구 집단 움직임	손원제
12월	4개 은행에 공적자금 추가 투입	황순구, 임석규
	베트남전 민간인 학살	고경태

2001년

1월	청와대 안 총기 사건	안수찬
	혈세를 되찾자	이주현, 이재성, 양상우, 최상원
3월	노동운동가 박태순 씨 죽음 의혹	안수찬
	새만금 동진 수역 우선 담수화 유력	차한필, 조홍섭, 김경애
4월	세계가 바라본 한국영화의 얼굴	문 석, 남동철
	제일은행, 증권거래법 위반	황순구, 정남구
	차마 총을 들 수가 없어요	신동욱
	한겨레가 전하는 남북 편지	강태호
	한국영화의 이상한 경향	허문영
5월	언론권력 심층 해부	권혁철, 고명섭, 김인현, 박근애, 김소민, 윤영미, 정광섭, 김동훈, 김기성, 조준상, 송창석, 정인환, 박창식, 김이택, 허종식
	언론권력 시리즈	이창곤, 조계완
	삼성 이재용 씨 거액의 증여세 탈루	안재승
	서울 시내 지하철 역사 석면 검출	이창곤, 안수찬, 이지은
6월	발신전화 표시 이용료	김재섭
	오폐수 20여만 톤 한강 방류	조홍섭, 김동훈
7월	관광공사의 금강산 사업 참여	정재권, 박찬수
	시화호 생태계 파괴	김일환, 이기준, 김봉규, 조홍섭
	파업 250일, CBS의 진실	소희, 신동욱
	해인사 스님들의 실상사 난동	조연현
8월	공무원 노조 연내 허용	박찬수
	의경 배치 대규모 비리	정혁준
	MS, 오피스XP 인증장치 마련	김재섭
9월	고이즈미 신사참배 관련 충돌	김종수
	비운의 덕수궁	노형석
	일제 전범 영구 입국 금지	김수헌, 정광섭
10월	후임 장관 인선	정재권, 박찬수, 임석규
	미국 테러 사건	박병수, 고경태, 안영춘
	전화국 통신망의 결함 테스트	김재섭
	한나라 국감서 조직적 압력	양상우, 차한필
11월	주진우 의원 수산시장 담합 입찰	안재승, 정인환
	화학물질에서 발암물질 다량 발생	이지은, 조홍섭
12월	김홍일 의원 내년 초 외국행	박창식
	제천시장 장애인 보건소장 임명 거부	오윤주

2002년

1월	4·3진압 미군 장교 직접 지휘	허호준

	근로자 가구 60% 소득 줄었다	정남구
	미군 F-15철수 남북대화 숨통	권혁철, 유재훈
	최강 프로젝트 23	문석, 남동철, 김혜리
	탈레반 항복	김학준, 함석진, 황상철, 박중언
2월	박지원 씨 복귀	박창식, 김의겸
	일본 교류 전시 불허	노형석
3월	미국, 40곳서 민간인 학살	박용현
4월	대륙에 버려진 아이들	박창섭
	미 패권의 명암	박중언
	차기 전투기 시험평가 라팔 1위	김성걸
	조주형 대령 육성 고백	손규성
5월	김홍걸 게이트	김현대, 류이근, 이본영, 하석, 성연철, 정광섭
	중국 사고 여객기 기장 첫 김해운항	최상원
	중국 국적자 불법체류 신고	탁기형
6월	73년 유럽 거점 간첩단 사건 조작	최혜정
	유상부 회장, 홍걸 씨 만나	송창석, 양상우
7월	김홍업 관련, 돈 거래 의혹	하석
	의원에 월드컵 공짜표 논란	안수찬
	월드컵 기획 자문단	이찬영, 권오상, 김창금, 김경무, 김영철
	청계천을 살리자	황준범, 김순배, 허종식, 김규원, 김영훈
	현대차 2세 편법 상속	정남기, 정남구
8월	김무성 의원, 대통령 유고 발언	최익림
	부실 복원 논란 감은사터 동탑 훼손	노형석
9월	총장이 박사학위 브로커	배경록
10월	김석수 장남, 미국서 주유소 운영	배경록, 하석
	서울대 개혁	강성만, 차기태
	신의주 경제특구	하성봉
	쌍용의 대규모 무역사기	곽정수
12월	검찰수사관의 피의자 물고문	안창현, 서정민
	NYT의 올해의 그림책 선정	허미경
	병원 진료, 시설 평가 공개	김양중, 허종식
	용평리조트의 비밀	정남구
	KT 정액요금제 무단 가입 말썽	함석진

2003년

1월	대한민국 사병은 거지인가	김소희
	군, 민통선 지뢰 제거 농민에 떠넘겨	김경애
	성조기 태우려는 분노	이정용
	세계 속의 한국어	최인호, 오태규, 서정민, 김인숙, 김경은, 박정숙

	청송감호소 단식농성 파문	류이근, 박주희
2월	노 당선자, 감사원 특감	곽정수
	임채정 인수위원장, 인사 개입설 논란	신승근, 함석진
4월	노사 새 시대를 위하여	박민희, 오상석, 김규원
	미군, 카투사 성폭행	김성걸, 박창식
	위조 신분증, 운전면허증 인터넷 거래	이태희
	이라크전	황상철, 임종진
	진대제 정통부장관 15년간 국외 거주자	김재섭
6월	대우자판 블랙리스트 작성	이창곤
	청와대 차별시정기획단 정책	조준상
	크레스트, SK보다 의결권 많아져	김정곤
	국방예산 GDP 3.4%로 확대	김성걸
	국내 최고 초기 백제 제철 유적 발견	노형석
7월	삼성가, 에버랜드 주식 편법 매입	곽정수
	서울대 시간강사 사망	김진철
	이라크 어린이 돕기	조연현, 이태희, 김양중
	이라크 주민, 핵 시설 약탈	이정용
9월	8개 은행, SK글로벌과 분식회계 공모	김회승, 곽정수
	성추행으로 자살 사병	김동훈, 석진환
	DJ,대북송금	류이근, 강희철
10월	대법관 임명 제청 자문위, 퇴장 파행	김태규
	해고, 파업 모두 쉽게	정혁준, 정의길
	SK, 비자금 정치권 유입 수사	강희철
11월	윤성식 감사원장 후보 부적절	안수찬, 정광섭
	이라크는 지금	정인환
	전쟁의 뒤안, 삶은 여전히 피어난다	임종진
	행정수도 이전	김현대, 황준범, 허종식, 송인걸, 손규성, 김규원
12월	차익 중과세	강세준, 안재승, 최종훈, 신승근
	검찰, 대선 자금 5대 기업 수사	강희철, 안창현
	대검, 기자 통화 내역 수시 조회	강희철
	부산오락실 상납 검경 커넥션	길윤형, 양상우, 최상원
	수능시험 오답 시비	황순구

2004년

2월	묵은 현안, 해 넘기지 말자	조홍섭
	노, 취임 뒤 문병국 따로 초청	강희철
	노벨평화상 DJ 특명 없었다	김창석
	아파트 과표 결정권	김동훈, 안재승, 길윤형
	한진중 노조지회장 자살	정혁준, 최상원
	KCC 현대엘레베이터 지분 매집	류이근, 박종생, 김정곤
3월	일 고위관리 전격 방북	박중언
	파견근로 전 업종 허용 추진	정혁준

	한나라당 최병렬 대표 잠적	김종수
4월	공교육에 희망을	김영인, 이근영, 강성만, 황순구, 조성곤
	상생의 기업 경영	박순빈, 정혁준, 곽정수
	영장청구 법무부 모르게 하라	안창현, 하석
	우리당 2억 당사 불법 임대 사용	정광섭
	닥터 김의 도발 인터뷰	김소희
	청계천 복원 현장서 문화재 쏟아져	윤진, 김동훈, 길윤형
	한국의 미래 열어갈 100인	이제훈, 이화주
6월	미군 이라크 포로 성고문 파문	김아리, 박찬수
	삼성 탕정 제2지방산업단지 건설 추진	박순빈, 박효상
	탄핵심판 소수 의견 비공개	하 석, 석진환
	택시노동자 5천억 원 도난 사건	최혜정, 정남구
7월	긴급진단 축구행정	김창금
	김포 새 도시 대폭 축소	김영환
	대한민국 새 틀을 짜자	이제훈, 김회승, 안수찬, 이화주
	미군 떠나는 동두천	김영인, 길윤형
	아파트 분양가 담합 인상 첫 고발	곽정수, 최종훈
	우리의 열정 왜 못 보나요	조기원, 전종휘
	프리유어북과 함께한 책 나눔 운동	이주현
8월	분양원가 공정별 공개	류이근, 김의겸
	사병, 고참에 맞아 사망	이지은
	한국에서 훈련 중인 스텔스 전폭기	김봉규
9월	대입시험 등급제 도입	강성만
	박정희 기념관 국고 지원 재검토	김정곤, 정혁준
	준농림지 공장 전면 허용 추진	임석규
	한-대만 항공협정 곧 체결	김의겸
10월	2004 장애인올림픽대회	김창금
	고교등급제 시사 파문	이지은, 김영인, 이순혁, 강성만, 안영춘, 김남일
	누가 이 외국인을 모르시나요	신동욱
	동북아 에너지 전쟁	박민희, 유재훈, 하성봉
	성장의 기본 틀 바꾸자	박순빈, 안창현, 안재승, 함석진
11월	사학 개방형 이사 의무화	정의길
	자이툰 부대 인근서 폭발	박민희, 윤진
12월	고교 사전인지 정황 드러나	안관옥, 황상철, 김남일, 정대하
	막내 벼락 슛 한국 살렸다	이정용
	탯줄혈액 줄기세포 이식	김양중, 안영진
	투기성 외국자본 국내 금융사 인수 제한	조성곤

2005년

1월	하키 판에도 한류	김창금
	권영해 동생, 안기부 돈 10억 빼돌려	석진환
	망향 60년 사할린 동포	유신재, 홍용덕
	투명사회 기여상 김승민	박효상
	현대상선 1조 3천억 분식회계	곽정수, 박효상
2월	구치에 흔들렸던 한 기자의 양심고백	김영인
	문화재청, 광화문 현판 교체 추진	노형석
	타이 여성 노동자, 노말헥산 중독	홍용덕, 김기성
3월	교육부 서강대 감사	이순혁, 강성만
	상품권을 일반 상품 판매로 조작	함석진, 박효상
	정태수, 왕회장 집에 세 들다	박승화, 이춘재
	한성렬 유엔차석 대사 전화 인터뷰	박찬수
4월	박정희 X파일	김소희
	보수로 가는 미국사회	박찬수
	부산 항운노조 비리	최상원
	서울의 섬	이종근, 남종영, 유선희, 김규원, 정혁준
	유시민 의원, 왕따에서 당 개혁 리더로	신승근
	이헌재 부총리 부인 위장 전입 의혹	이형섭, 김남일, 황상철, 박임근
	종암 초등학교 어린이회장 선거	김정효
	편견 사슬에 묶인 한센병 환자들	전정윤, 길윤형
	히말라야 기적 생환	조연현
	KT, 하나로 등 담합 최대 과징금	곽정수, 김재섭
5월	타이 노동자 노말헥산 중독	박영률,
	부산항운노조 비리	유신재, 오윤주, 구대선, 김종화, 안관옥, 홍용덕, 신동명, 허호준, 송인걸, 김기성, 손규성, 최상원, 김광수, 정대하, 박주희, 김영환, 박임근
	통일, 평화 관련 보도	강태호
	대상 명예회장 봐주기 의혹	김인현
	딱새가족 트럭둥지에 핀 사랑	김진수
	한미연합사	성한용
6월	미래를 여는 역사	안수찬
	김재규 지시로 김형욱 납치, 살해	정재권, 김의겸, 유강문
	북 6자회담 복귀	유강문, 강태호, 정인환
	해경 늑장 대응 의혹 눈초리	김영환
7월	5공 납치범죄 기밀문서	신승근
	일본 우토로	남종영
	신세대 병사, 구세대 병영	김성걸, 유신재, 박종찬
	재벌 앞 작아지는 검찰	이춘재, 김태규, 황예랑,

우리말을 살리자 1988. 05. 15~

전환기의 한국문화 1988. 05. 15~

참 문화를 가꾸는 사람들 1988. 05. 15~

광주항쟁 비극 속의 역사성 1988. 05. 17~

반민주악법 열전 운영 실태와 개선 방향 1988. 05. 27~

서평 1988. 05. 27~

서울올림픽 안과 밖 1988. 06. 01~

부당 노동행위의 현장 1988. 06. 08~

사립대학 무엇이 문제인가 1988. 06. 12~

사법부 새로워져야 한다 1988. 06. 15~

16년 만에 다시 본 북한—서독 교토 조명훈 박사 기행문 1988. 06. 21~

새 질서 길목에 선 세계경제 1988. 06. 28~

통일 논의 어제와 오늘 1988. 07. 03~

올 상반기 노동 현장 점검 1988. 07. 10~

무릎을 꿇고 사느니…—전 민청련 의장 김근태 씨 수기 1988. 07. 17~

서독의 통일정책 1988. 07. 23~

손짓하는 북녘의 산과 강—구보타 씨 사진집 본지 독점 게재 1988. 07. 26~

탄광촌 그 어두운 현장 1988. 08. 03~

한반도와 핵 현주소 1988. 08. 03~

농사 지을 것인가 말 것인가 1988. 08. 07~

박경서 WCC아세아국장 북한 방문기 1988. 08. 10~

특집 여성—오늘과 내일 1988. 09. 01~

특집 한국—전환의 소용돌이 1988. 09. 01~

한국 상륙 서두는 일본대중문화 1988. 09. 01~

문제를 찾아서 1988. 09. 03~

올림픽에 묻힌 정치 쟁점 1988. 09. 09~

중국 동북 지역의 동포를 찾아 1988. 09. 14~

한미행정협정 무엇이 문제인가 1988. 09. 14~

일요특별기획 진상 한국의 정치사건 1988. 09. 18~

서울, 음지 양지 1988. 09. 23~

뿌리내리는 지역문화 1988. 09. 24~

한국정치와 재야 1988. 09. 27~

한국과 중국, 어떻게 변화하고 있는가 1988. 09. 28~

사할린 거주 우리 동포들을 찾아 1988. 10. 26~

감옥 아닌 교화 현장 서독 교도소—송기숙 교수 방문기 1988. 11. 01~

공해일기 1988. 11. 01~

일본, 어디로 가나 1988. 11. 01~

현장진단 한국 농촌의 오늘 1988. 11. 01~

노동법 개정 무엇이 쟁점인가 1988. 11. 02~

민족문학 주체 논쟁 1988. 11. 02~

5공 비리 진상 추적 1988. 11. 05~

80 대학살 그 후 5공 언론 실상 1988. 11. 09~

일본 천황제의 수수께끼 1988. 11. 09~

막 오른 부시 시대 1988. 11. 10~

장애인 그 실태와 대책 1988. 11. 11~

교육관계법 개정 이것이 초점이다 1988. 11. 13~

사회안전법의 희생자들 1988. 11. 22~

한반도 핵 위기의 실상 1988. 11. 26~

라틴아메리카를 가다 1988. 11. 30~

통일로 가는 전환시대 문제의 공안사건을 점검한다 1988. 12. 02~

정부 출연 연구기관 갈등의 뿌리 1988. 12. 10~

여성 납치·매매 이대로 둘 것인가 1988. 12. 11~

88 문화 결산 민족주의 거센 물결 1988. 12. 13~

문공부 보고서로 본 언론 조정 활동 실상 1988. 12. 13~

사회민주당 정권하의 노동운동 1988. 12. 18~

일상화된 반문명적 폭력 고문 1988. 12. 27~

새해에는 햇살이 소외된 삶터 찾아서 1989. 01. 01~

자기 몫 찾기 목소리 커진다 1989. 01. 01~

28년 만의 지방자치제 무엇이 쟁점인가 1989. 01. 05~

부부 함께 일한다 1989. 01. 05~

창간 열풍 속의 지역 언론 1989. 01. 05~

한글을 살리자 1989. 01. 05~

북녘사회 이모저모 1989. 01. 12~

살아 움직이는 사자 꿈 부푼 중국을 가다 1989. 01. 13~

팀스피리트 1989. 01. 13~

재수생 1989. 01. 24~

시위 현장 사복 체포조 백골단 1989. 02. 16~

삶과 어우러진 민속경기 되살리자 1989. 02. 17~

여의도 집회를 계기로 살펴본 농민·농업 문제 1989. 02. 18~

오욕의 언론사 청산 작업 첫발 해직 언론인 원상 회복 1989. 02. 24~

민족해방운동사에서의 3·1운동 1989. 03. 01~

파탄 위기의 농촌 1989. 03. 02~

중소기업 살려야 한다 1989. 03. 03~

북방 교류 그 실상과 허상 1989. 03. 04~

현장에서 본 중국의 새 선택 1989. 03. 04~

막 오른 컴퓨터 대중화시대 1989. 03. 14~

묵은 틀 깨는 대만 1989. 03. 19~

유럽 신문 새바람 현장 1989. 03. 21~

역사기행 1989. 03. 29~

빗나간 학교 체육 1989. 03. 31~

열린 중국 11년 빛과 그늘 1989. 04. 27~

집 분배정의로 풀자 1989. 04. 29~

임금 교섭 현장을 가다 1989. 05. 03~

젊은 가정 사회를 바꾼다 1989. 05. 04~

문화 갈등을 넘어 선후배 대담 1989. 05. 16~

도쿄 비망록 2001. 04. 05~

노동자의 절반 비정규직 2001. 04. 09~

위기 노동정책 2001. 04. 18~

한국 마라톤 이봉주 이후 2001. 04. 19~

게임 속으로 2001. 04. 21~

현지에서 본 금강산 관광 2001. 04. 23~

고이즈미의 일본 2001. 04. 24~

전문가에게 배우는 PDA 100% 활용법 2001. 04. 30~

수출 전선 비상 2001. 05. 02~

수돗물 바이러스 충격 2001. 05. 04~

점검 7차 교육과정 2001. 05. 07~

재벌정책 과연 문제인가 2001. 05. 09~

흔들리는 민주당 2001. 05. 09~

싼 게 좋다 공짜는 더 좋다 2001. 05. 10~

중고교 학교급식 실태 점검 2001. 05. 16~

댐 백지화 1년 동강 개발 몸살 2001. 05. 17~

급류 타는 통신시장 구조 개편 2001. 05. 19~

긴급진단 김대중 정권 무엇이 문제인가 2001. 05. 24~

진단 영재교육 2001. 05. 29~

즐거운 학교 2001. 06. 11~

6·15선언 한 돌을 맞아 2001. 06. 12~

다시 보는 한중 문화교류 2001. 06. 25~

건축학자 눈으로 월드컵 경기장 재조명 2001. 06. 27~

탈세 언론 비호 한나라 2001. 06. 28~

언론 새로 태어나야 한다 2001. 07. 02~

비운의 덕수궁 2001. 07. 05~

교육 이민 꿈과 좌절 2001. 07. 09~

느낌이 있는 여행 2001. 07. 12~

대륙에 부는 올림픽 바람 2001. 07. 16~

릴레이기고 신문을 위하여 2001. 07. 17~

대안 정당 오는가 2001. 07. 21~

한나라당 대선 전략 문건 2001. 08. 02~

신음하는 4대 강 2001. 08. 03~

한국 경제 활로 없나 전문가 인터뷰 2001. 08. 03~

엄마 젖이 최고 한겨레 모유 먹이기 캠페인 2001. 08. 07~

달려오는 중국 대륙 속의 한국 2001. 08. 08~

고비에 선 부실기업 처리 2001. 08. 16~

다가오는 주5일 근무 2001. 08. 16~

소련 붕괴 10년 2001. 08. 20~

위기의 생명보험 산업 2001. 08. 21~

8·15축전 그 뒤 2001. 08. 23~

세계의 공동체를 가다 2001. 08. 30~

수출 부진 일등 상품으로 넘는다 2001. 09. 03~

편집권 독립 해외 언론 현장을 가다 2001. 09. 06~

독서교육 재밌게 신나게 2001. 09. 10~

러시아 원동을 가다 2001. 09. 10~

이종학 씨 소장 자료로 본 한국 근대사 숨은 풍경들 2001. 09. 22~

자동차 시장 지각 변동 2001. 09. 22~

선행학습 떠밀리는 아이들 2001. 09. 24~

달리는 중국 미술 2001. 10. 04~

옛 문서 옛사람 이야기 2001. 10. 06~

우리 한약재를 살리자 2001. 10. 08~

참맛을 찾아서 2001. 10. 11~

중국 열풍 한국의 선택은 2001. 10. 18~

세계의 습지 살리기 현장을 가다 2001. 10. 25~

유아 공교육 더 미룰 수 없다 2001. 10. 29~

김 대통령의 선택 2001. 11. 05~

미국 아프간 공격 해법 관련국 대사에게 듣는다 2001. 11. 05~

한국 외교 왜 이러나 2001. 11. 05~

수능제도 안정을 위하여 2001. 11. 10~

개성특구의 내일을 찾아서 2001. 11. 12~

거대 야당 한나라 해부 2001. 11. 13~

출범 WTO 뉴라운드 2001. 11. 16~

민주 대선주자 집중 탐구 2001. 11. 20~

보육 이젠 사회가 맡아야 2001. 11. 20~

민주당 쇄신 방안 긴급 점검 2001. 11. 30~

긴급점검 구멍 뚫린 혈액 관리 2001. 12. 12~

세계 교육개혁 현장을 가다 2001. 12. 17~

3당 대표 송년 인터뷰 2001. 12. 21~

2002 월드컵 환경 캠페인 푸른 하늘을 되찾자 2001. 12. 24~

2002 새해기획 새로운 비전을 찾자 2002. 01. 01~

2002 한반도 4국 대사에게 듣는다 2002. 01. 01~

노블레스 오블리제 누림에서 나눔으로 2002. 01. 01~

미국 패권의 명암 2002. 01. 01~

서울대 개혁 어떻게 할 것인가 2002. 01. 01~

세계지성과의 대화 위기의 21세기 돌파구를 찾는다 2002. 01. 01~

2002 다시 뛴다 2002. 01. 03~

유로시대 2002. 01. 03~

아빠가 달라지자 2002. 01. 08~

출동 독자가 기자로 2002. 01. 11~

16강은 내 발에 2002. 01. 11~

집 내몰리는 사람들 2002. 01. 21~

달라지는 학교 교육 2002. 01. 28~

민주당 대선 예비주자 정책 인터뷰 2002. 01. 29~

겨울 올림픽 종목별 점검 2002. 01. 30~

월드컵 긴급 점검 히딩크호 2002. 02. 04~

하자 10대들의 희망 만들기 2002. 02. 05~

긴급 점검 기로에 선 한미관계 2002. 02. 08~

403

호수	발행일자	주요 기사 목록
1	1994. 03. 24	21세기, 열네 살의 도전—황태자 김현철은 성혁인가
2	1994. 03. 31	논바닥의 절망-재벌들의 공기업 사냥
3	1994. 04. 07	한국의 섹스산업
4	1994. 04. 14	방송구조 대지진-하나회, 칼날위의 발란
5	1994. 04. 21	승지원 제2의 청와대
6	1994. 04. 28	94 재야의 결단
7	1994. 05. 05	표류하는 김영삼 정권
8	1994. 05. 12	대통령 아들 김현철은 돈을 받았는가
9	1994. 05. 19	5월 광주, 진압군은 말한다
10	1994. 05. 26	고시가 인재를 죽인다
11	1994. 06. 02	도박판의 부나방 샐러리맨들
12	1994. 06. 09	드라마! 94 월드컵
13	1994. 06. 16	창업, 그 야망과 시련 : 특집 한국의 빈곤
14	1994. 06. 23	전쟁위기론의 실체
15	1994. 06. 30	정상회담으로 가자
16	1994. 07. 07	조선일보·월간조선—안보상혼을 벗긴다
17	1994. 07. 14	94 여름! 세계의 베스트셀러
18	1994. 07. 21	김정일과 한반도
19	1994. 07. 28	인간 김정일 수령 김정일
20	1994. 08. 04	불타는 한반도
21	1994. 08. 11	음란한 사회 근엄한 공권력
22	1994. 08. 18	한국을 떠나는 자연의 친구들
23	1994. 08. 25	히말라야 농부의 잘린 손 잘린 꿈
24	1994. 09. 01	에이즈 대륙! 아시아
25	1994. 09. 08	대졸 여성 일하고 싶다
26	1994. 09. 15	다가오는 재앙, 세계는 굶주린다
27	1994. 09. 22	부산. 대구. 광주 민심기행! 삼남을 가다
28	1994. 10. 06	94 한국의 죄와 벌 절망인가 희망인가
29	1994. 10. 13	공고생들의 절규 우리는 노예가 아니다
30	1994. 10. 20	인구 억제 갈림길에 섰다
31	1994. 10. 27	한국군 흔들린다
32	1994. 11. 03	아, 대한민국! 숨쉬기조차 불안한 나라
33	1994. 11. 10	도둑질당하는 당신의 노후 연금체계 무너진다
34	1994. 11. 17	노재봉의 반란 민자당의 권력투쟁
35	1994. 11. 27	김대중 딜레마
36	1994. 12. 01	나이 50, 잔치는 끝나지 않았다—젊은 노인은 뛰고 싶다
37	1994. 12. 08	영화 100년 격동 100년
38	1994. 12. 15	김영삼이 열어 제친 신 재벌 시대
39	1994. 12. 22	전국 두메분교 꼬마들의 호소 학교를 살려주세요
40	1994. 12. 29	공룡재벌! 삼성-현대 전쟁
41	1995. 01. 05	95 자체단체장 선거 집중분석 작은 대통령 꿈꾸는 사람들
42	1995. 01. 12	1995년, '한겨레21'의 제안—무기를 보습으로 군인을 일터로
43	1995. 01. 19	유일 체제 김영삼의 욕망
44	1995. 01. 26	벌금공화국—딱지가 국민을 괴롭힌다
45	1995. 02. 02	한국만화 도전장 던졌다
46	1995. 02. 16	인권변호사 물권변호사
47	1995. 02. 23	박찬종을 벗긴다
48	1995. 03. 02	쉬고 싶다 샐러리맨 재충전제도 활기
49	1995. 03. 09	대학가의 귀족문화—대학인은 무엇을 고민하는가
50	1995. 03. 16	세계금융, 그 숨 가쁜 전쟁—금융공학 천재들의 도전과 좌절
51	1995. 03. 23	뛰어라 30대!
52	1995. 03. 30	YS와 언론 치부를 밝힌다
53	1995. 04. 06	이승만! 이제 진실을 말하자—독립운동 행적 미국 현지추적
54	1995. 04. 13	장애인은 땀 흘리고 싶다—잠깐의 관심보다 평생의 일터를
55	1995. 04. 20	2003년 대비 돈줄을 잡아라—대학이 몸부림친다
56	1995. 04. 27	세계화, 샐러리맨은 괴로워
57	1995. 05. 04	킬링필드 미군이 시작했다—베트남전 20돌 특종 발굴취재
58	1995. 05. 11	숙적 양김 또 한판 붙는다—지방선거. 개헌 싸고 최후의 대결
59	1995. 05. 18	파워게임! 포철왕국을 삼켜라
60	1995. 05. 25	대예측 6·27 선거폭풍 누가 승리하는가
61	1995. 06. 01	선거 패배의 가능성을 진압하라 YS 표물이 대작전
62	1995. 06. 08	김대중! 마침내 전면에 나서다
63	1995. 06. 15	복병 자민련의 도전—김종필 총재 도전인터뷰
64	1995. 06. 22	성소 난입 사죄하라 분노하는 종교계
65	1995. 06. 29	3김 결전—반 YS연합이냐 세대교체냐
66	1995. 07. 06	6·27 대반란! 민자당 핵분열 시작됐다
67	1995. 07. 13	탐욕의 종말 삼풍대학살!—책임자들에 살인죄 적용하라
68	1995. 07. 20	김대중의 모험—공격적 정계 복귀, 신당은 성공하는가
69	1995. 07. 27	찢기는 여권 찢기는 민심
70	1995. 08. 03	시간여행 공상인가 현실인가
71	1995. 08. 10	지방시대 혁명의 현장
72	1995. 08. 17	4천억! 도둑을 잡아라
73	1995. 08. 24	극우 활보 일본이 위험하다

부록 • 2부 자료

제목	지은이	발행연도
북녘의 산하	구보타 히로지 지음	1988년
겨레의 노래	겨레의 노래 사업단 지음	1990년
발굴한국현대사인물 1	한겨레신문사 문화부 지음	1991년
발굴한국현대사인물 2	한겨레신문사 문화부 지음	1992년
발굴한국현대사인물 3	한겨레신문사 문화부 지음	1992년
섬섬섬	최성민 지음	1992년
그곳에 다녀오면 살맛이 난다	최성민 지음	1992년
책 이야기	한겨레신문사 문화부 지음	1993년
백두산	박찬교 지음	1993년
이곳만은 지키자 상, 하	조홍섭 · 김경애 지음	1993년
우리 샘 맛난 물	최성민 지음	1993년
발굴동학농민전쟁인물열전	이이화 지음	1994년
초보엄마 파이팅	박미라 외 지음	1994년
통일론 수난사	김삼웅 지음	1994년
너를 위한 촛불이 되어	권태평 지음	1994년
이렇게 해야 바로 쓴다 1	한효석 지음	1994년
농사꾼의 명함	이진호 지음	1994년
날씨를 알면 내일이 보인다	박대홍 지음	1994년
신세대 직장인 세계 일류가 되자	박상익 외 지음	1995년
내 인생의 책들	고은 외 지음	1995년
지방자치 이렇게 해야 된다	강인재 외 지음	1995년
애물단지야 눈물단지야	윤영효 지음	1995년
자연사 기행	최영선 지음	1995년
해방 50년 한국의 소설 1, 2, 3	홍정선 · 정호웅 · 김재용 편	1995년
이렇게 해야 바로 쓴다 2	한효석 지음	1995년
통일의 논리를 찾아서	송두율 지음	1995년
피사의 전망대	정운영 지음	1995년
인샬라 상, 하	권현숙 장편소설	1995년
한반도 통일국가의 체제구상	학술단체협의회 지음	1995년
20세기 사람들 상, 하	한겨레신문사 문화부 지음	1995년
아시아와 어떻게 사귈까	박창식 지음	1995년
대학 없애야 우리가 산다	이항규 지음	1995년
아직도 심판은 끝나지 않았다	박원순 지음	1996년
역사를 바로세워야 민족이 산다	박원순 지음	1996년
제 억 공화국	엄인희 글, 박재동 그림	1996년
문제는 창조적 사고다	허병두 지음	1996년
세월의 언덕 위에서	전충림 지음	1996년
패권시대의 논리	김민웅 지음	1996년
가까운 나라 모르는 나라	김효순 지음	1996년
우리 문화의 수수께끼 1	주강현 지음	1996년
산마을이 그립다	최성민 지음	1996년
강마을에 살고 싶다	최성민 지음	1996년
갯마을에 가고 싶다	최성민 지음	1996년
세계 영화 100	안병섭 외 지음	1996년
새로운 생각 자신있어요	강호감 지음	1996년
혼자서 생각이 이만큼 커졌어요	강호감 지음	1996년
바른 말글 사전	최인호 엮음	1996년
우리 문화의 수수께끼 2	주강현 지음	1997년
일본을 안다구요	이기애 지음	1997년
짐은 이것을 역사라 부르리라 상, 하	김현기 장편소설	1997년
새로운 모색	이원섭 지음	1997년
착한 여자 상, 하	공지영 장편소설	1997년
레테를 위한 비망록	정운영 지음	1997년
역사와 만나는 문학 기행	최재봉 지음	1997년
반쪽이 부부의 작은 세상	변재란 글, 최정현 그림	1997년
미지의 명감독	김영진 지음	1997년
나도 한때는 자작나무를 탔다	김연 장편소설	1997년
김소영의 영화 리뷰	김소영 지음	1997년
보안관찰자의 꿈	정순택 지음	1997년
새로운 세기를 위하여	정상모 지음	1998년
두바닥 시네마	정훈이 지음	1998년
신한국군 리포트	김성걸 지음	1998년
7일간의 영어 여행	고종석 지음	1998년
청년을 위한 경제학 강의	김수행 외 지음	1998년
오늘의 역사학	안병직 외 지음	1998년
세상을 바꾸고 싶은 사람들	이인우 · 심산 지음	1998년
나 호주로 이민간다	고태규 지음	1998년
조기에 관한 명상	주강현 지음	1998년
흉내쟁이 친구들	햇살과나무꾼 지음	1998년
아낌없이 주는 친구들	햇살과나무꾼 지음	1998년
김대중 집권 비사	김성호 지음	1998년
독일통일백서	베르너 바이덴펠트 외 엮음, 임종헌 외 옮김	1998년
21세기와의 대화	송두율 지음	1998년
히즈라	세레나난다 지음, 김경학 옮김	1998년
홍합	한창훈 장편소설	1998년
클릭, 일본 문화	김의찬 · 김봉석 지음	1998년
밀레니엄 파고	정영무 지음	1998년
피리새는 피리가 없다 1, 2	김형경 장편소설	1998년
너무나도 쉬운 논술	한효석 지음	1998년
새내기 정보 탱크	한겨레대학문화기획팀 지음	1998년
날아라 이 풍진 세상	김영현 장편소설	1998년
사랑의 독은 왜 달콤할까	이나미 지음	1999년

왜냐면 1	한효석 엮음	2002년
악역을 맡은 자의 슬픔	홍세화 지음	2002년
황금가지	제임스 조지 프레이저 지음, 이용대 옮김	2003년
대한민국史 1	한홍구 지음	2003년
돌이 어쩌구 개구리 저쩌구	박상률 글, 송진희 그림	2003년
폭격의 역사	스벤 린드크비스트 지음, 김남섭 옮김	2003년
사마장자 우마장자	송언 글, 박철민 그림	2003년
그녀에 관한 7가지 거짓말	조선희 지음	2003년
밀실의 제국	김민웅 지음	2003년
나는 나	배봉기 글, 최병대 그림	2003년
야만의 역사	스벤 린드크비스트 지음, 김남섭 옮김	2003년
박재동의 실크로드 스케치 기행 1, 2	박재동 지음	2003년
하예린은 내 친구	최정현 지음	2003년
엄마, 외로운 거 그만하고 밥 먹자	장차현실 지음	2003년
대한민국史 2	한홍구 지음	2003년
구렁덩덩 뱀 신랑	원유순 글, 이광익 그림	2003년
우리가 몰랐던 아시아	아시아네트워크 지음	2003년
행복을 부르는 법칙	이구상 지음	2003년
빨간 신호등	홍세화 지음	2003년
선생님 쟤가 그랬어요	송언 지음	2003년
삼미 슈퍼스타즈의 마지막 팬클럽	박민규 장편소설	2003년
한국어가 사라진다면	시정곤 외 지음	2003년
평화랑 뽀뽀해요	한국-베트남 어린이문예대회수상작 모음	2003년
왜냐면 2	한효석 엮음	2003년
대현동 산 1번지 아이들	고정욱 글, 이우범 그림	2003년
하얀 가면의 제국	박노자 지음	2003년
누군 누구야 도깨비지	조호상 지음, 정병식 그림	2004년
홀로코스트 산업	노르만 핀켈슈타인 지음, 신현승 옮김	2004년
방귀쟁이 며느리	최성수 글, 홍성주 그림	2004년
끝나지 않은 시다의 노래	전순옥 지음	2004년
허생전	장주식 글, 조혜란 그림	2004년
개정판 우리 문화의 수수께끼 1, 2	주강현 지음	2004년
제주 역사 기행	이영권 지음	2004년
춘향전	신동흔 글, 노을진 그림	2004년
지옥에 떨어진 두 악당	김정희 글, 원혜영 그림	2004년

게으른 산행	우종영 지음	2004년
이생규장전	백승남 글, 한성옥 그림	2004년
깡패국가	클라이드 프레스토위츠 지음, 김성균 옮김	2004년
이봐, 내 나라를 돌려줘	마이클 무어 지음, 김남섭 옮김	2004년
7인 7색, 21세기를 바꾸는 교양	홍세화 외 지음	2004년
싸이코가 뜬다	권리 장편소설	2004년
말이 올라야 나라가 오른다 1	김세중 외 지음	2004년
마지막 은어 낚시	이중현 글, 이상권 그림	2004년
고문 인권의 무덤	고문 등 정치폭력 피해자를 돕는 모임(KRCT) 지음	2004년
살아 있는 우리 신화	신동흔 지음	2004년
전선기자 정문태 전쟁취재 16년의 기록	정문태 지음	2004년
전우치전	송재찬 글, 신혜원 그림	2004년
파그만의 정원	사이라 샤 지음, 유은영 옮김	2004년
이순신을 만든 사람들	고진숙 글, 최병대 그림	2004년
파란 리본	이중현 글, 김미혜 그림	2004년
엄마, 우리 교실에 놀러오세요	송언 지음	2004년
백년여관	임철우 장편소설	2004년
왜냐면 3	한효석 엮음	2004년
오리의 기도	김영훈 지음	2004년
금방울전	임정자 글, 양상용 그림	2004년
영혼의 순례자	조현 지음	2004년
새벽의 건설자들	고든 데이비드슨 외 지음, 황대권 대표번역	2005년
청춘가를 불러요	한창훈 소설집	2005년
불량소녀백서	김현진 지음	2005년
반쪽이와 하예린, 런던에 가다	최정현 · 최하예린 지음	2005년
나마스테	박범신 장편소설	2005년
우승열패의 신화	박노자 지음	
미래를 여는 역사	한중일3국공동 역사편찬위원회 지음	2005년
사마천, 애덤 스미스의 뺨을 치다	오귀환 지음	2005년
반쪽이의 나무곤충 만들기	최정현 지음	2005년
대한민국史 3	한홍구 지음	2005년
아름다운 위인전	고진숙 지음, 경혜원 그림	2005년
도모유키	조두진 장편소설	2005년
지구야, 말해줘!	앤 마셜 지음, 조홍섭 옮김	2005년
우주야, 말해줘!	앤 마셜 지음, 조홍섭 옮김	2005년
인체야, 말해줘!	앤 마셜 지음, 조홍섭 옮김	2005년
천년 고도를 걷는 즐거움	이재호 지음	2005년
새움이의 오줌나무	장주식 글, 정성화 그림	2005년
이제는 사람이 경쟁력이다	신봉호 외 지음	2005년

제목	지은이	연도
말이 올라야 나라가 오른다 2	권재일 외 지음	2005년
21세기를 바꾸는 상상력	한비야 외 지음	2005년
저승사자 강림도령	홍승우 글·그림	2005년
농사의 신 자청비	김나경 글·그림	2005년
신여성	연구공간 수유+너머 근대매체연구팀 지음	2005년
체 게바라, 인간의 존엄을 묻다	오귀환 지음	2005년
새롭게 보는 사주 이야기	이정호 지음	2005년
우리를 행복하게 하는 것들	로버트 서먼 지음, 박미경 옮김	2005년
우리 신화의 수수께끼	조현설 지음	2006년
당신들의 대한민국 2	박노자 지음	2006년
영혼의 신 바리공주	윤태호 글·그림	2006년
고전문학사의 라이벌	정출헌·고미숙·조현설·김풍기 지음	2006년
열한 살의 귀향	케네스 토마스마 글, 유니스 헌들리 그림, 이시영 옮김	2006년
컬처 트렌드를 읽는 즐거움	김봉석 지음	2006년
나의 첫번째 사진책	곽윤섭 지음	2006년
웰컴 투 머신	데릭 젠슨·조지 드래펀 지음, 신현승 옮김	2006년
딴따라라서 좋다	오지혜 지음	2006년
우리가 지운 얼굴	김성호 지음	2006년
도둑	서지선 글, 김병하 그림	2006년
우리 과학의 수수께끼 1	신동원 엮음	2006년
아메리카 자전거 여행	홍은택 지음	2006년
인문학의 창으로 본 과학	김용석 외 지음	2006년
너무나도 쉬운 비즈니스 글쓰기	황성근 지음	2006년
하늘의 법칙을 찾아낸 조선의 과학자들	고진숙 글, 유준재 그림	2006년
여우야 여우야 뭐 하니	조영아 장편소설	2006년
큰아버지의 봄	한정기 글, 김영진 그림	2006년
To Do	마이클 오그던 지음, 이은선 옮김	2006년
꽃분엄마 파이팅!	이은하 글, 화성 그림	2006년
21세기에는 바꿔야 할 거짓말	정혜신 외 지음	2006년
선녀는 왜 나무꾼을 떠났을까	고혜경 지음	2006년
당신들의 중국	자오궈뱌오 지음, 이상수 옮김	2006년
공상이상 직업의 세계	김봉석 지음	2006년
HOW-세상을 바꾼 100가지 공학기술 1	김영훈 글·그림	2006년
강치야 독도야 동해바다야	주강현 지음	2006년
아내의 미소	이케다 가네코 지음	2006년
실크로드 문명기행	정수일 지음	2006년
대한민국史 4	한홍구 지음	2006년
천 개의 공감	김형경 지음	2006년
아프리카로 간 눈사람	크리스타 코지크 글, 차경아 옮김	2006년
동양 고전 강의	손병목 지음	2006년
여자에게	장영희, 김점선 외 6인 지음	2007년
어린이의 미래를 여는 역사 1, 2, 3	김한조 글·그림	2007년
HOW-세상을 바꾼 100가지 공학기술 2, 3	김영훈 글·그림	2007년
유쾌한 딜레마 여행	줄리언 바지니 지음, 정지인 옮김	2007년
얀손 씨의 양복	원유순 글, 두비기 그림	2007년
나의 두번째 사진책	곽윤섭 지음	2007년
아프리카 초원학교	구혜경 지음	2007년
유레카 실험 원정대	이자벨 마퇴 외 지음, 이주희 옮김	2007년
요리조리 능금이의 주방 원정기	송정금 지음	2007년
장화홍련전	김회경 글, 김윤주 그림	2007년
통일 지향의 평화를 향하여	김대중평화센터 엮음	2007년
우리가 몰랐던 동아시아	박노자 지음	2007년
개정판 남북한말 비교 사전	조재수 편찬	2007년
심청전	김예선 글, 정승희 그림	2007년
데카르트의 비밀 노트	아미르 D.악젤 지음, 김명주 옮김	2007년
토끼전	장주식 글, 김용철 그림	2007년
천만번 괜찮아	박미라 지음	2007년
100가지 민족문화 상징 사전	주강현 지음	2007년
고전의 향연	이진경·이정우·심경호·배병삼 외 지음	2007년
한중록	임정진 글, 권문희 그림	2007년
구운몽	신동흔 글, 김종민 그림	2007년
웰컴 투 더 언더그라운드	서진 장편소설	2007년
딸과 함께 유럽을 걷다	김연 지음	2007년
서울을 여행하는 라이더를 위한 안내서	홍은택 지음	2007년
밴드마녀와 빵공주	김녹두 글, 이지선 그림	2007년
출동! 지구수비대	샤샤 노리스 글, 정현상 옮김	2007년
시대를 건너는 법	서경식 지음, 한승동 옮김	2007년
빼앗긴 일기	이은하 글, 황보순희 그림	2007년
철학 정원	김용석 지음	2007년
시나리오 마스터	데이비드 하워드 지음, 심산스쿨 옮김	2007년
개정판 바른 말글 사전	최인호 엮음	2007년

21세기에는 지켜야 할 자존심	진중권 외 지음	2007년
왜 버스는 세 대씩 몰려다닐까	리처드 로빈슨 지음, 신현승 옮김	2007년
꿈은 소멸하지 않는다	박상철 외 지음	2007년
마라토너의 흡연	조두진 소설집	2007년
우리 과학의 수수께끼 2	신동원 엮음	2007년
나이 먹는 즐거움	박어진 지음	2007년
화룡소의 비구름	배유안 글, 김호민 그림	2008년
도요새 공주	김회경 글, 조혜원 그림	2008년
내게 말을 거는 공간들	임혜지 지음	2008년
아직 희망을 버릴 때가 아니다	하종강 지음	2008년
탐험이 가져온 선물, 지도	경희대학교 혜정박물관 지음	2008년
한국사傳 1	KBS 한국사傳 제작팀 지음	2008년
동무와 연인	김영민 지음	2008년
불량 누나 제인	전경남 글, 오승민 그림	2008년
Esc	〈Esc〉를 만드는 사람들 지음	2008년
역사를 담은 토기	고진숙 글, 최서영 그림	2008년
역사를 담은 도자기	고진숙 글, 민은정 그림	2008년
작은 여자, 큰 여자, 사이에 낀 두 남자	장차현실 지음	2008년
세계史일주	강응천 지음	2008년
한국사傳 2	KBS 한국사傳 제작팀 지음	2008년

1987년

7월	해직 기자 중심, '새 언론 창설연구위원회' 출범
9월 1일	서울시 종로구 안국동 안국빌딩 601·602호에 '새 신문 창간 준비 사무국' 설치
	'새 신문 창간발의 준비위원회' 구성
9월 23일	새 신문 발의자 총회.
	전 국민 대상 주식 공모, 수권자본금 50억 원, 출자상한은 1%로 제한 등 결의
9월 24일	'새신문 창간발의 준비위원회' 를 '새신문 창간발기 추진위원회' 로 개편
10월 1일	새 신문 창간 준비 사무국 일꾼 인선
10월 12일	각계 원로 24명 새 신문 창간 지지 성명 발표
10월 22일	새 신문 제호, '한겨레신문' 으로 결정
10월 30일	서울 명동 기독교 여자청년회(YWCA) 대강당에서 한겨레신문 발기인 대회
	발기인 대표 56명으로 '한겨레신문 창간위원회' 구성
11월 8일	한겨레신문 창간 발기인 3342명(훗날 3317명으로 수정) 명단 발표
	창간기금 모금 광고 일간지에 게재 시작
11월 10일	'제호 도안 준비위원회' 구성
11월 14일	제1차 창간위원회 개최
	송건호, 이돈명을 창간위원회 공동대표로 선임
11월 18일	〈한겨레신문 소식〉 1호 발간
11월 24일	〈한겨레신문 소식〉 2호 발간
12월 12일	〈한겨레신문 소식〉 3호 발간
12월 14일	창간사무국 사무실에서 한겨레신문 주식회사 창립총회 개최
	송건호를 초대 대표이사 및 발행인에 선임
12월 15일	서울민사지법에 한겨레신문 주식회사 설립등기
12월 29일	〈한겨레신문 소식〉 4호 발간

1988년

1월	한겨레신문의 기본 성격을 '대중적 정론지' 로 규정하고 편집위원회 제도 마련
1월 9일	한겨레신문 주식 교부 시작
1월 12일	편집국 직제, 부서 명칭, 편집진용 확정 발표
	초대 편집위원장에 성유보 임명
1월 13일	경력 및 신입사원 모집 공고
1월 19일	신입사원 원서 교부
1월 22일	〈한겨레신문 소식〉 5호 발간
1월 23일	문공부에 정기간행물 등록 신청
2월 9일	〈한겨레신문 소식〉 6호 발간
2월 25일	창간기금 모금 완료
	2만 7223명이 50억 원 출연
2월 29일	한겨레 신문 제호 도안 확정
3월 2일	경력기자 38명, 수습기자 23명 채용
3월 7일	업무 경력사원 44명, 업무 수습사원 11명, 사무보조 및 전산 사식요원 33명 채용
3월 8일~ 3월 24일	서울 종로5가 여전도 회관에서 공채 1기 수습사원 연수
3월 9일~ 3월 25일	창간사무국 사무실에서 매일 오후 전 사원 연수
3월 10일	윤전기 1, 2호기 시험가동 성공. 〈한겨레신문 소식〉 7호 발간
3월 11일~ 3월 13일	강화도 마니산 산업화랑 연구소에서 한겨레신문 임직원 합숙 연수
3월 16일	기자평의회 창립총회
3월 23일	〈한겨레신문 소식〉 8호 발간
3월 27일	김인한 초대 이사 별세
3월 28일	이사회에서 조간 8면 체제, 구독료 월 2500원 결정
	서울 영등포구 양평동으로 사옥 이전 결정
4월 18일	1988년 5월 15일을 창간 예정일로 확정하여 내외부에 공표
4월 18일~ 4월 20일	경기도 고양군 일산 기독교청년회(YMCA) 수련장에서 지사장·지국장 연수
4월 19일	〈한겨레신문 소식〉 9호 발간
	한국언론재단 회관에서 광고주 초청 설명회 개최
4월 25일	정기간행물 일간지 등록증 교부 받음(등록번호: 가-52호)
4월 28일	〈한겨레신문 소식〉 10호 발간
5월 5일	양평동 사옥에서 한겨레신문 윤리강령 및 윤리강령 실천요강 선언식
5월 15일	한겨레신문 창간호(36면 50만 부) 발행
5월 16일	이사회에서 급여체계 확정
8월 3일	중앙일간지 가운데 처음으로 편집위원장 직선제 실시
	제2대 편집위원장에 장윤환 선출
8월 20일	하마다 윤전기(3·4호기) 설치 완료
9월 1일	8면에서 12면으로 증면
9월 10일	서울 중구 정동 류관순 기념관에서 임시 주주총회 개최
	수권 자본금 200억 원으로 증자

	제1차 창간위원회 개최
9월 12일	한국언론재단 회관에서 지령 100호 기념 리셉션
9월 20일	발전기금 국민 모금 시작
10월 15일	제2차 창간위원회 개최
	창간위원장에 한승헌 선임
10월 20일	사보 '한겨레가족' 창간
11월 5일~	전국 18개 지역에서 '한국 사회의 오늘과 내일'을 주제로
12월 11일	'한겨레 대강연회' 개최
12월 10일	한겨레신문 노동조합 창립총회
	초대 위원장에 고희범 선출
12월 14일	한겨레신문 노동조합 전국언론노동조합연맹 가입
12월 16일~	서울 무역센터 8층 현대미술관에서
12월 29일	'북녘의 산하' 사진전 개최

1989년

1월 1일	지령 200호 기념, 28면 발행
1월 23일~	대구시민회관에서 '북녘의 산하' 사진전 개최
1월 31일	
2월 3일~	부산시민회관에서 '북녘의 산하' 사진전 개최
2월 19일	
2월 15일	고속윤전기 도입과 사옥 건립을 위한 한겨레신문
	개발본부 발족(개발본부장 정태기)
2월 23일	한국언론재단 회관에서 3·1 운동 70주년 기념
	학술심포지엄 개최
2월 25일	서울 이화여대 대강당에서 제1기 정기주주총회
3월 7일	윤리강령 실천을 위한 윤리위원회 구성
4월 5일	단일호봉제를 뼈대로 하는 임금체계 개선안 확정
4월 12일	리영희 논설고문, 공안합동수사본부에 연행
4월 14일	북한 방문 취재 계획 관련, 리영희 논설고문 구속, 임재경 부
	사장 불구속 기소
	한겨레 노동조합 비상총회 뒤 철야농성 시작
4월 20일	장윤환 편집위원장, 정태기 개발본부장 공안합동수사본부에
	강제 구인되어 불구속 입건
4월 29일~	리영희 논설고문 석방 촉구 및 한겨레신문 간부들에 대한
5월 25일	입건조치 철회를 위한 범국민 서명운동 전개
5월 11일	본사 소재지 안국동에서 양평동으로 변경 등기
5월 15일	한국언론재단 회관에서 창간 1주년 기념 리셉션
	한겨레신문 시카고 지사 개설
5월 15일~	독자배가 특별위원회 발족 및 활동(위원장 김태홍 판매이사)
10월 31일	
5월 16일	창간 1주년 기념, 36면 발행
5월 20일	이사회에서 공덕동 새 사옥 부지 매입 계약안 의결
6월 1일	기산건축설계사무소와 새 사옥 설계 용역 계약
6월 10일	발전기금 모금 완료(총 모금액 119억 2000만 원)
6월 11일	주미 특파원 파견(초대 워싱턴 특파원 정연주)

6월 29일	일본 도쿄기계 윤전기 구입 계약 체결
7월 2일	서경원 인터뷰 빌미로 윤재걸 기자 사전구속영장 발부
7월 3일	한겨레 탄압에 항의하는 사원 임시총회 뒤 농성 돌입
7월 10일	법원, 한겨레 편집국 압수수색 영장 발부
	노동조합 주최 언론자유수호결의대회
7월 11일	편집국 수색 저지 언론자유수호 2차 결의대회
7월 12일	서경원 방북 사건 관련, 안전기획부의 편집국 강제 압수수색
	장윤환 편집위원장 사임
7월 17일	제3대 편집위원장에 권근술 선출
10월 11일	한겨레 노사, 처음으로 단체협약 체결
12월 28일	이주익 한겨레 도쿄 주재 통신원, 김포공항에서 안기부에 강
	제연행
12월 30일	공덕동 새 사옥 부지 790여 평 확보 완료

1990년

1월 30일	제2대 노조위원장에 최성민 선출
2월 7일	공덕동 새 사옥 기공
3월 24일	서울 올림픽공원 제3체육관에서 제2기 정기주주총회
4월 18일	한겨레 노사 간 첫 임금 타결(기본급 12%, 상여금 150% 인상)
5월 15일	한국언론재단 회관에서 창간 2주년 기념 리셉션
6월 1일	16면으로 증면
6월 1일~	제3차 기금 모집 특별위원회 운영
12월 31일	
7월 16일	제4대 편집위원장에 성유보 선출
8월 18일~	'겨레의 노래', 전국 7개 도시에서 22차례 순회공연
9월 11일	
9월 6일	제1차 남북고위급회담 취재차 서울에 온 북한기자단,
	한겨레신문사 방문
12월 12일	조영래 논설위원, 지병으로 별세

1991년

1월 31일	제3대 노조위원장에 김영철 선출
3월 23일~	전국 10여 곳에서 민자당원 또는 괴한들이 한겨레 보급소
3월 24일	난입
3월 23일	서울 올림픽공원 제3체육관에서 제3기 정기주주총회
4월 2일	제5대 편집위원장에 성한표 선출
4월 26일	송건호 대표이사 회장, 김명걸 대표이사 사장 취임
5월 15일	창간 3주년 기념 특집 32면 발행
8월 2일	제4대 노조위원장에 윤석인 선출
8월 10일	지령 1000호 기념 특집호 발행
11월 12일	연구 동아리 한겨레언론연구회 출범
12월 8일	공덕동 사옥에서 새 사옥 건립 기념 한겨레 한마당 행사
12월 14일	서울시 마포구 공덕동 116-25 새 사옥 입주

2월 21일	주일 특파원 파견 (초대 도쿄 특파원 김효순)
3월 28일	서울 올림픽공원 제3체육관에서 제4기 정기주주총회
4월 6일	제6대 편집위원장에 성한표 선출
5월 15일	《발굴 한국현대사인물 1, 2, 3》 완간
5월 28일	송건호 대표이사, 한국언론학회 언론상 수상
7월 8일	노사 공동으로 회사발전기획위원회 구성
7월 16일	제5대 노조위원장에 윤석인 선출
8월 3일	월간 옵서버 관련 청와대, 곽병찬 기자 고발
9월 1일	PC통신망에 한겨레신문 기사 서비스 시작
9월 3일	이주원 기자 교통사고로 사망
12월 1일	이사회에서 우리사주조합 결성 의결
12월 17일	우리사주조합 결성(초대 조합장 정영택)

1993년

1월 20일	황인철 감사, 지병으로 별세
2월 8일	경영진추천위원회 구성 등 정관개정안 이사회 의결 한겨레 출판팀 신설
2월 18일	월요판 발행 시작
3월 20일	서울 올림픽공원 제3체육관에서 제5기 정기주주총회
4월 9일	제7대 편집위원장에 김중배 선출
4월 29일	1기 자문위원회 구성
5월 18일~	경영진추천위원회 사내위원 10명 선출
5월 19일	
5월 20일	제1차 경영진추천위원회 구성 완료(위원장 유현석)
6월 4일	경추위에서 제5대 대표이사 후보에 김중배 추천
6월 10일	제6대 노조위원장에 원병준 선출
6월 19일	서울 강남구 한국종합전시장에서 임시 주주총회 김중배 대표이사 취임
6월 24일	제8대 편집위원장에 최학래 선출
7월 22일	신맹순, 곽병준 등 두 명의 주주, 한겨레신문 대표이사 직무 집행정지 및 직무대행자 선임 가처분 신청과 임시주총 결의 취소 소송 제기
8월 16일	중앙언론사 가운데 최초로 ABC공사 참여
9월 1일	16면에서 20면으로 증면
9월 20일	컬러윤전기 추가 도입 설치
9월 22일	집배신 시스템 추진본부 발족
10월 28일	시사주간지 창간준비팀 구성(팀장 오귀환)
12월 13일	출판국 출범

1994년

1월 10일	김중배 대표이사, 사원비상총회서 임원진 전원 사퇴 선언
2월 3일	주총 무효 확인 소송에 대해 법원이 각하 결정
3월 16일	시사주간지 '한겨레21' 창간 경추위에서 김두식을 제6대 대표이사 후보로 추천
3월 19일	서울 정동 문화체육관에서 6기 주주총회 개최했으나 정족 미달로 유회.
3월 22일	송건호 고문, 호암상 언론인 부문 수상
3월 29일	제9대 편집위원장에 최학래 재선출.
5월 3일	김영삼 대통령 차남 김현철, 한겨레신문사 상대로 20억 원 손배소송 제기
5월 15일	제호 도안에서 백두산 배경 그림 삭제
5월 29일	제7대 노조위원장에 송우달 선출
6월 11일	서울 중구 정동 문화체육관에서 제6기 정기 주주총회 김두식 대표이사 취임
8월 15일~	민족가극 '금강' 지방순회공연 개최
12월 17일	
9월 1일	주4회 24면으로 증면
9월 3일	지령 2000호 발행
9월 6일	정연주 워싱턴 특파원, 평양 단독 취재 위해 방북
10월 22일	토털 CTS 도입 추진본부 발족 (본부장 윤유석)
10월 24일	한겨레신문, 안종필 자유언론상 수상
11월 25일	박재동 화백, 민주언론상 수상
12월 19일	독일 케바우사 신형 고속윤전기 도입 계약 체결
12월 19일	영상매체 상근 준비팀 구성(팀장 조선희)

1995년

2월 3일	경추위에서 제7대 대표이사 후보에 권근술 추천
2월 25일	제10대 편집위원장에 윤후상 선출
3월 11일	서울 올림픽공원 제3체육관에서 제7기 정기주주총회 권근술 대표이사 취임
3월 13일	서울 마포구 노고산동 미지빌딩에 한겨레문화센터 개관
4월 24일	영상주간지 '씨네21' 창간
5월	사업국 유통사업 '한겨레마을' 오픈
5월 8일~	씨네21 창간기념, 제1회 서울영화제 개최
5월 14일	
5월 15일	황선주 자문위원 문화사업 위해 써달라며 군산 건물 한겨레신문사에 기증
5월 29일	제8대 노조위원장에 송우달 선출
6월 12일	주중 특파원 파견(초대 베이징 특파원 이길우)
7월 1일	한겨레통일문화재단 설립 준비팀 발족
7월 11일	한겨레21 인터넷 기사서비스 시작 인터넷한겨레 오픈
10월 11일~	경극 '삼국지' 공연 개최
10월 14일	
11월 5일	한겨레 공덕동 사옥 증축 상량식
11월 25일~	세종문화회관에서 해방 50주년 기념 민족가극 '백두산' 공
11월 27일	연 개최
12월 6일	김현철 손배소송 관련 법원이 한겨레신문사에 4억 원 배상 판결

	본사 이에 불복해 항소
12월 15일	한겨레신문 뉴욕판 판권 계약 체결

1996년

1월 1일	씨네21 인터넷 기사 서비스 시작
1월 4일	한겨레통일문화재단 설립 발의
3월 23일	서울 서대문구 연세대 대강당에서 제8기 정기 주주총회
4월 24일	공덕동 사옥 3개 층 증축
4월 27일	한겨레 인터넷 기사 서비스 시작
5월 11일~	칸 영화제 기행
5월 18일	
5월 28일	노사 합동으로 경영·편집 혁신을 위한 특별위원회 발족
6월 7일~	음반 사전심의 철폐 기념콘서트 '자유' 개최
6월 9일	
7월 11일~	중국 베이징에서 한중일 아마바둑 정상대항전 개최
7월 16일	
9월 3일	청암 송건호 문고 개관
9월 13일	제1회 부산국제영화제에서 일간지 씨네21 PIFF 발간
9월 10일	독일 케바우사 신형 고속윤전기 1호기 설치 및 가동
10월 1일	새 CTS 가동
10월 14일	한겨레신문에서 한겨레로 제호 변경 주6회 28면으로 증면
10월 17일	제9대 노조위원장에 김형선 선출
10월 19일~	제1회 국제 배낭여행 박람회 개최
10월 22일	
10월 24일	정연주 기자, 통일언론상 대상 수상
11월 1일	연변일보와 협력 교류서 교환
11월 26일	한겨레 여론매체부, 민주언론상 수상
11월 28일	김정한 이사, 지병으로 별세
11월 29일	한국신문협회 가입

1997년

1월 9일	손석춘·김현수 기자, '신문전쟁' 기획보도로 한국언론상 수상
1월 24일	사상 첫 대표이사 후보 초청토론회
2월 5일	경추위에서 제8대 대표이사에 권근술 추천
2월 25일	김현철씨, 한겨레신문사에 대한 손배 소송 취하
2월 28일	제11대 편집위원장에 박우정 선출
3월 15일	서울 숙명여대 체육관에서 제9기 정기주주총회 권근술 대표이사 취임
3월~12월	북녘동포 돕기 캠페인
4월 9일	독일 케바우 사 신형 고속윤전기 2호기 설치 및 가동
4월 14일	'한겨레 투어' 사업 개시
4월 22일	김소진 기자, 지병으로 사망
5월	국내 최초로 인터넷 광고영업 시작
5월 8일	한겨레 최초의 노조 파업 결의

5월 30일	한겨레통일문화재단 법인 설립 인가
6월~12월	북녘 어린이 돕기 캠페인
6월 3일	한겨레통일문화재단 공식 설립
6월 8일	제1회 '행진 6·10' 시민달리기대회
7월 11일	홈쇼핑 '한겨레마을' 사업 개시
7월 30일	한겨레통일문화연구소 설치
8월 18일	제2회 한겨레 문학상 당선작 발표(수상작, 김연의 《나도 한 때는 자작나무를 탔다》)
8월 29일	제1회 부천국제판타스틱 영화제 일간지 씨네21 PIFAN 발간
9월 24일	홍순복 교열부장 별세
10월 4일	지령 3000호 발행
10월 10일	제10대 노조위원장에 손석춘 선출
10월 24일	오귀환 기자 등 '북녘 동포 돕기 캠페인'으로 통일언론상 대상 수상
11월 15일	일본 미쓰비시 상업용 윤전기 설치(동광문화인쇄 위탁 가동)
11월 25일	조상기·윤국한·김성호·김성걸 기자, '김현철 비리' 보도로 민주언론상 수상
12월 10일	군산 문화센터 개관

1998년

1월 1일	선은희 문화센터 사원, 교통사고로 순직
3월 19일~	한국방송과 공동으로 '개혁 대토론회' 개최
3월 20일	
3월 21일	서울 숙명여대 체육관에서 제10기 정기주주총회
4월 6일	자회사 (주)한겨레리빙 설립
4월 20일	국내 첫 일간 지역생활정보신문 '한겨레리빙' 창간
5월 7일	창간 10주년 기념 사사 《세상을 바꾸고 싶은 사람들》 출간
5월 15일	평일 32면, 토요일 24면으로 증면 여의도 63빌딩에서 한겨레 창간 10돌 기념 리셉션
5월 29일~	올림픽 체조경기장에서 98 '자유' 콘서트 개최
5월 31일	
6월 1일	오귀환 기자 등 '북녘동포돕기 캠페인'으로 늦봄 통일상 수상
6월 15일	문화방송, 근로복지공단과 공동으로 '실업을 이기자' 실업
2월 28일(99년)	극복국민운동 전개
7월 1일	격주간지 케이블 TV가이드 발간
7월 27일~	북녘동포와 이산가족 기금마련 '통일 물산전' 전국순회 개최
9월 24일	
8월 24일	제3회 한겨레 문학상 당선작 발표(수상작, 한창훈의 《홍합》)
8월 25일	한겨레 노동교육연구소 설립
9월 25일	제11대 노조위원장에 이정구 선출
10월 9일	한겨레신문, 중앙언론문화상 수상
10월 26일	제1회 막동이 시나리오 공모전 개최
11월 3일~	한겨레통일문화재단, 제1회 윤이상통일음악회 평양 개최
11월 5일	
11월 5일	인터넷 쇼핑몰 '한겨레마을' 개장

11월 10일~	권근술 대표이사, 리영희 이사 등 여섯 명 방북
11월 17일	
11월 26일	창간 10돌 기념 제1회 한겨레 광고대상 시상
12월 3일	노사 공동 한겨레발전대책위원회 구성
12월 12일~	98 방콕 아시안게임 한겨레 남북 공동응원단 400명 파견
12월 17일	

1999년

1월 28일	제1회 한겨레 통일문화상 시상(수상자 윤이상)
1월 29일	첫 사원 직선 투표로 제9대 대표이사 후보에 최학래 선출
2월 25일	사옥신관 증축공사 착공
2월 26일	제12대 편집위원장에 고영재 선출
3월 14일	계훈제 창간위원, 지병으로 별세
3월 18일	서한영 이사, 지병으로 별세
3월 20일	서울 숙명여대 대강당에서 제11기 정기주주총회
	최학래 대표이사 취임
5월 3일	이사회서 (주)한겨레리빙 지원 중단 결정
5월 7일~	한겨레 창간 11돌 '21세기와 한반도' 국제학술회의 개최
5월 10일	
5월 15일	평일 32면, 토요일 24면으로 증면
5월 17일	제4회 한겨레 문학상 당선작 발표(수상작, 김곰치의 《엄마와 함께 칼국수를》)
6월 8일	리영희, 늦봄 통일상 수상
6월 11일	단오맞이 통일기원 아리수 축제 '통일이여 오라' 개최
8월 31일	한겨레·UTC벤처21 사업계획 공모전 시상
9월~12월	제1기 남북경협아카데미 강좌
9월 29일	제12기 노조위원장에 이정구 선출
10월~	한겨레21 '베트남전 성금모금 캠페인'
2000년 9월	
11월 19일~	경기도 청평 아카데미에서 첫 한겨레 여직원 대회
11월 20일	
11월 24일	한겨레 문화센터–성공회대학 학점 인정 교류 약정
11월 30일	제2회 한겨레 광고대상 시상
12월 16일	공덕동 사옥신관 증축 준공
	(총면적 2733평에서 3690평으로)
12월 20일	남북민족통일 평양 공연
12월 22일	(주)인터넷한겨레(뉴미디어·유통·여행사업 포함) 독립법인 설립

2000년

1월 3일	제2회 막동이 시나리오 공모전 개최
1월 12일	제2회 한겨레통일문화상 시상(수상자 강만길)
1월 19일	사내 연구동아리 진보언론연구모임 출범
1월 30일	한겨레 여성회 출범
2월	교육과미래, 제1기 미국 교환학생 배출
3월 1일~	한강 살리기 캠페인 '탄천에 은어 떼를' 개최

12월 31일	
3월 6일	평일 40면, 토요일 32면 증면
3월 16일	안식월 제도 시행
3월 22일	디자인센터 '디자인이즈' 설립
3월 25일	서울 숙명여대 대강당에서 제12기 정기주주총회
4월 1일	인터넷 한겨레 '하니리포터' 서비스 시작
4월 24일	씨네21 독자 도메인으로 영화포털서비스 시작
4월 24일	강재훈 한국사진기자상 수상
4월 26일	관계회사 (주)한겨레아이티 설립
4월 28일	제1회 전주국제영화제 일간지 씨네21 JIFF 발간
5월	인터넷한겨레, 친환경 유기농산물 사업 시작
5월 19일	한겨레–한국통신, 위성방송 등 뉴미디어 사업 공동 추진을 위한 합의서 체결
5월 29일	경제주간지 'dot21' 창간
6월 3일~	평양 교예단 서울공연 개최
6월 10일	
6월 5일~	서울 학생동아리 한마당
6월 9일	
6월 9일	위성방송사 설립을 위한 한겨레–한국통신 컨소시엄 계약
6월 19일~	전국언론노련 산별 전환, 한겨레지부 총투표 실시
6월 21일	
6월 27일	고엽제후유의증전우회 한겨레 사옥 난입
7월 24일	이계종 감사, 지병으로 별세
8월 22일	교육사업 자회사 (주)즐거운 학교 설립
9월 1일~	사업계획 공모전 '벤처21' 개최
11월 23일	
10월 2일	인터넷 한겨레, 지식포털 '디비딕' 서비스 시작
10월 23일	제13대 노조위원장에 김보근 선출
11월 1일~	제2회 장묘문화캠페인 '묘지강산을 금수강산으로' 전개
12월 31일	
11월 9일	제1회 꿈나무 통일한마당 개최
11월 29일	제3회 한겨레 광고대상 시상
12월	강재훈 기자, 올해의 사진기자상 수상
12월 8일	상표자산가치 우수기업 선정
12월 10일	박임근·송인걸 기자, '인권 사각지대 매매춘 여성' 보도로 엠네스티 언론상 수상
12월 14일	제3회 한겨레 통일문화상 시상 (수상자 문정현, 문규현)
12월 16일	지령 4000호 발행
12월 18일	한국디지털위성방송컨소시엄 위성방송 사업권 획득
12월 8일~	한겨레통일문화재단 주최, 남북교류–평화정착 남북회의 개최
12월 19일	

2001년

1월 12일	한국디지털위성방송주식회사 설립
1월 15일	제3회 막동이 시나리오 공모전 개최

1월 19일	제10대 대표이사 후보에 최학래 선출
2월 23일	제13대 편집위원장에 조상기 선출
3월 20일	21세기 기획단, 한겨레 발전 기본계획 발표
3월 21일	유상규·정광섭 기자 '한빛은행거액편법대출사건' 보도로 삼성언론상 수상
3월 24일	서울 숙명여대 대강당에서 제13기 정기주주총회 최학래 대표이사 취임
4월 2일	제2회 정보통신기업 디지털대상 시상
4월 12일	전문기자제 시행
4월 19일	경제정의기업상 시상
4월 28일~ 5월 20일	전국 6개 도시에서 씨네21 지령 300호 기념 영화제 '열린 세상을 향해 쏴라' 개최
5월 20일	제6회 한겨레 문학상 당선작 발표(수상작, 박정애의 《물의 말》)
5월 28일~ 5월 31일	서울학생 동아리 한마당 개최
6월 10일	시민달리기 행진610 개최
6월 21일~ 6월 23일	코리아 아이티 벤처 투자마트 2001 개최
7월 1일	출판국 사업부제 시행
8월 9일	한겨레신문 윤리강령 실천요강 일부 개정
8월 13일~ 8월 14일	한반도 화해와 통일 국제회의 개최
9월 19일	사외보 〈열린사람들〉 창간
10월	한겨레출판, 어린이책 브랜드 '한겨레 아이들' 출판
10월 15일	경영/편집 개선팀 발족
10월 18일	장기발전기획팀 발족
10월 31일~ 11월 3일	서울학생 동아리 한마당 개최
11월 9일	제2회 꿈나무 통일체험 한마당 개최
11월 16일	제14대 노조위원장에 박상진 선출
12월	사옥 9층 옥상, 생태공원으로 단장
12월 10일	조홍섭 기자, 녹색언론인상 수상
12월 18일	'푸른 하늘을 되찾자' 월드컵 환경 캠페인
12월 21일	초대 대표이사 송건호 선생 별세
12월 31일	새해맞이 남양주 하프마라톤 대회 개최

2002년

1월 3일	한겨레-홋카이도 신문 제휴 협정
1월 25일	한국언론재단 회관에서 청암언론문화재단 창립기념대회
1월 29일	관계회사 한겨레아이티, 한겨레커뮤니케이션스로 상호 변경
1월 30일	제4회 한겨레 통일문화상 시상(수상자 정주영)
2월 1일	제4회 막동이 시나리오 공모전 개최
3월 1일	디지털 위성방송 정보지 '스카이라이프' 창간
3월 2일	영남 현지 인쇄 시작
3월 23일	서울 숙명여대 대강당에서 제14기 정기주주총회

3월 29일	유성춘 기자, 지병으로 사망
4월 17일~ 4월 23일	북한 미술 특별전 개최
5월 15일	노사 공동으로 한겨레 혁신추진단 출범 송건호 선생 얼굴상 제막식
5월 20일	호남 현지 인쇄 시작
5월 26일	제7회 한겨레 문학상 당선작 발표(수상작, 심윤경의 《나의 아름다운 정원》)
7월~9월	구례 민족통일공원 1차 조성사업
8월 1일	한겨레 초록마을 직영점 1호(마포) 개장
9월~10월	부산아시안게임 한겨레남북공동응원단 운영
10월 25일~ 26일	제1회 한겨레 통일포럼
10월 30일	혁신추진단 종합보고서 발표
11월	한겨레 초록마을 가맹점 1호(대치) 오픈
12월 3일	제1회 송건호 언론상 시상(수상자 정경희)
12월 16일	홍세화 시민편집인, 민주시민언론상 수상
12월 20일	퇴직금 출자전환을 통한 증자안, 이사회 결의
12월 26일	임직원 정당 가입 관련 윤리강령 개정 여부에 관한 사내 공청회

2003년

1월 21일	베트남 푸옌성 뚜이호아현에 한-베 평화공원 준공
2월 21일	제11대 대표이사 후보에 고희범 선출
2월 28일	제14대 편집위원장에 김효순 선출
3월	제5회 막동이 시나리오 공모전 개최
3월 1일	제5회 한겨레 통일문화상 시상(수상자 부산아시안게임 북쪽 응원단)
3월 22일	서울 숙명여대 대강당에서 제15기 정기주주총회 고희범 대표이사 취임
4월~5월	'이라크 어린이에게 의약품을' 캠페인
4월 28일	공동인쇄법인 (주)한국신문제작 설립
5월	(주)인터넷 한겨레, (주)한겨레 플러스로 사명 변경
5월	한겨레 독자 콜센터 설립
6월 1일	제8회 한겨레 문학상 당선작 발표(수상작, 박민규의 《삼미슈 퍼스타즈의 마지막 팬클럽》)
6월 7일~ 6월 8일	6월 난장 '오 피스 코리아' 개최
6월 28일	통일감자꽃 축제 개최
8월 1일	자회사 (주)씨네21 설립
9월	사내벤처 1호 '한겨레 지식센터' 출범
9월 2일	김승훈 창간위원, 지병으로 별세
9월 15일	한겨레 미주판(LA) 창간호 발행
10월 6일	씨네21-한국디지털위성방송, 쌍방향 디지털 데이터방송 사업을 위한 협력합의서 체결

11월 3일	공동배달회사 (주)한국신문서비스 출자
11월 9일	(주)한국신문제작에서 한겨레 인쇄 시작
11월 19일	여성월간지 '허스토리' 창간
12월 5일	제2회 송건호 언론상 시상(수상자 위르겐 힌츠페터)

2004년

1월	제6회 막동이 시나리오 공모전 개최
1월 2일	(주)씨네21, 방송채널사용사업자 등록
1월 9일	심채진 편집부위원장, 지병으로 별세
1월 28일	제6회 한겨레 통일문화상 시상(수상자 임동원)
3월	인터넷 한겨레, 토론마당 '한토마' 서비스 시작
3월 4일	한겨레 지령 5000호 발행
3월 9일~ 3월 25일	한겨레21 창간 10돌 기념 제1회 인터뷰 특강
3월 22일	양상우·최상원·길윤형 기자, '부산 성인오락실 검경 상납 비리' 보도로 삼성언론상 수상
3월 27일	서울 숙명여대 체육관에서 제16기 정기주주총회
4월~5월	용천군 폭발사고 피해동포 돕기 성금 모금
4월 1일	(주)씨네21, 한국디지털위성방송 영화 정보 데이터방송 서비스 개시
4월 27일	제15대 노조위원장에 양상우 선출
5월 16일	5·18 기념재단과 공동으로 5·18 마라톤대회 개최
5월~12월	아름다운재단과 공동으로 나눔 캠페인 전개
5월 25일	유현석 자문위원장, 지병으로 별세
5월 30일	제9회 한겨레 문학상 당선작 발표 (수상작, 권리의 《사이코가 뜬다》)
5월 31일	한겨레신문사, 제1회 참언론상 수상
6월 13일	6월항쟁 기념 부산시민축구대회 개최
6월 14일	한겨레신문사, 제1회 한반도평화상 수상
6월 26일	6·15 남북공동선언 4주년 기념, 윤도현 밴드와 총련 가극단 '금강산'의 '오 통일 코리아 2004' 공연 개최
7월 12일	시민의방송(RTV) '한겨레 뉴스 브리핑' 방송 시작
8월 31일	제16대 노조위원장 및 제8기 우리사주조합장에 양상우 선출
9월 8일	노사 합동 비상경영위원회 구성, 활동개시
10월 6일~ 10월 14일	상상예찬 영화축제 개최
11월 1일	김선주 논설주간, 위암 장지연상 언론부문 수상
11월 18일	한겨레 구조 개혁을 위한 노사 기본합의서 체결
11월 23일	비상경영위의 1단계 개혁안에 대한 노동조합 우리사주조합 총회 및 투표
12월	지상파 디지털멀티미디어방송(DMB) 관련 SBS와 MOU 추진
12월 3일	제3회 송건호 언론상 시상(수상자 민주언론운동시민연합) (주)씨네21, CGV와 공동으로 영화관용 영화정보지 'ME' 창간
12월 11일	한겨레신문, 한반도평화상 언론부문 수상

2005년

1월	(주)한겨레투어 독립법인 출범
2월 16일	이종근 기자, 한국기자상 사진 부문 수상
2월 18일	제12대 대표이사 후보에 정태기 선출
3월 11일	제7회 한겨레 통일문화상 시상(수상자 개성공단을 만든 사람들)
3월 14일	제17대 노조위원장 및 제9대 우리사주조합장에 이제훈 선출
3월 14일~ 3월 30일	한겨레21 창간기념 제2회 인터뷰 특강
3월 17일	제15대 편집위원장에 권태선 선출
3월 26일	서울 백범기념관에서 제17기 정기주주총회 정태기 대표이사 취임
3월 29일	한겨레가 참여한 SBS 컨소시엄이 지상파 DMB 데이터방송 사업자로 선정
4월 4일	한겨레 저녁 가판 폐지
4월 21일	조홍섭 기자, 교보생명환경문화상 환경언론 대상 수상
5월 3일	권태선 편집위원장, 한국참언론인 대상 수상
5월 15일	한겨레 제2창간 운동 시작
5월 16일	신문글꼴 변경(한결체)
5월 21일~ 7월 20일	전국 5개 지역에서 '한겨레의 날' 행사
5월 25일	한·중·일 공동 역사책 《미래를 여는 역사》 발간
6월 5일	제10회 한겨레 문학상 당선작 발표(수상작, 조두진의 《도모유키》)
6월 7일	제1기 인턴기자 선발
6월 30일	한겨레 말글연구소 설립
8월~ 2006년 4월	북녘 나무보내기 운동 전개
8월 23일	제18대 노조위원장 및 제10기 우리사주조합장에 조준상 선출
9월	한겨레 초록마을 200호점(제주 노형) 오픈
9월 24일	정운영 논설위원, 지병으로 별세
10월	인터넷한겨레, 블로그형 개인미디어 '필진 네트워크' 개시
10월 10일	한겨레결체 무료 배포
10월 14일	한겨레, 한국대학신문 선정 최우수 언론대상 수상
11월 11일~ 11월 12일	한겨레통일문화재단, APEC 국제 심포지엄 개최
11월 23일	한겨레21, 민주언론상 특별상 수상
12월	(주)한겨레엔 출범(인터넷 한겨레 사업 부문, 한겨레 문화사업단)
12월 2일	제4회 송건호 언론상 시상 (수상자 강준만)
12월 6일	2005 생태도시 국제 심포지엄 개최
12월 12일	홍용덕·김기성·유신재 기자, '외국인 노동자 노말헥산 중독' 보도로 엠네스티 언론상 수상

1월 1일	한겨레 제호 변경
1월 2일	자회사 (주)한겨레출판 설립
1월 4일	홍세화 제1대 시민편집인 취임
	독자권익위원회 구성
1월 18일~ 1월 24일	세종문화회관에서 한겨레를 위한 한국미술 120인 마음전
2월 13일	편집국 '에디터제-영역별 팀제' 도입
3월 14일~ 3월 29일	한겨레21 창간기념 제3회 인터뷰 특강
3월 18일	서울 백범기념관에서 제18기 정기주주총회
3월 21일	제8회 한겨레 통일문화상 시상(수상자 박용길, 홍근수)
4월	(주)씨네21과 영화진흥위원회가 공동으로 예술영화정보지 'NEXT plus' 창간
5월	(주)씨네21, TV 엔터테인먼트 웹진 매거진t 오픈
5월 2일	한겨레 좋은 공연 시리즈 시작
5월 16일	인터넷한겨레 영문판 서비스 시작
5월 19일	리영희, 기자의 혼 상 수상
5월 27일	사외보 '하니바람' 창간
5월 28일	제11회 한겨레 문학상 당선작 발표(수상작, 조영아의 《여우야 여우야 뭐 하니》)
5월 29일	제1회 전국 평화통일 만화 공모전
5월 30일	윤전기 증설 완공
6월 6일	차범석 창간위원, 지병으로 별세
6월 24일	제16대 편집위원장에 오귀환 선출
6월 26일	제2기 인턴기자 선발
9월 12일	제19대 노조위원장 및 제11기 우리사주조합장에 이재성 선출
10월 9일	한겨레 실시간 뉴스제공 한겨레폰 출시
10월 10일	한겨레 어린이 공연 축제
11월	한겨레 초록마을, 한국소비자포럼 주관 소비자의 신뢰기업 대상 수상
11월 24일	한겨레통일문화재단, 제2회 한겨레-부산 국제심포지엄 개최.
11월 27일	리영희, 단재 언론상 수상
12월 5일	박용현 기자 등 한겨레신문 24시팀, 가톨릭매스컴상 수상
12월 15일	한겨레-르몽드 콘텐츠 제휴
12월 20일	제5회 송건호 언론상 시상(수상자 동아투위)

1월	한겨레문화센터를 한겨레교육문화센터로 명칭 변경
1월 29일	취재보도 준칙 제정 및 공포
2월	신개념 만화잡지 '팝툰' 창간
2월 5일	김형태 제2대 시민편집인 취임
2월 7일	김기성·유신재 기자, '구치소 여성재소자 성추행 자살 사건' 보도로 한국기자상 수상
2월 28일	한겨레경제연구소 설립

3월 1일	인터넷한겨레 동영상 뉴스 서비스 개시
3월 9일	제13대 대표이사 후보에 서형수 선출
3월 19일~ 4월 3일	한겨레21 창간기념 제4회 인터뷰 특강
3월 22일	김기태 기자, '달동네에서 한 달' 보도로 삼성언론상 수상
3월 23일	제17대 편집위원장에 김종구 선출
3월 31일	서울 여의도동 전경련 회관에서 제19기 정기주주총회 서형수 대표이사 취임
4월 3일	전쟁사진의 신화 로버트 카파전 개최
4월 19일	제9회 한겨레 통일문화상 시상 (수상자 리영희)
5월 3일~ 5월 30일	매그넘 마틴파 사진전 개최
5월 14일~	한겨레통일문화재단, 평양어린이 학습공장 준공식 및 남쪽
5월 18일	경제인대표단 평양 방문
5월 28일	지령 6000호 발행
6월	오픈마켓 '1마켓' 오픈
6월 1일	교육서비스본부 사내 분사 제12회 한겨레 문학상 당선작 발표(수상작, 서진의 《웰컴 투 더 언더그라운드》)
6월 18일	김종구 편집위원장, 한국 참언론인 대상 수상
9월	컴퓨터 전문몰 '아이피트' 오픈
9월 20일	제20대 노조위원장 및 제12기 우리사주조합장에 김보협 선출
9월 21일	한겨레 '평화의 나무 합창단' 창단 공연
10월	디지털 영상사업 계열사 '씨네21i' 설립
10월 12일	'아하 한겨레' 발행
10월 30일~ 11월 2일	서울 학생 동아리 한마당 개최
11월 1일	네이버와 정보제공 등 전략적 제휴 체결
11월 9일	한겨레21 길윤형 기자, 임종국상 언론 부문 수상
11월 13일~ 11월 14일	한겨레통일문화재단, 제3회 한겨레-부산 국제심포지엄 개최
12월 5일	자회사 (주)한겨레미디어마케팅 설립
12월 17일	제6회 송건호 언론상 시상(수상자 고 조용수)
12월 26일	한겨레-국회도서관, 데이터베이스 교류 계약

1월 9일	한겨레신문, 제1회 미디어 어워드 '신뢰상' 수상
1월 11일	제14대 대표이사 후보에 고광헌 선출
2월 1일	한겨레 프리미엄 서비스 '하니누리' 오픈
2월 22일	제18대 편집위원장에 김종구 선출
3월 8일	서울 숙명여대 순헌관에서 제20기 정기주주총회 고광헌 대표이사 취임

한겨레신문 주주(2007년 12월 31일 현재 6만 6743명)

가금숙 가동진 가명현 가범현 가시현 가영옥 가장현 가현숙 간병용 간우정 갈봉춘 갈상돈 감경섭 감경자 감명수 감상호 감은정 감종훈 갑충근 강가왕 강갑원 강강희 강건 강건구 강건기 강경 강경근 강경란 강경래 강경래 강경룡 강경림 강경문 강경미
강경민 강경민 강경민 강경민 강경복 강경선 강경수 강경수 강경수 강경숙 강경숙 강경숙 강경숙 강경숙 강경식 강경식 강경아 강경아 강경아 강경애 강경애 강경애 강경옥 강경옥 강경원 강경원 강경을 강경재 강경재 강경진 강경찬 강경태 강경태 강경필
강경하 강경화 강경훈 강경희 강경희 강경희 강경희 강계석 강고 강관엽 강광서 강광섭 강광수 강광용 강광현 강광현 강광호 강구 강구열 강구율 강구점 강구철 강구형 강국미 강국신 강귀량 강귀만 강귀분 강귀석 강귀선 강귀수 강귀티 강규남 강규배
강규상 강규상 강규석 강규식 강규옥 강규준 강균영 강극중 강근배 강근수 강근식 강근식 강근영 강근태 강근호 강근희 강금만 강금상 강금석 강금숙 강금순 강금실 강금향 강금희 강금희 강기갑 강기두 강기룡 강기묘 강기백 강기석 강기석 강기선 강기수
강기숙 강기순 강기영 강기완 강기완 강기웅 강기원 강기재 강기정 강기정 강기주 강기중 강기철 강기철 강기철 강기탁 강기태 강기택 강기필 강기행 강기헌 강기현 강기훈 강길용 강길원 강길원 강길중 강길호 강길호 강나림 강남규 강남규 강남미 강남석
강남선 강남선 강남숙 강남숙 강남순 강남식 강남용 강남욱 강남욱 강남원 강남준 강남중 강남훈 강남훈 강남훈 강남훈 강남희 강내희 강노식 강다석 강다솔 강다운 강다은 강다해 강단비 강달례 강달순 강달순 강달원 강달인 강대거 강대곤 강대관 강대교
강대국 강대동 강대룡 강대명 강대민 강대석 강대석 강대석 강대선 강대선 강대수 강대승 강대식 강대신 강대신 강대영 강대오 강대용 강대욱 강대웅 강대원 강대원 강대유 강대인 강대인 강대종 강대종 강대중 강대진 강대창 강대표 강대필 강대하 강대한
강대헌 강대현 강대현 강대형 강대호 강대홍 강대훈 강대흥 강대희 강덕구 강덕수 강덕수 강덕순 강덕연 강덕원 강덕주 강덕준 강덕중 강덕중 강덕훈 강도란 강도수 강도원 강도은 강도홍 강도희 강돈 강돈구 강동구 강동귀 강동근 강동님 강동로 강동민
강동민 강동선 강동수 강동수 강동수 강동순 강동식 강동옥 강동우 강동욱 강동운 강동원 강동원 강동일 강동일 강동주 강동창 강동철 강동하 강동학 강동현 강동호 강동호 강동호 강동환 강동환 강동훈 강동희 강두삼 강두식 강두연 강두율 강두천 강두현
강두현 강득상 강득현 강득희 강락원 강란 강마린 강막순 강만길 강만선 강만신 강만옥 강만이 강만호 강만희 강말룡 강맹구 강맹성 강맹훈 강명 강명구 강명기 강명기 강명덕 강명미 강명보 강명석 강명성 강명성 강명성 강명수 강명수 강명수 강명수
강명수 강명숙 강명숙 강명숙 강명순 강명식 강명애 강명운 강명원 강명원 강명원 강명자 강명자 강명주 강명주 강명중 강명진 강명현 강명현 강명화 강명회 강명훈 강명희 강명희 강무중 강무치 강문구 강문구 강문국 강문규 강문길 강문모 강문봉 강문선
강문수 강문순 강문필 강문희 강문희 강문희 강미 강미경 강미경 강미경 강미경 강미경 강미선 강미선 강미숙 강미숙 강미숙 강미순 강미순 강미순 강미애 강미연 강미영 강미영 강미영 강미옥 강미자 강미자 강미자 강미정 강미지 강미현 강미희 강민구
강민구 강민규 강민선 강민수 강민수 강민수 강민숙 강민숙 강민우 강민자 강민정 강민정 강민정 강민정 강민정 강민조 강민주 강민주 강민중 강민진 강민표 강민호 강방식 강범석 강병관 강병구 강병구 강병구 강병국 강병권 강병규 강병균 강병기 강병기
강병길 강병도 강병문 강병문 강병민 강병삼 강병서 강병석 강병선 강병섭 강병수 강병숙 강병숙 강병순 강병옥 강병옥 강병윤 강병주 강병주 강병주 강병찬 강병철 강병태 강병택 강병하 강병현 강병현 강병호 강병훈 강병훈 강병희 강보경 강보람 강보배
강보연 강보이 강복남 강복남 강복남 강복동 강복성 강복임 강복자 강복현 강복희 강복희 강복희 강봉구 강봉기 강봉도 강봉석 강봉섭 강봉수 강봉원 강봉제 강봉제 강봉주 강봉주 강봉진 강봉태 강봉희 강부길 강부원 강분석 강분희 강빌지나
강사민 강사욱 강산 강산복 강산희 강삼 강삼규 강삼모 강삼수 강삼재 강상구 강상규 강상규 강상근 강상명 강상모 강상복 강상선 강상순 강상열 강상우 강상우 강상우 강상욱 강상욱 강상원 강상원 강상원 강상원 강상준 강상철 강상현 강상호 강상호
강상희 강새하 강새희 강서미 강서영 강서웅 강서정 강서향 강서현 강석관 강석근 강석근 강석기 강석길 강석렬 강석만 강석만 강석문 강석민 강석봉 강석순 강석영 강석영 강석용 강석우 강석우 강석운 강석원 강석원 강석원 강석원 강석인 강석일
강석주 강석주 강석준 강석준 강석진 강석진 강석진 강석창 강석창 강석창 강석초 강석해 강석황 강선갑 강선근 강선녀 강선녀 강선대 강선명 강선명 강선숙 강선숙 강선옥 강선옥 강선옥 강선우 강선일 강선중 강선하 강선홍 강선희 강선희 강선희 강선희
강선희 강선희 강성 강성갑 강성건 강성걸 강성경 강성곤 강성관 강성관 강성구 강성권 강성권 강성규 강성규 강성근 강성근 강성기 강성기 강성기 강성덕 강성도 강성락 강성렬 강성룡 강성린 강성만 강성만 강성모 강성모 강성문 강성민 강성민 강성배
강성배 강성보 강성복 강성봉 강성분 강성수 강성수 강성숙 강성순 강성식 강성식 강성신 강성옥 강성용 강성우 강성우 강성우 강성우 강성우 강성욱 강성원 강성원 강성원 강성원 강성원 강성원 강성이 강성익 강성익 강성인 강성일 강성자 강성재 강성주
강성진 강성채 강성천 강성철 강성철 강성철 강성철 강성택 강성하 강성호 강성호 강성호 강성호 강성호 강성화 강성환 강성환 강성황 강성훈 강성훈 강성훈 강성훈 강성희 강성희 강성희 강성희 강세준 강세창 강세헌 강세현 강세형 강세환

강종호 강종훈 강종희 강종희 강주동 강주리 강주빈 강주성 강주식 강주신 강주찬 강주한 강주행 강주혁 강주연 강주효 강주희 강주희 강준 강준광 강준구 강준규 강준규 강준기 강준만 강준만 강준석 강준수 강준열 강준영 강준원 강준혁 강준혁 강중근
강중기 강중원 강중원 강중원 강지광 강지수 강지수 강지숙 강지숙 강지연 강지영 강지영 강지영 강지욱 강지운 강지웅 강지원 강지원 강지원 강지원 강지원 강지윤 강지은 강지현 강지현 강지환 강지훈 강지훈 강지훈 강진갑 강진경
강진규 강진규 강진규 강진기 강진모 강진상 강진성 강진수 강진아 강진언 강진영 강진옥 강진원 강진원 강진중 강진철 강진치 강진형 강진형 강진희 강진희 강찬구 강찬석 강찬욱 강찬희 강창권 강창덕 강창덕 강창돈 강창록 강창민 강창석 강창석 강창석
강창석 강창석 강창석 강창선 강창수 강창숙 강창순 강창연 강창주 강창혁 강창현 강창호 강창회 강창효 강창훈 강채식 강채옥 강천석 강천석 감철 강철 강철구 강철규 강철기 강철기 강철도 강철민 강철선 강철수 강철수 강철식 강철웅 강철원 강철원
강철원 강철종 강철중 강철형 강철호 강철호 강철홍 강철훈 강철희 강청 강청옥 강춘남 강춘송 강춘식 강춘진 강춘희 강춘희 강충식 강충신 강충원 강충협 강치원 강치희 강타희 강태갑 강태구 강태구 강태구 강태권 강태근 강태문 강태본 강태석 강태섭
강태성 강태성 강태수 강태수 강태수 강태식 강태영 강태영 강태욱 강태운 강태원 강태원 강태조 강태준 강태중 강태진 강태진 강태창 강태현 강태호 강태호 강태화 강태훈 강택구 강판호 강평원 강평원 강필모 강필원 강필주 강필중 강하구
강하구 강하성 강학신 강학주 강학철 강한 강한 강한경 강한광 강한구 강한규 강한규 강한기 강한길 강한범 강한비 강한빛 강한빛 강한빛 강한솔 강한송 강한영 강한영 강한영 강한욱 강한이 강한춘 강한힘 강항문 강해라 강해석 강해숙 강해영 강해영
강해원 강해주 강해철 강행원 강행자 강행찬 강향숙 강향순 강헌 강헌 강헌구 강헌구 강헌규 강헌주 강현경 강현구 강현구 강현두 강현미 강현석 강현성 강현수 강현숙 강현아 강현여 강현옥 강현옥 강현우 강현자 강현정 강현정 강현종
강현주 강현주 강현직 강현진 강현철 강현태 강현태 강현호 강현희 강현희 강현희 강형구 강형구 강형구 강형구 강형구 강형규 강형규 강형근 강형기 강형숙 강형자 강형종 강형중 강형진 강형철 강형철 강형태 강형호 강혜경 강혜경 강혜근 강혜련 강혜룡
강혜명 강혜송 강혜송 강혜송 강혜숙 강혜영 강혜영 강혜옥 강혜원 강혜원 강혜원 강혜원 강혜자 강혜자 강혜진 강혜진 강호갑 강호경 강호경 강호관 강호균 강호문 강호석 강호석 강호선 강호성 강호수 강호순 강호식 강호신 강호욱 강호원 강호원
강호준 강호준 강호준 강호철 강호희 강홍구 강홍렬 강홍빈 강홍석 강홍식 강홍열 강홍재 강홍철 강화섭 강화숙 강화자 강화중 강화춘 강환상 강환수 강환탁 강회식 강효남 강효신 강효이 강효정 강효정 강효철 강효헌 강훈 강훈구 강훈구 강훈정 강휘성
강흔수 강흥석 강흥숙 강흥식 강흥태 강희 강희경 강희관 강희권 강희남 강희대 강희민 강희배 강희복 강희석 강희석 강희선 강희선 강희수 강희수 강희양 강희영 강희원 강희원 강희재 강희정 강희주 강희주 강희중 강희찬 강희찬 강희철 강희철 강희태
경계현 경귀혜 경규봉 경규완 경규칠 경규학 경기선 경기종 경동호 경미숙 경상선 경상현 경수범 경수정 경연주 경원대동연 경일선 경정원 경종철 경종호 경주현 경지현 경진 경진호 경춘선 경한석 경향수 경향현 경현주 경형선 경화중 계광무 계광수
계기복 계기성 계덕원 계동수 계명희 계미원 계봉금 계상범 계성남 계승범 계여찬 계영애 계용준 계운홍 계유리 계유찬 계은영 계정숙 계종욱 계창훈 계춘경 계현순 고갑석 고갑욱 고강열 고강희 고건 고건재 고건희 고경덕 고경수 고경식 고경식 고경심
고경심 고경영 고경옥 고경은 고경일 고경자 고경천 고경태 고경하 고경현 고계행 고관석 고관철 고관협 고관홍 고관희 고광곤 고광남 고광단 고광덕 고광민 고광백 고광복 고광산 고광삼 고광서 고광석 고광석 고광성 고광성 고광숙 고광숙 고광식 고광식
고광신 고광영 고광영 고광옥 고광옥 고광웅 고광일 고광일 고광주 고광준 고광준 고광진 고광진 고광철 고광철 고광칠 고광표 고광표 고광헌 고광헌 고광헌 고광혁 고광현 고광현 고광호 고광환 고광훈 고광훈 고권태 고규승 고근곤 고근종 고금숙 고금숙
고금자 고금자 고기홍 고길례 고길상 고길순 고길연 고길자 고길천 고길철 고길현 고길훈 고나경 고낙규 고난영 고남규 고남균 고남률 고남수 고남수 고대규 고대식 고대우 고대진 고대현 고대훈 고대회 고덕경 고덕신 고덕천 고도란 고도영 고도현 고동구
고동국 고동규 고동민 고동성 고동식 고동현 고동환 고동환 고두남 고두석 고두혁 고두흥 고득재 고득호 고란향 고명곤 고명림 고명석 고명숙 고명숙 고명옥 고명임 고명자 고명재 고명진 고명진 고명천 고명학 고무환 고문병 고문상 고문숙 고문조 고문주
고문희 고미석 고미숙 고미애 고미영 고미영 고미정 고미향 고민석 고민영 고민정 고방규 고범권 고범석 고범석 고범주 고범주 고병걸 고병국 고병기 고병님 고병렬 고병문 고병상 고병수 고병수 고병숙 고병옥 고병운 고병웅 고병웅 고병익 고병인 고병조
고병준 고병현 고보미나 고보배 고복순 고봄이 고봉구 고봉련 고봉숙 고봉우 고봉진 고봉채 고봉환 고부규 고산 고삼욱 고상곤 고상기 고상미 고상배 고상순 고상욱 고상진 고상철 고상협 고상홍 고상환 고상훈 고상흠 고새봄 고서순 고서현 고석구 고석규
고석규 고석길 고석남 고석담 고석록 고석문 고석범 고석봉 고석우 고석일 고석자 고석정 고석주 고석준 고석찬 고석하 고석현 고석현 고석호 고석훈 고선강 고선동 고선아 고선영 고선영 고선영 고선옥 고선혜 고선화 고성곤 고성군 고성규 고성민 고성민
고성봉 고성실 고성완 고성우 고성윤 고성은 고성일 고성일 고성자 고성학 고성호 고성훈 고세영 고세원 고세진 고세진 고세창 고세현 고세훈 고수석 고수연 고수영 고수원 고수임 고수정 고수형 고숙량 고숙자 고숙현 고숙희 고순계 고순덕 고순례 고순분
고순석 고순식 고순옥 고순옥 고순종 고순천 고승남 고승덕 고승범 고승안 고승우 고승우 고승원 고승원 고승일 고승중 고승하 고승현 고승환 고승훈 고시철 고시철 고시홍 고신일 고아석 고안언 고애린 고애순 고양수 고양우 고양일 고연옥 고연주 고연진
고연희 고영간 고영걸 고영구 고영권 고영규 고영규 고영규 고영균 고영근 고영길 고영남 고영대 고영덕 고영돈 고영두 고영두 고영만 고영목 고영미 고영민 고영배 고영백 고영범 고영복 고영복 고영삼 고영상 고영석 고영섭 고영성 고영성 고영숙 고영실
고영애 고영애 고영용 고영욱 고영원 고영윤 고영일 고영일 고영자 고영자 고영재 고영제 고영조 고영종 고영주 고영주 고영준 고영직 고영진 고영진 고영찬 고영천 고영철 고영철 고영철 고영태 고영태 고영택 고영하 고영학 고영현 고영호 고영호 고영환
고영환 고영회 고영훈 고영훈 고영희 고영희 고영희 고옥순 고옥자 고옥주 고옥화 고옥희 고용 고용례 고용범 고용석 고용일 고용제 고우리 고우현 고운철 고원 고원석 고원영 고월자 고유근 고유리 고유창 고유희 고윤경 고윤기 고윤미 고윤배 고윤배
고윤상 고윤석 고윤원 고윤희 고은 고은강 고은결 고은경 고은광순 고은교 고은명 고은미 고은미 고은별 고은상 고은샘 고은선 고은수 고은수 고은숙 고은숙 고은아 고은영 고은옥 고은자 고은주 고은주 고은해 고은해 고은호 고은희 고을호 고의균 고이석
고익성 고인돌 고인석 고인성 고인수 고인숙 고인숙 고인영 고인욱 고일남 고일욱 고임천 고자연 고장석 고장석 고장환 고재경 고재기 고재두 고재득 고재만 고재만 고재명 고재명 고재문 고재방 고재석 고재석 고재선 고재식 고재영 고재용 고재욱 고재웅
고재을 고재일 고재준 고재찬 고재창 고재청 고재춘 고재풍 고재필 고재필 고재학 고재형 고재형 고재호 고재호 고재호 고재호 고재홍 고재홍 고재홍 고재희 고재희 고점상 고점자 고정관 고정국 고정길 고정동 고정례 고정선 고정숙 고정순 고정술 고정실
고정심 고정아 고정애 고정영 고정옥 고정은 고정의 고정인 고정임 고정주 고정택 고정환 고정훈 고정희 고정희 고정희 고정희 고제량 고제민 고제협 고종걸 고종만 고종문 고종석 고종선 고종식 고종열 고종열 고종풍 고종호 고종화 고주대 고주봉 고주영
고준경 고준구 고준석 고준영 고준영 고준호 고준환 고중석 고지영 고지하 고지환 고지훈 고진 고진강 고진규 고진만 고진숙 고진우 고진철 고찬재 고창곤 고창국 고창남 고창민 고창석 고창석 고창석 고창연 고창우 고창택 고창현 고창호 고창화 고창훈
고창훈 고창희 고창희 고채상 고천옥 고철현 고철훈 고춘규 고춘길 고춘남 고춘식 고태규 고태규 고태보 고태석 고태식 고태욱 고판석 고판순 고한규 고한별 고한석 고한석 고한준 고행석 고향숙 고헌석 고현 고현 고현강 고현길 고현라 고현무 고현석
고현승 고현옥 고현정 고현정 고현주 고현지 고현직 고현진 고현철 고형권 고형렬 고형일 고형재 고형태 고혜경 고혜경 고혜령 고혜민 고혜석 고혜선 고혜숙 고혜숙 고혜신 고혜옥 고혜원 고혜일 고혜정 고혜정 고혜향 고호석 고호성 고홍 고홍석 고홍수
고화곤 고화석 고화석 고환 고환규 고환철 고효석 고효선 고효숙 고효종 고후남 고흥규 고흥민 고희경 고희민 고희범 고희봉 고희석 고희숙 고희숙 고희숙 고희일 고희자 고희정 고희탁 공갑영 공경숙 공경일 공구일 공군자 공규락 공규문 공규환 공기남
공기석 공길자 공덕렬 공만식 공만식 공말순 공명복 공명자 공명탁 공민숙 공민율 공민중 공병원 공병학 공병호 공복순 공봉규 공분근 공석규 공석범 공석희 공선규 공선숙 공성아 공성창 공성학 공세봉 공수진 공순례 공순식 공순열 공승연 공영국 공영남
공영숙 공영순 공영옥 공영태 공완표 공용 공용권 공우행 공은 공은숙 공이용 공장현 공재경 공재섭 공재식 공재의 공재창 공재철 공재철 공재현 공재호 공정인 공정희 공제욱 공종배 공종빈 공준수 공준식 공지수 공지수 공진아 공창영 공채운 공춘자
공충식 공팔용 공한식 공해숙 공향식 공현식 공헌주 공형동 공형식 공화련 공효식 공희숙 공희찬 곽건 곽경근 곽경량 곽경수 곽경숙 곽경숙 곽경전 곽경주 곽경학 곽경호 곽경환 곽경희 곽계훈 곽광미 곽광수 곽광철 곽권 곽규진 곽근용 곽근우 곽기방
곽기석 곽기철 곽기호 곽내안 곽내혁 곽노관 곽노문 곽노윤 곽노의 곽노정 곽노진 곽노필 곽대경 곽대순 곽대순 곽덕근 곽덕훈 곽덕희 곽도신 곽도준 곽도철 곽동국 곽동민 곽동수 곽동완 곽동우 곽동일 곽동진 곽동헌 곽두현 곽로성 곽명기 곽명숙 곽명숙
곽명순 곽명옥 곽무순 곽미숙 곽민중 곽방보 곽배희 곽병삼 곽병선 곽병세 곽병은 곽병장 곽병준 곽병찬 곽병호 곽병훈 곽보선 곽보영 곽보천 곽복실 곽봉예 곽부현 곽상국 곽상미 곽상식 곽상열 곽상영 곽상영 곽상원 곽상은 곽상진 곽상철 곽상헌 곽상훈
곽서연 곽석권 곽석손 곽석영 곽석훈 곽선 곽선규 곽선근 곽선영 곽선욱 곽선훈 곽성권 곽성근 곽성식 곽성운 곽성일 곽성종 곽성천 곽성호 곽세은 곽소영 곽소영 곽소윤 곽소율 곽소화 곽수동 곽수온 곽숙자 곽숙희 곽순영 곽순자 곽순자 곽순정 곽승호
곽승호 곽신구 곽신도 곽신환 곽연숙 곽연숙 곽영규 곽영남 곽영두 곽영란 곽영복 곽영석 곽영선 곽영식 곽영아 곽영애 곽영종 곽영주 곽영준 곽영철 곽영철 곽영호 곽영희 곽옥미 곽옥자 곽옥진 곽용복 곽용석 곽용선 곽용식 곽용완 곽용주 곽용훈 곽우제
곽웅수 곽원실 곽원호 곽월근 곽윤선 곽윤식 곽윤아 곽윤이 곽은득 곽은정 곽은주 곽의종 곽인상 곽인섭 곽인수 곽인태 곽일환 곽자숙 곽장호 곽재규 곽재남 곽재성 곽재창 곽재철 곽재현 곽재호 곽재환 곽전애 곽정규 곽정근 곽정례 곽정복 곽정석 곽정수
곽정신 곽정아 곽정열 곽정옥 곽정원 곽정원 곽정일 곽정호 곽종길 곽종우 곽종철 곽준상 곽준호 곽중민 곽중섭 곽지수 곽지환 곽진 곽진경 곽진섭 곽진일 곽진태 곽진환 곽진환 곽창선 곽창신 곽창옥 곽창제 곽창환 곽창훈 곽채윤 곽철구 곽철남 곽청숙
곽충신 곽태영 곽태영 곽태원 곽태천 곽하철 곽한규 곽한근 곽한솔 곽한주 곽한주 곽해선 곽향 곽향석 곽현 곽현숙 곽현숙 곽현순 곽현우 곽현자 곽형종 곽혜경 곽호은 곽호정 곽홍기 곽효기 곽효상 곽효영 곽효용 곽훈자 곽희섭 곽희정 관조
광림종합(주) 광양기업 교통안전 구갑회 구경남 구경란 구경모 구경모 구경민 구경숙 구경식 구경아 구경자 구경회 구공회 구광범 구광회 구광희 구교문 구교인 구교찬 구교형 구귀남 구규식 구규식 구근만 구근숙 구근태 구금서 구금회 구금회 구기배
구기상 구기용 구기욱 구기택 구난숙 구남기 구남실 구노회 구능서 구능회 구대모 구대선 구대회 구덕회 구도완 구동회 구동희 구둘래 구락서 구명숙 구명숙 구명자 구명회 구명회 구명회 구명희 구무삼 구무숙 구문숙 구미경 구미영 구미영 구미현 구민규
구민정 구민정 구민주 구박라 구범모 구병갑 구병규 구병서 구병진 구병희 구병회 구복례 구복연 구본경 구본권 구본규 구본기 구본길 구본길 구본달 구본석 구본숙 구본숙 구본식 구본열 구본업 구본용 구본용 구본웅 구본윤 구본율 구본익 구본준 구본중
구본철 구본철 구본철 구본태 구본형 구본호 구본홍 구본회 구본희 구봉림 구봉호 구봉회 구삼섭 구상철 구상철 구상회 구생회 구석원 구선경 구선심 구선옥 구선임 구선희 구선희 구선희 구성경 구성렬 구성림 구성모 구성민 구성부 구성진 구성회 구성회
구성희 구소연 구소자 구송림 구수연 구수회 구숙자 구순남 구순자 구순회 구슬이 구승림 구시룡 구시영 구신서 구쌍모 구양근 구양심 구양희 구연상 구연석 구연숙 구연실 구연주 구연철 구연철 구영국 구영기 구영민 구영손 구영수 구영숙 구영주 구영희
구예모 구예솔 구완회 구외숙 구요비 구욱국 구용길 구용숙 구용환 구용회 구웅서 구원묵 구원철 구윤서 구윤희 구윤희 구은서 구은정 구은주 구은회 구을남 구이섭 구인관 구인숙 구인호 구일구 구일완 구일희 구자걸 구자경 구자경 구자규 구자관
구자규 구자군 구자득 구자량 구자룡 구자명 구자산 구자상 구자선 구자성 구자성 구자숙 구자승 구자옥 구자옥 구자윤 구자익 구자인 구자준 구자춘 구자현 구자형 구자호 구자홍 구자훈 구자훈 구자희 구장서 구장서 구장회

구재선 구재숙 구재순 구재승 구재영 구재옥 구재인 구재진 구재회 구정랑 구정모 구정모 구정미 구정순 구정애 구정옥 구정태 구제정 구제정 구제현 구종민 구종준 구종헌 구주연 구주인 구준모 구준성 구준수 구중회 구지언 구지예 구진회 구찬서 구찬서 구창웅
구창원 구창환 구창훈 구철곤 구추길 구태언 구평회 구필수 구필숙 구하연 구한모 구한회 구행모 구행순 구현 구현경 구현경 구현경 구현기 구현미 구현숙 구현진 구현진 구형모 구형모 구형서 구형섭 구혜경 구혜란 구혜만 구혜정 구홍림 구홍모 구효랑
구효선 구효자 구효정 구회서 구회정 구회춘 구회호 국건중 국건표 국경애 국경철 국경표 국계영 국명숙 국무상 국방현 국방호 국백호 국백호 국봉호 국상종 국석수 국석표 국선주 국선호 국성표 국순옥 국승선 국승용 국양주 국옥자 국용호 국원근 국윤구 국윤배
국인서 국인애 국인양 국인환 국인훈 국재호 국정례 국정호 국정희 국종수 국중광 국중완 국중화 국중효 국지은 국지호 국진경 국진경 국진표 국진호 국채영 국채진 국철호 국하은 국학주 국한술 국한얼 국해경 국현영 국현종 국혜경 국홍주 국희선 굳게서있으
궁광균 궁용건 궉문석 권가원 권강섭 권강용 권개경 권건영 권건춘 권경만 권경숙 권경숙 권경숙 권경숙 권경애 권경애 권경오 권경옥 권경원 권경윤 권경재 권경주 권경택 권경호 권경희 권경희 권경희 권경희 권계희 권공택 권과헌 권광수 권광식 권광일
권광희 권구영 권구영 권구영 권구현 권구훈 권귀자 권규 권규대 권규태 권근 권근범 권근술 권근아 권근호 권금연 권금주 권금희 권기남 권기대 권기대 권기록 권기범 권기범 권기범 권기범 권기봉 권기석 권기석 권기섭 권기성 권기성 권기수 권기순
권기운 권기원 권기일 권기준 권기철 권기철 권기태 권기태 권기하 권기학 권기형 권기호 권기홍 권기환 권난근 권남기 권남숙 권녕식 권녕식 권다미 권다솜 권대덕 권대섭 권대성 권대식 권대식 권대열 권대영 권대영 권대용 권대운 권대진 권대헌 권대홍 권도균
권도균 권도안 권도익 권도하 권도하 권도형 권동근 권두상 권두성 권두영 권두환 권만식 권만학 권맹용 권명권 권명선 권명수 권명수 권명숙 권명숙 권명숙 권명숙 권명애 권명옥 권명자 권명자 권명필 권명호 권명희 권명희 권명희 권무령아 권무웅 권문봉
권문성 권문자 권문혁 권미경 권미경 권미경 권미경 권미란 권미란 권미련 권미령 권미수 권미숙 권미애 권미양 권미원 권미자 권미자 권미정 권미향 권미호 권민 권민 권민서 권민석 권민순 권민용 권민정 권민정 권민지 권민철 권민혜 권민호 권병곤 권병구
권병길 권병락 권병렬 권병빈 권병수 권병수 권병진 권병진 권병철 권병탁 권병태 권병표 권병한 권보나 권보드래 권복기 권복인 권복자 권봉덕 권봉연 권봉재 권봉철 권봉혁 권삼순 권삼영 권삼현 권상순 권상순 권상안 권상오 권상윤 권상출 권상훈
권상희 권새미 권서래 권서진 권석두 권석로 권석욱 권석창 권선근 권선님 권선무 권선아 권선애 권선일 권선필 권선학 권선혁 권선혁 권선희 권선희 권성국 권성로 권성수 권성숙 권성순 권성신 권성연 권성열 권성옥 권성우 권성원 권성원 권성준 권성진 권성철
권성희 권세웅 권세원 권세정 권세진 권세진 권세철 권세형 권세훈 권세희 권술 권술 권수연 권수연 권수정 권수진 권수진 권수혁 권수혁 권수현 권수호 권수희 권숙경 권숙원 권숙자 권숙중 권숙희 권순갑 권순기 권순길 권순득 권순렬 권순민 권순배 권순범
권순삼 권순영 권순오 권순옥 권순용 권순용 권순우 권순욱 권순욱 권순욱 권순웅 권순일 권순일 권순일 권순재 권순재 권순지 권순지 권순철 권순철 권순초 권순탁 권순태 권순학 권순학 권순현 권순호 권순호 권순호 권순홍 권순화 권순화 권순희 권승만 권승민
권승오 권승용 권승철 권승하 권시업 권시찬 권신남 권신혜 권신호 권안웅 권안호 권애랑 권애리아 권양국 권양숙 권양순 권양조 권양조 권양택 권여경 권연구 권연미 권연신 권연웅 권영 권영각 권영각 권영건 권영건 권영국 권영국 권영국 권영권 권영규 권영균
권영근 권영기 권영대 권영대 권영덕 권영덕 권영덕 권영돈 권영동 권영락 권영락 권영만 권영만 권영모 권영모 권영민 권영민 권영민 권영민 권영복 권영복 권영봉 권영삼 권영삼 권영상 권영선 권영섭 권영세 권영수 권영수 권영수 권영수 권영숙 권영숙 권영숙
권영숙 권영숙 권영숙 권영숙 권영수 권영수 권영수 권영실 권영안 권영애 권영애 권영애 권영완 권영우 권영우 권영욱 권영운 권영윤 권영윤 권영일 권영인 권영일 권영자 권영재 권영전 권영제 권영종 권영준 권영준 권영진 권영진 권영진 권영진 권영진 권영창
권영철 권영출 권영탁 권영택 권영택 권영하 권영행 권영헌 권영헌 권영혁 권영현 권영혜 권영호 권영화 권영환 권영환 권영훈 권영휘 권영희 권오걸 권오구 권오규 권오규 권오규 권오균 권오균 권오근 권오대 권오덕 권오동 권오만 권오만 권오봉
권오봉 권오상 권오상 권오상 권오선 권오선 권오선 권오섭 권오성 권오성 권오성 권오수 권오순 권오순 권오습 권오승 권오식 권오신 권오악 권오억 권오연 권오연 권오영 권오영 권오영 권오완 권오용 권오휴 권오용
권오희 권옥경 권옥분 권옥연 권옥희 권완상 권완상 권완상 권완호 권용 권용 권용경 권용건 권용국 권용기 권용대 권용만 권용만 권용석 권용석 권용수 권용수 권용우 권용일 권용주 권용진 권용찬 권욱희 권욱식 권욱식 권우정
권우주 권우철 권우철 권우태 권욱 권욱현 권운상 권원규 권원달 권원상 권원용 권원이 권원헌 권위상 권유경 권유경 권유경 권유성 권유춘 권윤경 권윤심 권윤석 권윤석 권윤숙 권윤을 권월 권월정 권융 권은경 권은남 권은도 권은미 권은영
권은자 권호서 권은정 권은숙 권은승 권응용 권의손 권의홍 권이랑 권익남 권익명 권인명 권인숙 권인철 권일봉 권잉심 권자경 권자경 권장술 권장호 권재경 권재경 권재성 권재식 권재열 권재열
권재오 권재욱 권재용 권재인 권재일 권재철 권재재 권재제 권점순 권점이 권정상 권정노 권정룡 권정미 권정성 권정성 권정성 권정성 권정숙 권정숙 권정숙 권정식 권정아 권정안 권정은 권정인 권정인 권정자 권정자 권정자
권정찬 권정현 권정현 권정현 권정희 권종대 권종선 권종심 권종승 권종우 권종원 권종임 권종자 권종주 권종철 권종철 권종혁 권종훈 권종훈 권종훈 권종회 권주 권주석 권주수 권주열 권주옥 권주혁 권주필 권준 권준상 권준석 권준오 권준일 권준학
권준호 권준호 권준호 권중오 권중효 권중환 권지란 권진고 권진빈 권진만 권진숙 권진성 권진찬 권진철 권진철 권진철 권진한 권진희 권찬 권찬석 권찬우 권찬희 권창섭 권창호 권해수 권해철 권해호
권창진 권창호 권재영 권철 권철근 권철철 권충용 권칠봉 권칠호 권태란 권태만 권태락 권태문 권태선 권태록 권태련 권태명 권태완 권태욱 권태욱 권태욱 권태운 권태운 권태원 권태원 권태원 권태인 권태이 권태주 권태주 권태평
권태형 권태호 권태호 권태훈 권택상 권택술 권택숙 권정정 권필남 권필주 권한유 권해서 권해욱 권행복 권항이 권헌각 권헌성 권혁 권혁근 권혁근 권혁기 권혁동 권혁태 권혁록 권혁봉 권혁만 권혁만 권혁명 권혁문 권혁인 권혁범 권혁범
권혁상 권현상 권현욱 권혁신 권혁상 권혁숙 권현욱 권현재 권현정 권현종 권현중 권현철 권현택 권현혜 권현혜경 권혜경 권혜려 권혜수 권혜숙 권혜송 권호규 권호석 권호순 권호현 권화숙 권화린 권화영 권환
권효린 권효소 권효선 권효숙 권효신 권훈구 권훈식 권흠주 권희남 권희범 권희선 권희숙 권희영 권희영 권희용 권희원 권희자 권희정 권희효 권희준 극단76단 글씨미디어 금감대학교 금강숙 금경연 금경회 금계영 금교혁 금근자 금동만
금동면 금동준 금동진 금동철 금민수 금명규 금빛내림 금석오 금순정 금영규 금영길 금장태 금재욱 금재영 금진욱 금진섭 금천호 금혜은 금혜섭 금효섭 금효섭 금희조 금동
기노식 기동선 기동호 기르울 기명능 기모란 기문관 기미라 기민호 기산회 기상천 기상현 기서경 기석총 기선자 기성심 기성숙 기세만 기세원 기세정 기세화 기세현 기숙회 기순신 기순자 기승복 기승숙 기승재 기양근 기연수 기영내 기영서 기영수
기영자 기명종 기명철 기명회 기예속 기우범 기우삼 기우승 기우탁 기우현 기원회 기유진 기윤서 기은하 기인서 기인숙 기장서 기재필 기재필 기정부 기정자 기종석 기준서 기지웅 기지은 기차총 기차홍 기철호 기춘 기총표 기태명 기태현 기평석
기형석 기형호 기호조 기호성 기회도 기정섭 기정숙 길대성 길남운 길대섭 길도순 길리랑 길민수 길부근 길성남 길애령 길영미 길용호 길의수 길은성 길이선 길이훈 길정진
길종자 길종백 길종일 길태영 길태원 길학군 길혜금 길혜진 길호운 길흥근 길회성 김가람 김가람 김가람 김가림 김가명 김가옥 김가은 김가을림 김가학 김가현 김가형 김가희 김각곤 김갑문 김갑규 김갑규 김갑남 김갑동 김갑분
김갑석 김갑선 김갑섭 김갑수 김갑수 김갑수 김갑수 김갑숙 김갑순 김갑순 김갑식 김갑주 김갑준 김갑진 김갑천 김갑철 김갑철 김갑태 김갑태 김갑현 김강 김강 김강민 김강산 김강수 김강수 김강식 김강연
김강영 김강이 김강이 김강이 김강진 김강태 김건 김건곤 김건도 김건수 김건아 김건욱 김건식 김건설 김건연 김건영 김건영 김건우 김건일
김강웅 김건중 김건찬 김건형 김건호 김건호 김건동 김건두 김건락 김건란 김건린 김건열 김건렬 김건령 김건림 김건만 김건모 김건모 김건모 김건나 김경나 김경남
김경남 김경님 김경년 김경녀 김경덕 김경동 김경두 김경락 김경란 김경란 김경렬 김경례 김경림 김경만 김경모 김경모 김경모 김경복 김경분 김경상 김경석 김경석 김경석 김경석 김경수 김경수 김경숙 김경숙 김경숙 김경숙
김경숙 김경숙 김경숙 김경숙 김경숙 김경숙 김경숙 김경숙 김경숙 김경숙 김경순 김경순 김경숙 김경순 김경식 김경신 김경아 김경아 김경아 김경안
김경순 김경순 김경순 김경순 김경식 김경식 김경식 김경식 김경식 김경식 김경신 김경식 김경옥 김경아 김경아 김경아 김경안
김경옥 김경옥 김경완 김경욱 김경운 김경은 김경원 김경원 김경원 김경윤 김경은 김경일 김경임 김경자 김경자 김경자 김경자 김경자 김경재 김경재 김경정 김경조 김경종 김경주 김경주 김경준 김경준 김경중
김경자 김경자 김경자 김경자 김경자 김경자 김경자 김경주 김경주 김경주 김경주 김경준 김경중 김경중 김경진 김경진 김경진 김경집 김경찬 김경철 김경철 김경철 김경철 김경태
김경태 김경태 김경태 김경태 김경태 김경표 김경하 김경향 김경현 김경혜 김경혜 김경호 김경호 김경화 김경화 김경화 김경화
김경환 김경환 김경환 김경현 김경현 김경호 김경효 김경훈 김경훈 김경훈 김경희 김경희 김경희 김경희 김경희 김경희 김경희 김경희 김경희 김경희 김경희 김경희
김계선 김계성 김계숙 김계수 김계우 김계우 김계숙 김계숙 김계현 김계선 김계식 김계실 김게심 김계연 김계영 김계옥 김계욱 김계인 김계정 김계춘 김계현 김계현 김고만 김고은 김고은
김고은 김고휘 김고직 김공남 김공백 김공선 김공순 김공식 김공옥 김공임 김공태 김관 김관규 김관기 김관례 김관배 김관석 김관선 김관섭 김관수 김관식 김관식 김관식 김관연 김관열 김관옥 김관용
김관동 김관득 김관례 김관로 김관룡 김관문 김관문 김관호 김관훈 김관박 김관배 김관복 김관복 김관빈 김광삼 김광석 김광섭 김광섭 김광섭 김광성
김광숙 김광율 김광수 김광수 김광수 김광수 김광수 김광수 김광수 김광수 김광수 김광수 김광수 김광수 김광수 김광수 김광수 김광수 김광수 김광수 김광옥
김광철 김광욱 김광일 김광일 김광일 김광자 김광재 김광주 김광모 김광중 김광중 김광옥 김광직 김광진 김광진 김광진 김광진 김광진 김광채 김광태 김광철 김광철 김광철
김광철 김광철 김광철 김광철 김광태 김광택 김광한 김광현 김광현 김광현 김광현 김광현 김광호 김광호 김광호 김광희 김광희 김광후 김광훈 김광훈 김광휘 김광희
김교근 김교위 김교원 김교익 김교익 김교율 김교율 김교인 김교정 김교철 김교헌 김교홍 김교환 김교희 김구 김구연 김구현 김구환 김국수 김국자
김국남 김국년 김국선 김국정 김국태 김국현 김국현 김국화 김국환 김국원 김군자 김군호 김권 김권 김권남 김권석 김권섭 김권석 김권권 김권철 김권표 김귀남 김귀녀 김귀려
김귀범 김귀숙 김귀숙 김귀숙 김귀숙 김귀순 김귀순 김귀식 김귀식 김귀임 김귀영 김귀옥 김귀인 김귀자 김귀주 김귀중 김귀평 김귀화 김귀화 김귀화 김규 김규광 김규남 김규남 김규동 김규룡 김규린 김규문 김규배 김규복 김규봉 김규상
김규석 김규숙 김규섭 김규성 김규성 김규식 김규식 김규식 김규식 김규식 김규식 김규정 김규정 김규태 김규하 김규현 김규현 김규현 김규호 김규환 김규환 김규환 김규회 김규회 김그날이 김극기 김극수 김근 김근 김근배 김근배 김근수 김근수 김근수 김근순
김규식 김근식 김근아 김근열 김근열 김근영 김근영 김근옥 김근옥 김근용 김근웅 김근우 김근식 김근원 김근의 김근제 김근진 김근태 김근태 김근태 김근형 김근호 김근회 김근희 김금남 김금녀 김금단 김금례 김금미
김금발이 김금석 김금선 김금수 김금수 김금숙 김금숙 김금숙 김금숙 김금옥 김금옥 김금자 김금자 김금자 김금자 김금자 김금조 김금주 김금자 김금철 김금태 김금태 김금자 김금득
김금지 김금자 김금철 김금필 김금하 김금화 김금화 김금희 김금희 김금희 김금희 김기 김기권 김기남 김기남 김기남 김기남 김기남 김기대 김기대 김기덕 김기덕 김기덕 김기덕 김기돈 김기동 김기동
김기동 김기동 김기동 김기락 김기련 김기련 김기련 김기만 김기만 김기명 김기민 김기민 김기방 김기백 김기범 김기범 김기병 김기병 김기복 김기복 김기봉 김기봉 김기봉 김기분 김기삼 김기석 김기석 김기석 김기석 김기선 김기석 김기수 김기수 김기수 김기수
김기숙 김기숙 김기숙 김기숙 김기석 김기선 김기설 김기선 김기설 김기섭 김기성 김기성 김기성 김기성 김기섭 김기안 김기언 김기연 김기열 김기열 김기열 김기열 김기열 김기영 김기영 김기영 김기영 김기영 김기욱 김기완 김기용 김기용
김기영 김기영 김기오 김기옥 김기옥 김기옥 김기옥 김기욱 김기욱 김기원 김기원 김기원 김기원 김기웅 김기윤 김기율 김기은 김기자 김기자 김기정 김기조 김기준 김기준 김기준 김기중 김기진 김기진
김기진 김기진 김기찬 김기창 김기천 김기천 김기춘 김기출 김기태 김기태 김기태 김기태 김기태 김기태 김기태 김기태 김기택 김기평 김기필 김기학 김기항 김기현 김기현 김기현 김기현 김기현 김기형 김기형 김기호 김기호 김기홍 김기홍 김기홍 김기진
김기현 김기현 김기현 김기현 김기환 김기환 김기훈 김기훈 김기훈 김기흥 김길남 김길남 김길남 김길녀 김길남 김길남 김길동 김길동 김길례 김길남 김길선 김길섭 김길섭 김길수 김길식
김길남 김길영 김길연 김길영 김길영 김길주 김길자 김길자 김길자 김길진 김길태 김길태 김길환 김길환 김나라 김나람 김나래 김나래 김나래 김나래 김나리 김나리
김나림 김나림 김나눔 김나연 김나연 김나연 김나열 김나명 김나영 김나영 김나영 김나은 김나항 김나현 김남관 김남규 김남범 김남범 김남산 김남숙 김남영 김남영 김남영 김남완 김나일 김남주 김남현 김남현 김난 김난숙 김난순 김난실
김난연 김난희 김난희 김난희 김남 김남결 김남경 김남경 김남국 김남국 김남군 김남권 김남규 김남규 김남규 김남균 김남기 김남기 김남기 김남길 김남도 김남동 김남두 김남립 김남복 김남복 김남석 김남석 김남선
김남섭 김남용 김남용 김남우 김남수 김남순 김남순 김남욱 김남이 김남인 김남일 김남재 김남재 김남조 김남준 김남준 김남중 김남중 김남중 김남진 김남진 김남철 김남한 김남현 김남현
김남현 김남호 김남호 김남호 김남화 김남훈 김남희 김남희 김남희 김남희 김남희 김남희 김내균 김내수 김내옥 김내일 김내정 김내현 김내현 김너기 김녕경 김노경 김노경 김노수 김노아 김노철 김농단 김농오
김농학 김누리 김눈별 김니림 김다미 김다미 김다민 김다슬 김다슬 김다슬 김다운 김다원 김다원 김단 김단례 김단비 김단비 김단선 김단영 김단자 김달조
김달석 김달성 김달수 김대 김달옥 김당 김당택 김대곤 김대곤 김대관 김대권 김대권 김대규 김대규 김대균 김대규 김대기 김대길 김대년 김대년 김대련 김대립 김대목 김대복 김대석
김대석 김대섭 김대성 김대성 김대성 김대성 김대성 김대성 김대성 김대성 김대송 김대수 김대석 김대순 김대식 김대식 김대식 김대업 김대업
김대연 김대열 김대영 김대영 김대영 김대영 김대영 김대영 김대용 김대운 김대원 김대원 김대원 김대우 김대운 김대웅 김대원 김대원 김대윤 김대우 김대웅
김대현 김대연 김대현 김대회 김대희 김대희 김대희 김대희 김대희 김대경 김대덕 김대권 김덕규 김덕규 김덕근 김덕만 김덕례 김덕림 김덕일 김덕일 김덕남 김덕자 김덕상
김덕섭 김덕성 김덕성 김덕성 김덕수 김덕수 김덕순 김덕순 김덕심 김덕안 김덕연 김덕영 김덕영 김덕원 김덕이 김덕진 김덕규 김덕규 김덕규 김덕규 김덤렴 김덕례 김덕일 김덕일 김덕일 김덕벽 김덕자 김덕상
김덕재 김덕주 김덕중 김덕중 김덕철 김덕진 김덕필 김덕현 김덕현 김덕형 김덕호 김덕홍 김덕화 김덕환 김덕환 김도곤 김도균 김도균 김도묵 김도범 김도산 김도석
김도진 김도철 김도태 김도향 김도현 김도현 김도현 김도현 김도형 김도형 김도형 김도형 김도형 김도환 김도환 김도훈 김도희 김도희 김동식 김동 김동계 김동곤 김동곤 김동곤 김동광 김동구
김동국 김동국 김동권 김동귀 김동규 김동규 김동규 김동균 김동균 김동근 김동근 김동근 김동기 김동기 김동길 김동길 김동길 김동남 김동남
김동대 김동래 김동련 김동렬 김동룡 김동률 김동린 김동만 김동명 김동명 김동명 김동민 김동민 김동배 김동범 김동별 김동분 김동분 김동수 김동수 김동수 김동수 김동수 김동수
김동수 김동수 김동수 김동수 김동수 김동숙 김동숙 김동숙 김동순 김동순 김동식 김동식 김동실 김동업 김동연 김동열 김동열 김동열 김동엽
김동원 김동원 김동원 김동윤 김동은 김동익 김동인 김동일 김동일 김동일 김동일 김동일 김동자 김동재 김동재 김동조 김동조 김동조 김동주 김동주 김동주 김동주 김동준 김동준 김동준 김동준
김동준 김동준 김동준 김동준 김동준 김동중 김동직 김동진 김동진 김동진 김동진 김동진 김동찬 김동찬 김동태 김동철 김동철 김동철 김동철 김동철 김동철 김동철 김동철 김동판 김동표 김동필 김동필
김동하 김동하 김동하 김동하 김동하 김동학 김동한 김동한 김동한 김동헌 김동현 김동현 김동현 김동현 김동현 김동현 김동현 김동현 김동호 김동호 김동호 김동호 김동호 김동호

김동호 김동호 김동호 김동화 김동화 김동환 김동환 김동환 김동환 김동활 김동회 김동효 김동훈 김동훈 김동훈 김동훈 김동훈 김동훈 김동훈 김동훈 김동훈 김동훈 김동흡 김동희 김동희 김동희 김두관 김두기 김두남 김두년 김두례 김두례
김두리 김두배 김두봉 김두분 김두산 김두석 김두섭 김두성 김두성 김두성 김두성 김두솔 김두수 김두수 김두수 김두식 김두식 김두식 김두언 김두연 김두연 김두영 김두영 김두영 김두영 김두영 김두용 김두원 김두이 김두일 김두진 김두창 김두천 김두철
김두철 김두한 김두한 김두현 김두현 김두현 김두환 김두힘 김둘내 김둘만 김득귀 김득룡 김득영 김득자 김득중 김득중 김득중 김득현 김득형 김들 김라미 김락현 김락희 김란 김란 김란 김란 김란이 김랑 김래옥 김래원 김래은 김래인 김래철 김량래
김려섭 김련 김로타 김록호 김리경 김리나 김리라 김리원 김리정 김린 김린 김마주 김만권 김만균 김만기 김만기 김만기 김만기 김만기 김만기 김만년 김만덕 김만례 김만무 김만배 김만석 김만석 김만석 김만섭 김만수 김만수 김만수 김만순
김만식 김만옥 김만옥 김만용 김만일 김만재 김만재 김만제 김만종 김만주 김만중 김만중 김만진 김만태 김만형 김만호 김만호 김만호 김만호 김만홍 김만홍 김만화 김만효 김만흠 김만희 김만희 김말분 김말분 김말숙 김말숙 김말용 김매자 김매지 김맹식
김맹완 김맹임 김맹호 김면중 김면중 김면호 김면화 김명걸 김명곤 김명곤 김명곤 김명구 김명구 김명구 김명구 김명구 김명규 김명규 김명규 김명근 김명근 김명기 김명기 김명기 김명기 김명기 김명기 김명길 김명길 김명남 김명남 김명님 김명님 김명달
김명동 김명란 김명란 김명란 김명래 김명룡 김명모 김명미 김명배 김명복 김명부 김명산 김명석 김명석 김명선 김명선 김명선 김명선 김명선 김명선 김명선 김명섭 김명섭 김명수 김명수 김명수 김명수 김명수 김명수 김명수 김명수 김명수 김명수
김명수 김명수 김명숙 김명순
김명순 김명순 김명순 김명순 김명순 김명술 김명식 김명식 김명식 김명식 김명식 김명신 김명신 김명아 김명애 김명연 김명열 김명오 김명옥 김명옥 김명옥 김명옥 김명옥 김명옥 김명옥 김명옥 김명옥 김명옥 김명용 김명욱
김명운 김명원 김명원 김명원 김명일 김명자 김명자 김명자 김명자 김명자 김명자 김명자 김명자 김명자 김명자 김명재 김명전 김명주 김명주 김명주 김명주 김명준 김명준 김명준 김명중 김명지 김명진 김명진 김명진 김명진 김명진 김명진 김명진
김명찬 김명천 김명철 김명철 김명철 김명철 김명철 김명철 김명철 김명철 김명철 김명철 김명춘 김명탁 김명학 김명한 김명한 김명한 김명해 김명현 김명현 김명혜 김명혜 김명혜 김명호 김명호 김명호 김명호 김명호 김명호 김명호 김명호
김명호 김명화 김명화 김명환 김명환 김명환 김명환 김명환 김명환 김명환 김명회 김명훈 김명희
김명희 김명희 김명희 김명희 김명희 김명희 김명희 김명희 김명희 김명희 김명희 김명희 김모연 김모영 김목 김목현 김몽호 김묘선 김묘순 김무균 김무길 김무배 김무부 김무생 김무선 김무성 김무성 김무수 김무승 김무식 김무식 김무식
김무식 김무영 김무용 김무웅 김무웅 김무정 김무조 김무주 김무진 김무철 김무철 김무하 김무헌 김무현 김무홍 김무환 김문 김문갑 김문걸 김문경 김문광 김문교 김문권 김문규 김문규 김문규 김문규 김문기 김문기 김문기 김문길 김문래 김문배
김문정 김문봉 김문선 김문선 김문섭 김문섭 김문성 김문성 김문수 김문수 김문수 김문수 김문수 김문수 김문숙 김문숙 김문식 김문식 김문식 김문식 김문엽 김문영 김문영 김문오 김문용 김문자 김문자 김문재
김문정 김문종 김문주 김문찬 김문창 김문철 김문철 김문태 김문호 김문호 김문호 김문호 김문환 김문환 김문회 김문휘 김문휘 김미 김미경 김미경 김미경 김미경 김미경 김미경 김미경 김미경 김미경 김미경
김미경 김미경 김미경 김미경 김미경 김미경 김미경 김미경 김미경 김미경 김미나 김미녀 김미담 김미라 김미라 김미라 김미라 김미라 김미라 김미라 김미라 김미라 김미란 김미란 김미란 김미란 김미란 김미란 김미랑
김미랑 김미련 김미령 김미숙 김미숙 김미령 김미령 김미레 김미리 김미리 김미리 김미리솔 김미림 김미미 김미석 김미선 김미선 김미선 김미선 김미선 김미선 김미숙 김미선 김미숙 김미숙 김미숙 김미숙 김미섭 김미성 김미성 김미소
김미수 김미순 김미숙 김미순 김미순 김미순 김미순 김미순 김미순 김미숙 김미심 김미아 김미아 김미애 김미애 김미애 김미애 김미애 김미애 김미애 김미애 김미애 김미애 김미애 김미애 김미애 김미애 김미양 김미연 김미연 김미연
김미옥 김미열 김미옥 김미옥 김미옥 김미완 김미원 김미월 김미자 김미자 김미자 김미자 김미자 김미자 김미자 김미자 김미자 김미자 김미자 김미자 김미자 김미자 김미자 김미자 김미자 김미정 김미정 김미정
김미정 김미정 김미정 김미정 김미정 김미정 김미정 김미정 김미정 김미정 김미정 김미정 김미정 김미정 김미주 김미진 김미진 김미태 김미태 김미풍 김미해 김미향 김미향 김미현 김미현 김미현
김미혜 김미혜 김미혜 김미혜 김미화 김미화 김미화 김미화 김미화 김미희 김미희 김미희 김민경 김민겸 김민겸 김민경 김민곤 김민곤 김민남 김민남 김민배 김민범 김민상 김민석 김민석 김민석 김민석 김민석 김민석 김민선 김민선 김민선 김민섭
김민섭 김민성 김민성 김민구 김민국 김민규 김민근 김민균 김민수 김민수 김민수 김민수 김민수 김민수 김민숙 김민숙 김민숙 김민숙 김민숙 김민식 김민식 김민식 김민식 김민식 김민아 김민아 김민애 김민애
김민정 김민정 김민정 김민정 김민정 김민조 김민종 김민주 김민주 김민주 김민주 김민주 김민중 김민중 김민지 김민지 김민진 김민진 김민진 김민찬 김민찬 김민창 김민철 김민철 김민철 김민철 김민철 김민철 김민태 김민태 김민표 김민하 김민해
김민혜 김민호 김민호 김민호 김민호 김민호 김민화 김민화 김민환 김민환 김민환 김민환 김민흠 김민희 김민희 김민희 김민희 김민희 김민희 김바다 김바다 김바래 김바램 김바울 김박영 김박석 김박규 김박식 김박영 김박흥
김방희 김배균 김배순 김배철 김배한 김배호 김백 김백규 김백기 김백규 김백남 김백규 김백수 김백수 김백연 김백옥 김백일 김범 김범 김범모 김범선 김범수 김범수 김범수 김범수 김범수 김범수
김범수 김범수 김범수 김범수 김범수 김범영 김범용 김범용 김범일 김범중 김범진 김범진 김범진 김범태 김범태 김범태 김범희 김베라 김베리 김변영 김별아 김병갑 김병경 김병규 김병균 김병국 김병기 김병기
김병관 김병관 김병교 김병구 김병구 김병구 김병구 김병구 김병규 김병국 김병국 김병국 김병국 김병태 김병국 김병국 김병호 김병권 김병권 김병권 김병규 김병규 김병균 김병국 김병기 김병기
김병기 김병기 김병기 김병기 김병남 김병년 김병노 김병노 김병도 김병만 김병무 김병문 김병문 김병문
김병문 김병민 김병민 김병배 김병복 김병빈 김병상 김병상 김병식 김병양 김병연 김병연 김병연 김병열 김병열 김병섭 김병섭 김병성 김병성 김병오 김병오 김병욱 김병욱 김병용 김병우 김병우 김병욱 김병욱 김병욱 김병원 김병원
김병원 김병윤 김병율 김병익 김병익 김병일 김병일 김병일 김병재 김병재 김병제 김병조 김병조 김병주 김병주 김병주 김병주 김병준 김병준 김병준 김병준 김병준 김병준 김병진 김병진 김병진
김병현 김병현 김병호 김병호 김병호 김병호 김병홍 김병홍 김병화 김병환 김병환 김병효 김병훈 김병훈 김병훈 김병희 김병희 김병희 김병희 김보경 김보경 김보경 김보균 김보근 김보건 김보규 김보규
김보다미 김보람 김보람 김보람 김보람 김보령 김보명 김보미 김보배 김보석 김보선 김보선 김보성 김보수 김보숙 김보식 김보식 김보아 김보연 김보연 김보연 김보영 김보옥 김보옥 김보윤 김보은 김보현 김보현 김보협 김보형 김보혜
김보환 김복기 김복남 김복남 김복남 김복덕 김복덕 김복도 김복동 김복둘 김복래 김복량 김복만 김복만 김복면 김복선 김복선 김복선 김복수 김복수 김복수 김복숙 김복순 김복순 김복순 김복순 김복순 김복순 김복순 김복술 김복승
김복신 김복실 김복연 김복영 김복인 김복자 김복자 김복자 김복자 김복주 김복중 김복한 김복환 김복희 김복희 김복희 김복희 김복희 김복희 김본길 김봄누리 김봄이래 김봉경 김봉경 김봉경 김봉구 김봉구 김봉구 김봉규 김봉규 김봉규 김봉균
김봉균 김봉근 김봉길 김봉길 김봉길 김봉남 김봉달 김봉덕 김봉련 김봉룡 김봉배 김봉석 김봉석 김봉석 김봉선 김봉섭 김봉수 김봉수 김봉수 김봉숙 김봉숙 김봉숙 김봉숙 김봉순 김봉술 김봉식 김봉식 김봉식 김봉열 김봉영 김봉오 김봉우 김봉익 김봉인
김봉임 김봉재 김봉조 김봉조 김봉주 김봉준 김봉준 김봉준 김봉중 김봉중 김봉진 김봉진 김봉진 김봉철 김봉춘 김봉태 김봉태 김봉태 김봉택 김봉학 김봉한 김봉호 김봉호 김봉환 김봉환 김봉환 김봉환 김봉환 김봉환 김봉희 김부겸 김부겸
김부곤 김부권 김부균 김부기 김부도 김부민 김부성 김부식 김부연 김부영 김부용 김부웅 김부원 김부환 김분다 김분동 김불강 김붕경 김비래 김빛나 김빛나 김빛찬 김사겸 김사랑 김사빈 김사숙 김사열 김사원 김사윤 김사인 김사진 김사홍 김사훈 김산
김산 김산 김산 김산 김산 김산동 김산유 김산이 김삼 김삼남 김삼룡 김삼병 김삼생 김삼섭 김삼섭 김삼성 김삼성 김삼수 김삼수 김삼숙 김삼순 김삼순 김삼식 김삼연 김삼연 김삼영 김삼이 김삼조 김삼준 김삼준 김삼중 김삼중 김삼중
김삼태 김삼호 김삼호 김삼화 김삼환 김상겸 김상경 김상경 김상경 김상곤 김상곤 김상구 김상국 김상권 김상권 김상권 김상귀 김상규 김상규 김상규 김상규 김상규 김상규 김상균 김상균 김상균 김상균 김상균 김상근 김상근 김상근 김상근 김상기
김상기 김상기 김상기 김상기 김상기 김상기 김상기 김상기 김상길 김상길 김상길 김상길 김상길 김상남 김상남 김상남 김상녀 김상년 김상대 김상덕 김상덕 김상덕 김상도 김상도 김상도 김상돈 김상돈 김상동 김상락 김상래 김상래 김상록 김상룡
김상만 김상명 김상무 김상무 김상묵 김상문 김상문 김상문 김상미 김상미 김상미 김상민 김상민 김상민 김상배 김상배 김상배 김상백 김상범 김상범 김상복 김상복 김상봉 김상봉 김상분 김상생 김상선 김상선 김상선 김상설 김상섭 김상섭 김상수 김상수
김상수 김상수 김상수 김상수 김상수 김상수 김상수 김상숙 김상숙 김상숙 김상순 김상순 김상순 김상순 김상술 김상식 김상식 김상신 김상압 김상연 김상연 김상열 김상열 김상열 김상엽 김상영 김상영 김상영 김상영
김상옥 김상옥 김상옥 김상옥 김상옥 김상온 김상완 김상완 김상용 김상용 김상용 김상용 김상용 김상용 김상용 김상우 김상우 김상우 김상우 김상우 김상우 김상우 김상우 김상우 김상우 김상우 김상우 김상우 김상욱 김상욱 김상욱 김상욱 김상욱 김상운 김상운
김상원 김상원 김상원 김상원 김상윤 김상윤 김상윤 김상윤 김상윤 김상은 김상은 김상은 김상이 김상익 김상익 김상인 김상인 김상인 김상일 김상일 김상일 김상일 김상일 김상일 김상재 김상전 김상제 김상조 김상조 김상종 김상주 김상준 김상준
김상준 김상준 김상준 김상준 김상중 김상중 김상중 김상진 김상진 김상진 김상진 김상진 김상찬 김상찬 김상채 김상천 김상천 김상철 김상철 김상철 김상철 김상철 김상철 김상철 김상철 김상철 김상철 김상철 김상춘 김상출 김상태 김상태 김상태 김상태
김상택 김상택 김상택 김상표 김상학 김상학 김상해 김상혁 김상현 김상현 김상현 김상현 김상현 김상현 김상현 김상현 김상현 김상현 김상현 김상현 김상형 김상형 김상형 김상형 김상호 김상호 김상호 김상호 김상호 김상호 김상호
김상홍 김상환 김상환 김상회 김상훈 김상훈 김상훈 김상훈 김상훈 김상훈 김상훈 김상훈 김상희 김상희 김상희 김상희 김상희 김상희 김상희 김새로나 김새롬 김새롬 김새롬 김새미 김새벌 김새벽 김새슬 김생 김샛별 김생규 김생기 김생기 김생기
김생기 김생현 김서경 김서규 김서균 김서래 김서령 김서로 김서수 김서연 김서연 김서연 김서영 김서영 김서용 김서운 김서운 김서원 김서윤 김서전 김서정 김서종 김서중 김서태 김서하 김서현 김서현 김서호 김서희 김석 김석 김석 김석건 김석겸
김석광 김석구 김석구 김석규 김석규 김석규 김석규 김석규 김석근 김석근 김석기 김석기 김석기 김석기 김석기 김석기 김석도 김석동 김석란 김석만 김석민 김석배 김석범 김석범 김석범 김석봉 김석봉 김석봉 김석부 김석산 김석수 김석순 김석순 김석순
김석순 김석암 김석연 김석영 김석영 김석예 김석완 김석용 김석용 김석용 김석우 김석원 김석원 김석원 김석원 김석원 김석윤 김석윤 김석재 김석정 김석제 김석조 김석종 김석종 김석주 김석주 김석주 김석주 김석주 김석주 김석주 김석준 김석준
김석준 김석준 김석준 김석중 김석중 김석중 김석중 김석중 김석진 김석진 김석집 김석찬 김석찬 김석천 김석철 김석철 김석철 김석철 김석춘 김석태 김석태 김석태 김석태 김석태 김석하 김석하 김석하 김석한 김석현 김석현 김석현 김석현 김석현 김석현
김석현 김석현 김석형 김석호 김석호 김석호 김석홍 김석환 김석환 김석환 김석환 김석환 김석환 김석환 김석환 김석회 김석훈 김석훈 김석훈 김석훈 김석휴 김석희 김석희 김석희 김선 김선 김선 김선 김선건 김선건 김선겸 김선경 김선경
김선경 김선경 김선경 김선경 김선경 김선곤 김선곤 김선관 김선구 김선구 김선국 김선국 김선국 김선군 김선권 김선권 김선귀 김선규 김선규 김선규 김선규 김선규 김선균 김선금 김선기 김선기 김선기 김선길 김선녀 김선덕 김선덕 김선덕 김선도 김선래
김선령 김선례 김선례 김선례 김선만 김선명 김선묵 김선미 김선미 김선미 김선미 김선미 김선미 김선미 김선미 김선미 김선미 김선미 김선배 김선배 김선범 김선범 김선보 김선복 김선봉 김선봉 김선부 김선분 김선상 김선석 김선수 김선숙 김선숙 김선숙
김선숙 김선숙 김선순 김선식 김선실 김선심 김선아 김선아 김선아 김선아 김선애 김선애 김선애 김선연 김선열 김선영 김선영 김선영 김선영 김선영 김선영 김선영 김선영 김선영 김선영 김선영 김선영 김선영 김선영 김선영
김선예 김선예 김선옥 김선옥 김선옥 김선옥 김선옥 김선옥 김선옥 김선옥 김선옥 김선옥 김선옥 김선옥 김선옥 김선용 김선용 김선용 김선용 김선우 김선우 김선우 김선우 김선우 김선우 김선욱 김선욱 김선욱 김선욱 김선웅 김선웅 김선웅
김선웅 김선유 김선유 김선이 김선이 김선이 김선이 김선이 김선일 김선일 김선일 김선일 김선임 김선자 김선자 김선자 김선자 김선자 김선자 김선자 김선자 김선자 김선자 김선자 김선장 김선재 김선재 김선재 김선정 김선정 김선정 김선정 김선제
김선종 김선종 김선주 김선주 김선주 김선주 김선주 김선주 김선주 김선주 김선주 김선주 김선중 김선진 김선진 김선진 김선진 김선차 김선창 김선철 김선철 김선출 김선탁 김선태 김선태 김선태 김선태 김선태 김선태 김선태 김선태 김선필 김선하
김선한 김선향 김선헌 김선혁 김선혁 김선현 김선형 김선형 김선혜 김선호 김선호 김선홍 김선화 김선화 김선화 김선화 김선화 김선환 김선환 김선환 김선회 김선홍 김선희 김선희 김선희 김선희 김선희 김선희 김선희 김선희 김선희 김선희
김선희 김선희 김선희 김선희 김선희 김선희 김선희 김선희 김선희 김선희 김선희 김선희 김선희 김선희 김선희 김선희 김선희 김선희 김설미 김설용 김설자 김설호 김설홍 김설희 김섭섭 김성걸 김성걸 김성겸 김성겸 김성경
김성경 김성계 김성계 김성곤 김성곤 김성곤 김성곤 김성곤 김성관 김성관 김성관 김성관 김성광 김성구 김성구 김성구 김성구 김성구 김성국 김성국 김성국 김성국 김성국 김성국 김성국 김성권 김성권 김성권 김성권 김성규 김성규 김성규 김성규
김성규 김성규 김성규 김성규 김성규 김성규 김성균 김성균 김성균 김성균 김성균 김성균 김성균 김성균 김성근 김성근 김성근 김성근 김성금 김성기 김성기 김성기 김성기 김성기 김성기 김성기 김성기 김성기 김성길 김성길 김성길 김성길 김성남 김성남
김성남 김성남 김성남 김성남 김성남 김성남 김성남 김성녀 김성님 김성대 김성대 김성대 김성대 김성대 김성대 김성덕 김성덕 김성덕 김성덕 김성도 김성도 김성동 김성동 김성동 김성득 김성득 김성득 김성락 김성락 김성란 김성란 김성란 김성란 김성래
김성렬 김성렬 김성룡 김성룡 김성림 김성림 김성림 김성만 김성만 김성만 김성만 김성명 김성목 김성목 김성묘 김성무 김성묵 김성문 김성문 김성미 김성미 김성미 김성미 김성미 김성민 김성민 김성민 김성민 김성민 김성배 김성배 김성배
김성배 김성배 김성배 김성배 김성배 김성범 김성보 김성복 김성복 김성복 김성봉 김성봉 김성봉 김성부 김성분 김성분 김성상 김성상 김성석 김성선 김성섭 김성세 김성수 김성수 김성수 김성수 김성수 김성수 김성수 김성수 김성수 김성수 김성수
김성수 김성수 김성수 김성수 김성수 김성수 김성수 김성수 김성수 김성수 김성수 김성수 김성수 김성수 김성수 김성수 김성수 김성숙 김성숙 김성숙 김성숙 김성숙 김성숙 김성숙 김성순 김성순 김성순 김성순 김성식 김성식
김성식 김성식 김성식 김성식 김성식 김성신 김성신 김성신 김성아 김성아 김성아 김성아 김성아 김성아 김성애 김성애 김성애 김성업 김성연 김성연 김성연 김성연 김성열 김성열 김성열 김성열 김성오 김성옥 김성옥 김성옥 김성옥 김성옥 김성옥
김성완 김성용 김성용 김성용 김성용 김성용 김성용 김성용 김성우 김성우 김성우 김성우 김성우 김성우 김성욱 김성욱 김성욱 김성욱 김성욱 김성욱 김성운 김성운 김성원 김성원 김성원 김성원 김성원 김성원 김성원 김성윤 김성윤 김성윤 김성율 김성율
김성은 김성은 김성은 김성은 김성은 김성은 김성은 김성은 김성은 김성이 김성이 김성인 김성일 김성일 김성일 김성일 김성일 김성일 김성일 김성일 김성임 김성자 김성자 김성자 김성장 김성장 김성재 김성재 김성재 김성전 김성조 김성종 김성종
김성주 김성주 김성주 김성주 김성준 김성준 김성준 김성준 김성준 김성준 김성준 김성준 김성준 김성준 김성중 김성중 김성진 김성진 김성진 김성진 김성진 김성진 김성진 김성진 김성진 김성진 김성진 김성진 김성진 김성찬 김성찬 김성찬
김성창 김성채 김성채 김성채 김성천 김성천 김성천 김성철 김성철 김성철 김성철 김성철 김성철 김성철 김성철 김성철 김성철 김성철 김성철 김성칠 김성태 김성태 김성태 김성태 김성태 김성태 김성태 김성태 김성태 김성태 김성태 김성태 김성태
김성태 김성태 김성태 김성태 김성태 김성태 김성택 김성택 김성택 김성택 김성판 김성필 김성필 김성필 김성학 김성학 김성한 김성한 김성혁 김성혁 김성현 김성현 김성현 김성현 김성현 김성현 김성현 김성현 김성현 김성현 김성혜 김성혜 김성혜 김성호
김성호 김성호 김성호 김성호 김성호 김성호 김성호 김성호 김성호 김성호 김성호 김성호 김성호 김성호 김성호 김성호 김성호 김성호 김성호 김성화 김성화 김성화 김성화 김성환 김성환 김성환 김성환 김성환 김성환 김성환
김성환 김성환 김성환 김성환 김성환 김성환 김성환 김성회 김성효 김성후 김성훈 김성훈 김성훈 김성훈 김성훈 김성훈 김성훈 김성훈 김성훈 김성훈 김성훈 김성훈 김성훈 김성훈 김성훈 김성휘 김성휘 김성희 김성희 김성희 김성희 김성희
김성희 김세경 김세경 김세곤 김세곤 김세관 김세교 김세균 김세길 김세동 김세령 김세명
김세명 김세미 김세민 김세민 김세민 김세봉 김세연 김세연 김세연 김세영 김세옥 김세웅 김세웅 김세웅 김세원 김세원 김세원 김세원 김세원 김세원 김세윤 김세윤 김세은 김세웅 김세웅 김세일 김세일 김세일 김세일 김세자 김세종 김세종 김세준 김세중
김세중 김세중 김세중 김세중 김세진 김세진 김세진 김세창 김세창 김세천 김세철 김세한 김세한 김세한 김세현 김세현 김세호 김세호 김세홍 김세환 김세환 김세훈 김세훈 김세훈 김세훈 김세훈 김세희 김세희 김소남 김소라 김소라 김소라 김소례 김소립
김소순 김소연 김소연 김소연 김소연 김소연 김소연 김소영 김소영 김소영 김소영 김소영 김소영 김소영 김소영 김소영 김소영 김소영 김소영 김소원 김소일 김소자 김소정 김소정 김소정 김소정 김소정 김소주 김소진 김소진 김소진 김소진 김소향
김소형 김소형 김소희 김소희 김소희 김소희 김소희 김소희 김소희 김소희 김소희 김솔 김솔 김솔 김솔이 김솔잎 김송남 김송달 김송미 김송번 김송수 김송옥 김송은 김송의 김송이 김송이 김송중 김송춘 김송춘 김송현 김송혜 김송호 김송환 김송희 김수
김수건 김수경 김수경 김수경 김수경 김수경 김수경 김수경 김수경 김수경 김수경 김수광 김수광 김수구 김수구 김수군 김수권 김수규 김수근 김수근 김수길 김수길 김수길 김수길 김수길 김수길 김수길 김수길 김수남 김수남 김수남 김수남 김수남
김수남 김수남 김수남 김수남 김수남 김수동 김수동 김수동 김수란 김수련 김수련 김수로 김수만 김수미 김수미 김수미 김수민 김수병 김수복 김수복 김수봉 김수봉 김수봉 김수봉 김수빈 김수삼 김수상 김수생 김수성 김수식 김수안 김수양 김수업
김수연 김수연 김수연 김수연 김수연 김수연 김수연 김수연 김수연 김수열 김수열 김수열 김수영 김수영 김수영 김수영 김수영 김수영 김수영 김수영 김수영 김수영 김수영 김수영 김수영 김수오 김수옥 김수옥 김수옥 김수옥 김수옥 김수옥
김수용 김수용 김수용 김수용 김수욱 김수웅 김수원 김수원 김수윤 김수이 김수인 김수일 김수일 김수일 김수일 김수자 김수자 김수자 김수자 김수정 김수정 김수정 김수정 김수정 김수정 김수정 김수정 김수정 김수진 김수진 김수진 김수진 김수진
김수진 김수진 김수진 김수진 김수진 김수진 김수진 김수진 김수창 김수창 김수천 김수철 김수철 김수철 김수철 김수철 김수택 김수평 김수필 김수하 김수학 김수한 김수한 김수한 김수한 김수한 김수행 김수향 김수현 김수현 김수현 김수현 김수현 김수현
김수현 김수현 김수현 김수현 김수현 김수현 김수현 김수형 김수호 김수호 김수호 김수홍 김수환 김수환 김수환 김수환 김수환 김수환 김수훈 김수희 김수희 김수희 김수희 김수희 김수희 김수희 김숙 김숙 김숙 김숙경
김숙경 김숙경 김숙경 김숙도 김숙명 김숙배 김숙연 김숙연 김숙영 김숙영 김숙영 김숙이 김숙이 김숙이 김숙이 김숙이 김숙임 김숙자 김숙자 김숙자 김숙자 김숙자 김숙자 김숙자 김숙자 김숙자 김숙자 김숙자 김숙자 김숙자 김숙자 김숙진
김숙진 김숙진 김숙향 김숙향 김숙향 김숙현 김숙현 김숙현 김숙효 김숙희 김숙희 김숙희 김숙희 김숙희 김숙희 김숙희 김숙희 김숙희 김순 김순 김순갑 김순걸 김순경 김순경 김순경 김순곤 김순규 김순균 김순기 김순기 김순기 김순기 김순길
김순남 김순남 김순남 김순남 김순님 김순님 김순덕 김순덕 김순덕 김순덕 김순덕 김순덕 김순덕 김순덕 김순도 김순돌 김순란 김순례 김순례 김순례 김순명 김순미 김순미 김순민 김순배 김순배 김순복 김순복 김순복 김순분 김순석 김순선 김순선 김순섭
김순섭 김순숙 김순심 김순애 김순애 김순애 김순애 김순애 김순애 김순애 김순애 김순애 김순연 김순연 김순영 김순영 김순영 김순영 김순예 김순옥 김순옥 김순옥 김순옥 김순옥 김순옥 김순옥 김순옥 김순옥 김순옥 김순옥 김순옥
김순옥 김순옥 김순옥 김순운 김순이 김순이 김순이 김순이 김순이 김순이 김순일 김순임 김순자 김순자 김순자 김순자 김순자 김순자 김순자 김순자 김순자 김순자 김순자 김순자 김순자 김순자 김순자 김순자 김순자 김순자 김순자 김순정
김순조 김순종 김순진 김순진 김순진 김순천 김순철 김순철 김순태 김순태 김순태 김순필 김순행 김순헌 김순호 김순호 김순호 김순호 김순화 김순화 김순화 김순화 김순환 김순환 김순회 김순휴 김순희 김순희 김순희 김순희 김순희 김순희 김순희 김순희

김순희 김순희 김순희 김순희 김순희 김순희 김순희 김순희 김순희 김스텔라 김슬기 김슬기 김슬기 김슬길 김술아 김술옹 김승 김승 김승 김승 김승건 김승겸 김승겸 김승겸 김승경 김승경 김승계 김승곤 김승구 김승국 김승규 김승규 김승규 김승규 김승규
김승규 김승균 김승근 김승근 김승기 김승기 김승기 김승기 김승기 김승기 김승기 김승길 김승길 김승남 김승남 김승대 김승란 김승란 김승래 김승렬 김승록 김승룡 김승리 김승만 김승만 김승만 김승모 김승모 김승묵 김승문 김승배 김승범
김승법 김승복 김승빈 김승삼 김승석 김승수 김승수 김승수 김승수 김승수 김승수 김승식 김승식 김승식 김승애 김승언 김승언 김승연 김승열 김승영 김승영 김승영 김승오 김승오 김승용 김승용 김승용 김승용 김승용 김승용 김승우 김승욱 김승운 김승원
김승원 김승원 김승원 김승원 김승은 김승일 김승일 김승일 김승자 김승자 김승정 김승제 김승조 김승조 김승종 김승주 김승주 김승주 김승주 김승준 김승중 김승진 김승진 김승철 김승철 김승철 김승철 김승철 김승철 김승탁 김승태 김승태 김승태 김승태
김승택 김승한 김승한 김승해 김승혁 김승혁 김승현 김승현 김승현 김승현 김승현 김승현 김승형 김승혜 김승호 김승호 김승호 김승호 김승호 김승호 김승호 김승호 김승홍 김승화 김승화 김승환 김승환 김승환 김승환 김승환 김승환 김승환 김승환 김승환
김승환 김승회 김승효 김승훈 김승훈 김승휴 김승희 김승희 김승희 김승희 김승희 김승희 김승희 김승희 김승희 김승희 김시남 김시내 김시동 김시래 김시명 김시백 김시봉 김시숙 김시애 김시양 김시업 김시연 김시열 김시영 김시영 김시옥 김시온 김시왕
김시용 김시우 김시우 김시웅 김시준 김시중 김시진 김시창 김시천 김시철 김시헌 김시혁 김시현 김시형 김시환 김시훈 김식 김식 김식 김식 김식만 김신 김신 김신 김신곤 김신규 김신근 김신근 김신금 김신기 김신동 김신득 김신범 김신석 김신수 김신숙 김신숙
김신애 김신애 김신연 김신열 김신엽 김신영 김신영 김신욱 김신욱 김신웅 김신웅 김신원 김신은 김신일 김신자 김신자 김신자 김신정 김신정 김신철 김신태 김신행 김신행 김신헌 김신혁 김신형 김신혜 김신혜 김신호 김신호 김신호 김신홍 김신환 김신환
김신회 김신회 김신훈 김신희 김신희 김신희 김실경 김실원 김심지 김쌍규 김쌍만 김쌍수 김쌍철 김아라 김아람 김아람 김아람 김아람 김아람 김아람 김아롬 김아름 김아름 김아름 김아름 김아름 김아름솔 김아림 김아사빛 김아수 김아신 김아연 김아영
김아영 김안국 김안나 김안나 김안나 김안나 김안나 김안순 김안자 김안재 김안집 김안혁 김애경 김애경 김애경 김애경 김애경 김애경 김애규 김애덕 김애라 김애란 김애란 김애란 김애란 김애란 김애련 김애련 김애련 김애련 김애례 김애리 김애리 김애리 김애리
김애미 김애숙 김애숙 김애숙 김애숙 김애숙 김애숙 김애순 김애순 김애식 김애실 김애심 김애영 김애영 김애영 김애영 김애영 김애영 김애옥 김애임 김애자 김애자 김애중 김애희 김애희 김약수 김양 김양곤 김양곤 김양권 김양규 김양규 김양근 김양기 김양님
김양래 김양래 김양모 김양민 김양민 김양빈 김양빈 김양석 김양선 김양선 김양섭 김양성 김양수 김양수 김양수 김양수 김양수 김양수 김양수 김양수 김양수 김양숙 김양숙 김양숙 김양순 김양순 김양순 김양순 김양순 김양옥 김양욱 김양운 김양원 김양일
김양임 김양임 김양임 김양중 김양진 김양진 김양택 김양한 김양한 김양헌 김양현 김양현 김양현 김양현 김양호 김양홍 김양화 김양화 김양환 김양환 김양훈 김양희 김양희 김양희 김양희 김양희 김양희 김양희 김어울 김어진 김억배 김억수 김억재 김언경
김언묵 김언섭 김언수 김언숙 김언순 김언자 김언자 김언호 김언호 김언희 김언희 김얼 김여관 김여근 김여랑 김여명 김여섭 김여완 김여진 김여진 김연경 김연권 김연규 김연규 김연극 김연근 김연기 김연돈 김연명 김연모 김연묵 김연민 김연배 김연배
김연배 김연석 김연선 김연선 김연선 김연섭 김연성 김연수 김연수 김연수 김연수 김연수 김연수 김연수 김연수 김연수 김연수 김연수 김연수 김연수 김연숙 김연숙 김연숙 김연숙 김연숙 김연숙 김연숙 김연순 김연순 김연순 김연순 김연식
김연식 김연식 김연신 김연신 김연실 김연실 김연실 김연실 김연심 김연영 김연옥 김연옥 김연옥 김연옥 김연옥 김연옥 김연우 김연우 김연운 김연일 김연자 김연자 김연자 김연정 김연주 김연주 김연주 김연주 김연주 김연준 김연중 김연진 김연채 김연철 김연출
김연탁 김연택 김연태 김연하 김연하 김연호 김연호 김연호 김연호 김연호 김연호 김연홍 김연환 김연환 김연희 김연희 김연희 김연희 김연희 김열두 김열우
김영 김영 김영 김영 김영 김영 김영갑 김영강 김영걸 김영건 김영걸 김영걸 김영경 김영경 김영경 김영곤 김영곤 김영곤 김영곤 김영곤 김영관 김영광 김영교 김영교 김영구 김영구 김영구 김영구 김영구 김영국 김영국 김영국 김영국
김영금 김영기 김영기 김영기 김영기 김영기 김영기 김영기 김영기 김영기 김영기 김영기 김영규 김영규 김영규 김영규 김영균 김영균 김영근 김영근 김영근 김영근 김영근 김영근 김영근 김영남 김영년
김영달 김영달 김영달 김영달 김영대 김영대 김영대 김영대 김영대 김영대 김영대 김영대 김영덕 김영덕 김영덕 김영도 김영도 김영도 김영돈 김영돈 김영돈 김영돈 김영동 김영동 김영동 김영동 김영동 김영두
김영두 김영득 김영락 김영란 김영란 김영란 김영란 김영란 김영란 김영란 김영랑 김영래 김영려 김영렬 김영례 김영례 김영례 김영로 김영록 김영록 김영만 김영만 김영만 김영만 김영만
김영매 김영명 김영명 김영명 김영명 김영모 김영모 김영모 김영모 김영모 김영문 김영민 김영민 김영민 김영민 김영민 김영민 김영민 김영문 김영문 김영민 김영배 김영배 김영배 김영배 김영배 김영배 김영배
김영범 김영범 김영범 김영복 김영복 김영복 김영복 김영복 김영복 김영복 김영복 김영복 김영봉 김영봉 김영봉 김영부 김영분 김영분 김영분 김영빈 김영빈 김영산 김영산 김영삼
김영삼 김영삼 김영삼 김영상 김영상 김영상 김영상 김영상 김영상 김영상 김영생 김영생 김영서 김영석 김영석 김영석 김영석 김영석 김영석 김영석 김영선
김영선 김영선 김영선 김영선 김영섭 김영섭 김영섭 김영섭 김영섭 김영섭 김영성 김영송 김영수 김영수 김영수 김영수 김영수 김영수 김영수 김영수 김영숙
김영수 김영수 김영수 김영수 김영순 김영순 김영순 김영순 김영승 김영승 김영시 김영식 김영식 김영식 김영식 김영식 김영식 김영식 김영식 김영식 김영식 김영식
김영순 김영순 김영순 김영순 김영순 김영순 김영순 김영순 김영순 김영승 김영승 김영시 김영식 김영식 김영식 김영식 김영식 김영식 김영식 김영식 김영식 김영숙 김영숙
김영식 김영식 김영식 김영식 김영식 김영신 김영신 김영신 김영신 김영신 김영신 김영신 김영실 김영실 김영실 김영실 김영심 김영아 김영아 김영아 김영아 김영안 김영애 김영애 김영애
김영애 김영애 김영애 김영애 김영옥 김영옥 김영례 김영옥 김영옥 김영옥 김영완 김영외 김영용 김영우 김영우 김영우 김영우 김영우 김영욱 김영욱 김영운 김영운
김영운 김영웅 김영원 김영원 김영원 김영원 김영원 김영월 김영위 김영윤 김영윤 김영윤 김영은 김영이 김영이 김영이 김영인 김영일 김영일 김영일 김영일 김영일 김영일 김영일 김영일
김영임 김영자 김영자 김영재 김영재 김영재 김영재 김영재 김영재 김영전 김영정 김영제 김영조 김영조 김영조 김영조 김영조 김영조 김영종 김영종 김영주 김영주 김영주 김영주 김영주 김영준 김영준 김영준 김영준 김영준
김영주 김영주 김영주 김영주 김영주 김영주 김영주 김영주 김영주 김영주 김영주 김영주 김영조 김영조 김영종 김영종 김영준 김영준 김영준 김영준 김영준 김영준 김영준 김영준 김영준
김영진 김영진 김영진 김영진 김영진 김영진 김영진 김영집 김영집 김영집 김영찬 김영찬 김영찬 김영찬 김영창 김영천 김영철 김영철 김영철 김영채 김영춘 김영춘 김영치 김영탁 김영태 김영태 김영태 김영태 김영태 김영태 김영태 김영태
김영철 김영철 김영철 김영철 김영철 김영철 김영철 김영철 김영철 김영철 김영철 김영철 김영철 김영철 김영철 김영철 김영철 김영철 김영철 김영철
김영택 김영택 김영형 김영형 김영혜 김영혜 김영택 김영표 김영표 김영표 김영필 김영필 김영하 김영하 김영하 김영한 김영한 김영한 김영헌 김영헌 김영현 김영현 김영현 김영현 김영현 김영현 김영현
김영형 김영형 김영혜 김영혜 김영호 김영호 김영호 김영호 김영호 김영호 김영호 김영화 김영화 김영화 김영화 김영화 김영화 김영화 김영화 김영환 김영환 김영환 김영환 김영환 김영환 김영환 김영환 김영환 김영환
김영환 김영환 김영환 김영환 김영환 김영황 김영훈 김영훈 김영훈 김영훈 김영훈 김영훈 김영휘 김영희 김영희 김영희 김영희 김영희 김영희 김영희 김영희 김영희
김영희 김영희 김영희 김영희 김영희 김영희 김영희 김영희 김영희 김영희 김영희 김영희 김영희 김예덕 김예미 김예숙 김예술 김예술 김예솔 김예솔 김예솔 김예영 김예원 김예지 김예지 김예진
김옥성 김옥성 김옥순 김옥영 김옥영 김옥요 김옥이 김오자 김오현 김옥 김옥 김옥경 김옥경 김옥경 김옥경 김옥경 김옥경 김옥경 김옥교 김옥귀 김옥규 김옥균 김옥금 김옥남
김옥남 김옥녀 김옥동 김옥란 김옥란 김옥련 김옥란 김옥련 김옥례 김옥례 김옥인 김옥임 김옥임 김옥자 김옥자 김옥자 김옥자 김옥저 김옥정 김옥주 김옥주 김옥주 김옥진 김옥천 김옥천 김옥태 김옥향 김옥현 김옥현
김옥순 김옥순 김옥순 김옥식 김옥식 김옥심 김옥엽 김옥엽 김옥연 김옥윤
김옥화 김옥화 김옥희 김옥희 김옥희 김옥희 김온 김온근 김온누리 김온선 김와모 김완 김완규 김완균 김완근 김완기 김완기 김완배 김완석 김완산 김완석 김완석
김완섭 김완섭 김완섭 김완수 김완수 김완순 김완식 김완식 김완영 김완영 김완종 김완주 김완규 김완기 김완길 김완희 김왕규 김왕진 김왕규 김왕평 김왕규 김왕구 김왕구
김외숙 김외환 김요구 김요남 김요섭 김요안 김요안 김요진 김요한 김요한 김용 김용 김용 김용한 김용 김용 김용갑 김용갑 김용갑 김용감 김용관 김용관 김용관 김용광 김용구 김용구 김용구 김용구
김용구 김용구 김용구 김용국 김용국 김용국 김용국 김용국 김용국 김용궁 김용권 김용규 김용규 김용규 김용규 김용균 김용균 김용근 김용근 김용근 김용기 김용기 김용기 김용기
김용기 김용기 김용덕 김용덕 김용덕 김용도 김용두 김용득 김용득 김용등 김용락 김용란 김용길 김용길 김용래 김용래 김용래 김용래 김용레 김용록 김용만 김용만 김용만
김용민 김용배 김용백 김용범 김용범 김용범 김용범 김용범 김용범 김용범 김용범 김용보 김용복 김용복 김용복 김용봉 김용봉 김용봉 김용빈 김용빈 김용산 김용삼 김용삼 김용삼 김용민 김용민 김용상
김용상 김용석 김용선 김용섭 김용섭 김용수 김용수 김용수 김용수 김용수 김용숙 김용순 김용순 김용순 김용순 김용술 김용숭 김용식 김용식 김용식 김용식 김용식 김용식 김용신 김용실 김용암
김용애 김용애 김용억 김용옥 김용옥 김용옥 김용완 김용완 김용우 김용우 김용우 김용우 김용욱 김용욱 김용운 김용운 김용운 김용운 김용운 김용운 김용운 김용운
김용주 김용주 김용주 김용준 김용준 김용준 김용준 김용준 김용준 김용지 김용진 김용진 김용진 김용진 김용진 김용진 김용진 김용진 김용진 김용찬 김용채
김용채 김용천 김용철 김용철 김용철 김용철 김용철 김용철 김용철 김용철 김용철 김용태 김용태 김용태 김용태 김용태 김용태 김용태 김용태 김용택 김용택 김용택 김용팔
김용표 김용필 김용하 김용학 김용한 김용해 김용헌 김용현 김용혜 김월동 김월숙 김월용 김월자 김월태 김용희 김용희 김용희갑 김용관 김용권 김용기 김용기 김용남 김용배 김용석 김용성 김용술 김용술 김용식 김용식 김용열 김용조 김용필 김용화 김용환
김용화 김용환 김용환 김용환 김용환 김용환 김용환 김용훈 김용훈 김용훈 김용휘 김용희 김용희 김용희 김용희 김용희 김용희 김용희 김우 김우경
김우경 김우곤 김우근 김우기 김우기 김우남 김우담 김우람 김우룡 김우룡 김우상 김우석 김우석 김우선 김우성 김우성 김우솔 김우수 김우식 김우실 김우양 김우열 김우열 김우영 김우영 김우영 김우영 김우웅 김우인 김우인
김우인수 김우정 김우정 김우진 김우종 김우종 김우창 김우창 김우철 김우태 김우하 김우호 김우호 김우환 김우희 김욱래 김욱생
김욱수 김욱수 김욱엽 김욱영 김욱중 김욱태 김욱현 김운갑 김운근 김운배 김운봉 김운산 김운상 김운욱 김운이 김운주 김운찬 김운택 김운하 김운학 김운환 김울타리 김웅 김웅 김웅규 김웅래 김웅수 김웅식
김웅일 김웅주 김웅호 김웅회 김원 김원 김원 김원 김원겸 김원겸 김원경 김원경 김원경 김원구 김원국 김원규 김원규 김원규 김원규 김원규 김원균 김원균 김원근 김원근 김원기 김원기 김원기 김원기 김원기 김원기 김원남
김원식 김원식 김원식 김원식 김원식 김원식 김원식 김원식 김원식 김원식 김원실 김원영 김원영 김원영 김원봉 김원봉 김원삼 김원삼 김원상 김원석 김원석 김원석 김원섭 김원섭 김원수 김원수 김원숙 김원숙 김원순 김원순 김원식
김원주 김원주 김원주 김원주 김원주 김원중 김원중 김원중 김원종 김원진 김원진 김원진 김원칠 김원찬 김원채 김원천 김원천 김원철 김원철 김원태 김원태 김원태 김원필 김원혁 김원혁 김원호 김원호 김원호 김원홍 김원종
김원희 김원희 김월동 김월봉 김월순 김월연 김월일 김월자 김월출 김을순 김유 김유갑 김유겸 김유경 김유경 김유경 김유경 김유경 김유나 김유덕 김유돈 김유동
김유동 김유라 김유리 김유리 김유만 김유미 김유미 김유미 김유미 김유미 김유미 김유민 김유복 김유빈 김유석 김유석 김유선 김유선 김유성 김유수 김유수 김유식 김유신 김유심 김유양 김유일
김유영 김유옥 김유웅 김유원 김유원 김유인 김유일 김유일 김유정 김유정 김유진 김유북 김유종 김유종 김유주 김유진 김유진 김유진 김유진 김유진 김유진 김유진 김유진 김유진 김유진 김유창 김유철
김유항 김유향 김유희 김유훈 김윤 김윤 김윤갑 김윤경 김윤경 김윤경 김윤경 김윤경 김윤경 김윤경 김윤경 김윤곤 김윤곤 김윤곤 김윤곤 김윤권 김윤규 김윤규 김윤근 김윤기
김윤기 김윤길 김윤남 김윤달 김윤동 김윤래 김윤례 김윤미 김윤미 김윤식 김윤식 김윤배 김윤복 김윤상 김윤상 김윤상 김윤성 김윤성 김윤일 김윤일 김윤자 김윤자 김윤자 김윤자
김윤숙 김윤숙 김윤정 김윤정 김윤정 김윤정 김윤정 김윤조 김윤조 김윤수 김윤준 김윤중 김윤중 김윤중 김윤진 김윤채 김윤칠 김윤태 김윤태 김윤태 김윤태 김윤택 김윤하 김윤형 김윤호 김윤호 김윤호
김윤홍 김윤홍 김윤화 김윤환 김윤희 김윤희 김윤희 김율 김율아 김율환 김융곤 김융소 김으뜸 김은 김은경 김은경 김은경 김은경 김은경 김은경 김은나 김은미 김은미
김은덕 김은동 김은령 김은만 김은모 김은배 김은복 김은봉 김은비 김은산 김은수 김은 김은규 김은라 김은랑 김은마 김은미 김은미 김은백 김은봉 김은비 김은상 김은서
김은경 김은경 김은경 김은경 김은경 김은경 김은구 김은규 김은나 김은동 김은란 김은란 김은미 김은배 김은복 김은비 김은상 김은서
김은석 김은선 김은선 김은선 김은선 김은선 김은섭 김은섭 김은성 김은성 김은솔 김은수 김은수 김은수 김은수 김은수 김은수 김은수 김은수 김은숙 김은숙 김은숙 김은숙 김은숙 김은숙
김은숙 김은숙 김은숙 김은숙 김은순 김은순 김은순 김은순 김은순 김은순 김은순 김은순 김은순 김은순 김은순 김은솔 김은식 김은식 김은식 김은아 김은애 김은애 김은애
김은영 김은영 김은영 김은영 김은영 김은영 김은영 김은용 김은일 김은일 김은자 김은자 김은자 김은자 김은재 김은정 김은정 김은정 김은정 김은정 김은정 김은정 김은정 김은정 김은정 김은조 김은종 김은주
김은주 김은주 김은주 김은주 김은주 김은주 김은주 김은주 김은주 김은주 김은주 김은주 김은주 김은주 김은주 김은지 김은지 김은진 김은진 김은진 김은조 김은철 김은철 김은출 김은태
김은필 김은하 김은하 김은혜 김은호 김은호 김은희 김은희 김은희 김은희 김은희 김은희 김은희 김은희 김은희 김은희 김은희 김을곤 김을남 김을룡 김을분
김을룡 김을분 김을섭 김을용 김을자 김음태 김음희 김응갑 김응관 김응권 김응기 김응기 김응기 김응남 김응배 김응석 김응석 김응수 김응수 김응술 김응술 김응식 김응식 김응열 김응조 김응필 김응호 김응환
김의 김의걸 김의겸 김의겸 김의곤 김의균 김의동 김의동 김의민 김의범 김의석 김의석 김의선 김의섭 김의성 김의수 김의수 김의식 김의식 김의식 김의신 김의연 김의열 김의영 김의영 김의엽 김의원 김의조 김의준
김의중 김의진 김의진 김의철 김의한 김의항 김의항 김의남 김의동 김의래 김의권 김의말 김의목 김의복 김의배 김의백 김의상 김이선 김이선 김이길 김이남 김이래 김이배 김의상 김의석 김이선 김이섭 김이상 김의식 김이수 김이수 김이수 김이수
김이항 김이현 김이화 김익 김익환 김익환 김인 김인 김인 김인건 김인걸 김인걸 김인걸 김인경 김인경 김인곤 김인곤 김인광 김인구 김인구 김인국 김인권 김인권 김인규 김인규 김인규 김인규 김인균 김인근 김인기 김인기 김인남
김인덕 김인덕 김인동 김인룡 김인만 김인만 김인모 김인배 김인복 김인봉 김인성 김인비 김인상 김인석 김인석 김인석 김인선 김인선 김인숙 김인섭 김인성 김인수 김인수 김인수 김인수 김인수 김인수 김인수 김인수
김인숙 김인숙 김인숙 김인숙 김인숙 김인숙 김인숙 김인숙 김인숙 김인숙 김인순 김인순 김인순 김인순 김인순 김인술 김인식 김인식 김인식 김인아 김인애 김인애 김인애
김인중 김인집 김인천 김인천 김인철 김인철 김인철 김인철 김인철 김인철 김인태 김인태 김인태 김인태 김인한 김인한 김인헌 김인자 김인자 김인현 김인현 김인형 김인혜 김인자 김인호 김인호 김인자 김인재 김인호 김인호 김인호 김인중 김인중
김인환 김인환 김인환 김인환 김인환 김인호 김인휴 김인흥 김인희 김인희 김인희 김일 김일 김일 김일경 김일곤 김일곤 김일국 김일권 김일규 김일규 김일대 김일래 김일룡 김일만 김일문 김일섭 김일선 김일섭
김일섭 김일숭 김일성 김일세 김일송 김일순 김일암 김일영 김일제 김일종 김일주 김일주 김일준 김일진 김일진 김일천 김일춘 김일태 김일태 김일한 김일현 김일현 김일섭
김일형 김일호 김일화 김일환 김일환 김일환 김일환 김일환 김임곤 김임선 김임호 김임희 김자동 김자령 김자연 김자영 김자연 김자운 김자원 김자원 김자인 김자현 김자호 김자곤 김자기 김자길
김장렬 김장민 김장배 김장석 김장성 김장수 김장수 김장식 김장연 김장영 김장오 김장욱 김장완 김장우 김장일 김장춘 김장천 김장하 김장호 김장호 김장호 김장호 김장환 김장환 김장환

김장환 김재갑 김재강 김재검 김재겸 김재겸 김재경 김재경 김재경 김재경 김재경 김재곤 김재곤 김재곤 김재관 김재관 김재광 김재광 김재구 김재구 김재구 김재국 김재국 김재국 김재권 김재권 김재권 김재권 김재귀 김재규
김재규 김재규 김재균 김재균 김재균 김재균 김재균 김재근 김재기 김재남 김재남 김재덕 김재동 김재동 김재관 김재득 김재랑 김재령 김재률 김재린 김재만 김재만 김재만 김재면 김재명 김재명 김재묵
김재문 김재문 김재문 김재문 김재민 김재민 김재민 김재민 김재민 김재범 김재범 김재범 김재복 김재복 김재봉 김재봉 김재석 김재석 김재석 김재선 김재선 김재선 김재성 김재성 김재성 김재성
김재열 김재열 김재열 김재엽 김재영 김재영 김재영 김재우 김재영 김재영 김재수 김재수 김재숙 김재숙 김재순 김재순 김재순 김재술 김재술 김재술 김재식 김재식 김재식 김재신 김재언 김재연 김재열 김재열 김재용
김재용 김재용 김재용 김재우 김재우 김재우 김재우 김재욱 김재욱 김재욱 김재욱 김재운 김재웅 김재웅 김재웅 김재원 김재원 김재원 김재원 김재원 김재원 김재원 김재원 김재원 김재원 김재원 김재월
김재진 김재진 김재찬 김재천 김재철 김재철 김재철 김재철 김재철 김재춘 김재태 김재학 김재학 김재학 김재항 김재헌 김재혁 김재혁 김재현 김재현 김재현 김재현 김재현 김재현 김재협 김재형 김재형
김재형 김재형 김재형 김재형 김재호 김재호 김재호 김재호 김재호 김재호 김재호 김재홍 김재홍 김재홍 김재홍 김재화 김재화 김재환 김재환 김재환 김재환 김재환 김재환 김재황 김재후 김재후 김재훈 김재훈 김재훈 김재훈
김재훈 김재훈 김재훤 김재휴 김재흥 김재희 김재희 김재희 김재희 김전 김전곤 김전홍 김점균 김점대 김점례 김점석 김점석 김점석 김점석 김점선 김점수 김점수 김점숙 김점숙 김점숙 김점순 김점순 김점순 김점식 김점식 김점영 김점용 김점자
김점하 김정 김정 김정 김정 김정강 김정겸 김정곤 김정곤 김정곤 김정곤 김정관 김정관 김정광 김정교 김정구 김정국 김정국 김정국 김정국 김정국 김정권 김정권 김정권 김정규 김정규 김정규 김정규 김정규 김정규 김정균 김정균 김정균 김정균
김정균 김정균 김정균 김정균 김정근 김정근 김정근 김정기 김정기 김정기 김정기 김정기 김정길 김정길 김정남 김정남 김정남 김정남 김정남 김정남 김정남 김정남 김정남 김정남 김정남 김정남 김정남 김정녀 김정님 김정대 김정대
김정대 김정대 김정도 김정동 김정동 김정두 김정득 김정락 김정락 김정란 김정란 김정란 김정래 김정래 김정렬 김정렬 김정렬 김정례 김정례 김정례 김정례 김정룡 김정리 김정리 김정림 김정만 김정만 김정만 김정명 김정명 김정모 김정모
김정배 김정배 김정배 김정배 김정범 김정보 김정복 김정복 김정봉 김정분 김정분 김정산 김정삼 김정삼 김정서 김정석 김정석 김정석 김정석 김정선 김정선 김정선 김정선 김정선 김정선 김정선 김정선 김정선 김정선 김정섭 김정섭 김정섭 김정섭
김정성 김정수 김정숙 김정숙 김정숙 김정숙 김정숙
김정숙 김정순 김정순 김정순 김정순 김정순 김정순
김정순 김정순 김정순 김정순 김정순 김정순 김정순 김정순 김정순 김정술 김정술 김정식 김정식 김정식 김정식 김정식 김정식 김정신 김정실 김정심 김정아 김정아 김정아 김정아 김정아 김정아 김정애 김정애 김정애 김정애 김정애 김정애
김정애 김정애 김정애 김정애 김정애 김정애 김정애 김정애 김정애 김정업 김정여 김정여 김정연 김정연 김정연 김정연 김정연 김정연 김정연 김정연 김정열 김정열 김정열 김정열 김정열 김정엽 김정엽 김정영 김정영 김정오 김정오 김정오 김정옥
김정옥 김정옥 김정옥 김정옥 김정옥 김정옥 김정옥 김정옥 김정옥 김정완 김정완 김정완 김정완 김정완 김정완 김정용 김정용 김정우 김정우 김정우 김정우 김정우 김정욱 김정욱 김정욱 김정욱 김정욱 김정욱 김정욱 김정욱 김정욱
김정욱 김정욱 김정웅 김정웅 김정웅 김정웅 김정원 김정원 김정원 김정원 김정원 김정원 김정월 김정위 김정윤 김정윤 김정윤 김정윤 김정은 김정은 김정은 김정은 김정은 김정은 김정은 김정은 김정은 김정은 김정은 김정은 김정인 김정인 김정인
김정인 김정인 김정인 김정일 김정일 김정일 김정일 김정일 김정일 김정일 김정임 김정임 김정임 김정임 김정임 김정임 김정임 김정자 김정자 김정자 김정자 김정자 김정자 김정자 김정자 김정자 김정자 김정자 김정자 김정자 김정자
김정자 김정자 김정자 김정자 김정전 김정제 김정조 김정주 김정주 김정주 김정중 김정중 김정중 김정중 김정직 김정진 김정진 김정진 김정진 김정채 김정철 김정철 김정철 김정철 김정철 김정춘 김정치 김정탁 김정태 김정태 김정태 김정태
김정태 김정태 김정태 김정태 김정태 김정태 김정태 김정태 김정택 김정택 김정택 김정특 김정판 김정필 김정하 김정하 김정하 김정하 김정하 김정하 김정하 김정하 김정한 김정한 김정한 김정한 김정행 김정헌 김정헌 김정현 김정현 김정현 김정현
김정현 김정현 김정현 김정현 김정현 김정현 김정현 김정혜 김정혜 김정혜 김정혜 김정호 김정호 김정호 김정호 김정호 김정호 김정호 김정호 김정호 김정호 김정호 김정호 김정호 김정호 김정호 김정화 김정화 김정화 김정화
김정화 김정화 김정화 김정화 김정화 김정화 김정환 김정회 김정회 김정회 김정효 김정효 김정후
김정훈 김정훈 김정훈 김정훈 김정훈 김정훈 김정훈 김정훈 김정훈 김정훈 김정훈 김정휴 김정희
김정희 김정희 김정희 김정희 김정희 김정희 김정희 김정희 김정희 김정희 김정희 김정희 김정희 김정희 김정희 김정희 김정희 김정희 김제경 김제국 김제규 김제균 김제균 김제근 김제금 김제복 김제상 김제선 김제숙
김제연 김제연 김제영 김제영 김제영 김제완 김제완 김제용 김제원 김제원 김제윤 김제익 김제자 김제준 김제중 김제진 김제창 김제천 김제철 김제택 김제팔 김제평 김제현 김제형 김제효 김전 김조년 김조영 김조인 김종간 김종갑 김종갑 김종건 김종건
김종걸 김종걸 김종경 김종곤 김종곤 김종관 김종관 김종관 김종구 김종구 김종구 김종구 김종구 김종구 김종구 김종국 김종국 김종국 김종국 김종국 김종국 김종국 김종권 김종권 김종권 김종규 김종규 김종규 김종규 김종규 김종규
김종규 김종규 김종규 김종규 김종규 김종근 김종근 김종근 김종근 김종근 김종근 김종근 김종근 김종근 김종금 김종금 김종기 김종기 김종기 김종기 김종기 김종기 김종기 김종기 김종길 김종길 김종길 김종길 김종길 김종길 김종길 김종길
김종길 김종길 김종길 김종남 김종남 김종대 김종대 김종대 김종대 김종대 김종대 김종대 김종대 김종덕 김종덕 김종덕 김종덕 김종덕 김종덕 김종도 김종도 김종두 김종득 김종득 김종란 김종래 김종래 김종래 김종렬 김종록 김종록 김종록
김종률 김종률 김종룡 김종린 김종린 김종림 김종만 김종만 김종만 김종만 김종만 김종만 김종만 김종만 김종명 김종명 김종명 김종명 김종명 김종목 김종무 김종무 김종묵 김종문 김종문 김종문 김종문 김종문 김종문 김종문 김종문
김종문 김종민 김종민 김종민 김종민 김종민 김종민 김종박 김종배 김종배 김종배 김종백 김종백 김종번 김종범 김종범 김종범 김종복 김종복 김종복 김종복 김종복 김종부 김종북 김종분 김종빈 김종산 김종삼 김종삼 김종삼 김종석 김종석 김종석 김종석
김종석 김종석 김종석 김종석 김종석 김종석 김종선 김종선 김종선 김종선 김종선 김종선 김종선 김종선 김종선 김종선 김종선 김종선 김종선 김종설 김종섭 김종섭 김종섭 김종섭 김종섭 김종성 김종성 김종성 김종성
김종성 김종성 김종성 김종성 김종성 김종성 김종세 김종수 김종수 김종수 김종수 김종수 김종수 김종수 김종수 김종수 김종수 김종수 김종수 김종수 김종숙 김종숙 김종순 김종순 김종순 김종순 김종순 김종순 김종순 김종승
김종식 김종식 김종식 김종식 김종식 김종식 김종식 김종식 김종식 김종식 김종식 김종신 김종신 김종실 김종심 김종안 김종안 김종안 김종애 김종언 김종연 김종연 김종연 김종연 김종연 김종열 김종열 김종열 김종열 김종열 김종열 김종열
김종열 김종영 김종엽 김종엽 김종엽 김종영 김종영 김종영 김종영 김종영 김종영 김종오 김종오 김종오 김종오 김종오 김종옥 김종옥 김종옥 김종완 김종완 김종완 김종완 김종우 김종우 김종우 김종욱 김종욱 김종욱 김종욱 김종욱 김종운 김종운
김종운 김종운 김종원 김종원 김종원 김종원 김종원 김종원 김종원 김종원 김종원 김종원 김종원 김종유 김종유 김종윤 김종윤 김종윤 김종윤 김종은 김종은 김종은 김종을 김종익 김종익 김종익 김종인 김종인 김종인 김종인 김종인 김종인
김종인 김종인 김종인 김종일 김종일 김종일 김종일 김종일 김종일 김종임 김종임 김종재 김종전 김종주 김종주 김종주 김종주 김종준 김종진 김종진 김종진 김종진 김종진 김종진 김종진 김종진 김종진 김종진 김종진 김종진 김종찬 김종찬 김종찬
김종찬 김종찬 김종찬 김종채 김종채 김종채 김종천 김종천 김종천 김종천 김종천 김종철 김종철 김종철 김종철 김종철 김종철 김종철 김종철 김종철 김종철 김종철 김종철 김종철 김종철 김종철 김종철 김종철 김종철 김종출 김종탁
김종태 김종태 김종태 김종태 김종태 김종태 김종태 김종태 김종태 김종택 김종택 김종택 김종택 김종택 김종평 김종포 김종표 김종표 김종필 김종필 김종필 김종필 김종필 김종필 김종필 김종하 김종하 김종학 김종학 김종학 김종한
김종한 김종해 김종해 김종해 김종해 김종헌 김종헌 김종혁 김종혁 김종혁 김종현 김종현 김종현 김종현 김종현 김종현 김종현 김종현 김종협 김종호 김종호 김종호 김종호 김종호 김종호 김종호 김종호 김종호 김종호 김종호 김종호
김종호 김종호 김종호 김종호 김종호 김종홍 김종홍 김종화 김종화 김종화 김종화 김종화 김종화 김종화 김종화 김종화 김종화 김종화 김종환 김종환 김종환 김종환 김종환 김종환 김종환 김종환 김종효 김종훈
김종훈 김종훈 김종훈 김종훈 김종훈 김종훈 김종훈 김종훈 김종훈 김종훼 김종휴 김종흥 김종희 김종희 김종희 김종희 김종희 김종희 김종희 김종희 김종희 김좌관 김좌상 김좌훈 김주 김주경 김주경 김주규 김주남 김주덕 김주동 김주락 김주리
김주리안 김주명 김주미 김주민 김주복 김주봉 김주빈 김주상 김주석 김주석 김주석 김주선 김주선 김주섭 김주섭 김주섭 김주성 김주성 김주수 김주수 김주숙 김주식 김주신 김주언 김주언 김주연 김주연 김주연 김주연 김주연 김주연 김주연
김주연 김주연 김주연 김주열 김주영 김주영 김주영 김주영 김주영 김주영 김주영 김주영 김주영 김주예 김주옥 김주옥 김주완 김주완 김주용 김주용 김주원 김주원 김주원 김주원 김주원 김주원 김주은 김주인 김주일 김주일 김주찬 김주태 김주택
김주필 김주필 김주학 김주한 김주한 김주한 김주한 김주헌 김주혁 김주현 김주현 김주현 김주현 김주형 김주형 김주형 김주형 김주형 김주호 김주홍 김주환 김주환 김주환 김주환 김주희 김주희 김주희 김준 김준 김준 김준 김준 김준 김준
김준겸 김준곤 김준국 김준권 김준권 김준권 김준규 김준규 김준근 김준근 김준기 김준기 김준기 김준길 김준남 김준년 김준대 김준만 김준배 김준배 김준배 김준배 김준범 김준범 김준복 김준복 김준복 김준상 김준석 김준석 김준선 김준섭
김준섭 김준섭 김준섭 김준성 김준성 김준성 김준수 김준수 김준수 김준수 김준수 김준순 김준식 김준식 김준식 김준식 김준식 김준식 김준언 김준연 김준연 김준연 김준열 김준열 김준열 김준엽 김준영 김준영 김준영 김준영 김준영 김준영
김준오 김준옥 김준완 김준용 김준욱 김준웅 김준원 김준원 김준임 김준철 김준철 김준철 김준태 김준태 김준표 김준하 김준하 김준하 김준학 김준한 김준헌 김준혁 김준현 김준현 김준형 김준형 김준형 김준형 김준형 김준형 김준호 김준호 김준호 김준호
김준호 김준호 김준호 김준호 김준호 김준호 김준호 김준홍 김준환 김준환 김준환 김준환 김준환 김준회 김준효 김준희 김준희 김중권 김중규 김중기 김중기 김중길 김중배 김중석 김중수 김중수 김중수 김중수 김중순 김중식 김중악
김중업 김중연 김중완 김중욱 김중원 김중원 김중일 김중철 김중태 김중택 김중혁 김중현 김중형 김중형 김중호 김중환 김중환 김중효 김중효 김증수 김지강 김지곤 김지길 김지나 김지나 김지단 김지돈 김지로 김지림 김지만 김지명 김지명 김지명 김지미
김지민 김지병 김지복 김지봉 김지상 김지석 김지선 김지선 김지선 김지선 김지선 김지성 김지성 김지수 김지수 김지수 김지수 김지수 김지수 김지수 김지수 김지수 김지숙 김지순 김지순 김지순 김지승 김지아 김지아 김지아 김지애
김지애 김지야 김지언 김지연 김지연 김지연 김지연 김지연 김지연 김지연 김지연 김지연 김지영 김지영 김지영 김지영 김지영 김지영 김지영 김지영 김지영 김지영 김지영 김지영 김지영 김지영 김지예 김지예 김지완 김지용 김지용 김지용
김지우 김지우 김지욱 김지운 김지운 김지원 김지원 김지원 김지원 김지원 김지원 김지윤 김지윤 김지윤 김지율 김지은 김지은 김지은 김지은 김지은 김지은 김지은 김지이 김지인 김지인 김지인 김지자 김지중 김지철 김지탁 김지태 김지태 김지태
김지표 김지하 김지하 김지학 김지한 김지항 김지향 김지헌 김지현 김지현 김지현 김지현 김지현 김지현 김지현 김지현 김지현 김지현 김지형 김지형 김지혜 김지혜 김지혜 김지혜 김지호 김지호 김지홍 김지홍 김지홍 김지화 김지환
김지환 김지환 김지환 김지환 김지환 김지회 김지효 김지후 김지훈 김지훈 김지훈 김지훈 김지훈 김지희 김지희 김지희 김지희 김직수 김직수 김진 김진 김진 김진 김진 김진 김진각 김진걸 김진겸 김진경 김진경 김진경 김진경 김진경 김진경
김진경 김진경아 김진곤 김진곤 김진곤 김진관 김진관 김진광 김진구 김진구 김진구 김진구 김진구 김진국 김진국 김진국 김진국 김진국 김진국 김진국 김진국 김진권 김진권 김진규 김진규 김진규 김진규 김진균 김진균 김진근 김진근 김진기
김진기 김진기 김진기 김진길 김진남 김진녕 김진덕 김진동 김진동 김진두 김진례 김진룡 김진만 김진만 김진만 김진만 김진명 김진명 김진모 김진목 김진묵 김진문 김진미 김진미 김진방 김진배 김진배 김진배 김진범 김진본 김진빈 김진산 김진삼 김진석
김진석 김진석 김진석 김진석 김진석 김진석 김진석 김진석 김진석 김진석 김진석 김진석 김진석 김진석 김진석 김진선 김진선 김진선 김진섭 김진섭 김진섭 김진섭 김진섭 김진섭 김진섭 김진섭 김진성 김진성 김진성 김진성 김진성 김진성 김진성
김진성 김진수 김진숙 김진숙
김진숙 김진숙 김진숙 김진숙 김진숙 김진숙 김진숙 김진숙 김진식 김진식 김진식 김진식 김진실 김진아 김진아 김진아 김진아 김진아 김진양 김진양 김진연 김진연 김진열 김진열 김진엽 김진엽 김진엽 김진영 김진영 김진영 김진영
김진영 김진영 김진영 김진영 김진영 김진영 김진영 김진영 김진영 김진영 김진영 김진영 김진오 김진오 김진오 김진오 김진오 김진옥 김진옥 김진옥 김진옥 김진완 김진용 김진용 김진용 김진용 김진용 김진우 김진우 김진우 김진우 김진우 김진우
김진우 김진우 김진우 김진욱 김진욱 김진욱 김진욱 김진웅 김진웅 김진원 김진원 김진원 김진원 김진유 김진은 김진은 김진일 김진재 김진조 김진종 김진주 김진주 김진주 김진주 김진주 김진철 김진철 김진철 김진철 김진철 김진철 김진철 김진철
김진철 김진청 김진태 김진태 김진태 김진태 김진태 김진태 김진태 김진태 김진태 김진태 김진택 김진택 김진평 김진표 김진표 김진표 김진하 김진하 김진학 김진학 김진한 김진한 김진해 김진해 김진헌 김진혁 김진혁 김진현 김진현 김진현 김진현
김진형 김진형 김진형 김진형 김진형 김진형 김진형 김진호 김진호 김진호 김진호 김진호 김진호 김진호 김진호 김진호 김진호 김진호 김진호 김진홍 김진홍 김진홍 김진화 김진화 김진화 김진환 김진환 김진환 김진환
김진환 김진환 김진환 김진황 김진회 김진효 김진효 김진홍 김진희 김진희 김진희 김진희 김진희 김진희 김진희 김진희 김진희 김진희 김진희 김진희 김진희 김진희 김질룡 김쪽지 김차곤 김차균 김차두 김차석 김차순 김차영 김차호 김차환 김찬국
김찬국 김찬기 김찬기 김찬님 김찬돈 김찬동 김찬백 김찬석 김찬수 김찬수 김찬순 김찬식 김찬식 김찬영 김찬용 김찬우 김찬우 김찬욱 김찬웅 김찬자 김찬조 김찬주 김찬중 김찬중 김찬현 김찬호 김찬호 김찬호 김찬호 김찬호 김찬환 김참 김창곤 김창구
김창국 김창국 김창국 김창규 김창규 김창규 김창규 김창규 김창규 김창규 김창규 김창규 김창근 김창근 김창근 김창근 김창근 김창기 김창기 김창길 김창길 김창길 김창남 김창남 김창년 김창대 김창덕 김창덕 김창동 김창득 김창득 김창락 김창란
김창록 김창록 김창룡 김창모 김창모 김창배 김창배 김창배 김창백 김창범 김창범 김창복 김창복 김창상 김창석 김창석 김창선 김창선 김창선 김창섭 김창섭 김창섭 김창수 김창수 김창수 김창수 김창수 김창수 김창수 김창수 김창수
김창수 김창수 김창수 김창수 김창수 김창수 김창수 김창숙 김창순 김창순 김창순 김창승 김창식 김창식 김창식 김창식 김창식 김창식 김창열 김창열 김창영 김창영 김창옥 김창옥 김창옥 김창우 김창우 김창우 김창욱 김창욱 김창욱 김창원
김창원 김창원 김창원 김창원 김창원 김창윤 김창윤 김창인 김창재 김창전 김창조 김창주 김창주 김창준 김창준 김창직 김창진 김창진 김창진 김창진 김창진 김창진 김창태 김창헌 김창현 김창현 김창현 김창현 김창현 김창현 김창호 김창호 김창호 김창호
김창호 김창호 김창호 김창호 김창홍 김창홍 김창화 김창환 김창환 김창회 김창효 김창효 김창후 김창훈 김창훈 김창훈 김창희 김창희 김채록 김채봉 김채석 김채수 김채영 김채옥 김채원 김채중 김채환 김채후 김처록 김천 김천곤 김천규 김천덕 김천득
김천배 김천상 김천석 김천석 김천석 김천수 김천수 김천수 김천식 김천식 김천식 김천식 김천영 김천영 김천영 김천용 김천일 김천주 김천호 김천호 김천환 김천희 김천희 김천희 김철 김철 김철 김철 김철 김철 김철 김철 김철 김철관
김철규 김철규 김철기 김철문 김철민 김철배 김철범 김철분 김철수 김철수 김철수 김철수 김철수 김철수 김철수 김철수 김철수 김철수 김철수 김철수 김철수 김철순 김철승 김철식 김철신 김철영 김철영 김철영 김철오 김철완 김철완 김철용
김철용 김철우 김철우 김철운 김철웅 김철원 김철원 김철주 김철주 김철주 김철중 김철중 김철진 김철한 김철헌 김철형 김철호 김철호 김철호 김철호 김철호 김철홍 김철홍 김철홍 김철홍 김철홍 김철환 김철환 김철훈 김철휘 김철흥 김철희 김철희 김철희
김철희 김철희 김철희 김청 김청경 김청광 김청규 김청룡 김청룡 김청식 김청영 김청용 김청원 김청원 김청자 김청자 김초롱 김초롱 김초옥 김초원 김최해담 김추자 김추자 김춘균 김춘근 김춘근 김춘기 김춘기 김춘기 김춘기 김춘길 김춘덕 김춘동 김춘란
김춘미 김춘미 김춘배 김춘배 김춘복 김춘상 김춘석 김춘석 김춘선 김춘섭 김춘성 김춘성 김춘성 김춘수 김춘수 김춘수 김춘수 김춘식 김춘식 김춘식 김춘식 김춘식 김춘식 김춘심 김춘심 김춘아 김춘안 김춘애 김춘영 김춘영 김춘오 김춘오 김춘옥
김춘옥 김춘자 김춘자 김춘자 김춘자 김춘자 김춘재 김춘종 김춘추 김춘학 김춘호 김춘호 김춘호 김춘호 김춘호 김춘홍 김춘화 김춘환 김춘효 김춘희 김춘희 김춘희 김춘희 김춘희 김출생 김충 김충근 김충기 김충기 김충래 김충래 김충례
김충만 김충문 김충선 김충섭 김충식 김충식 김충식 김충신 김충연 김충열 김충웅 김충의 김충일 김충조 김충한 김충호 김충호 김충환 김충환 김충환 김충환 김충훈 김충희 김측현 김치경 김치관 김치국 김치덕 김치련 김치만 김치만 김치명 김치문
김치민 김치삼 김치성 김치수 김치순 김치열 김치영 김치우 김치웅 김치원 김치위 김치일 김치일 김치재 김치진 김치현 김치호 김치호 김치환 김치훈 김치홍 김치희 김칠수 김칠순 김칠주 김쾌열 김탁 김탁용 김탁정 김탁환 김태 김태갑 김태경
김태경 김태경 김태경 김태경 김태경 김태경 김태경 김태경 김태경 김태경 김태경 김태곤 김태곤 김태곤 김태곤 김태곤 김태구 김태국 김태국 김태군 김태권 김태권 김태권 김태규 김태규 김태규 김태규 김태균 김태균 김태균 김태균 김태균
김태균 김태균 김태균 김태근 김태근 김태기 김태기 김태기 김태기 김태기 김태길 김태년 김태동 김태동 김태랑 김태련 김태룡 김태룡 김태룡 김태명 김태명 김태민 김태민 김태민 김태병 김태복 김태복 김태복 김태봉 김태분 김태봉 김태봉
김태상 김태석 김태석 김태석 김태석 김태석 김태석 김태선 김태선 김태선 김태선 김태선 김태섭 김태성 김태성 김태성 김태성 김태성 김태성 김태성 김태성 김태성 김태성 김태성 김태성 김태수 김태수 김태수 김태수 김태수 김태수 김태수
김태수 김태수 김태수 김태숙 김태숙 김태숙 김태숙 김태순 김태승 김태식 김태식 김태식 김태식 김태신 김태연 김태연 김태연 김태연 김태연 김태연 김태열 김태영 김태영 김태영 김태영 김태영 김태영 김태영 김태영 김태영 김태영 김태영 김태영
김태옥 김태옥 김태옥 김태완 김태완 김태완 김태왕 김태용 김태용 김태우 김태우 김태우 김태우 김태우 김태욱 김태욱 김태운 김태웅 김태웅 김태웅 김태웅 김태웅 김태원 김태원 김태원 김태원 김태원 김태원 김태원 김태원 김태원 김태원 김태웅
김태진 김태진 김태진 김태진 김태진 김태진 김태진 김태진 김태진 김태진 김태창 김태철 김태해 김태평 김태평 김태하 김태하 김태한 김태헌 김태혁 김태헌 김태현
김태현 김태현 김태현 김태현 김태현 김태협 김태형 김태형 김태형 김태형 김태형 김태형 김태형 김태호 김태호 김태호 김태호 김태호 김태호 김태홍 김태홍 김태화 김태화 김태훈 김태환 김태훈 김택구 김택구 김택만 김택성 김택식 김택영 김택주 김택중 김택진 김택진 김택현 김택현 김택환 김택환 김택훈 김택희 김파랑 김판년 김판성 김판수 김판수 김판수
김판수 김판순 김판식 김판욱 김판호 김팔곤 김팔석 김평강 김평검 김평곤 김평기 김평만 김평우 김평철 김평호 김무른솔 김풍기 김풍철 김풍철 김필곤 김필동 김필례 김필선 김필수 김필순 김필식 김필욱 김필원
김필재 김필현 김필화 김필환 김필희 김하경 김하나 김하나 김하늘 김하늘 김하늘 김하늬 김하린 김하림 김하림 김하림 김하수 김하연 김하연 김하영 김하예린 김하봉 김하봉 김하빈 김하빈 김학석 김학선
김학선 김학선 김학섭 김학성 김학성 김학수 김학수 김학수 김학수 김학수 김학수 김학수 김학순 김학숭 김학신 김학연 김학연 김학용 김학원 김학원 김학윤 김학은 김학인 김학재 김학종 김학주 김학준
김학준 김학준 김학중 김학진 김학진 김학진 김학천 김학천 김학천 김학철 김학추 김학태 김학태 김학호 김학호 김한 김한 김한 김한결 김한결 김한결 김한경 김한배 김한배검 김한백 김한별 김한보 김한빛 김한삼 김한섭 김한성 김한구 김한규 김한귀
김한규 김한규 김한규 김한균 김한근 김한기 김한길 김한나 김한나 김한두 김한래 김한림 김한림 김한명 김한모 김한모 김한민 김한민 김한범 김한범 김한별 김한별 김한봉 김한빈 김한빛 김한삼 김한섭 김한성
김한성 김한성 김한성 김한세 김한솔 김한솔 김한솔 김한솔 김한솔 김한수 김한수 김한수 김한수 김한수 김한수 김한숙 김한양 김한얼 김한얼 김한용 김한욱 김한욱 김한울 김한울 김한윤 김한일

김한종 김한종 김한종 김한주 김한주 김한주 김한준 김한준 김한철 김한천 김한철 김한태 김한호 김한호 김합기 김항림 김항섭 김항섭 김항수 김항순 김항용 김항용 김항제 김항종 김해경 김해경 김해경 김해곤 김해규 김해남 김해남
김해누리 김해동 김해동 김해두 김해두 김해련 김해룡 김해룡 김해만 김해명 김해봉 김해석 김해석 김해선 김해성 김해솔 김해수 김해수 김해수 김해숙 김해숙 김해숙 김해숙 김해연 김해연 김해영 김해영 김해옹 김해원
김해자 김해자 김해정 김해정 김해정 김해중 김해진 김해철 김해출 김해곤 김행기 김행련 김행례 김행석 김행선 김행선 김행숙 김행신 김행애 김행연 김행원 김행인 김행일 김행일 김행자 김행건 김항희 김항녀 김항님
김항득 김항란 김항란 김항미 김항미 김항미 김항미 김항숙 김항숙 김항수 김항순 김항순 김항식 김항신 김항연 김항연 김행은 김항종 김항중 김항희 김항희 김허경 김허남
김한국 김현 김현가 김현겸 김현겸 김현겸 김현경 김현경 김현란 김현구 김현국 김현권 김현규 김현규 김현균 김현기 김현기 김현기 김현기 김현길 김현나 김현대 김현대 김현덕 김현돈 김현동
김현석 김현득 김현룡 김현룡 김현선 김현섭 김현섭 김현성 김현성 김현성 김현묵 김현미 김현미 김현수 김현수 김현수 김현수 김현수 김현수 김현수 김현배 김현배 김현빈 김현빈 김현산 김현상 김현석 김현석 김현석
김현 김현 김현 김현 김현석 김현숙
김현애 김현양 김현양 김현양 김현영 김현영 김현영 김현영 김현오 김현오 김현오 김현시 김현식 김현식 김현식 김현식 김현식 김현용 김현용 김현용 김현우 김현우 김현실 김현심 김현아 김현애 김현애 김현욱 김현이
김현익 김현일 김현자 김현자 김현자 김현자 김현자 김현장 김현재 김현재 김현재 김현정 김현정 김현정 김현정 김현정 김현정 김현정 김현정 김현정 김현종 김현종 김현종 김현주
김현진 김현진 김현진 김현진 김현진 김현진 김현창 김현철 김현철 김현철 김현철 김현철 김현철 김현준 김현중 김현칠 김현태 김현태 김현태 김현판 김현팔 김현호 김현호 김현호 김현호 김현후 김현희
김현희 김현희 김현희 김혈조 김형 김형건 김형경 김형곤 김형곤 김형곤 김형곤 김형곤 김형곤 김형곤 김형관 김형관 김형광 김형구 김형구 김형국 김형국 김형국 김형권 김형규 김형규
김형규 김형규 김형균 김형균 김형균 김형근 김형근 김형기 김형대 김형돈 김형돈 김형동 김형두
김형래 김형래 김형렬 김형렬 김형렬 김형례 김형로 김형록 김형록 김형림 김형만 김형모 김형목 김형문 김형미 김형민 김형민 김형민 김형배 김형범 김형복 김형봉 김형상 김형석 김형석 김형석 김형순
김형석 김형석 김형선 김형선 김형선 김형섭 김형섭 김형수 김형록 김형만 김형모 김형수 김형수 김형수 김형수 김형수 김형수 김형순 김형숙 김형숙 김형숙 김형순
김형자 김형진 김형재 김형재 김형조 김형종 김형주 김형주 김형주 김형주 김형주 김형주 김형주 김형준 김형준 김형준 김형준 김형준 김형준 김형준 김형준 김형진 김형진 김형진
김형진 김형진 김형진 김형진 김형택 김형집 김형찬 김형채 김형천 김형철 김형철 김형철 김형철 김형철 김형철 김형탁 김형태 김형태 김형태 김형태
김혜경 김혜경 김혜경 김혜경 김혜경 김혜경 김혜경 김혜경 김혜경 김혜경 김혜경 김혜경 김혜경 김혜경 김혜경 김혜군 김혜나 김혜남 김혜녕 김혜련 김혜란 김혜란 김혜란 김혜숙
김혜랑 김혜련 김혜련 김혜련 김혜련 김혜련 김혜령 김혜리 김혜린 김혜림 김혜선 김혜선 김혜선 김혜선 김혜성 김혜성 김혜수 김혜숙 김혜숙 김혜숙 김혜숙 김혜숙 김혜숙
김혜순 김혜연 김혜연 김혜인 김혜임 김혜자 김혜자 김혜전 김혜정 김혜정 김혜정 김혜영 김혜영 김혜영 김혜영 김혜영 김혜오 김혜옥
김혜주 김혜주 김혜주 김혜준 김혜진 김혜진 김혜진 김혜진 김혜진 김혜형 김혜화 김호걸 김호경 김호곤 김호곤 김호곤 김호권 김호근 김호근 김호근 김호기 김호길 김호길 김호남 김호동 김호동 김호동 김호룡
김호배 김호범 김호석 김호성 김호성 김호순 김호식 김호식 김호연 김호열 김호임 김호재 김호정 김호준 김호중 김호중 김호중 김호진 김호진 김호진 김호진
김호천 김호철 김호철 김호철 김호현 김호환 김홍 김홍곤 김홍관 김홍구 김홍국 김홍국 김홍국 김홍권 김홍규 김홍규 김홍빈 김홍빈 김홍삼 김홍삼 김홍석 김홍석 김홍섭 김홍섭
김홍덕 김홍두 김홍두 김홍수 김홍식 김홍열 김홍식 김홍신 김홍연 김홍열 김홍영 김홍완 김홍용 김홍운 김홍유 김홍윤 김홍율 김홍이 김홍인 김홍일 김홍자 김홍재 김홍정 김홍주
김홍주 김홍주 김홍준 김홍준 김홍준 김홍진 김홍진 김홍창 김홍철 김홍철 김화 김화수 김화순 김화수 김화영 김화영 김화옥
김화영 김화영 김화옥 김화인 김화일 김화자 김화자 김화자 김화자 김화주 김화종 김화태 김화홍 김환 김환 김환균 김환규 김환동 김환룡 김환석 김환석 김환식 김환식 김환영 김환용 김환주 김환중
김환진 김황래 김황록 김황배 김황조 김황중 김황진 김회경 김회란 김회선 김회선 김회숙 김회연 김회은 김회진 김회철 김효현 김효겸 김효경 김효경 김효곤 김효구 김효근 김효남 김효남 김효년 김효돈
김효동 김효동 김효례 김효문 김효윤 김효원 김효원 김효원 김효범 김효은 김효일 김효자 김효자 김효정 김효정 김효정 김효정 김효정 김효종 김효종 김효진 김효진 김효창 김효철 김효현
김효현 김후기 김후식 김후원 김후자 김후자 김후회 김훈 김훈 김훈 김훈 김훈 김훈 김훈 김훈 김훈기 김훈배 김훈석 김훈식 김훈언 김훈재 김훈준 김훈태 김훤태 김훤규 김훤관 김휘대 김휘봉 김휘석 김휘열 김휘일
김휘정 김휘중 김휘원 김휘희 김훈원 김훈윤 김훈진 김훈태 김훈태 김희 김희 김희강 김희겸 김희경 김희경 김희경 김희경 김희경 김희경 김희곤 김희곤 김희광 김희국 김희국 김희국 김희균
김희균 김희근 김희근 김희남 김희남 김희달 김희대 김희덕 김희도 김희도 김희동 김희동 김희동 김희락 김희리 김희만 김희문 김희민 김희방 김희범 김희복 김희복 김희봉 김희봉 김희산 김희상 김희상 김희상 김희석 김희석 김희선 김희선 김희선
김희숙 김희선 김희선 김희선 김희선 김희선 김희선 김희성 김희성 김희성 김희성 김희성 김희성 김희수 김희수 김희수 김희수 김희수 김희수 김희수 김희수 김희수 김희수 김희숙 김희숙 김희숙 김희숙 김희숙 김희숙 김희숙 김희숙
김희숙 김희숙 김희숙 김희순 김희순 김희순 김희순 김희순 김희술 김희식 김희식 김희안 김희애 김희연 김희연 김희연 김희연 김희열 김희영 김희영 김희영 김희영 김희영 김희영 김희옥 김희옥 김희용 김희용 김희용 김희우 김희욱 김희원 김희원
김희윤 김희윤 김희은 김희인 김희일 김희자 김희자 김희자 김희자 김희자 김희재 김희재 김희전 김희정 김희정 김희정 김희정 김희정 김희정 김희정 김희정 김희정 김희정 김희정 김희정 김희정 김희정 김희제 김희종 김희종 김희주 김희준
김희준 김희준 김희준 김희중 김희중 김희중 김희중 김희진 김희진 김희진 김희진 김희진 김희진 김희철 김희철 김희철 김희철 김희칠 김희태 김희태 김희태 김희태 김희택 김희항 김희현 김희환 김희훈 꿈나무들 나강수 나강엽
나경민 나경석 나경선 나경수 나경열 나경운 나경원 나경원 나경임 나경자 나경자 나경주 나경찬 나경찬 나경호 나계동 나광식 나광채 나광채 나규삼 나규영 나근일 나금상 나금숙 나금인 나기년 나기송 나기열 나기영 나기정 나기태 나기환 나기회
나길자 나난주 나난희 나남석 나달수 나대용 나대웅 나대웅 나대한 나덕길 나덕송 나도명 나도성 나도은 나동관 나동규 나동집 나동환 나득녕 나득문 나명숙 나명숙 나명순 나명순 나문찬 나미숙 나미연 나미영 나민주 나백주 나병덕
나병문 나병민 나병선 나병수 나병숙 나병식 나병영 나병인 나병찬 나병채 나병필 나병현 나복주 나복주 나봉수 나봉희 나상기 나상남 나상덕 나상수 나상억 나상열 나상엽 나상용 나상일 나상일 나상조 나상진 나상채 나상철 나상학 나상희 나석규
나석종 나석주 나선미 나선숙 나선순 나선영 나선희 나성 나성길 나성대 나성숙 나성신 나성웅 나성자 나성주 나성환 나세권 나수동 나수용 나수희 나숙 나숙 나숙임 나숙희 나순애 나순일 나순형 나승량 나승렬 나승렬 나승만 나승만 나승배 나승옥
나승인 나승철 나승철 나승태 나승학 나승훈 나승흠 나신영 나신택 나신하 나신환 나애숙 나애자 나양균 나양일 나연수 나영 나영균 나영란 나영미 나영미 나영미 나영민 나영배 나영석 나영섭 나영성 나영숙 나영애 나영애 나영자 나영정 나영주 나영주
나영준 나영지 나영찬 나영철 나영헌 나영환 나예균 나옥균 나옥성 나옥실 나온석 나용대 나용만 나용욱 나용원 나용찬 나용천 나용철 나용화 나용환 나원돈 나윤경 나윤숙 나윤희 나윤희 나은선 나은솔 나은아 나은주 나은희 나은희 나이옥 나이화 나익주
나인강 나인선 나인수 나인숙 나인식 나인찬 나인태 나인효 나일두 나일성 나일평 나자흠 나장균 나재경 나재경 나재은 나재후 나재훈 나재훈 나점숙 나정덕 나정숙 나정아 나정애 나정인 나정임 나정주 나정준 나정호 나정훈 나정희 나종 나종구 나종국
나종근 나종련 나종문 나종순 나종심 나종영 나종영 나종욱 나종운 나종웅 나종일 나종필 나종필 나종현 나종화 나종희 나주 나주석 나준식 나준영 나준호 나중헌 나지영 나진국 나진숙 나진숙 나진원 나진주 나창훈 나채선 나채우 나채인 나철균 나철상
나철상 나철성 나청용 나충주 나칠균 나택균 나평주 나필녀 나필주 나하린 나한선 나한아 나한엽 나한충 나해건 나해석 나해철 나핵집 나행주 나현금 나현덕 나현봉 나현석 나현숙 나현숙 나현숙 나현영 나현종 나현주 나현철 나형남 나형수 나혜선 나혜섭
나혜영 나혜영 나호민 나호빈 나호원 나호일 나홍대 나홍식 나홍희 나환기 나환철 나효성 나효진 나효희 나희덕 나희라 나희원 남강민 남건우 남경국 남경만 남경봉 남경분 남경수 남경식 남경옥 남경우 남경원 남경현 남경혜 남경호 남경희 남경희 남계환
남공희 남관수 남관숙 남관희 남광식 남광우 남광우 남국희 남궁 봄 남궁결 남궁경 남궁경 남궁계숙 남궁기숙 남궁길 남궁록 남궁명 남궁복희 남궁봉일 남궁선 남궁솔 남궁숙 남궁순철 남궁승태 남궁연 남궁옥 남궁옥 남궁옥화 남궁재성 남궁종 남궁주여
남궁증 남궁혁 남궁호경 남궁환 남궁효 남규수 남규영 남규호 남금례 남기국 남기덕 남기민 남기복 남기상 남기섭 남기섭 남기심 남기열 남기열 남기영 남기윤 남기정 남기창 남기천 남기철 남기철 남기탁 남기학 남기현 남기호 남기홍 남대우 남대현
남대호 남덕기 남덕순 남덕우 남도희 남동우 남동우 남동철 남동현 남만자 남명숙 남명우 남명우 남명우 남명철 남명현 남명희 남명희 남문숙 남문승 남미경 남미경 남미숙 남미영 남미정 남미희 남민식 남민지 남민혜 남병설 남병언 남복여 남복현 남봉우
남봉주 남부원 남상간 남상구 남상규 남상길 남상길 남상덕 남상민 남상숙 남상열 남상용 남상우 남상윤 남상은 남상이 남상일 남상조 남상조 남상종 남상준 남상철 남상필 남상현 남상환 남상후 남상훈 남상희 남석균 남석기 남석우 남석찬 남선경 남선영
남선우 남선자 남설희 남성룡 남성식 남성자 남성주 남성진 남성철 남성호 남소연 남수강 남수동 남수용 남수중 남수찬 남숙자 남숙희 남순걸 남순연 남순호 남순호 남순희 남승열 남승우 남승우 남승우 남승찬 남승한 남승헌 남승현 남시익 남애리 남양우
남양원 남언식 남여진 남연원 남영기 남영미 남영미 남영선 남영수 남영수 남영수 남영숙 남영우 남영우 남영이 남영자 남영자 남영진 남영창 남영필 남영현 남영호 남예은 남완석 남외경 남요상 남요현 남용탁 남용택 남용현 남용희 남우현 남웅 남웅기
남원우 남원직 남유석 남유선 남유진 남유철 남윤덕 남윤호 남윤호 남은숙 남은숙 남은순 남은영 남은주 남의수 남의천 남의철 남인숙 남인숙 남인열 남인용 남인호 남일 남일순 남일호 남장석 남장우 남장천 남장현 남재균 남재복 남재봉 남재술 남재희
남정경 남정근 남정녀 남정선 남정섭 남정숙 남정숙 남정여 남정영 남정우 남정운 남정윤 남정주 남정준 남정천 남정현 남정현 남정호 남정홍 남정훈 남정휴 남정희 남정희 남정희 남종갑 남종길 남종순 남종우 남종철 남종철 남종태 남종현 남종현 남종훈
남주숭 남준 남준현 남중우 남중현 남지대 남지영 남지원 남지유 남지화 남지희 남진애 남진우 남진희 남창우 남창우 남창우 남창임 남창주 남창현 남창환 남천우 남철희 남춘호 남치우 남탁 남태우 남태호 남택규 남판우 남필모 남하연 남하은 남한일
남한준 남해영 남해온 남해용 남행우 남행희 남헌일 남혁우 남혁우 남현수 남현아 남현영 남현우 남현찬 남형진 남혜경 남혜란 남혜리 남혜숙 남혜숙 남혜옥 남혜우 남호섭 남호정 남호태 남호환 남홍진 남효 남효극 남효극 남효길 남훈 남훈조 남홍석
남흥인 남희봉 남희섭 남희순 남희우 남희택 내종석 내준규 노갑성 노갑연 노강자 노강호 노건국 노경규 노경래 노경복 노경수 노경숙 노경숙 노경숙 노경숙 노경식 노경실 노경애 노경준 노경채 노경현 노경호 노경희 노경희 노관숙 노광 노광수 노광춘
노광헌 노광현 노광현 노광호 노구연 노국래 노군석 노권우 노귀남 노귀남 노귀환 노규명 노규성 노규식 노근철 노금숙 노금희 노기덕 노기란 노기서 노길순 노길호 노남호 노다솔 노대권 노대섭 노대준 노덕수 노도영 노동규 노동두 노동범 노동석 노동섭
노동은 노동준 노동진 노동진 노동팔 노동환 노동훈 노두리 노락균 노만택 노맹호 노맹희 노명남 노명숙 노명식 노명철 노명한 노명환 노명희 노무라 노무현 노문부 노미경 노미숙 노미숙 노미애 노미희 노민영 노민우 노민호 노병곤 노병관 노병구 노병근
노병기 노병년 노병락 노병석 노병숙 노병일 노병춘 노병현 노보용 노복심 노복희 노봉국 노봉남 노봉덕 노삼규 노상구 노상길 노상도 노상수 노상우 노상우 노상윤 노상종 노상채 노상호 노상호 노상환 노상훈 노서경 노석균 노석지 노석채 노석헌 노성기
노성기 노성대 노성배 노성숙 노성인 노성진 노성태 노성태 노성현 노성환 노성환 노세극 노세우 노세웅 노소예 노송선 노수근 노수범 노수산 노수상 노수업 노수용 노수원 노수홍 노수환 노숙령 노숙영 노숙희 노순복 노순선 노순자 노순자 노순채 노순해
노순화 노슬미 노슬찬 노승권 노승권 노승대 노승석 노승요 노승우 노승현 노승휴 노승희 노시원 노아름 노안숙 노양 노양근 노양현 노연숙 노연옥 노연준 노연창 노영근 노영기 노영기 노영난 노영란 노영렬 노영민 노영빈 노영상 노영서 노영숙 노영순
노영순 노영옥 노영우 노영임 노영임 노영재 노영재 노영주 노영철 노영철 노영철 노영호 노영호 노영호 노영화 노영훈 노영희 노영희 노예슬 노옥균 노왕숙 노용규 노용덕 노용상 노용수 노용숙 노용진 노용현 노우영 노웅희 노원식 노원자 노원호
노원희 노윤갑 노윤경 노윤기 노윤래 노윤숙 노윤영 노은 노은경 노은경 노은숙 노은호 노은희 노은희 노을숙 노응석 노응욱 노의철 노익균 노인경 노인숙 노인숙 노인영 노인영 노인영 노인자 노인철 노인하 노인호 노인환 노일석 노일환 노재경 노재규
노재규 노재규 노재무 노재성 노재성 노재숙 노재신 노재업 노재요 노재우 노재우 노재현 노재현 노재호 노재환 노점순 노점순 노점순 노점용 노점환 노정규 노정길 노정란 노정란 노정란 노정민 노정선 노정숙 노정순 노정애 노정웅 노정현 노정현 노정혜
노정희 노종령 노종숙 노종운 노종일 노종필 노종호 노종화 노주석 노주운 노주형 노주형 노준래 노준량 노준서 노준숙 노준영 노준웅 노준형 노준호 노중택 노지상 노지영 노지원 노지향 노진국 노진민 노진백 노진상 노진성 노진용 노진환 노집호 노찬규
노찬백 노찬종 노창근 노채균 노철균 노철영 노철웅 노철화 노철환 노청래 노춘만 노춘이 노충환 노충환 노태근 노태돈 노태선 노태숙 노태식 노태웅 노태천 노태평 노태호 노택식 노푸른 노필현 노하늬 노하린 노하은 노학동 노한길 노한울 노행길 노행식
노향기 노향숙 노혁인 노현수 노현숙 노현숙 노현아 노현우 노현재 노현주 노현지 노현필 노형권 노형근 노형석 노형섭 노형주 노형주 노형진 노형희 노혜경 노혜경 노혜경 노혜미 노혜빈 노혜숙 노혜숙 노혜숙 노혜원 노혜윤 노혜정 노홍규 노홍만 노홍배
노홍식 노화란 노화순 노환성 노환춘 노회숙 노후강 노후상 노후성 노훈구 노흥성 노흥수 노희관 노희권 노희덕 노희석 노희엽 노희재 노희정 노희주 노희철 녹십자외과의원 농협서울대 다람 단윤철 단정숙 단정옥 당병걸 당병호 당옥주 대부 대전대학교
대한제지(주) 대한항공조합 도건영 도건협 도경근 도경선 도경수 도경재 도경호 도광오 도기문 도기준 도남희 도덕재 도리천 도명숙 도미자 도민숙 도법 도병권 도삼주 도상묵 도상희 도성국 도성용 도성웅 도성훈 도세영 도수현 도숙희 도순이 도영락
도영봉 도영희 도예리 도용욱 도용준 도우리 도우희 도원호 도의경 도장식 도재원 도재형 도재형 도정애 도정일 도정호 도정회 도종호 도종환 도준순 도중원 도진광 도진기 도진순 도진시 도진식 도진헌 도태현 도한솔 도혁택 도현경 도현기 도현영 도현오
도현철 도형오 도호기 도호영 도화준 도환준 도효숙 도효진 도희근 도희령 돈연 돌타래 동경희 동근 동근정 동대구 동무 동민재 동상대 동서증권 동선희 동소연 동영애 동용철 동은철 동의산업 동인숙 동재건 동정숙 동준모 동창숙 동창순 동효관 동희천
두시영 두암동 두연수 두진옥 두창희 두치신 두호경 등촌동 라기옥 라도현 라동영 라득수 라문수 라미경 라민숙 라민웅 라방인 라병국 라병국 라병금 라병산 라병수 라병운 라병준 라상균 라성열 라숙자 라승호 라승홍 라영완 라영호 라영환 라예택 라옥환
라원상 라위진 라익 라인복 라인호 라정수 라제수 라종연 라종오 라지인 라지훈 라춘수 라태연 라형수 라형용 라화열 라희찬 랑효정 려종동 류강하 류강현 류건열 류건주 류경국 류경기 류경란 류경렬 류경렬 류경민 류경수 류경수 류경숙 류경자 류경진
류경태 류경호 류경호 류경희 류계라 류계숙 류계심 류계형 류관현 류광선 류광열 류광후 류광회 류국현 류국현 류권주 류권호 류귀석 류귀정 류근규 류근란 류근랑 류근배 류근성 류근수 류근순 류근재 류근태 류근호 류근화 류금자 류금희 류기범
류기생 류기선 류기영 류기원 류기준 류기헌 류기현 류기현 류기호 류길신 류길하 류낙원 류대영 류덕선 류덕제 류도열 류도영 류도재 류동근 류동숙 류동현 류동효 류림 류만근 류만복 류만영 류명석 류명숙 류명순 류명한 류명회 류명희 류모아 류문상
류문옥 류문찬 류미라 류미영 류미호 류민상 류민호 류방열 류방현 류방호 류범렬 류범영 류병윤 류병조 류병희 류보람 류보일 류복성 류봉석 류봉수 류봉열 류봉현 류빛나 류사혁 류삼모 류상기 류상명 류상용 류상호 류새롬 류석근 류석일 류석진 류석현
류선 류선양 류성 류성곤 류성렬 류성민 류성복 류성수 류성수 류성원 류성자 류성주 류성춘 류성하 류성호 류성호 류성희 류세열 류소영 류소정 류솔이 류수 류수경 류수열 류수영 류수영 류숙경 류숙자 류숙희 류순 류순늠 류승구 류승덕 류승번 류승철
류승하 류승현 류승현 류승호 류승희 류시관 류시근 류시벽 류시봉 류시숙 류시열 류시영 류시탁 류시현 류신환 류아롬 류애자 류양선 류언근 류연왕 류연웅 류연의 류연창 류영건 류영기 류영수 류영신 류영안 류영애 류영열 류영용 류영일 류영희 류예동
류오희 류옥경 류옥석 류옥현 류왕성 류요선 류용규 류용식 류우태 류운선 류웅석 류원정 류원하 류원희 류유순 류유현 류윤곡 류윤기 류유한 류용덕 류은경 류은선 류은열 류은정 류은주 류은주 류은지 류이금 류인 류인국 류인미 류인범 류인석 류인성
류인수 류인수 류인수 류인승 류인오 류인왕 류인철 류인표 류인호 류인희 류일석 류일형 류장우 류재걸 류재걸 류재관 류재국 류재균 류재근 류재덕 류재동 류재만 류재선 류재수 류재영 류재영 류재욱 류재원 류재윤 류재은 류재정 류재정 류재준 류재찬
류재철 류재한 류재헌 류재혁 류재홍 류재화 류재훈 류재훈 류재훈 류재희 류전규 류점순 류정기 류정동 류정란 류정선 류정수 류정수 류정숙 류정우 류정은 류정이 류제경 류제연 류제옥 류제우 류제욱 류제은 류제창 류제철 류제하 류제호 류제훈
류제홍 류종길 류종렬 류종서 류종성 류종실 류종열 류종원 류종필 류종하 류종형 류종희 류주연 류주현 류주형 류준길 류준선 류준세 류준철 류준현 류중군 류중록 류중식 류지남 류지순 류지우 류지원 류지은 류지철 류지철 류지한 류지한 류지현 류지형
류지형 류지회 류진 류진곤 류진국 류진상 류진숙 류진창 류진평 류차열 류창교 류창남 류창렬 류창수 류창열 류창열 류창우 류창표 류창현 류천근 류천형 류철 류청곡 류춘 류춘석 류춘수 류춘영 류충렬 류치문 류태선 류태성 류태욱 류태욱 류태운
류태헌 류학선 류학열 류학열 류한수 류한승 류한승 류한영 류한욱 류한호 류해균 류해근 류해남 류해동 류해조 류해종 류해철 류혁상 류현경 류현동 류현미 류현석 류현선 류현숙 류현우 류현진 류형기 류형렬 류혜경 류혜숙 류혜은 류혜정 류혜정 류호권
류호삼 류호상 류호성 류호성 류호식 류호진 류호택 류호현 류홍모 류홍번 류홍연 류홍열 류홍진 류환선 류효관 류효상 류효상 류효현 류훈 류훈 류훈영 류훈호 류흥길 류흥석 류희석 류희원 리강락 리기정 리병도 리병용 리병재 리병채 리붕기 리승보
리신호 리여중 리영종 리영희 리우주 리유철 리은희 리은희 리재웅 리정명 리정필 리한주 림구호 림병길 림성만 림일수 림홍택 마가희 마경렬 마경임 마경희 마광남 마귀임 마기영 마길태 마도창 마동욱 마동현 마명락 마상룡 마상열 마상운 마상철 마석렬
마훈 만희 맹경순 맹경자 맹금복 맹금자 맹기성 맹기옥 맹기호 맹길남 맹명옥 맹미경 맹민우 맹보배 맹보섭 맹삼호 맹석철 맹선재 맹성근 맹성민 맹성아 맹성준 맹성호 맹애영 맹양호 맹영숙 맹영진 맹완재 맹윤경 맹은순 맹은주 맹일호 맹정규 맹정옥
맹주옥 맹주호 맹지윤 맹진아 맹진재 맹창호 맹충조 맹태호 맹한결 맹한호 맹행일 맹현영 맹형재 맹호영 명경희 명광덕 명노근 명노근 명노설 명노수 명노욱 명노을 명병열 명병철 명석주 명성순 명수연 명순숙 명순영 명순우 명안창 명영희 명운화 명원길
명인숙 명재훈 명전일 명점호 명정기 명제근 명진 명철규 명한성 명현성 명형대 명효진 명훈 모명숙 모상선 모상송 모상우 모성룡 모성용 모수재 모시내 모영환 모욱빈 모은하 모인규 모임득 모정근 모정숙 모정신 모정호 모종탁 모종혁 모창환 모철수

모태일 모태준 모한종 목경래 목광균 목길수 목명균 목부균 목수현 목양교회 목영주 목우 목원대학교 목윤애 목은균 목일균 목정균 목정희 목진섭 목진수 목진영 목진주 목진홍 목효주 무명1 무명2 무상 묵현상 문가영 문갑석 문갑수 문강 문강민 문건식
문건영 문겨레 문경달 문경대 문경란 문경미 문경미 문경섭 문경수 문경수 문경식 문경옥 문경자 문경태 문경헌 문경호 문경환 문경회 문경희 문계숙 문계진 문곤수 문관식 문관욱 문광균 문광립 문광범 문광순 문광제 문광필 문광호 문교선 문교정 문구
문국상 문국주 문국희 문귀순 문근아 문근영 문금란 문기 문기복 문기석 문기석 문기수 문기영 문기찬 문기창 문기호 문길연 문길원 문남영 문남주 문대길 문대성 문대영 문대탄 문대호 문덕주 문도식 문도화 문동관 문동기 문동민 문동식 문동옥 문동진
문동팔 문동현 문동환 문동회 문두영 문만수 문만호 문말숙 문명근 문명기 문명남 문명식 문명식 문명신 문명진 문명호 문명화 문명회 문무권 문무병 문문수 문미경 문미란 문미란 문미선 문미순 문미영 문미옥 문미자 문미향 문미훈 문민 문민석 문배연
문백기 문백섭 문병국 문병권 문병권 문병근 문병근 문병기 문병대 문병량 문병렬 문병석 문병선 문병선 문병성 문병수 문병순 문병영 문병완 문병용 문병우 문병운 문병원 문병원 문병준 문병채 문병철 문병철 문병하 문병혁 문병현 문병호 문병호 문병호
문병회 문병후 문보미 문보영 문복주 문봉기 문봉현 문봉희 문부생 문사라 문산 문산고 문상기 문상미 문상인 문상범 문상열 문상오 문상옥 문상원 문상의 문상인 문상철 문상태 문상태 문상필 문상혁 문상혁 문상호 문상훈 문상훈 문새록 문샛별 문서진
문서진 문석 문석 문석기 문석준 문석천 문선곤 문선례 문선모 문선식 문선옥 문선우 문선이 문선재 문선정 문선화 문선환 문선희 문선희 문선희 문성경 문성권 문성규 문성근 문성근 문성근 문성대 문성례 문성목 문성배 문성범 문성삼 문성수 문성숙 문성식
문성식 문성업 문성연 문성열 문성열 문성옥 문성원 문성윤 문성일 문성주 문성준 문성준 문성진 문성진 문성철 문성학 문성혁 문성현 문성현 문성현 문성호 문성호 문성호 문성호 문성환 문성환 문성효 문성훈 문세경 문세관 문세균 문세기 문세린 문세진 문세현
문소리 문소영 문송천 문수경 문수미 문수복 문수연 문수영 문수원 문수정 문수정 문수천 문숙인 문숙자 문순덕 문순영 문순용 문순자 문순찬 문순태 문순홍 문승기 문승길 문승만 문승석 문승섭 문승수 문승욱 문승준 문승준 문승태 문승현 문승현 문승호
문승회 문식 문신유 문써레 문아람 문아람 문애님 문애란 문애순 문양숙 문양주 문연희 문영곤 문영관 문영권 문영규 문영기 문영길 문영길 문영길 문영님 문영대 문영덕 문영덕 문영란 문영란 문영록 문영만 문영미 문영배 문영백 문영산 문영서 문영석 문영석
문영선 문영수 문영숙 문영숙 문영순 문영식 문영신 문영아 문영애 문영완 문영은 문영일 문영주 문영준 문영태 문영태 문영헌 문영혜 문영혜 문영호 문영호 문영호 문영회 문영회 문예원 문오주 문옥륜 문옥선 문옥순 문옥회 문옥회 문요한 문요희 문용관
문용식 문용식 문용재 문용주 문용철 문용포 문우경 문우환 문욱주 문웅 문웅기 문웅대 문원 문원길 문원자 문원주 문월식 문유미 문유미 문유진 문유찬 문유휘 문유희 문윤근 문윤령 문윤창 문윤희 문은숙 문은식 문은심 문은주 문은희 문은희 문은희 문은희
문음전 문응상 문의근 문익수 문익철 문익환 문인걸 문인곤 문인곤 문인숙 문인숙 문인용 문인자 문인철 문일 문일석 문일지 문임순 문장길 문장두 문장석 문장선 문장식 문장익 문장환 문장희 문재삼 문재상 문재승 문재식 문재영 문재용 문재욱 문재원
문정곤 문정광 문정광 문정료 문정섭 문정우 문정숙 문정숙 문정식 문정식 문정이 문정이 문정오 문정옥 문정임 문정주 문정하 문정현 문정현 문정채 문정춘 문정호 문정호 문정환 문정후 문정희 문정희
문정희 문정회 문정회 문제회 문제래 문제범 문제안 문제현 문종국 문종근 문종근 문종기 문종대 문종대 문종붕 문종만 문종배 문종석 문종석 문종원 문종원 문종이 문종일 문종일 문종재 문종철 문종희 문종호 문종환 문종환 문주구 문주섭
문준규 문준숙 문준연 문준영 문준용 문준철 문준호 문중길 문지민 문지민 문지숙 문지장 문지중 문진산 문진석 문진석 문진탁 문진희 문진희 문찬희 문천일 문천경 문창오 문찬율
문창식 문창욱 문창호 문창환 문채식 문채현 문천곤 문철 문철 문철식 문철일 문철영 문철호 문춘봉 문춘시 문춘혜 문춘길 문춘배 문춘서 문춘식 문치국 문치완 문치원 문치현 문태광 문태석 문태섭 문태순 문태순 문태식
문태영 문태내 문태중 문태현 문태화 문판수 문평래 문명원 문명후 문포실 문필녀 문하림 문하욱 문학기 문학인 문학진 문학샘 문학솔 문학식 문학용 문학울 문해숙 문햇나라 문향민 문현주 문혁 문현복 문현석 문현수 문현수 문현숙 문현오 문현웅 문현영
문현정 문현태 문현회 문형관 문형기 문형렬 문형만 문형석 문형수 문형수 문형숙 문형영 문형재 문형주 문형채 문형회 문호영 문혜경 문혜림 문혜미 문혜숙 문혜신 문화로 문화룡 문화훈 문화정 문화영 문환규 문환이 문회숙 문회식 문회선
문효숙 문효춘 문훈기 문훈식 문흥덕 문흥래 문흥수 문흥호 문흥희 문흥신 문희경 문희숙 문희정 문희숙 문희진 문효숙 문회자 문회순 문회숙 문회선 문회오 문회정 문회경 문회희 문회숙 문회순 문회욱
문화자 문화준 문화중 문회철 민건식 민경구 민경국 민경국 민경구 민경대 민경란 민경란 민경일 민경리 민경상 민경수 민경석 민경선 민경설 민경수 민경숙 민경순 민경식 민경식 민경아 민경애 민경영 민경우 민경의
민경일 민경자 민경조 민경주 민경준 민경진 민경찬 민경창 민경철 민경춘 민경한 민경혜 민경화 민경환 민경휘 민경희 민경희 민관식 민규식 민기봉 민기홍 민남수 민도숙 민도철 민동기 민동기 민동식
민동실 민동조 민동철 민득영 민득영 민듬광 민마교 민묘근 민미경 민미란 민미옥 민미황 민미향 민민갑 민병국 민병규 민병규 민병길 민병락 민병렬 민병록 민병범 민병석 민병선 민병순 민병수 민병욱 민병우 민병인 민병식
민병석 민병선 민병숙 민병수 민병수 민병숙 민병옥 민병옥 민병원 민병일 민병렬 민병조 민병주 민병준 민병진 민병집 민병태 민병택 민병하 민병혁 민병현 민병훈 민보람 민복기 민남홍 민상규
민상기 민상기 민상기 민상기 민상기 민상준 민상홍 민새얼 민석규 민석옥 민선재 민선식 민선희 민성원 민성자 민성식 민성환 민성욱 민세훈 민세희 민소영 민솔 민수영 민수옥 민수현 민숙기 민숙기 민숙례 민숙애 민숙현 민숙원 민숙훈
민순규 민순희 민연숙 민연화 민연숙 민옥경 민옥선 민영곤 민영관 민영구 민영기 민영목 민영식 민영순 민명환 민일봉 민우규 민유주 민유순 민유준 민인오 민인수 민인주 민은주 민은호 민은화 민은하 민은혁 민인주 민인선 민지식
민지연 민지영 민지훤 민지현 민지호 민지환 민진기 민진옥 민진용 민진홍 민찬기 민창숙 민천기 민철기 민철희 민청옥 민충근 민치범 민치순 민태근 민태옥 민태식 민해료 민향숙 민현석 민현수 민현식 민현주 민형국 민형기 민형남 민형애
민형순 민해영 민혜련 민호겸 민호균 민화리 민화순 민갑순 민갑수 민갑균 민갑규 민갑태 민강이 민강인 민강석 민강익 민강호 민강석 민개균 민경래 민경화 민경석 민경수 민경진 민경운 민경덕 민경옥 민경태 민경희
박강덕 박강호 박강훈 박강휘 박강희 박가용 박건 박건 박건 박건 박건규 박건민 박건섭 박건연 박건오 박건용 박건우 박건원 박건준 박건철 박건근 박건태 박건필 박건형 박건호 박건초 박건초 박겨레 박건화 박검수 박경 박경 박경 박경구 박경국
박경내 박경념 박경복 박경북 박경범 박경빈 박경삼 박경상 박경순 박경순 박경식 박경식 박경식 박경신 박경심 박경아 박경애 박경애 박경열 박경엽 박경옥 박경옥 박경옥 박경옥 박경원 박경원
박경원 박경원 박경원 박경은 박경은 박경임 박경자 박경자 박경자 박경자 박경자 박경자 박경제 박경종 박경주 박경찬 박경채 박경철 박경철 박경철 박경철 박경출 박경출 박경태 박경태 박경하
박경희 박경희 박경희 박경희 박경희 박계극 박계극 박계란 박계선 박계수 박계숙 박계순 박계연 박계용 박계준 박계해 박계현 박계화 박고운 박고은 박공수 박공식 박공수 박공연
박공은 박공임 박공재 박공동 박관석 박관순 박관식 박관용 박관우 박관훈 박광 박광경 박광규 박광기 박광라 박광만 박광민 박광서 박광서 박광석 박광석 박광성 박광수 박광수 박광수 박광수 박광수
박광수 박광순 박광순 박광숙 박광식 박광실 박광심 박광옥 박광옥 박광익 박광자 박광정 박광조 박광주 박광진 박광진 박광진 박광진 박광진 박광철 박광태 박광택 박광현 박광현 박광호 박광효 박광훈 박광흥 박교석 박교식 박교회 박구만 박구명 박구용 박구진
박국범 박국종 박국현 박국현 박국회 박군서 박군수 박군언 박군철 박권배 박권수 박권식 박권우 박권임 박권필 박귀남 박귀남 박귀녀 박귀동 박귀란 박귀성 박귀식 박귀순 박귀심 박귀옥 박귀옥 박귀주 박귀주 박귀대 박귀현 박귀현 박귀현 박귀남 박귀만 박귀명 박귀병 박귀봉 박귀삼 박귀석
박귀식 박규수 박규식 박규신 박규명 박규명 박규옥 박규원 박규원 박규채 박규현 박규형 박규흥 박규화 박규회 박근 박근선 박근성 박근언 박근옥 박근영 박근성 박근성 박근여 박근희
박근식 박근영 박근열 박근원 박근원 박근조 박근태 박근우 박근원 박근원 박근규 박근조 박근태 박근회 박금돈 박금두 박금락 박금만 박금명 박금백 박금범 박금보 박금복 박금봉 박금상 박금서 박금석 박금섭 박금섭
박금자 박금자 박금주 박금조 박금회 박금회 박금피 박금호 박기동 박기룡 박기만 박기명 박기백 박기범 박기보 박기복 박기봉 박기봉 박기상 박기서 박기석 박기섭 박기섭
박기성 박기성 박기수 박기수 박기숙 박기숙 박기순 박기순 박기순 박기순 박기승 박기식 박기성 박기우 박기웅 박기평 박기표 박기풍 박기풍 박기하 박기학 박기학 박기헌 박기현 박기현 박기현 박기형 박기형 박기호 박기호 박기호 박기호 박기홍 박기홍 박기화 박기화
박기환 박기환 박기환 박기훈 박길라 박길석 박길수 박길옥 박길용 박길웅 박길웅 박길자 박길자 박길주 박낄초롱 박나래 박나리 박나영 박나단 박나동 박나병 박나원 박난숙 박난이 박남 박남 박남건 박남규 박남규 박남규
박남규 박남근 박남기 박남석 박남수 박남숙 박남숙 박남숙 박남순 박남실 박남열 박남옥 박남용 박남원 박남주 박남준 박남준 박남철 박남호 박남훈 박내천 박녀례 박너선 박노긍 박노국 박노민
박노복 박노봉 박노산 박노성 박노성 박노식 박노영 박노옥 박노을 박노중 박노행 박노혁 박노홍 박노흥 박뇌현 박누리 박다운 박다정 박달출 박달중 박대균
박대규 박대근 박대근 박대련 박대명 박대서 박대섭 박대성 박대술 박대식 박대석 박대열 박대엽 박대영 박대옥 박대용 박대욱 박대인 박대현 박대진 박대현 박대현 박대호 박대회 박대희 박도경 박도선 박도순 박도식 박도식 박도영 박도원 박돈주 박동구 박동규 박동규 박동글 박동기 박동남
박동녀 박동례 박동렬 박동미 박동배 박동빈 박동석 박동선 박동실 박동아 박동엽 박동오 박동욱 박동원 박동호 박동환 박동환 박동환 박동회
박래린 박래정 박래준 박래형 박래홀 박력 박령준 박루리 박룽 박막동 박막아 박만구 박만근 박만균 박만년 박만석 박만식 박만식 박만호 박만호 박말본 박달배 박만완 박만환 박맹수 박맹수 박맹희 박맹제 박맹숙
박맹숙 박명규 박명규 박명규 박명근 박명기 박명길 박명남 박명도 박명복 박명선 박명성 박명식 박명영 박명오 박명옥 박명원 박명익 박명자 박명자 박명자 박명종 박명종 박명주
박명준 박명철 박명학 박명호 박명환 박명회 박명희 박보경 박보경 박보경 박보근 박보람 박보리 박보미 박보서 박복순 박복열 박복자 박복지
박부호 박문경 박문경 박문규 박문근 박문기 박문도 박문봉 박문수 박문수 박문수 박문식 박문순 박문식 박문양 박문영 박문영 박문오 박문재 박문준 박문준 박문택 박문현 박문호 박화희 박문희
박문희 박문회 박미경 박미경 박미경 박미경 박미경 박미경 박미경 박미경 박미경 박미경 박미경 박미라 박미라 박미라 박미라 박미라 박미란 박미란 박미란 박미랑 박미례 박미리 박미리나 박미립
박미분 박미선 박미선 박미선 박미선 박미선 박미숙 박미숙 박미숙 박미숙 박미숙 박미옥 박미옥 박미옥 박미옥 박미원 박미자 박미자 박미자 박미자 박미자 박미정 박미정 박미정 박미정 박미주 박미준 박미진 박미진 박미하 박미향 박미현 박미현 박미혜 박미혜 박미혜
박미화 박미환 박민 박민 박민갑 박민규 박민근 박민기 박민석 박민선 박민선 박민선 박민성 박민수 박민수 박민수 박민신 박민아 박민열 박민옥 박민우 박민우 박민우 박민자 박민재 박민정 박민주 박민주 박민주 박민주 박민철
박민철 박민호 박민호 박민화 박방희 박배형 박백병 박배수 박번수 박번호 박벌균 박범구 박범규 박범규 박범균 박범길 박범기 박범길 박범두 박병락 박범로 박범린 박범수 박범순 박범순 박범순 박병서
박병석 박병선 박병권 박병권 박병섭 박병섭 박병규 박병규 박병균 박병균 박병길 박병기 박병길 박병달 박병순 박병연 박병열 박병엽 박병옥 박병용 박병용 박병우 박병우 박병욱 박병욱 박병운 박병원
박병윤 박병화 박병화 박병환 박병환 박병훈 박병환 박병희 박병희 박병정 박병준 박병준 박병준 박병준 박병진 박병학 박병현 박병현 박보경 박보경 박보경 박보근 박보람 박보미 박보배 박보순 박보열 박복녀 박복자 박복자 박복화
박본수 박봄누리 박봄이나 박봉구 박봉규 박봉길 박봉남 박봉남 박봉상 박봉서 박봉수 박봉순 박봉숭 박봉식 박봉용 박봉우 박봉운 박봉점 박봉철 박봉현 박봉현 박봉호 박봉회 박부관 박부교 박부근 박부남 박부성 박부영
박부진 박부춘 박분란 박분옥 박사문 박사임 박상준 박상검 박상검 박상규 박상규 박상규 박상기 박상각 박상길 박상길 박상길 박상남 박상대 박상도 박상돈 박상동 박상두 박상례 박상록
박상록 박상률 박상만 박상목 박상문 박상배 박상배 박상애 박상범 박상병 박상봉 박상설 박상섭 박상성 박상순 박상순 박상숙 박상신 박상언 박상열 박상렬 박상례 박상록
박상오 박상옥 박상완 박상용 박상용 박상우 박상우 박상욱 박상욱 박상웅 박상원 박상웅 박상유 박상육 박상임 박상진 박상진 박상진 박상철 박상철 박상철 박상태 박상표 박상필 박상하 박상학
박상한 박상헌 박상혁 박상현 박상현 박상원 박상현 박상환 박상환 박상환 박상훈 박상훈 박상훈 박새미나 박새벽 박새얼 박샘별 박샛별 박생수 박서균 박서원 박서정 박서하 박서호 박석 박석규 박석규 박석규 박석남 박석용 박석영 박석영 박석용 박석수 박석신
박석우 박석우 박석자 박석순 박선아 박선애 박선철 박선철 박선창 박선호 박선화 박선환 박선규 박선녀 박선례 박선례 박선미 박선미 박선민 박선민 박선정 박선재 박선재 박선정
박선제 박선종 박선주 박선주 박선주 박선준 박선지 박선진 박선택 박선택 박선하 박선형 박선형 박선희 박선희 박선희 박선희 박선희 박설리 박설형 박섭섭 박성건 박성곤 박성광 박성규 박성규 박성규 박성구
박성기 박성민 박성민 박성배 박성배 박성범 박성복 박성봄 박성빈 박성삼 박성수 박성수 박성숙 박성숙 박성수 박성운 박성원 박성원 박성원 박성원 박성윤 박성은
박성식 박성식 박성식 박성식 박성식 박성신 박성신 박성실 박성실 박성심 박성아 박성연 박성옥 박성옥 박성완 박성용 박성용 박성우 박성운 박성원 박성원 박성원 박성원 박성찬 박성훈 박성훈
박성철 박성철 박성춘 박성태 박성태 박성태 박성태 박성학 박성혁 박성현 박성현 박성준 박성준 박성준 박성호 박성호 박성환 박성환 박성환 박성희 박성훈 박상훈
박상훈 박성훈 박성희 박성희 박성희 박성희 박성희 박성희 박성희 박세경 박세곤 박세광 박세교 박세규 박세균 박세녀 박세덕 박세라 박세리 박세언 박세연 박세영 박세영 박세영
박세화 박세희 박세희 박세희 박세환 박세환 박세진 박세진 박세창 박세태 박성만 박소라 박소연 박소영 박소영 박소영 박소영 박소영 박소영 박소영 박소영 박소영 박소현 박소현 박소희 박소식 박솔 박솔 박송은 박송화 박수경 박수경 박수구 박수국 박수규 박수근
박수길 박수남 박수남 박수례 박수명 박수미 박수민 박수복 박수복 박수봉 박수빈 박수상 박수상 박수생 박수석 박수선 박수양 박수연 박수영 박수영 박수영 박수영 박수영 박수영 박수옥 박수용 박수원 박수인 박수일
박수일 박수정 박수철 박수정 박수혁 박수현 박수진 박수진 박수희 박수흔 박수호 박수훈 박숙경 박숙규 박숙란 박숙례 박숙림 박숙만 박숙만 박숙명 박숙미 박숙미
박숙이 박숙미 박숙복 박숙복 박숙분 박숙석 박숙회 박숙선 박숙설 박숙섭 박숙성 박숙성 박숙애 박순경 박순예 박순옥 박순옥 박순용 박순용 박순원 박순원 박순월 박순이 박순임 박순임 박순임 박순자 박순자 박순자 박순자 박순자
박승국 박승권 박승규 박승규 박승규 박승근 박승근 박승기 박승기 박승길 박승남 박승남 박승대 박승덕 박승렬 박승리 박승모 박승미 박승민 박승민 박승민 박승배 박승범 박승수 박승숙 박승식
박승식 박승언 박승열 박승용 박승용 박승용 박승근 박승기 박승원 박승원 박승원 박승윤 박승인 박승일 박승일 박승자 박승재 박승정 박승조 박승준 박승중 박승진 박승진 박승찬 박승천 박승철 박승철 박승철 박승춘 박승택
박신경 박신구 박신랑 박신록 박신숙 박신애 박신영 박신영 박신영 박신이 박신진 박쌍임 박아람 박아람 박아침이슬 박안나 박안수 박안수 박안수 박안성 박압기 박애경 박애رك 박애해 박애현 박애련 박애령 박애리 박애림 박애숙
박애순 박애영 박애자 박애자 박양규 박양규 박양곤 박양동 박양례 박양례 박양선 박양섭 박양숙 박양규 박양식 박양신 박양옥 박양임 박양자 박양자 박양춘 박양해 박양희 박양희 박양희 박언 박언신 박언주 박언정 박여러 박여준
박영 박영 박영곤 박영건 박영근 박영남 박영단 박영미 박영성 박영수 박영수 박영순 박영순 박영신 박영규 박영주 박영주 박영주 박영균 박영근 박영근 박영근 박영기 박영길 박영길 박영길 박영길 박영남
박영단 박영달 박영대 박영대 박영덕 박영덕 박영돈 박영동 박영득 박영규 박영란 박영래 박영록 박영림 박영립 박영만 박영매 박영목 박영묵 박영미 박영미 박영미 박영미 박영미 박영민

박영민 박영민 박영배 박영배 박영배 박영범 박영보 박영복 박영분 박영분 박영산 박영삼 박영상 박영서 박영서 박영서 박영석 박영석 박영석 박영선 박영선 박영선 박영선 박영선 박영선 박영섭 박영세 박영세 박영소 박영수 박영수 박영수 박영수 박영수
박영수 박영수 박영수 박영수 박영숙 박영숙 박영숙 박영숙 박영숙 박영숙 박영숙 박영숙 박영숙 박영숙 박영숙 박영숙 박영순 박영순 박영순 박영순 박영순 박영순 박영순 박영순 박영순 박영순 박영식 박영식 박영식 박영식
박영식 박영식 박영식 박영신 박영신 박영신 박영신 박영실 박영심 박영심 박영아 박영애 박영애 박영애 박영애 박영양 박영엽 박영옥 박영옥 박영옥 박영옥 박영옥 박영우 박영우 박영우 박영욱 박영욱 박영욱 박영운 박영원 박영은 박영은
박영이 박영일 박영일 박영일 박영일 박영일 박영임 박영자 박영자 박영자 박영자 박영자 박영자 박영자 박영자 박영작 박영재 박영재 박영재 박영조 박영조 박영주 박영주 박영주 박영주 박영주 박영주 박영주 박영주 박영주 박영주 박영주 박영준 박영준
박영준 박영준 박영준 박영준 박영진 박영진 박영진 박영진 박영진 박영진 박영진 박영진 박영진 박영찬 박영찬 박영창 박영창 박영천 박영철 박영철 박영철 박영철 박영철 박영철 박영철 박영철 박영출 박영탁 박영태 박영태 박영태 박영태 박영태 박영태
박영택 박영하 박영하 박영하 박영하 박영학 박영해 박영헌 박영현 박영혜 박영혜 박영호 박영호 박영호 박영호 박영호 박영호 박영호 박영화 박영화 박영화 박영환 박영환 박영환 박영환 박영환 박영환 박영회 박영효 박영훈 박영훈 박영훈 박영홍 박영희
박영희 박영희 박영희 박영희 박영희 박영희 박영희 박영희 박영희 박영희 박영희 박영희 박영희 박영희 박영희 박예경 박예규 박예나 박예랑 박예슬 박예슬 박예자 박예화 박예훈 박예희 박오남 박오복 박오봉 박오수 박오순 박오순 박오심 박옥
박옥경 박옥금 박옥남 박옥란 박옥만 박옥미 박옥민 박옥범 박옥선 박옥선 박옥숙 박옥순 박옥순 박옥신 박옥연 박옥연 박옥자 박옥주 박옥주 박옥진 박옥초 박옥희 박옥희 박옥희 박옥희 박완 박완교 박완규 박완규 박완규 박완근 박완근 박완서 박완석
박완수 박완수 박완순 박완옥 박완희 박왕준 박요섭 박요섭 박요주 박요현 박요환 박용 박용경 박용구 박용권 박용규 박용규 박용규 박용규 박용규 박용근 박용근 박용근 박용기 박용기 박용기 박용기 박용기 박용기 박용기 박용길 박용남 박용대 박용덕 박용덕 박용도
박용래 박용록 박용림 박용모 박용문 박용민 박용범 박용범 박용범 박용범 박용복 박용석 박용석 박용석 박용석 박용선 박용섭 박용섭 박용성 박용성 박용성 박용세 박용수 박용수 박용수 박용수 박용수 박용수 박용수 박용수 박용숙 박용숙 박용숙 박용순 박용순
박용순 박용식 박용식 박용신 박용안 박용예 박용옥 박용완 박용욱 박용욱 박용운 박용운 박용운 박용운 박용웅 박용인 박용일 박용일 박용일 박용일 박용자 박용재 박용정 박용정 박용주 박용준 박용준 박용준 박용준 박용진 박용진 박용진 박용찬 박용찬 박용찬
박용철 박용철 박용철 박용춘 박용태 박용태 박용태 박용판 박용포 박용필 박용학 박용한 박용해 박용헌 박용현 박용호 박용호 박용호 박용호 박용호 박용호 박용호 박용화 박용화 박용화 박용화 박용환 박용환 박용환 박용환 박용환 박용효 박용훈 박용훈 박우건
박우동 박우동 박우삼 박우서 박우석 박우석 박우석 박우섭 박우성 박우성 박우수 박우수 박우식 박우영 박우영 박우용 박우윤 박우일 박우정 박우준 박우진 박우찬 박운기 박운만 박운선 박운섭 박운식 박운식 박운식 박운주 박운태 박운화 박웅 박웅규
박원 박원갑 박원경 박원규 박원균 박원군 박원대 박원동 박원빈 박원서 박원석 박원선 박원선 박원숙 박원순 박원식 박원아 박원영 박원영 박원요 박원우 박원이 박원일 박원자 박원자 박원장 박원재 박원주 박원주 박원진 박원채
박원철 박원철 박원출 박원희 박원표 박원학 박원현 박원호 박원회 박원희 박월순 박월택 박월진 박위대 박유경 박유경 박유리 박유리 박유미 박유미 박유미 박유미 박유민 박유석 박유신 박유심 박유영 박유영 박유영 박유진 박유진
박유진 박유진 박유하 박유하 박유환 박육남 박윤현 박윤경 박윤경 박윤경 박윤국 박윤균 박윤섭 박윤배 박윤배 박윤상 박윤상 박윤섭 박윤성 박윤성 박윤옥 박윤정 박윤주 박윤철 박윤호 박윤화 박윤희 박윤희 박윤희 박윤희 박율 박율기 박융자 박으뜸 박은경
박은경 박은경 박은경 박은구 박은규 박은기 박은남 박은래 박은미 박은민 박은봉 박은산 박은서 박은선 박은성 박은성 박은수 박은수 박은숙 박은숙 박은숙 박은숙 박은숙 박은숙 박은숙 박은순 박은순 박은식 박은심 박은아 박은아
박은양 박은영 박은영 박은영 박은영 박은옥 박은옥 박은임 박은자 박은정 박은주 박은주 박은주 박은주 박은지 박은진 박은채 박은철 박은태 박은호 박은효 박은희 박은희 박은희 박은희 박은희 박은희 박은희 박은희 박응격 박응양 박의인 박의서 박의섭 박의섭 박의신 박의영 박의영 박의용 박의웅 박이일 박이동 박이택
박의현 박이권 박이규 박이근 박이나 박이루 박이루 박이섭 박이섭 박이현 박이현 박익현 박익수 박익성 박익영 박익현 박인경 박인곤 박인국 박인권 박인규 박인규 박인규 박인규 박인근 박인근 박인기 박인기 박인남 박인목 박인배 박인범
박인서 박인서 박인성 박인성 박인성 박인성 박인성 박인수 박인수 박인수 박인숙 박인숙 박인숙 박인숙 박인숙 박인순 박인순 박인순 박인식 박인식 박인식 박인아 박인영 박인영 박인영 박인옥 박인완 박인옥 박인자 박인자 박인자 박인자 박인자 박인재 박인전 박인제 박인종 박인종 박인주 박인철 박인철 박인출 박인택 박인현
박인혜 박인혜 박인혜 박인호 박인호 박인호 박인호 박인환 박인환 박인환 박인환 박인희 박인희 박인희 박인희 박일 일 박일규 박일규 박일근 박일남 박일랑 박일목 박일범 박일서 박일서 박일선 박일성 박일수 박일순
박일애 박일종 박일준 박일철 박일허 박일형 박자건 박자연 박자영 박장수 박장순 박장영 박장원 박장호 박장호 박장훈 박재걸 박재걸 박재경 박재곤 박재관 박재봉 박제봉 박제성 박제소 박제용 박재일 박조연 박조연 박조영 박종 박종갑 박종걸 박종경
박재관 박재관 박재권 박재규 박재규 박재균 박재균 박재균 박재근 박재관 박재근 박재기 박재길 박재동 박재동 박재만 박재목 박재민 박재민 박재민 박재민 박재범
박재범 박재복 박재봉 박재상 박재서 박재선 박재선 박재섭 박재성 박재성 박재성 박재숙 박재숙 박재순 박재순 박재식 박재식 박재신 박재안 박재연 박재열 박재영 박재영 박재영 박재영 박재영 박재영 박재영 박재영
박재진 박재진 박재진 박재찬 박재창 박재철 박재철 박재춘 박재태 박재한 박재향 박재혁 박재혁 박재현 박재현 박재현 박재현 박재현 박재형 박재형 박재형 박재호 박재호 박재홍 박재홍 박재홍
박재화 박재화 박재화 박재환 박재원 박재훈 박재훈 박재훈 박재홍 박재희 박전근 박정구 박정규 박정동 박점levels 박점수 박점순 박점우 박점이 박점주 박정 박정구 박정구 박정국 박정권 박정규
박정규 박정규 박정규 박정균 박정근 박정근 박정근 박정기 박정기 박정기 박정기 박정기 박정남 박정두 박정란 박정란 박정매 박정명 박정명 박정묵 박정문
박정미 박정미 박정미 박정숙 박정숙 박정숙 박정숙 박정민 박정민 박정배 박정배 박정빈 박정삼 박정서 박정순 박정순 박정선 박정섭 박정순 박정성 박정세 박정수 박정수 박정수 박정수 박정아 박정암 박정애 박정애 박정애
박정연 박정열 박정열 박정업 박정오 박정오 박정옥 박정옥 박정옥 박정옥 박정옥 박정옥 박정온 박정완 박정완 박정용 박정우 박정자 박정자 박정재 박정주 박정준 박정중 박정진 박정진 박정진 박정태 박정태
박정태 박정택 박정택 박정하 박정하 박정해 박정헌 박정현 박정현 박정현 박정혜 박정예 박정호 박정호 박정호 박정호 박정호 박정호 박정화 박정화 박정환 박정환 박정환 박정훈 박정훈 박정훈 박정휘 박정희
박정희 박정희 박정희 박정희 박정희 박정희 박정희 박정희 박정희 박정희 박정희 박정희 박정희 박재근 박재봉 박제봉 박제성 박제용 박재일 박조연 박조연 박조영 박종 박종갑 박종걸 박종경
박종곤 박종광 박종구 박종구 박종국 박종국 박종국 박종권 박종권 박종규 박종덕 박종도 박종득 박종득 박종락 박종락 박종기 박종기 박종란 박종렬 박종례 박종름 박종만
박종만 박종만 박종명 박종문 박종문 박종민 박종민 박종민 박종민 박종민 박종배 박종배 박종배 박종범 박종범 박종범 박종병 박종복 박종복 박종부 박종빈 박종삼 박종상 박종상 박종석 박종석 박종석 박종석 박종진
박종길 박종길 박종길 박종남 박종남 박종녕 박종노 박종국 박종대 박종대 박종선 박종성 박종성 박종수 박종수 박종술 박종술 박종숙 박종우 박종운 박종운 박종운 박종일 박종일 박종일 박종일 박종일 박종일 박종임 박종제 박종주 박종준 박종준 박종진
박종양 박종언 박종연 박종열 박종열 박종엽 박종오 박종옥 박종완 박종완 박종용 박종우 박종우 박종우 박종우 박종우
박종원 박종원 박종원 박종원 박종원 박종윤 박종윤 박종윤 박종윤 박종은 박종은 박종익 박종익 박종인 박종인 박종일
박종진 박종찬 박종한 박종해 박종채 박종천 박종철 박종철 박종현 박종현 박종현 박종현 박종현 박종탁 박종탁 박종태 박종택 박종표 박종필 박종필 박종필 박종홍 박종화 박종화 박종화 박종환
박종환 박종회 박종효 박종후 박종후 박종훈 박종훈 박종훈 박종훈 박종훈 박종휘 박종희 박종희 박주경 박주리 박주미 박주미 박주복 박주상 박주석 박주선 박주섭 박주식 박주실 박주연 박주연 박주열 박주열 박주영 박주영
박주원 박주원 박주천 박주필 박주학 박주찬 박주초 박주학 박주현 박주현 박주현 박주형 박주연 박주예 박주화 박주환 박주회 박주영 박준배 박준석 박준철 박준상
박준서 박준선 박준성 박준성 박준수 박준수 박준식 박준신 박준호 박준영 박준영 박준영 박준영 박준영 박준용 박준용 박준우 박준석 박준태
박준하 박준하 박준향 박준현 박준혁 박준형 박준호 박준호 박준호 박준호 박준홍 박준홍 박중환 박중구 박중구 박중근 박중기 박중기 박중기 박중기 박중만 박중선 박중신 박중앙 박중언 박중언 박중열
박중욱 박중욱 박중원 박중의 박즙 박지섭 박지성 박지성 박지성 박지원 박지원 박지원 박지원 박지원 박지원 박지욱 박지은 박지은 박지은 박지은 박지웅 박지창 박지향 박지헌 박지혜 박지혜 박지혜 박지호 박지호 박지호 박지홍 박지환 박지훈 박지훈 박지훈 박지훈 박지희 박진 박진걸
박진경 박진경 박진킹 박진경 박진교 박진국 박진규 박진규 박진규 박진근 박진근 박진남 박진도 박진도 박진동 박진량 박진반 박진분 박진서 박진석 박진석 박진섭 박진솔 박진수 박진수 박진수 박진숙 박진숙 박진숙 박진숙
박진숙 박진식 박진아 박진영 박진영 박진옥 박진욱 박진옥 박진택 박진택 박진태 박진필 박진현 박진현 박진현 박진홍
박진호 박진홍 박진희 박진희 박진희 박진찬 박찬 박찬 박찬 박찬 박찬경 박찬경 박찬규 박찬교 박찬구 박찬구 박찬국 박찬규 박찬규 박찬규 박찬기 박찬남 박찬남 박찬연 박찬애 박찬열 박찬병 박찬보
박찬석 박찬석 박찬선 박찬선 박찬섭 박찬성 박찬성 박찬수 박찬수 박찬수 박찬수 박찬수 박찬순 박찬승 박찬승 박찬시 박찬식 박찬식 박찬언 박찬연 박찬연 박찬열 박찬영 박찬영 박찬영
박찬영 박찬희 박참결 박창규 박창규 박창균 박창균 박창균 박창근 박창기 박창길 박창남 박창동 박창래 박창문 박창배 박창배 박창범 박창범 박창보 박창석 박창선 박창섭 박창수 박창수 박창호 박창호 박창희 박창희
박창순 박창순 박창순 박창순 박창식 박창식 박창식 박창식 박창신 박창명 박창범 박창천 박창성 박창수 박창수 박창식 박창천 박창천 박천일 박천일 박천순 박철귀 박철규 박철규 박철모
박철민 박철원 박채순 박채영 박채용 박채화 박천곤 박천기 박천명 박천범 박천섭 박천성 박천수 박천수 박천우 박철우 박철웅 박철웅 박철웅 박철웅 박철웅 박철제 박철진 박철진 박철모
박철홍 박철화 박철환 박철 박철홍 박철희 박청산 박청산 박청성 박청일 박청자 박청조 박청진 박청집 박청호 박초롱 박초아 박초스 박최동 박추경 박춘 박춘근 박춘근 박춘기 박춘별 박춘례 박춘례 박춘석 박춘성 박춘식 박춘식 박춘식
박춘식 박춘영 박춘옥 박춘우 박춘일 박춘임 박춘자 박춘자 박춘자 박춘자 박춘자 박춘재 박치규 박치봉 박치원 박치우 박치주 박치현 박태경 박태원 박태원 박태규 박태규 박태균 박태균 박태근 박태근 박태기
박태남 박태룡 박태림 박태명 박태복 박태봉 박태붕 박태상 박태선 박태성 박태성 박태숙 박태순 박태순 박태업 박태열 박태옥 박태옥 박태옥 박태용 박태용 박태욱 박태욱 박태욱 박태윤 박통일 박판금 박판례
박판수 박판용 박판호 박팔덕 박팔성 박평수 박평순 박팔동 박팔룡 박필수 박필순 박필남 박필상 박필성 박필화 박학문 박하림 박하석 박하석 박하순 박하순 박하은 박학규 박학문 박학주
박한주 박한창 박한철 박한택 박한택 박한홍 박한희 박향성 박향신 박향환 박해곤 박해균 박해도 박해든 박해든나라 박해리 박해련 박해룡 박해림 박해숙 박해숙 박해순 박해순 박해안 박해영 박해영 박해영 박해옥
박해용 박해용 박해운 박해천 박해정 박해주 박해진 박해진 박해봉 박행일 박행자 박행화 박향이 박향오 박향현 박향자 박향진 박하식 박하순 박하은 박하원 박한율 박한재 박한정 박한주
박헌영 박헌우 박헌표 박혁 박혁민 박혁수 박현진 박현서 박현서 박현성 박현경 박현경 박현경 박현규 박현규 박현남 박현동 박현명 박현미 박현미 박현미
박현미 박현미 박현범 박현빈 박현산 박현상 박현서 박현서 박현석 박현석 박현선 박현선 박현성 박현수 박현수 박현수 박현숙 박현숙 박현숙 박현숙 박현숙 박현숙 박현숙 박현숙 박현숙 박현숙
박현재 박현정 박현정 박현정 박현정 박현제 박현종 박현종 박현주 박현주 박현주 박현주 박현주 박현주 박현주 박현준 박현준 박현지 박현지 박현진 박현진 박현진 박현찬 박현철 박현철 박현철 박현태
박형호 박형호 박형호 박현환 박현회 박현희 박형곤 박형국 박형국 박형규 박형규 박형규 박형근 박형길 박형달 박형돈 박형동 박형락 박형로 박형룡 박형미 박형민 박형민 박형배 박형보 박형서 박형선 박형수
박형석 박형천 박형철 박형철 박형택 박형필 박형호 박형호 박형화 박형훈 박혜경 박혜경 박혜경 박혜경 박혜경 박혜경 박혜경 박혜란 박혜란 박혜란 박혜리 박혜리 박혜리 박혜련 박혜레나 박혜리 박혜리
박혜리 박혜린 박혜림 박혜미 박혜민 박혜병 박혜생 박혜선 박혜선 박혜숙 박혜숙 박혜숙 박혜성 박혜성 박혜수 박혜숙 박혜숙 박혜숙 박혜숙 박혜숙 박혜영 박혜영 박혜원 박혜원
박혜원 박호성 박호성 박호숙 박호영 박호영 박호영 박호전 박호정 박호준 박호철 박호현 박홍 박홍국 박홍권 박홍규 박홍규 박홍규 박홍균 박홍근 박홍기 박홍기 박홍길 박홍례 박홍만 박홍석 박홍섭 박홍식
박홍식 박홍식 박홍식 박홍식 박홍열 박홍영 박홍우 박홍주 박홍림 박홍재 박홍재 박홍재 박홍춘 박홍태 박홍태 박화규 박화수 박화숙 박화영 박화영 박화자 박화자
박후신 박후열 박훈 박훈 박훈기 박훈기 박훈배 박훈본 박훈수 박흥구 박흥근 박흥기 박흥남 박흥록 박흥수 박흥순 박흥순 박흥식 박흥식 박흥용 박흥원 박흥주 박흥진
박흥호 박흥환 박희강 박희경 박희경 박희관 박희기 박희년 박희도 박희돈 박희동 박희두 박희랑 박희범 박희병 박희복 박희복 박희상 박희석 박희석 박희서 박희석 박희선 박희선 박희성 박희수 박희수
박희수 박희숙 박희숙 박희숙 박희숙 박희숙 박희순 박희순 박희순 박희연 박희열 박희영 박희영 박희옥 박희자 박희재 박희정 박희정 박희정 박희제 박희준 박희중 박희진 박희철 박희춘 박희환 박희화 반경수 반경호 반광덕 반국석 반기숙 반대정
반덕곤 반덕진 반명자 반병률 반석문 반선성 반성완 반성훈 반세리 반호순 반영자 반용진 반군옥 반군경 반일달 반재도 반재민 반재철 반재호 반정순 반종덕 반종석 반종근 반정수 반창호 반철진 반차범 반태석 반현숙 반형호 반흥식
방건동 방경석 방경현 방경호 방광도 방광석 방국석 방그레 방극동 방극래 방극탄 방극성 방극호 방글 방금산 방금석 방기만 방기수 방기혁 방기환 방남진 방남호 방남훈 방대용
방덕이 방덕진 방명현 방명환 방문길 방문리 방미영 방민일 방상순 방상석 방상호 방석관 방석우 방선자 방선주 방선진 방성대 방성우 방성은 방성일 방성호 방세웅 방소자 방수열 방숙현
방순기 방숭균 방숭민 방숭열 방순일 방숭준 방순혁 방순호 방시례 방시범 방시한 방애향 방양연 방연우 방영국 방영미 방영식 방영혁 방영희 방예식 방요한 방용원 방용호 방 원 방원석 방원종 방유선 방유진 방은미 방은주
방은주 방은하 방은혜 방의석 방의혁 방인권 방인수 방인태 방인호 방일열 방장희 방재관 방재우 방재용 방점례 방정해 방정애 방정훈 방정호 방제명 방제석 방종진 방진룡 방진목 방진욱 방진호
방호남 방호성 방호연 방호철 방호일 방화춘 방황석 방효능 방효숙 방효순 방효숙 방효성 방효실 방효옥 방효운 방효성 방효일 방효재 방효준 방효현 방효한 방효호
배경호 배경희 배경희 배계자 배광묵 배광주 배광준 배광화 배구환 배국기 배국지 배국강 배귀남 배귀숙 배귀순 배규선 배규식 배극일 배극진 배극대 배금규 배금자 배금봉 배기구 배기석 배기선 배기성 배기열 배기영
배기영 배기원 배기인 배기정 배기진 배기출 배기태 배기한 배기형 배기홍 배기화 배기환 배기림 배길문 배남북 배다가 배달섭 배달한 배덕연 배도익 배동근 배동문 배동숙 배동순 배동인 배동진 배동철 배동학 배동현 배동화
배동휘 배두원 배득원 배만주 배만진 배말로 배말규 배명수 배명규 배명기 배명자 배명진 배명화 배미숙 배미애 배미애 배미자 배미정 배미현 배미화 배민석 배민주
배민환 배법성 배병규 배병균 배병준 배병춘 배복순 배봉근 배상근 배상길 배상도 배상란 배상면 배상보 배상선 배상신 배상오 배상규 배상순 배상재 배상준 배상택 배상한 배상호
배서도 배석범 배석규 배석욱 배석원 배석준 배석중 배석진 배석창 배선근 배선애 배선영 배선옥 배선홀 배선희 배성규 배성기 배성래 배성모 배성숙 배성순 배성실 배성옥 배성욱 배성용 배성일 배성재 배성준 배성택 배성한 배성호
배성현 배영수 배영숙 배영숙 배영식 배영식 배영애 배영열 배영원 배영윤 배영자 배영주 배영주 배영진 배영진 배영호 배영호 배영훈 배예경 배온숙 배온섭 배용관 배용문 배용복 배용수 배용식 배용수
배용운 배용원 배용진 배용한 배우근 배우한 배욱득 배운경 배운용 배원병 배원주 배원철 배유강 배유미 배유정 배윤경 배윤석 배윤이 배윤주 배윤호 배윤환 배은경 배은미 배온선 배은섭 배은심 배은희 배웅명 배웅선 배의식 배의태 배이금

배이기 배이상 배익준 배인권 배인수 배인영 배인한 배인호 배인홍 배일권 배일도 배일상 배일수 배일욱 배일한 배일환 배재광 배재권 배재석 배재성 배재영 배재우 배재한 배재형 배재훈 배정근 배정녀 배정도 배정두 배정란 배정례 배정백 배정보
배정빈 배정석 배정섭 배정순 배정우 배정웅 배정자 배정한 배정호 배정현 배정희 배조환 배종과 배종관 배종광 배종규 배종남 배종대 배종도 배종령 배종만 배종목 배종무 배종민 배종민 배종삼 배종수 배종욱 배종운 배종인 배종찬
배종호 배주욱 배주현 배준희 배준석 배준성 배준형 배종길 배중현 배창근 배창수 배진석 배진수 배진화 배진희 배진희 배진희 배찬석 배창장 배창환 배철
배철숙 배철웅 배춘상 배춘화 배충의 배태규 배태민 배태옥 배태인 배태진 배태환 배태효 배판규 배팔상 배하식 배학수 배한겨레 배한병 배한설 배한성 배한솔 배한슬 배한수 배한숙 배향란 배현임 배현정 배현종 배현주 배현진 배형규 배형식 배형신
배형우 배형우 배형조 배혜경 배혜림 배효성 배효준 배효찬 배홍규 배홍기 배홍무 배홍태 배홍희 배화순 배환규 배황 배황석 배효경 배효숙 배희모 배희준 백강수 백강호 백건우 백걸 백경구 백경남 백경미 백경삼 백경선 백경선
백경숙 백경오 백경애 백경옥 백경학 백경식 백경자 백경진 백경천 백경호 백경학 백경희 백계숙 백계성 백공구 백관식 백관호 백광미 백광신 백광영 백광석 백광섭 백광일 백광인 백광주 백광호 백교진 백교희 백국선 백국주 백국주 백낙수 백낙시 백낙일
백낙영 백낙천 백낙호 백낙남 백남기 백남길 백남미 백남섭 백남오 백남용 백남운 백남찬 백남창 백남철 백남칠 백남혁 백남훈 백남희 백명롱 백대련 백대승 백대영 백대현 백대현 백대환 백도도 백도명 백도영 백도현 백동구 백동렬
백동원 백동순 백동섭 백동현 백두산 백두식 백두선 백두연 백두회 백만양 백록담 백록담 백만기 백만기 백만식 백맹종 백명기 백명규 백명순 백명호 백명희 백명호 백문식 백보경 백보경 백보라 백복주 백복신
백문성 백문숙 백문현 백문호 백문희 백미경 백미경 백미도 백미숙 백미숙 백미숙 백미연 백미영 백미자 백미진 백민우 백민정 백민지 백민혁 백범열 백범기 백병자 백병현 백보경 백보규 백복실 백복주 백재인 백재원
백봉현 백사랑 백삼균 백상갑 백상기 백상배 백상현 백상현 백상헌 백상훈 백서진 백석기 백석종 백선복 백선옥 백선일 백선조 백선학 백선혜 백선호 백선희 백선희 백설화 백성경 백성기 백성기 백성민 백성옥 백성욱 백성원
백성일 백성호 백세혜 백세훈 백세준 백세리 백소담 백수경 백수경 백수정 백수현 백수빈 백수영 백수영 백수현 백숙자 백숙현 백순경 백순삼 백순실 백순악 백순옥 백순옥 백순재 백순현 백순화 백순화 백순환
백순희 백순해 백승우 백승관 백승기 백승덕 백승란 백승률 백승문 백승민 백승민 백승수 백승연 백승완 백승우 백승자 백승자 백승진 백승희 백재선
백승한 백승해 백승호 백승화 백승훈 백승훈 백승희 백시종 백신현 백신혜 백아람 백아암 백양길 백여경 백여옥 백연기 백연수 백연예 백연우 백연재 백연태 백연화 백영경 백영기 백영기 백영희 백영란 백영서
백영석 백영숙 백영애 백영실 백영이 백영제 백영준 백영지 백영철 백영호 백영현 백영회 백영희 백오련 백옥인 백옥자 백옥주 백완기 백완기 백용규 백용균 백용도 백용상 백용성 백용안 백용욱 백용환
백우선 백우종 백우진 백운두 백운락 백운숙 백운철 백운호 백운호 백웅지 백웅호 백원근 백원태 백원림 백유근 백유리 백유희 백윤근 백용상 백용상 백용호 백원덕
백용덕 백의기 백의선 백익기 백인수 백인숙 백인안 백인순 백인순 백인식 백인아 백인엽 백인자 백인준 백인진 백인철 백인태 백인현 백인호 백윤근 백일승 백장근 백장수 백장홍 백재석 백재욱 백재인 백재진 백재현 백재현 백재규
백정근 백정선 백정섭 백정수 백정옥 백정자 백정필 백정현 백정현 백정호 백정훈 백정희 백정희 백정희 백조련 백종광 백종두 백종민 백종복 백종상 백종선 백종섭 백종수 백종승 백종식 백종옥 백종욱 백종욱 백종운
백종원 백종원 백종진 백종철 백종현 백주한 백주형 백준석 백준선 백준호 백지선 백지선 백지영 백지영 백지웅 백지현 백지호 백지훈 백진석 백진자 백찬민 백찬영 백창도 백창섭 백창신 백창연 백재선 백재숙 백재주
백천수 백철 백철 백철기 백철수 백철수 백철호 백청호 백청심 백청차 백청흠 백충호 백충호 백칠용 백태산 백태수 백태우 백태라 백태희 백택현 백평구 백평선 백필현 백하승 백학기 백학락 백학상 백한선 백한승 백항기 백현국 백현기 백현기
백현민 백현선 백현선 백현수 백현안 백현웅 백현우 백현욱 백현재 백현주 백형기 백형숙 백형욱 백형안 백형윤 백형춘 백형호 백혜경 백혜성 백혜숙 백혜연 백혜정 백혜정 백혜진 백호경 백호련 백화련 백환승 백효준 백효호 백흥식 백희순
백희열 백희영 백희순 범상환 범일균 범재롱 범재봉 범진선 범진식 법경 법도 법륜 법타스님 법정 법정 법진수 법진수 법찬만 병자연 병진자 백찬인 백창길 백창호 백창훈 법해선 변기관 변기태 변기희
변기환 변남하 변노진 변다규 변대규 변다훈 변만해 변관걸 변광숙 변미영 변미식 변박식 변방환 변보규 변봉순 변상경 변상광 변상교 변상립 변상양 변상우 변상욱 변상원 변상조 변새봄 변석빈 변선미 변선규 변선수
변성모 변성우 변성욱 변성혁 변성호 변세화 변수갑 변수민 변수봉 변수창 변수동 변순옥 변순자 변순천 변승호 변신애 변안순 변양근 변양연 변연 변연희 변연길 변영달 변영미 변영복 변영수 변영수 변영숙 변영옥 변영우 변영재
변영준 변영철 변영호 변영희 변영회 변용 변용옥 변용호 변우균 변우현 변우일 변일웅 변선영 변정현 변재현 변재희 변이근 변인순 변자연 변진영 변재영 변재영 변재영 변재석 변재숙 변재주
변재석 변재석 변재중 변재철 변정림 변정민 변정섭 변정수 변정호 변정학 변종명 변종명 변종옥 변종운 변종순 변종오 변종원 변주식 변주연 변종 변중덕 변준형 변준호 변중환 변지량 변지민 변찬규 변차호 변창구 변창류 변창배
변창우 변창주 변창호 변철수 변철수 변철웅 변철희 변춘경 변충섭 변태수 변대진 변태혁 변부르솔 변필순 변한섭 변해섭 변형철 변혁 변현섭 변현숙 변현주 변현진 변형철 변형석 변형수 변형용 변혜원 변호강 변호경 변폼주 변화업
변화미 변화섭 변회림 변회원 변회섭 변회숙 변회재 복각 보상건설(주) 복기덕 복기태 복복더 복복규 복아름 복명숙 복요한 복지원 복지민 복진두 복진호 복창진 봉기환 봉경리 봉지원 봉진도 봉상규 봉선자 봉현자
부경희 부군열 부리림 부산개대 부성수 부수옥 부윤담 부윤환 부정채 부지영 빈종호 빙인섭 사경림 사경희 사공병호 사공국 사공운 사공인 사공혜너 사공휴 사랑방신문사 사명희 사문성 사민경 사민영 사민지 사비느님 사범퍼 사병곤 사상욱 사영욱
사재숙 사종훈 사현준 사회민 삼정피앤씨(비) 삼진기업 상도지국 상록수학생 상창배 새사람선교 서가경 서가현 서갑복 서갑효 서갑국 서강만 서강선 서강섭 서강섭 서강일 서강민 서강영 서강인 서강장학회 서강학보사 서강혁 서강현 서강홍 서강규 서건성
서건태 서경교 서경남 서경태 서경률 서경웅 서경길 서경범 서경섭 서경성 서경자 서경자 서경진 서경진 서경채 서경태 서경회 서경효 서경환 서경계선 서계홍 서곤 서곤 서공선 서관만 서관석 서관석 서관석 서관욱 서광섭 서광식 서광인 서광주 서광진 서광혁 서광효 서교원 서국박 서국영 서군식 서권석 서권홍 서귀복
서규로 서규순 서규식 서규진 서근도 서금성 서금욱 서금이 서금자 서금진 서금환 서기남 서기봉 서기성 서기수 서기원 서기정 서기조 서기철 서기화 서길석 서길식 서길재 서길홍 서길호 서길홍 서길주 서나경 서낙용 서낙남 서남석 서남순 서남일
서남현 서남호 서남혁 서대명 서대덕 서대원 서대진 서대섭 서덕남 서덕식 서도성 서도섭 서도완 서동남 서동일 서동석 서동수 서동욱 서동열 서동주 서동진 서동창 서동표 서동혁 서동욱 서동성 서동호 서동훈 서두식 서두철 서리라 서만수 서매춘 서명균 서명옥 서명섭 서명숙 서명숙 서명아 서명열 서명원 서명원 서명유 서명 서명자 서명자 서명준 서명호 서명유 서명훈
서명희 서명희 서명희 서문기 서문식 서문수 서문옥 서문정 서문한걸 서문호 서미경 서미경 서미경 서미경 서미란 서미옥 서미연 서미연 서미애 서미원 서미원 서미원 서미자 서민 서민교 서민기 서민복 서민수 서민식 서민식
서민재 서민호 서별림 서배현 서벽현 서병수 서병석 서병자 서병기 서병기 서병기 서병길 서병옥 서병일 서병철 서병홍 서병훈 서병훈 서병훈 서보경 서보만 서보인 서보 서보석 서부경 서선 서섭 서성 서성 서성우 서성우
서보일 서보현 서복남 서복섭 서복옥 서봉각 서봉경 서봉석 서봉선 서봉원 서봉하 서봉화 서봉철 서봉희 서상교 서상부 서상섭 서상 서상균 서상기 서상덕 서상렬 서상봉 서상복 서상식 서상범 서상복 서상옥 서상연 서상열 서상의
서상원 서상종 서상진 서상철 서상철 서상학 서상호 서상호 서상회 서상훈 서상희 서상회 서서균 서서분 서석구 서석구 서석배 서석배 서석순 서석원 서석원 서석일 서석장 서석종 서석홍 서선미 서선영 서선욱 서선일 서선호 서성 서성경 서성교
서성기 서성란 서성렬 서성모 서성복 서성봉 서성섭 서성창 서성창 서성태 서성덕 서세봉 서세화 서수경 서수경 서수교 서수금 서수길 서수덕 서수민 서수복 서수연 서수열 서수철 서수호 서숙 서숙은 서숙자
서순금 서복복 서순숙 서순일 서순자 서순재 서순탁 서순팔 서순호 서설기 서숭건 서숭균 서숭범 서숭섭 서숭열 서숭재 서신섬 서신섬 서신종 서씨종 서아름 서아정 서안국
서애라 서양우 서양원 서양중 서양국 서연석 서연수 서연우 서연숙 서연자 서연 서연호 서연화 서영 서영관 서영국 서영권 서영균 서영길 서영란 서영미 서영문 서영 서영보 서영복 서영숙 서영옥 서영섭
서영선 서영섭 서영수 서영수 서영숙 서영숙 서영옥 서영순 서영식 서영심 서영심 서영 서예빈 서예에 서오열 서오윤 서외구 서외식 서옥길 서옥진 서외란 서외숙 서외옥 서외자 서요석 서요섭 서옥길 서옥선 서오명 서영옥 서영옥 서영칠 서영창 서영철
서영철 서영학 서영옥 서영훈 서영훈 서용 서용기 서용남 서용길 서용식 세에식 서오열 서옹 서옹길 서옥길 서원길 서원동 서원동 서원외 서원석 서원석 서원하 서원중 서원지 서원철 서울스빈 서월순 서위경 서위교
서운주 서윤 서윤주 서운주 서유광 서유승 서유정 서유진 서유현 서윤갑 서윤동 서윤득 서윤모 서윤법 서윤상 서윤석 서윤석 서윤섭 서윤원 서윤표 서윤희 서은경 서은민 서은석 서은선 서은선 서은숙 서은숙 서은숙 서은열 서은영 서은영 서은영 서은자 서은정 서은주
서은주 서은주 서은주 서은주 서은하 서인국 서인교 서인석 서인식 서인식 서인환 서인회 서인희 서일 서일근 서일미 서일산 서일섭 서일웅 서일원 서임원 서지미 서지나 서장권 서장욱 서장준 서재광 서재배 서재미 서재석 서재수 서재숙 서재신 서재영 서재원 서재일 서재진 서재철 서재필 서재현
서재화 서재회 서재후 서재훈 서점희 서정 서정곤 서정곤 서정광 서정구 서정국 서정국 서정규 서정규 서정균 서정근 서정근 서정근 서정기 서정달 서정대 서정대 서정덕 서정래 서정렬 서정렬 서정록 서정만 서정미 서정민
서정민 서정민 서정보 서정복 서정봉 서정석 서정석 서정섭 서정소 서정수 서정숙 서정숙 서정숙 서정순 서정순 서정아 서정아 서정연 서정열 서정오 서정옥 서정우 서정우 서정운 서정원 서정일 서정일 서정진 서정자 서정주 서정진 서정택 서정학 서정혁 서정호
서정호 서정훈 서정화 서정환 서정환 서정훈 서정훈 서정훈 서정희 서정희 서정희 서제건 서제홍 서종룡 서종안 서종문 서종범 서종성 서종수 서종순 서종식 서종식 서종욱 서종원
서종원 서준석 서주석 서주영 서주영 서신열 서신 서실란 서직석 서직섭 서지근 서지나 서지애 서지영 서지영 서직신 서지영 서지현 서직호 서진모 서진석 서진선 서진영 서진옥 서진우 서진천 서진희 서진호 서진호 서진호 서차림 서차옥 서창 서창범 서창복 서창봉 서창섭 서창옥 서창원 서창준 서창현 서창현 서창호 서창훈 서창택
서철수 서철수 서철심 서철웅 서철원 서철원 서철호 서춘주 서춘배 서춘천 서춘식 서춘자 서충남 서충옥 서치상 서치성 서칠성 서큰별 서태규 서태규 서태욱 서태영 서태영 서태원 서태원 서태원 서태종 서태진 서태호 서통일 서하늘 서하목 서학식
서한 서한겨레 서한길 서한길 서한별 서한욱 서한숙 서한승 서한수 서한정 서한솔 서해 서해문 서해민 서향미 서향숙 서행숙 서현 서현아 서현욱 서현주 서현욱 서현집 서현태 서현숙 서현숙 서현정 서현정
서현담 서현성 서현숙 서현옥 서현 서현세 서현종 서현주 서현주 서현민 서혁복 서형석 서형섭 서형수 서형진 서형연 서형안 서형원 서형지 서형진 서형찬 서혜경 서혜경 서혜린 서혜린 서혜련 서혜련 서혜숙 서혜숙 서혜옥
서혜자 서호석 서호린 서호성 서호영 서호원 서호준 서홍관 서홍기 서홍석 서홍숙 서홍영 서화자 서화진 서휘 서회민 서회순 서회식 서회원 서회임 서회진 서효숙 서홍숙 서회식 서회경 서회덕 서회배 서회석 서회숙 서회열 서회원 서회원
서회자 서회최 서회권 서회석 석가균 석인수 석인해 석일 석작국 석적균 석종출 석종훈 석종주 석준옥 석준기 석준철 석중건 석중진 석지수 석지철 석진기 석진미 석창범 석창석 석창호 석철주 석촌동 석진현 석대현 석대현 석현진
석혜경 석혜숙 석혜진 석호 석호규 석화동 석화경 석회철 석태림 선갑영 선경주 선경진 선공근 선국운 선구수 선락홍 선명 선명숙 선명일 선문규 선미라 선미진 선미호 선병렬 선상영 선석임 선석조 선성규 선세립 선승혁 선영란 선영숙 선영윤
선옥경 선양후 선용섭 선용석 선우석 선우열 선우용선 선우윤 선우이 선유엽 선은규 선은태 선우종 선은범 선일자 선재아 선정수 선정아 선정섭 선종관 선종남 선종범 선종서 선종연
선종의 선종희 선종철 선주홍 선지연 선지영 선진 선찬규 선태규 선하늘 선현 선현규 선현숙 선현호 선형권 선호규 선호문 선흥주 설가영 설경수 설경자 설경화 설계자 설광열 설규수 설규호 설근로 설근원 설근원 설두봉
설명환 설미숙 설미영 설민명 설봉주 설상용 설상훈 설송훈 설송용 설송운 설승훈 설신환 설영남 설영노 설영애 설영목 설영철 설영훈 설오영 설왕식 설원석 설운진 설화욱 설화욱 설인환 설일문 설재두 설재부 설재욱 설재용 설재홍 설준규 설지영
설진배 설진우 설진환 설철웅 설철웅 설태림 설한준 설현명 설명 설명혜 설섭규 설섭숙 설송호 설홍룡 설홍옥 설홍훈 설회경 설강민 설강연 설경식 설경준 설경화 설경화 설경희 설관기 설관스님 설광현
성구경 성귀봉 성귀현 성규태 성근결 성금율 성기동 성기명 성기봉 성기상 성기수 성기우 성기안 성기용 성기섭 성기주 성기성 성기연 성기봉 성기종 성기홍 성기준 성기종 성기종 성기중 성기주
성낙경 성낙규 성낙돈 성낙명 성낙범 성낙석 성낙수 성낙승 성낙신 성낙운 성낙숙 성낙진 성낙천 성낙현 성남식 성내경 성달림 성대경 성대열 성도명 성도웅 성도식 성동수 성동진 성락제 성만현 성만호
성막욱 성명균 성명숙 성명주 성명희 성모요 성묘요 성문문 성미경 성미미 성미아 성미향 성민영 성바오로 성방환 성백련 성백남 성백빈 성백우 성백현 성백화 성범욱 성범준 성병오 성병호 성보경 성복순
성봉경 성봉회 성사규 성삼경 성상경 성상건 성상수 성상식 성상용 성상임 성선경 성선욱 성선모 성세렬 성소연 성수열 성수영 성수옥 성숙연 성순자 성숙호 성숙회 성시달 성시철 성시철
성암향온 성권권 성양희 성연수 성연순 성연직 성연택 성열수 성열훈 성열훈 성염 성염만 성영옥 성영애 성영애 성은 성은경 성은진 성영찬 성영희 성옥복 성완경 성용용 성관 성도용 성용 성용윤 성우경 성운경 성운규 성운섭 성운기 성운모
성웅규 성원경 성원기 성원주 성유보 성유인 성유진 성유모 성유솔 성윤진 성은 성은경 성은진 성은자 성은지 성의정 성의제 성인경 성인기 성인석 성인선 성인수 성인숙 성인숙 성인철 성인택 성일경 성일수 성일진 성자명 성장현 성장현
성재구 성재덕 성재욱 성정욱 성조 성조섭 성조욱 성주명 성주천 성주홍 성진구 성진진 성진희 성지모 성지원 성지환 성지희 성진희 성진수 성진호 성창민 성창섭 성창수 성초록 성춘경 성춘단 성춘식 성칠언 성탄일 성태웅 성태형 성태영 성태용 성태복 성명용 성하성 성하숙 성하용 성하은 성춘옥 성하형 성하희 성한표 성항근 성항경 성해롱
성항옥 성헌정 성현모 성현옥 성경현 성현주 성현주 성현진 성현태 성혜란 성호경 성호명 성호준 성호철 성화경 성화영 성화용 성환갑 성환민 성환세 성환웅 성환호 성효순 성훈 성훈 성훈경 성흥기 성희란 세종로 소경희 소공희 소광 소광섭 소광정
소광호 소광희 소기업 소나무 소라미 소명자 소분섭 소미영 소미진 소병관 소병렬 소병수 소병옥 소병주 소병희 소봉식 소수영 소수옥 소수영 소순근 소순연 소순태 소시영 소신자 소바스 소애님 소영 소영무 소영문
소영숙 소영원 소영미 소예미 소용섭 소용화 소용권 소봉식 소유리 소유숙 소유춘 소운이 소은준 소인영 소인영 소재민 소재섭 소재춘 소정섭 소정섭 소정의 소제민 소조영 소준호 소중정 소지욱 소진욱 소진호 소천운 소철 소한지 소해룡 소해민
소현 소현정 소현준 소형식 소홍렬 손갑호 손강수 손강현 손건수 손년 손경례 손경미 손경수 손경숙 손경아 손경애 손경열 손경욱 손경준 손경한 손경호 손경환 손경희 손계숙 손고은 손관명 손광석 손광섭 손광윤 손광웅
손광진 손광현 손광형 손광회 손국석 손국영 손국회 손구배 손귀옥 손균석 손근역 손근식 손근자 손근남 손금자 손기명 손기영 손기옥 손나영 손달영 손대림 손대명 손대업 손덕만 손덕인
손덕만 손덕상 손도종 손동락 손동수 손동안 손동찬 손동환 손동희 손루라 손루형 손륵식 손명수 손명익 손명호 손명화 손모아 손묘룡 손무명 손무용 손무정 손무치 손문호 손문회 손미경
손미경 손미숙 손미화 손미희 손민 손민 손민기 손민숙 손민아 손민옥 손민자 손민자 손민전 손민정 손민정 손민태 손민호 손배진 손범석 손병근 손병길 손병국 손병국 손병돈 손병만 손병문 손병삼 손병수 손병수 손병암 손병오 손병욱
손병수 손병옥 손상기 손상수 손상옥 손병희 손병희 손복영 손복경 손복진 손부부 손부귀 손상근 손상섭 손상조 손상훈 손상봉 손상현 손상진 손상희 손상희 손세기 손세안 손세빈 손세혜 손세호 손소영
손석구 손석만 손석미 손석상 손석주 손석춘 손섭철 손석호 손석환 손선경 손선옥 손선혁 손설안 손성근 손성기 손성시 손성순 손성아 손성임 손성진 손성호 손성희 손세기 손세양 손세원 손세이 손세혜 손세호 손소영
손영기 손영역 손영만 손영민 손영미 손영빈 손영신 손영준 손영진 손영재 손영춘 손영현 손영창 손영식 손영기 손영옥 손영
손영환 손영희 손영희 손예철 손옥 손옥동 손옥득 손옥희 손용며 손용선 손용숙 손용아 손용용 손용준 손용창 손용칠 손용환 손우구 손우석 손우숭 손우슨 손우형 손우형 손원기 손원석 손원오 손원제 손원희 손원회
손유미 손유일 손유진 손유현 손윤기 손윤락 손윤상 손윤솔 손윤식 손율 손은미 손은석 손은숙 손은영 손은영 손은정 손은주 손은하 손은혜 손은희 손을섭 손이례 손이교 손인근 손인문 손인석 손인숙 손인옥 손인숙 손인철 손인호 손일권 손일수
손일현 손입숙 손작률 손장욱 손장호 손재섭 손재유 손재운 손재은 손전우 손전식 손정 손정남 손금자 손기명 손기영 손정복 손종만 손정호 손정을 손정진 손정호 손정호 손정훈 손정 손정진
손정현 손정화 손정환 손종곤 손종구 손종민 손종수 손종원 손종주 손종훈 손종훈 손종화 손주갑 손주경 손주상 손주식 손주연 손주일 손주택 손주현 손주형 손주호 손주홍 손주환 손주한 손준필 손준석 손지민 손지수 손지식
손지면 손지열 손지혜 손지호 손진기 손진봉 손진용 손진우 손진운 손진웅 손진책 손진화 손진호 손진호 손진화 손창규 손장범 손장분 손장섭 손장홍 손업섭 손창우 손창호 손창환 손채현 손철 손철승 손철우 손철익
손칠복 손칠섭 손태규 손태련 손태민 손태섭 손태병 손태우 손태영 손태임 손태혁 손택정 손태숙 손해인 손해여 손해여 손해여 손현 손현 손현섭 손현숙 손현숙 손현숙 손현남
손현아 손현자 손현주 손현진 손현재 손현철 손형부 손형섭 손혜경 손혜경 손혜련 손혜리 손혜석 손혜식 손호만 손호섭 손호영 손호찬 손호철 손홍숙 손홍수 손홍은 손홍신 손홍종 손홍남
손정숙 손호숙 손효정 손훈명 손훈영 손흥룡 손희명 손희진 송가기 송갑순 송건수 송건옥 송건규 송경남 송경민 송경상 송경석 송경섭 송경숙 송경숙 송경순 송경심
송경차 송관규 송경진 송규상 송규선 송규명 송규태 송근문 송근식 송근남 송금영 송기명 송기옥 송기옥 송기우 송기원 송기원 송기원 송기홍 송기은 송기인 송기일 송기정 송기정 송기종 송기종 송기종 송기종 송기주
송기주 송기종 손남지 송기봉 송기준 송기준 송기혁 송기호 송기호 송기호 송기환 송기훈 송기휴 송길섭 송길성 송길수 송길숙 송길영 송낙근 송낙용 송난기 송난희 송남규 송남섭 송남숙 송남숙
송남종 송남주 송남집 송남진 송남철 송남해 송남대 송남식 송남오 송남자 송남지 송남철 송동군 송동선 송동설 송동수 송동열 송동엽 송동진 송동진 송동진 송동호 송동훈 송두범 송두섭 송두현 송두범 송두식 송두현 송두입 송두환 송락현 송관 송만기 송만식 송만용 송만환 송만회 송덕근 송병부 송병선 송병섭 송병숙 송명숙 송명숙
송명순 송명식 송명여 송명열 송명준 송명호 송명호 송명화 송명휘 송무 송무옥 송무호 송문길 송문수 송문재 송문호 송문호 송미경 송미란 송미례 송미숙 송미순 송미영 송미옥 송미옥 송미자 송미정 송미향 송미현 송미화 송미화 송미희

송민규 송민석 송민선 송민성 송민수 송민숙 송민순 송민영 송민영 송민재 송민재 송민주 송민호 송민화 송민희 송바위슬 송박진 송방송 송방용 송방임 송배승 송백규 송백섭 송범석 송병구 송병규 송병렬 송병선 송병순 송병순 송병옥 송병옥 송병욱
송병욱 송병원 송병윤 송병주 송병주 송병채 송병철 송병청 송병춘 송병하 송병헌 송병호 송보경 송보라 송보성 송보순 송보화 송보환 송복 송복란 송복례 송복례 송복만 송복순 송복용 송복용 송봉근 송봉길 송봉은 송봉주 송분이 송분화 송빛다은 송산오
송삼석 송삼석 송삼석 송삼주 송상곤 송상규 송상규 송상섭 송상용 송상윤 송상종 송상종 송상준 송상철 송상태 송상헌 송상현 송상호 송상현 송상호 송상희 송샘 송석관 송석기 송석범 송석복 송석연 송석원 송석인 송석준 송석진 송석진 송석채 송석현 송석홍 송석환
송석훈 송석희 송소선 송송섭 송송순 송송자 송수갑 송수경 송수근 송수목 송수영 송수용 송수원 송수진 송수환 송숙경 송숙영 송숙전 송숙현 송숙희 송순교 송순동 송순례 송순섭 송순아 송순애 송순재 송순태 송순화 송슬기 송승걸
송승관 송승규 송승근 송승대 송승도 송승돈 송승란 송승명 송승미 송시몬 송시명 송시우 송신희 송애경 송애자 송양옥 송양호 송연균 송연미 송연숙 송연주 송연호 송연희 송영관 송영국 송영규 송영근 송영대 송영도 송영도 송영돈 송영란 송영렬
송영미 송영미 송영미 송영민 송영민 송영복 송영복 송영복 송영서 송영석 송영선 송영수 송영숙 송영순 송영식 송영신 송영신 송영실 송영열 송영열
송영옥 송영욱 송영우 송영대 송영일 송영일 송영임 송영임 송영자 송영지 송영직 송영진 송영철 송영주 송영한 송영현 송영호 송영호 송영화 송영환 송영환 송영훈 송영훈 송영훈 송영훈 송영희 송영희 송영희 송영희 송예순 송예술
송예술 송예해 송오종 송옥석 송옥자 송완석 송완섭 송완식 송완용 송왕업 송요옥 송요섭 송우근 송우달 송우상 송우석 송우수 송우전 송우형
송우환 송우기 송우주 송운용 송웅달 송원근 송원기 송원배 송원영 송원용 송원재 송원종 송원찬 송원철 송원호 송원화 송월엽 송유경 송유언 송유진 송유규 송윤돈 송윤미 송윤상 송윤석 송윤섭 송윤수 송윤실 송윤엽 송윤옥 송윤옥
송윤호 송윤효 송은경 송은미 송은숙 송은숙 송은아 송은용 송은자 송은주 송은주 송은주 송은주 송은하 송은혜 송은화 송은희 송은희 송의섭 송의 송의달 송의석 송의열 송의정 송의진 송이호 송익경 송익재 송인국 송인권 송인기
송인길 송인동 송인문 송인민 송인발 송인석 송인섭 송인숙 송인순 송인애 송인영 송인용 송인욱 송인창 송인철 송인학 송인행
송인홍 송인호 송일관 송일룡 송일룡 송일봉 송임석 송임숙 송임순 송재걸 송재경 송재관 송재근 송재근 송재금 송재남 송재덕 송재동 송재두 송재명 송재문 송재백 송재봉 송재봉 송재상 송재석 송재선 송재성
송재소 송재숙 송재실 송재실 송재연 송재완 송재봉 송재원 송재원 송재윤 송재은 송재의 송재익 송재익 송재정 송재준 송재준 송재진 송재진 송재찬 송재천 송재철 송재청 송재하 송재학 송재혁 송재현 송재형 송재호 송재화
송재홍 송재흥 송전근 송점남 송점순 송점철 송정교 송정근 송정기 송정돈 송정란 송정명 송정미 송정민 송정석 송정섭 송정옥 송정욱 송정열 송정열 송정우 송종수 송종숙 송종식 송종인 송종태 송종태
송정흥 송정호 송정현 송정환 송제 송제봉 송조흥 송준호 송종걸 송종근 송종섭 송종순 송종식 송종엽 송종오 송종옥 송종용 송종재 송준헌 송준호 송중석 송중섭 송중호 송중희 송지근 송지명 송지수 송지숙 송지우 송지원
송지원 송지현 송지훈 송지희 송진광 송진덕 송진명 송진복 송진수 송철호 송춘섭 송춘섭 송춘식 송춘종 송춘화 송춘희 송출자 송충근 송충근 송충선 송충숙 송충호 송백 송치옥 송치룡 송치호 송태근 송태복 송태섭 송태수 송태욱
송태일 송태용 송태현 송태호 송태훈 송택식 송택용 송평문 송평수 송평종 송하균 송하영 송하율 송하은 송하정 송하태 송학선 송한나 송한면 송한별 송한얼 송한일 송향빈 송해균 송해섭 송해성 송해영 송해용 송해이 송해임
송향선 송향숙 송향자 송혁 송혁준 송현 송현길 송현섭 송현섭 송현숙 송현숙 송현숙 송현순 송현순 송현열 송현욱 송현자 송현저 송현저 송현정 송현정 송현주 송현주 송현주 송현화 송현희 송현희 송형렬 송형석 송형섭 송형수 송형일 송형일 송형주 송형진
송형탁 송혜경 송혜련 송혜민 송혜숙 송혜숙 송혜순 송혜순 송혜영 송혜용 송호 송호경 송호근 송호근 송호근 송호무 송호범 송호석 송호석 송호섭 송호승 송호신 송호십 송호찬 송호천 송호필 송홍선 송홍우 송홍종 송화동 송화숙 송화연 송환규 송환승 송환웅
송환희 송황 송효량 송효문 송효선 송효섭 송효일 송효주 송효현 송후용 송후종 송훈성 송흔섭 송희경 송희련 송희만 송희면 송희문 송희산 송희섭 송희섭 송희애 송희영 송희옥 송희일 송희종 송희현 수안 수완 수원 수학과장 승경옥 승광은 승병인
승용기 승우표 승하제 승현민 시경화 시미정 시정인 신갑섭 신갑식 신강균 신강선 신강욱 신건순 신건일 신건자 신건철 신경구 신경금 신경금 신경덕 신경득 신경란 신경미 신경미 신경서 신경선 신경섭 신경섭 신경수 신경수 신경수 신경숙 신경순 신경식 신경식
신경실 신경심 신경아 신경오 신경은 신경은 신경일 신경자 신경자 신경진 신경진 신경진 신경철 신경철 신경철 신경철 신경하 신경하 신경호 신경호 신경호 신경호 신경화 신경훈 신경희 신경희 신경희 신경희 신계륜 신계식 신계현 신관섭 신관수 신관호
신광교 신광복 신광석 신광식 신광식 신광우 신광웅 신광천 신광철 신광현 신광호 신광희 신권 신권균 신권희 신귀백 신귀주 신귀희 신귀희 신규수 신규식 신규천 신규호 신극남 신근섭 신근화 신금문 신금엽 신금용 신금주 신금채 신금철 신긍식 신긍식 신기남
신기도 신기룡 신기선 신기섭 신기수 신기숙 신기식 신기연 신기철 신기태 신기해 신기호 신기호 신기환 신길두 신길수 신길수 신길영 신길영 신길우 신길호 신낙균 신난향 신난희 신남선 신남승 신남식 신남옥 신남호 신낭식 신달수 신달양 신대균 신대균 신대승
신대식 신대열 신대영 신대원 신대철 신대현 신덕일 신덕자 신덕채 신도균 신도현 신돈호 신동관 신동관 신동권 신동규 신동규 신동근 신동근 신동근 신동길 신동남 신동련 신동렬 신동례 신동룡 신동만 신동만 신동명 신동민 신동석 신동석 신동선 신동선 신동선
신동선 신동선 신동선 신동섭 신동성 신동소 신동수 신동수 신동숙 신동숙 신동순 신동시 신동식 신동신 신동언 신동옥 신동용 신동욱 신동욱 신동욱 신동욱 신동운 신동운 신동운 신동운 신동원 신동윤 신동윤 신동윤 신동윤 신동은 신동익 신동익 신동일 신동일
신동일 신동임 신동준 신동준 신동준 신동준 신동준 신동진 신동진 신동찬 신동창 신동채 신동철 신동철 신동철 신동철 신동초 신동초 신동하 신동학 신동학 신동한 신동현 신동협 신동호 신동호 신동호 신동호 신동호 신동화 신동화 신동훈 신동훈 신동훈
신동훈 신동훈 신동훈 신동훈 신동훈 신동흔 신두식 신두영 신득기 신라미 신란 신만섭 신만용 신말례 신말순 신말임 신매용 신맹순 신맹순 신면관 신명곤 신명교회 신명기 신명덕 신명동 신명섭 신명성 신명수 신명수 신명수 신명숙 신명숙 신명숙 신명숙 신명숙
신명순 신명순 신명순 신명술 신명신 신명애 신명용 신명우 신명우 신명자 신명준 신명진 신명진 신명진 신명찬 신명철 신명호 신명호 신명호 신명호 신명호 신명환 신명희 신명희 신문섭 신문수 신문용 신문희 신문희 신미 신미경 신미경 신미경 신미경 신미경 신미경
신미경 신미경 신미균 신미내 신미란 신미숙 신미숙 신미숙 신미숙 신미순 신미아 신미옥 신미원 신미유 신미자 신미정 신미혜 신미혜 신미혜 신미희 신민결 신민경 신민구 신민생 신민석 신민선 신민섭 신민식 신민식 신민용 신민자 신민자 신민철 신민호 신민효
신방과 신방식 신범수 신병국 신병륜 신병률 신병민 신병숙 신병용 신병철 신병철 신병하 신병현 신병화 신보경 신보람 신복동 신복례 신복례 신복자 신복자 신복현 신봉균 신봉석 신봉수 신봉순 신봉승 신봉철 신봉향 신봉호 신봉호 신봉호 신부식 신부현
신산수 신삼구 신삼석 신삼선 신삼호 신삼화 신상곤 신상권 신상근 신상금 신상돈 신상민 신상범 신상범 신상석 신상석 신상섭 신상수 신상수 신상순 신상열 신상영 신상완 신상우 신상욱 신상웅 신상윤 신상을 신상조 신상진 신상철 신상철 신상철 신상철 신상철
신상철 신상하 신상한 신상한 신상해 신상혁 신상현 신상협 신상호 신상호 신상호 신상환 신상훈 신상훈 신상훈 신상희 신상희 신새하 신새하 신석규 신석진 신석하 신석호 신석호 신선규 신선기 신선명 신선미 신선미 신선식 신선식 신선영 신선영 신선영 신선옥
신선우 신선자 신선행 신선희 신선희 신선희 신선희 신선희 신성곤 신성구 신성권 신성균 신성균 신성균 신성근 신성기 신성남 신성도 신성도 신성란 신성룡 신성민 신성섭 신성수 신성수 신성숙 신성숙 신성식 신성식 신성식 신성애 신성연 신성옥 신성용 신성운
신성은 신성의 신성익 신성자 신성지 신성진 신성찬 신성철 신성철 신성철 신성철 신성철 신성호 신성호 신성호 신성환 신세민 신세선 신세선 신세철 신소명 신소영 신소영 신솔문 신송자 신수경 신수근 신수범 신수성 신수오 신수용 신수용 신수월 신수은 신수재
신수진 신수진 신숙영 신숙자 신숙자 신숙향 신숙호 신순경 신순근 신순금 신순남 신순복 신순선 신순섭 신순애 신순영 신순의 신순인 신순인 신순철 신순하 신순호 신순호 신승경 신승국 신승기 신승렬 신승삼 신승섭 신승식 신승식 신승연 신승연 신승용 신승우
신승욱 신승준 신승철 신승학 신승한 신승한 신승혜 신승호 신승호 신승호 신승호 신승환 신승환 신승훈 신승휴 신승희 신신관 신안준 신안준 신애라 신애리 신애숙 신애숙 신애숙 신양균 신양수 신양숙 신양재 신양하 신양호 신양희 신어신 신언무 신언수 신언식
신언일 신언혁 신연덕 신연숙 신연엽 신연옥 신연임 신연재 신연재 신연주 신열 신영 신영 신영갑 신영관 신영관 신영규 신영균 신영균 신영근 신영기 신영길 신영길 신영길 신영돈 신영득 신영란 신영란 신영미 신영복 신영부 신영상 신영생 신영석 신영선
신영선 신영섭 신영섭 신영섭 신영섭 신영수 신영수 신영숙 신영순 신영식 신영애 신영애 신영옥 신영우 신영원 신영윤 신영은 신영이 신영이 신영인 신영인 신영일 신영일 신영일 신영임 신영자 신영자 신영자 신영재 신영전 신영주 신영준 신영준 신영진 신영진
신영진 신영진 신영진 신영청 신영철 신영철 신영철 신영철 신영철 신영철 신영철 신영철 신영철 신영충 신영표 신영필 신영하 신영하 신영철 신영화 신영환 신영훈 신영희 신영희 신영희 신영희 신영희 신예를 신예수 신예정 신예희 신오식 신오식 신옥
신옥 신옥림 신옥임 신옥숙 신옥숙 신옥순 신옥순 신옥주 신옥창 신옥창 신옥식 신오식 신옥수 신오창 신완성 신완식 신왕교 신왕근 신왕곤 신용광 신용곤 신용광 신용길 신용남 신용대 신용례 신용만 신용명 신용목 신용백 신용보증
신우석 신우성 신우승 신우영 신우영 신우조 신우종 신우진 신우철 신우철 신우하 신욱현 신운교 신원 신원각 신원근 신원락 신원서 신원식 신원우 신원한 신유호 신유호
신유희 신윤근 신윤근 신윤석 신윤수 신윤수 신윤순 신윤옥 신윤정 신윤철 신윤철 신윤호 신윤재 신윤철 신은섭 신은순 신은영 신은영 신은옥 신은자 신은주 신은정 신은주 신은지 신은호
신용희 신의수 신의숙 신의숙 신의철 신의철 신인균 신이루 신이나 신이영 신이수 신익승 신인경 신인교 신인령 신인선 신인섭 신인섭 신인수 신인숙 신인숙 신인숙 신인식 신인아 신인영 신인옥 신인원 신인철 신인철 신인호 신희희 신일 신일용
신일철 신임숙 신임철 신임하 신자런 신장식 신장옥 신장현 신재관 신재광 신재구 신재길 신재남 신재동 신재모 신재무 신재분 신재민 신재섭 신재섭 신재성 신재성 신재승 신재원 신재전
신재정 신재식 신재식 신재현 신재현 신정모 신재홍 신재환 신재홍 신재환 신재희 신정란 신정명 신정복 신정부 신정상 신정수 신정수 신정숙 신정숙 신정숙 신정숙
신정희 신정희 신정희 신정희 신제식 신제유 신조야 신조갑 신종갑 신종관 신종관 신종국 신종국 신종권 신종균 신종기 신종기 신주노 신준섭 신종섭 신종철 신종택 신주석 신주경 신주원 신주원 신주일 신주헌 신주희 신준범 신준일 신준하 신준호
신종우 신종화 신준호 신준영 신중식 신중필 신중호 신중희 신지마 신지자 신지숙 신지연 신지원 신지원 신지윤 신지선 신지현 신지희 신진 신진경 신진경 신진삼 신진섭 신진섭 신진숙 신진식 신진식
신진명 신진옥 신진욱 신진욱 신진한 신진호 신진호 신진훈 신진희 신차순 신찬수 신찬숙 신창규 신창규 신창기 신창기 신창성 신창숙 신창숙 신창식 신창식 신충호 신치범 신치석 신태건 신태곤 신태근 신태복
신태섭 신태성 신태욱 신태영 신태용 신태하 신태진 신태현 신태형 신태홍 신태화 신택규 신택준 신판식 신평우 신평호 신필균 신필순 신필호 신하령 신하용 신학선 신학용 신학철 신한결 신한라 신한기
신현길 신현길 신현길 신현대 신현돈 신현동 신현만 신현만 신현만 신현모 신현무 신현배 신현봉 신현봉 신현선 신현섭 신현성 신현송 신현송
신현우 신현우 신현욱 신현욱 신현욱 신현인 신현일 신현재 신현정 신현주 신현주 신현주 신현주 신현직 신현진 신현찬 신현창 신현철 신현철
신형우 신형원 신형철 신혜경 신혜경 신혜경 신혜선 신혜선 신혜수 신혜수 신혜숙 신혜숙 신혜숙 신혜식 신혜영 신혜영 신혜원 신혜원 신혜원
신홍식 신홍식 신홍식 신홍철 신화금 신화섭 신화영 신환수 신황신 신황호 신회균 신회우 신효숙 신효원 신효정 신효철 신후 신훈 신훈
신희섭 신희성 신희성 신희수 신희옥 신희우 신희운 신희자 신희철 신희철 신희태 심갑용 심건길 심건섭 심건식 심경란 심경례 심경선 심경선 심경수 심경옥 심경욱 심경자 심경정 심경철 심봉섭 심계속 심관섭 심광섭 심광석
심광섭 심광숙 심광일 심광진 심광현 심구남 심귀숙 심규목 심규안 심규옥 심규정 심규택 심규하 심규학 심규호 심규환 심금순 심기대 심기범 심기용 심기주 심기찬 심길종 심남 심남영 심다선 심단비 심담 심대보 심대섭 심덕무 심도선 심동룡 심동보
심동섭 심동열 심동준 심두보 심두석 심두섭 심마로 심만식 심말순 심맹자 심명보 심명섭 심명옥 심명은 심명종 심무부 심문보 심문선 심문섭 심미숙 심민섭 심방규 심범규 심범섭 심범용 심병섭 심병호 심보성 심봉용 심상교 심상구 심상규 심상섭 심상우
심민식 심민식 심민정 심방국 심방규 심범석 심범섭 심병섭 심병호 심보성 심보준 심보현 심복덕 심복선 심복실 심복희 심봉섭 심봉용 심상원 심상준 심상진 심상찬 심상천 심상필 심상학 심상현 심상호 심상란 심성섭 심성숙 심성욱 심세영 심세욱 심소녀 심수영 심수자 심수정 심수진
심수환 심숙희 심순복 심순섭 심순애 심순희 심슬기 심슬림 심승기 심신택 심양식 심양식 심언교 심언신 심연섭 심연수 심연심 심연옥 심언교 심연남 심용섭 심용운 심용갑 심우강 심우근 심우기 심우방 심우보 심우봉 심우석 심우식 심영우 심우진 심현 심원보 심원숙 심원식 심원회
심예인 심오섭 심옥선 심옥섭 심옥섭 심옥의 심옥자 심옥현 심옥효 심용남 심용보 심용섭 심용운 심용진 심우갑 심우강 심우근 심우기 심유보 심윤섭 심윤진 심은미 심은숙 심의섭 심이슬 심인보 심인석 심인숙 심임식 심임식 심일봉 심재광 심재구 심재규 심재국 심재국 심재권 심재두 심재란 심재룡 심재리 심재면
심유보 심윤보 심윤섭 심윤진 심은미 심은숙 심은영 심은주 심은희 심은희 심의섭 심의주 심이섭 심이슬 심인보 심인석 심인섭 심인숙 심재명 심재문 심재민 심재범 심재봉 심재상 심재선 심재선 심재성 심재숙 심재순 심재승 심재식 심재신 심재연
심재명 심재문 심재민 심재범 심재봉 심재상 심재선 심재선 심재선 심재성 심재숙 심재순 심재승 심재식 심재신 심재연 심재연 심재연 심재찬 심재철 심재철 심재충 심재택 심재표 심재필 심재헌 심재헌 심재헌 심재혁 심재현 심재호 심재호 심재면
심재찬 심재철 심재철 심재충 심재택 심재표 심재필 심재헌 심재헌 심재헌 심재혁 심재현 심재호 심재호 심재호 심재호 심재홍 심재환 심정섭 심정섭 심정수 심종숙 심종아 심종용 심종자 심종순 심종식 심종우 심종준 심종헌
심종헌 심종희 심주학 심준섭 심준섭 심준용 심준용 심증보 심지연 심지영 심진기 심진식 심진학 심진희 심찬구 심찬식 심창보 심창섭 심창식 심창우 심채민 심태산 심태섭 심판섭 심평섭 심평식
심학섭 심한섭 심항일 심해련 심해수 심향숙 심현덕 심현섭 심현숙 심현숙 심현숙 심현순 심현식 심현재 심현정 심현천 심현태 심형보 심형수 심혜진 심혜진 심호용 심홍택 심화영 심화열 심회영 심효심 심효솔
심흥식 심희경 심희기 심희숙 아옥련 안갑수 안갑주 안갑형 안강 안건상 안건찬 안경만 안경묵 안경수 안경숙 안경숙 안경숙 안경순 안경식 안경애 안경열 안경옥 안경원 안경자 안경재 안경제 안경주 안경준 안경지
안경환 안경희 안계철 안계춘 안곡지 안관석 안관욱 안광균 안광덕 안광록 안광모 안광석 안광섭 안광수 안광식 안광애 안광열 안광영 안광원 안광준 안광준 안광한 안광혁 안광희 안광희 안교현 안국승 안국신 안국진 안국찬 안국필 안국형 안국희 안군서
안귀중 안규금 안규상 안규식 안규영 안규자 안규정 안규헌 안균섭 안근호 안금남 안금자 안금자 안기돈 안기삼 안기수 안기순 안기용 안기전 안기천 안기철 안기풍 안기하 안기헌 안기혁 안기형 안기호 안기홍 안기홍 안기환 안길섭 안길숙 안길주 안길환
안길환 안낙천 안남근 안남근 안남기 안남수 안남순 안남식 안남주 안남찬 안남필 안남혁 안녕 안대기 안대봉 안대봉 안대일 안대준 안대준 안대현 안대훈 안덕귀 안덕규 안덕모 안덕상 안덕용 안덕형 안덕훈 안덕희 안도솔 안도원 안도훈 안동규 안동근
안동근 안동기 안동선 안동섭 안동수 안동순 안동억 안동열 안동업 안동운 안동원 안동인 안동일 안동준 안동혁 안두순 안두용 안두용 안두진 안두현 안득남 안란영 안림 안만규 안만기 안만진 안매미 안명구 안명국 안명기 안명도 안명동 안명수 안명숙 안명숙
안명순 안명숙 안명옥 안명옥 안명옥 안명호 안명화 안명희 안명희 안무영 안문국 안문숙 안문엽 안문영 안미경 안미경 안미경 안미경 안미라 안미란 안미란 안미선 안미선 안미숙 안미숙 안미자 안미화 안미화 안민석 안민선 안민수 안민숙 안민숙 안민식
안민영 안병례 안병룡 안병만 안병만 안민지 안민지 안방진 안벽오 안병구 안병국 안병규 안병록 안병만 안병만 안병만 안병만 안병무 안병문 안병석 안병석 안병석 안병선 안병선 안병섭 안병섭 안병숙 안병순
안병억 안병열 안병우 안병우 안병욱 안병웅 안병유 안병익 안병일 안병주 안병주 안병직 안병직 안병진 안병진 안병진 안병채 안병철 안병철 안병태 안병태 안병학 안병혁 안병현 안병현 안병호 안병환 안병훈 안병훈
안병희 안병희 안보미 안보섭 안복순 안복식 안복영 안복모 안봉태 안봉현 안봉환 안봉희 안사남 안산골프클럽(주) 안산외국인노동자센터 안삼룡 안삼환 안상갑 안상겸 안상규 안상균 안상균 안상근 안상근 안상기 안상길 안상덕 안상덕 안상덕
안상익 안상임 안상준 안상준 안상진 안상철 안상학 안상현 안상현 안상협 안상환 안상훈 안새하 안서지 안석 안석관 안석교 안석수 안석수 안석순 안석열 안석영 안석환 안석희 안선아 안선자 안선진 안선화 안선희 안성구 안성귀 안성기 안성례 안성만 안성민 안성삼 안성서 안성수 안성길
안성기 안성기 안성길 안성렬 안성례 안성만 안성민 안성삼 안성수 안성숙 안성숙 안성순 안성암 안성영 안성욱 안성욱 안성율 안세원 안세준 안세준 안세진 안세현 안세홍 안세화 안세웅 안세영 안세웅 안세혁 안세홍 안소담 안소연 안소정 안소현 안소희 안송 안송산 안송수 안수경 안수길
안수란 안수연 안수연 안수연 안수정 안수진 안수종 안수환 안숙환 안숙환 안승덕 안승도 안승복 안승연 안순석 안순인 안순자 안순홍 안순화 안순환 안순희 안승 안승권 안승근 안승길 안승률 안승미 안승민 안승복 안승빈 안승억 안승연
안승수 안승순 안승재 안승준 안승천 안승해 안승현 안승환 안승희 안시락 안시영 안식 안신권 안신규 안신자 안신형 안신호 안아람 안아람 안아름 안아율 안애희 안양례 안양로 안양수 안양숙 안양하 안여숙 안연길
안연수 안연숙 안연순 안연준 안연희 안영갑 안영갑 안영규 안영규 안영근 안영기 안영도 안영도 안영란 안영미 안영미 안영민 안영배 안영봉 안영석 안영섭 안영수 안영숙 안영숙 안영순 안영순 안영순 안영식 안영식 안영식 안영애 안영애
안영애 안영애 안영옥 안영재 안영재 안영진 안영진 안영희 안용성 안용수 안용수 안용식 안용태 안용태 안용한 안용헌 안용현 안용희 안우숙 안욱 안욱환 안웅린 안웅환 안원종 안원주 안원철 안원현
안유강 안유숙 안유진 안유호 안윤기 안윤근 안윤상 안윤수 안윤애 안윤영 안윤태 안은경 안은경 안은모 안은미 안은선 안은수 안은숙 안은식 안은신 안은심 안은영 안은자 안은주 안은해 안은희 안응섭 안의모 안의순 안의진 안이근 안이상
안이정선 안이현 안익준 안일근 안일찬 안인선 안자섭 안자용 안자용 안장근 안장승 안장옥 안장호 안재금 안재금 안재두 안재민 안재민 안재성 안재성 안재수 안재숙
안재하 안재한 안재현 안재현 안재형 안재홍 안재홍 안재훈 안점숙 안점자 안정규 안정균 안정도 안정란 안정리 안정림 안정모 안정민 안정숙 안정숙 안정운 안정옥 안정옥 안정욱 안정임 안정임 안정임 안정자 안정주 안정택 안정하 안정현
안정민 안정선 안정선 안정선 안정아 안정애 안정애 안정애 안정연 안정열 안정옥 안정옥 안정욱 안정욱 안정임 안정임 안정임 안정자 안정주 안정택 안정하 안정현
안정혜 안정혜 안정혜 안정호 안정효 안정희 안정희 안정희 안정희 안주미 안종민 안종복 안종복 안종상 안종상 안종석 안종섭 안종성 안종수 안종식 안종억 안종옥 안종욱 안종원 안종인 안종재 안종주 안종파
안종환 안종기 안종두 안종산 안종선 안종숙 안종열 안종의 안종호 안종환 안종환 안종희 안지수 안지예 안지자 안지은 안지혜 안지희 안진경 안진경 안진수 안진신 안진오 안진원 안진호 안진훈 안진회 안진희 안창근 안창길 안창도 안창렬
안창수 안창순 안창식 안창언 안창영 안창욱 안창웅 안창일 안창현 안창헌 안창현 안창호 안채숙 안채열 안채혁 안천식 안철 안철수 안철욱 안철원 안철인 안철준 안철현 안철회 안철희 안청선 안청자 안춘근 안춘배 안춘상 안춘선

443

안춘식 안춘우 안춘회 안춘희 안충환 안치국 안치도 안치숙 안치순 안치면 안치명 안치운 안치환 안태균 안태랑 안태수 안태영 안태명 안태원 안태철 안태호 안태환 안태호 안태환 안택수 안택호 안태호 안평률 안평환 안붕 안필규 안필순 안필용 안طข생략
안한빛 안한상 안한수 안한희 안해룡 안해옥 안해저 안행근 안혁 안현각 안현규 안현배 안현수 안현수 안현숙 안현숙 안현순 안현실 안현옥 안현우 안현우 안현자 안현주 안현주 안현준 안현철 안현태 안현희 안현규 안형남 안형숙 안형순
안형식 안형준 안형진 안형택 안혜경 안혜령 안혜리 안혜성 안혜석 안혜성 안혜욱 안혜정 안혜정 안혜진 안호근 안호국 안호석 안호웅 안호준 안호진 안호현 안효균 안효배 안효서 안효주 안효인 안효주 안훈 안효경 안효정 안효진 안효숙
안효숙 안효숙 안효승 안효열 안효재 안효정 안효진 안효진 안효철 안효후 안휴근 안휴준 안흥록 안흥식 안흥열 안흥주 안희경 안희도 안희동 안희두 안희성 안희수 안희숙 안희명 안희욱 안희천 안희철 안희태 안희훈 양갑모 양갑승
양갑현 양갑협 양강섭 양건 양건모 양건수 양집 양경렬 양경모 양경모 양경모 양경모 양경리 양경석 양경수 양경숙 양경숙 양경숙 양경식 양경신 양경원 양경일 양경자 양경호 양경호 양경희 양계봉 양계선 양계숙 양계영 양계회 양관순
양관영 양관종 양광민 양광석 양광남 양광숙 양광열 양광정 양국 양국무 양국수 양국현 양권숙 양귀순 양귀식 양귀자 양규자 양규모 양규옥 양규서 양근서 양금식 양금섭 양금영 양금자 양금훈 양기대 양기도 양기림
양기범 양기석 양기석 양기수 양기승 양기억 양기영 양기욱 양기원 양기원 양기정 양기정 양기준 양기철 양기출 양기태 양길사 양길승 양길영 양길현 양난숙 양남 양남규 양남근 양남실 양남다 양달실 양대권 양대석 양대식 양대석
양대영 양대우 양대일 양대진 양대현 양대현 양대호 양덕수 양덕순 양덕춘 양덕화 양도환 양동 양동갑 양동규 양동규 양동균 양동근 양동기 양동대 양동란 양동만 양동만 양동문 양동북 양동석 양동순 양동승 양동오 양동윤 양동용 양동일
양동작 양동조 양동천 양동춘 양동탁 양동필 양동화 양동훈 양동휴 양동희 양두수 양득순 양란 양만민 양만종 양만주 양만민 양만회 양만석 양명모 양명자 양명주 양명진 양명호 양모문 양문구 양문수 양문보
양문석 양문수 양문실 양문자 양문정 양문훈 양문회 양미경 양미나 양미라 양미란 양미령 양미선 양미숙 양미영 양미애 양미회 양민규 양민석 양민옥 양민자 양민정 양민종 양민해 양민호 양배근 양배기 양병구 양병기 양병도 양병연 양병춘
양병호 양병조 양병롱 양병호 양병훈 양보경 양보라미 양보석 양보호 양복모 양복영 양복지 양봉규 양봉석 양봉선 양봉승 양봉영 양봉주 양봉주 양부부 양산희 양삼례 양삼호 양삼국 양상규 양상기 양상모 양상수 양상우 양상운 양상철 양상현
양서영 양서현 양석영 양석원 양석원 양석진 양선모 양선미 양선영 양선옥 양선우 양선조 양선주 양선규 양성규 양성규 양성렬 양성모 양성수 양성숙 양성옥
양성욱 양성장 양성주 양성천 양성천 양성철 양성택 양성현 양성호 양성호 양성회 양성회 양세성 양세열 양세진 양소영 양소정 양소혜 양소희 양송이 양수민 양수영 양수영 양수용 양수인 양수정 양수정 양수진 양숙경
양숙현 양순길 양순래 양순복 양순아 양순애 양순옥 양순옥 양순용 양순이 양순자 양순종 양순철 양순창 양순화 양순희 양숙희 양순희 양순희 양순곤 양순관 양순구 양순국 양순국 양순규 양순근 양순근 양순남 양순동 양순두 양순란
양순모 양순문 양순복 양순부 양순수 양순숙 양순준 양순철 양선모 양선미 양선영 양선창 양선호 양선숙 양선태 양선표 양선형 양선학 양선호 양선희 양시경 양시관 양시경 양시진 양신중
양신도 양심전 양쌍수 양애지 양여주 양연수 양연식 양연익 양연화 양영광 양영국 양영길 양영미 양영숙 양영선 양영성 양영숙 양영자 양영정 양영준 양영아 양영옥 양영옥 양영우 양영일 양영철 양영호 양영효
양영희 양영희 양예경 양예나 양오승 양옥관 양옥단 양옥순 양옥숙 양옥현 양완국 양우기 양우석 양우선 양우식 양우우 양우일 양우철 양우화 양우석 양우석 양우성 양우승 양우식 양우정 양우창 양욱미 양운승 양운신
양운주 양웅 양웅철 양웅호 양원기 양원덕 양원동 양원석 양원섭 양원명 양원정 양원태 양원현 양우라 양유복 양유성 양유신 양윤모 양윤실 양윤아 양윤주 양윤정 양윤정 양윤진 양윤택
양은경 양은경 양은란 양은미 양은순 양은숙 양은정 양은정 양음규 양의숙 양의인 양익승 양익화 양인규 양인모 양인석 양인선 양인수 양인숙 양인숙 양인순 양인용 양인모 양인정 양일모 양일남 양일봉 양일복 양일채 양일채 양채남
양일원 양자묵 양재구 양재덕 양재동 양재민 양재문 양재민 양재섭 양재성 양재소 양재신 양재명 양재오 양재오 양재인 양재인 양재준 양재진 양재태 양재현 양재해 양재헌 양재혁 양재혁 양재현 양재호 양재훈 양정소 양정식 양정규
양정근 양정호 양정홍 양정식 양정화 양정훈 양조 양조명 양조성 양조영 양조영 양조훈 양종구 양종근 양종렬 양종문 양종서 양종석 양종오 양종학
양종환 양주령 양주빈 양주석 양주용 양주이 양주현 양주호 양주훈 양준모 양준서 양준호 양준호 양준호 양중길 양재주 양지성 양지수 양지명 양지용 양지혁 양지현 양지홍 양지환 양진명 양진석 양진영 양진명 양진규 양진길 양진봉 양춘열
양춘양 양춘옥 양춘묵 양충승 양충용 양친유 양친창 양항남 양창모 양창모 양창석 양창식 양창석 양창일 양철승 양철옥 양철준 양철희 양철홍 양국 양춘기 양춘길 양춘복 양춘성 양춘열
양춘조 양춘호 양충식 양충숙 양태봉 양태선 양태봉 양태식 양태명 양태일 양태진 양태진 양태화 양푸름 양태호 양하영 양하영 양학성 양한선 양한수 양한순 양한용 양향경 양향관 양향동 양해려
양해림 양해석 양해숙 양해식 양해영 양해완 양해원 양해일 양해진 양향동 양향우 양현두 양현란 양현명 양현미 양현섭 양현성 양현수 양현숙 양현순 양현순 양현숙 양현수 양현태 양현형 양현채 양현희
양현남 양혜단 양혜리 양혜선 양혜숙 양혜숙 양혜영 양혜원 양혜우 양혜원 양혜자 양혜자 양혜정 양혜정 양혜정 양혜진 양혜희 양혜애 양호산 양호섭 양호승 양호직 양호철 양호흥 양효린 양영문 양효석 양효식 양화선 양화옥 양춘준 양구 양희룡
양희림 양희정 양희영 양희성 양효근 양지 양효찬 양효순 양효순 양효일 양효환 양경근 양경정 양경훈 양회국 양회민 양회보 양회설 양회선 양회수 양회순 양회명 양회영 양회욱 양회용 양회우 양희원 양희로
양희일 양효주 양희진 양희화 여경도 여경문 여경선 여경숙 여경규 여대식 여명수 여민모 여석환 여선영 여선재 여성기 여성민 여면미 여면미 여영수 여웅섭 여유진 여욱순 여용순 여일한 여순곤 여진도 여진도 여진도 여진훈 여선우
여선익 여설아 여수구 여성국 여성도 여성숙 여성훈 여숙자 여순일 여순구 여순숙 여영국 여영숙 여용우 여은갑 여은근 여은모 여은석 여은숙 여은승 여은재 여은학 여은학 여은학 여은학
여은경 여은경 여은묘 여이기 여이슬 여이구 여인술 여이명 여인옥 여인철 여인학 여재만 여진상 여진포 여진동 여진이 여진희 여종우 여주리 여진묘 여천랑 여천효 여천명 여청불 여치히 여태봉 여태석 여태양 여태용 여태철 여태훈 여택수
여하성 여한구 여허구 여현호 여형석 여형숙 여효기 여효환 여효호 여효규 여후남 여혁속 여갑수 여연일 여연구 여연택 여연규 여연기 여연명 여병기 여병무 여병성 여병우 여신흠 여신진 여선탁 여성희 여연순 여연궐 여연물 여연선 여위봉
여인숙 여재훈 여전숙 여전철 여전명 여전석 여명진 여진도 여진명 여진기 여전훈 여깊기 여연기 여전석 여전철 여명국 여명형 여명철 여효므 여효섭 여효식 여효정 여여궐
여효화 여인숙 여엽질 여경장 여재숙 여정정 여정훈 여종갑 여종종 여지숙 여지원 여지곰 여엽회 여엽신 여춘호 여춘화 여필운 여명형 여명국 여명형 여명철 여효리 여엽섭 여혁식 여경곽 여예진 여예무 여예남 여예봉 여예상한 여수철
예술의전당 예술혁 예영빈 예영봉 예은갑 예다전 예혼산 오갑회 오강석 오건소 오건전 오건준 오건전 오건준 오건환 오건랑 오건렬 오건렬 오강석 오강숙 오강순 오강수
오강숙 오강식 오강집 오견연 오경광 오경숙 오경자 오경진 오경진 오경진 오경전 오경철 오경탁 오경표 오경해 오경환 오경환 오경희 오경희 오경희 오경희 오체숙 오게욱 오란훈 오관 오광록 오광만 오광묘
오규용 오근갑 오근석 오근전 오근남 오금덕 오금석 오금순 오금탁 오금전 오기도 오기모 오기순 오기성 오기순 오기춘 오기주 오기수 오기전 오기전 오기정 오길묘 오길남 오길정 오길봉 오길태 오긴
오나포메웅 오교교 오남두 오남성 오남숙 오남옥 오나태 오누리 오다숙 오다전 오다현 오담 오대건 오대산 오봄석 오대명 오대명 오대명 오대현 오덕근 오덕전 오덕호 오덕춘 오덕섭 오돈규 오동묘 오돈규 오동렬 오동범 오동석 오동선
오동열 오동열 오동열 오동원 오동춘 오동현 오동회 오동호 오동호 오동호 오두레 오두섭 오두희 오라스트 오래선 오룡 오막국 오막순 오만철 오맹렬 오명근 오명기 오명녀 오명도 오명렬 오명석 오명옥 오명숙 오명숙 오명숙 오명신 오명심
오명욱 오명철 오명구 오명회 오명묘 오명칠 오명학 오명철 오명전 오문영 오문준 오문환 오민규 오민모 오미라 오미숙 오미숙 오미숙 오미명 오미자 오미정
오미정 오미정 오이환 오민규 오민석 오민아 오민안 오민주 오민철 오민택 오민호 오민훈 오방렬 오방화 오봬근 오봰진 오범탁 오병갑 오병건 오방규 오병교 오병규 오방근 오병도 오병무 오병문 오병복 오방선 오방성 오병수 오병수 오병연
오병연 오병욱 오병존 오병준 오병철 오병택 오병후 오병화 오병회 오복남 오복숙 오복순 오봉근 오봉순 오봉진 오봉철 오봉회 오비오 오사라 오사준 오상주 오상경 오상기 오상도 오상동 오상안 오상봉 오상석
오상수 오상엽 오상우 오상욱 오상진 오상철 오상석 오상식 오상덕 오상근 오상곤 오상수 오색수 오색영 오석범 오석종 오석주 오석찬 오석하 오석환
오선 오선경 오선경 오선규 오선근 오선배 오선열 오선명 오선묵 오선천 오선작 오선개 오성광 오성교 오성규 오성균 오성근 오성근 오성섭 오성돈 오성만 오성민 오성민 오성복 오성섭 오성수 오성수 오성욱 오성육 오성묘 오성택 오성환
오성재 오성정 오성제 오성종 오성주 오성주 오성준 오성중 오성진 오성찬 오성천 오성탁 오성택 오성택 오성변 오성균 오성호 오성호 오성묘 오성회 오성희 오세광 오세국 오세근 오세기 오세남 오세도 오세동 오세동
오세라 오세메 오세민 오세범 오세묘 오세병 오세영 오세명 오세욱 오세옥 오세웅 오세묘 오세일 오세임 오세전 오세정 오세정 오세주 오세준 오세중 오세진 오세진
오세창 오세채 오세창 오세철 오세태 오세현 오세학 오세화 오세환 오세훈 오세회 오세희 오소라 오소영 오소희 오송방 오송화 오수경 오수근 오수근 오수미 오수성 오수안 오수완 오수인 오수인 오수야
오수지 오수진 오수진 오수진 오수차 오수창 오수창 오수철 오수형 오수형 오수호 오수해 오수환 오숙란 오숙민 오숙연 오숙은 오숙이 오숙회 오순남 오순민 오순부 오순선 오순영 오순옥 오순임 오순임 오순자 오순정 오순환 오순환 오순희 오승 오승국
오승룡 오승감 오승명 오승영 오승옥 오승준 오승종 오승진 오승찬 오승효 오승훈 오승혁 오승혁 오승훈 오승훈 오승희 오시구 오시덕 오시라 오시상 오시명
오시영 오시용 오시택 오신명 오신환 오신애 오신지 오심형 오아사 오안득 오안웅 오래란 오애연 오애명 오양기 오양삼 오양수 오양식 오양운 오양택 오양회 오여주 오연 오연묘 오연수 오연숙 오연영 오연일 오연지 오연자 오연정 오염곤
오영기 오영길 오영남 오영덕 오영란 오영혜 오영묘 오영묵 오영이 오영빈 오영석 오영석 오영숙 오영숙 오영숙 오영순 오영식 오영신 오영원 오영일 오영지 오영자 오영태 오영묘
오영준 오영진 오영진 오영칠 오영학 오영우 오영호 오영효 오영화 오영환 오영후 오영희 오영희 오영희 오옥경 오옥기 오옥녀 오옥순 오옥이 오옥태 오완근
오완섭 오완섭 오완수 오완식 오완철 오용곤 오용기 오용기 오용길 오용례 오용룩 오용묘 오용식 오용산 오용철 오용태 오용탁 오용태 오용태 오운식 오운전 오운기 오운이 오원모 오원배 오원배
오원배 오원석 오원식 오원섭 오원식 오원욱 오원주 오원진 오원진 오원집 오원철 오유경 오유교 오유규 오유나 오유백 오유백 오유빈 오유석 오유선 오유승 오유열 오유정 오유정 오윤관 오윤례 오윤이 오윤석 오윤성 오윤옥 오윤정 오윤주
오윤태 오윤희 오윤환 오은교 오은근 오은범 오은선 오은숙 오은순 오은애 오은정 오은주 오은주 오은주 오은지 오은지 오은택 오은한 오은환 오은희 오율석 오율식 오윤석 오의숙 오의탁 오익선 오익찬 오익창
오인근 오인두 오인석 오인숙 오인식 오인실 오인천 오인철 오인탁 오인태 오일묘 오일묘 오일봉 오임범 오임정 오일환 오임묘 오장석 오장석 오장찬 오장숙 오장갑 오장관
오재권 오재근 오재길 오재덕 오재동 오재록 오재명 오재선 오재성 오재여 오재식 오재영 오재오 오재록 오재욱 오재원 오재일 오재준 오재평 오재현 오점남 오점수 오점열 오점묘 오점한 오정국 오정숙 오정훈
오정면 오정석 오정선 오정성 오정수 오정묘 오정환 오정열 오정영 오정오 오정원 오정윤 오정석 오정이 오정자 오정재 오정진 오정진 오정철 오정택 오정하 오정호 오정환 오정환 오정훈 오정훈 오정균 오재근 오재묘
오재백 오재우 오재묵 오재천 오재학 오종관 오종교 오종근 오종섭 오종길 오종숙 오종오 오종우 오종호 오종호 오종효 오종희 오종환 오주광 오주삼 오주석 오주상 오주아
오주열 오주명 오주헌 오주형 오주희 오준석 오준성 오준호 오준환 오준현 오준철 오준호 오준호 오준홍 오준희 오증세 오중헌 오지미 오지석 오지선 오지선 오지수 오지자 오지영 오지현 오지혜 오지환 오지호 오진 오진구
오진산 오진석 오진수 오진식 오진옥 오진묘 오진주 오진탁 오진하 오진해 오진현 오진호 오진환 오진희 오차자 오찬 오찬식 오찬우 오찬광 오창근 오창전 오창남 오창락 오창례 오창민 오창백 오창석 오창석 오창섭 오창섭
오창숙 오창식 오창현 오창현 오창호 오창화 오천석 오천숙 오철 오철봉 오철화 오철희 오춘근 오춘성 오춘호 오춘봉 오춘화 오치묘 오치봉 오코만 오코숙 오쿄만 오칠웅
오칠묘 오탁근 오탁벼 오탄 오태겸 오태묘 오태규 오태라 오태무 오태봉 오태명 오태섭 오태숙 오태성 오태순 오태식 오태면 오태묘 오태명 오태용 오태묘 오태평 오태현 오태현 오태현 오태회 오태택 오택근 오판곤
오판순 오팔명 오팽섭 오필심 오필심 오하근 오하늘 오하영 오학균 오한곤 오하나 오하묵 오한별 오한상 오한숙 오한승 오한우 오한준 오한준 오향목 오해석 오해석 오해선 오해수 오해연 오해천 오해출 오행근 오향경 오향래 오향숙 오향심 오향명
오혁종 오혁 오현제 오현근 오현대 오현숙 오현석 오현성 오현식 오현옥 오현우 오현준 오현숙 오현식 오현대 오현식 오현전 오현정 오현정 오현철 오현택 오현주 오현호 오현환 오현훈 오현훈 오현택 오현식 오현옥 오현묵 오현묘 오혜숙
오형화 오형전 오화순 오화영 오화정 오환진 오요석 오효순 오후석 오후동 오후석 오후국 오후명 오흥민 오흥상 오흥석 오흥설 오흥윤 오흥은 오흥후 오흥진 오흥탁 오회 오희경 오희수 오희애 오희민 오희영 오희장 오희진 오희정 오경과 옥광철 옥광석
옥기석 옥남식 옥동묘 옥동묘 옥동춘 옥동현 옥명곤 옥석구 옥숙이 옥석자 옥영봉 옥숙자 옥산자 옥산묘 옥명현 옥숙현 옥명진 옥정묘 옥정한 옥숙묘 옥숙묘 옥석석 옥석옥 옥영진 옥영출 옥정진 옥석영 옥기범
옥기석 옥남식 옥동묵 옥동석 옥석명 옥석숙 온근상 온기현 온성율 온세아 온수애 온양 온명만 온명숙 온명상 온명묘 온정숙 온정해 온정봄 온정숙 왕경검 왕경순 왕규식 왕규춘 왕기선 왕길남 왕동숙 왕명묘 왕명묘 왕우근 왕미혜 왕병곽 왕병묘 왕보궐 왕상석 왕상이 왕성욱 왕석균 왕온전 왕인근 왕일상 왕재묘
왕정숙 왕정호 왕정일 왕종호 왕종희 왕주현 왕준언 왕중영 왕창세 왕창호 왕태묘 왕한석 왕현묘 왕형명 왕화숙 왕회정 외대총동문 외화반보 용미숙 용석인 용석회 용순희 용명자 용명창 용명교 용명희 용운종 용숙묘 용인주 용인종 용창환 용환승
용환난 우강십 우강숙 우강자 우강근 우경화 우경묘 우관념 우관섭 우광묵 우광은 우구현 우귀선 우귀태 우귀순 우기명 우기정 우기주 우남십 우남식 우대석 우대봄 우동묘 우동우 우둑종 우리사주
우만채 우만묘 우명선 우명섭 우명숙 우명자 우명주 우명주 우명종 우명묘 우묘문 우미겸 우미라 우민식 우병겸 우병묘 우병기 우명묘 우병조 우병태 우병숙 우병옥 우병묘 우봉숙 우부인 우상묘 우상민 우상묵 우상수 우상순 우상준 우상철 우상택 우상훈
우석만 우석용 우선주 우선주 우선란 우선섭 우성정 우성진 우선영 우선희 우승하 우수영 우수자 우숙영 우선복 우선항 우승명 우승원 우수식 우숙묘 우애리 우양길 우억기 우억명 우우묘 우연창 우연관 우연란 우연명 우연묘 우영제 우영주
우명작 우명옥 우예니 우예현 우우성 우우묘 우원명 우원묘 우원탁 우은명 우은석 우은묘 우은묘 우은철 우은인 우은옥 우은옥 우인태 우인명 우일명 우주묘 우무비십 우재숙 우재묘 우재춘 우지라 우지남 우정묘 우정숙 우정민 우정서 우정욱
우정아 우정연 우정윤 우정순 우정철 우정화 우제열 우제택 우제일 우제호 우종남 우종대 우종빈 우종산 우종호 우종식 우종봉 우종묘 우좌주 우주지 우천희 우선묘
우창윤 우창호 우충열 우훈호 우위차 우위화 우한예 우한동 우행묘 우현구 우현석 우현아 우인체 우행식 우현신 우혜령 우혼섭 우흥수 우희균 우희만 우희범 우희묘 우희숙 우희창 원경관 원경선 원경숙 원경묘 원경진 원경희 원광재 원구연
원구범 원기배 원길구 원길자 원남십 원다국 원동묘 원동묵 원동묘 원명 원명묘 원명명 원리숙 원병묘 원병묘 원봄미 원삼묘 원새봄 원산자 원성 원성권 원성수 원성연 원성묘 원성회
원세연 원세묘 원수곤 원수연 원숙 원숙녀 원숙설 원순재 원순필 왕양재 원명규 원명묘 원영례 원영만 원영묘 원영복 원영에 원영지 원영재 원영재 원용묘 원용묘 원용묘 원예채 원우묘 원유순 원유방
원유열 원유장 원유묘 원유묘 원윤 원유성 원윤경 원율상 원율길 원율만 원윤만 원인욱 원일 원자경 원재원 원정근 원정묘 원제환 원제환 원제종 원종근 원종레 원종상 원종묘 원종순 원종애 원종영 원종영 원종철 원종호
원준식 원준묘 원지묘 원전숙 원창석 원창소 원창묘 원초작 원태민 원태만 원태숙 원태식 원봄숙 원봄숙 원행 원행 원황묘 원형수 원혜 원혜명 원혜숙 원혜연 원호연 원호정 원황철 원효정 원효석 원휘식 월주
위경일 위계홍 위란관 위기진 위기하 위길환 위대제 위르겐히스페터 위만순 위문석 위방행 위봄엽 위상묘 위석향 위석묘 위석정 위석묘 위성묘 위성묘 위성선 위성섭 위성진 위성원 위성욱 위성익 위석묘 위석호 위석원 위석국 위석환 위명원 위명란
위우정 위우진 위우환 위유순 위의환 위의복 위재묘 위재복 위재재 위재묘 위정신 위정성 위정묘 위정정 위정훈 위준연 위지정 위지묘 위지묘 위지훈 위창묘 위창향 위향묘 위한탄찬드니 위행복 위형이 위헥량 위헥준 위형욱 위호정 위홍묘 유가영
유가묘 우규관 유규열 우규문 유규진 유규진 유근형 유근형 유근묘 유경남 유경순 유경선 유경전 유경수 유경묘 유경숙 유경숙 유경아 유경연 유경영 유경용 유경묘 유경의 유경일 유경자 유경자 유경채 유경종
우기봄 유기묘 유길상 유길상 유길상 유길숙 유길순 유나평 우나창 유나근 유낙춘 유난희 우남규 유남열 유남묘 유남임 유남호 유내선 유내현 유다슬 유달준 유대규 유대근 유대석 유대선 유대선 유대명 유대형 유대철 유덕상 유덕수 유덕영
우덕영 우덕묘 유덕봄 유덕회 유도경 유도묘 유도북 유도수 우라 우라묘 유락규 유래순 유래명 유만덕 유만석 유말여 유말회 유명권 유명령 유명례 유명진 유명수 유명수 유명신 유명애 우명용 유명종 우명종 유명철 유명한 유명화
유명묘 유명종 유묘아삼 유우묘 유우철 유묵덕 우묵동 유묵상 유묵문 유묵문 유묵자 유문조 유미경 유미경 유미경 유미경 유미나 유미라 유미란 유미령 유미림 유미선 유미숙 유미숙 유미숙 유미숙 우미순 유미순 유미연 유미영 유미임 유미정
유미현 우미희 유민상 우민산 유민석 유민옥 유민전 우민향 유민효 유병철 유병명 유병제 유병철 유병종 유병택 우병필 유병현 유병화 유병환 유병훈 유병훈 유봄래 유봄묘 유봄기 유봄남 유봄식 유봄재 유봄진 유봄학 유군근 우부근 유비로 우비봄 우빛내리 유사름 우석순
우삼독 유삼록 유삼열 유상규 유상근 유상근 유상부 유상숙 유상열 유상열 유상영 유상영 유상옥 유상욱 유상원 유상원 유상준 유상중 유상표 유상혁 유상현 유상현 유상호 유상호 유상훈 유선회 우생영 유서경 우서원 우석만 우석성
유석순 우석숙 유석순 유석창 유석철 유석회 유석희 우선경 우선근 우선미 유선숙 유선이 우선영 유선은 유선이 유선종 유선태 유선학 유선호 유선호 유선화 유선화 유선회 유선희 유선희 유성권 유성규 유성규 유성근 유성근 유성노

유성렬 유성렬 유성렬 유성룡 유성모 유성문 유성민 유성민 유성수 유성수 유성숙 유성식 유성식 유성식 유성식 유성식 유성열 유성오 유성준 유성한 유성효 유성희 유성희 유세명 유세영 유세종 유소라 유소림 유소망 유소미 유소영 유소영 유소영 유소은
유소행 유소희 유수경 유수곤 유수만 유수복 유수연 유수연 유수열 유수용 유수인 유수정 유수하 유수호 유수호 유수화 유숙 유숙미 유숙자 유숙희 유숙희 유순관 유순남 유순애 유순열 유순이 유순자 유순하 유순현 유순희 유순희 유순희 유순희 유숭훈
유승 유승구 유승귀 유승규 유승규 유승남 유승렬 유승룡 유승목 유승무 유승민 유승부 유승석 유승아 유승암 유승연 유승연 유승열 유승열 유승영 유승오 유승옥 유승우 유승우 유승우 유승우 유승원 유승원 유승일 유승주 유승철 유승태 유승하 유승현 유승효
유승훈 유승훈 유승희 유승희 유승희 유승희 유시근 유시동 유시득 유시웅 유시정 유시철 유시춘 유시평 유신수 유신애 유신재 유신현 유실비아 유아리사 유안순 유안우 유애자 유양관 유양식 유양옥 유양하 유양호 유양희 유연 유연규 유연미 유연복
유연상 유연상 유연순 유연순 유연옥 유연옥 유연욱 유연자 유연자 유연찬 유연창 유연창 유연철 유연화 유연홍 유영 유영갑 유영경 유영경 유영경 유영관 유영국 유영균 유영근 유영근 유영글 유영도 유영돈 유영돈 유영란 유영란 유영래 유영렬 유영만 유영모
유영미 유영미 유영미 유영민 유영민 유영민 유영배 유영보 유영빈 유영삼 유영삼 유영상 유영선 유영선 유영선 유영섭 유영섭 유영소 유영소 유영수 유영수 유영수 유영숙 유영숙 유영숙 유영순 유영승 유영애 유영옥 유영옥 유영욱 유영운 유영이 유영일 유영일
유영자 유영자 유영자 유영자 유영재 유영재 유영재 유영재 유영점 유영조 유영종 유영주 유영준 유영준 유영진 유영철 유영철 유영철 유영현 유영호 유영호 유영호 유영화 유영화 유영화 유영환 유영환 유영희 유영희 유영희 유영희 유영희 유예지 유오갑
유오근 유오상 유옥렬 유옥분 유옥선 유옥순 유옥현 유옥화 유옥화 유옥화 유옥희 유완규 유완식 유완식 유완엽 유왕진 유외식 유요희 유요희 유용구 유용길 유용례 유용만 유용선 유용식 유용익 유용재 유용주 유용주 유용진 유용태 유용하 유용호 유용환 유용환
유용환 유우근 유우열 유우열 유우종 유우종 유우학례 유욱 유욱림 유운기 유웅조 유원규 유원근 유원적 유원호 유원호 유윤상 유윤상 유윤석 유윤식 유윤조 유윤희 유은 유은봉 유은상 유은숙 유은숙 유은순 유은실 유은열 유은영 유은정 유은정 유은종
유은주 유은희 유을희 유을희 유의선 유의식 유이종 유인 유인경 유인국 유인권 유인권 유인금 유인노 유인만 유인배 유인상 유인수 유인수 유인수 유인수 유인숙 유인숙 유인숙 유인순 유인순 유인애 유인애 유인열 유인영 유인자 유인종 유인주 유인주 유인찬
유인학 유인호 유인호 유일남 유일상 유일상 유일선 유일성 유일세 유일중 유임순 유자열 유장근 유장근 유장상 유장홍 유장홍 유재건 유재건 유재경 유재경 유재경 유재관 유재관 유재관 유재규 유재덕 유재도 유재명 유재방 유재봉 유재상 유재상 유재석 유재선
유재설 유재성 유재수 유재숙 유재신 유재심 유재안 유재연 유재연 유재열 유재영 유재영 유재영 유재용 유재용 유재웅 유재원 유재원 유재원 유재천 유재철 유재철 유재협 유재호 유재호 유재호 유재홍 유재홍 유점동 유점임 유정 유정곤 유정구 유정권 유정권
유정규 유정규 유정근 유정님 유정동 유정례 유정미 유정미 유정미 유정민 유정민 유정민 유정민 유정복 유정삼 유정석 유정석 유정선 유정선 유정수 유정수 유정숙 유정숙 유정숙 유정순 유정순 유정아 유정열 유정열 유정열 유정영 유정옥 유정옥 유정우 유정우
유정원 유정원 유정자 유정주 유정준 유정진 유정진 유정현 유정현 유정호 유정화 유정환 유정환 유정희 유정희 유정희 유정희 유정희 유정희 유제곤 유제성 유제성 유제성 유제연 유제영 유제천 유제호 유제호 유제화 유제훈 유제홍 유종건 유종구 유종규
유종기 유종남 유종남 유종도 유종범 유종상 유종석 유종석 유종섭 유종성 유종성 유종수 유종술 유종슬 유종승 유종식 유종열 유종옥 유종완 유종우 유종조 유종필 유종현 유종호 유종화 유주수 유주현 유주화 유주희 유주희 유준상 유준석 유준식 유준영
유준협 유중남 유중상 유중석 유중철 유중현 유지갑 유지남 유지명 유지무 유지미 유지상 유지아 유지열 유지영 유지옥 유지옥 유지우 유지우 유지우 유지은 유지인 유지정 유지찬 유지현 유지현 유지홍 유지하 유지후 유지훈 유지훈 유지훈 유지희 유지갑
유진경 유진경 유진권 유진근 유진미 유진배 유진복 유진상 유진상 유진상 유진선 유진실 유진식 유진수 유진숙 유진승 유진아 유진영 유진옥 유진옥 유진태 유진현 유진호 유진호 유진호 유진호 유진희 유지세 유치병 유찬기 유찬영
유찬옥 유찬용 유찬이 유찬호 유창균 유창수 유창열 유창일 유창하 유창호 유창화 유채봉 유천권 유천섭 유천형 유천호 유철상 유철수 유철열 유철인 유철준 유철홍 유청산 유청상 유청순 유초연 유초하 유초하 유추길 유춘비 유춘선
유춘식 유춘식 유춘실 유춘정 유춘상 유충상 유충재 유치정 유치숙 유치적 유탁 유태근 유태수 유태근 유태련 유태환 유태호 유택수 유팔복 유팔학 유명렬 유필선 유필수 유하근
유학림 유한기 유한목 유한별 유한별 유한산 유한상 유한성 유한술 유한수 유한애 유한영 유한영 유한원 유한종 유한준 유한필 유향مل 유향종 유해동 유해성 유해숙 유해숭 유해신 유해정 유해주 유행렬 유향식 유행준
유향란 유향자 유혁재 유혁종 유현기 유현길 유현미 유현미 유현빈 유현석 유현선 유현숙 유현숙 유현숙 유현식 유현실 유현오 유현봉 유현위 유현주 유현주 유현주 유현종 유현직 유현화 유현희 유현구 유형달 유형덕 유형석 유형순
유형시 유형재 유형재 유혜경 유혜경 유혜라 유혜근 유혜수 유혜영 유혜종 유혜종 유호근 유호상 유호성 유호용 유호준 유화수
유환 유환숙 유환일 유활란 유활명 유회순 유효덕 유효상 유효선 유효성 유효숙 유효숙 유효숙 유효정 유효준 유후근 유후람 유훈근 유훈준 유휘정 유흥목 유희권 유희덕 유희동 유희라 유희락 유희명 유희봉 유희수 유희숙 유연선 유희정
유희영 유희영 유희원 유희웅 유희정 유희종 유희주 유희창 유희철 유영정 육경병 육근영 육기업 육태홍 묵덕배 육동현 육민수 육사발천기급 육성천 육신혜 육성수 육선순 육인용 육일섭 육일정 육정희 육종관 육종인 육선수
육춘영 육태철 육태화 육춘소 육효종 육갑병 육갑상 육갑녀 육건중 육경기 육경문 육경관 육경진 육경호 육경희 육경희 육경희 육경희 육계섭 육계종 육고운 육고훈 육곤순 육곤희
윤관석 윤관석 윤관식 윤관희 윤광국 윤광기 윤광기 윤광남 윤광모 윤광수 윤광식 윤광식 윤광원 윤광의 윤광장 윤광재 윤광준 윤광진 윤광환 윤광희 윤선섭 윤교명 윤교철 윤구 윤구 윤구병 윤구병 윤구영 윤구현 윤국한 윤권 윤권순 윤권택
윤귀석 윤귀문 윤귀완 윤귀택 윤귀현 윤근우 윤근형 윤금남 윤금숙 윤금숙 윤금자 윤금자 윤급파 윤기 윤기남 윤기대 윤기남 윤기수 윤기영 윤기영 윤기옥 윤기정 윤기환 윤기철 윤길철 윤기태
윤기태 윤기현 윤기호 윤기홍 윤기호 윤길례 윤길수 윤길영 윤길자 윤길주 윤길주 윤길창 윤길한 윤길학 윤길환 윤나래 윤나리 윤나오 윤난실 윤남 윤남라 윤남기 윤남주 윤남중 윤남이 윤남하 윤남현 윤남협
윤나현 윤노을 윤누리 윤능선 윤다대 윤다운 윤다인 윤담연 윤대문 윤대석 윤대순 윤대영 윤대명 윤대용 윤대준 윤대중 윤대철 윤대철 윤대현 윤도효 윤도혜 윤대환 윤덕규 윤덕기 윤덕례 윤덕수 윤덕순 윤덕연 윤덕옹 윤덕원 윤덕원 윤덕인 윤덕인
윤덕재 윤덕주 윤덕중 윤덕형 윤덕현 윤덕화 윤덕훈 윤덕희 윤도빈 윤도원 윤도숙 윤도진 윤동구 윤동국 윤동기 윤동남 윤동민 윤동민 윤동산 윤동수 윤동순 윤동영 윤동욱 윤동주 윤동철 윤두
윤두현 윤득삼 윤듬 윤만식 윤만희 윤만원 윤만철 윤명순 윤명섭 윤명수 윤명식 윤명식 윤명숙 윤명숙 윤명옥 윤명종 윤명준 윤명혜 윤명호 윤명훈 윤명희 윤명희 윤모촌 윤몽룡 윤무진 윤문기
윤문수 윤문숙 윤문숙 윤문원 윤미경 윤미경 윤미경 윤미경 윤미길 윤미례 윤미리 윤미리애 묘미선 윤미선 윤미선 윤미숙 윤미숙 윤미숙 윤미애 윤미연 윤미영 윤미영 윤미영 윤미영 윤미옥 윤미옥 윤미정 윤미정 윤미항 윤미헌
윤미현 윤미현 윤미형 윤미화 윤민 윤민병 윤민상 윤민수 윤민영 윤민영 윤민호 윤민자 윤민재 윤민주 윤민중 윤방식 윤방원 윤백선 윤범모 윤범용 윤병관 윤병관 윤병규 윤병규 윤병근 윤병두 윤병렬 윤병렬 윤병린 윤병만 윤병석 윤병숙 윤병영
윤병원 윤병원 윤병준 윤병준 윤병진 윤병용 윤병철 윤병필 윤병환 윤병희 윤보선 윤보영 윤보인 윤복교 윤봉구 윤봉규 윤봉길 윤봉순 윤봉식 윤봉순 윤봉식
윤봉지 윤봉진 윤봉태 윤봉하 윤봉호 윤무영 윤분도 윤분선 윤비근 윤사길 윤사인 윤삼숙 윤삼이 윤상주 윤상규 윤상기 윤상덕 윤상돈 윤상로 윤상민 윤상선 윤상섭 윤상섭 윤상수 윤상식 윤상역 윤상용 윤상운 윤상웅 윤상윤
윤상은 윤상인 윤상태 윤상현 윤상호 윤상하 윤새하 윤서석 윤서영 윤서정 윤서중 윤서현 윤서회 윤석 윤석건 윤석구 윤석규 윤석규 윤석기 윤석기 윤석길 윤석남 윤석담 윤석대 윤석용 윤석만 윤석만 윤석목 윤석민 윤석민 윤석범
윤석병 윤석산 윤석성 윤석송 윤석연 윤석영 윤석옥 윤석용 윤석이 윤석일 윤석재 윤석주 윤석준 윤석중 윤석진 윤석찬 윤석철 윤석태 윤석향 윤석호 윤설 윤성곤 윤성교 윤성관 윤성로 윤성룡 윤성만
윤성민 윤성수 윤성수 윤성수 윤성숙 윤성식 윤성옥 윤성옥 윤성용 윤성우 윤성욱 윤성의 윤성인 윤성준 윤성준 윤성준 윤성중 윤성중 윤성진 윤성진 윤성천 윤성철 윤성표 윤성현 윤성현 윤성호 윤성호 윤성호 윤성환 윤성희 윤성희
윤세부 윤세배 윤세봉 윤세영 윤세환 윤세훈 윤소년 윤소라 윤소순 윤소암 윤소연 윤소원 윤소자 윤소자 윤순근 윤순찬 윤순창 윤순택 윤순현 윤순화 윤순희 윤순희 윤술기 윤술근 윤순기 윤순덕 윤순만 윤숭모 윤숭녀
윤순업 윤순욱 윤순욱 윤순용 윤순용 윤순일 윤순준 윤순중 윤승진 윤승철 윤승태 윤승현 윤승호 윤승환 윤승희 윤시열 윤시원 윤신중 윤신형 윤싱규 윤아름 윤아솔 윤아원 윤애경 윤애경 윤애선 윤애선 윤양근 윤양미 윤양석
윤양순 윤양욱 윤양희 윤양희 윤억희 윤여강 윤여경 윤여구 윤여나 윤여동 윤여정 윤여명 윤여숙 윤여신 윤여양 윤여장 윤여정 윤여정 윤여준 윤여진 윤여옥 윤영명 윤영 윤영분 윤영상 윤영상 윤영상
윤영봉 윤연수 윤연심 윤연자 윤연정 윤연주 윤연희 윤영길 윤영길 윤영길 윤영남 윤영녀 윤영단 윤영달 윤영대 윤영란 윤영숙 윤영숙 윤영순 윤영식 윤영식 윤영식 윤영식 윤영신 윤영안 윤영애 윤영애 윤영앵 윤영욱 윤영오 윤영옥 윤영옥 윤영용 윤영우 윤영욱 윤영욱
윤영의 윤영애 윤영자 윤영자 윤영주 윤영주 윤영준 윤정순 윤정순 윤정숙 윤정숙 윤정열 윤정염 윤정현 윤정옥 윤정옥 윤정옥 윤정옥 윤정용 윤정욱 윤정은 윤정숙 윤정순 윤정복 윤정순
윤옥경 윤옥균 윤옥례 윤옥민 윤옥선 윤옥숙 윤옥실 윤옥실 윤옥열 윤옥인 윤옥정 윤옥춘 윤옥현 윤완병 윤완선 윤완섭 윤완수 윤완호 윤요섭 윤요환 윤용 윤용국 윤용권 윤용남 윤용니 윤용상 윤용섭 윤용숙 윤용순 윤용식 윤용용
윤용인 윤용재 윤용준 윤용중 윤용진 윤용철 윤용흠 윤용하 윤용현 윤용현 윤용호 윤용화 윤용환 윤용희 윤우람 윤우람 윤우리 윤우열 윤우현 윤운환 윤웅 윤웅섭 윤웅섭 윤웅원 윤웅대 윤원배 윤원상 윤원석 윤원석 윤원숙 윤원식 윤원식
윤원준 윤원창 윤원태 윤원필 윤유미 윤유숙 윤유진 윤유미 윤윤수 윤은순 윤은창 윤은숙 윤을동 윤을중 윤응모 윤응실 윤의진 윤의흥 윤이성 윤이종 윤익현 윤인간 윤인병 윤인선 윤인선 윤인숙 윤인섭 윤인섭 윤인수 윤인숙 윤인숙 윤인숙 윤인숙 윤인숙 윤인영 윤인우 윤인자 윤인진 윤인철 윤인하 윤인호 윤인호 윤일경
윤일상 윤일상 윤일성 윤일완 윤일용 윤일채 윤일현 윤일홍 윤임현 윤자일 윤자정 윤장호 윤재걸 윤재근 윤재근 윤재길 윤재달 윤재로 윤재룡 윤재만 윤재만 윤재봉 윤재석 윤재선 윤재수 윤재열 윤재영 윤재일 윤재중
윤재중 윤재천 윤재천 윤재필 윤재환 윤재행 윤재심 윤정심 윤정엽 윤정업 윤정엽 윤정운 윤정현 윤정현 윤정민 윤정민 윤정길 윤정길 윤정남 윤정록 윤정롱 윤정민 윤정빈 윤정빈 윤정석 윤종석 윤종섭 윤종순 윤종술
윤종앙 윤종업 윤종영 윤종오 윤종원 윤종원 윤종호 윤종진 윤종천 윤종철 윤종탁 윤종현 윤종호 윤종화 윤주성 윤주영 윤주병 윤주원 윤지공 윤지관 윤지명 윤지미 윤지병 윤지수 윤지영 윤지영 윤지영 윤지예 윤지욱 윤지원 윤지현 윤지현
윤지형 윤지환 윤지훈 윤진 윤진복 윤진상 윤진섭 윤진수 윤진수 윤진명 윤진옥 윤진현 윤진호 윤차석 윤차신 윤찬영 윤찬원 윤창 윤창구 윤창근 윤창기 윤창림 윤창민 윤창보 윤창오 윤창호 윤창호 윤창훈 윤창훈 윤채현
윤천한 윤천룡 윤철 윤철규 윤철로 윤철수 윤철재 윤철중 윤철현 윤철호 윤철효 윤청광 윤춘구 윤춘섭 윤춘섭 윤춘택 윤충남 윤충느 윤태호 윤태룡 윤태극 윤태근 윤태리 윤태수 윤태식
윤태식 윤태열 윤태완 윤태웅 윤태일 윤태담 윤태담 윤태돈 윤태돈 윤태도 윤태숙 윤태순 윤태현 윤태형 윤태현 윤탁현 윤토영 윤판수 윤풍혜 윤필상 윤필원 윤하연 윤하식
윤방법 윤학송 윤학중 윤한이 윤한별 윤한생 윤한섭 윤한우 윤한용 윤한주 윤혜경 윤혜나 윤혜동 윤혜북 윤혜숙 윤혜숙 윤혜양 윤혜영 윤혜중 윤현석 윤현순 윤현식 윤현원 윤현자 윤현중 윤현미 윤향수 윤향순 윤형일 윤현영 윤현묵
윤현근 윤현내 윤현석 윤현석 윤현숙 윤현숙 윤현숙 윤현숙 윤현순 윤현식 윤현우 윤현우 윤현정 윤현종 윤현주 윤현중 윤현중 윤현진 윤현진 윤현채 윤현철 윤현철 윤현철 윤혜권 윤형근 윤형근 윤형기 윤형기 윤형노 윤형재
윤형숙 윤형원 윤형준 윤형찬 윤형철 윤형숙 윤혜정 윤혜주 윤혜경 윤혜경 윤혜경 윤혜숙 윤혜동 윤혜배
윤혜영 윤혜주 윤호 윤호 윤호균 윤호룡 윤호민 윤호숙 윤효명 윤효명 윤효중 윤효준 윤효철 윤효룡 윤효기 윤효배 윤효상 윤효석 윤효석 윤효실 윤효룡 윤효용 윤효조 윤효철 윤화숙 윤화숙 윤화자 윤화식 윤황 윤황 윤효복
윤효상 윤효선 윤효신 윤효일 윤효진 윤효현 윤효효 윤후덕 윤후상 윤후정 윤후 윤훕 윤흥길 윤흥묵 윤흥식 윤흥식 윤흥식 윤희 윤희광 윤희권 윤희근 윤희면 윤희숙 윤희숙 윤희숙 윤희숙 윤희순 윤희순 윤희심 윤희자 윤희정 윤희정 윤희중
윤희진 윤희찬 윤희찬 은경민 은경미 은명두 은보경 은보영 은숭용 은수용 은수창 은창호 은명문 은명철 은원택 은웅범 은주홍 은일영 은음균 음승규 은영배 음승두 음현숙 의성교로 이가람 이가람 이가원 이가원 이가원
이가을 이가자 이가종 이가헌 이가형 이각범 이각순 이각수 이각순 이각학 이각희 이갑 이갑균 이갑균 이갑득 이갑룡 이갑만 이갑성 이갑수 이갑순 이갑식 이갑영 이갑용 이갑용 이갑재 이갑주 이갑진 이갑철
이강수 이강권 이강규 이강국 이강순 이강순 이강식 이강실 이강실 이강만 이강남 이강업 이강문 이강오 이강욱 이강배 이강백 이강범 이강산 이강서 이강석 이강석 이강석 이강원 이강선 이강섭 이강섭 이강수 이강율
이강호 이강일 이강일 이강일 이강일 이강일 이강임 이강정 이강주 이강준 이강준 이강지 이강진 이강진 이강천 이강철 이강택 이강필 이강하 이강형 이강혁 이강혁 이강혁 이강현 이강현 이강형 이강호
이강회 이교관 이교근 이교달 이교성 이교숭 이교일 이교정 이교철 이길철 이교칠 이교희 이구락 이구연 이구명 이구용 이구철 이구화 이구환 이국도 이국선 이국식 이국융 이국자 이국재 이국정 이국진 이국규호 이국행 이국형 이국환 이근달
이군성 이군우 이군재 이군희 이권수 이권숙 이권신 이권우 이권익 이권주 이권택 이권행 이권현 이권훈 이권효 이귀남 이귀남 이귀남 이귀례 이귀보 이귀분 이귀석 이귀석 이귀숙 이귀순 이귀영 이귀옥 이귀옥 이귀임 이귀자
이귀자 이귀향 이규성 이규성 이규성 이규수 이규순 이규양 이규역 이규대 이규남 이규영 이규돈 이규명 이규동 이규원 이규만 이규민 이규민 이규정 이규정 이규정 이규진 이규진 이규찬 이규창 이규창 이규철 이규성
이규철 이규철 이규철 이규태 이규태 이규태 이규학 이규학 이규한 이규항 이규혁 이규혁 이규현 이규현 이규현 이규현 이규현 이규효 이규흥 이규흥 이규화 이규환 이규희 이근 이근 이균섭 이균성 이균영 이균재 이균학 이균한
이근영 이근경 이근옥 이근우 이근욱 이근웅 이근배 이근보 이근우 이근섭 이근섭 이근세 이근우 이근영 이근임 이근제 이근직 이근창 이근창 이근태 이근태 이근택 이근택 이근하 이근후 이근호 이근호 이근호 이근환 이근희 이금남 이금란
이금동 이금배 이금상 이금숙 이금선 이금선 이금수 이금수 이금숙 이금숙 이금숙 이금순 이금실 이금염 이금엽 이금영 이금옥 이금우 이금우 이금운 이금자 이금자 이금자 이금자 이금자 이금재 이금화
이기백 이기범 이기범 이기범 이기복 이기복 이기봉 이기봉 이기붕 이기상 이기석 이기석 이기석 이기석 이기선 이기선 이기섭 이기섭 이기섭 이기성 이기성 이기성 이기송 이기수 이기수 이기수 이기수 이기우 이기욱
이기순 이기순 이기순 이기숭 이기식 이기만 이기안 이기언 이기연 이기연 이기열 이기영 이기영 이기영 이기영 이기영 이기영 이기옥 이기옥 이기용 이기용 이기우 이기우 이기우 이기욱 이기웅

이기웅 이기원 이기원 이기원 이기원 이기원 이기원 이기원 이기원 이기월 이기일 이기일 이기자 이기자 이기재 이기재 이기정 이기정 이기조 이기종 이기종 이기종 이기종 이기주 이기주 이기주 이기주 이기중 이기중 이기중 이기중 이기진 이기진
이기창 이기창 이기채 이기채 이기채 이기철 이기춘 이기춘 이기춘 이기춘 이기출 이기탁 이기태 이기택 이기택 이기택 이기택 이기택 이기팔 이기학 이기한 이기향 이기향 이기헌 이기헌 이기혁 이기혁 이기현 이기현 이기현 이기현 이기형 이기형 이기형
이기호 이기호 이기호 이기호 이기호 이기호 이기호 이기호 이기호 이기호 이기호 이기호 이기호 이기홍 이기홍 이기홍 이기홍 이기홍 이기홍 이기홍 이기홍 이기홍 이기화 이기화 이기환 이기환 이기환 이기효 이기후 이기훈 이기훈 이기훈 이기희
이기희 이길광 이길구 이길구 이길란 이길레 이길로 이길미 이길성 이길성 이길성 이길성 이길수 이길수 이길숙 이길순 이길순 이길순 이길순 이길순 이길순 이길식 이길식 이길식 이길영 이길용 이길용 이길우 이길우 이길우 이길우 이길웅 이길웅 이길웅 이길원 이길은
이길자 이길자 이길재 이길재 이길재 이길주 이길준 이길중 이길택 이길하 이길형 이길호 이길호 이길호 이길화 이길환 이길환 이길환 이길후 이길흥 이김겨레 이나라 이나라 이나라 이나라 이나라 이나라 이나래 이나미 이나슬 이나영 이나윤 이낙수 이난연
이난영 이난영 이난정 이난주 이난호 이난희 이난희 이난희 이난희 이날 이남걸 이남곤 이남구 이남권 이남규 이남규 이남규 이남극 이남근 이남근 이남기 이남기 이남동 이남백 이남석 이남수 이남숙 이남숙 이남순 이남순 이남식 이남식 이남신 이남연
이남연 이남용 이남우 이남육 이남이 이남일 이남재 이남재 이남주 이남주 이남주 이남주 이남주 이남진 이남하 이남해 이남행 이남헌 이남훈 이남훈 이남훈 이남희 이남희 이남희 이남희 이남희 이낭구 이내길 이내순 이내원 이내철 이내청 이내형 이내홍
이내홍 이노가 이노덕 이노미 이노성 이노원 이녹환 이다림 이다솔 이다솔 이다솜 이다솜 이다솜 이다슬 이다영 이다예 이다원 이다윤 이다은 이다을 이다현 이다혜 이다혜 이다휘 이달균 이달기 이달석 이달연 이달영 이달완 이달우 이달원 이달원 이달하
이달훈 이달희 이담실 이당 이대규 이대근 이대근 이대로 이대룡 이대봉 이대서 이대섭 이대성 이대성 이대수 이대수 이대수 이대수 이대수 이대승 이대연 이대연 이대열 이대열 이대영 이대영 이대영 이대영 이대영 이대영 이대용 이대우 이대우 이대우 이대우
이대욱 이대웅 이대원 이대원 이대원 이대은 이대중 이대진 이대진 이대찬 이대천 이대형 이대형 이대형 이대형 이대형 이대호 이대호 이대호 이대호 이대호 이대환 이대훈 이대희 이대희 이대희 이대희 이대희 이덕경 이덕규 이덕규 이덕근 이덕기 이덕례 이덕배 이덕상
이덕성 이덕성 이덕수 이덕숙 이덕순 이덕순 이덕순 이덕신 이덕신 이덕실 이덕심 이덕연 이덕연 이덕영 이덕영 이덕영 이덕용 이덕우 이덕용 이덕우 이덕은 이덕재 이덕재 이덕재 이덕재 이덕재 이덕재 이덕재 이덕조 이덕주 이덕주 이덕중 이덕행 이덕현 이덕형 이덕형
이덕호 이덕환 이덕환 이덕희 이덕희 이덕희 이덕희 이덕희 이덕희 이덕희 이명주 이도걸 이도기 이도범 이도분 이도산 이도석 이도석 이도석 이도선 이도성 이도성 이도성 이도수 이도열 이도영 이도영 이도영 이도원 이도원 이도윤 이도윤 이도인 이도재 이도준
이도행 이도현 이도현 이도현 이도현 이도형 이도형 이도환 이도흠 이독영 이돈교 이돈구 이돈명 이돈석 이돈승 이돈식 이돈용 이돈우 이돈용 이돈우 이돈웅 이돈주 이돈희 이동건 이동걸 이동경 이동경 이동계 이동관 이동교 이동구 이동구 이동구 이동국 이동규 이동규
이동규 이동규 이동규 이동규 이동균 이동균 이동근 이동근 이동기 이동기 이동기 이동기 이동기 이동기 이동기 이동길 이동길 이동길 이동낙 이동남 이동렬 이동렬 이동례 이동룡 이동림 이동명 이동민 이동민 이동배 이동백 이동범 이동봉 이동삼 이동상
이동생 이동석 이동석 이동선 이동선 이동설 이동섭 이동섭 이동섭 이동성 이동수 이동수 이동수 이동수 이동수 이동수 이동수 이동수 이동수 이동수 이동수 이동수 이동숙 이동숙 이동숙 이동숙 이동순 이동식 이동식 이동식 이동식 이동신 이동신
이동암 이동언 이동연 이동연 이동연 이동열 이동열 이동열 이동열 이동엽 이동엽 이동영 이동영 이동영 이동오 이동오 이동오 이동옥 이동옥 이동옥 이동우 이동우 이동우 이동우 이동우 이동우 이동우 이동우 이동욱 이동욱 이동욱 이동욱 이동욱 이동운
이동운 이동운 이동원 이동원 이동원 이동원 이동원 이동원 이동윤 이동은 이동은 이동익 이동익 이동인 이동인 이동일 이동일 이동일 이동재 이동재 이동주 이동주 이동주 이동주 이동주 이동주 이동준 이동준 이동준 이동준 이동준 이동준 이동중 이동진
이동진 이동진 이동진 이동진 이동진 이동철 이동철 이동철 이동철 이동초 이동춘 이동춘 이동필 이동하 이동한 이동한 이동한 이동한 이동행 이동향 이동헌 이동헌 이동혁 이동혁 이동현 이동현 이동현 이동현 이동현 이동현 이동현 이동현 이동현 이동현
이동협 이동형 이동형 이동형 이동호 이동호 이동호 이동호 이동호 이동호 이동화 이동화 이동환 이동환 이동환 이동환 이동환 이동효 이동훈 이동훈 이동훈 이동훈 이동훈 이동훈 이동훈 이동훈 이동훈 이동훈 이동휘 이동희 이동희 이동희
이동희 이동희 이동희 이동희 이동희 이동희 이동희 이동희 이동희 이두 이두리 이두리 이두만 이두메 이두범 이두복 이두상 이두수 이두순 이두순 이두식 이두연 이두영 이두완 이두원 이두은 이두진 이두진 이두학 이두헌 이두현 이두현 이두형 이두호
이두화 이두환 이두황 이두훈 이두희 이드로 이득수 이득우 이득우 이득주 이득행 이득훈 이득희 이락규 이락현 이란 이란수 이란호 이랑 이랑애 이래경 이래온 이래일 이래협 이령 이록범 이마루 이마리아 이마빈 이막례 이만 이만 이만구 이만령
이만연 이만섭 이만섭 이만수 이만수 이만심 이만식 이만안 이만영 이만월 이만재 이만재 이만정 이만진 이만천 이만춘 이만호 이말연 이말희 이매순 이매실 이매희 이매훈 이맹규 이맹기 이맹렬 이맹열 이맹환 이면구 이면우 이면주 이면형 이면희 이명걸 이명귀
이명국 이명국 이명규 이명규 이명규 이명근 이명근 이명근 이명기 이명기 이명길 이명길 이명길 이명남 이명대 이명동 이명래 이명렬 이명묵 이명미 이명민 이명범 이명범 이명복 이명석 이명석 이명선 이명선 이명선 이명선 이명선 이명선 이명섭 이명섭
이명성 이명숙 이명숙 이명숙 이명숙 이명숙 이명숙 이명숙 이명숙 이명숙 이명순 이명순 이명순 이명순 이명순 이명순 이명순 이명식 이명신 이명실 이명심 이명심 이명심 이명애 이명애 이명열 이명열 이명열 이명영 이명영 이명오 이명옥 이명옥 이명옥
이명옥 이명옥 이명용 이명운 이명원 이명원 이명익 이명인 이명인 이명임 이명임 이명자 이명자 이명자 이명자 이명자 이명재 이명재 이명재 이명재 이명재 이명재 이명재 이명종 이명주 이명주 이명주 이명주 이명지 이명진 이명진 이명진 이명진 이명진 이명진
이명진 이명찬 이명철 이명철 이명철 이명철 이명하 이명학 이명해 이명혁 이명현 이명현 이명호 이명훈 이명화 이명환 이명희 이명희 이명희 이명희 이명희 이명희 이명희 이명희 이명희 이명희 이모순 이목 이목 이목훈 이몽덕 이몽룡 이묘연 이무구
이무남 이무남 이무상 이무섭 이무성 이무송 이무솔 이무연 이무영 이무용 이무인 이무일 이무자 이무철 이무춘 이무형 이무혜 이무호 이문갑 이문경 이문경 이문광 이문광 이문교 이문구 이문근 이문규 이문규 이문기 이문기 이문배 이문복 이문복 이문삼
이문석 이문선 이문성 이문성 이문성 이문수 이문수 이문수 이문수 이문숙 이문숙 이문숙 이문승 이문양 이문영 이문옥 이문용 이문응 이문재 이문자 이문주 이문주 이문철 이문창 이문철 이문형 이문형 이문환 이문희 이문희 이문희 이문훈 이물 이미
이미경 이미나 이미나
이미남 이미도 이미라 이미란 이미란 이미란 이미량 이미령 이미령 이미례 이미루 이미루 이미르 이미방 이미배 이미선 이미선 이미선 이미선 이미선 이미선 이미숙 이미숙 이미숙 이미숙 이미숙 이미숙 이미숙 이미숙 이미숙 이미숙 이미순 이미순 이미식
이미아 이미야 이미애 이미애 이미애 이미애 이미애 이미애 이미애 이미애 이미연 이미연 이미연 이미연 이미연 이미연 이미영 이미영 이미영 이미영 이미영 이미영 이미영 이미영 이미영 이미영 이미영 이미영 이미옥 이미옥 이미옥 이미용 이미용
이미자 이미자 이미자 이미자 이미자 이미자 이미자 이미자 이미자 이미자 이미자 이미재 이미정 이미정 이미정 이미정 이미정 이미정 이미정 이미정 이미진 이미춘 이미카엘 이미향 이미향 이미현 이미현 이미현 이미현 이미현 이미현
이미혜 이미혜 이미화 이미화 이민 이민경 이민경 이민경 이민구 이민구 이민규 이민규 이민기 이민석 이민석 이민선 이민섭 이민섭 이민성 이민수 이민수 이민숙 이민숙 이민숙 이민숙 이민숙 이민재
이민식 이민식 이민아 이민아 이민우 이민영 이민오 이민옥 이민용 이민용 이민재 이민재 이민정 이민정 이민주 이민주 이민주 이민주 이민주 이민주 이민주 이민지 이민지 이민진 이민철 이민철 이민철 이민철 이민철 이민철 이민철 이민표 이민하 이민한
이민호 이민화 이민환 이민환 이민회 이민희 이바램 이바로 이바로 이바로미 이반 이반야 이방기 이방로 이방영 이방자 이방현 이방환 이배규 이배님 이배원 이백규 이백순 이백용 이백현 이번영 이범갑 이범경 이범경 이범구 이범규 이범균 이범길
이범둘 이범석 이범석 이범수 이범식 이범연 이범수 이범연 이범자 이범재 이범재 이범준 이범진 이범학 이범호 이범희 이법순 이법승 이벼리 이병 이병각 이병건 이병건 이병경 이병곤
이병광 이병구 이병구 이병구 이병국 이병국 이병권 이병권 이병규 이병근 이병근 이병근 이병기 이병길 이병남 이병남 이병년 이병노 이병님 이병대 이병도 이병돈 이병돈 이병두
이병두 이병락 이병래 이병렬 이병렬 이병렬 이병로 이병림 이병림 이병만 이병만 이병무 이병무 이병무 이병민 이병민 이병배 이병복 이병산 이병삼 이병상 이병석 이병석 이병석 이병선 이병선 이병선 이병섭 이병섭 이병성
이병수 이병수 이병수 이병수 이병수 이병숙 이병숙희 이병순 이병순 이병식 이병식 이병숙 이병애 이병양 이병연 이병영 이병옥 이병완 이병우 이병욱 이병욱
이병욱 이병운 이병운 이병윤 이병윤 이병윤 이병인 이병일 이병일 이병재 이병재 이병재 이병종 이병주 이병주 이병주 이병준 이병준 이병준 이병준 이병준 이병준
이병진 이병진 이병찬 이병찬 이병창 이병창 이병채 이병천 이병천 이병철 이병철 이병철 이병철 이병철 이병철 이병태 이병태 이병태 이병택 이병하 이병학 이병학 이병혁 이병현 이병호 이병호 이병호 이병호
이병호 이병화 이병화 이병훈 이병훈 이병희 이보라 이보람 이보람 이보미 이보민 이보상 이보선 이보연 이보영 이보영 이보옥 이보은 이보은 이보장 이보정 이보정 이보현 이보훈 이보희 이보희 이복규 이복남 이복남 이복덕 이복동 이복례 이복만 이복수 이복수
이복순 이복순 이복순 이복순 이복순 이복실 이복영 이복영 이복자 이복자 이복재 이복재 이복현 이복희 이복희 이봉구 이봉규 이봉규 이봉규 이봉규 이봉균 이봉금 이봉기 이봉란 이봉림 이봉만 이봉민 이봉서 이봉석
이봉섭 이봉섭 이봉수 이봉수 이봉조 이봉진 이봉태 이봉태 이봉화 이봉희 이부경 이부미 이부연 이부열 이부영 이부영 이부우 이부용 이부웅 이부은 이부전 이부휴 이북주 이북창 이분수 이분수 이분옥 이분옥 이분자 이분자 이붕설 이빛나 이사라
이사빈 이사빈 이사연 이사혁 이산명 이산하 이산하 이삼규 이삼근 이삼금 이삼길 이삼녀 이삼례 이삼상 이삼옥 이삼용 이삼재 이삼택 이삼현 이상호 이상갑 이상갑 이상갑 이상갑 이상갑 이상건 이상걸 이상경 이상경 이상경 이상곤 이상곤 이상관 이상교 이상구
이상구 이상구 이상구 이상국 이상국 이상국 이상규 이상규 이상기 이상기 이상기 이상기 이상기 이상길 이상길 이상길 이상길 이상길 이상길 이상길 이상길 이상노 이상노 이상노 이상대 이상덕 이상덕 이상도 이상돈 이상돈
이상돈 이상돈 이상돈 이상득 이상득 이상득 이상락 이상락 이상락 이상락 이상란 이상래 이상래 이상래 이상령 이상령 이상례 이상룡 이상룡 이상룡 이상률 이상림 이상림 이상만 이상만 이상만
이상만 이상만 이상명 이상모 이상목 이상묵 이상문 이상범 이상발 이상민 이상민 이상민 이상발 이상배 이상배 이상배 이상범 이상선 이상설 이상설 이상섭
이상섭 이상섭 이상섭 이상성 이상수 이상수 이상수 이상순 이상수 이상수 이상수 이상숙 이상숙 이상숙 이상숙 이상순 이상순 이상순 이상순 이상순 이상술 이상식 이상식
이상식 이상식 이상신 이상신 이상실 이상아 이상암 이상애 이상연 이상열 이상영 이상영 이상엽 이상옥 이상옥 이상옥 이상예 이상오 이상오 이상옥
이상옥 이상옥 이상왕 이상용 이상용 이상용 이상용 이상용 이상원 이상원 이상원 이상원 이상원 이상욱 이상원 이상원 이상원 이상원 이상원 이상원 이상원 이상원 이상원 이상원 이상운 이상운 이상운 이상운 이상웅
이상의 이상의 이상인 이상일 이상재 이상정 이상정 이상정 이상조 이상조 이상주 이상주 이상준 이상준 이상준 이상준 이상준 이상준
이상준 이상준 이상준 이상준 이상준 이상준 이상직 이상직 이상직 이상진 이상진 이상진 이상진 이상진 이상진 이상진 이상찬 이상찬 이상천 이상철
이상철 이상철 이상철 이상철 이상철 이상철 이상철 이상철 이상춘 이상춘 이상태 이상태 이상택 이상택 이상필 이상필 이상하 이상학 이상학 이상헌 이상헌 이상헌
이상헌 이상헌 이상헌 이상헌 이상혁 이상혁 이상혁 이상학 이상혁 이상현 이상현 이상협 이상협 이상협 이상협 이상협 이상협 이상훈 이상훈 이상훈 이상훈 이상훈 이상훈
이상희 이상희 이상희 이상희 이상희 이상희 이상희 이상희 이상희 이상희 이새롬 이새롬 이새미 이생우 이서구 이서란 이서령 이서리 이서린 이서영 이서영 이서원 이서진 이서철 이서현 이서휴 이석 이석 이석권 이석규 이석규 이석균
이석근 이석근 이석근 이석근 이석기 이석기 이석남 이석대 이석도 이석도 이석동 이석렬 이석면 이석무 이석문 이석범 이석봉 이석봉 이석삼 이석상 이석신 이석연 이석엽 이석영 이석영 이석영 이석옥 이석용 이석용 이석우 이석우 이석우 이석우 이석우
이석우 이석우 이석우 이석원 이석원 이석윤 이석윤 이석인 이석인 이석일 이석자 이석장 이석재 이석재 이석재 이석재 이석재 이석조 이석주 이석주 이석주 이석준 이석준 이석준 이석준 이석준 이석준 이석진 이석진 이석진 이석찬 이석찬 이석창 이석천
이석철 이석춘 이석태 이석행 이석현 이석형 이석형 이석호 이석호 이석호 이석호 이석호 이석호 이석호 이석화 이석환 이석효 이석후 이석희 이석희 이석희 이석희 이석희 이석희 이석희 이선 이선 이선경 이선경 이선경 이선경 이선관 이선교
이선교 이선구 이선구 이선구 이선국 이선규 이선규 이선규 이선근 이선덕 이선령 이선로 이선룡 이선모 이선무 이선문 이선문 이선미 이선미 이선미 이선민 이선배 이선복 이선복 이선복 이선봉 이선비 이선수 이선순 이선순 이선신 이선아 이선아 이선아
이선애 이선열 이선영 이선영 이선영 이선영 이선영 이선영 이선영 이선영 이선영 이선옥 이선옥 이선옥 이선옥 이선옥 이선옥 이선용 이선용 이선용 이선용 이선용 이선우 이선우 이선우 이선욱 이선이 이선자 이선자 이선자 이선자 이선재
이선재 이선종 이선주 이선주 이선주 이선주 이선주 이선진 이선채 이선철 이선하 이선하 이선하 이선행 이선행 이선향 이선형 이선혜 이선혜 이선호 이선호 이선화 이선화 이선화 이선화 이선화 이선훈 이선희 이선희 이선희 이선희 이선희 이선희 이선희
이선희 이선희 이선희 이선희 이선희 이선희 이선희 이선희 이선희 이선희 이선희 이설 이설하 이섭 이성건 이성경 이성경 이성구 이성구 이성구 이성구 이성구 이성구 이성구 이성구 이성구 이성국 이성국 이성국 이성국 이성군 이성권
이성권 이성규 이성규 이성규 이성규 이성규 이성규 이성규 이성규 이성규 이성균 이성균 이성균 이성근 이성근 이성근 이성근 이성근 이성근 이성기 이성기 이성기 이성기 이성길 이성남 이성남 이성대 이성덕 이성동 이성동 이성두 이성두
이성렬 이성록 이성룡 이성룡 이성림 이성림 이성림 이성만 이성만 이성면 이성문 이성미 이성미 이성민 이성민 이성민 이성민 이성민 이성민 이성배 이성배 이성배 이성배 이성배 이성범 이성범 이성범 이성보 이성복 이성복 이성봉 이성빈 이성석 이성섭
이성수 이성수 이성수 이성수 이성수 이성수 이성수 이성수 이성수 이성수 이성수 이성수 이성수 이성숙 이성숙 이성숙 이성숙 이성숙 이성숙 이성숙 이성숙 이성순 이성순 이성순 이성순 이성순 이성순 이성순 이성식 이성식 이성식 이성신 이성신
이성실 이성심 이성애 이성애 이성연 이성열 이성열 이성열 이성열 이성엽 이성엽 이성영 이성영 이성옥 이성용 이성용 이성용 이성우 이성우 이성우 이성우 이성우 이성우 이성우 이성우 이성우 이성우 이성욱 이성욱 이성욱 이성욱 이성운 이성운 이성웅
이성원 이성원 이성원 이성원 이성원 이성윤 이성은 이성은 이성은 이성의 이성익 이성인 이성일 이성일 이성일 이성일 이성일 이성일 이성임 이성자 이성자 이성자 이성자 이성재 이성재 이성재 이성재 이성재 이성재 이성전 이성제 이성조 이성조 이성주
이성주 이성주 이성주 이성준 이성준 이성준 이성준 이성중 이성중 이성지 이성직 이성진 이성진 이성찬 이성창 이성채 이성천 이성철 이성철 이성철 이성철 이성철 이성철 이성철 이성철 이성춘 이성표 이성학 이성학 이성학 이성한 이성해 이성해 이성헌
이성헌 이성헌 이성혁 이성현 이성형 이성혜 이성호 이성호 이성호 이성호 이성호 이성호 이성호 이성호 이성호 이성호 이성호 이성호 이성호 이성환 이성환 이성환 이성환 이성환 이성효 이성훈 이성훈 이성훈 이성훈 이성훈 이성훈 이성훈 이성희
이성희 이성희 이성희 이성희 이성희 이성희 이성희 이성희 이성희 이성희 이성희 이성희 이성희 이성희 이세구 이세구 이세권 이세근 이세리 이세연 이세영 이세영 이세영 이세옥 이세옥 이세용 이세용 이세용 이세용 이세우 이세우 이세욱 이세운
이세윤 이세윤 이세정 이세조 이세종 이세중 이세진 이세진 이세진 이세천 이세헌 이세혁 이세혁 이세현 이세형 이세희 이세희 이세희 이세희 이소나무 이소담 이소리 이소림 이소명 이소선 이소순 이소양 이소연 이소연 이소연 이소연 이소영 이소영
이소영 이소영 이소영 이소영 이소영 이소영 이소영 이소운 이소웅 이소정 이소현 이소현 이소현 이소현 이소형 이소희 이소희 이소희 이소희 이솔 이솔 이송 이송 이송교 이송노 이송란 이송렬 이송미 이송석 이송순 이송은 이송은 이송일 이송자
이송자 이송주 이송주 이송희 이송희 이수 이수견 이수경 이수경 이수경 이수경 이수경 이수광 이수광 이수교 이수구 이수근 이수근 이수기 이수길 이수길 이수길 이수길 이수남 이수남 이수동 이수동 이수동 이수동 이수득 이수록 이수명 이수명 이수명
이수명 이수미 이수미 이수미 이수미 이수미 이수민 이수민 이수민 이수민 이수민 이수민 이수범 이수복 이수복 이수봉 이수빈 이수빈 이수빈 이수산나 이수상 이수석 이수선 이수성 이수성 이수안 이수애 이수양 이수연 이수연 이수연 이수연
이수연 이수연 이수연 이수연 이수연 이수열 이수열 이수열 이수엽 이수영 이수영 이수영 이수영 이수영 이수영 이수영 이수영 이수영 이수영 이수영 이수영 이수옥 이수옥 이수옥 이수옥 이수완 이수용 이수용 이수용 이수우 이수웅 이수원
이수원 이수윤 이수익 이수인 이수인 이수일 이수일 이수일 이수임 이수자 이수자 이수자 이수자 이수자 이수재 이수정 이수정 이수정 이수주 이수지 이수진 이수진 이수진 이수진 이수진 이수진 이수찬 이수창 이수창 이수천 이수철 이수철 이수태
이수태 이수한 이수한 이수행 이수행 이수향 이수헌 이수혁 이수현 이수현 이수현 이수현 이수현 이수협 이수호 이수호 이수호 이수화 이수환 이수훈 이수희 이수희 이수희 이숙 이숙 이숙 이숙경 이숙경 이숙기 이숙기 이숙남 이숙도 이숙란 이숙련
이숙민 이숙안 이숙안 이숙영 이숙영 이숙용 이숙이 이숙자 이숙자 이숙자 이숙자 이숙자 이숙자 이숙자 이숙재 이숙정 이숙진 이숙진 이숙진 이숙철 이숙향 이숙현 이숙현 이숙형 이숙형 이숙희 이숙희 이숙희 이숙희 이숙희 이숙희 이숙희
이숙희 이숙희 이숙희 이숙희 이숙희 이숙희 이순 이순갑 이순광 이순구 이순규 이순규 이순근 이순근 이순금 이순금 이순기 이순기 이순남 이순남 이순남 이순남 이순녀 이순녀 이순덕 이순덕 이순덕 이순덕 이순덕 이순덕 이순도 이순도 이순동 이순란
이순령 이순례 이순례 이순례 이순미 이순배 이순범 이순복 이순복 이순분 이순빈 이순아 이순애 이순애 이순애 이순애 이순애 이순애 이순애 이순애 이순애 이순양 이순연 이순열 이순엽 이순영 이순영 이순영 이순영 이순영 이순영 이순영 이순예 이순옥
이순옥 이순옥 이순옥 이순옥 이순옥 이순옥 이순옥 이순옥 이순옥 이순용 이순용 이순우 이순우 이순원 이순원 이순이 이순이 이순이 이순이 이순일 이순일 이순임 이순임 이순임 이순자 이순자 이순자 이순자 이순자 이순자 이순자 이순자 이순자
이순자 이순재 이순재 이순조 이순종 이순종 이순종 이순진 이순진 이순철 이순철 이순철 이순칠 이순표 이순필 이순향 이순향 이순호 이순호 이순화 이순환 이순환 이순효 이순희 이순희 이순희 이순희 이순희 이순희 이순희 이순희 이순희 이순희 이순희
이순희 이순희 이술선 이숭겸 이숭덕 이숭리 이숭연 이숭욱 이숭원 이숭일 이숭희 이숭희 이슬 이슬 이슬 이슬 이슬 이슬기 이슬기 이슬기 이슬비 이슬비 이슬비 이슬비 이슬비 이슬희 이승 이승경 이승계 이승곤 이승곤 이승곤 이승관 이승관 이승관
이승광 이승교 이승구 이승구 이승권 이승권 이승권 이승규 이승규 이승규 이승근 이승기 이승기 이승기 이승남 이승남 이승남 이승녕 이승덕 이승동 이승렬 이승렬 이승렬 이승렬 이승룡 이승률 이승목 이승문 이승미 이승민 이승민 이승민 이승민 이승방
이승배 이승배 이승범 이승범 이승범 이승복 이승복 이승복 이승봉 이승봉 이승새 이승석 이승선 이승세 이승수 이승수 이승수 이승숙 이승숙 이승숙 이승순 이승식 이승식 이승식 이승신 이승신 이승애 이승애 이승애 이승언 이승연 이승연 이승연 이승연
이승열 이승열 이승염 이승엽 이승오 이승옥 이승완 이승요 이승용 이승용 이승우 이승우 이승우 이승우 이승우 이승우 이승우 이승우 이승우 이승우 이승욱 이승웅 이승원 이승원 이승원 이승원 이승원 이승원 이승원 이승원 이승원 이승윤 이승은 이승은 이승은

이승의 이승익 이승일 이승일 이승일 이승일 이승일 이승일 이승자 이승재 이승재 이승재 이승재 이승재 이승재 이승재 이승정 이승조 이승조 이승종 이승주 이승주 이승주 이승주 이승주 이승주 이승주 이승주 이승준 이승준 이승준 이승준
이승중 이승직 이승진 이승진 이승진 이승진 이승찬 이승찬 이승찬 이승찬 이승천 이승천 이승천 이승철 이승철 이승철 이승철 이승철 이승철 이승춘 이승춘 이승태 이승하 이승하 이승학 이승학 이승한 이승행 이승행 이승헌 이승헌 이승현 이승현 이승현
이승현 이승현 이승현 이승현 이승현 이승현 이승형 이승호 이승호 이승호 이승호 이승호 이승호 이승호 이승호 이승호 이승홍 이승홍 이승화 이승화 이승화 이승환 이승환 이승환 이승환 이승환 이승환 이승환 이승효
이승효 이승훈 이승훈 이승훈 이승훈 이승훈 이승훈 이승훈 이승훈 이승훈 이승휘 이승희 이승희 이승희 이승희 이승희 이승희 이승희 이승희 이승희 이승희 이승희 이승희 이승희 이승희 이승희 이승희 이승희 이승희
이승희 이시규 이시백 이시병 이시복 이시성 이시연 이시영 이시영 이시온 이시용 이시우 이시우 이시웅 이시원 이시원 이시은 이시은 이시재 이시정 이시종 이시종 이시진 이시철 이시현 이시현 이시현 이시현 이시형 이시호 이시호 이시홍 이식 이식영
이신구 이신기 이신득 이신민 이신범 이신범 이신복 이신석 이신석 이신애 이신애 이신영 이신영 이신옥 이신용 이신우 이신자 이신자 이신자 이신재 이신재 이신철 이신철 이신해 이신행 이신형 이심호 이쌍욱 이아름 이아리 이아선 이아은 이아정
이아현 이안균 이안근 이안부 이안선 이안순 이안영 이안재 이안희 이애경 이애경 이애경 이애경 이애경 이애돌 이애란 이애란 이애리 이애리 이애숙 이애숙 이애숙 이애자 이애자 이애자 이애자 이애자 이애정 이애종 이애진 이애화 이애화 이양
이양구 이양구 이양구 이양근 이양례 이양묵 이양복 이양빈 이양석 이양수 이양수 이양수 이양수 이양숙 이양숙 이양숙 이양순 이양순 이양순 이양순 이양식 이양신 이양요 이양우 이양우 이양우 이양원 이양원 이양자 이양자 이양재 이양재 이양재 이양주
이양주 이양주 이양주 이양지 이양진 이양학 이양행 이양헌 이양헌 이양현 이양환 이양희 이어랑 이어진 이언배 이에리사 이여성 이여은 이여재 이여진 이여춘 이여훈 이연규 이연규 이연균 이연근 이연례 이연명 이연보 이연복 이연선 이연선 이연성
이연수 이연수 이연수 이연수 이연수 이연숙 이연숙 이연숙 이연순 이연순 이연식 이연신 이연실 이연실 이연심 이연심 이연옥 이연옥 이연우 이연우 이연자 이연재 이연재 이연정 이연종 이연종 이연종 이연주 이연주 이연주 이연창 이연택 이연택
이연택 이연풍 이연하 이연호 이연호 이연호 이연화 이연훈 이연희 이연희 이연희 이연희 이연희 이열 이열모 이열호 이영 이영 이영 이영 이영 이영경 이영곤 이영곤 이영관 이영교 이영교 이영구 이영구 이영구 이영구 이영구 이영국 이영권 이영권
이영권 이영규 이영규 이영규 이영규 이영규 이영균 이영균 이영균 이영균 이영근 이영근 이영근 이영근 이영근 이영근 이영근 이영근 이영기 이영기 이영기 이영기 이영기 이영기 이영길 이영길 이영길 이영길 이영남 이영남 이영대 이영대 이영대
이영대 이영덕 이영덕 이영도 이영돈 이영돈 이영돈 이영동 이영동 이영두 이영두 이영득 이영득 이영란 이영란 이영란 이영란 이영란 이영란 이영란 이영란 이영란 이영래 이영래 이영래 이영렬 이영례 이영례 이영례 이영례 이영록 이영록
이영록 이영록 이영록 이영률 이영림 이영만 이영만 이영만 이영명 이영명 이영무 이영묵 이영묵 이영문 이영문 이영문 이영문 이영미 이영미 이영미 이영미 이영미 이영미 이영미 이영미 이영미 이영민 이영민 이영민 이영발 이영배 이영배 이영배
이영배 이영백 이영범 이영범 이영범 이영범 이영복 이영복 이영복 이영복 이영분 이영빈 이영빈 이영빈 이영상 이영상 이영생 이영서 이영석 이영석 이영석 이영석 이영석 이영석 이영석 이영석 이영석 이영선 이영선 이영선 이영선 이영선
이영선 이영선 이영선 이영선 이영선 이영선 이영섭 이영섭 이영섭 이영섭 이영섭 이영섭 이영성 이영성 이영성 이영수 이영수 이영수 이영수 이영수 이영수 이영수 이영수 이영수 이영수 이영숙 이영숙 이영숙 이영숙 이영숙 이영숙 이영숙
이영숙 이영숙 이영숙 이영숙 이영숙 이영숙 이영숙 이영숙 이영숙 이영숙 이영숙 이영숙 이영숙 이영숙 이영숙 이영순 이영순 이영순 이영순 이영순 이영순 이영순 이영순 이영순 이영식 이영식 이영식 이영식 이영식
이영식 이영신 이영신 이영실 이영실 이영실 이영실 이영실 이영심 이영심 이영심 이영심 이영아 이영아 이영아 이영애 이영애 이영애 이영애 이영애 이영애 이영애 이영애 이영애 이영억 이영언 이영연 이영예 이영오 이영옥 이영옥
이영옥 이영옥 이영옥 이영옥 이영옥 이영용 이영우 이영우 이영우 이영우 이영우 이영우 이영우 이영우 이영우 이영욱 이영욱 이영욱 이영운 이영운 이영운 이영웅 이영원 이영원 이영원 이영원 이영윤 이영은 이영은 이영은 이영은 이영익 이영인
이영일 이영일 이영일 이영일 이영일 이영일 이영일 이영일 이영임 이영임 이영자 이영자 이영자 이영자 이영자 이영자 이영자 이영자 이영자 이영자 이영자 이영자 이영자 이영자 이영자 이영재 이영재 이영재 이영재 이영재
이영재 이영재 이영재 이영재 이영재 이영재 이영조 이영종 이영종 이영주 이영주 이영주 이영주 이영주 이영주 이영주 이영주 이영주 이영주 이영주 이영주 이영주 이영주 이영주 이영주 이영준 이영준 이영준 이영준 이영준 이영준 이영준
이영준 이영중 이영중 이영진 이영진 이영진 이영진 이영진 이영진 이영진 이영진 이영진 이영찬 이영창 이영천 이영철 이영철 이영철 이영철 이영철 이영철 이영춘 이영춘 이영춘 이영춘 이영칠 이영탁 이영태 이영태 이영태 이영평 이영학
이영학 이영학 이영학 이영학 이영해 이영해 이영행 이영혜 이영혜 이영혜 이영호 이영호 이영호 이영호 이영호 이영호 이영호 이영호 이영호 이영호 이영호 이영호 이영호 이영호 이영화 이영화 이영환 이영환 이영환 이영환 이영환 이영환 이영환
이영환 이영환 이영환 이영환 이영효 이영훈 이영훈 이영훈 이영휴 이영희
이영희 이영희 이영희 이영희 이영희 이영희 이영희 이영희 이예경 이예구 이예나 이예나 이예린 이예린 이예선 이예선 이예순 이예슬 이예슬 이예슬 이예은 이예은 이예중 이예지 이예지 이예진 이예진 이예하 이예호 이예훈 이예훈 이오덕 이오석
이오섭 이오섭 이오영 이오영 이오주 이오중 이오차 이옥 이옥경 이옥경 이옥경 이옥경 이옥근 이옥기 이옥남 이옥님 이옥란 이옥란 이옥란 이옥란 이옥봉 이옥분 이옥선 이옥선 이옥선 이옥선 이옥성 이옥숙 이옥순 이옥순 이옥순 이옥순 이옥연
이옥영 이옥원 이옥이 이옥임 이옥자 이옥자 이옥자 이옥자 이옥자 이옥재 이옥재 이옥정 이옥주 이옥주 이옥주 이옥주 이옥진 이옥진 이옥진 이옥춘 이옥현 이옥형 이옥화 이옥화 이옥희 이옥희 이옥희 이옥희 이옥희 이옥희 이옥희 이옥희
이온구 이온규 이온누리 이온복 이완 이완구 이완권 이완규 이완근 이완근 이완기 이완로 이완배 이완석 이완섭 이완섭 이완성 이완수 이완수 이완수 이완숙 이완순 이완식 이완영 이완영 이완영 이완용 이완우 이완우 이완재 이완재 이완재 이완재
이완종 이완주 이완주 이완탁 이완택 이완택 이완호 이완희 이완희 이완희 이왈신 이왕건 이왕근 이왕래 이왕록 이왕석 이왕섭 이왕훈 이왕희 이외련 이외상 이요섭 이요섭 이요섭 이요순 이요식 이요한 이용 이용 이용 이용 이용갑 이용갑 이용건 이용결
이용곤 이용관 이용관 이용관 이용교 이용구 이용구 이용구 이용국 이용국 이용권 이용규 이용규 이용균 이용균 이용근 이용근 이용기 이용기 이용기 이용기 이용남 이용남 이용남 이용녕 이용님 이용대 이용대 이용대 이용대 이용덕 이용덕 이용덕 이용돈
이용돈 이용돈 이용동 이용락 이용랑 이용래 이용만 이용만 이용만 이용모 이용문 이용미 이용민 이용배 이용배 이용범 이용범 이용범 이용벽 이용복 이용복 이용복 이용봉 이용부 이용산 이용상 이용상 이용석 이용석 이용석 이용석 이용석 이용석
이용석 이용석 이용선 이용선 이용선 이용선 이용선 이용선 이용선 이용선 이용섭 이용섭 이용섭 이용성 이용성 이용성 이용세 이용수 이용수 이용수 이용수 이용수 이용수 이용숙 이용숙 이용순 이용순 이용순 이용순 이용순 이용순 이용식 이용식
이용식 이용식 이용식 이용식 이용식 이용영 이용오 이용옥 이용옥 이용우 이용우 이용우 이용우 이용우 이용우 이용우 이용운 이용운 이용웅 이용원 이용원 이용원 이용익 이용인 이용인 이용인 이용일 이용일
이용임 이용자 이용재 이용재 이용재 이용재 이용정 이용제 이용조 이용주 이용주 이용주 이용주 이용주 이용주 이용주 이용주 이용준 이용준 이용준 이용준 이용진 이용진 이용진 이용진 이용찬 이용채 이용철 이용철 이용철 이용철
이용철 이용철 이용철 이용철 이용철 이용초 이용탁 이용태 이용태 이용태 이용택 이용택 이용택 이용택 이용필 이용하 이용하 이용하 이용학 이용학 이용한 이용헌 이용현 이용현 이용현 이용현 이용호 이용호 이용호 이용호 이용호 이용호
이용호 이용호 이용화 이용환 이용환 이용환 이용효 이용훈 이용훈 이용훈 이용훈 이용훈 이용희 이용희 이용희 이용희 이용희 이용희 이용희 이우 이우갑 이우건 이우경 이우관 이우근 이우기 이우기 이우덕 이우락 이우람
이우리 이우명 이우민 이우방 이우백 이우상 이우선 이우섭 이우성 이우성 이우성 이우성 이우성 이우성 이우송 이우송 이우승 이우승 이우식 이우식 이우열 이우영 이우영 이우영 이우용 이우윤 이우은 이우재 이우재 이우정 이우정 이우정
이우정 이우정 이우종 이우종 이우종 이우주 이우준 이우직 이우진 이우진 이우진 이우찬 이우철 이우춘 이우택 이우평 이우형 이우형 이우홍 이우회 이욱연 이욱재 이욱정 이욱현 이욱형 이욱희 이운규 이운기 이운상 이운석 이운성 이운성 이운수
이운식 이운영 이운용 이운우 이운재 이운한 이운행 이운형 이운호 이운화 이웅관 이웅규 이웅기 이웅병 이웅송 이웅용 이웅일 이웅재 이웅재 이웅종 이웅휘 이원 이원 이원갑 이원경 이원광 이원광 이원교 이원교 이원구 이원구 이원구 이원구 이원규
이원규 이원규 이원규 이원근 이원근 이원기 이원기 이원기 이원기 이원담 이원두 이원락 이원만 이원명 이원발 이원배 이원배 이원배 이원보 이원봉 이원상 이원석 이원석 이원석 이원석 이원선 이원섭 이원섭 이원섭 이원섭 이원섭 이원수 이원시 이원식
이원식 이원식 이원식 이원식 이원애 이원양 이원연 이원영 이원영 이원영 이원영 이원영 이원오 이원옥 이원용 이원우 이원우 이원욱 이원이 이원익 이원일 이원일 이원일 이원임 이원자 이원장 이원재 이원재 이원재 이원재 이원재 이원정
이원정 이원정 이원제 이원조 이원종 이원종 이원종 이원종 이원준 이원준 이원준 이원중 이원직 이원진 이원진 이원창 이원철 이원철 이원태 이원태 이원태 이원택 이원택 이원택 이원필 이원학 이원혁 이원현 이원형 이원형 이원형 이원형 이원형 이원형
이원형 이원호 이원호 이원호 이원호 이원화 이원화 이원흥 이원희 이원희 이원희 이원희 이원희 이원희 이원희 이원희 이원희 이월선 이월재 이월출 이위발 이유간 이유경 이유경 이유관 이유근 이유나 이유남 이유라 이유라 이유라 이유란 이유리 이유리
이유리 이유림 이유미 이유미 이유민 이유배 이유복 이유상 이유상 이유성 이유순 이유신 이유업 이유연 이유원 이유일 이유자 이유정 이유정 이유진 이유진 이유진 이유진 이유진 이유찬 이유천 이유태 이유한 이유한 이유현 이유헌 이유화 이유환 이유희
이육여 이윤 이윤 이윤 이윤 이윤갑 이윤경 이윤경 이윤경 이윤경 이윤광 이윤구 이윤구 이윤구 이윤규 이윤기 이윤기 이윤녕 이윤님 이윤덕 이윤덕 이윤례 이윤례 이윤림 이윤문 이윤범 이윤병 이윤복 이윤부 이윤빈 이윤상 이윤생 이윤서 이윤석
이윤석 이윤선 이윤선 이윤선 이윤선 이윤성 이윤성 이윤세 이윤세 이윤수 이윤수 이윤수 이윤수 이윤수 이윤숙 이윤숙 이윤숙 이윤순 이윤식 이윤식 이윤실 이윤심 이윤아 이윤안 이윤영 이윤영 이윤옥 이윤옥 이윤용 이윤우 이윤우 이윤우
이윤욱 이윤원 이윤원 이윤이 이윤일 이윤자 이윤자 이윤자 이윤자 이윤자 이윤재 이윤재 이윤재 이윤정 이윤정 이윤정 이윤정 이윤정 이윤정 이윤제 이윤종 이윤주 이윤주 이윤주 이윤주 이윤주 이윤중 이윤지 이윤철 이윤철 이윤철 이윤택
이윤표 이윤표 이윤하 이윤하 이윤학 이윤헌 이윤형 이윤형 이윤형 이윤호 이윤호 이윤호 이윤호 이윤흠 이윤희 이윤희 이윤희 이윤희 이윤희 이윤희 이윤희 이윤희 이윤희 이율희 이융구 이으뜸 이은 이은강 이은경 이은경 이은경 이은경 이은경
이은경 이은경 이은경 이은경 이은경 이은경 이은경 이은경 이은경 이은경 이은교 이은규 이은규 이은규 이은규 이은기 이은덕 이은동 이은래 이은림 이은만 이은만 이은문 이은미 이은미 이은미 이은미 이은미 이은미 이은미 이은미 이은미
이은미 이은배 이은별 이은복 이은복 이은비 이은빈 이은상 이은상 이은새 이은서 이은석 이은석 이은선 이은선 이은섭 이은성 이은송 이은수 이은수 이은수 이은숙 이은숙 이은숙 이은숙 이은숙 이은숙 이은숙 이은숙 이은숙 이은숙 이은숙 이은숙
이은숙 이은순 이은순 이은순 이은순 이은승 이은식 이은식 이은식 이은신 이은실 이은실 이은애 이은애 이은영 이은영 이은영 이은영 이은영 이은영 이은영 이은영 이은영 이은영 이은영 이은영 이은영 이은영 이은영 이은영 이은영 이은영 이은영
이은영 이은영 이은영 이은영 이은영 이은영 이은옥 이은완 이은우 이은우 이은우 이은우 이은욱 이은의 이은이 이은인 이은자 이은자 이은자 이은자 이은재 이은재 이은재 이은적 이은정 이은정 이은정 이은정 이은정 이은정 이은정
이은정 이은주 이은주 이은주 이은주 이은주 이은주 이은천 이은주 이은주 이은주 이은주 이은주 이은주 이은주 이은주 이은주 이은주 이은주 이은주 이은준 이은준 이은중 이은지 이은진 이은진 이은진 이은진 이은집 이은창 이은택
이은철 이은철 이은철 이은철 이은충 이은택 이은택 이은하 이은한 이은행 이은혁 이은혜 이은혜 이은호 이은호 이은호 이은호 이은화 이은화 이은희 이은희 이은희 이은희 이은희 이은희 이은희 이은희 이은희 이은희 이을구 이을순
이을영 이을용 이을재 이음정 이응곤 이응규 이응균 이응석 이응선 이응소 이응수 이응순 이응신 이응인 이응일 이응일 이응찬 이응천 이응하 이응호 이응호 이응호 이응환 이의경 이의경 이의관 이의구 이의권 이의륭 이의배 이의범 이의복 이의섭 이의승
이의영 이의영 이의영 이의용 이의원 이의자 이의준 이의준 이의철 이의철 이의현 이의협 이이상 이이숙 이이순 이이순 이이정 이이형 이이호 이이화 이익돈 이익선 이익성 이익수 이익열 이익자 이익재 이인 이인 이인 이인경 이인경 이인구 이인구
이인구 이인규 이인규 이인규 이인규 이인규 이인균 이인근 이인근 이인기 이인기 이인기 이인기 이인기 이인기 이인기 이인동 이인미 이인배 이인범 이인범 이인범 이인범 이인범 이인비 이인서 이인석 이인석 이인석 이인선 이인섭 이인섭 이인섭
이인성 이인성 이인성 이인성 이인성 이인성 이인성 이인수 이인수 이인숙 이인숙 이인숙 이인숙 이인숙 이인숙 이인숙 이인숙 이인숙 이인숙 이인순 이인순 이인순 이인순 이인순 이인승 이인식 이인식 이인실
이인애 이인영 이인영 이인영 이인영 이인영 이인옥 이인옥 이인용 이인용 이인용 이인우 이인우 이인욱 이인웅 이인원 이인원 이인의 이인자 이인자 이인재 이인재 이인재 이인재 이인재 이인재 이인정 이인제 이인제 이인주 이인철 이인철 이인출 이인표
이인한 이인한 이인형 이인형 이인혜 이인혜 이인호 이인호 이인호 이인호 이인호 이인화 이인화 이인환 이인휘 이인희 이인희 이인희 이인희 이일 이일구 이일규 이일규 이일규 이일규 이일기 이일남 이일동 이일봉 이일상 이일석 이일선 이일성 이일성
이일세 이일수 이일승 이일영 이일영 이일용 이일우 이일우 이일우 이일우 이일우 이일작 이일주 이일주 이일행 이일호 이일호 이일환 이일희 이임갑 이임세 이임영 이임옥 이임진 이임호 이자열 이자영 이자영 이자영 이자영 이자영 이자윤 이자은
이자형 이자형 이자홍 이장규 이장규 이장노 이장돌 이장만 이장범 이장범 이장석 이장수 이장수 이장수 이장수 이장수 이장순 이장순 이장연 이장영 이장오 이장용 이장우 이장우 이장우 이장우 이장욱 이장원 이장원 이장주 이장주 이장해
이장현 이장현 이장호 이장호 이장호 이장호 이장호 이장화 이장화 이장환 이장환 이장희 이장희 이장희 이장희 이장희 이장희 이재 이재강 이재건 이재겸 이재경 이재경 이재경 이재경 이재경 이재경 이재곤 이재공 이재관 이재관 이재관
이재광 이재광 이재구 이재구 이재구 이재구 이재구 이재국 이재국 이재권 이재권 이재권 이재권 이재권 이재규 이재규 이재규 이재규 이재균 이재균 이재근 이재근 이재근 이재근 이재근 이재근 이재근 이재근 이재근 이재기 이재기
이재남 이재남 이재덕 이재덕 이재덕 이재덕 이재도 이재동 이재동 이재동 이재두 이재두 이재란 이재람 이재련 이재령 이재령 이재록 이재록 이재룡 이재룡 이재만 이재만 이재만 이재만 이재명 이재명 이재명 이재명 이재문 이재문
이재민 이재민 이재민 이재민 이재민 이재민 이재범 이재범 이재복 이재복 이재복 이재복 이재복 이재봉 이재분 이재분 이재붕 이재상 이재석 이재석 이재석 이재석 이재선 이재선 이재선 이재선 이재선 이재성 이재성 이재성 이재성 이재성 이재성
이재성 이재성 이재성 이재성 이재성 이재성 이재숙 이재숙 이재숙 이재숙 이재숙 이재숙 이재숙 이재숙 이재숙 이재순 이재순 이재순 이재순 이재순 이재순 이재술 이재승 이재승 이재승 이재식 이재식 이재식 이재식 이재실 이재실 이재야 이재양
이재언 이재언 이재업 이재업 이재연 이재연 이재열 이재열 이재엽 이재영 이재영 이재영 이재영 이재영 이재영 이재영 이재영 이재영 이재영 이재영 이재영 이재영 이재영 이재오 이재옥 이재옥 이재옥 이재완 이재완 이재왕 이재용 이재용
이재용 이재용 이재용 이재용 이재용 이재우 이재우 이재우 이재우 이재우 이재우 이재우 이재우 이재욱 이재욱 이재욱 이재욱 이재욱 이재욱 이재운 이재운 이재웅 이재웅 이재원 이재원 이재원 이재원
이재원 이재원 이재원 이재원 이재원 이재원 이재원 이재원 이재월 이재윤 이재윤 이재윤 이재윤 이재윤 이재율 이재은 이재은 이재은 이재의 이재익 이재익 이재익 이재익 이재인 이재인 이재인 이재인 이재인 이재일 이재일 이재일 이재일
이재일 이재일 이재정 이재정 이재정 이재종 이재준 이재준 이재준 이재준 이재준 이재준 이재중 이재진 이재진 이재진 이재진 이재진 이재찬 이재천 이재천 이재천 이재철 이재철 이재철 이재철 이재철 이재철 이재춘 이재춘 이재춘 이재태 이재필
이재필 이재필 이재하 이재하 이재학 이재학 이재향 이재헌 이재헌 이재헌 이재혁 이재혁 이재혁 이재현 이재현 이재현 이재현 이재현 이재현 이재형 이재형 이재형 이재형 이재형 이재형 이재형 이재형 이재형 이재형 이재형 이재형 이재형 이재호
이재호 이재호 이재호 이재호 이재호 이재호 이재호 이재호 이재호 이재호 이재호 이재호 이재호 이재호 이재호 이재홍 이재홍 이재홍 이재홍 이재홍 이재홍 이재홍 이재화 이재화 이재화 이재환 이재황 이재후 이재후 이재훈
이재훈 이재훈 이재훈 이재훈 이재훈 이재휘 이재휘 이재흥 이재흥 이재희 이재희 이재희 이재희 이재희 이재희 이재희 이재희 이재희 이재희 이재희 이쟁훈 이전오 이전익 이전행 이전호 이전휴 이점구 이점근 이점남 이점도 이점동 이점락 이점분
이점수 이점숙 이점숙 이점숙 이점순 이점순 이점옥 이점옥 이점용 이점이 이점자 이점형 이점호 이점화 이점회 이정 이정 이정갑 이정걸 이정경 이정관 이정구 이정구 이정구 이정구 이정구 이정국 이정국 이정국 이정권 이정권 이정권 이정권
이정규 이정규 이정규 이정규 이정규 이정규 이정규 이정규 이정규 이정균 이정균 이정근 이정근 이정근 이정근 이정근 이정금 이정기 이정기 이정기 이정기 이정기 이정길 이정남 이정남 이정남 이정남 이정녕 이정님 이정님 이정대 이정덕
이정동 이정락 이정란 이정란 이정란 이정란 이정렬 이정례 이정로 이정록 이정림 이정림 이정만 이정만 이정명 이정모 이정무 이정무 이정묵 이정문 이정미 이정미 이정미 이정미 이정미 이정미 이정미 이정미 이정민 이정민 이정민 이정민
이정민 이정민 이정민 이정민 이정민 이정민 이정민 이정민 이정민 이정배 이정배 이정범 이정범 이정법 이정벽 이정복 이정상 이정석 이정석 이정석 이정석 이정석 이정석 이정석 이정선 이정선 이정선 이정섭 이정섭 이정섭 이정섭 이정성 이정수
이정수 이정수 이정수 이정수 이정수 이정수 이정수 이정수 이정숙
이정숙 이정숙 이정숙 이정순 이정순 이정순 이정순 이정순 이정순 이정순 이정순 이정순 이정순 이정순 이정술 이정승 이정식 이정식 이정식 이정식 이정식 이정신 이정신 이정신 이정실 이정심 이정심 이정심 이정심 이정아 이정아 이정안
이정안 이정애 이정애 이정애 이정애 이정애 이정연 이정연 이정연 이정연 이정열 이정열 이정열 이정열 이정열 이정엽 이정엽 이정영 이정옥 이정옥 이정옥 이정옥 이정옥 이정옥 이정옥 이정완 이정왜 이정용 이정용 이정용 이정우 이정우 이정우 이정우
이정우 이정우 이정우 이정우 이정우 이정우 이정우 이정우 이정우 이정우 이정욱 이정욱 이정욱 이정욱 이정욱 이정욱 이정욱 이정욱 이정운 이정운 이정웅 이정웅 이정원 이정원 이정원 이정원 이정원 이정원 이정원 이정윤
이정윤 이정윤 이정윤 이정윤 이정윤 이정은 이정은 이정은 이정은 이정은 이정은 이정은 이정이 이정이 이정이 이정익 이정익 이정인 이정인 이정인 이정일 이정일 이정일 이정일 이정임 이정임 이정임 이정임 이정임 이정임
이정임 이정자 이정자 이정자 이정자 이정자 이정자 이정자 이정자 이정자 이정재 이정재 이정재 이정재 이정재 이정재 이정주 이정주 이정주 이정주 이정주 이정준 이정진 이정진 이정진 이정찬 이정찬 이정채 이정철 이정철 이정철 이정철
이정철 이정철 이정태 이정태 이정태 이정태 이정태 이정태 이정태 이정택 이정택 이정표 이정하 이정하 이정학 이정학 이정한 이정행 이정헌 이정헌 이정헌 이정헌 이정혁 이정현 이정현 이정현 이정현 이정현 이정현 이정현 이정현 이정형 이정형
이정혜 이정혜 이정혜 이정혜 이정혜 이정호 이정호 이정호 이정호 이정호 이정호 이정호 이정호 이정호 이정호 이정호 이정호 이정호 이정화 이정화 이정화 이정화 이정화 이정화 이정환 이정환 이정환 이정환 이정환 이정환 이정환
이정환 이정환 이정환 이정환 이정환 이정환 이정환 이정회 이정후 이정훈 이정훈 이정훈 이정훈 이정훈 이정훈 이정훈 이정훈 이정훈 이정훈 이정훈 이정훈 이정휴 이정희 이정희 이정희 이정희 이정희 이정희 이정희
이정희 이제갑 이제경 이제관 이제관 이제민 이제성 이제숙 이제승 이제용
이제웅 이제찬 이제천 이제현 이제현 이제호 이제호 이제호 이제회 이조성 이조영 이조영 이조완 이존일 이존화 이종 이종각 이종각 이종갑 이종갑 이종갑 이종갑 이종건 이종걸 이종걸 이종경 이종경 이종고 이종곤 이종관 이종관 이종관 이종관 이종관
이종구 이종구 이종구 이종구 이종구 이종구 이종구 이종구 이종국 이종국 이종국 이종권 이종권 이종권 이종규 이종규 이종근 이종근 이종근 이종근 이종근 이종기 이종기 이종길 이종길 이종남 이종남 이종님 이종달 이종달 이종답 이종당 이종대 이종대
이종대 이종대 이종대 이종대 이종대 이종대 이종덕 이종덕 이종덕 이종덕 이종덕 이종도 이종두 이종락 이종렬 이종렬 이종렬 이종렬 이종률 이종률 이종률 이종률 이종린 이종만 이종만 이종만 이종만 이종만 이종만 이종면 이종명 이종명
이종명 이종명 이종목 이종목 이종목 이종목 이종목 이종묵 이종문 이종미 이종민 이종민 이종민 이종민 이종민 이종민 이종민 이종민 이종배 이종범 이종범 이종병 이종병 이종복 이종복 이종복 이종봉 이종빈 이종산 이종상 이종상 이종서 이종석 이종석
이종석 이종석 이종석 이종석 이종석 이종석 이종선 이종선 이종선 이종선 이종선 이종섭 이종섭 이종성 이종성 이종성 이종성 이종성 이종성 이종성 이종성 이종세 이종송 이종수 이종수 이종수 이종수 이종수 이종수 이종수 이종수
이종수 이종수 이종수 이종숙 이종숙 이종숙 이종숙 이종순 이종순 이종순 이종순 이종순 이종술 이종술 이종술 이종승 이종승 이종승 이종식 이종식 이종식 이종식 이종식 이종아 이종애 이종양 이종언 이종연 이종연 이종열 이종열 이종엽
이종원 이종원 이종원 이종원 이종원 이종원 이종윤 이종윤 이종윤 이종은 이종은 이종은 이종은 이종은 이종익 이종익 이종익 이종인 이종인 이종인 이종인 이종일 이종일 이종일 이종일 이종임 이종재 이종주
이종준 이종태 이종태 이종태 이종태 이종택 이종택 이종팔 이종평 이종표 이종필 이종필 이종필 이종하 이종하 이종하 이종학 이종한 이종한 이종한 이종한 이종한 이종혁 이종철 이종철 이종철 이종철 이종철 이종철 이종탁 이종탁 이종태
이종현 이종현 이종현 이종현 이종호 이종호 이종호 이종호 이종호 이종호 이종호 이종호 이종호 이종호 이종호 이종호 이종호 이종호 이종호 이종호 이종호 이종홍 이종화 이종화 이종화 이종환 이종환

이종환 이종환 이종환 이종환 이종훈 이종훈 이종훈 이종훈 이종훈 이종훈 이종훈 이종휘 이종휘 이종희 이종희 이종희 이종희 이종희 이종희 이종희 이종희 이좌근 이좌동 이좌용 이주 이주경 이주경 이주국 이주기 이주노 이주령
이주록 이주룡 이주명 이주명 이주명 이주상 이주석 이주선 이주성 이주성 이주수 이주수 이주식 이주식 이주식 이주신 이주억 이주연 이주연 이주연 이주연 이주연 이주연 이주연 이주연 이주연 이주연 이주열 이주엽 이주엽 이주영 이주영 이주영
이주영 이주영 이주영 이주영 이주영 이주영 이주영 이주용 이주용 이주원 이주원 이주원 이주용 이주하 이주하 이주익 이주익 이주일 이주장 이주찬 이주철 이주철 이주철 이주하 이주하 이주학 이주한 이주한 이주한 이주헌 이주헌 이주헌 이주행
이주향 이주헌 이주헌 이주헌 이주헌 이주헌 이주혁 이주혁 이주현 이주현 이주현 이주현 이주현 이주현 이주형 이주형 이주형 이주형 이주형 이주형 이주형 이주형 이주형 이주형 이주혜 이주호 이주호 이주호 이주호 이주호 이주홍 이주홍 이주홍 이주훈
이주희 이주희 이주희 이주희 이주희 이주희 이주희 이준 이준 이준곤 이준구 이준구 이준구 이준권 이준규 이준규 이준규 이준규 이준기 이준기 이준기 이준동 이준동 이준마로 이준만 이준명 이준모 이준목 이준범 이준범 이준상 이준상
이준서 이준석 이준석 이준석 이준수 이준수 이준수 이준숙 이준승 이준식 이준식 이준식 이준엽 이준엽 이준업 이준영 이준영 이준영 이준영 이준영 이준영 이준준 이준오 이준옥 이준용 이준용 이준용 이준용 이준용 이준용 이준우 이준웅 이준원 이준환
이준익 이준일 이준창 이준태 이준태 이준필 이준하 이준하 이준학 이준행 이준행 이준헌 이준혁 이준협 이준형 이준형 이준형 이준호 이준호 이준호 이준호 이준호 이준호 이준호 이준호 이준호 이준호 이준호 이준호 이준호 이준호 이준홍 이준환
이준환 이준회 이준회 이준희 이준희 이준희 이준희 이중규 이중균 이중근 이중근 이중근 이중기 이중기 이중길 이중노 이중림 이중배 이중석 이중석 이중선 이중석 이중수 이중옥 이중우 이중원 이중재 이중주 이중철 이중학
이중헌 이중현 이중현 이지나 이지나 이지나 이지나 이지록 이지만 이지만 이지만 이지민 이지민 이지민 이지복 이지복 이지산 이지선 이지선 이지선 이지선 이지선 이지성 이지수 이지수
이지수 이지숙 이지숙 이지순 이지순 이지신 이지안 이지애 이지애 이지양 이지언 이지연 이지연 이지연 이지연 이지연 이지연 이지연 이지연 이지연 이지연 이지연 이지열 이지영 이지영 이지영 이지영 이지영 이지영 이지영 이지영 이지영 이지영 이지영 이지영 이지영 이지영
이지영 이지옥 이지옥 이지완 이지용 이지용 이지용 이지원 이지원 이지원 이지원 이지원 이지원 이지원 이지유 이지윤 이지윤 이지은 이지은 이지은 이지은 이지은 이지은 이지은 이지은 이지은 이지은 이지은 이지은 이지은 이지은 이지은 이지은 이지은 이지전
이지찬 이지하 이지행 이지향 이지향 이지향 이지헌 이지헌 이지헌 이지현 이지현 이지현 이지현 이지현 이지현 이지현 이지현 이지현 이지현 이지현 이지현 이지현 이지형 이지형 이지형 이지형 이지형 이지형 이지혜 이지혜 이지혜
이지혜 이지혜 이지혜 이지호 이지호 이지화 이지환 이지환 이지환 이지효 이지훈 이지훈 이지훈 이지훈 이지훈 이지희 이직재 이진 이진 이진 이진 이진 이진경 이진경 이진경 이진경 이진경 이진곤 이진광 이진구 이진구 이진구 이진구 이진국 이진군 이진권
이진규 이진규 이진동 이진만 이진만 이진명 이진명 이진모 이진무 이진무 이진민 이진배 이진백 이진범 이진범 이진복 이진봉 이진석 이진석 이진석 이진석 이진석 이진섭 이진섭 이진섭 이진성 이진성 이진세 이진수 이진수 이진수 이진수 이진수 이진수
이진숙 이진숙 이진숙 이진숙 이진숙 이진숙 이진숙 이진숙 이진숙 이진순 이진식 이진아 이진아 이진아 이진양 이진연 이진열 이진열 이진영 이진영 이진영 이진영 이진영 이진영 이진영 이진영 이진영 이진오 이진오 이진옥 이진용 이진용 이진용 이진우
이진우 이진우 이진우 이진우 이진우 이진우 이진우 이진우 이진우 이진욱 이진욱 이진웅 이진웅 이진웅 이진웅 이진원 이진의 이진의 이진의 이진이 이진재 이진주 이진주 이진준 이진중 이진창 이진철 이진탁 이진태 이진한 이진한 이진해 이진행 이진행 이진혁
이진혁 이진현 이진형 이진형 이진형 이진호 이진호 이진호 이진호 이진호 이진호 이진호 이진호 이진홍 이진홍 이진화 이진환 이진환 이진환 이진환 이진환 이진후 이진후 이진후 이진휴 이진희 이진희 이진희 이진희 이진희 이진희 이진희 이진희 이진희 이차규
이차근 이차림 이차선 이차순 이찬경 이찬경 이찬교 이찬구 이찬구 이찬규 이찬배 이찬복 이찬성 이찬수 이찬순 이찬승 이찬열 이찬영 이찬영 이찬영 이찬영 이찬욱 이찬원 이찬원 이찬원 이찬인 이찬준 이찬혁 이찬혁 이찬형 이찬호 이찬호 이찬휘 이찬휴 이찬희
이찬희 이찬희 이찬희 이참한 이창 이창건 이창걸 이창곤 이창구 이창국 이창국 이창규 이창규 이창극 이창근 이창근 이창근 이창근 이창근 이창근 이창근 이창근 이창근 이창기 이창기 이창기 이창길 이창남 이창남 이창대 이창대 이창돈 이창득 이창래 이창렬
이창룡 이창룡 이창림 이창모 이창모 이창문 이창미 이창민 이창민 이창배 이창분 이창석 이창석 이창석 이창선 이창선 이창선 이창선 이창섭 이창섭 이창섭 이창섭 이창섭 이창섭 이창송 이창수 이창수 이창수 이창수 이창수 이창수 이창수 이창수 이창수
이창수 이창수 이창숙 이창숙 이창숙 이창숙 이창식 이창식 이창식 이창연 이창연 이창연 이창열 이창엽 이창영 이창옥 이창옥 이창옥 이창옥 이창옥 이창완 이창용 이창용 이창용 이창용 이창용 이창우 이창우 이창우 이창우 이창우 이창우 이창욱 이창운 이창원
이창원 이창원 이창윤 이창은 이창인 이창인 이창자 이창재 이창재 이창재 이창재 이창재 이창제 이창종 이창주 이창주 이창주 이창준 이창준 이창준 이창중 이창직 이창진 이창진 이창진 이창진 이창진 이창진 이창헌 이창헌 이창현 이창현 이창현 이창현 이창형
이창형 이창형 이창호 이창호 이창호 이창호 이창호 이창호 이창호 이창호 이창화 이창화 이창환 이창환 이창효 이창훈 이창훈 이창훈 이창훈 이창희 이창희 이창희 이창희 이창희 이창희 이창희 이창희 이채광 이채린 이채수 이채승 이채영 이채영
이채욱 이채행 이채현 이채호 이채훈 이천 이천규 이천령 이천림 이천복 이천석 이천수 이천수 이천수 이천수 이천식 이천우 이천우 이천우 이천우 이천일 이천주 이천현 이천환 이천희 이천희 이천희 이천희 이철 이철 이철 이철 이철 이철 이철 이철관 이철구
이철구 이철구 이철권 이철규 이철규 이철규 이철규 이철균 이철배 이철선 이철수 이철수 이철수 이철수 이철수 이철수 이철수 이철수 이철수 이철순 이철승 이철승 이철승 이철승 이철신 이철영 이철영 이철용 이철용 이철용 이철우 이철우 이철우 이철우 이철우
이철우 이철우 이철원 이철원 이철원 이철주 이철주 이철주 이철주 이철준 이철중 이철지 이철진 이철학 이철형 이철호 이철호 이철호 이철호 이철호 이철호 이철호 이철호 이철호 이철호 이철호 이철호 이철홍 이철환 이철환 이철훈 이철훈 이철휘
이철희 이철희 이철희 이철희 이철희 이청록 이청만 이청무 이청아 이청열 이청원 이청일 이청자 이청준 이청천 이청호 이청화 이청훈 이청훈 이청희 이총각 이추리 이추영 이추자 이추자 이추택 이춘걸 이춘곤 이춘구 이춘구 이춘권 이춘근 이춘기 이춘기 이춘기
이춘길 이춘대 이춘만 이춘배 이춘배 이춘봉 이춘부 이춘상 이춘섭 이춘섭 이춘성 이춘성 이춘성 이춘수 이춘수 이춘식 이춘식 이춘신 이춘신 이춘실 이춘실 이춘용 이춘우 이춘우 이춘우 이춘우 이춘우 이춘우 이춘욱 이춘원 이춘자 이춘자 이춘자 이춘재 이춘재
이춘재 이춘재 이춘주 이춘진 이춘행 이춘혁 이춘형 이춘호 이춘화 이춘화 이춘희 이춘희 이춘희 이춘희 이춘희 이출성 이출세 이충건 이충건 이충건 이충경 이충국 이충근 이충기 이충기 이충민 이충범 이충보 이충상 이충선 이충선 이충섭 이충섭 이충성 이충식
이충신 이충언 이충언 이충열 이충열 이충열 이충엽 이충영 이충옥 이충용 이충우 이충욱 이충원 이충원 이충원 이충이 이충일 이충일 이충재 이충진 이충하 이충한 이충해 이충현 이충호 이충호 이충호 이충호 이충효 이충훈 이충희 이충희 이치권 이치권
이치성 이치원 이치현 이치형 이치형 이치호 이치환 이치환 이칠관 이침선 이침선 이침용 이침재 이쾌용 이쾌재 이탁경 이탁규 이탄규 이태 이태건 이태경 이태경 이태규 이태규 이태극 이태균 이태근 이태규 이태기 이태길 이태길 이태남 이태두 이태래 이태림
이태림 이태복 이태방 이태백 이태범 이태복 이태욱 이태산 이태선 이태선 이태성 이태세 이태숙 이태승 이태식 이태애 이태연 이태열 이태열 이태영 이태영 이태영 이태용 이태우 이태운 이태운 이태웅 이태원 이태원 이태원 이태백 이태범 이태복 이태욱 이태산
이태일 이태자 이태재 이태전 이태정 이태조 이태진 이태진 이태진 이태하 이태학 이태헌 이태현 이태현 이태현 이태현 이태호 이태환 이태희 이택성 이택용 이택진 이턱 이판술 이판식 이판용 이판하 이판재 이판희 이팔동 이팔말 이평기 이평섭 이평수 이평운
이평중 이평천 이평하 이평희 이포영 이푸른메 이풍우 이필남 이필녀 이필덕 이필동 이필래 이필렬 이필섭 이필수 이필순 이필영 이필우 이필우 이필윤 이필자 이필자 이필주 이필중 이필한 이필형 이필훈 이하걸 이하교 이하균 이하나 이하나 이하나 이하늘 이하늘
이하늘 이하늬 이하람 이하람 이하봄 이하봉 이하상 이하연 이하영 이하원 이하원 이하인 이하일 이하일 이하천 이하정 이하진 이학기 이학구 이학기 이학길 이학동 이학민 이학범 이학성 이학성 이학성 이학수 이학수 이학승 이학연 이학영 이학용 이학인
이학재 이학주 이학준 이학준 이학천 이학철 이학철 이한 이한결 이한겸 이한결 이한결 이한구 이한구 이한구 이한구 이한구 이한규 이한기 이한길 이한길 이한나 이한나라 이한내 이한녕 이한도 이한라 이한별 이한별 이한복
이한결 이한겸 이한결 이한결 이한상 이한석 이한석 이한석 이한성 이한솔 이한솔 이한솔 이한솔 이한솔 이한결 이한길 이한결 이한솔 이한송 이한수 이한수 이한솔 이한솔 이한솔 이한송 이한송 이한아람 이한얼 이한양 이한별 이한영 이한오 이한용
이한우 이한우 이한우 이한용 이한웅 이한욱 이한재 이한조 이한종 이한주 이한주 이한주 이한주 이한중 이한진 이한창 이한춘 이한혁 이한현 이한호 이한 이한 이한규
이항녕 이항복 이항봉 이항용 이항운 이항재 이항훈 이해각 이해경 이해경 이해권 이해동 이해동 이해두 이해룡 이해룡 이해림 이해방 이해병 이해붕 이해상 이해성 이해숙 이해수
이해수 이해숙 이해순 이해식 이해심 이해영 이해옥 이해웅 이해자 이해종 이해진 이해철 이해택 이해훈 이향근 이향근 이향남 이향남 이향란 이향림 이향림 이향만 이황민 이향수 이향숙 이향숙 이향숙 이향숙 이향숙 이향숙 이향순
이향신 이향우 이향원 이향형 이향자 이향천 이헌 이헌규 이헌근 이헌대 이헌봉 이헌석 이헌성 이헌식 이헌양 이헌영 이헌주 이헌주 이혁 이혁 이혁식 이혁신 이혁주 이혁주 이혁
이현 이현 이현걸 이현경 이현경 이현경 이현경 이현경 이현경 이현경 이현경 이현교 이현구 이현구 이현구 이현국 이현국 이현권 이현구 이현구 이현규 이현균 이현금 이현금 이현기 이현기 이현남 이현남 이현덕 이현덕
이현동 이현득 이현만 이현만 이현만 이현모 이현모 이현모 이현모 이현목 이현미 이현미 이현미 이현미 이현미 이현미 이현미 이현민 이현배 이현범 이현범 이현상 이현상 이현서 이현석 이현석 이현섭 이현성
이현숙 이현숙 이현숙 이현수 이현수 이현수 이현수 이현수 이현숙 이현숙 이현숙 이현순 이현승 이현승 이현숙 이현식 이현식 이현아 이현아 이현영 이현영 이현영 이현영 이현옥 이현옥 이현옥 이현옥 이현옥 이현옥
이현우 이현우 이현우 이현우 이현우 이현우 이현우 이현우 이현욱 이현웅 이현원 이현이 이현익 이현일 이현자 이현자 이현자 이현자 이현자 이현재 이현정 이현정 이현정 이현정 이현정 이현정 이현정 이현정 이현조
이현주 이현주 이현주 이현주 이현주 이현주 이현주 이현주 이현주 이현주 이현지 이현지
이현진 이현진 이현창 이현철 이현춘 이현태 이현택 이현학 이현행 이현혜 이현호 이현흠 이현희 이현희 이현희 이현희 이입 이입로 이형곤 이형교 이형교 이형구 이형구 이형권 이형규 이형규 이형규 이형근 이형근 이형기 이형기
이형남 이형남 이형대 이형래 이형로 이형록 이형모 이형묵 이형민 이형민 이형민 이형배 이형범 이형복 이형석 이형석 이형석 이형섭 이형섭 이형수 이형수 이형숙 이형숙 이형식 이형식 이형식 이형신 이형열 이형열 이형엽 이형우
이형우 이형우 이형우 이형우 이형욱 이형일 이형일 이형주 이형주 이형진 이형진 이형진 이형철 이형철 이형태 이형태 이형환 이형환 이형효 이형훈 이혜경 이혜경
이혜경 이혜경 이혜경 이혜경 이혜경 이혜경 이혜경 이혜경 이혜경 이혜경 이혜경 이혜경 이혜경 이혜경 이혜금 이혜란 이혜라 이혜라 이혜란 이혜란 이혜란 이혜령 이혜림 이혜림 이혜민 이혜빈 이혜선
이혜선 이혜섭 이혜성 이혜성 이혜성 이혜성 이혜성 이혜수 이혜수 이혜숙 이혜숙 이혜숙 이혜숙 이혜숙 이혜숙 이혜숙 이혜숙 이혜숙 이혜숙 이혜숙 이혜숙 이혜숙 이혜숙 이혜숙 이혜숙 이혜숙 이혜숙
이혜원 이혜인 이혜인 이혜자 이혜자 이혜자 이혜자 이혜자 이혜정 이혜정 이혜정 이혜정 이혜정 이혜정 이혜정 이혜주 이혜진 이혜진 이혜진 이혜형 이혜훈 이호 이호 이호 이호강 이호걸 이호경
이호경 이호경 이호국 이호규 이호규 이호균 이호근 이호근 이호근 이호금 이호남 이호남 이호민 이호민 이호범 이호상 이호상 이호상 이호상 이호상 이호석 이호석 이호석 이호석 이호선 이호선 이호선 이호섭 이호섭
이호섭 이호섭 이호성 이호성 이호성 이호성 이호성 이호성 이호숙 이호순 이호순 이호승 이호신 이호신 이호연 이호연 이호연 이호열 이호열 이호영 이호영 이호영 이호영 이호영 이호용 이호용 이호용 이호웅 이호원 이호원 이호일
이호재 이호재 이호재 이호준 이호준 이호준 이호준 이호준 이호준 이호준 이호준 이호중 이호중 이호중 이호진 이호창 이호천 이호철 이호철 이호철 이호태 이호형 이홍 이홍 이홍걸 이홍교 이홍구 이홍규 이홍규 이홍규 이홍근 이홍기
이홍기 이홍기 이홍기 이홍기 이홍길 이홍남 이홍돈 이홍동 이홍련 이홍렬 이홍림 이홍모 이홍민 이홍발 이홍배 이홍범 이홍석 이홍석 이홍섭 이홍섭 이홍수 이홍숙 이홍승 이홍식 이홍식 이홍연 이홍열 이홍영 이홍우 이홍원 이홍은 이홍익 이홍인 이홍정
이홍종 이홍주 이홍주 이홍주 이홍주 이홍주 이홍주 이홍진 이홍진 이홍철 이홍희 이화구 이화덕 이화룡 이화복 이화분 이화산 이화석 이화섭 이화섭 이화성 이화수 이화수 이화숙 이화숙 이화숙 이화숙 이화숙 이화숙 이화식 이화신 이화연 이화연 이화영
이화영 이화영 이화영 이화영 이화영 이화영 이화용 이화원 이화일 이화자 이화자 이화자 이화자 이화재 이화정 이화정 이화정 이화주 이화진 이화진 이화진 이화진 이화창 이화창 이화춘 이화춘 이화택 이화현 이화형 이확룡 이환경 이환기 이환기 이환복
이환복 이환석 이환수 이환종 이환주 이환준 이환훈 이환희 이황 이황 이황 이황락 이황룡 이황민 이황복 이황주 이황현 이황호 이회선 이회주 이효경 이효경 이효경 이효구 이효녕 이효동 이효림 이효범 이효상 이효석 이효석 이효선 이효선
이효섭 이효성 이효숙 이효숙 이효숙 이효숙 이효순 이효순 이효순 이효순 이효식 이효식 이효식 이효식 이효영 이효우 이효원 이효원 이효원 이효익 이효인 이효임 이효재 이효재 이효재 이효정 이효정 이효정 이효주 이효준 이효준 이효진 이효진 이효진
이효진 이효진 이효창 이효창 이효추 이효춘 이효형 이후경 이후관 이후관 이후금 이후복 이후영 이후자 이훈 이훈 이훈 이훈 이훈 이훈 이훈 이훈구 이훈구 이훈석 이훈우 이훈익 이훈재 이훈종 이훈종 이훈주 이휘남 이휘종 이휘주 이휴신 이흥구 이흥구
이흥규 이흥규 이흥남 이흥노 이흥래 이흥렬 이흥록 이흥만 이흥선 이흥섭 이흥섭 이흥섭 이흥수 이흥수 이흥수 이흥식 이흥용 이흥재 이흥제 이흥조 이흥주 이흥채 이흥표 이흥호 이흥희 이희갑 이희건 이희경 이희경 이희경 이희경 이희경 이희경 이희경
이희곤 이희곤 이희관 이희구 이희구 이희규 이희남 이희남 이희대 이희도 이희도 이희돈 이희돈 이희동 이희두 이희련 이희만 이희범 이희병 이희병 이희복 이희복 이희복 이희복 이희봉 이희봉 이희상 이희선 이희선 이희섭 이희성 이희성 이희성 이희성
이희수 이희수 이희수 이희수 이희숙 이희숙 이희숙 이희숙 이희숙 이희숙 이희순 이희순 이희승 이희승 이희연 이희열 이희영 이희영 이희영 이희영 이희영 이희영 이희옥 이희완 이희완 이희완 이희용 이희우
이희우 이희원 이희원 이희원 이희원 이희원 이희원 이희원 이희윤 이희일 이희자 이희자 이희재 이희재 이희재 이희재 이희재 이희재 이희정 이희정 이희정 이희정 이희정 이희정 이희종 이희주 이희주 이희주 이희준 이희준 이희중 이희지 이희진
이희진 이희진 이희찬 이희찬 이희찬 이희창 이희철 이희철 이희철 이희철 이희탁 이희태 이희택 이희풍 이희행 이희호 이희환 이희환 이희환 이희환 이희훈 인경기 인계희 인명진 인문종 인미란 인미자 인병선 인석만 인성태 인오룡 인윤경 인정호 인준교
인천연대 인철수 인태복 인태영 인필교 인호진 일문 일원 일진 임갑동 임갑수 임갑식 임갑열 임강원 임강준 임강훈 임건묵 임건상 임건석 임건웅 임건재 임건철 임경 임경국 임경남 임경남 임경남 임경남 임경덕 임경묵 임경미 임경보 임경섭 임경숙
임경숙 임경숙 임경숙 임경순 임경심 임경언 임경옥 임경용 임경욱 임경원 임경은 임경일 임경일 임경자 임경자 임경재 임경진 임경탁 임경택 임경혜 임경환 임경훈 임경희 임경희 임경희 임계묵 임계선 임계영 임고환 임곤택 임공빈 임관철 임관혁
임관희 임광빈 임광수 임광수 임광순 임광식 임광식 임광안 임광열 임광주 임광지 임광채 임광택 임광택 임광희 임구동 임국이 임국진 임국환 임군묵 임군택 임권택 임귀성 임귀철 임규근 임규봉 임규상 임규석 임규종 임규창 임규철 임규태 임규택
임규학 임규한 임규혁 임규혁 임규호 임근길 임근동 임근상 임근숙 임근용 임근태 임금남 임금숙 임금연 임금자 임금철 임기건 임기범 임기산 임기상 임기성 임기수 임기숙 임기영 임기영 임기완 임기용 임기용 임기용 임기원 임기자 임기재 임기철 임기철
임기추 임기춘 임기춘 임기택 임기혁 임길수 임길순 임길성 임길영 임길재 임대택 임나경 임나순 임낙우 임난촌 임남수 임내숙 임내진 임노관 임녹수 임누리 임누리 임능재 임능재 임다은 임달순 임달순 임대대 임대림 임대일
임대진 임대호 임대롱 임대환 임덕기 임덕순 임덕원 임덕인 임덕일 임덕자 임덕화 임도빈 임도순 임도창 임도철 임동건 임동규 임동규 임동길 임동녕 임동란 임동률 임동배 임동빈 임동섭 임동성 임동식 임동우 임동욱 임동운 임동원
임동원 임동일 임동준 임동창 임동철 임동필 임동숙 임동혁 임동순 임동휘 임두빈 임두기 임두석 임두숙 임두한 임매화 임매화 임면식 임명산 임명수 임명신 임명완 임명환
임명선 임명선 임명수 임명우 임명숙 임명순 임명숙 임명애 임명우 임명재 임명철 임명환 임명희 임명희 임명희 임무기 임무산 임무용 임무정 임무훈 임문교 임문식 임문영 임문자 임문택 임미강 임미경
임미경 임미경 임미라 임미란 임미령 임미령 임미나 임미선 임미성 임미숙 임미숙 임미숙 임미애 임미애 임미애 임미애 임미양 임미영 임미영 임미영 임미영 임미영 임미영 임미자 임미자 임미정 임미정 임미정 임미화 임민 임민숙 임민순 임민엽
임민영 임민영 임민주 임민택 임방용 임방택 임방현 임범균 임백빈 임백순 임번장 임범 임범서 임범성 임범걸 임범구 임범일 임범재 임범주 임범철 임범춘 임범태 임범학 임범호 임병국
임병호 임병환 임병훈 임병훈 임보라 임보라 임보리 임보식 임복혁 임복례 임복이 임복자 임복형 임봉규 임봉빈 임봉수 임봉재 임봉주 임봉환 임부자 임부택 임부택 임부택 임부희 임빛나 임빛이랑 임삼 임삼이
임상숙 임상규 임상규 임상길 임상길 임상규 임상규 임상봉 임상균 임상옥 임상순 임상식 임상욱 임상익 임사구 임상규 임서완 임서윤 임석규 임석규
임석기 임석록 임석문 임석숙 임석숙 임석진 임석호 임선계 임선락 임선목 임선목 임선영 임선영 임선옥 임선옥 임선자 임선택 임선화 임선희 임선희 임선화 임성관 임성규 임성균 임성기 임성길 임성덕 임성준 임성준
임성래 임성룡 임성림 임성모 임성모 임성보 임성빈 임성빈 임성빈 임성수 임성숙 임성순 임성순 임성순 임성식 임성안 임성안 임성애 임성열 임성오 임성용 임성욱 임성운 임성운 임성자 임성자 임성재 임성주 임성준 임성준
임성태 임성택 임성필 임세균 임세균 임세기 임세리 임세명 임세빈 임세섭 임세순 임세준 임세철 임세환 임세희 임소명 임소영 임소원
임소윤 임소정 임송남 임송섭 임송택 임수경 임수경 임수경 임수덕 임수련 임수례 임수빈 임수용 임수정 임수정 임수지 임수진 임수철 임수향 임수현 임수현 임수현 임수화 임숙 임숙자 임숙희 임순재 임순재 임순종 임순주 임순태
임순애 임순자 임순택 임순택 임순혁 임순화 임순희 임숭경 임숭관 임숭남 임숭남 임숭노 임숭달 임숭만 임숭문 임숭빈 임숭현 임숭화 임숭욱 임숭용 임숭자 임숭재 임숭재 임숭종 임숭주 임숭태
임숭표 임숭환 임숭환 임시경 임시택 임시현 임신영 임실근 임아정 임안규 임애선 임애희 임양현 임어진 임언 임연경 임연규 임연빈 임연미 임연옥 임연이 임연주 임연호 임연화 임연희 임열 임영 임영경
임영규 임영균 임영근 임영근 임영기 임영남 임영남 임영일 임영자 임영재 임영주 임영주 임영진 임영진 임영진 임영창 임영태 임영태 임영미 임영택 임영택 임영택 임영빈 임영호 임영화 임영환 임영훈 임영훈 임영희 임영희
임예리 임예은 임예준 임오식 임오례 임옥례 임옥성 임옥순 임옥식 임옥진 임완갑 임용규 임용상 임용순 임용준 임용진 임용찬
임윤택 임용판 임용하 임용희 임우동 임우종 임우진 임우경 임우경 임운석 임운선 임운성 임운숙 임운숙 임원영 임원욱 임원영 임원재 임원중 임원빈 임원진 임원택 임원택 임원호 임월수 임유미 임유리 임유순 임유진 임유택 임윤규 임윤출 임윤균
임윤경 임윤례 임윤선 임윤수 임윤영 임윤정 임윤동 임윤빈 임윤경 임윤상 임윤진 임윤남 임윤랑 임이랑 임이섭 임이철 임익수 임익덕 임인상 임인삼 임인수 임인수 임인숙 임인숙 임인순 임인순 임인식 임인주 임인택 임인택 임일규 임일동 임일랑 임일빈 임일송
임일수 임일승 임일택 임임경 임자성 임자원 임의진 임지남 임지규 임지랑 임지섭 임지원 임지복 임재삼 임재연 임재일 임재성 임재영 임재영 임재연 임재영 임재성 임재섭 임재섭 임재수 임재수 임재수
임재욱 임재우 임재욱 임재찬 임재춘 임재택 임재택 임재학 임재해 임재현 임재현 임재우 임재봉 임재택 임재규 임재기 임재기 임재기 임재남 임재남 임재모 임재복 임재분 임재산 임재섭 임재섭 임재수 임재수 임재수 임재수
임재수 임재숙 임재순 임재순 임재순 임재심 임재아 임재애 임재옥 임재욱 임재욱 임재원 임재완 임재의 임재재 임재철 임재택 임재택 임재혁 임재환 임재환 임재환 임재훈 임재희 임재희 임재희 임재희 임재희 임재희

임정희 임종곤 임종근 임종근 임종기 임종길 임종길 임종대 임종대 임종두 임종두 임종룔 임종명 임종명 임종무 임종문 임종민 임종배 임종배 임종범 임종복 임종본 임종봉 임종봉 임종빈 임종석 임종선 임종성 임종수 임종수 임종수 임종숙 임종순 임종순
임종식 임종식 임종심 임종업 임종열 임종열 임종오 임종완 임종욱 임종운 임종원 임종원 임종윤 임종율 임종인 임종인 임종재 임종진 임종집 임종천 임종철 임종태 임종필 임종하 임종학 임종한 임종헌 임종혁 임종현 임종현 임종호 임종호 임종호
임종호 임종호 임종환 임종희 임종희 임주빈 임주완 임주택 임주혁 임준구 임준규 임준기 임준기 임준범 임준석 임준성 임준수 임준영 임준철 임준택 임준하 임준희 임증선 임지성 임지수 임지순 임지연 임지영 임지영 임지원 임지은 임지은 임지현 임지현
임지혜 임지호 임지호 임진 임진동 임진성 임진수 임진수 임진숙 임진영 임진영 임진욱 임진종 임진창 임진철 임진택 임진택 임진형 임진희 임진희 임진희 임진희 임찬묵 임찬희 임창국 임창균 임창래 임창민 임창병 임창복 임창빈 임창수 임창숙 임창주
임창진 임창호 임창호 임창환 임창환 임창훈 임창희 임채갑 임채갑 임채경 임채광 임채근 임채기 임채동 임채동 임채문 임채방 임채섭 임채섭 임채성 임채성 임채숙 임채승 임채식 임채심 임채열 임채영 임채영 임채영 임채옥 임채용 임채욱 임채욱 임채원 임채원
임채윤 임채일 임채정 임채주 임채진 임채춘 임채현 임채호 임채홍 임채환 임채환 임천수 임천재 임천홍 임철규 임철규 임철민 임철민 임철민 임철수 임철순 임철안 임철우 임철원 임철의 임철재 임철재 임철진 임철하 임철희 임청래 임청산 임청아 임추섭
임추자 임춘경 임춘경 임춘권 임춘근 임춘기 임춘득 임춘배 임춘수 임춘식 임춘식 임춘식 임춘실 임춘애 임춘택 임춘하 임춘희 임충규 임충희 임치영 임칠환 임태경 임태규 임태근 임태묵 임태수 임태수 임태완 임태준 임태혁 임태홍 임태희 임택순
임판호 임평규 임평환 임하 임하결 임하늘 임하순 임학권 임학기 임학상 임한결 임한규 임한길 임한나 임한빈 임한상 임한섭 임한순 임한순 임한순 임한영 임한준 임한진 임한천 임항 임항순 임해강 임해두 임해선 임해숙 임행균 임행택 임향란 임향빈
임향수 임향숙 임향숙 임향자 임헌근 임헌영 임헌영 임헌왕 임헌우 임헌이 임헌주 임헌찬 임헌천 임혁 임혁수 임현규 임현규 임현남 임현동 임현민 임현빈 임현수 임현수 임현숙 임현숙 임현순 임현술 임현승 임현실 임현영 임현옥 임현자 임현장 임현정
임현정 임현주 임현주 임현주 임현진 임현진 임현택 임현택 임현택 임형 임형규 임형규 임형균 임형균 임형균 임형두 임형민 임형부 임형석 임형수 임형숙 임형순 임형요 임형재 임형주 임형준 임형중 임형진 임형진 임형진 임형철 임형택 임형택 임형택
임형훈 임혜란 임혜리 임혜성 임혜숙 임혜숙 임혜연 임혜영 임혜옥 임혜자 임혜정 임혜준 임호균 임호근 임호기 임호림 임호상 임호섭 임호순 임호연 임호일 임호채 임호철 임호택 임홍규 임홍길 임홍남 임홍례 임홍모 임홍묵 임홍섭 임홍식 임홍철 임홍택
임화공 임화영 임화택 임환 임환동 임환석 임효섭 임효원 임효은 임효진 임휘복 임휘장 임휴택 임흥기 임흥묵 임흥빈 임흥선 임흥선 임흥선 임흥식 임흥식 임흥열 임희근 임희길 임희동 임희락 임희란 임희린 임희수 임희숙 임희숙 임희순 임희연 임희열 임희원
임희자 임희자 임희종 임희준 임희철 임희택 임희택 자명 장각수 장갑선 장갑숙 장갑업 장강명 장건 장건 장건상 장건석 장건춘 장건환 장경근 장경기 장경남 장경덕 장경만 장경선 장경성 장경숙 장경숙 장경숙 장경순 장경순 장경순 장경순 장경식
장경아 장경애 장경연 장경영 장경오 장경옥 장경옥 장경욱 장경욱 장경은 장경익 장경임 장경임 장경준 장경진 장경진 장경진 장경철 장경철 장경춘 장경출 장경태 장경태 장경하 장경현 장경호 장경호 장경환 장경환 장경희 장경희 장경희 장경희 장계근 장계분
장계순 장계영 장계원 장계호 장계희 장고은 장공희 장관빈 장관용 장관주 장광석 장광수 장광수 장광식 장광식 장광영 장광윤 장광택 장광하 장광해 장광현 장광훈 장구하 장구환 장국화 장권호 장귀연 장귀연 장규동 장규원 장규현 장규홍 장극선 장근수
장근일 장근주 장근천 장금미 장금섭 장금숙 장금식 장금자 장금종 장금진 장금환 장금환 장기국 장기남 장기례 장기례 장기석 장기성 장기영 장기영 장기영 장기영 장기완 장기원 장기자 장기정 장기정 장기준 장기준 장기창 장기천 장기철 장기태 장기풍
장기현 장길만 장길산 장길산 장길석 장길선 장길섭 장길섭 장길수 장길승 장길주 장나라 장낙우 장낙현 장남길 장남배 장남상 장남수 장남수 장남수 장남수 장남순 장남준 장남홍 장노운 장누리 장다희 장달리 장대근 장대석 장대석 장대익 장대익 장대진 장대희
장대희 장덕 장덕수 장덕수 장덕수 장덕수 장덕수 장덕진 장덕춘 장덕호 장덕회 장덕희 장도송 장도현 장도호 장동고 장동국 장동균 장동균 장동기 장동기 장동길 장동렬 장동명 장동민 장동범 장동빈 장동석 장동섭 장동섭 장동실 장동욱 장동익 장동재 장동준
장동준 장동중 장동진 장동진 장동진 장동찬 장동철 장동표 장동한 장동현 장동현 장동호 장동호 장동훈 장두만 장두석 장두율 장두원 장두원 장두철 장두화 장두환 장두환 장득규 장량구 장만대 장만수 장면수 장명남 장명봉 장명섭 장명수 장명수 장명수 장명숙
장명숙 장명숙 장명숙 장명순 장명순 장명신 장명애 장명완 장명우 장명원 장명일 장명자 장명진 장명호 장명훈 장명희 장몽기 장무영 장무환 장문강 장문규 장문규 장문길 장문석 장문성 장문순 장문식 장문재 장문정 장문주 장문하 장문환 장미 장미
장미경 장미경 장미경 장미경 장미경 장미경 장미란 장미란 장미리 장미뽈 장미선 장미숙 장미숙 장미숙 장미숙 장미숙 장미숙 장미숙 장미숙 장미숙 장미숙 장미순 장미순 장미순 장미승 장미연 장미혜 장미화 장미회 장미희 장민 장민구 장민극 장민기 장민수 장민수
장민순 장민옥 장민정 장민정 장민헌 장민혁 장민호 장배현 장백산 장백희 장범균 장별 장병곤 장병기 장병길 장병란 장병문 장병민 장병민 장병섭 장병순 장병순 장병순 장병순 장병식 장병실 장병언 장병완 장병용 장병우 장병원 장병윤 장병윤 장병인 장병인
장병일 장병학 장병현 장병현 장병호 장병화 장병화 장병환 장병훈 장보라 장보영 장보환 장복균 장복득 장복수 장복숙 장복순 장복식 장복순 장복식 장복실 장복주 장복희 장봉 장봉국 장봉섭 장봉수 장봉수 장봉숙 장봉순 장봉윤 장봉하 장봉환 장부경 장부근 장부익
장부자 장부호 장사윤 장삼낭 장삼수 장삼옥 장상경 장상길 장상무 장상봉 장상수 장상수 장상열 장상옥 장상유 장상일 장상재 장상호 장상재 장상호 장상호 장상환 장상훈 장상희 장새라 장새희 장서령 장서윤 장서재 장석광 장석규 장석례 장석배 장석범 장석부 장석수
장석수 장석연 장석오 장석우 장석웅 장석재 장석종 장석진 장석태 장석훈 장선 장선경 장선기 장선아 장선애 장선영 장선용 장선웅 장선웅 장선의 장선자 장선자 장선필 장선희 장선희 장성구 장성군 장성규 장성규 장성근 장성기 장성녕 장성락 장성봉 장성섭
장성수 장성수 장성수 장성수 장성수 장성수 장성수 장성숙 장성숙 장성술 장성식 장성실 장성열 장성우 장성웅 장성원 장성원 장성은 장성은 장성이 장성철 장성치 장성택 장성현 장성현 장성호 장성호 장성호 장성환 장성환 장성환 장성훈 장세곤 장세구 장세균
장세근 장세동 장세목 장세문 장세봉 장세영 장세영 장세영 장세옥 장세옥 장세윤 장세익 장세진 장세진 장세환 장세환 장세훈 장세훈 장세훈 장소명 장소영 장소영 장소영 장소희 장수갑 장수경 장수금 장수길 장수동 장수련 장수만 장수미 장수미 장수연
장수연 장수완 장수원 장수자 장수정 장수찬 장수태 장수학 장수환 장숙경 장숙자 장숙정 장숙현 장숙현 장숙희 장숙희 장순군 장순규 장순군 장순규 장순기 장순남 장순덕 장순도 장순득 장순련 장순복 장순식 장순애 장순옥 장순옥 장순옥 장순이 장순임 장순자 장순자
장순자 장순철 장순필 장순희 장순희 장순희 장슬기 장슬기 장승권 장승기 장승록 장승만 장승문 장승분 장승연 장승용 장승용 장승욱 장승용 장승욱 장승현 장승호 장승호 장승희 장시기 장시영 장시원 장시정 장시중 장시호 장식 장신 장신미 장신민 장신혁 장심현
장아영 장안순 장애숙 장애숙 장애숙 장애숙 장애자 장애종 장양숙 장양순 장양순 장양원 장언식 장어림 장연곤 장연수 장연숙 장연숙 장연숙 장연숙 장연재 장연주 장연홍 장연화 장염재 장영 장영곤 장영권 장영권 장영근 장영근 장영길 장영길 장영길 장영달 장영대
장영덕 장영락 장영란 장영란 장영록 장영만 장영모 장영목 장영민 장영배 장영복 장영복 장영복 장영빈 장영상 장영석 장영선 장영수 장영선 장영수 장영수 장영숙 장영숙 장영순 장영식 장영식 장영신 장영실 장영심 장영아 장영애 장영옥 장영완 장영인 장영일 장영자
장영자 장영재 장영주 장영주 장영준 장영준 장영준 장영진 장영철 장영철 장영철 장영철 장영철 장영형 장영호 장영호 장영호 장영호 장영호 장영호 장영호 장영화 장영화 장영훈 장영희 장영희 장영희 장영희 장예슬 장오혜 장옥관 장옥기 장옥자 장옥희 장옥희
장옥희 장옥희 장옥희 장요한 장요한 장용곤 장용국 장용균 장용기 장용수 장용식 장용운 장용운 장용준 장용진 장용학 장용화 장용화 장용훈 장우남 장우심 장우익 장우일 장우정 장우천 장우철 장우철 장욱 장욱주 장운 장운기 장운섭 장운영 장운익 장운희
장웅기 장원 장원 장원경 장원규 장원기 장원기 장원덕 장원묵 장원봉 장원서 장원석 장원석 장원석 장원섭 장원성 장원순 장원영 장원영 장원일 장원일 장원재 장원정 장원정 장원지 장원창 장원창 장원철 장원칠 장원하 장원희 장월용 장유경 장유경 장유라
장유리 장유리 장유림 장유석 장유송 장유식 장유정 장유진 장유진 장윤 장윤미 장윤석 장윤석 장윤석 장윤석 장윤석 장윤선 장윤선 장윤선 장윤성 장윤수 장윤수 장윤숙 장윤숙 장윤숙 장윤숙 장윤옥 장윤정 장윤정 장윤정 장윤호 장윤호 장윤화 장윤환 장윤환
장윤희 장윤희 장윤희 장은경 장은경 장은경 장은미 장은미 장은미 장은배 장은비 장은석 장은섭 장은숙 장은숙 장은숙 장은아 장은영 장은영 장은영 장은영 장은영 장은영 장은익 장은일 장은자 장은자 장은주 장은주 장은진 장은종 장은하 장은희 장은희 장을병
장응재 장응재 장의덕 장의동 장이근 장이만 장이식 장이정 장이천 장익근 장익성 장익수 장익준 장익태 장익현 장인경 장인권 장인권 장인권 장인권 장인기 장인범 장인선 장인선 장인선 장인성 장인성 장인수 장인수 장인숙 장인숙 장인숙 장인숙 장인숙 장인순
장인식 장인실 장인영 장인영 장인우 장인원 장인원 장인자 장인정 장인하 장인호 장인화 장인환 장인희 장일경 장일구 장일규 장일성 장일규 장일성 장일수 장일영 장일조 장일철 장일호 장임원 장임원 장자윤 장재규 장재근 장재덕 장재랑 장재목 장재석 장재선 장재선
장재성 장재성 장재성 장재연 장재연 장재영 장재영 장재완 장재원 장재원 장재을 장재익 장재익 장재익 장재철 장재혁 장재형 장재호 장재형 장재호 장재호 장재호 장재화 장재환 장재훈 장전배 장점숙 장점순 장점순 장정관 장정기 장정란 장정란 장정만 장정미 장정민
장정삼 장정석 장정석 장정수 장정수 장정숙 장정숙 장정숙 장정숙 장정숙 장정숙 장정숙 장정순 장정순 장정식 장정아 장정아 장정열 장정아 장정열 장정영 장정옥 장정욱 장정욱 장정인 장정일 장정임 장정임 장정임 장정학 장정혜 장정혜 장정화 장정화 장정환 장정희
장정희 장제모 장제성 장제연 장제훈 장종관 장종구 장종근 장종만 장종문 장종수 장종수 장종숙 장종순 장종옥 장종욱 장종원 장종준 장종원 장종준 장종철 장종현 장종현 장종현 장종호 장종화 장좌환 장주복 장주석 장주성 장주식 장주연 장주영 장주영 장주팔 장주현
장주호 장주호 장준기 장준기 장준대 장준성 장준영 장준영 장준용 장준재 장준태 장준항 장준현 장준호 장중진 장지민 장지병 장지상 장지병 장지상 장지숙 장지연 장지연 장지열 장지영 장지영 장지원 장지은 장지은 장지태 장지표 장지하 장지혁 장지혜 장지혜 장지훈
장진 장진 장진구 장진규 장진규 장진근 장진만 장진만 장진선 장진섭 장진숙 장진숙 장진숙 장진순 장진식 장진영 장진영 장진원 장진원 장진자 장진철 장진혁 장진호 장진호 장진화 장진환 장진환 장진희 장차숙 장찬영 장찬용 장창국 장창규 장창남 장창덕
장창렬 장창림 장창수 장창순 장창식 장창영 장창원 장창주 장창진 장창호 장창환 장창환 장채선 장채순 장채옥 장철 장철 장철구 장철구 장철수 장철수 장철수 장철우 장철호 장철호 장철환 장철환 장철훈 장철훈 장청관 장춘만 장춘실 장춘옥 장춘자 장춘학
장춘호 장충익 장충헌 장치영 장칠권 장태림 장태선 장태수 장태수 장태숙 장태순 장태식 장태양 장태용 장태임 장태철 장태환 장태훈 장태훈 장태훈 장태훈 장판금 장판상 장팔광 장풍옥 장하림 장하림
장하성 장학수 장학수 장학식 장한결 장한길 장한별 장한범 장한빛 장한식 장한욱 장학수 장한별 장한범 장한빛 장한식 장한욱 장한형 장해경 장해도 장해룡 장해숙 장해열 장해옥 장해빵 장향수 장헌 장헌수 장헌수 장헌 장헌구 장헌미 장현석 장현숙 장현숙 장현숙 장현숙 장현식 장현원 장현자 장현주 장현주 장현철
장형규 장형두 장형선 장형수 장형식 장형영 장형우 장형원 장형준 장형진 장형철 장형택 장혜경 장혜경 장혜림 장혜란 장혜련 장혜선 장혜숙 장혜숙 장혜숙 장혜정 장혜예 장혜옥 장혜옥
장해원 장해숙 장해영 장해옥 장해빵 장호수 장호숙 장호영 장호섭 장효남 장효리 장효봉 장효성 장효억 장효언 장효영 장효완 장효욱 장효진 장효호 장효희 장흘샘 장흘섭 장희국 장희숙 장효순 장효심 장효정 장효훈 장휘국 장휘나 장휼기 장훌문 장훌승 장훌환
장화영 장화자 전가명 전가을 전갑철 전갑남 전경남 전경남 전경덕 전경락 전경민 전경상 전경선 전경수 전경수 전경수 전경숙 전경숙 전경숙 전경아 전경애 전경연 전경일 전경주 전경진 전경재 전경표 전경훈 전경희 전경희 전경희
전경과 전경화 전경희 전계례 전계숙 전계옥 전계옥 전계훈 전계희 전고운 전곤 전관숙 전광수 전광수 전광식 전광식 전광식 전광식 전광식 전광업 전광연 전광열 전광영 전광옥 전광옥 전광운 전광웅 전광원 전광월 전광위 전광호
전광호 전광화 전광훈 전광희 전구덕 전구락 전구명 전구상 전구성 전구숙 전구연 전구열 전구영 전구영 전구영 전구일 전구집 전구택 전구헌 전구혁 전구홍 전국영 전국용 전국윤 전국종 전국준 전국진 전국진 전국현 전굳건 전권 전권기 전권민
전권율 전권희 전귀란 전귀순 전귀자 전귀천 전귀향 전규 전규남 전규만 전규범 전규복 전규상 전규석 전규석 전규석 전규선 전규선 전규선 전규성 전규수 전규숙 전규업 전규연 전규연 전규영 전규완 전규용 전규원 전규은 전규정 전규정 전규정 전규창 전규철
전규철 전규태 전규헌 전규현 전규형 전규호 전규홍 전규화 전규훈 전균선 전균순 전균태 전균화 전극포 전근 전근부 전근숙 전근식 전근아 전근양 전근영 전근용 전근인 전근풍 전근해 전근현 전근호 전금권 전금길 전금남 전금남 전금란 전금란 전금석
전금선 전금숙 전금순 전금옥 전금옥 전금옥 전금자 전금자 전금주 전금채 전금천 전금철 전금희 전기 전기광 전기동 전기동 전기린 전기만 전기만 전기복 전기봉 전기석 전기선 전기선 전기성 전기성 전기성 전기수 전기수 전기수 전기수 전기수 전기수
전기수 전기순 전기순 전기순 전기식 전기영 전기영 전기영 전기옥 전기용 전기용 전기용 전기용 전기원 전기윤 전기윤 전기정 전기정 전기정 전기정 전기주 전기준 전기진 전기철 전기철 전기철 전기춘 전기춘 전기춘 전기태 전기태 전기태 전기택 전기택 전기하
정남식 정남식 정남운 정남준 정남홍 정남홍 정남해 정남혁 정남호 정남호 정남훈 정남훈 정남화 정남권 정남하 정남훈 정능연 정능형 정다련 정다복 정다습 정다술 정다슬 정다운 정다예 정다우나 정다운 정다운 정다운 정다웅 정다정
정대진 정대진 정대철 정대호 정대현 정대근 정대균 정대범 정대범 정대서 정대식 정덕곤 정덕교 정덕구 정덕란 정덕례 정덕범 정덕빈 정덕순 정덕순 정덕용 정덕원 정덕원 정덕원 정덕은 정덕창 정덕행 정덕형 정대중
정덕환 정덕훈 정덕열 정델균 정도균 정도상 정도선 정도영 정도영 정도욱 정도욱 정도진 정도한 정도현 정도희 정동건 정동규 정동근 정동기 정동길 정동만 정동문 정동민 정동식 정동석 정동선
정동화 정동화 정동화 정동회 정동훈 정동희 정두남 정두리 정두봉 정두성 정두억 정두언 정두영 정두영 정두완 정두욱 정두진 정두호 정두희 정둘샘 정라니 정락숙 정란 정란수 정란숙 정령혁 정령리 정래석 정래윤
정래현 정래희 정례숙 정룡수 정만구 정만기 정만길 정만성 정만수 정만식 정만연 정만영 정만웅 정만진 정만진 정만철 정만택 정말련 정말숙 정말연 정매라 정매리 정맹로 정맹수 정맹상 정명곤 정명교 정명규 정명기 정명기
정명은 정명일 정명자 정명자 정명자 정명주 정명준 정명준 정명진 정명진 정명택 정명헌 정명혁 정명혜 정명호 정명호 정명화 정명화 정명환 정명환 정명환 정명희 정명희 정명희 정명희 정목자
정몽기 정몽준 정묘수 정묘실 정무근 정무령 정무현 정문개 정문경 정문권 정문기 정문길 정문모 정문배 정문상 정문석 정문섭 정문성 정문성 정문수 정문숙 정문영 정문자 정문종 정문종 정문주 정문택 정문현 정문호 정문환
정문호 정문희 정문희 정미경 정미경 정미경 정미경 정미경 정미나 정미덕 정미라 정미라 정미란 정미란 정미령 정미선 정미선 정미선 정미성 정미숙 정미숙 정미숙 정미숙 정미숙 정미숙 정미숙 정미숙 정미숙 정미순 정미순

정미심 정미연 정미영 정미영 정미영 정미영 정미영 정미옥 정미옥 정미은 정미자 정미자 정미정 정미정 정미정 정미정 정미향 정미혜 정미화 정미화 정미희 정민 정민 정민 정민경 정민교 정민기 정민상 정민선 정민섭 정민섭
정민섭 정민영 정민숙 정민수 정민숙 정민식 정민아 정민영 정민오 정민우 정민욱 정민원 정민자 정민재 정민재 정민정 정민주 정민주 정민철 정민학 정민현 정민호 정민호 정민화 정민화 정민환 정방규 정방식 정방호
정방훈 정배근 정배섭 정배영 정백란 정백운 정범구 정범석 정범래 정범순 정범수 정범식 정범업 정병규 정병거 정병구 정병국 정병규 정병규 정병근 정병길 정병길 정병길 정병조 정병조 정병주 정병주 정병직
정병진 정병진 정병진 정병진 정병창 정병채 정병천 정병철 정병철 정병태 정병태 정병택 정병택 정병현 정병현 정병헌 정병헌 정병호 정병호 정병호 정병화 정병휴 정병희 정보경 정보라 정보성 정보영 정보우 정보윤 정복균 정복덕 정복동 정복림
정복면 정복면 정복수 정복순 정복실 정복심 정복희 정봉갑 정봉관 정봉기 정봉례 정봉성 정봉수 정봉숙 정봉양 정봉영 정봉오 정봉조 정봉주 정봉철 정봉호 정부기 정부길
정부영 정분섭 정붕진 정사모 정삼균 정삼례 정삼목 정상재 정상관 정상권 정상권 정상규 정상균 정상균 정상근 정상금 정상기 정상길 정상대 정상대 정상덕 정상란 정상량 정상모 정상민 정상민 정상인 정상복 정상봉
정상섭 정상수 정상수 정상숙 정상업 정상열 정상영 정상영 정상옥 정상옥 정상용 정상용 정상용 정상윤 정상을 정상은 정상익 정상인 정상조 정상진 정상진 정상진 정상천 정상철 정상철 정상태 정상팔 정상현 정상현 정상헌 정상현
정상현 정상호 정상호 정상호 정상환 정상환 정상훈 정상훈 정상훈 정서다음 정서금 정서며 정서영 정서진 정서진 정석구 정석구 정석구 정석근 정석기 정석만 정석면 정석민 정석봉 정석산 정석수 정석양
정석우 정석우 정석운 정석윤 정석제 정석조 정석종 정석주 정석찬 정석철 정석하 정석현 정석호 정석환 정석환 정석환 정석희 정선경 정선경 정선근 정선도 정선라 정선례 정선만 정선미
정선미 정선미 정선섭 정선수 정선수 정선숙 정선숙 정선순 정선영 정선영 정선옥 정선옥 정선용 정선원 정선이 정선자 정선자 정선조 정선태 정선호 정선호 정선화 정선희 정선희 정선희 정설경 정섭채 정성강 정성경 정성광
정성교 정성교 정성기 정성길 정성길 정성일 정성란 정성모 정성자 정성주 정성진 정성진 정성진 정성진 정성채 정성철 정성철 정성철 정성태 정성택 정성하 정성현 정성현 정성호 정성화 정성화 정성효 정성후 정성훈
정성훈 정성훈 정성훈 정성훈 정성훈 정성희 정성희 정성희 정세국 정세권 정세근 정세라 정세봉 정세영 정세영 정세용 정세용 정세인 정세일 정세조 정세주 정세혁 정세현 정세현 정세호 정세홍 정세훈 정세환 정세훈
정소라 정소성 정소연 정소연 정소영 정소영 정소영 정소옥 정솔 정술이 정술규 정숭남 정숭규 정수경 정수근 정수남 정수남 정수만 정수미 정수미 정수민 정수복 정수봉
정수봉 정수봉 정수성 정수애 정수연 정수연 정수열 정수영 정수영 정수영 정수옥 정수용 정수용 정수웅 정수웅 정수인 정수인 정수자 정수정 정수진 정수진 정수채 정수천 정수철 정수학 정수혁 정수현 정숙경 정숙민
정숙원 정숙자 정숙자 정숙자 정숙자 정숙자 정숙정 정숙현 정숙형 정숙화 정숙희 정숙희 정숙희 정숙희 정순 정순갑 정순갑 정순과 정순구 정순균 정순금 정순금 정순기 정순길 정순길 정순남 정순남 정순남 정순남 정순덕 정순덕 정순도
정순례 정순례 정순례 정순모 정순배 정순복 정순복 정순식 정순식 정순심 정순애 정순영 정순영 정순복 정순일 정순임 정순자 정순자 정순자 정순조 정순자 정순조 정순일
정순조 정순주 정순주 정순진 정순찬 정순철 정순철 정순태 정순태 정순태 정순택 정순혁 정순현 정순호 정순호 정순희 정순희 정순희 정술기 정술희 정숭각 정숭국 정숭규 정숭기 정숭노 정숭도 정숭래 정숭례 정숭모 정숭모 정숭우
정아영 정아영 정아의 정아준 정아진 정악택 정악환 정악훈 정악금 정아든 정아든 정아비 정아성 정아성 정아은 정아화 정아일 정아성 정아준 정아화 정아훈 정아경 정아교 정아교 정아권 정아규 정아균 정아기 정아덕 정아산 정아성 정아석 정아석
정안 정안수 정애경 정애경 정애련 정애리 정애련 정애령 정애목 정애순 정애영 정애영 정애옥 정야름 정애성 정앵자 정양규 정양록 정양모 정양선 정양섭 정양숙 정양진 정양희 정양화 정여진 정여진 정여정 정여진
정연 정연 정연광 정연광 정연구 정연국 정연규 정연남 정연노 정연도 정연돈 정연두 정연미 정연복 정연봉 정연봉 정연상 정연선 정연섭 정연영 정연수 정연수 정연수 정연수 정연숙 정연순 정연술 정연숙 정연승 정연식 정연안 정연옥 정연욱
정연일 정연임 정연자 정연조 정연주 정연주 정연중 정연진 정연진 정연진 정연진 정연진 정연천 정연천 정연철 정연철 정연탁 정연태 정연택 정연홍 정연화 정연화 정연희 정연희 정연희 정열 정열 정영 정영 정영광 정영교 정영구 정영국
정영국 정영규 정영규 정영균 정영규 정영동 정영란 정영란 정영란 정영란 정영란 정영래 정영모 정영목 정영묵 정영문 정영미 정영미 정영민 정영민 정영배 정영병 정영선 정영선 정영섭 정영섭 정영섭 정영섭
정영성 정영수 정영수 정영숙 정영숙 정영숙 정영숙 정영숙 정영숙 정영숙 정영순 정영순 정영순 정영순 정영순 정영신 정영아 정영아 정영애 정영업 정영업 정영옥 정영옥 정영옥 정영옥 정영옥 정영현 정영현
정영인 정영일 정영일 정영일 정영일 정영자 정영자 정영재 정영제 정영종 정영주 정영주 정영주 정영주 정영주 정영준 정영진 정영진 정영진 정영진 정영진 정영채 정영철 정영철 정영업 정영태 정영택 정영하 정영학 정영현 정영현 정영현
정영호 정영호 정영호 정영훈 정영훈 정영훈 정영희 정예나 정예린 정예성 정예술 정예슬 정예영 정예영 정오남 정오산 정오신 정옥 정옥경 정옥경 정옥경 정옥구
정옥금 정옥련 정옥석 정옥성 정옥순 정옥숙 정옥순 정옥영 정옥의 정옥봉 정옥진 정옥희 정옥희 정온이 정완규 정완립 정완영 정완영 정완용 정완주 정완희 정왕모 정외만 정요석 정요안 정용갑 정용식 정용식 정용식 정용안 정용연 정용완
정용욱 정용욱 정용길 정용길 정용달 정용대 정용락 정용만 정용모 정용배 정용배 정용분 정용석 정용석 정용석 정용선 정용섭 정용택 정용택 정용화 정용화 정용화 정용훈 정용훈
정용희 정우강 정우교 정우규 정우기 정우락 정우랑 정우랑 정우상 정우석 정우선 정우선 정우신 정우식 정우열 정우임 정우정 정우주 정우준 정우주 정우진 정우천 정우태 정우필 정우필 정우현
정우훈 정우희 정욱 정운 정운 정운교 정운교 정운기 정운기 정운안 정운묵 정운배 정운성 정운성 정운식 정업교 정운영 정운영 정운용 정운숙 정운자 정운운 정운주 정운진 정운찬 정운형 정운호 정운화 정운화 정웅 정웅모 정웅세 정웅조 정웅표
정원 정원각 정원국 정원군 정원균 정원길 정원기 정원기 정원덕 정원도 정원배 정원산 정원석 정원석 정원석 정원선 정원수 정원실 정원영 정원영 정원용 정원재 정원종 정원주 정원준 정원지 정원진 정원진 정원철 정원탁
정원팔 정원현 정원호 정원효 정월선 정위영 정위경 정유기 정유력 정유리 정유림 정유수 정유식 정유신 정유애 정유음 정윤경 정윤용 정윤재 정윤정 정윤진 정윤형 정윤희 정율 정율통 정은경 정은경 정은경 정은경 정은경 정은경
정은기 정은미 정은미 정은미 정은선 정은선 정은수 정은숙 정은숙 정은숙 정은숙 정은숙 정은순 정은애 정은영 정은영 정은영 정은옥 정은옥 정은임 정은자 정은자 정은재 정은정 정은정 정은정 정은주 정은주 정은주
정은주 정은주 정은미 정은미 정은미 정은선 정은선 정은선 정은수 정은숙 정은숙 정은숙 정은숙 정은순 정은일 정을산 정을남 정을남 정이룡 정이롱 정이리 정이룡 정이순 정이일
정의영 정의영 정의요 정의준 정의진 정의택 정의환 정의훈 정의금 정이든 정이든 정이비 정이성 정이성 정이은 정이화 정익실 정익성 정익준 정익화 정익훈 정인경 정인교 정인교 정인권 정인규 정인균 정인기 정인덕 정인산 정인상 정인석 정인석
정인선 정인섭 정인섭 정인성 정인수 정인수 정인숙 정인숙 정인숙 정인숙 정인숙 정인순 정인식 정인아 정인영 정인영 정인영 정인영 정인영 정인옥 정인옥 정인용 정인욱 정인임 정인자 정인자 정인정 정인정 정인조
정인종 정인찬 정인창 정인창 정인천 정인철 정인철 정인태 정인학 정인하 정인화 정일 정일남 정일근 정일산 정일성 정일성 정일호 정임 정임숙 정임순 성임남 정자춘 정자혜 정자환 정자underline 정장복 정장섭 정장효 점장웅 정장현 정장흠 정장희 정재곤
정재관 정재광 정재구 정재국 정재권 정재근 정재근 정재근 정재기 정재길 정재덕 정재돈 정재두 정재룡 정재룡 정재림 정재만 정재문 정재민 정재민 정재민 정재범 정재석 정재석 정재선 정재성 정재성 정재수
정재수 정재식 정재식 정재영 정재옥 정재완 정재욱 정재웅 정재향 정재현 정재현 정재현 정재현 정재현 정재현 정재형 정재형 정재호 정재훈 정재훈 정재화 정재황 정재훈 정재훈 정재익
정재일 정재정 정재종 정재학 정재중 정재진 정재천 정재철 정재룡 정재하 정재학 정재향 정재향 정재현 정재현 정재현 정재현 정재현 정재형 정재형 정재호 정재훈 정재화 정재황 정재훈 정재훈 정재익 정재훈
정종 정종경 정종구 정종남 정종남 정종도 정종훈 정종일 정종훈 정종경 정종성 정종완 정종윤 정종 정종경 정종구 정종국 정종국 정종국 정종규 정종극 정종길 정종길 정종길 정종남 정종님 정종도
정제봉 정제성 정제완 정제윤 정조원 정종 정종경 정종구 정종국 정종국 정종국 정종규 정종극 정종길 정종길 정종길 정종남 정종님 정종도 정종두 정종락 정종렬 정종만 정종명 정종모 정종미 정종범 정종복 정종부 정종빈 정종산 정종석 정종석 정종선
정종선 정종선 정종섭 정종섭 정종성 정종수 정종수 정종순 정종순 정종식 정종식 정종연 정종연 정종열 정종영 정종오 정종오 정종운 정종원 정종은 정종일 정종임 정종진 정종진 정종표 정종하 정종해 정종혁 정종현 정종호 정종호 정종호 정종화 정종화
정종회 정종효 정종훈 정종휴 정종희 정종희 정주갑 정주령 정주복 정주섭 정주성 정주순 정주신 정주연 정주열 정주영 정주영 정주용 정주용 정주원 정주진 정주진 정주천 정주한 정주현 정주현 정주혜 정주환 정주환 정주희 정준 정준교 정준기
정준길 정준량 정준모 정준섭 정준섭 정준섭 정준섭 정준성 정준수 정준식 정준식 정준아 정준연 정준영 정준영 정준영 정준용 정순택 정준해 정준혁 정준호 정준호 정준호 정준홍 정준환 정준희 정준희 정중구 정중서 정중석 정중석 정중억 정중자 정중철
정중환 정중규 정지강 정지강 정지란 정지민 정지민 정자산 정지산 정지석 정지선 정지선 정지성 정지성 정지수 정지수 정지숙 정지연 정지연 정지영 정지영 정지영 정지영 정지완 정지용 정지용 정지우 정지웅 정지원 정지원 정지원 정지원 정지윤 정지은
정지은 정자은 정지은 정지은 정지을 정지인 정지일 정지준 정지창 정지천 정지철 정지향 정지현 정지현 정지혜 정지혜 정지호 정지호 정지화 정지훈 정지훈 정지훈 정진 정진경 정진관 정진교 정진구 정진구 정진국 정진규 정진규 정진극 정진근 정진기
정진기 정진남 정진녀 정진대 정진동 정진리 정진만 정진묵 정진문 정진배 정진백 정진삼 정진상 정진서 정진석 정진석 정진석 정진선 정진섭 정진섭 정진섭 정진성 정진숙 정진숙 정진순 정진순 정진안 정진엽 정진영 정진영 정진영 정진영 정진오 정진옥
정진옥 정진옥 정진옥 정진용 정진용 정진우 정진우 정진우 정진우 정진우 정진우 정진욱 정진욱 정진욱 정진욱 정진욱 정진웅 정진원 정진원 정진원 정진윤 정진이 정진일 정진일 정진자 정진주 정진주 정진주 정진철 정진철 정진태 정진택 정진택 정진택
정진학 정진항 정진해 정진현 정진현 정진형 정진호 정진호 정진호 정진호 정진호 정진호 정진화 정진화 정진환 정진후 정진후 정진휘 정진희 정진희 정차영 정찬 정찬구 정찬국 정찬길 정찬대 정찬득 정찬률 정찬미 정찬미 정찬민 정찬민 정찬배
정찬복 정찬성 정찬수 정찬수 정찬승 정찬식 정찬식 정찬얼 정찬영 정찬용 정찬용 정찬우 정찬우 정찬우 정찬유 정찬율 정찬응 정찬일 정찬임 정찬주 정찬호 정찬호 정찬홍 정찬휘 정찬희 정찬희 정참뜻 정창교 정창국 정창근 정창길
정창남 정창남 정창녕 정창렬 정창면 정창민 정창배 정창배 정창범 정창복 정창복 정창섭 정창수 정창수 정창순 정창술 정창식 정창식 정창언 정창엽 정창영 정창영 정창영 정창옥 정창용 정창용 정창욱 정창욱 정창운 정창원 정창윤 정창익 정창진 정창헌
정창헌 정창현 정창현 정창현 정창현 정창호 정창호 정창홍 정창희 정채례 정채봉 정채숙 정채영 정채우 정채윤 정채호 정천 정천균 정천기 정천모 정천산 정천순 정천식 정천식 정천영 정천용 정천홍 정천화 정천화 정천환 정철 정철 정철 정철규 정철기
정철기 정철상 정철섭 정철승 정철언 정철우 정철욱 정철웅 정철원 정철자 정철재 정철종 정철호 정철호 정철효 정철효 정철희 정청 정청천 정청화 정초시 정초영 정초왕 정초일 정초하 정춘 정춘규 정춘근 정춘득 정춘상 정춘수 정춘숙 정춘순 정춘순
정춘식 정춘지 정춘해 정춘호 정충기 정충모 정충용 정충원 정충일 정충호 정치만 정치용 정치한 정치화 정칠표 정탁상 정탁희 정태관 정태국 정태권 정태규 정태규 정태균 정태근 정태기 정태미 정태민 정태범 정태봉 정태분 정태빈 정태석 정태석 정태석
정태섭 정태성 정태성 정태수 정태수 정태수 정태수 정태숙 정태순 정태순 정태식 정태식 정태언 정태영 정태영 정태영 정태옥 정태완 정태왕 정태용 정태욱 정태욱 정태운 정태웅 정태원 정태원 정태원 정태윤 정태윤 정태윤 정태율 정태익 정태익
정태일 정태자 정태종 정태종 정태준 정태진 정태진 정태진 정태철 정태춘 정태혁 정태현 정태형 정태호 정태화 정태화 정태화 정태환 정태황 정태훈 정택근 정택영 정택일 정택진 정택진 정택환 정통일 정판식 정팔문 정평식 정평화 정평희 정필국 정필권
정필선 정필선 정필수 정필영 정필원 정필은 정하나 정하늬 정하도 정하명 정하성 정하숙 정하영 정하영 정하영 정하영 정하용 정하윤 정하은 정하자 정하장 정하중 정하진 정하진 정하현 정학구 정학균 정학래 정학민 정학범 정학섭 정학성 정학순
정학영 정학인 정학진 정학헌 정학희 정한 정한결 정한교 정한기 정한길 정한나 정한뜻 정한뫼 정한봄 정한빛 정한샘 정한성 정한솔 정한솔 정한수 정한수 정한식 정한식 정한용 정한종 정한중 정해 정해경 정해경 정해관 정해관 정해광 정해구 정해권
정해권 정해근 정해기 정해덕 정해동 정해림 정해목 정해문 정해선 정해선 정해선 정해성 정해숙 정해순 정해순 정해시 정해연 정해열 정해열 정해영 정해영 정해용 정해용 정해용 정해욱 정해욱 정해웅 정해웅 정해원 정해원 정해일 정해일 정해정 정해정
정해종 정해주 정해준 정해준 정해직 정해진 정해진 정해진 정해진 정해천 정해천 정해춘 정해환 정행석 정행숙 정행영 정행조 정행표 정행훈 정향숙 정향순 정향인 정향진 정헌 정헌 정헌교 정헌국 정헌룡 정헌영 정헌원 정헌주 정혁 정혁상 정혁수
정혁진 정혁진 정혁훈 정현 정현 정현 정현 정현 정현 정현 정현걸 정현교 정현국 정현권 정현남 정현녀 정현덕 정현도 정현명 정현명 정현미 정현백 정현백 정현석 정현석 정현수 정현수 정현숙 정현숙 정현숙 정현숙 정현숙 정현숙 정현숙 정현숙
정현숙 정현승 정현실 정현심 정현아 정현아 정현애 정현애 정현영 정현영 정현영 정현옥 정현욱 정현웅 정현웅 정현윤 정현의 정현재 정현재 정현정 정현제 정현조 정현종 정현주 정현주 정현주 정현주 정현주 정현준 정현진 정현진 정현진 정현진 정현진
정현진 정현찬 정현채 정현천 정현철 정현철 정현태 정현태 정현태 정현태 정현택 정현호 정현호 정현호 정현화 정현희 정현희 정현희 정형관 정형교 정형권 정형규 정형규 정형균 정형근 정형근 정형기 정형기 정형기 정형기 정형달 정형도 정형락 정형만
정형석 정형식 정형심 정형운 정형종 정형주 정형직 정형진 정형찬 정형채 정형호 정혜경 정혜경 정혜경 정혜경 정혜경 정혜경 정혜란 정혜란 정혜란 정혜선 정혜선 정혜성 정혜숙 정혜숙 정혜숙 정혜숙 정혜숙 정혜숙 정혜순 정혜신
정혜심 정혜영 정혜영 정혜영 정혜영 정혜영 정혜영 정혜영 정혜옥 정혜옥 정혜옥 정혜용 정혜용 정혜원 정혜원 정혜원 정혜원 정혜원 정혜윤 정혜정 정혜정 정혜정 정혜주 정혜진 정혜진 정혜진 정혜화 정호갑 정호경 정호경 정호관 정호근 정호기
정호산 정호상 정호선 정호선 정호선 정호섭 정호섭 정호섭 정호성 정호순 정호승 정호연 정호영 정호영 정호영 정호영 정호영 정호영 정호용 정호원 정호윤 정호정 정호중 정호진 정호진 정호진 정호진 정호진 정홍 정홍구 정홍균 정홍기 정홍모
정홍섭 정홍섭 정홍열 정홍영 정홍주 정홍진 정홍표 정화선 정화숙 정화숙 정화숙 정화순 정화순 정화순 정화순 정화식 정화양 정화영 정화영 정화옥 정화용 정화자 정화찬 정화평 정환규 정환길 정환병 정환병 정환석 정환석 정환영 정환인 정환정
정환진 정환철 정환춘 정환팔 정환호 정환훈 정환홍 정활 정회권 정회균 정회민 정회범 정회선 정회수 정회승 정회인 정회훈 정효경 정효기 정효나 정효선 정효수 정효수 정효숙 정효숙 정효숙 정효순 정효식 정후근 정후남 정훈 정훈영 정훤근 정휘봉
정휘재 정흥균 정흥남 정흥락 정흥만 정흥수 정흥식 정흥열 정흥익 정흥태 정흥호 정희 정희경 정희경 정희경 정희경 정희곤 정희권 정희균 정희남 정희례 정희모 정희문 정희범 정희상 정희상 정희상 정희선 정희선 정희선 정희섭 정희섭 정희섭 정희성
정희성 정희수 정희숙 정희숙 정희순 정희영 정희원 정희원 정희자 정희자 정희정 정희정 정희정 정희종 정희종 정희진 정희진 정희철 정희철 정희태 정희헌 제갈석 제갈종익 제경호 제경희 제권환 제기철 제미희 제상무 제상원 제영만 제영환 제용환
제은숙 제정구 제정길 제정무 제정미 제정욱 제정원 제정진 제정철 제철형 제정호 제철환 제평천 제평호 제해식 제호성 조가원 조가윤 조가형 조갑래 조갑선 조갑식 조갑식 조갑영 조갑철 조갑현 조강 조강 조강래 조강래 조강민 조강복 조강직 조강희
조강희 조강희 조거현 조건묵 조건영 조경구 조경규 조경근 조경님 조경란 조경만 조경모 조경묵 조경복 조경상 조경선 조경선 조경섭 조경수 조경숙 조경숙 조경숙 조경숙 조경숙 조경숙 조경숙 조경순 조경순 조경식 조경식 조경아 조경아 조경애
조경애 조경애 조경연 조경열 조경영 조경오 조경옥 조경옥 조경용 조경은 조경이 조경일 조경자 조경자 조경자 조경재 조경제 조경제 조경제 조경주 조경찬 조경철 조경태 조경현 조경호 조경훈 조경희 조경희 조경희 조경희 조경희 조경희 조경희 조경희
조경희 조경희 조계선 조계섭 조계성 조계수 조계수 조계순 조계언 조계연 조계영 조계영 조계완 조계원 조계의 조계진 조계찬 조계현 조계현 조계홍 조공훈 조관무 조관식 조관행 조관형 조관형 조관희 조광 조광남 조광래 조광래 조광명 조광문 조광복
조광섭 조광숙 조광시 조광식 조광연 조광연 조광열 조광우 조광원 조광익 조광익 조광일 조광일 조광제 조광주 조광철 조광태 조광태 조광하 조광현 조광현 조광현 조광현 조광호 조광호 조광희 조광희 조구권 조구연 조구호 조국 조국 조국필
조군자 조권 조권중 조귀동 조규myung 조규남 조규남 조규만 조규범 조규범 조규보 조규삼 조규상 조규서 조규석 조규석 조규선 조규성 조규성 조규성 조규성 조규수 조규순 조규승 조규승 조규식 조규식 조규열 조규열 조규영 조규영 조규웅 조규웅 조규장
조규재 조규정 조규정 조규종 조규창 조규태 조규태 조규택 조규표 조규하 조규하 조규해 조규현 조규현 조규형 조규호 조규흥 조균 조극제 조근봉 조근식 조근아 조근자 조근진 조근희 조근희 조글샘 조금련 조금립 조금선 조금숙 조금숙 조금열 조금옥
조금주 조금현 조긍수 조긍호 조기동 조기래 조기만 조기문 조기봉 조기분 조기붕 조기선 조기순 조기술 조기연 조기연 조기영 조기영 조기영 조기영 조기옥 조기원 조기인 조기제 조기종 조기철 조기택 조기항 조기형 조기호 조기홍 조기홍 조기화 조기훈
조기희 조길석 조길수 조길영 조길예 조길용 조길자 조길현 조길형 조길훈 조나리 조낙관 조낙휘 조난희 조남건 조남경 조남국 조남근 조남기 조남기 조남기 조남룡 조남리 조남만 조남미 조남산 조남성 조남언 조남연 조남영 조남의 조남장 조남제 조남주
조남주 조남주 조남중 조남직 조남철 조남철 조남훈 조남희 조남희 조다윗 조단희 조담 조대근 조대성 조대성 조대식 조대언 조대연 조대영 조대원 조대현 조대현 조대현 조대현 조대현 조대호 조대회 조덕구 조덕근 조덕기 조덕래 조덕선 조덕순 조덕식
조덕식 조덕연 조덕인 조덕임 조덕재 조덕중 조덕현 조덕휘 조도선 조도현 조도희 조동국 조동국 조동규 조동균 조동근 조동근 조동기 조동기 조동기 조동길 조동래 조동목 조동문 조동석 조동섭 조동숙 조동순 조동술 조동술 조동시 조동식 조동신 조동신
조동원 조동원 조동원 조동원 조동을 조동제 조동주 조동준 조동철 조동표 조동현 조동호 조동호 조동환 조두신 조두진 조두한 조두형 조둘선 조득재 조득주 조득필 조래렬 조래무 조래승 조마노 조마해 조만석 조만진 조만형 조만호 조말자 조매경 조명규
조명남 조명래 조명서 조명숙 조명숙 조명숙 조명숙 조명숙 조명숙 조명숙 조명순 조명순 조명순 조명신 조명원 조명원 조명자 조명자 조명종 조명종 조명주 조명준 조명진 조명호 조명희 조명희 조명희 조모아 조무봉 조무일 조무현 조무형 조무형
조문경 조문경 조문경 조문기 조문숙 조문순 조문연 조문주 조문찬 조문호 조문희 조미경 조미경 조미경 조미경 조미경 조미경 조미경 조미남 조미녀 조미라 조미라 조미란 조미란 조미선 조미선 조미송 조미송 조미숙 조미숙 조미숙 조미숙 조미숙
조미숙 조미숙 조미순 조미슬 조미애 조미애 조미연 조미연 조미영 조미영 조미옥 조미옥 조미옥 조미옥 조미옥 조미자 조미정 조미하 조미행 조미현 조미혜 조미희 조민석 조민선 조민수 조민숙 조민웅 조민자 조민자 조민정 조민증 조민지 조민호 조민호
조민희 조방현 조백기 조백석 조백훈 조범섭 조범제 조병구 조병권 조병금 조병기 조병남 조병덕 조병래 조병로 조병만 조병모 조병무 조병민 조병삼 조병상 조병석 조병선 조병수 조병숙 조병열 조병옥 조병옥 조병우 조병욱 조병욱 조병욱 조병웅 조병을
조병일 조병재 조병주 조병주 조병진 조병진 조병찬 조병철 조병철 조병택 조병하 조병한 조병현 조병호 조병화 조병환 조병휘 조병희 조병희 조보름 조복남 조복례 조복록 조복산 조복순 조복심 조복자 조복행 조복현 조본준 조봉덕 조봉암 조봉오
조봉자 조봉재 조봉제 조봉현 조봉환 조봉훈 조봉희 조봉희 조부식 조부영 조부형 조분남 조분옥 조붕래 조빛나 조상경 조상기 조상래 조상래 조상래 조상록 조상만 조상모 조상미 조상민 조상민 조상범 조상선 조상섭 조상식 조상연 조상옥 조상옥 조상이
조상현 조상현 조상현 조상형 조상형 조상형 조상호 조상호 조상희 조상희 조상희 조상희 조새롬 조서광 조서연 조서희 조서희 조석 조석곤 조석근 조석기 조석옥 조석제 조석중 조석진 조석필 조석현 조석현 조석현 조석현 조석훈 조선금 조선동 조선무
조선미 조선배 조선영 조선영 조선옥 조선옥 조선옥 조선이 조선이 조선임 조선정 조선택 조선행 조선형 조선호 조선화 조선희 조선희 조선희 조선희 조선희 조성계 조성관 조성교 조성구 조성국 조성국 조성국 조성권 조성권 조성규 조성규 조성근 조성기
조성기 조성길 조성남 조성남 조성남 조성덕 조성덕 조성도 조성동 조성락 조성래 조성래 조성래 조성래 조성령 조성률 조성만 조성만 조성만 조성목 조성목 조성미 조성민 조성민 조성민 조성민 조성민 조성민 조성범 조성범 조성보 조성복 조성봉 조성부
조성분 조성빈 조성산 조성삼 조성삼 조성수 조성수 조성수 조성수 조성수 조성숙 조성숙 조성숙 조성순 조성순 조성식 조성식 조성실 조성심 조성애 조성역 조성연 조성연 조성열 조성열 조성영 조성옥 조성옥 조성옥 조성옥 조성용 조성용 조성용
조성욱 조성웅 조성원 조성윤 조성윤 조성윤 조성은 조성은 조성은 조성익 조성인 조성일 조성일 조성일 조성일 조성자 조성자 조성자 조성재 조성재 조성제 조성조 조성종 조성주 조성준 조성진 조성진 조성진 조성진 조성진 조성창 조성채 조성철 조성철

조성철 조성택 조성표 조성학 조성현 조성현 조성현 조성호 조성호 조성호 조성호 조성호 조성호 조성호 조성호 조성호 조성호 조성호 조성화 조성화 조성환 조성환 조성환 조성환 조성환 조성황 조성효 조성후 조성훈 조성훈 조성훈
조성훈 조성훈 조성희 조세경 조세열 조세영 조세종 조세현 조세현 조세현 조세형 조세희 조세희 조세희 조소연 조소연 조소영 조소영 조소영 조소혜 조송길 조송길 조송래 조송암 조송자 조송자 조송환 조수경 조수경 조수관 조수동 조수미 조수민 조수연 조수연
조수연 조수열 조수영 조수영 조수영 조수웅 조수원 조수월 조수은 조수자 조수진 조수진 조수진 조수진 조수진 조수학 조수현 조수현 조수현 조수현 조수형 조수환 조숙경 조숙경 조숙경 조숙경 조숙영 조숙자 조숙현 조숙희 조순관 조순구 조순기 조순단 조순동 조순미
조순방 조순복 조순삼 조순아 조순영 조순익 조순자 조순제 조순향 조순현 조순형 조순형 조순형 조순환 조순희 조슬기찬 조승구 조승기 조승래 조승래 조승래 조승미 조승복 조승봉 조승수 조승연 조승열 조승용 조승일 조승제 조승주 조승철 조승헌
조승혁 조승현 조승현 조승현 조승형 조승호 조승호 조승호 조승희 조승희 조승희 조승희 조시영 조시영 조시형 조신묵 조신자 조신제 조신제 조신행 조아라 조아라 조아라 조아진 조안나 조안나 조안숙 조애순 조애자 조야선 조양구 조양근 조양길 조양숙 조양순
조양순 조양순 조양욱 조양욱 조양익 조양일 조양진 조양호 조양호 조양환 조양희 조양희 조언호 조연경 조연석 조연옥 조연제 조연진 조연진 조연환 조연홍 조연희 조영곤 조영교 조영국 조영국 조영근 조영근 조영기 조영기 조영기 조영길 조영길 조영길 조영남
조영대 조영덕 조영돈 조영동 조영락 조영란 조영란 조영래 조영래 조영렬 조영례 조영리 조영림 조영만 조영만 조영만 조영모 조영미 조영미 조영미 조영미 조영배 조영상 조영석 조영선 조영선 조영선 조영선 조영선 조영선 조영선 조영수 조영수 조영수 조영수
조영수 조영숙 조영숙 조영숙 조영숙 조영숙 조영숙 조영숙 조영순 조영순 조영순 조영순 조영순 조영식 조영식 조영신 조영신 조영심 조영심 조영아 조영아 조영애 조영애 조영애 조영애 조영애 조영언 조영옥 조영옥 조영옥 조영욱 조영욱 조영운 조영원 조영윤
조영이 조영인 조영일 조영일 조영일 조영일 조영자 조영자 조영자 조영재 조영재 조영제 조영조 조영주 조영주 조영주 조영주 조영준 조영준 조영준 조영준 조영준 조영준 조영진 조영진 조영진 조영진 조영진 조영집 조영찬 조영창 조영채 조영천 조영철 조영철
조영철 조영철 조영철 조영철 조영춘 조영탁 조영태 조영택 조영팔 조영하 조영현 조영호 조영호 조영호 조영호 조영호 조영환 조영환 조영환 조영환 조영환 조영훈 조영훈 조영훈 조영훈 조영휘 조영희 조영희 조영희 조영희 조영희 조예나 조예나 조예스란
조예슬 조예슬 조예진 조옥숙 조옥순 조옥연 조옥주 조옥형 조옥희 조옥희 조완기 조완상 조완철 조완행 조왕호 조요한 조용경 조용구 조용구 조용구 조용구 조용권 조용균 조용극 조용근 조용근 조용길 조용길 조용덕 조용덕 조용덕 조용덕 조용만 조용말 조용명
조용모 조용무 조용무 조용문 조용범 조용상 조용상 조용상 조용상 조용석 조용석 조용석 조용석 조용석 조용선 조용선 조용섭 조용성 조용수 조용식 조용식 조용식 조용신 조용신 조용애 조용언 조용연 조용운 조용웅 조용원 조용월 조용이 조용익 조용재
조용재 조용종 조용주 조용준 조용준 조용준 조용진 조용진 조용진 조용철 조용하 조용학 조용한 조용호 조용호 조용호 조용환 조용환 조용훈 조용휴 조용흠 조용희 조용희 조우람 조우래 조우성 조우순 조우신 조우영 조우헌 조우현 조욱종 조욱현 조욱희
조운 조운갑 조운갑 조운찬 조운채 조운천 조웅 조웅기 조원갑 조원갑 조원경 조원근 조원덕 조원래 조원명 조원상 조원숙 조원식 조원식 조원식 조원식 조원욱 조원일 조원일 조원장 조원제 조원종 조원종 조원준 조원직 조원철 조원혁 조원형 조원호 조원호
조위래 조유경 조유나 조유동 조유민 조유빈 조유신 조유진 조유현 조윤경 조윤경 조윤경 조윤경 조윤경 조윤덕 조윤문 조윤석 조윤선 조윤선 조윤성 조윤숙 조윤식 조윤식 조윤식 조윤애 조윤재 조윤정 조윤제 조윤주 조윤행 조윤형 조윤형 조윤형 조윤호 조윤호
조윤호 조윤화 조윤훈 조윤희 조윤희 조율흔 조융 조은 조은경 조은경 조은경 조은경 조은경 조은광 조은누리 조은미 조은미 조은미 조은미 조은미 조은별 조은별 조은비 조은빛 조은성 조은숙 조은숙 조은숙 조은슬 조은신 조은아 조은아 조은아 조은애 조은애
조은애 조은영 조은영 조은영 조은영 조은이 조은자 조은자 조은정 조은정 조은정 조은정 조은제 조은종 조은주 조은주 조은준 조은진 조은진 조은하 조은형 조은혜 조은호 조은희 조은희 조은희 조은희 조은희 조은희 조을규 조을미 조을연 조의석 조의숙 조의식
조의현 조의호 조이너스 조이제 조이화 조익기 조익래 조익만 조익준 조익현 조익환 조인갑 조인걸 조인국 조인국 조인권 조인기 조인동 조인상 조인상 조인상 조인선 조인성 조인성 조인수 조인수 조인수 조인숙 조인숙 조인숙 조인숙 조인숙 조인순
조인식 조인식 조인식 조인식 조인영 조인용 조인원 조인진 조인창 조인철 조인행 조인행 조인현 조인형 조인호 조인호 조인환 조인희 조인희 조일권 조일남 조일래 조일선 조일영 조일제 조일화 조일흠 조임숙 조자경 조자룡 조자룡 조자영 조장기 조장래
조장영 조장철 조장환 조재경 조재광 조재구 조재규 조재균 조재근 조재남 조재덕 조재룡 조재만 조재명 조재목 조재문 조재빈 조재상 조재선 조재성 조재성 조재성 조재성 조재수 조재수 조재수 조재수 조재수 조재수 조재숙 조재연 조재영 조재완 조재용
조재용 조재욱 조재욱 조재웅 조재원 조재원 조재원 조재은 조재익 조재익 조재일 조재천 조재천 조재철 조재철 조재철 조재풍 조재현 조재현 조재형 조재형 조재형 조재환 조재희 조전수 조전익 조전형 조점동 조점복 조점석 조점옥 조정강 조정곤 조정관
조정관 조정국 조정군 조정님 조정단 조정덕 조정란 조정란 조정래 조정래 조정래 조정례 조정례 조정림 조정명 조정묵 조정민 조정민 조정석 조정선 조정선 조정선 조정선 조정선 조정숙 조정숙 조정숙 조정숙 조정순 조정순 조정순 조정식 조정신
조정애 조정애 조정애 조정옥 조정옥 조정우 조정원 조정은 조정임 조정자 조정필 조정행 조정현 조정현 조정현 조정현 조정현 조정현 조정호 조정호 조정호 조정호 조정홍 조정화 조정화 조정화 조정환 조정환 조정훈 조정휘 조정휘 조정희 조정희 조정희
조정희 조정희 조정희 조정희 조제훈 조종국 조종국 조종래 조종묵 조종미 조종민 조종민 조종선 조종수 조종연 조종연 조종욱 조종율 조종정 조종주 조종하 조종학 조종현 조종현 조종현 조종현 조종호 조종화 조종환 조종훈 조종희 조주연 조주연 조주완
조주은 조주일 조주환 조주환 조주환 조준 조준 조준 조준기 조준석 조준섭 조준식 조준연 조준영 조준용 조준재 조준채 조준필 조준행 조준혁 조준현 조준형 조준호 조준호 조준환 조준환 조준희 조중석 조중수 조중실 조중연 조중우 조중직 조중철
조중철 조중현 조중현 조중현 조중희 조지덕 조지상 조지연 조지영 조지원 조지현 조지훈 조지훈 조진경 조진만 조진숙 조진완 조진우 조진태 조진현 조진현 조진현 조진형 조진형 조진호 조진화 조진환 조진희 조징엽 조찬국 조찬석 조찬연 조찬제 조찬현
조찬호 조창건 조창권 조창래 조창래 조창래 조창래 조창민 조창선 조창섭 조창식 조창심 조창연 조창영 조창우 조창우 조창욱 조창윤 조창주 조창한 조창현 조창현 조창현 조창현 조창현 조창현 조창환 조창훈 조창희 조창희 조창희 조채언 조채연 조채환
조천근 조천중 조천호 조철 조철규 조철규 조철규 조철룡 조철만 조철모 조철수 조철옥 조철우 조철우 조철웅 조철진 조철현 조철현 조철현 조철형 조철호 조철호 조철환 조철희 조청명 조추연 조춘근 조춘기 조춘성 조춘숙 조춘심 조춘심 조춘자 조춘자
조춘제 조춘화 조춘희 조충국 조충길 조충래 조충철 조충현 조충환 조치원 조치흠 조탁준 조태민 조태복 조태봉 조태섭 조태식 조태식 조태연 조태영 조태영 조태영 조태영 조태오 조태욱 조태월 조태일 조태일 조태준 조태창 조태호 조태환 조태효 조태희 조택
조판식 조평옥 조풍연 조필성 조필숙 조필순 조필영 조필임 조필호 조하경 조하안 조하현 조학래 조학래 조학식 조학제 조한결 조한경 조한경 조한경 조한관 조한근 조한나 조한뜻 조한목 조한무 조한미 조한민 조한백 조한별 조한살 조한상 조한서 조한선
조한선 조한소 조한솔 조한수 조한순 조한순 조한슬 조한승 조한애 조한용 조한웅 조한웅 조한원 조한유 조한윤 조한익 조한재 조한정 조한준 조한준 조한준 조한직 조한진 조한홍 조한홍 조한희 조항건 조항군 조항덕 조항돈 조항민 조항서 조항선 조항설
조항심 조항웅 조항원 조항진 조해동 조해동 조해룡 조해상 조해석 조해숙 조해영 조해일 조해정 조해진 조행복 조행순 조행자 조향기 조향미 조향선 조향숙 조향신 조향아 조헌정 조헌종 조헌종 조헌주 조혁기 조혁제 조혁태 조혁현 조현 조현 조현
조현경 조현경 조현곤 조현관 조현광 조현구 조현군 조현권 조현근 조현기 조현기 조현기 조현기 조현길 조현대 조현래 조현목 조현무 조현미 조현배 조현복 조현생 조현서 조현석 조현선 조현선 조현설 조현성 조현수 조현수 조현수 조현수 조현수 조현수
조현숙 조현숙 조현숙 조현실 조현아 조현업 조현연 조현영 조현영 조현용 조현용 조현용 조현용 조현우 조현우 조현윤 조현익 조현자 조현정 조현제 조현종 조현주 조현주 조현주 조현주 조현지 조현지 조현진 조현철 조현철 조현철 조현춘 조현출 조현호
조현호 조현화 조현환 조현환 조현희 조현희 조협 조형 조형권 조형권 조형규 조형기 조형남 조형모 조형미 조형상 조형석 조형섭 조형우 조형원 조형인 조형재 조형제 조형주 조형준 조형준 조형준 조형진 조형진 조형진 조형철 조형희 조혜경 조혜경
조혜경 조혜경 조혜경 조혜경 조혜규 조혜란 조혜련 조혜리 조혜린 조혜선 조혜선 조혜숙 조혜숙 조혜숙 조혜숙 조혜순 조혜연 조혜영 조혜영 조혜영 조혜영 조혜옥 조혜원 조혜윤 조혜인 조혜인 조혜인 조혜인 조혜인 조혜자 조혜정 조혜정 조혜정 조혜화
조호걸 조호규 조호상 조호선 조호연 조호열 조호재 조호제 조호태 조홍구 조홍근 조홍래 조홍래 조홍섭 조홍익 조홍제 조홍준 조홍준 조홍진 조홍환 조화순 조화순 조화자 조화자 조화자 조환기 조환기 조환욱 조환웅 조효근 조효민 조효빈 조효숙 조효임
조효제 조효진 조효진 조후석 조후석 조훈 조훈 조훈심 조훈제 조훈현 조휘동 조휘성 조휘재 조휘찬 조흥선 조흥식 조흥연 조흥원 조희경 조희경 조희경 조희공 조희관 조희근 조희근 조희금 조희기 조희란 조희만 조희부 조희수 조희숙 조희숙 조희숙
조희순 조희순 조희순 조희승 조희승 조희연 조희욱 조희정 조희제 조희제 조희진 조희찬 조희철 좌덕훈 좌영돈 좌용권 좌재욱 주갑식 주경복 주경선 주경수 주경순 주경순 주경애 주경엽 주경임 주경자 주경주 주경호 주경희 주계남 주공노조 주관수
주광로 주광술 주광열 주광은 주광하 주귀선 주귀자 주금남 주금용 주금종 주기식 주기옥 주기준 주기철 주기철 주길수 주길종 주낙기 주낙현 주남희 주내 주노마 주대명 주덕명 주도영 주동선 주동욱 주동일 주동주 주동현 주량거 주로미 주만옥 주명
주명철 주명화 주명환 주명희 주명희 주모임 주무학 주문 주문환 주미경 주미경 주미란 주미숙 주민경 주민선 주민수 주민식 주배동 주번식 주범익 주병규 주병남 주병돈 주병석 주보돈 주보라 주복희 주부선 주부원 주삼식 주상 주상수 주상언
주상영 주상원 주상원 주상철 주상춘 주상하 주서진 주석병 주석정 주석중 주석호 주선분 주선자 주선형 주선희 주성남 주성동 주성록 주성민 주성민 주성민 주성수 주성신 주성실 주성이 주성진 주성호 주세경 주세영 주소연 주소희 주수원 주수흥 주순중
주순진 주승열 주승호 주승희 주시영 주애기 주애란 주양돈 주양희 주연재 주영 주영경 주영경 주영곤 주영곤 주영광 주영금 주영길 주영노 주영로 주영미 주영민 주영숙 주영숙 주영실 주영완 주영우 주영우 주영원 주영인 주영준 주영찬 주영호 주영화
주영환 주영희 주예순 주예영 주옥경 주옥녀 주옥출 주완선 주왕호 주용남 주용노 주용락 주용석 주용선 주용선 주용성 주용성 주용수 주용수 주용철 주용환 주우상 주우정 주우철 주원규 주원석 주원하 주유식 주유정 주윤구 주윤애 주율택 주은경 주은주
주이돈 주이중 주익종 주인군 주인수 주인철 주인택 주인호 주일업 주임환 주장덕 주장수 주장은 주재두 주재명 주재백 주재삼 주재석 주재성 주재연 주재영 주재용 주재우 주재풍 주재휘 주전이 주정렬 주정룡 주정림 주정봉 주정선 주정숙 주정순 주정심
주정연 주정이 주정현 주정혜 주정호 주정희 주정희 주제식 주종돈 주종범 주종석 주종호 주종환 주준섭 주준택 주준호 주중식 주중연 주지연 주지운 주지은 주지화 주진국 주진배 주진성 주진애 주진영 주진오 주찬구 주찬규 주찬홍 주창돈 주창림 주창만
주창민 주창현 주창환 주천중 주철돈 주철우 주철종 주철중 주철호 주철희 주태석 주태순 주태영 주태진 주태현 주평조 주하아린 주하주 주한광 주한규 주한승 주한아 주항량 주해돈 주해돈 주해돈 주해수 주행숙 주행훈 주헌 주헌국 주현담 주현석 주현수
주현아 주현애 주현종 주현진 주현철 주형규 주형도 주형렬 주형로 주형식 주형식 주형심 주혜숙 주혜정 주호기 주호석 주호식 주홍 주홍수 주효민 주훈 주흥기 주흥기 주흥선 주희상 주희선 주희숙 주희영 지경숙 지경숙 지경주 지계향 지공 지광범
지광열 지광자 지광재 지교철 지군식 지규애 지기성 지길영 지길평 지대위 지덕규 지덕근 지덕엽 지동섭 지동진 지두환 지득수 지명선 지명숙 지명순 지명하 지미경 지미경 지미조 지민구 지만규 지민규 지민배 지민석 지백원 지병문 지병문 지병철 지봉성
지봉환 지상구 지상민 지상배 지상용 지상일 지상현 지상환 지성남 지성남 지성애 지성철 지성철 지성환 지세민 지세영 지수향 지수환 지숙경 지숙경 지숙자 지순철 지승호 지승환 지승훈 지승희 지애현 지연수 지연채 지연하 지연희 지연희 지영국 지영금
지영대 지영린 지영배 지영선 지영수 지영욱 지영준 지영철 지영태 지영학 지영학 지영환 지예림 지요하 지용담 지용수 지용엽 지용택 지용하 지용해 지용헌 지용희 지용희 지우선 지원경 지원종 지원준 지원철 지원호 지원희 지유석 지유성 지윤섭 지윤창
지은권 지은숙 지은숙 지은영 지은정 지은희 지인선 지재수 지정근 지정남 지정남 지정만 지정배 지정부 지정식 지정아 지정애 지정영 지정우 지정임 지정희 지종근 지종순 지주현 지진숙 지창난 지창수 지창은 지창일 지천숙 지철승 지청산 지춘자 지충곤
지태수 지하식 지한식 지해규 지해범 지해준 지향 지향숙 지향자 지현경 지현숙 지현아 지현주 지현준 지형범 지형준 지혜경 지혜경 지혜경 지호순 지홍식 지화조 지효진 지휘윤 지희승 지희철 진강숙 진경년 진경복 진경선 진경숙 진경애 진경옥 진경운
진경은 진경주 진경택 진경표 진경환 진경희 진공석 진관애 진광석 진광섭 진광오 진광운 진광자 진광홍 진광희 진국기 진규백 진근탁 진금숙 진금오 진금자 진기용 진기준 진기찬범 진기홍 진길성 진길수 진길임 진난옥 진남영 진남택 진달근 진달복
진대열 진대영 진두재 진만순 진명기 진명동 진명만 진명석 진명선 진명섭 진명숙 진명순 진명식 진명식 진명옥 진명인 진명자 진미경 진미숙 진미화 진병관 진병관 진병두 진병석 진병일 진병준 진병호 진복규 진복숙 진봉규 진사남 진삼상 진삼현 진상림
진상민 진상수 진상욱 진상훈 진석기 진석준 진선미 진선미 진선영 진선주 진선필 진선하 진선행 진선홍 진성규 진성록 진성무 진성박 진성범 진성숙 진성원 진성일 진성진 진수덕 진수명 진수석 진숙 진순덕 진순덕 진순심 진순임 진승만 진승진 진승현
진승호 진시민 진신남 진신생 진실 진애자 진양규 진양자 진양현 진연구 진연주 진영곤 진영도 진영락 진영미 진영민 진영민 진영상 진영서 진영섭 진영섭 진영성 진영수 진영수 진영수 진영심 진영우 진영운 진영은 진영일 진영자 진영종 진영칠 진영호
진영호 진영환 진영희 진영희 진영희 진옥희 진완선 진용근 진용민 진용범 진용우 진용 진용태 진우삼 진우성 진웅용 진원 진원섭 진원재 진유행 진윤아 진윤정 진윤정 진윤지 진윤태 진은석 진은정 진은주 진의범 진의헌 진이삭 진이홍 진익렬 진익종
진인 진인기 진인태 진인택 진인호 진장춘 진재덕 진재명 진재술 진재학 진재홍 진정 진정란 진정수 진정순 진정영 진정완 진정용 진정욱 진정자 진정탁 진정탁 진정필 진정협 진정희 진정희 진제민 진제윤 진종례 진종석 진종식 진종진 진종화 진준원
진지환 진진수 진진숙 진차복 진창덕 진천규 진천덕 진천우 진철 진철두 진철하 진철호 진초록 진태수 진태용 진태화 진택섭 진평순 진학천 진한걸 진해영 진향연 진헌 진현 진현기 진현석 진현숙 진현아 진현욱 진형준 진혜경 진혜숙 진호만 진호영
진호옥 진홍배 진홍옥 진활민 진황건 진흥언 진희관 진희영 진희종 차건선 차경락 차경선 차경수 차경숙 차경순 차경아 차경애 차경애 차경연 차경일 차경일 차경자 차경찬 차경철 차경태 차경호 차계영 차계준 차광규 차광선 차광철 차귀자 차귀희 차규철
차근수 차근수 차금용 차기동 차기벽 차기태 차기태 차기호 차기화 차길수 차남욱 차대성 차덕준 차동렬 차동욱 차동욱 차동주 차둥지 차득기 차득선 차득회 차란 차명남 차명년 차명숙 차명식 차명자 차명철 차명호 차명희 차무갑 차문규 차문환 차미래
차미연 차미항 차미현 차미화 차미희 차민 차민석 차민석 차민숙 차민우 차민우 차범석 차병조 차병철 차병철 차병학 차병호 차보겸 차봉례 차봉준 차봉환 차봉희 차삼용 차삼준 차상돈 차상란 차상목 차상민 차상봉 차상선 차상원 차상익 차상재 차상호
차상호 차석빈 차선규 차선례 차성수 차성식 차성준 차성진 차성한 차성현 차성호 차성환 차성희 차성희 차세일 차세정 차소영 차수련 차수문 차수연 차수희 차숙 차숙자 차숙연 차순필 차승균 차승만 차승수 차승연 차신화 차양래 차연길 차연숙 차영
차영건 차영구 차영근 차영길 차영림 차영립 차영미 차영민 차영배 차영빈 차영석 차영석 차영석 차영석 차영숙 차영숙 차영순 차영식 차영실 차영인 차영주 차영호 차영훈 차영희 차예준 차옥선 차옥순 차옥정 차온누리 차완교 차용범 차용아 차용인
차용준 차용태 차용택 차용호 차운영 차유덕 차유미 차유복 차유황 차유황 차윤완 차은경 차은숙 차은옥 차은주 차은하 차의근 차의식 차익환 차인근 차인근 차인길 차인석 차인숙 차인실 차인영 차일홍 차일환 차장현 차재량 차재민 차재성 차재수 차재신
차재영 차재영 차재철 차재철 차재훈 차점숙 차정미 차정석 차정숙 차정숙 차정식 차정은 차정준 차정화 차종남 차종민 차종용 차종표 차종현 차주면 차주환 차준락 차준섭 차준원 차준천 차지근 차지연 차지영 차지원 차지현 차진아 차진아 차진철 차진환
차천기 차천옥 차철근 차춘선 차태준 차피터 차하늘 차하순 차한누리 차한필 차해천 차학렬 차현덕 차현주 차형근 차형렬 차혜 차혜경 차혜숙 차호은 차홍식 차홍주 차화조 차흥도 차희숙 착오 창평 채갑석 채갑순 채건희 채경석 채경숙 채경애
채경자 채경환 채경희 채광기 채광석 채광순 채구묵 채규대 채규삼 채규성 채규순 채규실 채규애 채규완 채규율 채규인 채규인 채금례 채금현 채긍석 채기돈 채기돈 채기백 채기범 채기병 채기병 채기화 채기훈 채누리 채대성 채동균 채두석 채두석 채두희
채만기 채말연 채명석 채명석 채명순 채무석 채문구 채미경 채미옥 채미자 채미희 채민경 채민기 채민석 채민성 채민정 채민지 채민 채병도 채병득 채병철 채병훈 채보길 채보미나래 채복남 채복순 채봉수 채삼철 채상근 채상식 채상우 채서린 채석
채석순 채석원 채선미 채선우 채성기 채성은 채성찬 채세희 채송화 채송화 채수강 채수경 채수경 채수광 채수근 채수덕 채수민 채수범 채수빈 채수석 채수용 채수인 채수일 채수일 채수천 채수천 채수태 채수홍 채수환 채숙회 채숙희 채순기 채순옥 채승병
채시원 채양호 채연규 채연석 채영권 채영기 채영미 채영배 채영석 채영석 채영선 채영수 채영수 채영수 채영숙 채영주 채옥회 채옥희 채완기 채우석 채운석 채웅기 채원배 채원석 채원희 채월자 채유나 채유순 채윤석 채윤정 채윤태 채윤하 채은경 채은석
채은주 채이배 채인석 채인식 채일병 채일형 채자애 채재덕 채재병 채재열 채정민 채정병 채정복 채정숙 채정숙 채정순 채정아 채정열 채정용 채정우 채정은 채종권 채종록 채종병 채종서 채종진 채종철 채주석 채준석 채중기 채진석 채찬희 채창병 채춘화
채칠성 채한결 채행자 채현국 채현병 채현수 채현숙 채혜리 채혜원 채혜정 채호병 채홍기 채홍란 채홍석 채홍선 채화순 채휘병 채흔호 채흥석 채희갑 채희경 채희근 채희문 채희상 채희석 채희선 채희성 채희숙 채희옥 채희완 채희익 채희자 채희정 채희정
천강식 천경례 천경미 천경민 천경하 천경호 천계자 천관우 천광수 천광준 천국웅 천국현 천규연 천금석 천기옥 천기천 천길정 천남신 천다슬 천도교대학 천두영 천두현 천명숙 천무영 천미성 천민정 천민호 천병국 천병렬 천병만 천병연 천병준 천병중
천병철 천병태 천병태 천병희 천부석 천상국 천상규 천상덕 천석기 천선준 천선기 천선영 천선희 천성기 천성민 천성애 천성혜 천세린 천세봉 천세익 천세환 천수봉 천수영 천숙희 천순미 천승령 천승민 천승세 천승현 천승희 천양기 천양선 천양숙 천연정
천영문 천영민 천영성 천영세 천영순 천영일 천영자 천영진 천오 천오성 천용기 천용석 천용식 천용우 천용택 천원식 천원영 천월희 천은복 천은숙 천은택 천의정 천인국 천인숙 천인식 천인욱 천임식 천장천 전재권 천재현 천정수 천종식 천종희 천준길
천준태 천준호 천중권 천중근 천지성 천지세무법인 천지숙 천지용 천진경 천진아 천진옥 천진용 천진희 천창근 천창필 천창필 천철웅 천충수 천치빈 천학래 천한일 천현미 천현숙 천현철 천형준 천혜경 천혜림 천혜숙 천혜숙 천혜순 천호순 천호준 천화정
천후금 천희 천희규 천희석 천희자 천희자 철안스님 청송수녀원 청화스님 최가람 최가영 최가온 최가희 최갑경 최갑률 최갑석 최갑선 최갑수 최갑수 최갑수 최갑숙 최갑순 최갑식 최갑식 최갑진 최강국 최강덕 최강만 최강문 최강민 최강석 최강선
최강열 최강영 최강욱 최강의 최강일 최강추 최강호 최강훈 최건 최건돈 최건병 최건용 최건호 최건호 최경구 최경규 최경락 최경락 최경란 최경렬 최경미 최경미 최경민 최경복 최경서 최경석 최경석 최경석 최경서 최경서 최경석 최경순
최계도 최계동 최계수 최계순 최계식 최계영 최계옥 최계주 최고운 최고운 최고은 최공용 최관섭 최관식 최관영 최관집 최관호 최관화 최광 최광국 최광남 최광돈 최광돈 최광래 최광림 최광묵 최광상 최광선 최광세 최광수 최광수
최광식 최광욱 최광열 최광일 최광직 최광진 최광현 최광호 최교근 최교정 최교진 최구선 최국서 최국선 최국자 최국진 최국현 최권섭 최권식 최권우 최권일 최규남 최규덕 최규빈 최규상 최규선 최규순 최규정 최규근 최규동 최규랑 최규률 최규배 최규백 최규복
최규상 최규식 최규업 최규연 최규연 최규옥 최규완 최규원 최규인 최규인 최규장 최규정 최규종 최규종 최규철 최규철 최규태 최규택 최규필 최규현 최규현 최규형 최규호 최규훈 최근배
최근태 최금석 최금수 최금순 최금숙 최금용 최금주 최금화 최기명 최기명 최기봉 최기원 최기원 최기인 최기인 최기정 최기종 최기자 최기철 최기춘 최기택 최기표 최기현 최기호 최기호 최기환 최기희
최길녀 최길님 최길동 최길례 최길수 최길엽 최길효 최나래 최나래 최나미 최나미 최낙근 최낙범 최낙성 최낙순 최낙승 최낙용 최낙재 최낙준 최낙진 최낙환 최난영 최난이 최난주 최남규 최남규 최남숙
최남영 최남윤 최남현 최남훈 최납실 최달근 최달인 최달수 최단 최단비 최당석 최대규 최대길 최대덕 최대력 최대만 최대성 최대승 최대열 최대영 최대진 최대혁 최대현 최대훈 최대호 최대화 최대희
최도규 최도님 최도선 최도순 최도열 최도영 최도욱 최동권 최동규 최동규 최동균 최동근 최동금 최동길 최동민 최동배 최동빈 최동석 최동선 최동섭 최동성 최동성 최동수 최동수 최동수 최동식 최동신 최동엽 최동엽 최동욱
최동윤 최동일 최동준 최동진 최동철 최동학 최동혁 최동현 최동협 최동호 최두섭 최두영 최두환 최득남 최락희 최리노 최림 최막래 최만규 최만길 최만석 최만수 최만순 최만식 최만악 최만재 최만종 최만진 최만호 최만희
최만식 최만영 최만옥 최만제 최만진 최만호 최망섭 최맹주 최맹환 최명규 최명균 최명금 최명복 최명석 최명선 최명성 최명세 최명순 최명숙 최명수 최명수 최명숙 최명수 최명숙 최명순 최명순 최명순 최명철 최명춘 최명화 최명희 최명희 최명희 최명희
최무 최무영 최문 최문규 최문광 최문길 최문섭 최문성 최문숙 최문식 최문옥 최문욱 최문준 최문태 최문해 최문현 최미경 최미경 최미경 최미경 최미경 최미경 최미경 최미경 최미경 최미경 최미경 최미경 최미경 최미경 최미경 최미경 최미경 최미경
최미경 최미경 최미경 최미경 최미년 최미라 최미라 최미란 최미라 최미령 최미령 최미선 최미석 최미선 최미선 최미숙 최미숙 최미숙 최미숙 최미숙 최미숙 최미숙 최미숙 최미숙 최미향 최미향 최미현 최미혜 최미혜 최미혜 최미회 최미희 최미희 최민 최민 최민 최민경 최민규 최민도 최민류
최민석 최민섭 최민숙 최민숙 최민식 최민아 최민욱 최민욱 최민재 최민재 최민주 최민준 최민지 최민해 최민혁 최민환 최박기 최박현 최방식 최방욱 최방흥 최배훈 최백걸 최백호 최범 최범규 최범림 최범석 최범석 최범식 최병개 최병곤

최병관 최병구 최병국 최병국 최병국 최병권 최병권 최병권 최병권 최병규 최병균 최병근 최병기 최병기 최병기 최병기 최병길 최병남 최병남 최병대 최병두 최병두 최병득 최병란 최병란 최병렬 최병렬 최병렬 최병례 최병린 최병만 최병모
최병모 최병무 최병무 최병삼 최병서 최병석 최병석 최병석 최병석 최병선 최병선 최병선 최병선 최병선 최병선 최병성 최병수 최병수 최병수 최병수 최병숙 최병숙 최병순 최병승 최병식 최병식 최병식 최병안 최병억 최병열 최병엽
최병옥 최병옥 최병옥 최병옥 최병욱 최병중 최병진 최병천 최병천 최병천 최병철 최병철 최병철 최병철 최병철 최병출 최병탁 최병태 최병택 최병하 최병학 최병학 최병혁 최병혁 최병현 최병현 최병호 최병호 최병호 최병화 최병환 최병훈 최병훈
최보경 최보경 최보근 최보기 최보나 최보람 최보름 최보선 최보영 최보원 최보윤 최보윤 최보은 최보환 최복규 최복근 최복금 최복남 최복덕 최복래 최복리 최복선 최복순 최복순 최복술 최복연 최복찬 최봉 최봉균 최봉대 최봉락 최봉로 최봉민 최봉수
최봉숙 최봉식 최봉식 최봉연 최봉재 최봉주 최봉채 최봉철 최봉헌 최봉환 최봉훈 최봉희 최봉희 최부규 최부덕 최부성 최부식 최부식 최부훈 최분나 최분다 최분기 최비 최빛나 최빛나 최삼규 최삼도 최삼섭 최삼숙 최삼순 최삼열 최삼태 최상 최상건 최상경
최상국 최상규 최상근 최상근 최상길 최상남 최상덕 최상면 최상민 최상석 최상수 최상아 최상억 최상열 최상영 최상영 최상용 최상우 최상운 최상윤 최상율 최상일 최상정 최상준 최상준 최상천 최상철 최상철 최상철 최상춘 최상태 최상헌
최상현 최상호 최상호 최상호 최상화 최상훈 최상희 최상희 최새롬 최새별 최새봄 최샛별 최서란 최서영 최석 최석 최석근 최석기 최석기 최석기 최석련 최석만 최석범 최석범 최석순 최석훈 최석중 최석중 최석진 최석진 최석태 최석현 최석훈
최석환 최석환 최선희 최선진 최선겸 최선경 최선경 최선영 최선미 최선녀 최선미 최선미 최선비 최선숙 최선숙 최선아 최선업 최선영 최선영 최선영 최선영 최선영 최선옥 최선옥 최선옥 최선우 최선우 최선의 최선이 최선자 최선자 최선자 최선자 최선항
최선호 최선호 최선호 최선호 최선희 최선희 최선희 최섬순 최성각 최성건 최성건 최성계 최성곤 최성구 최성권 최성균 최성근 최성기 최성기 최성남 최성녀 최성달 최성도 최성락 최성렬 최성록 최성만 최성문 최성민 최성희 최성민 최성배 최성섭 최성수 최성수 최성숙
최성숙 최성순 최성식 최성식 최성애 최성애 최성업 최성운 최성윤 최성일 최성임 최성자 최성재 최성종 최성주 최성주 최성지 최성진 최성진 최성진 최성채 최성태 최성택 최성팔 최성현 최성현 최성혜 최성혜 최성호 최성호 최성호 최성화 최성환 최성훈 최성훈 최성희
최성희 최성희 최세건 최세경 최세남 최세리 최세만 최세욱 최세욱 최세정 최세진 최세탁 최세화 최세례 최세희 최소식 최소영 최소영 최소영 최솜이 최송 최송강 최송아 최송이 최송인 최수현 최수경 최수경 최수경 최수관 최수균 최수기 최수길 최수길
최수길 최수남 최수남 최수동 최수란 최수련 최수민 최수봉 최수성 최수식 최수연 최수연 최수영 최수영 최수월 최수숙 최수자 최수자 최수자 최수전 최수정 최수지 최수철 최수철 최수한 최수현
최수희 최수홍 최수환 최수환 최숙자 최숙자 최숙자 최숙자 최숙희 최숙희 최순규 최순규 최순길 최순남 최순남 최순남 최순덕 최순덕 최순덕 최순도 최순락 최순례 최순복 최순애 최순애 최순영
최순영 최순옥 최순옥 최순옥 최순자 최순자 최순자 최순자 최순조 최순철 최순호 최순환 최승희 최승희 최승남 최슬기 최슬술 최슬아 최슬 최슬 최슬기 최습 최승 최승권 최승규 최승규 최승규 최승근 최승기 최승룡
최승만 최승미 최승복 최승섭 최승섭 최승식 최승애 최승언 최승영 최승우 최승원 최승원 최승은 최승은 최승일 최승일 최승조 최승조 최승준 최승천 최승현 최승환 최승환 최승환 최승훈 최승희 최승희 최승희
최시경 최시내 최시명 최시영 최시완 최시한 최시혁 최시화 최신규 최신국 최신영 최신옥 최신자 최신한 최신행 최실용 최아람 최아람 최아란 최아인 최안자 최애리 최애정 최양경 최양규 최양금 최양미 최양숙 최양실 최양일 최양자 최양지 최어진 최언규 최여울 최연
최연규 최연규 최연근 최연미 최연석 최연수 최연숙 최연승 최연식 최연식 최연실 최연아 최연옥 최연옥 최연옥 최연우 최연이 최연자 최연주 최연주 최연진 최연태 최연택 최연희 최연호 최연화 최열 최영 최영거 최영겸 최영경 최영경
최영경 최영교 최영구 최영국 최영국 최영권 최영규 최영규 최영규 최영균 최영균 최영근 최영근 최영근 최영기 최영길 최영나 최영남 최영남 최영노 최영님 최영덕 최영돈 최영동 최영동 최영동 최영득 최영락
최영란 최영란 최영림 최영만 최영미 최영미 최영미 최영민 최영민 최영배 최영범 최영복 최영봉 최영분 최영삼 최영상 최영상 최영상 최영생 최영선 최영섭 최영섭 최영성 최영성 최영수 최영숙 최영순 최영순 최영식 최영식 최영식 최영식
최영식 최영식 최영심 최영애 최영애 최영옥 최영옥 최영완 최영용 최영욱 최영욱 최영원 최영은 최영의 최영익 최영인 최영인 최영인 최영일 최영일 최영임 최영임 최영임 최영자 최영자 최영자 최영자
최영자 최영자 최영재 최영조 최영주 최영주 최영주 최영준 최영준 최영중 최영홍 최영화 최영환 최영훈 최영훈 최영훈 최영철 최영철 최영철 최영철 최영철 최영철 최영철 최영태 최영태
최영표 최영표 최영학 최영학 최영현 최영호 최영호 최영호 최영호 최영호 최영환 최영환 최영훈 최영훈 최영훈 최영희 최영희 최영희 최영희 최에나 최예리 최예솔 최예슬 최오례 최오순 최옥경 최옥경 최옥경 최옥기 최옥기 최옥란 최옥란 최옥림 최옥미 최옥범 최옥선 최옥수 최옥숙 최옥영 최옥자 최옥주 최옥필 최옥향 최옥현 최옥희
최온순 최완규 최완병 최완석 최완순 최완순 최완순 최완식 최완용 최왕성 최용 최용길 최용길 최용남 최용남 최용대 최용배 최용석 최용석 최용석 최용석 최용선 최용석 최용수 최용수 최용숙 최용순 최용우 최용운 최용원 최용익 최용진 최용진 최용진
최용집 최용철 최용철 최용춘 최용택 최용택 최용하 최용현 최용호 최용호 최용호 최용호 최용화 최용환 최용환 최용희 최용희 최우근 최우람 최우범 최우석 최우석 최우석 최우성 최우성 최우수 최우순 최우식 최우식 최우암 최우영
최우엽 최우용 최우정 최우정 최우정 최운목 최운석 최운석 최원경 최원길 최원묵 최원석 최원식 최원섭 최원식 최원일 최원재 최원종 최원준 최원중 최원창 최원탁 최원현 최원형 최원호 최원호 최원호 최원호 최월동
최원석 최원식 최원섭 최원섭 최원식 최원식 최원영 최원우 최원우 최원웅 최원윤 최원일 최원자 최원재 최원종 최원준 최원중 최원창 최원탁 최원현 최원형 최원호 최원호 최원호 최원호 최월동
최유숙 최유경 최유라 최유리 최유리 최유미 최유빈 최유성 최유식 최유아 최유진 최유진 최유찬 최유천 최육릴 최육자 최윤 최윤경 최윤경 최윤경 최윤규 최윤근 최윤례 최윤모 최윤미 최윤미 최윤복 최윤서 최윤선 최윤섭 최윤성 최윤송
최윤수 최윤승 최윤열 최윤열 최윤영 최윤영 최윤옥 최윤오 최윤숙 최윤정 최윤정 최윤정 최윤주 최윤지 최윤창 최윤평 최윤호 최윤숙 최윤환 최윤희 최윤희 최윤희 최윤실 최윤실 최윤실 최윤엽 최윤영 최윤영
최은경 최은경 최은규 최은녕 최은미 최은미 최은미 최은석 최은숙 최은석 최은선 최은선 최은숙 최은숙 최은숙 최은숙 최은숙 최은순 최은순 최은실 최은실 최은엽 최은영 최은영
최은욱 최은자 최은자 최은정 최은주 최은주 최은주 최은주 최은상 최은지 최은하 최은향 최은호 최은호 최은홍 최은화 최은희 최은희 최은희 최을순 최을영 최의건 최의경 최의광 최의범 최의섭 최의섭 최의순 최의신 최의현 최의화 최의환 최이순
최이화 최이임 최이정 최익수 최익주 최인석 최인화 최인교 최인규 최인규 최인섭 최인식 최인식 최인식 최인섭 최인석 최인섭 최인섭 최인숙 최인숙 최인숙 최인숙 최인숙 최인순 최인순 최인순 최인업 최인욱 최인자 최인자 최인재 최인종 최인찬 최인창 최인태 최인호 최인호 최인호 최인환 최인환 최인회 최인후 최일 최일 최일규 최일규
최일규 최일남 최일남 최일도 최일록 최일림 최일봉 최일선 최일섭 최일섭 최일성 최일수 최일수 최일연 최일면 최일종 최일우 최임교 최임순 최임호 최임영 최임자 최임준 최자문 최자면 최자영 최자형 최장경 최장동 최장렬
최장영 최장욱 최장윤 최장준 최장집 최장철 최재갑 최재관 최재관 최재구 최재규 최재만 최재미 최재면 최재묵 최재배 최재범 최재상
최재석 최재섭 최재숙 최재욱 최재욱 최재숙 최재식 최재업 최재영 최재욱 최재완 최재용 최재용 최재홍 최재환 최재훈 최재원 최재원 최재후 최재인 최재일 최재일 최재정 최재준
최재천 최재천 최재철 최재철 최재철 최재필 최재혁 최재현 최재연 최재현 최재현 최재형 최재호 최재훈
최전탁 최점남 최점배 최점순 최점자 최정진 최정길 최정남 최정돈 최정동 최정락 최정락 최정란 최정렬 최정렬 최정미 최정범 최정부 최정석 최정석 최정선 최정선 최정숙 최정수
최정숙 최정숙 최정숙 최정숙 최정숙 최정욱 최정운 최정열 최정순 최정순 최정순 최정순 최정수 최정식 최정식 최정심 최정심 최정아 최정연 최정연 최정옥 최정옥 최정진
최정우 최정우 최정욱 최정욱 최정욱 최정운 최정윤 최정웅 최정원 최정은 최정은 최정은 최정은 최정인 최정일 최정자 최정자 최정주 최정주 최정진
최정철 최정필 최정헌 최정헌 최정현 최정현 최정혜 최정호 최정호 최정호 최정홍 최정화 최정화 최정환 최정환 최정훈 최정희 최정희 최정희 최정희 최정희 최정희 최제범 최제범 최제천
최조웅 최종 최종각 최종광 최종구 최종국 최종권 최종기 최종기 최종기 최종대 최종덕 최종도 최종동 최종락 최종래 최종렬 최종례 최종례 최종만 최종모 최종모 최종문 최종민 최종민 최종원
최종복 최종목 최종서 최종석 최종선 최종선 최종성 최종수 최종수 최종순 최종식 최종식 최종철 최종철 최종철 최종철 최종춘 최종태 최종택 최종표 최종학 최종해 최종헌 최종혁 최종현 최종현 최종호 최종호 최종환 최종훈
최종원 최종위 최종윤 최종윤 최종응 최종인 최종진 최종진 최종찬 최종찬 최종철 최종철 최종철 최종철 최종철 최종춘 최준 최준범 최준병 최준석 최준식 최준식 최준용 최준욱 최준혁
최준호 최준호 최준호 최준호 최준환 최준희 최준기 최준중 최준천 최중식 최지민 최지석 최지선 최지선 최지숙 최지숙 최지선 최지연 최지영 최지영 최지영 최지우 최지원
최종훈 최주경 최주수 최주연 최주열 최주열 최주원 최주윤 최주찬 최주태 최주학 최주형 최주호 최준 최준 최준구 최준만 최준묵 최준민 최준병 최준복 최준석 최준석 최준성 최준식 최준식 최준식 최준영 최준영 최준영 최준용 최준원 최준혁 최준혁
최준호 최준호 최준호 최준호 최준환 최준희 최준희 최중관 최중기 최중렬 최중민 최중숙 최중원 최중천 최중철 최중춘 최지민 최지석 최지선 최지수 최지숙 최지숙 최지연 최지연 최지영 최지영 최지영 최지영 최지영 최지우 최지원 최지원
최지원 최지원 최지원 최지은 최지은 최지은 최지은 최지인 최지천 최지현 최지현 최지현 최지현 최지현 최지현 최지현 최지혜 최지혜 최지호 최지호 최지호 최지홍 최지환 최지훈 최지훈 최지희 최진 최진 최진 최진 최진경 최진국 최진규 최진규 최진규
최진기 최진기 최진록 최진만 최진매 최진묵 최진미 최진복 최진봉 최진비 최진빈 최진석 최진석 최진석 최진선 최진선 최진섭 최진섭 최진수 최진수 최진수 최진숙 최진순 최진식 최진아 최진열 최진열 최진영 최진영 최진영 최진오 최진옥 최진용 최진용
최진욱 최진이 최진이 최진재 최진철 최진태 최진택 최진학 최진행 최진혁 최진혁 최진형 최진형 최진호 최진호 최진호 최진호 최진환 최진환 최진훈 최진희 최진희 최진희 최진희 최진희 최차도 최차용 최찬 최찬식 최찬열 최찬주 최창권 최창귀 최창규
최창규 최창규 최창규 최창규 최창규 최창락 최창렬 최창렬 최창림 최창림 최창림 최창미 최창민 최창봉 최창부 최창섭 최창수 최창수 최창수 최창수 최창식 최창식 최창식 최창열 최창영 최창옥 최창용 최창용 최창운 최창의 최창익 최창일 최창일
최창주 최창주 최창준 최창진 최창학 최창혁 최창호 최창호 최창호 최창호 최창호 최창호 최창환 최창환 최창훈 최창훈 최창희 최창희 최창희 최창희 최창희 최창희 최창희 최채봉 최채운 최처자 최천섭 최천우 최천익 최천택 최철 최철 최철규 최철근
최철수 최철수 최철순 최철식 최철영 최철우 최철웅 최철원 최철종 최철호 최철호 최철호 최철환 최철희 최청운 최청자 최청정 최청호 최춘 최춘 최춘규 최춘남 최춘식 최춘식 최춘자 최춘혁 최춘효 최춘희 최춘희 최춘희 최충경 최충규 최충묵
최충민 최충석 최충식 최충식 최충식 최충열 최충원 최충원 최충일 최충현 최치규 최치영 최치호 최치호 최치홍 최치환 최치환 최칠규 최칠영 최크마 최태건 최태관 최태구 최태기 최태룡 최태범 최태선 최태식 최태식 최태열 최태열 최태영 최태영 최태옥
최태원 최태원 최태원 최태윤 최태인 최태자 최태철 최태한 최태헌 최태호 최태환 최택현 최택희 최통흠 최판수 최판신 최판원 최평국 최평규 최평재 최평호 최풍식 최필경 최필승 최필승 최하림 최하림 최하식 최하진 최학기 최학래 최학룡 최한규 최한기
최한기 최한나 최한나 최한뉘 최한동 최한별 최한빛 최한석 최한선 최한성 최한솔 최한솔 최한수 최한순 최한순 최한엽 최한영 최한영 최한윤 최한태 최한하 최항숙 최해국 최해두 최해문 최해별 최해석 최해성 최해숙 최해영 최해원 최해원 최해전 최행곤
최행규 최행숙 최행자 최향숙 최향숙 최향숙 최향숙 최향이 최향임 최헌규 최헌덕 최헌영 최혁 최혁균 최혁승 최혁진 최혁희 최현 최현 최현 최현구 최현국 최현규 최현기 최현남 최현도 최현두 최현룡 최현림 최현모 최현묵 최현미 최현미 최현미 최현배
최현석 최현선 최현섭 최현성 최현성 최현수 최현수 최현수 최현수 최현숙 최현숙 최현숙 최현숙 최현숙 최현숙 최현숙 최현숙 최현순 최현순 최현순 최현승 최현식 최현식 최현신 최현애 최현오 최현옥 최현옥 최현용 최현욱 최현자 최현재 최현정
최현정 최현주 최현주 최현주 최현주 최현주 최현주 최현준 최현준 최현중 최현중 최현진 최현진 최현채 최현철 최현철 최현태 최현호 최현희 최협 최형 최형 최형곤 최형곤 최형규 최형근 최형금 최형돈 최형락 최형락 최형란 최형록 최형만 최형민
최형배 최형섭 최형순 최형술 최형식 최형신 최형연 최형우 최형욱 최형원 최형원 최형원 최형임 최형재 최형조 최형조 최형준 최형중 최형지 최형진 최형진 최형철 최형춘 최혜경 최혜경 최혜경 최혜경 최혜경 최혜란 최혜란 최혜령 최혜리 최혜리
최혜미 최혜선 최혜선 최혜선 최혜수 최혜숙 최혜순 최혜실 최혜영 최혜영 최혜원 최혜윤 최혜은 최혜인 최혜자 최혜자 최혜정 최혜정 최혜정 최혜준 최혜진 최호 최호경 최호곤 최호규 최호림 최호림 최호선 최호숙 최호열 최호영 최호용 최호익 최호정
최호정 최호진 최호진 최호철 최홍교 최홍국 최홍규 최홍규 최홍근 최홍근 최홍기 최홍덕 최홍민 최홍선 최홍선 최홍섭 최홍섭 최홍성 최홍순 최홍연 최홍열 최홍엽 최홍영 최홍영 최홍은 최홍임 최홍임 최홍주 최홍준 최홍중 최홍진 최홍채 최홍채 최홍철
최홍태 최화득 최화연 최화영 최화웅 최화철 최화철 최환 최환 최환 최환선 최환주 최환표 최황금 최황금 최황집 최회규 최회진 최효금 최효민 최효식 최효식 최효식 최효영 최효영 최효원 최효자 최효제 최후곤 최후남 최후남 최후영 최훈 최훈 최훈
최훈동 최훈범 최훈아 최훈열 최훈환 최휘 최휴종 최흥근 최흥길 최흥길 최흥렬 최흥배 최흥복 최흥섭 최흥열 최흥재 최흥태 최흥택 최흥희 최희경 최희경 최희경 최희군 최희권 최희규 최희규 최희동 최희룡 최희문 최희범 최희보 최희선 최희섭 최희성
최희성 최희숙 최희숙 최희숙 최희순 최희순 최희연 최희연 최희연 최희응 최희자 최희재 최희종 최희종 최희진 최희진 최희철 추경선 추경옥 추광영 추교선 추교순 추교열 추교일 추권성 추금자 추나래 추남식 추남진 추덕례 추동균 추동기 추두억 추만식
추명자 추명희 추무진 추문갑 추미례 추미현 추석 추성극 추성호 추숙희 추순자 추승엽 추애주 추연박 추연창 추연하 추연희 추연희 추요한 추원서 추원철 추원훈 추은숙 추종갑 추종원 추종호 추주영 추준길 추준수 추지영 추지일 추진숙 추진호 추찬예
추창구 추창식 추칠성 추태균 추헌수 추헌재 추헌일 추형준 추혜선 추홍희 축그대 탁경국 탁경현 탁광원 탁광희 탁기일 탁기태 탁길수 탁나로 탁덕수 탁동원 탁동일 탁미경 탁병문 탁병온 탁성태 탁순조 탁승훈 탁영식 탁인규 탁정훈 탁종진 탁주수 탁지원
탁춘옥 탁한진 탁희선 탁희순 탁희진 태경섭 태경숙 태광훈 태동석 태명훈 태복순 태복술 태상혁 태선영 태용우 태용진 태은정 태은주 태이미 태인수 태재원 태춘자 태화기업 팽근우 팽동국 팽미정 팽영자 팽원순 펄드건설(주) 편기범 편덕환 편성범
편순남 편아롬 편용광 편재호 편정영 편정호 편준범 편현진 편호 편화천 편효언 편휘숙 표가영 표경순 표경자 표경화 표곤수 표광순 표교열 표귀명 표기식 표대인 표동엽 표동원 표동철 표만열 표명렬 표명수 표명진 표문태 표미정 표방헌 표상기 표선경
표선례 표세홍 표언복 표영환 표용선 표은실 표은화 표정숙 표주영 표지웅 표진이 표찬수 표창은 표천근 표한용 표현진 표혜영 표효정 피덕찬 피두희 피소현 피순례 하가현 하경구 하경숙 하경철 하경택 하경희 하계일 하광식 하광호 하근호 하기태 하남규
하남기 하남수 하누리 하늘 하늘푸름 하담 하대선 하대순 하대창 하대철 하덕신 하도암 하도호 하동관 하동근 하동근 하동륜 하동안 하동준 하동진 하동진 하두례 하두성 하만기 하만두 하만수 하만조 하만호 하만회 하명선 하명심 하명중 하명진 하우원
하문헌 하미경 하미선 하미성 하미연 하미영 하미을 하민수 하민수 하민용 하민호 하발수 하변길 하병선 하병수 하병숙 하병주 하병주 하병주 하병집 하병하 하보람 하복순 하봉란 하봉례 하봉룡 하봉상 하봉수 하봉준 하부용 하부용 하삼수 하상득 하상묵
하상복 하상윤 하상은 하상준 하상진 하상진 하상진 하상철 하상협 하상호 하상훈 하석 하석용 하석준 하석현 하선아 하선애 하선유 하선주 하선주 하성광 하성권 하성근 하성렬 하성민 하성봉 하성영 하성운 하성원 하성윤 하성환 하성훈 하성희
하소봉 하소심 하소자 하수경 하순기 하순상 하순애 하순원 하순호 하슬기 하승민 하승수 하승연 하승오 하승용 하승원 하승재 하승주 하승화 하승희 하신원 하아람 하어영 하연수 하연수 하연숙 하연옥 하영구 하영규 하영기 하영남 하영남 하영란 하영민
하영범 하영선 하영숙 하영윤 하영자 하영종 하영철 하영춘 하영호 하영환 하영희 하영희 하옥동 하옥순 하용군 하용기 하용남 하용민 하용숙 하용호 하우봉 하우성 하웅용 하원수 하원욱 하유경 하윤희 하은교 하은룡 하은주 하은하 하은희 하익희 하인계
하인배 하인봉 하인숙 하인철 하인혜 하일민 하일원 하일지 하임철 하자인 하재곤 하재덕 하재만 하재선 하재선 하재식 하재식 하재영 하재우 하재우 하재욱 하재윤 하재희 하전호 하점길 하정구 하정도 하정룡 하정룡 하정민 하정복 하정산 하정숙 하정식
하정식 하정은 하정자 하정택 하정현 하정호 하정호 하정호 하제숙 하종강 하종구 하종근 하종대 하종락 하종성 하종영 하종원 하종호 하종호 하종희 하주연 하주태 하주희 하죽봉 하진권 하진규 하진수 하진용 하진원 하창길 하창두 하창수 하창용 하창용
하창욱 하창현 하창환 하철경 하춘매 하춘성 하춘수 하춘욱 하태길 하태길 하태문 하태성 하태수 하태순 하태안 하태언 하태연 하태영 하태옥 하태완 하태욱 하태운 하태웅 하태윤 하태응 하태정 하태주 하태주 하태진 하태헌 하태헌 하태호 하태홍 하태환
하태훈 하태훈 하해용 하헌 하헌수 하헌우 하헌종 하현경 하현주 하현한 하현호 하혜란 하혜련 하혜숙 하혜정 하호영 하호태 하홍술 하홍열 하효근 하효선 하효청 하훈 하흥남 하흥용 하흥호 하희순 한가람 한갑상 한갑선 한갑수 한갑수 한갑수 한강
한강숙 한강우 한강희 한강희 한강희 한강희 한건우 한건현 한겨레 한겨레 한겨레 한겨레 한겨레 한겨레노조 한겨레신문(주) 한겨레통일문화재단 한건표 한경국 한경균 한경남 한경덕 한경무 한경봉 한경석 한경석 한경수 한경수 한경수 한경수 한경숙
한경숙 한경숙 한경숙 한경숙 한경순 한경순 한경승 한경식 한경애 한경애 한경연 한경옥 한경욱 한경은 한경일 한경임 한경자 한경자 한경준 한경준 한경철 한경하 한경호 한경호 한경화 한경희 한경희 한경희 한경희 한경희 한계동 한계동 한계선 한계숙
한계연 한계윤 한계현 한곤수 한공수 한공양 한관석 한관수 한관식 한관영 한관훈 한관희 한광석 한광섭 한광성 한광수 한광수 한광수 한광수 한광식 한광열 한광옥 한광택 한교전 한국건강연대 한국연 한국외대 한국인 한국환 한국희 한권 한권순 한권철
한규만 한규면 한규민 한규복 한규봉 한규상 한규석 한규석 한규섭 한규연 한규열 한규옥 한규원 한규인 한규일 한규종 한규준 한규철 한규철 한규한 한규현 한규환 한규희 한규희 한균자 한근례 한금례 한금순 한금옥 한금옥 한금옥 한금자 한금주 한금호
한금희 한기남 한기만 한기명 한기복 한기상 한기석 한기성 한기성 한기성 한기수 한기영 한기온 한기욱 한기욱 한기웅 한기윤 한기은 한기정 한기정 한기정 한기찬 한기학 한기혁 한기호 한기환 한기환 한기훈 한길동 한길순 한길순 한길영 한길완 한김구
한나일 한나현 한낙성 한남성 한남수 한남초 한남희 한누리 한다나 한다부 한다영글 한다형 한단석 한대근 한대석 한대섭 한대성 한대수 한대영 한대웅 한대호 한덕기 한덕수 한덕순 한덕진 한덕희 한덩우 한도근 한도연 한동경 한동규 한동기 한동로
한동률 한동명 한동송 한동수 한동수 한동수 한동숭 한동식 한동엽 한동오 한동완 한동우 한동원 한동은 한동준 한동준 한동철 한동철 한동호 한동호 한동화 한동훈 한동훈 한동훈 한동희 한동희 한두류 한두흠 한두희 한득용 한림 한림화 한마음 한만규
한만길 한만목 한만선 한만수 한만승 한만웅 한만웅 한만재 한만주 한만훈 한명규 한명남 한명남 한명덕 한명동 한명미 한명석 한명수 한명숙 한명숙 한명숙 한명순 한명신 한명옥 한명옥 한명진 한명화 한명환 한명희 한명희 한몽석 한무연 한무헌
한문규 한문균 한문기 한문섭 한문섭 한문조 한문형 한문휘 한미경 한미경 한미라 한미라 한미라 한미리 한미선 한미숙 한미숙 한미숙 한미숙 한미옥 한미욱 한미원 한미자 한미자 한미희 한미희 한민구 한민균 한민기 한민선 한민섭 한민수 한민이 한민자
한민자 한민자 한민지 한민호 한방회 한백진 한범덕 한범식 한병구 한병길 한병남 한병락 한병락 한병량 한병록 한병문 한병배 한병상 한병수 한병수 한병식 한병옥 한병용 한병우 한병일 한병주 한병채 한병학 한병환 한병훈 한병희 한보석 한보현 한보형
한복동 한복순 한복희 한봉 한봉석 한봉수 한봉순 한봉식 한봉식 한봉일 한봉희 한봉희 한봉희 한부국 한불여우회 한빛 한삼석 한상갑 한상경 한상곤 한상구 한상국 한상권 한상균 한상균 한상근 한상기 한상길 한상남 한상남 한상대 한상렬 한상문 한상미
한상민 한상민 한상백 한상범 한상복 한상복 한상석 한상섭 한상수 한상수 한상수 한상수 한상언 한상엽 한상영 한상영 한상옥 한상옥 한상옥 한상완 한상용 한상우 한상우 한상욱 한상욱 한상욱 한상욱 한상원 한상원 한상원 한상윤 한상일 한상재 한상준
한상준 한상준 한상준 한상준 한상준 한상진 한상진 한상진 한상철 한상철 한상철 한상학 한상헌 한상현 한상호 한상호 한상호 한상화 한상환 한상훈 한상홍 한상희 한서경 한서운 한석 한석관 한석구 한석규 한석봉 한석신 한석지 한석태 한석태
한석현 한석호 한석희 한석희 한선기 한선모 한선숙 한선아 한선애 한선애 한선우 한선희 한선희 한선희 한설희 한성갑 한성교 한성국 한성규 한성규 한성규 한성균 한성농 한성례 한성례 한성식 한성식 한성안 한성연 한성열 한성완 한성용 한성우 한성욱
한성욱 한성웅 한성원 한성익 한성일 한성임 한성자 한성자 한성준 한성철 한성한 한성현 한성호 한성홍 한성화 한성희 한성희 한세미 한세민 한세섭 한세웅 한세종 한세희 한소명 한소영 한소영 한소영 한솔 한솔이 한송분 한송이 한송이 한송환 한송희
한수빈 한수아 한수아 한수연 한수용 한수임 한수정 한수정 한수진 한수혁 한수환 한숙자 한숙자 한숙자 한숙희 한순례 한순례 한순영 한순자 한순택 한순호 한순홍 한순희 한순희 한숭상 한슬기 한승구 한승국 한승국 한승규 한승균 한승길 한승동 한승명

한승석 한승수 한승수 한승연 한승옥 한승완 한승우 한승우 한승원 한승원 한승전 한승주 한승찬 한승철 한승헌 한승헌 한승혜 한승호 한승환 한승환 한승희 한승희 한승희 한승희 한승희 한시백 한신자 한실 한실 한실희 한심업 한아람 한아름 한아름
한아름 한아름 한아름 한애규 한애란 한양기 한양주 한양환 한양희 한억만 한언순 한여순 한연규 한연석 한연수 한연신 한연옥 한연자 한연흠 한영 한영국 한영규 한영규 한영규 한영규 한영근 한영동 한영만 한영문 한영민 한영민 한영민 한영복 한영석
한영석 한영선 한영수 한영숙 한영숙 한영숙 한영숙 한영순 한영식 한영식 한영식 한영실 한영애 한영옥 한영우 한영이 한영자 한영자 한영조 한영종 한영준 한영천 한영철 한영칠 한영태 한영태 한영태 한영택 한영현 한영호 한영환 한영희 한영희 한영희
한영희 한예서 한예솔 한옥경 한옥석 한옥순 한옥순 한옥순 한옥재 한옥희 한완교 한완상 한완수 한완수 한완수 한용 한용교 한용구 한용구 한용국 한용규 한용덕 한용봉 한용석 한용석 한용세 한용수 한용수 한용술 한용우 한용주 한용진 한용진 한용철
한용호 한용희 한용희 한우근 한우리 한우섭 한우연 한우열 한우종 한우진 한우철 한운석 한울사회 한웅규 한웅섭 한웅진 한웅희 한웅희 한원 한원석 한원석 한원섭 한원섭 한원식 한원식 한원실 한원아 한원희 한유경 한유마 한윤경 한윤구 한윤구 한윤석
한윤수 한윤수 한윤식 한윤희 한은경 한은경 한은경 한은경 한은규 한은규 한은미 한은순 한은실 한은영 한은영 한은옥 한은자 한은자 한은주 한은주 한은희 한은희 한을희 한응수 한의섭 한이레 한이룸 한이수 한이연 한익훈 한인 한인경 한인규 한인섭
한인섭 한인성 한인송 한인수 한인수 한인숙 한인숙 한인숙 한인숙 한인숙 한인숙 한인숙 한인숙 한인식 한인엽 한인우 한인자 한인철 한인철 한인학 한인혜 한인호 한인호 한인환 한일구 한일규 한일수 한일옹 한일환 한일희 한자성 한자신 한자옥
한장섭 한장수 한장수 한장순 한장현 한재관 한재관 한재룡 한재복 한재봉 한재빈 한재상 한재성 한재순 한재영 한재용 한재우 한재일 한재정 한재준 한재중 한재철 한재택 한재황 한재희 한재희 한점수 한점순 한정경 한정구 한정국 한정규 한정규 한정규
한정례 한정무 한정방 한정배 한정범 한정석 한정선 한정섭 한정섭 한정섭 한정송 한정수 한정수 한정수 한정수 한정숙 한정숙 한정숙 한정숙 한정순 한정순 한정순 한정식 한정신 한정실 한정아 한정아 한정애 한정애 한정연 한정연 한정예 한정우 한정우
한정우 한정우 한정욱 한정욱 한정인 한정인 한정일 한정자 한정자 한정진 한정태 한정현 한정현 한정현 한정현 한정호 한정호 한정호 한정화 한정화 한정휴 한정희 한정희 한정희 한정희 한정희 한정희 한제명 한제희 한조연 한종관 한종구 한종국
한종근 한종기 한종남 한종님 한종범 한종서 한종석 한종섭 한종수 한종숙 한종식 한종엽 한종우 한종원 한종원 한종인 한종찬 한종철 한종택 한종필 한종헌 한종희 한종희 한종희 한주리 한주선 한주연 한주한 한주현 한주형 한주환 한준구 한준규 한준기
한준상 한준섭 한준우 한준혁 한준혜 한준호 한준호 한준희 한준희 한중석 한중석 한중성 한중택 한지수 한지수 한지숙 한지순 한지연 한지우 한지윤 한지은 한지현 한지혜 한지혜 한지혜 한지홍 한지훈 한지희 한지희 한지희 한진 한진수 한진수 한진수
한진수 한진숙 한진영 한진우 한진욱 한진욱 한진웅 한진태 한진희 한진희 한찬 한찬수 한찬흠 한창권 한창규 한창규 한창규 한창균 한창기 한창남 한창만 한창민 한창선 한창수 한창수 한창수 한창수 한창연 한창영 한창은 한창은 한창진 한창하 한창현
한창현 한창훈 한창희 한채진 한채환 한천석 한철 한철규 한철로 한철수 한철수 한철웅 한철인 한철종 한철주 한철한 한철호 한철희 한철희 한철희 한청미 한청일 한청택 한청희 한춘섭 한춘식 한충호 한치영 한치자 한치호 한치홍 한칠성 한탁배 한태경
한태관 한태규 한태봉 한태선 한태수 한태수 한태승 한태영 한태웅 한태원 한태원 한태종 한태준 한태준 한태하 한태현 한태희 한태희 한태희 한택규 한택근 한택용 한택홍 한평수 한학전 한학희 한학희 한한춘 한해리 한해성 한해숙 한해운 한행국 한향숙
한향숙 한혁 한혁수 한현 한현 한현갑 한현구 한현규 한현남 한현민 한현수 한현수 한현수 한현수 한현숙 한현숙 한현연 한현일 한현자 한현주 한현철 한현하 한현희 한형 한형남 한형석 한형일 한형주 한형준 한형진 한형진 한혜경 한혜림 한혜선 한혜수
한혜숙 한혜순 한혜영 한혜원 한혜정 한혜정 한혜정 한혜진 한호균 한호룡 한호용 한홍구 한홍규 한홍동 한홍만 한홍숙 한홍우 한홍익 한화갑 한화섭 한화연 한화영 한황수 한효 한효관 한효빈 한효석 한효순 한휘권 한휘인 한흥균 한흥석 한흥섭
한흥수 한희 한희구 한희도 한희석 한희섭 한희숙 한희언 한희일 한희준 한희택 함갑식 함경조 함광남 함규문 함기선 함기철 함길섭 함남식 함돈휘 함동진 함락원 함명국 함명순 함명옥 함문걸 함미숙 함민복 함병문 함병봉 함병선 함병승 함삼재 함상근
함상한 함석순 함석헌 함석훈 함석회 함성식 함성일 함성주 함성준 함성호 함수환 함숙자 함순섭 함순자 함승균 함아름 함영 함영규 함영기 함영길 함영미 함영석 함영석 함영수 함영숙 함영식 함영진 함영태 함영표 함영현 함오식 함옥남 함용수 함운석
함원호 함유근 함유선 함윤걸 함윤근 함윤식 함윤희 함은미 함은옥 함응열 함인봉 함인선 함인선 함인철 함인환 함일성 함정식 함정철 함종민 함지혜 함진분 함창수 함창현 함철 함철용 함초롬 함춘식 함춘홍 함춘희 함태경 함태석 함태수 함태정
함택영 함통일 함팔만 함한진 함형원 함형주 함형철 함형호 함혜련 함훈옥 함홍경 항웅린 허강 허건영 허걸 허걸 허경 허경 허경 허경룡 허경무 허경민 허경섭 허경숙 허경순 허경애 허경애 허경영 허경용 허경욱 허경원 허경원 허경재 허경조 허경행
허경회 허계숙 허관무 허관회 허광석 허광재 허광진 허구 허국량 허군회 허권 허권수 허귀생 허귀식 허근 허근 허근 허근혁 허금기 허금현 허금환 허기봉 허기석 허기선 허기술 허기식 허기영 허기영 허기우 허기채 허길상 허길행 허남률 허남숙 허남용
허남유 허남진 허남진 허남헌 허단 허단 허달호 허대걸 허대영 허대철 허덕범 허덕진 허도구 허도석 허도애 허도영 허도한 허동경 허동수 허동업 허동일 허동준 허동현 허득주 허라미 허록 허림 허만경 허만금 허만용 허만준 허만혁 허만호 허맹자 허명
허명교 허명근 허명복 허명수 허명숙 허명순 허명윤 허명자 허명화 허명회 허목 허무영 허문명 허문명 허미 허미경 허미령 허미복 허미선 허미숙 허미연 허미영 허미옥 허민 허민구 허민기 허민선 허민영 허민옥 허민정 허백명 허범구 허범수 허병
허병구 허병섭 허병수 허병훈 허봉제 허봉회 허봉호 허삼용 허삼재 허삼선 허석범 허석재 허석철 허선명 허설 허섭 허성 허성균 허성녀 허성도
허성도 허성모 허성무 허성민 허성봉 허성숙 허성식 허성욱 허성윤 허성일 허성준 허성태 허성학 허성환 허세행 허소정 허송무 허수이 허수애 허수열 허수열 허수정 허수진 허수택 허수행 허숙영 허숭언 허순이 허순이 허순영 허순희 허슴
허승구 허승길 허승두 허신석 허신영 허심 허름솔 허양구 허역 허연 허연 허연구 허연수 허연옥 허영 허영관 허영구 허영길 허영도 허영두 허영란 허영무 허영석 허영숙 허영순 허영실 허영애 허영일 허영자 허영재 허영채
허영준 허영호 허영화 허옥술 허용 허용 허옥중 허용웅 허옥선 허원빈 허원석 허유구 허유경 허윤 허윤섭 허윤식 허윤종 허은경 허은길 허은혜 허은호 허의 허일권 허일미 허장 허장 허장식 허재만 허재만 허재숙 허재심 허재연 허재용 허재용 허재욱
허의순 허의영 허의정 허이권 허이강 허이구 허이배 허익현 허인석 허인성 허인수 허인식 허인영 허인정 허인철 허인혁 허인호 허일권 허일미 허장 허장 허장식 허재만 허재만 허재숙 허재심 허재연 허재용 허재용 허재욱
허재우 허재영 허재혁 허재훈 허정 허정 허정 허정 허정균 허정길 허정남 허정도 허정문 허정미 허정범 허정범 허정성 허정심 허정은 허정호 허정원 허정임 허정조 허정필 허재현 허정현 허정호 허정화 허정환
허정희 허제숙 허종대 허종규 허종수 허종순 허주석 허주영 허주영 허주연 허주연 허준 허준 허준호 허준영 허중구 허지수 허지숙 허지우 허진 허진수 허진철 허진환
허진 허진 허진석 허진석 허진수 허진수 허진주 허진철 허진철 허진호 허진화 허진회 허찬 허찬규 허찬만 허창 허창규 허창덕 허창봉 허창수 허창우 허창수 허창수 허창아 허창영 허창오 허채욱 허채식 허철수
허철호 허충부 허충영 허태규 허태랑 허태미 허태완 허태욱 허태운 허태봉 허태빈 허퍼길 허필만 허필숙 허필명 허학부 허행자 허행철 허행환 허헌무 허혁 허현 허현근 허현석 허현숙 허현웅 허현회 허현희 허형만 허혜경 허혜성 허혜애 허혜진 허호 허호
허호구 허호표 허호봉 허화 허화영 허화봉 허현 허혜준 허효 허효 허효길 허효만 허효길만 현경섭 현경실 현경섭 현경우 현경자 현경진 현경화 현경희 현광희 현귀연 현근덕 현근석 현금자 현기대 현기영 현기옥
현길언 현다예 현대건설 현대준 현동숙 현동호 현두당 현득진 현영수 현명택 현명호 현무선 현미현 현미영 현민수 현민숙 현명숙 현명순 현영화 현영종 현영천 현영철 현영철 현영호 현영별 현외숙 현요한 현용기 현용배 현용섭 현우종 현원석 현유공
현성환 현소연 현순자 현순호 현숭륜 현숭연 현숭윤 현숭재 현숭철 현숭시 현심순 현미현 현명수 현영숙 현명숙 현영순 현영열 현영종 현영천 현영철 현영철 현영호 현영별 현외숙 현요안 현용기 현용배 현용섭 현우종 현원석 현유공
현숭아 현숭정 현숭 현숭일 현인 현인균 현인숙 현재영 현인호 현재호 현재정 현재 현정 현정길 현정석 현정현 현정옥 현정임 현제 현종갑 현종인 현종우 현중수 현지현 현진호 현창구 현창식 현척식 현철훈 현종훈 현태섭
현태숙 현학철 현해재 현혜련 현혜정 현홍영 현화지 현최복 현형자 현형열 현용준 현용호 현종인 호규익 호국환 호규나 호길국 호명태 호문홍 호문옥 호문우 호윤정 호진석 호정수 호레이 호정민
홍갑도 홍김복 홍강섭 홍강식 홍강의 홍건의 홍경미 홍경미 홍경숙 홍경숙 홍경숙 홍경조 홍경모 홍경화 홍경화 홍경화 홍권모 홍관식 홍관표 홍광준 홍광표 홍광표
홍금회 홍권선 홍귀의 홍규식 홍규표 홍균 홍근수 홍근우 홍근용 홍근준 홍근표 홍근희 홍금숙 홍금옥 홍금초 홍금회 홍금회 홍기갑 홍기곤 홍기군 홍기남 홍기대 홍기동 홍기두 홍기련 홍기룡 홍기범 홍기범 홍기봉 홍기봉 홍기석 홍기석
홍기선 홍기섭 홍기성 홍기수 홍기숙 홍기앙 홍기옥 홍기옹 홍기중 홍기천 홍기춘 홍기태 홍기택 홍기표 홍기하 홍기향 홍기형 홍기홍 홍길동 홍길동 홍길동 홍길동 홍길동 홍길동 홍길동 홍길동 홍길동 홍길동 홍길동 홍길동 홍길동 홍길동 홍길동
홍길동 홍길동
홍길동 홍남열 홍남순 홍남열
홍남주 홍남표 홍남희 홍다래 홍달금 홍대극 홍대석 홍대영 홍대춘 홍대환 홍대환 홍덕구 홍덕률 홍독사 홍동권 홍동성 홍동원 홍동찬 홍동표 홍두영 홍두의 홍두주 홍두표 홍두표 홍두한 홍량 홍량 홍록일 홍린 홍마로 홍만기 홍만수
홍만식 홍마식 홍만표 홍만희 홍만회 홍말순 홍명대 홍명숙 홍명순 홍명순 홍명아 홍명영 홍명옥 홍명의 홍명자 홍명재 홍명종 홍명진 홍무종 홍문기 홍문미 홍문백 홍문선 홍문호 홍미숙 홍미숙 홍미숙 홍미숙 홍미순 홍미영 홍미자 홍미자 홍미자
홍미화 홍미희 홍민석 홍민숙 홍민정 홍민지 홍민희 홍민희 홍승진 홍방웅 홍병운 홍병섭 홍병식 홍복선 홍봉산 홍봉섭 홍봉의 홍부영
홍빛나리 홍사근 홍사면 홍사식 홍사일 홍사회 홍삼섭 홍삼균 홍삼복 홍상석 홍상수 홍상수 홍상완 홍상표 홍상표 홍상희 홍새백 홍새해 홍석경 홍석경 홍석근 홍석문 홍석윤 홍석자 홍석재 홍석정 홍석종 홍석주
홍석진 홍석진 홍석천 홍석철 홍석호 홍선 홍선 홍선미 홍선심 홍선용 홍선욱 홍선이 홍선주 홍선표 홍선희 홍선희 홍선희 홍선희 홍성각 홍성감 홍성건 홍성걸 홍성계 홍성곤 홍성곤 홍성구 홍성국 홍성국 홍성군 홍성권 홍성근 홍성기 홍성기
홍성남 홍성단 홍성남 홍성대 홍성덕 홍성두 홍성락 홍성란 홍성란 홍성권 홍성모 홍성목 홍성미 홍성범 홍성범 홍성봉 홍성백 홍성순 홍성숙 홍성수 홍성진 홍성찬 홍성창 홍성철 홍성철 홍성철 홍성탁 홍성태 홍성표 홍성단
홍성열 홍성완 홍성우 홍성우 홍성우 홍성원 홍성원 홍성익 홍성익 홍성일 홍성재 홍성조 홍성주 홍성준 홍성진 홍성찬 홍성창 홍성철 홍성철 홍성철 홍성탁 홍성태 홍성표 홍성표
홍세찬 홍세표 홍세호 홍숙애 홍수경 홍수명 홍수미 홍수봉 홍수성 홍수정 홍수지 홍수현 홍수가 홍숙 홍순계 홍순권 홍순구 홍순규 홍순봉 홍순문
홍순민 홍순성 홍순애 홍순언 홍순업 홍순영 홍순옥 홍순욱 홍순원 홍순의 홍순이 홍순재 홍순조 홍순주 홍순직 홍순호 홍순희 홍순희 홍시온
홍순몽 홍순헌 홍순협 홍순호 홍순후 홍순희 홍승기 홍승길 홍승도 홍승원 홍승보 홍승새 홍승아 홍승억 홍승오 홍승오 홍승원 홍승원 홍승은 홍승인 홍승재 홍승식 홍승조 홍승호 홍승희 홍시온
홍신표 홍영표 홍영해 홍영영 홍영의 홍영희 홍예답 홍예리 홍예식 홍옥주 홍옥란 홍옥미 홍완구 홍완식 홍완표 홍요섭 홍용 홍용구 홍용덕 홍용도 홍용식 홍용산 홍용찬 홍용호 홍우람 홍우석 홍우섭
홍우형 홍욱 홍운기 홍운기 홍운봉 홍응선 홍유래 원만 홍원배 홍원식 홍원식 홍원영 홍원영 홍원준 홍원진 홍월식 홍유경 홍유석 홍유섭 홍윤경 홍윤기 홍윤기 홍윤도 홍윤오 홍윤화 홍은기 홍은미 홍은미 홍은숙 홍은영 홍은의 홍은정 홍은정
홍은주 홍은표 홍의석 홍의숙 홍의성 홍의식 홍의철 홍의현 홍인기 홍인기 홍인실 홍인일 홍인집 홍일록 홍일봉 홍일숙 홍자경 홍재관 홍재원
홍재섭 홍재섭 홍재성 홍재영 홍재완 홍재용 홍재웅 홍재일 홍재현 홍재화 홍재훈 홍재희 홍전기 홍정 홍정관 홍정미 홍정민 홍정민 홍정범 홍정삼 홍정선 홍정섭 홍정숙 홍정숙 홍정식 홍정욱 홍정욱 홍정원
홍정원 홍정윤 홍정은 홍정익 홍정임 홍정자 홍정택 홍정표 홍정표 홍정표 홍정훈 홍정희 홍제국 홍제희 홍종건 홍종규 홍종남 홍종남 홍종두 홍종련 홍종만 홍종무 홍종미 홍종민 홍종범 홍종석 홍종선 홍종수
홍종순 홍종숙 홍종업 홍종화 홍준유 홍준서 홍준석 홍준욱 홍주석 홍주환 홍주희 홍준석 홍준기 홍준명 홍준수 홍주옥 홍준호 홍준호
홍지익 홍지원 홍지원 홍지욱 홍지웹 홍지화 홍지희 홍진 홍진교 홍진구 홍진기 홍진방 홍진배 홍진석 홍진선 홍진선 홍진숙 홍진욱 홍진용 홍진욱 홍진표 홍진표 홍진표 홍진호 홍차비 홍천석 홍천선 홍천신
홍진숙 홍찬의 홍찬일 홍찬호 홍찬후 홍창란 홍창만 홍창신 홍창표 홍창표 홍창표 홍철 홍철우 홍철웅 홍철희 홍철희 홍철희 홍청수 홍청순 홍태규
홍현의 홍학기 홍해숙 홍해애 홍현표 홍헌의 홍헌정 홍현식 홍현숙 홍현주 홍현진 홍현태 홍현태 홍형숙 홍형용 홍형식 홍형자 홍형표 홍형표 홍혜경 홍혜련
홍혜련 홍혜숙 홍혜숙 홍혜숙 홍화표 홍화표 홍환구 홍환기 홍효소 홍효조 홍휘자 홍흥표 홍희성 홍희성 화순애 화성중 화영연 화일권 황갑권 황건모 황건웅 황건정 황경연 황경우 황경화
황경민 황경생 황경수 황경수 황경숙 황경숙 황경숙 황경순 황경식 황경신 황경애 황경연 황경옥 황경자 황경자 황경철 황경춘 황계순 황계연 황계화 황수 황관영 황광열 황광연 황구연 황국자 황주학 황귀복
황귀순 황규남 황규남 황규면 황규미 황규민 황규범 황규심 황규선 황규성 황규영 황규옥 황규완 황규인 황규진 황규찬 황규철 황규택 황규학 황규현 황규현 황규화 황근만 황금갑 황금규 황금석 황금선
황금선 황금수 황금슬 황금옥 황금용 황금자 황금주 황금호 황기덕 황기명 황기범 황기열 황기주 황기주 황기태 황기규 황기태 황길주 황나래 황남기 황남득 황남숙
황남익 황남주 황달부 황담 황대국 황대기 황대길 황대성 황대순 황대연 황대원 황대진 황대현 황대흡 황덕수 황덕연 황도경 황도신 황도연 황도연 황도옥 황도환 황두섭 황두수 황두연 황두완
황득수 황동하 황락진 황만영 황만택 황말의 황맹열 황면 황명 황명걸 황명구 황명근 황명숙 황명숙 황명순 황명옥 황명완 황명미 황명일 황명자 황명자 황명주 황명택 황명한 황명환 황명희 황무성 황문규 황문선 황문정 황문헌 황문화
황미경 황미랑 황미리 황미의 황미숙 황미선 황미야 황미재 황미순 황병건 황병권 황병남 황병도 황병록 황병삼 황병세 황병연 황병열 황병조 황병진 황병창 황병창 황병천 황병태 황병태 황보나 황보락석 황보무연 황보영 황보영 황보인숙 황보춘식 황보태조 황보현 황복희
황규 황봉목 황봉일 황부호 황분순 황산 황산성 황삼룡 황삼석 황상근 황상수 황상우 황상윤 황상이 황상종 황상진 황상철 황상혁 황상호 황서광 황서연 황서미 황석근 황석연 황석우 황석원 황석윤 황석인 황석주 황석주
황석주 황선근 황선득 황선례 황선만 황선아 황선영 황선민 황선부 황선기 황선숙 황선아 황선아 황선업 황선연 황선옥 황선원 황선유 황선의 황선익 황선일 황선주 황선주 황선준 황성철 황성필 황성하
황성진 황선학 황선형 황선숙 황성 황성관 황성규 황성규 황성민 황선동 황성로 황성배 황성수 황성숙 황성숙 황성실 황성영 황성영 황성욱 황성원 황성윤 황성익 황성일 황성주 황성주 황성준 황성철 황성필 황성하
황성하 황성현 황성호 황성호 황성훈 황성희 황세란 황세연 황세연 황세연 황세헌 황세호 황세환 황소중 황송자 황수련 황수명 황수민 황수복 황수연 황수연 황수연 황수업 황수원 황수창 황숙 황숙이 황숙조 황숙희 황순 황순금 황순기
황순녀 황순모 황순모 황순모 황순자 황순자 황순창 황순신 황순애 황순예 황순길 황영란 황영리 황영문 황영미 황영민 황영백 황신택 황신호 황아인 황양숙 황양진 황연경 황연규
황어지니 황연 황연강 황연경 황연근 황연분 황연오 황연수 황연숙 황연연 황연희 황영경 황영권 황영규 황영규 황영길 황영란 황영리 황영문 황영미 황영민 황영민 황영배 황영선 황영성 황영숙 황영숙 황영식 황영심 황영일
황영일 황영자 황영자 황영철 황영태 황영호 황영호 황영호 황영훈 황영회 황영의 황예숙 황옥 황옥선 황옥성 황옥진 황외현 황완 황완상 황용 황용 황용 황용기 황용복 황용선 황용숙 황용순 황용원 황용원 황용일
황용집 황용훈 황우석 황운성 황운숙 황원표 황원호 황월회 황용숙 황은선 황은수 황은숙 황은숙 황은순 황은식 황은영 황은주 황은주 황웅진 황의남 황의달 황의대 황의대 황의덕 황의민 황의방 황의명
황윤도 황윤모 황윤미 황윤성 황윤숙 황윤재 황윤호 황율회 황웅석 황은선 황은수 황은숙 황은숙 황은순 황은식 황은영 황은주 황은주 황웅진 황의남 황의달 황의대 황의대 황의덕 황의민 황의방 황의명
황의상 황의선 황의선 황의섭 황의성 황의수 황의순 황의영 황용유 황의인 황의중 황의중 황의천 황의헌 황의권 황이수 황이연 황이찬 황인갑 황인국 황인규 황인규 황인규 황인근 황인기 황인기 황인길 황인남 황인미 황인범 황인상
황인상 황인선 황인석 황인쇠 황인선 황인송 황인숙 황인수 황인애 황인용 황인용 황인자 황인주 황인준 황인철 황인철 황인정 황인태 황인태 황인혜 황인호 황인홍 황인화 황인환 황인휘 황일곤 황일수 황일택 황일호 황임숙 황임택 황재권 황재관 황재권 황재록 황재명 황재민 황재성 황재성 황재숙 황재욱
황재용 황재웅 황재웅 황재현 황재현 황재호 황재호 황재훈 황재회 황점섭 황정애 황정두 황정래 황정례 황정미 황정민 황정분 황정선 황정연 황정수 황정숙 황정식 황정식 황정민 황정연 황정오 황정옹 황정용 황정우
황정숙 황정숙 황정안 황정옥 황정자 황정자 황정재 황정제 황정주 황정규 황종국 황종균 황종욱 황중규 황중석 황지수 황지숙 황지애 황지애 황지연 황지영 황지영 황지우 황지의 황지택 황지환 황지회 황진 황진 황진 황진기 황진도 황진상
황진섭 황진성 황진숙 황진숙 황진강 황진자 황진자 황진주 황진찬 황진태 황진택 황진행 황진호 황진호 황차남 황창석 황찬일 황찬호 황천원 황창윤 황창중 황창호 황천환 황철 황철 황철기
황철수 황철애 황철성 황철숙 황철진 황참자 황창자 황창자 황참호 황춘영 황충규 황충면 황종규 황종수 황천수 황충수 황해순 황해연 황태갑 황태경 황태규 황태라 황태선 황태연 황태영 황태윤 황태현 황태후
황태하 황태하 황태현 황태환 황태호 황평명 황평일 황필구 황필호 황하수 황하정 황학삼 황학진 황한식 황해성 황해순 황해연 황해영 황해운 황해제 황행규 황행범 황향연 황현산 황현석 황현선
황숙희 황현숙 황현숙 황현순 황현식 황현아 황현영 황현익 황현주 황현탁 황현타 황형관 황형묵 황형철 황혜란 황혜리 황혜림 황혜미 황혜숙 황혜숙 황혜영 황혜정 황호 황호간 황호면 황호명 황호산 황호선 황호선
황호선 황호섭 황호성 황호찬 황호영 황호영 황호진 황홍규 황홍렬 황홍일 황홍점 황화성 황환규 황훈 황훈하 황흥대 황흥주 황희경 황희석 황희선 황희성 황희성 황희숙 황희연 황희영 황희진 황희천 효자동 후원1

SRB프린팅 406599 (주)대연출판 (주)대현 (주)신영프레시 (주)애드크리 (주)용산 (주)후이즈

편찬 과정

한겨레 20년의 역사는 극적이다. 내우외환의 위기가 있고, 이를 극복한 위인들이 있으며, 백척간두에 서서 갈 길을 논쟁한 영웅호걸들이 있다. 티끌에서 시작해 높은 성채를 건설했고, 살아가는 모든 이에게 두루 영향을 미쳤으며, 마침내 세상을 크게 바꾸었다. 그러나 역사가 부여한 새로운 과업이 나타났고, 그 숙제를 풀기 위해 채비를 차리고 있다. 외부자들은 그 역동적인 드라마에서 낭만적인 비장미의 극치를 발견할 것이다.

그런 심미적 기대를 갖고 한겨레 20년사를 살피려는 이에게 이 책은 어울리지 않는다. 사실관계를 담담히 밝혀 기록으로 남기는 것이 애초에 세운 뜻이었다. 이번 사사 편찬은 처음부터 '정사(正史)'의 틀에 신문사의 변천 과정을 담아야 한다는 공감대 위에 진행되었다. 후대가 참고삼을 수 있도록 주요 사실의 기록에 충실을 기하자는 뜻이었다. '사상 첫 한겨레 정사 발간'은 그만큼 절실한 것이었다. 드라마는 멀리하고 있었던 일을 그대로 적으려 했다. 이편이 훨씬 더 어려운 일임을 깨닫는 데는 오랜 시간이 걸리지 않았다.

사사편찬위원회가 2007년 9월 초 구성되었지만, 상근편찬위원의 와병 등으로 인해 본격적인 활동에 들어간 것은 10월 초였다. 가장 먼저 사료 수집 작업부터 시작했다. 각종 자료는 사라졌거나 무질서하게 흩어져 있었다. 세월을 거치며 안팎의 우여곡절이 많았던 탓인지 정돈된 기록이 거의 남아 있지 않았다. 각 부서의 서류함을 뒤져 중요하다 싶은 문헌을 우선 정리하고, 보존 상태가 나쁘거나 제대로 정돈되어 있지 않은 것들은 일일이 복사하거나 새로 제본했다. 2007년 10월 말, 사사편찬팀에 합류한 정보자료팀의 김국화가 이 일을 도맡았다. 사내 인력이 부족해 장혜령, 이현희 학생이 이를 도왔다.

그러나 어디에 있는지도 모르는 문헌 자료가 온전히 복원되기를 하염없이 기다릴 수만은 없었다. 역대 주요 임직원을 대상으로 인터뷰를 시작했다. 역시 상근편찬위원 한 명이 감당할 수 있는 일이 아니어서 외부의 도움을 빌렸다. 전문 인터뷰어, 역사학 전공자 등을 모셨다. 권은정, 지승호, 손애리, 오승훈 등이 인터뷰를 나눠 맡았다. 김아람은 모든 인터뷰의 녹음 기록을 풀어 문서로 옮겼다. 2007년 10월 말부터 시작된 인터뷰는 2008년 3월 중순까지 이어졌다. 석진환 기자가 마지막 두 달여 동안 인터뷰를 도왔다. 박종찬, 은지희, 조소영, 박수진, 이규호 등 온라인뉴스팀 기자들은 10여 명의 주요 퇴직 임원 인터뷰를 동영상으로 촬영했다.

전현직 대표이사, 편집위원장, 노조위원장, 주주 독자 등을 포함해 모두 94명을 인터뷰했다. 이 가운데 78명은 직접 만나 3시간 이상 정식으로 인터뷰했고, 5명은 30분에서 1시간 동안 약식으로 대면 취재를 했다. 여러 사정상 직접 만날 수 없었던 11명은 전화로 인터뷰했다. 흥미롭게도 퇴직 임직원들은 지난 일에 대해 비슷한 태도를 보였다. 젊은 시절을 바친 한겨레에 대해 강렬한 애정을 표현하면서도 그만큼의 서운함과 아쉬움을 표현했다. 서운함이 깊어 끝내 인터뷰를 거절한 분들도 있었다. 아쉬움이 깊어 인터뷰 중간에 눈물을 흘린 분들도 있었다. 기억들이 조금씩 다르고 분명치 않아 사실관계의 복원에 큰 도움이 된 것은 아니었지만, 각 시기를 이해하는 소중한 바탕이 되었다.

자료 조사와 인터뷰가 어느 정도 자리를 잡아가던 2월 말, 집필에 들어갔다. 1월 말과 2월 초에 걸쳐 편찬위원들의 의견을 모아 기획안을 마련한 상태였다. 적어도 석 달 정도의 취재·조사가 더 필요했지만, 창간 스무 돌인 5월 15일에 맞춰 20년 사사를 내는 것이 지상 과제였다. 안수찬이 본문을 썼고, 권은정은 부록편의 인물 이야기를 썼다. 김형배 편찬위원장이 일일이 검토하고 다듬었다. 초고 집필은 4월 초에 끝냈다. 여러 편찬위원과 현직 국실장급 이상 간부들이 초고를 검토하고 수정 의견을 냈다. 4월 중순에 이를 반영해 원고를 다듬고 급히 편집에 들어갔다. 애초에는 사실과의 싸움을 벌이려 했으나, 결국엔 시간과의 싸움이 되어버렸다.

화급한 편찬 일정 때문에 애초 구상했던 것을 많이 포기했다. 한겨레를 이끌었던 주요 인물의 생애를 살피고 이를 정당하게 평가하고 싶었으나, 대표이사에 대한 간략한 소개로 맺었다. 주요 국면마다 갈 길을 논했던 치열한 고민을 논쟁사로 정리하고 싶었으나, 이 역시 거친 요약으로 갈음했다. 주요 사건 때마다 울고 웃었던 에피소드를 많이 포함시키려 했으나 언감생심이었다. 더 찾아야 할 사료가 많았고, 더 만나야 할 인물이 있었으나, 제때 책을 내는 일에 맞추느라 모두 접었다. 급하게 글을 쓰느라 역사 기록으로서의 엄밀성에도 부족함이 적잖을 것이다.

이런저런 흠에도 불구하고 책이 제 시간에 나올 수 있었던 것은 한겨레출판과 디자인주 식구들의 가공할 노고 덕분이다. 한겨레출판의 이기섭, 김수영, 박상준, 디자인주의 박은주, 장광석, 송현상, 손정란 등이 몰상식한 일정을 소화하며 책을 만들어냈다.

도공의 심정으로 망치를 들어 깨버리고 질흙부터 다시 버무리려 해도 이제 그럴 수 없게 되었다. 모든 흠과 티를 미래의 사사편찬위원들에게 넘긴다. 그들이 더 나은 사사를 펴낼 수 있도록 교훈을 전하는 것까지가 이 책의 구실이다. 아마도 그들은 인물이 살아 있는 드라마, 논쟁이 숨 쉬는 역사를 쓸 수 있을 것이다.

사사편찬위원회를 대신해 상근편찬위원 안수찬이 정리하다

끝말에 부쳐

20년 전의 한겨레 창간은 시대로부터 세 가지의 소임을 동시에 받은 셈이었다.

1987년 6월항쟁으로 군부정권이 끝장나기 전 민중 탄압에 오랫동안 부역하면서 불공정, 편파 보도를 일삼던 기존 부패 언론을 대체하라는 지상명령을 받았다는 것이 그 첫째다. 알 권리에 목말라 하던 뜻있는 국민들의 기대를 반영해 군사정권의 잔재를 청산하고 표현의 자유를 비롯한 시민적 권리들을 완전히 회복하는 것은 당연히 일차적 과제가 되었다.

둘째는 모든 권력으로부터 자유롭고 독립된 매체를 실현하라는 지상명령을 완수해야 한다는 것이었다. 온전한 독립 언론은 올바른 시민사회 구현의 최소한의 필요조건이다. 회고하건대 한겨레를 세운 6만여 주주들은 한겨레에게 독립 언론을 올곧게 지켜내 시민사회를 튼실하게 키우라는 역사적 과업을 맡겼다.

셋째는 한겨레가 21세기에 닥쳐올 다매체 다채널의 무한 경쟁 시대를 맞아 경쟁력 있는 정론 매체로 성장해 꿋꿋이 버티면서 건강한 시민사회의 지킴이 구실을 하라는 것이었다.

과연 한겨레는 이 세 가지 소명을 유감없이 다했고, 또한 현재 하고 있는가를 물어보자. 한겨레 20년사를 펴내면서 이 물음에 대한 우리의 답변은 유감스럽게도 만족스러울 수 없을 것이다. 스스로 기록을 보면서 능력이 부침을 절감하고 반성하기도 한다. 수많은 사람들이 이 성스런 역사의 짐을 나눠지기 위해 앞 다퉈 참여했고, 또한 젊음의 전부를 아낌없이 던졌음에도 아직도 우리가 가야 할 길은 멀고 험하다.

지금도 한겨레는 그 어느 때보다 어려운 시절을 겪고 있다. 과거 폭압 정치 시대 때는 권력이 언론 자유에 족쇄를 채웠다면 지금은 광고주와, 언론 자유를 사유화한 족벌 언론이 언론 자유를 위축시키는 시대이다. 모든 사회적 가치와 기준이 효율과 이윤 극대화와 같은 물신주의적 기준에 재단당하는 이른바 '기업 사회'의 망령이 이 시대를 압도하고 있다. 경쟁력과 구조조정만이 절대선이 돼버린 이 시대는 한겨레의 존립 기반을 위협하고 있다. 그러나 이 위험한 시대를 맞아 한겨레는 오로지 건강한 사회적 연대의 틀을 굳건하게 세우기 위해 신자유주의의 무한 경쟁 시대를 뚫고 물적 독립을 지켜내야 한다. 또한 공공성과 민주주의적 가치의 실현, 또한 민족의 화해와 협력, 민생 안정, 보편적 인류애의 실현이라는 부동의 목표를 향해 꿋꿋하게 걸어가야 한다.

이런 시점에서 20년간의 한겨레 모습을 정사로 묶는 것은 우리의 올바른 집단적 자기 인식과 성찰을 위한 필수적 작업이 될 터이다. 한겨레호가 애초 출범하면서 항해 목표로 삼았던 좌표를 향해 한 치의 오차도 없이 흔들리지 않고 나아가는 데 꼭 필요한 이정표가 있어야 하는 것이다. 창간 이래 한겨레는 지금까지 한국 현대사의 주요 길목마다 늘 겨레와 함께했다. 절체절명의 위기 순간에도 굴하지 않았다. 특유의 헌신과 희생으로 지금껏 한겨레 공동체를 온전하게 지켜왔다. 힘이 모자라면 서로 합쳤고 격려했으며 그때마다 시민사회는 우리의 견결한 뜻에 힘을 보탰다. 넘어서지 못할 것 같았던 제도와 이념의 장벽도 단합된 우리 힘 앞에 하릴없이 무릎을 꿇었다. 힘겨웠던 고난과 시련의 순간을 맞아서도 민주·민족·민생의 창간 정신을 한시도 잊지 않고 지켜내고야 말았다. 독립 정론을 향해 걸어온 불굴의 역정을 한겨레 공동체가 새삼 되새겨보고 각오를 새롭게 하려는 것이 이 책 발간의 가장 중요한 목적인 것이다.

한겨레 20년사 발간은 또 다른 의미를 지닌다. 그것은 새로운 20년을 향한 한겨레의 새로운 도전을 의미하는 것이기도 하다. 불과 20년 동안 이처럼 뜨겁고 치열한 역사를 살았던 우리는 이제 다음 20년, 그리고 그 다음 20년 역사를 준비할 것이다. 언론사에 길이 빛날 참된 인류애에 기반한 연대의 소중한 집단적 체험을 하나하나 쌓아가는 한겨레에 세계는 주목하고 있다고 자부한다.

"기록이 기억을 지배한다"고 한다. 기록은 인간이 겪은 경험을 글로 옮겨 적어놓은, 일정한 기준에 따른 논리 체계이다. 기록의 망실이 얼마나 인간의 개인적, 집단적 기억을 어지럽히고 보잘것없이 만드는지를 깨닫는 것만으로도 한겨레 20년 정사 발간의 의의는 충분하다. 2008년 5월 한겨레 20년 역사가 나온 이후 30년사 편찬이 마무리될 오는 2018년까지 지금은 미처 예상하지 못할 여러 돌발 상황은 수도 없이 발생할 수 있다는 사실에 우리는 겸허해져야 한다. 창간 초기에 참여했던 퇴역 선배들이 하루가 다르게 늙어가는 오늘의 모습을 보면서 이번 첫 정사 편찬의 보람을 느낀다.

삶의 한복판을 한겨레에 바친 이들의 값진 삶의 기록을 만지는 영광은 일생의 영예로 간직될 것이다. 다만 짧은 준비 기간과 부실한 보존 자료 탓에 어려운 고비 때마다 자신을 던졌던 떠나간 동지들의 옛 모습을 모두 일일이 되살려 챙기지 못해 아쉽고 죄송스럽다.

풍찬노숙하며 사상의 황무지를 옥토로 일궈 자랑스런 역사로 물려주신 선배와 동료들의 피땀 어린 노력에 다시 한 번 끝없는 경의와 감사를 표한다. 또한 가뜩이나 어려워진 살림에도 지원을 아끼지 않은 고광헌 대표이사를 비롯한 회사 쪽 관계자들의 각별한 관심과 성원에 든든한 동지애를 느낀다. 한겨레의 살아 있는 역사를 되살리기 위해 두 달 이상 침식을 잊고 집필에 온 힘을 쏟았던 안수찬 편찬위원과 김국화 사료담당관, 관련지원업무를 도맡아준 서기철 기념사업팀장에게 깊은 신뢰와 사랑을 보낸다.

만리재에서 한겨레 창간 20년사 편찬위원회 위원장 김형배 씀

희망_{으로} 가는 길

초판 1쇄 발행 2008년 5월 13일
초판 2쇄 발행 2008년 6월 10일

발행인   고광헌
제작   한겨레 20년 사사 편찬위원회
편찬위원장   김형배
상근편찬위원   안수찬
편찬위원   권귀순, 김인숙, 김종수, 박은주, 서기철, 안재승, 우현제, 유정우,
              이인우, 이승진, 신주일, 신철, 장창덕, 정남구
대표집필   안수찬, 권은정(인물편)
자료조사   김국화, 장혜령, 이현희, 표현진
취재   안수찬, 석진환, 권은정, 지승호, 손애리, 오승훈, 김아람
영상·사진   박종찬, 박수진, 은지희, 이규호, 조소영
편집   김수영, 박상준
디자인   DesignZoo
교정·교열   이원숙
출간진행   한겨레출판
펴낸곳   한겨레신문사
등록   1988년 9월 2일 제1-803호
주소   서울시 마포구 공덕동 116-25

사료기증문의   한겨레 정보자료팀 (전화: 02-710-0751)
사사구입문의   한겨레 주주센터 (전화: 02-710-0124)

ISBN 978-89-960869-1-8 03070

값은 표지에 있습니다.